Herfried Münkler
Der Wandel des Krieges

Herfried Münkler

Der Wandel des Krieges

Von der Symmetrie zur Asymmetrie

VELBRÜCK
WISSENSCHAFT

Zweite Auflage 2006

www.velbrueck-wissenschaft.de
Druck: Hubert & Co, Göttingen
Printed in Germany
ISBN 3-938808-09-8

Bibliografische Information Der Deutschen Bibliothek
Die Deutsche Bibliothek verzeichnet diese Publikation in der Deutschen Nationalbibliografie; detaillierte bibliografische Daten sind im Internet über http://dnb.ddb.de abrufbar.

Eine digitale Ausgabe dieses Titels in Form einer text- und seitenidentischen PDF-Datei ist im Verlag Humanities Online (www.humanities-online.de) erhältlich.

Inhalt

Vorwort

Nachdem unter dem Eindruck des Endes der Blockkonfrontation in Deutschland die Erwartung auf ein definitives Ende der Geschichte als Kriegsgeschichte aufgekeimt war und in dieser Erwartung eine Neulektüre von Immanuel Kants kleiner Schrift *Zum ewigen Frieden* eingesetzt hatte, haben sich in den letzten Jahren wieder die Studien zum Wandel des Krieges vermehrt. Die Weltlage hat sich nach den hochgesteckten Erwartungen der frühen 1990er Jahre nicht so entwickelt, dass die Herstellung einer globalen Friedensordnung in politischer Reichweite läge. Im Gegenteil. In den Augen mancher Beobachter sind die gegenwärtigen Konstellationen bedrohlicher als der sich durch eine gewisse Stabilität und Berechenbarkeit auszeichnende Ost-West-Konflikt. Die Perspektive auf die Abschaffung des Krieges ist – vorläufig jedenfalls – wieder durch die Vorstellung von dessen beständigem Wandel ersetzt worden. Die eher beiläufige Charakterisierung des Krieges als »Chamäleon«, die Carl von Clausewitz zu Beginn seines Werkes *Vom Kriege* vorschlägt, hat wieder an Aktualität gewonnen.

Das gilt im Prinzip auch für die Clausewitzsche Theorie in Gänze. Hatten die einen seine Überlegungen abgelehnt, weil sie diese für notorisch belligerent, wenn nicht kriegsverharmlosend hielten, so haben andere Clausewitz' Theorie für obsolet erklärt, weil sie auf den kontinentalen Staatenkrieg fixiert sei und dahinschwelende Gewaltkonflikte, in denen Akteure unterhalb der Ebene von Staatlichkeit die entscheidende Rolle spielten, nicht in den Blick bekomme. Clausewitz wurde, zumal von Martin van Creveld, als ein Autor verstanden, der den Krieg prinzipiell in der Trias von Volk, Heer und Regierung gedacht habe, weswegen mit dem Verschwinden dieser triadischen Struktur auch die Clausewitzsche Theorie ihre Bedeutung verloren habe. Eine genauere Lektüre der einschlägigen Stellen bei Clausewitz hat jedoch gezeigt, dass es sich bei der Trias von Volk, Heer und Regierung nur um eine historische Exemplifikation der drei Grundelemente des Krieges handelt, die Clausewitz sehr viel allgemeiner als »blinden Naturtrieb«, »freie Seelentätigkeit« und »bloßen Verstand« bezeichnet hat. Man könnte diese aus der Kantschen Philosophie hergeleitete Begrifflichkeit auch als die Trinität von Brutalität, Kreativität und Rationalität übersetzen, von der Clausewitz annimmt, dass sie sich in jedem Kriege findet, freilich in unterschiedlichen Mischungsverhältnissen, und in diesen sich verändernden Mischungsverhältnissen hat er den Chamäleonscharakter des Krieges gesehen.

Auch und gerade angesichts des Wandels, den das Kriegsgeschehen in den letzten Jahrzehnten durchgemacht hat, ist Clausewitz' Theorie also alles andere als obsolet, sondern ein unverzichtbares Element bei der Analyse des Kriegswandels. Pointiert formuliert: Ohne Bezug auf Clausewitz' Theorie – was nicht dasselbe ist wie ein orthodoxer Clausewitzianismus – lassen sich der Wandel in der Dynamik des Krieges und dessen Folgen nicht in Begriffen fassen. Das ist der Grund, warum in den nachfolgenden Überlegungen immer wieder auf Clausewitz Bezug genommen wird, ohne dass es dabei wesentlich um jenen Wandel des Krieges geht, den er selbst vor Augen gehabt hat: die Ablösung des Kabinettskrieges durch den Volkskrieg. An diesem Wandel hat Clausewitz seine Theorie geschult. Der »bloße Verstand«, der in den Kabinettskriegen dominiert hatte, hatte im Gefolge der Französischen Revolution und dem Eintritt des Volkes in die Waagschale des Krieges gegenüber dem »blinden Naturtrieb«, dem Hass und der Feindschaft, an Bedeutung eingebüßt, aber er war darum, wie Clausewitz herausstellt, nicht aus der Direktion des Kriegsgeschehens verschwunden. Die berühmt-berüchtigte Formel, wonach der Krieg eine »Fortsetzung der Politik unter Einmischung anderer Mittel« sei, soll gerade die fortbestehende Relevanz der politischen Rationalität für das Kriegsgeschehen herausstellen. Mit einer zynischen Rechtfertigung des Krieges, wie sie Clausewitz von einigen seiner Kritiker vorgeworfen worden ist, hat dies nichts zu tun.

Die Frage nach der Instrumentalität der Kriegsgewalt, mit der sich Clausewitz unter dem Eindruck ihrer dramatischen Intensivierung im Gefolge der Französischen Revolution auseinandergesetzt hat, stellt sich inzwischen erneut angesichts der Selbstzerstörungsorgien am Rande der Wohlstandszonen oder eines Terrorismus, der wahllos Zivilisten zu seinen Opfern macht. Von einer Reihe sachkundiger Beobachter ist energisch in Abrede gestellt worden, dass wir es hier mit einem instrumentellen Gewaltgebrauch rationaler Politikakteure zu tun haben; stattdessen sind Diagnosen einer selbstläufig gewordenen Irrationalität in Umlauf gekommen, die sich unter medialer Verstärkung zu der Vorstellung von einer Konfrontation mit psychisch Kranken verdichtet haben. Solche Imaginationen sind freilich für ein politisch effektives Gegenhandeln überaus prekär, befördern sie doch Überreaktionen, emotional gesteuerte Gegengewalt und zuletzt Rachephantasien, die allesamt geeignet sind, den Konflikt anzuheizen und selbst irrational zu agieren. In einer solchen Konstellation ist der Rückgriff auf Clausewitz' Theorie und ihre Analyseinstrumentarien ein Akt der Aufklärung über das Kriegsgeschehen. In Zeiten, da vordergründig die Clausewitzsche Theorie der Vergangenheit anzugehören scheint, sind wir auf sie dringlicher angewiesen als je zuvor.

Tatsächlich hat sich in den letzten Jahrzehnten ein fundamentaler Wandel des Kriegsgeschehens vollzogen, in dessen Mittelpunkt das allmähliche Verschwinden jener Staatenkriege steht, die die europäische Geschichte über Jahrhunderte bestimmt haben. Dieses Verschwinden des Staatenkrieges hat zeitweilig zu der Vorstellung geführt, die Geschichte des Krieges sei überhaupt an ihr Ende gelangt. Aber tatsächlich ist nur der zwischenstaatliche Krieg angesichts seiner immensen Kosten und der in Relation dazu bescheidenen Ergebnisse zum historischen Auslaufmodell geworden, und an seine Stelle ist ein neuer Typus des Krieges getreten, der sich durch eine weitgehende Entstaatlichung der Akteure sowie eine durchgängige Asymmetrierung ihrer Fähigkeiten und Rationalitäten auszeichnet. Die Reziprozität in den Fähigkeiten der Kriegsparteien, die unter den symmetrischen Konstellationen des klassischen Staatenkrieges typisch war, ist durch Konstellationen abgelöst worden, in denen vergleichbare strukturelle Ordnungsmuster nicht zu erkennen sind. Dem entspricht eine deutliche Diversifizierung des Kriegsgeschehens im globalen Maßstab: Auf der einen Seite lassen sich Residualformen des klassischen Staatenkrieges beobachten, und auf der anderen Seite haben wir es mit der Asymmetrierungskreativität schwacher substaatlicher Akteure zu tun, die auf diese Weise zu einer ernstzunehmenden Herausforderung auch von Weltmächten werden. Die Lücke dazwischen wird ausgefüllt von Kriegen an der Peripherie der Wohlstandszonen, in denen Warlords, Clanchefs, Bandenführer, Exgeneräle und sogenannte Freiheitskämpfer die Hauptrolle spielen.

Für diese gegenüber dem Modell des Staatenkrieges deutlich veränderten Konstellationen ist vor einiger Zeit der Begriff der »neuen Kriege« geprägt worden, den ich gegenüber alternativen Begriffen, wie »nichtkonventionelle Kriege«, »wilde Kriege«, »neohobbessche Kriege«, »privatisierte Kriege« oder »asymmetrische Kriege« bevorzuge. Er hat den Vorzug, einerseits die tiefgreifenden Veränderungen gegenüber der klassischen Form des zwischenstaatlichen Krieges zu markieren, ohne andererseits die Kriege der letzten zwei, drei Jahrzehnte von vornherein auf ein bestimmtes Merkmal, wie etwa das der Privatisierung oder der Asymmetrie, festzulegen. Gleichzeitig vermeidet er aber auch die Charakterisierung dieser Kriege als völlig ungeordnet, chaotisch und von irrationalen Akteuren geführt, wie sie in der Bezeichnung »wilde Kriege« immer mitschwingt. Die Verbindung dieser Kriege mit der politischen Theorie des Thomas Hobbes, der eine Gesellschaft ohne staatliche Ordnung als im Bürgerkrieg befindlich begriffen hat, ist zwar theoretisch anspruchsvoll, schließt aber modelltheoretische Annahmen ein, die in der empirischen Beobachtung des Kriegsgeschehens der letzten Jahre nicht bestätigt werden können: Ein Zustand des »molekularen Bürgerkrieges«, wie Hans Magnus Enzensberger diesen Hobbesschen Krieg eines jeden gegen jeden bezeichnet hat, ist weder bei der Beschäftigung mit den Gefolgschaftsstrukturen von Warlords noch bei der Analyse von terroristischen Netzwerken zu beobachten. Für Hobbes war der Bürgerkrieg ein Zustand ohne jede soziale Ordnung, in dem jeder in jedem einen potentiellen Feind sehen musste, und dieser Zustand generalisierten Misstrauens schlug bei entsprechender Gelegenheit unvermittelt in offene Gewalt um. Terroristische Organisationen transnationalen Zuschnitts sind dagegen nur unter der Voraussetzung eines gesteigerten Vertrauens im »Binnenraum« der Organisation handlungsfähig, und auch die bewaffnete Entourage von Clanchefs und Exgenerälen wird durch Bindungen und Erwartungen zusammengehalten, die mit der Vorstellung vom generalisierten Misstrauen unvereinbar sind. – Es war also aus einer Reihe von Gründen naheliegend, zur Kennzeichnung der gewandelten Gestalt des Krieges den Begriff »neue Kriege« zu wählen.

Wiewohl dieser Begriff in der einschlägigen Literatur bereits zuvor Verwendung gefunden hatte (beispielsweise bei Mary Kaldor), entzündete sich die in Deutschland geführte Debatte darüber erst an meinem Buch *Die neuen Kriege*. Dabei lassen sich zwei Hauptströmungen der Kritik unterscheiden. Da sind zunächst diejenigen, die die Verwendung des Kriegsbegriffs für die meisten afrikanischen Konflikte, aber auch die jüngeren Formen des Terrorismus für unangemessen halten, und die, wie etwa Erhard Eppler, den Begriff der »organisierten Gewalt« bevorzugen. Die Auflösung des staatlichen »Gewaltmonopols« im Vorfeld vieler dieser Konflikte und dessen Ersetzung durch Gewaltmärkte ist in der Sicht dieser Kritiker ein hinreichender Indikator dafür, dass es sich nicht um Kriege handeln kann, weil diese nur von Staaten geführt werden. Für sie hängt der Kriegsbegriff am Staatsbegriff. Ohne dass dies den Kritikern bewusst geworden wäre, haben sie damit das Definitionsproblem von einem Begriff auf einen anderen verschoben.

Im Deutschen (wie im übrigen auch in den anderen europäischen Sprachen) wird der Begriff des Staates in einem doppelten Sinn verwandt: zum einen als Bezeichnung für jede politisch organisierte Gemeinschaft und zum anderen als Begriff für den spezifischen Typ des institutionellen Flächenstaates, der sich im 16./17. Jahrhundert in Europa entwickelt und gegen konkurrierende Ordnungsentwürfe durchgesetzt hat. Dementsprechend ist zwischen einem transhistorischen und einem historisch-konkreten Staatsbegriff zu unterscheiden: Ersterer umfasst alle politisch organisierten Großverbände, von den antiken Stadtrepubliken über Großreichsbildungen bzw. Imperien, aber auch locker gefügte Strukturen, wie die Lehnsverbände des Mittelalters, bis zu den Territorialstaaten der Neuzeit. Letzterer beschränkt sich dagegen auf den institutionellen Flächenstaat, der sich freilich im Verlauf des 20. Jahrhunderts als Modell politischer Ordnung in globalem Maßstab durchgesetzt hat. In Analogie dazu lässt sich auch eine Doppelbegrifflichkeit des Kriegs beobachten: Einerseits der Gebrauch eines transhistorischen Kriegsbegriffs, der für alle Auseinandersetzungen zwischen politisch organisierten Großverbänden Anwendung findet, und andererseits die Beschränkung des Begriffs auf einen spezifischen Typus des

Krieges, nämlich den klassischen Staatenkrieg, wie er in Europa seit dem Aufstieg des institutionellen Flächenstaates und dessen Durchsetzung als Monopolist des Krieges geführt wurde. Nur wenn man den Begriff des Krieges mit dem klassischen Staatenkrieg identifiziert, wird man kohärent argumentieren können, dass es sich bei den »neuen Kriegen« nicht um Kriege, sondern um »organisierte Gewalt« handele. Aber die Vorzüge dieses ebenso präzisen wie prägnanten Kriegsbegriffs, den man durch die Verbindung mit dem institutionellen Flächenstaat gewonnen hat, haben einen hohen Preis: dass dann nämlich *alle* Kriege, die nicht den Modellvorgaben des klassischen Staatenkrieges entsprechen, auch nicht als Kriege bezeichnet werden können – weder imperiale Kriege, noch Partisanenkriege, noch Stammeskriege usw. Dieser Preis ist zu hoch, macht er doch jede komparative Kriegsforschung unmöglich, die nicht nur Staatenkriege miteinander vergleichen will.

Die andere Hauptströmung der Kritik setzt nicht am Kriegsbegriff an, sondern an der Bezeichnung »neu« und verwendet große Energie auf den Nachweis, dass vieles von dem, was als Charakteristika der »neuen Kriege« ausgemacht wurde, so neu gar nicht sei, sondern bereits in früheren Kriegen beobachtet werden könne. Um diesen Nachweis zu führen, mussten einzelne Merkmale der neuen Kriege, wie etwa das Auftreten substaatlicher Gewaltakteure, die Entwicklung asymmetrischer Kampfkonstellationen, aber auch der Einsatz von Kindersoldaten, die Einbindung von Gewaltkriminalität in die Kriegführung, die Gewaltanwendung gegen Nonkombattanten und vieles andere mehr, isoliert, kategorisiert und dann ausgezählt werden. Das dabei erzielte Ergebnis war für diejenigen, die den Begriff der »neuen Kriege« geprägt oder zumindest verwandt hatten, alles andere als überraschend: Selbstverständlich ließ sich jedes dieser Merkmale auch in früheren Kriegen ausmachen, zumal dann, wenn sich die Untersuchung nicht auf die europäischen Staatenkriege beschränkt, sondern auch die Kriege an der Peripherie der europäisch geprägten Ordnung einbezog. Hier ist symmetrische Kriegführung eher die Ausnahme als die Regel gewesen, und vom Staat als Monopolisten der Kriegführungsfähigkeit kann dort, wo der Staatsbildungsprozess erst sehr spät und zumeist unter den Vorgaben der europäischen Kolonialmächte erfolgte, nicht die Rede sein. Aber ist damit die Bezeichnung des jüngsten Gewaltgeschehens als »neue Kriege« widerlegt?

Zunächst schon darum nicht, weil der Begriff der »neuen Kriege« ja keineswegs besagt, dass jedes der darin zu Tage tretenden Elemente völlig neu und noch nie da gewesen sei. Was als neu bzw. neuartig annonciert wird, ist vielmehr die Kombination dieser Elemente, ihr spezielles Mischungsverhältnis, und das kann nicht dadurch überprüft und demgemäß auch nicht widerlegt werden, dass jedes einzelne Element für sich auf sein Auftreten in früheren Kriegen getestet wird. Hier stößt das in den Sozialwissenschaften verbreitete Verfahren der quantifizierenden Untersuchungen von Einzelaspekten an seine Grenzen. Grundsätzlich sollte mit der Bezeichnung der jüngsten Kriege als »neue Kriege« nicht besagt werden, dass es sich hier um etwas weltgeschichtlich noch nie Dagewesenes handele, sondern es sollte der Unterschied zum klassischen Staatenkrieg zum Ausdruck gebracht werden, dem gegenüber die Kriege der letzten zwei, drei Jahrzehnte Kriege neuen Typs darstellen.

Aber warum soll ausgerechnet der europäische Staatenkrieg der Maßstab für das Neue des globalen Kriegsgeschehens sein? Stoßen wir hier womöglich auf ein weiteres Beispiel für unreflektierten Eurozentrismus? – Nein, denn nicht nur das in Europa entwickelte politische Ordnungsmodell des Staates ist zur global generalisierten Prägeform politischer Ordnung avanciert, was sich unter anderem an der Generalversammlung der Vereinten Nationen ablesen lässt, sondern auch das in Europa entwickelte Kriegsvölkerrecht, dessen Bindekraft zunächst auf den Kontinent beschränkt blieb, ist im Verlaufe des 20. Jahrhunderts mit dem Modell des Staates globalisiert worden. Diese Globalisierung wurde auf den anderen Kontinenten, insbesondere in Afrika und Asien, als ein wichtiger Schritt bei der Anerkennung als gleichberechtigte Partner begriffen. Vor allem aber orientierten sich die internationalen Anstrengungen zur Kriegsvermeidung und Kriegsverhinderung weitgehend an diesem Modell des Staatenkrieges: Bis vor kurzem war die Politik der Friedenssicherung nahezu ausschließlich auf die Verhinderung zwischenstaatlicher Kriege ausgerichtet. Und auch Kants Entwurf *Zum ewigen Frieden* ist mitsamt den daran anschließenden Realisierungsprojekten – von dem in Artikel 2, Ziffer 4 der UNO-Charta festgelegten Gewaltverbot in der internationalen Politik bis zur »Theorie des demokratischen Friedens« – am Modell des europäischen Staatenkrieges orientiert. Wenn diese Form des Krieges verschwindet, dafür aber andere Formen des Krieges auftauchen, die in Ursachen wie Eskalationsdynamiken eigenen Gesetzmäßigkeiten folgen, so ist dies ein weltpolitisch derart einschneidender und folgenschwerer Vorgang, dass ihm kaum durch das Auszählen von Einzelmerkmalen der Kriege beizukommen ist – weder wissenschaftlich noch politisch.

Es war für mich also naheliegend, bei der Verteidigung und Präzisierung des Theorems der »neuen Kriege« besondere Aufmerksamkeit auf Entstehung und Geschichte des Staatenkrieges zu legen, um genaueren Aufschluss darüber zu bekommen, wie und in welche Richtung sich die Herausforderungen aktueller Sicherheitspolitik verändert haben und welchen Anreizen und Logiken die substaatlichen Kriegsakteure voraussichtlich folgen. Daraus ergab sich der Plan zu diesem Buch, das einer Reihe von Aspekten und Beobachtungen nachgeht, die bei der Niederschrift der *Neuen Kriege* am Rande aufgetaucht waren und nicht systematisch bearbeitet worden sind. Dieser »Wiederaufnahme« half, dass inzwischen, nicht zuletzt durch das Theorem der »neuen Kriege« angestoßen, Einzelstudien entstanden sind, die der Klärung einiger Überlegungen zugute kommen. In deren Zentrum steht das Begriffspaar »Symmetrie-Asymmetrie«, auf das ich bei der Niederschrift der »Neuen Kriege« zwar einige Aufmerksamkeit verwandt, das ich aber weder systematisch noch historisch genauer entfaltet hatte. Es steht nun im Mittelpunkt des vorliegenden Buches. Symmetrie und Asymmetrie werden hier nicht nur im Hinblick auf die Kategorien Raum und Zeit entwickelt, sondern es wird auch anhand kriegsgeschichtlicher Beispiele untersucht, wann und warum sich symmetrische Konstellationen entwickeln, während in anderen Fällen asymmetrische Verhältnisse vorherrschen. Man kann dies als eine Abfolge tendenziell naturwüchsiger Entwicklungen beschreiben, bei denen es darauf ankommt, die in ihnen wirksam werdenden Faktoren angemessen zu erfassen und richtig zu beschreiben. Man kann aber auch ein besonderes Augenmerk auf das Reflexivwerden dieser Prozesse legen, um zu beobachten, wie politische Akteure durch systematische Symmetrierung oder Asymmetrierung Rückständigkeiten aufzuholen oder Überlegenheiten der Gegenseite zu konterkarieren versuchen. Das sind dann die Augenblicke, in denen strategischer Kreativität und politischer Rationalität im Sinne von Clausewitz' eingangs beschriebener inneren Dynamik des »Chamäleons« Krieg eine besondere Bedeutung zukommt. In diesem Sinne versucht das Buch nicht nur Konstellationen zu analysieren, sondern auch Akteurslogiken zu beschreiben, um daraus Fingerzeige für kluges und effektives Gegenhandeln zu gewinnen.

Die vorliegende Untersuchung zum Wandel des Krieges ist nicht in einem Zuge und nicht als geschlossenes Stück geschrieben worden. Aber ist sie mehr als eine Sammlung von Aufsätzen, die in unterschiedlichen Zusammenhängen entstanden sind, um im Nachhinein zusammengefügt zu werden. Von Anfang an nämlich waren die hier zusammengestellten Texte bestimmt durch die Frage, was der klassische Staatenkrieg für die europäische Geschichte bedeutet hatte, wie es dazu kam, dass er schließlich zu einem historischen Auslaufmodell wurde, welche Imperative stattdessen asymmetrische Konfrontationen beherrschen und was aus diesem Wandel des Krieges an sicherheitspolitischen Herausforderungen folgt. Daraus ist die Dreiteilung des Bandes in die Abschnitte »Symmetrische Kriege«, »Asymmetrische Kriege« sowie »Herausforderungen und Handlungsoptionen deutscher und europäischer Sicherheitspolitik« entstanden. Diese dreiteilige Gliederung beschreibt zugleich die Denkbewegung, die eine umsichtige Friedens- und Kriegsforschung prinzipiell zu vollziehen hat: Sie muss sich der Vergangenheit versichern, indem sie noch einmal die modelltheoretisch rekonstruierbaren Handlungsimperative und Entscheidungslogiken rekonstruiert; sie hat kontrastierend dazu veränderte Konstellationen im Gefolge des

Wandels zu beschreiben und dabei die neuen Entscheidungslogiken und -imperative der politischen Akteure herauszuarbeiten; und abschließend hat sie Aussagen über die Handlungsoptionen der eigenen Seite zu machen und muss dabei auch politikberatend verfügbar sein.

Nicht das Spannungsfeld zwischen Theorie und Praxis ist also die methodische Herausforderung, sondern dies ist der Prozess der Modellbildung und dessen Rückkopplung an historische wie aktuelle Beispiele. Je stärker beispielgesättigt eine solche Modellbildung ist, desto valider ist sie. Aber dabei geht man immer das Risiko ein, dass sich das Modell schrittweise in eine Ansammlung aktueller und vergangener Beispiele auflöst und sich schließlich durch die Berücksichtigung der jeweiligen Besonderheiten das Verallgemeinernde der Modellbildung verliert. Nicht weniger riskant ist dagegen der Versuch, die generellen Aussagen und Direktiven eines Modells dadurch zu retten, dass man es mit der irritierenden Verschiedenartigkeit historischer wie aktueller Fälle möglichst wenig in Kontakt bringt. Modellpurismus auf der einen und ein Sich-Verlieren in der Vielfalt der Geschichte bilden die entgegengesetzten Fallen, denen diese Herangehensweise ausgesetzt ist. Der von der Sozialwissenschaft zuletzt eingeschlagene Weg, die Fülle der irritierenden Beispiele dadurch in Grenzen zu halten, dass man sich bei ihrer Auswahl möglichst auf die Gegenwart beschränkt und historische Erkundungen so gut wie völlig meidet, hat sich als überaus problematisch erwiesen. Er hat zu einer wachsenden Entfernung der Politikwissenschaft von der Geschichtswissenschaft und ihrer zunehmenden Orientierung am Methodenset einer mathematisierten Ökonomie geführt. Die Folge ist eine Tendenz zum Modellpurismus, in deren Rückraum sich mit der Distanzierung von der Geschichte deren Unkenntnis ausbreitet. Deutsche Sozialwissenschaftler, vor allem Soziologen, aber auch Politikwissenschaftler, berufen sich zwar gerne auf Max Weber als Gründer und Vorbild der Disziplin, aber von dessen profunden historischen Kenntnissen, die für ihn stets die Basis der Argumentation waren, sind sie weit entfernt. Dass der Politikwissenschaft dies nicht zum Vorteil gereicht, muss nicht weiter erläutert werden.

Das zeigt sich auch und gerade im Falle der deutschen Friedens- und Konfliktforschung, bei der ein bis zum Zweiten Weltkrieg zurückreichender historischer Sinn bereits zu den seltenen Ausnahmen gehört. Die daraus resultierenden Blickfeldverengungen wurden in der Auseinandersetzung mit dem Theorem der »neuen Kriege« sichtbar. Dass der klassische Staatenkrieg, gegen den der Typus der »neuen Kriege« abgehoben wurde, kaum am Beispiel des Zweiten Weltkriegs studiert werden kann, kam den Kritikern zumeist nicht in den Sinn. Zwar arbeiten einige von ihnen mit dem aus der amerikanischen Politikwissenschaft übernommenen Begriff des Westfälischen Systems, aber von dem, was dies für die Art der Kriegführung und die Handlungslogik der politischen Akteure hieß, haben sie wenig Kenntnis. Es war darum naheliegend, diesen Band mit einem Rekurs in die Geschichte des klassischen Staatenkrieges zu beginnen und dabei in Augenschein zu nehmen, wie sich dieser aus den Erfahrungen des Dreißigjährigen Krieges entwickelt hat und geradezu als Barriere gegen eine Wiederholung dieser Erfahrungen errichtet worden ist. Dabei wird davon ausgegangen, dass der mit dem Westfälischen System untrennbar verbundene Staatenkrieg die europäische Geschichte bis zum Ersten Weltkrieg bestimmt und also auch den Übergang von Kabinetts- zum Volkskrieg im Gefolge der Französischen Revolution überstanden hat. Anlass, der Geschichte des Staatenkrieges als klassisch-symmetrischer Form der Kriegführung in modelltheoretischer Absicht nachzugehen, war ein Angebot der Vontobel-Stiftung aus Zürich, die mich zu einer Darstellung der Gewaltgeschichte vom Krieg zum Terror aufgefordert hatte. Teile meines für die Vontobel-Stiftung verfassten Textes haben in das erste Kapitel dieses Buches Eingang gefunden. Dieses Kapitel unter der Überschrift »Der Staatenkrieg. Entstehung, Geschichte und absehbares Ende« bildet zusammen mit dem letzten Kapitel, das dem Übergang von heroischen zu postheroischen Gesellschaften gewidmet ist, die Überlegungen mit der größten historischen Tiefe. Sie werden flankiert durch das 6. und das 7. Kapitel, die sich vor allem mit der Geschichte des asymmetrischen Krieges beschäftigen, sowie durch das 12. Kapitel, das der Idee und Geschichte der Wehrpflicht und deren schrittweisem Verschwinden in jüngster Zeit nachgeht.

Das 2. Kapitel zeichnet Clausewitz' Vorstellung vom Ablauf einer Schlacht am Beispiel der Schlacht von Borodino (1812) nach. Dieses Kapitel entstand aus einem Vortrag, den ich auf Einladung des Graduiertenkollegs »Codierung von Gewalt im medialen Wandel« an der Humboldt-Universität gehalten habe. Eine frühere Fassung ist in dem von Steffen Martus und anderen herausgegebenen Band *Schlachtfelder* publiziert worden, der im Berliner Akademie Verlag erschienen ist. Die dort veröffentlichte Fassung wurde im Hinblick auf die Schlacht als Entscheidungsform der symmetrischen Konfrontation geringfügig überarbeitet. Das Kapitel ist nunmehr angelegt als Exemplifikation dessen, was im vorangegangenen Kapitel über die Geschichte des Staatenkrieges in großen Linien dargestellt ist. Das dort über einen Zeitraum von zweieinhalb Jahrhunderten Entwickelte wird hier anhand der Ereignisse eines einzigen Tages, des 7. September 1812, präzisiert. Das 3. Kapitel wiederholt dieses Verfahren anhand der sich über Monate hinziehenden Schlachten von Verdun und an der Somme, um über deren Beschreibung das Ende des klassischen Staatenkrieges und die Selbsterschöpfung der heroischen Gesellschaft in den Blick zu fassen. Eine ursprüngliche Fassung dieses Kapitels wurde auf Anregung von Matthias Arning für eine zur Jahrtausendwende erschienene Beilage der *Frankfurter Rundschau* geschrieben. Der Abschnitt »Symmetrische Kriege« wird beschlossen durch das 4. Kapitel, das sich mit der Frage nach der Abschaffbarkeit des Krieges auseinandersetzt. Eine frühere Fassung ist in dem von Bernd Wegner herausgegebenen Band *Wie Kriege enden* veröffentlicht worden, der bei Ferdinand Schöningh erschienen ist. Eine Wiederaufnahme der hierin angestellten Überlegungen, die sich nicht auf eine Auseinandersetzung mit Kants Schrift *Zum ewigen Frieden* beschränken, sondern auch die apokalyptischen Friedensvisionen des Alten Testaments ins Auge fassen, erschien mir sinnvoll, weil dabei deutlich wird, in welchem Maße Kants Überlegungen zum ewigen Frieden und die daran anschließende Theorie des demokratischen Friedens auf einer Welt symmetrischer Konflikte und Kriege aufruht, während apokalyptische Friedensvisionen im wesentlichen unter asymmetrischen Konfliktkonstellationen entstehen und auf diese reagieren. In der Geschichte des politischen Denkens bzw. der politischen Theologie ist ein solcher Frieden freilich nie als Menschen-, sondern stets als Gotteswerk gedacht worden. Das ist ein für den Weltfrieden skeptisch stimmender Befund.

Der zweite Abschnitt beschäftigt sich mit der Asymmetrie, beginnend bei allgemeinen kriegsgeschichtlichen Fragen bis zu einer grundsätzlich angelegten Analyse des Terrorismus. Damit sind die Überlegungen zur Symmetrie freilich nicht abgelegt und als historisch veraltet zurückgelassen, sondern werden immer wieder als Kontrastfolie bemüht, um asymmetrischer Kriege in ihrer Besonderheit zu konturieren. Historische Genealogie und intellektuelle Durchdringung stehen hier gegenläufig zueinander: Während asymmetrische Konstellationen historisch eher die Regel als die Ausnahme dargestellt haben, denken wir Krieg zumeist von symmetrischen Ausgangspositionen her. Das mag mit der Dominanz des Staatenkrieges in Europa zu tun haben – jedenfalls lassen sich die Spezifika asymmetrischer Konstellationen leichter auf dem Hintergrund symmetrischer Konstellationen entwickeln als umgekehrt. Es kommt nicht von ungefähr, dass Clausewitz, wenn er am Anfang von *Vom Kriege* den Krieg als einen erweiterten Zweikampf beschreibt, ganz selbstverständlich von einer tendenziell symmetrischen Konfliktkonstellation ausgeht, während dies bei dem chinesischen Kriegstheoretiker Sun Tsu in seiner *Kunst des Krieges* mitnichten der Fall ist. Die Kriege Chinas waren imperialer Art, während im Europa der Neuzeit im wesentlichen Staatenkriege geführt wurden.

Das 5. Kapitel über Kriege im 21. Jahrhundert ist in seiner ursprünglichen Fassung im *Jahrbuch für internationale Sicherheitspolitik 2003* erschienen. Diese Fassung wurde für die Zwecke dieses Bandes stark überarbeitet und deutlich erweitert. Bislang unveröffentlicht sind dagegen die drei anschließenden Kapitel: Das 6. Kapitel, »Symmetrie und Asymmetrie in Militärgeschichte und Kriegstheorie«, geht auf einen

Vortrag zurück, den ich im Rahmen einer Tagung des Hamburger Instituts für Sozialforschung auf Einladung von Bernd Greiner gehalten habe. Das 7. Kapitel, »Zeitrhythmen des Krieges«, ist die überarbeitete und stark erweiterte Fassung eines Beitrags, den ich auf Einladung von Hartmut Rosa für den von ihm und William Scheuermann projektierten Band *The Acceleration of Society* geschrieben habe. Ähnliches gilt für das anschließende 8. Kapitel über den »Krieg und die Medien«: Es wurde – gemeinsam mit Skadi Krause, wissenschaftlicher Mitarbeiterin an meinem Lehrstuhl – auf Einladung von Shlomo Shpiro verfasst und wird demnächst in dem von ihm herausgegebenen Band *Communication and National Security* erscheinen. Das 9. Kapitel schließlich, das sich mit der Frage nach dem »Wandel der Weltordnung durch asymmetrische Kriege« auseinandersetzt, geht auf einen Vortrag zurück, den ich auf Einladung von Wolfgang Seibel an der Universität Konstanz gehalten habe.

Der Abschnitt über die asymmetrischen Kriege wird beschlossen durch zwei Kapitel zu den jüngeren Formen des Terrorismus, die – anders als der klassische Terrorismus von den russischen Narodniki bis zur IRA in Nordirland und zur ETA im spanischen Baskenland – als eine Variante asymmetrischer Kriegführung anzusehen sind. Diese These wird im 10. Kapitel, »Terrorismus als moderne Variante des klassischen Verwüstungskrieges«, allgemein entwickelt. Dieses Kapitel geht auf einen Beitrag zurück, der für das *Jahrbuch für internationale Sicherheitspolitik 2004* geschrieben wurde, wobei ich darin statt vom Verwüstungskrieg noch von Ermattungsstrategie gesprochen habe. Der Verwüstungskrieg ist eine historische Konkretion der Ermattungsstrategie und weist eine Reihe von Ähnlichkeiten mit dem transnationalen Terrorismus der letzten Jahre auf; insofern erschien es mir angezeigt, die allgemeine Bestimmung Ermattungsstrategie zu Verwüstungskrieg zu präzisieren. Den Unterschieden zwischen dem klassischen und dem jüngeren Terrorismus ist das 11. Kapitel gewidmet, in dem herausgearbeitet wird, dass Terrorismus inzwischen zu einem Sammelbegriff geworden ist, unter dem sich nicht nur unterschiedliche Akteure verbergen, sondern mit dem auch verschiedene Gewaltstrategien zusammengefasst werden. Dass es unter diesen Umständen als erstes darauf ankommt, herauszufinden, mit welchem Akteurstypus und mit welcher Strategie man es zu tun hat, bedarf wohl keiner weiteren Begründung. Dieser Text geht auf ein Gutachten für die von der Bertelsmann-Stiftung organisierte Task Force »Zukunft der Sicherheit« zurück; eine frühere Fassung ist in dem von Werner Weidenfeld herausgegebenen Band *Herausforderung Terrorismus* erschienen, der im Verlag für Sozialwissenschaften erschienen ist.

Der dritte Abschnitt des Buches befasst sich mit Handlungsoptionen deutscher und europäischer Sicherheitspolitik angesichts der neuen

Konfliktlagen. Diese beschränken sich keineswegs auf die Herausforderung durch die neuen Formen des transnationalen Terrorismus, sondern schließen auch die zahlreichen Auslandseinsätze ein, durch die ein innergesellschaftlicher Krieg verhindert oder doch zumindest die offene Gewaltoption der Konfliktparteien blockiert werden soll. Deren mittelfristiger Erfolg hängt davon ab, ob es gelingt, den Prozess des Staatszerfalls aufzuhalten und in einen des *Nation Building* umzukehren. Dabei geht es aber nicht nur um die faktischen Fähigkeiten der intervenierenden Mächte, sondern auch um die Legitimation dieser Interventionen, die sowohl bei der Bevölkerung des Interventionsgebiets als auch bei der des Entsendelandes Zustimmung finden und Unterstützung mobilisieren muss. Je mehr dies der Fall ist, desto besser sind die Erfolgsaussichten der Intervention. Entgegen der zu Beginn der 1990er Jahre dominierenden Vorstellung genügt für den Erfolg solcher Interventionen nicht, dass die Streitkräfte möglichst schnell in ein Krisengebiet entsandt werden, dieses durch ihre Präsenz pazifizieren und dann wieder abgezogen werden können, um den nachfolgenden humanitären Hilfsorganisationen das Feld zu überlassen. Schon bald hat sich nämlich herausgestellt, dass die Aufgaben komplexer waren, die Einsätze länger dauerten und die mit der Intervention verbundenen Kosten viel höher ausfielen, als einige sich dies im Überschwang der Verwirklichung einer neuen Weltordnung vorgestellt hatten. Der zeitweilig in Aussicht genommene globale Interventionismus ist außerhalb der Handlungsoptionen der Europäer, aber auch der USA. Interventionen wollen angesichts der begrenzten Fähigkeiten der Entsendeländer und der prekären Erfolgsaussichten im Interventionsgebiet wohl bedacht und gut vorbereitet sein. Das steht im Gegensatz zu dem zeitweilig auf Hochtouren laufenden Interventionsgenerator Fernsehen, der im Zusammenspiel mit internationalen Hilfsorganisationen immer neue Hiobsbotschaften über humanitäre Katastrophen infolge innergesellschaftlicher Kriege auf den Bildschirm brachte und auf diese Weise gesellschaftlichen Druck auf die politisch Verantwortlichen erzeugte, darauf mit einer Intervention zu reagieren. Die Spannung zwischen dem medial vermittelten Erfordernis zur Intervention und den begrenzten Fähigkeiten dazu, den oft nur geringen Erfolgsaussichten und der Perspektive auf eine lange währende Präsenz im Interventionsgebiet wird das Handlungsfeld westlicher Regierungen auch in den kommenden Jahren bestimmen.

Das 12. Kapitel, mit dem dieser Abschnitt eröffnet wird, beschäftigt sich mit der Wehrpflicht, die sich im Gefolge der Französischen Revolution auf dem europäischen Kontinent als Mobilisierungsform für den symmetrischen Krieg durchgesetzt hat und nunmehr allmählich verschwindet. Seit dem Ende des Staatenkrieges bzw. der anschließenden Bedrohungslage des Ost-West-Konflikts ist diese Form vorsorgender Sicherheitspolitik nicht mehr vonnöten. Viele europäische Staaten sind inzwischen zu Berufsarmeen zurückgekehrt, wie sie vor Einführung der Wehrpflicht üblich waren. Von den Anhängern der Wehrpflicht wird dagegen geltend gemacht, dass so aufgestellte Armeen sehr viel weniger in der Gesellschaft verankert seien als Streitkräfte, die zumindest teilweise auf der Wehrpflicht beruhten und dass sich in ihnen auch nicht die kognitiven und sozialen Kompetenzen fänden, die durch eine im engeren Sinne militärische Ausbildung nicht zu vermitteln seien. Dieses Kapitel beruht auf einem Beitrag, der ursprünglich für das *Kursbuch 157* geschrieben worden ist.

Die Überlegungen des 13. Kapitels, die sich mit der jüngsten Debatte über die Idee des gerechten Krieges beschäftigen, gehen auf einen Beitrag zurück, der zunächst für die *Blätter für deutsche und internationale Politik* verfasst und dort in Heft 11/02 veröffentlicht worden ist. Die Debatte über den gerechten Krieg, die von einigen amerikanischen Intellektuellen nach dem 11. September 2001 angestoßen worden ist, hat ihr Pendant in der Entwicklung neuer Sicherheitsdoktrinen, in denen die asymmetrischen Herausforderungen aufgegriffen und entsprechende Gegenmaßnahmen entworfen wurden. Solche Sicherheitsdoktrinen sind – auch – eine Kommunikationsform, in der die Gegenseite davon unterrichtet wird, mit welchen Gegenmaßnahmen zu rechnen ist, wenn sie bestimmte Schritte unternimmt. Durch die Veröffentlichung der Sicherheitsdoktrin bindet man sich, das, was man androht, auch tatsächlich durchzuführen. Unter symmetrischen Konfliktbedingungen waren solche Doktrinen auf Reziprozität hin angelegt: Die Sicherheitsdoktrinen der Nato und des Warschauer Pakts entsprachen einander, und aus dieser Reziprozität erwuchs – zumindest im Westen, wo die Regierungen darauf angewiesen waren – die Akzeptanz der Doktrin durch die eigene Bevölkerung. Das ist unter asymmetrischen Konfliktkonstellationen nicht der Fall, und die heftige Debatte, die sich vor allem über die amerikanische Sicherheitsdoktrin aus dem Jahre 2002 entsponnen hat, ist auch eine Folge ausbleibender Legitimation infolge fehlender Reziprozität. Das Wiederaufleben der Debatte um den gerechten Krieg ist der Versuch, die aus dem Wegfall der Symmetrie erwachsene Rechtfertigungslücke zu schließen: Die Idee des gerechten Krieges ist die ins Normative gewendete Form asymmetrischer Konfrontation. Das 14. Kapitel, »Sicherheitsdoktrinen und Selbstverteidigungsrecht«, geht auf einen Vortrag auf Einladung der Friedrich-Ebert-Stiftung zurück. Eine frühere Fassung ist in Heft 3/2004 der Zeitschrift *Internationale Politik und Gesellschaft* erschienen. Das 15. Kapitel, »Die ›neuen Kriege‹ und das gewandelte Aufgabenfeld der Sicherheitspolitik«, geht auf einen Beitrag zurück, der für einen vom Militärgeschichtlichen Forschungsamt in Potsdam herausgegebenen Band zum 50. Jahrestag des Bestehens der Bundeswehr geschrieben wurde.

Das abschließende 16. Kapitel über die postheroische Gesellschaft ist eigens für diesen Band geschrieben worden. Es greift ein Problem auf, das in fast allen vorhergehenden Kapiteln angesprochen worden ist: der Mentalitätswandel hoch entwickelter Gesellschaften, in denen Opfer und Ehre für die gesellschaftliche Kohäsion keine Rolle mehr spielen. In Europa zumindest ist die Erosion der heroischen Gesellschaften, die im Gefolge der Französischen Revolution in West- und Mitteleuropa entstanden waren und die militärische Handlungsfähigkeit des Nationalstaats entscheidend geprägt hatten, das Ergebnis ihrer dramatischen Überforderung im Ersten Weltkrieg. Die Aufrechterhaltung einer heroischen, das heißt: opferbereiten und an kollektiver wie individueller Ehre orientierten gesellschaftlichen Grunddisposition war danach nur noch in totalitären Gesellschaften möglich, wie dem faschistischen Italien oder dem nationalsozialistischen Deutschland, aber auch dem kaiserlichen Japan oder der bolschewistischen Sowjetunion, während die demokratischen Gesellschaften des Westens nur noch unter der Bedingung waffentechnologischer Überlegenheit kriegführungsfähig waren.

Dass das Kapitel über die postheroische Gesellschaft und ihre jüngste Herausforderung durch den Terrorismus geschrieben wurde, geht nicht zuletzt auf die beständigen Nachfragen der Studenten in meinem Projektseminar »Die neuen Kriege« zurück, in dem ich den Begriff ›postheroisch‹ gelegentlich verwandt habe, ohne auf einschlägige Texte verweisen zu können. Anna Arndt und Samuel Müller, die mir während einer einjährigen Forschungsprofessur am *Wissenschaftszentrum für Sozialwissenschaften zu Berlin* als studentische Hilfskräfte assistierten, haben diese Nachfragen aus dem Seminar aufgegriffen und wiederholt. Sie haben auf diese Weise dafür gesorgt, dass ich mich einem Thema zugewandt habe, das mich zwar schon seit längerem beschäftigt hat, auf das ich mich aber ob der damit verbundenen Risiken und Probleme nicht recht einlassen wollte. Darüber hinaus haben sie an der Konzipierung dieses Bandes mitgewirkt, Vorschläge für die Überarbeitung der Beiträge gemacht sowie mir als ebenso neugierige wie kritische Gesprächspartner zur Verfügung gestanden.

Dass das Buch in der vorliegenden Form erscheinen kann, verdanke ich zunächst dem Wissenschaftszentrum Berlin (WZB) und seinem Präsidenten Jürgen Kocka, der mich für ein Jahr zu einer Forschungsprofessur an das WZB eingeladen und mir auf diese Weise eine kontinuierliche und intensive Beschäftigung mit dem Wandel des Krieges ermöglicht hat. So konnte ich mich eingehend mit der einschlägigen Literatur zur Geschichte des Staatenkrieges und zu seinem Verschwinden in der zweiten Hälfte des 20. Jahrhunderts beschäftigen. Frau Dr. Dagmar Simon hat während der WZB-Zeit dafür gesorgt, dass ich den mich beschäftigenden Fragen zum Wandel des Krieges ungestört nachgehen konnte. Dafür, dass diese Beschäftigung wiederum nicht zu ruhig wurde, sondern ich immer wieder Anregungen und Hinweise erhielt, haben außer den Teilnehmern meines Projektseminars »Die neuen Kriege« namentlich Felix Wassermann und Thomas Rid gesorgt, die während dieses Zeitraums an einer Diplomarbeit bzw. Dissertation zu verwandten Themen gearbeitet haben. Unverzichtbar für die Fertigstellung des Buches war einmal mehr Frau Karina Hoffmann, die seit mehr als eineinhalb Jahrzehnten der lebhafte Mittelpunkt meines Lehrstuhls an der Berliner Humboldt-Universität ist. Als meine ebenso umsichtige wie routinierte Sekretärin hat sie die verschiedenen Fassungen des Manuskripts geschrieben, Nachträge eingebracht und Änderungen vorgenommen. Katja Guske und Sebastian Huhnholz, studentische Hilfskräfte am Lehrstuhl, haben das Register erstellt und mir in bewährt zuverlässiger Form bei den Korrekturen geholfen. Ihnen allen gilt mein aufrichtiger Dank.

Berlin, Januar 2006

1.
Symmetrische Kriege

KAPITEL 1

Der klassische Staatenkrieg

Entstehung, Geschichte und absehbares Ende

Einige Beobachtungen

Am meisten erfährt man über die Art eines Krieges und die in ihm agierenden Parteien, wenn man sich mit den Opfern des Krieges beschäftigt: denen, die durch unmittelbare Waffeneinwirkung den Tod gefunden oder schwere Verwundungen und Verstümmelungen erlitten haben, aber auch jenen, die den indirekten Kriegseinwirkungen zum Opfer gefallen sind. Jahrhundertelang sind auf Feldzügen mehr Soldaten durch Seuchen und Krankheiten ums Leben gekommen als im unmittelbaren Kampf während der Schlacht. Erst die Fortschritte der Medizin und die Durchsetzung der Hygiene seitens des Militärapparats haben das grundlegend verändert. Die Zeiten, in denen ganze Heere zu bestehen aufhörten, weil sie Epidemien, ungewohnten klimatischen Verhältnissen oder Geschlechtskrankheiten zum Opfer fielen, gingen zu Ende und von nun an entschied der Verlauf von Schlachten über den Ausgang des Krieges. So haben die schrittweise Verminderung der während eines Feldzugs an Krankheiten und Seuchen Gestorbenen und der schwindende Einfluss der Krankenstände auf die Kampfkraft eines Heeres dafür gesorgt, dass die Waffenentscheidung, die Entscheidungsschlacht, an Bedeutung gewann. Die Fortschritte der Medizin haben die Kriege nicht humaner gemacht, sondern die Art seiner Entscheidung verändert.[1]

In den Kriegen, die zu Beginn des 20. Jahrhunderts geführt wurden, waren, grob geschätzt, 90 Prozent der Getöteten und Verwundeten Kombattanten im kriegsvölkerrechtlichen Sinn.[2] Das heißt, dass nur ein Zehntel der im unmittelbaren Zusammenhang mit dem Kriegsgeschehen ums Leben Gekommenen oder Schwerversehrten Zivilisten waren.

1 Zum Verhältnis zwischen den an Seuchen und Krankheiten Gestorbenen und den in der Schlacht Gefallenen seit dem 17. Jahrhundert vgl. Urlanis, *Bilanz der Kriege*, S. 229-278.

2 Entsprechende Angaben bei Kaldor, *Neue und alte Kriege*, S. 160; dort auch weitere Literaturhinweise. Die Zeit zwischen dem Ersten und dem Zweiten Weltkrieg scheint dabei eine Art Wasserscheide zu bilden: Von den Toten des Ersten Weltkriegs dürften 95 Prozent Uniform und Waffen getragen haben; bei den Toten des Zweiten Weltkriegs liegt diese Zahl nach jüngeren Berechnungen nur bei 34 Prozent; vgl. Freyermuth, »Krieg Version 3.0«, S. 34f.

Diese Relation dürfte mit geringen Abweichungen für das Zeitalter des klassischen Staatenkriegs insgesamt typisch sein. Mit den Friedensverträgen von Münster und Osnabrück (1648), die den Dreißigjährigen Krieg in Mitteleuropa beendeten und die Ära des Staatenkrieges einleiteten, kam eine Entwicklung zum Abschluss, die sich in Europa über mindestens ein Jahrhundert hingezogen hatte und nach mancherlei Rückschlägen nun in völkerrechtlich verbindliche Formen gegossen wurde: die Privilegierung des Staates als einzig legitimer Monopolist des Krieges und die Herausbildung staatlich kontrollierter Heere, die zum faktischen Monopolisten der Kriegführungsfähigkeit wurden. Der Krieg wurde zu einer Angelegenheit des Militärs, das durch Uniform, spezifisches Ritual und eine lange währende Ausbildung vom Rest der Bevölkerung getrennt und unterscheidbar gemacht wurde. Im Gegenzug wurde die Zivilbevölkerung durch immer weitergehende kriegsrechtliche Normierungen gegen Gewalteinwirkung geschützt.[3] Der Krieg wurde eine Angelegenheit professioneller Kriegsspezialisten, die als Erzwingungsstäbe der Souveräne den Konflikt austrugen. Die Bevölkerung hatte mit dieser Art des Krieges nur insofern zu tun, als sie in Form von Steuern für die Finanzierung der Kriegsspezialisten aufzukommen und im Falle von Kontributionen und Sondersteuern die finanziellen Belastungen eines Krieges zu tragen hatte.

Seit dem Ende des 20. Jahrhunderts hat sich die Opferbilanz dramatisch verändert: Schätzungen zufolge sind nur noch 10 Prozent der im Rahmen von Kriegshandlungen Getöteten und Verwundeten im völkerrechtlichen Sinne Kombattanten, also Soldaten, während etwa 90 Prozent Nonkombattanten sind.[4] Nur in geringem Maße dürfte hierbei eine Rolle spielen, dass der Status des Nonkombattanten schärfer gefasst und genauer definiert worden ist. Im wesentlichen ist diese Veränderung eine Folge dessen, dass sich der Krieg verändert hat: Immer weniger ist er eine Auseinandersetzung zwischen den professionalisierten Erzwingungsapparaten von Staaten, sondern zunehmend hat er den Charakter organisierter Gewaltanwendung gegen die Bevölkerung ganzer Landstriche angenommen. Nur noch selten kämpfen Soldaten gegen Soldaten, sondern Krieger tyrannisieren ganze Bevölkerungsgruppen. Dementsprechend ist in den Berichten aus den neuen Kriegen auch kaum noch von Entscheidungsschlachten oder groß angelegten militärischen Operationen die Rede, sondern zunehmend von Massa-

3 Die Entwicklung des Kriegsvölkerrechts und die Verstaatlichung des Krieges in Form der Aufstellung stehender Heere sind parallele und sich wechselseitig verstärkende Vorgänge. Zur schrittweisen Verstaatlichung des Krieges in Form der Aufstellung stehender Heere, des *miles perpetuus*, vgl. Parker, *Die militärische Revolution*, sowie Luh, *Kriegskunst in Europa*.

4 Vgl. Kaldor, *Neue und alte Kriege*, S. 160.

kern und Schlächtereien, die von bewaffneten Gruppierungen an der Bevölkerung angerichtet werden.[5] Gleichzeitig haben Seuchen und Krankheiten als Begleiter der Kriege erneut eine Bedeutung erlangt, wie sie dies in Europa zuletzt während des Dreißigjährigen Krieges gehabt haben. In den großen Flüchtlingscamps, deren Entstehung einer der ersten Indikatoren für die Entwicklung eines dieser Kriege ist, sind Hunger und Krankheiten das Hauptproblem. Ersterem ist durch die Nahrungsmittellieferungen internationaler Hilfsorganisationen zumeist kurzfristig abzuhelfen; die Herstellung eines Mindeststandards an hygienischen Bedingungen dagegen ist eine komplexere und langfristige Aufgabe, der die Hilfsorganisationen nur in begrenztem Maße nachkommen können. Die apokalyptischen Reiter, die durch die Entwicklung des Kriegswesens und der Kriegführung seit dem 17. Jahrhundert voneinander getrennt worden waren, haben offenbar wieder zusammengefunden: Seuchen, Hungersnöte und Kriegsgewalt sind in den Kriegen, wie sie sich in den letzten zwei, drei Jahrzehnten an der Peripherie der Wohlstandszonen ausgebreitet haben, wieder zu jener Einheit geworden, die sie die längste Zeit der Menschheitsgeschichte dargestellt haben. Als eine solche Einheit werden sie in der Offenbarung des Johannes geschildert, und als diese Einheit hat Dürer sie in seinen Illustrationen zur Offenbarung in Kupfer gestochen.[6] Aber sind diese neuen Formen organisierter wie diffuser Gewalt überhaupt als Krieg zu bezeichnen?

Einige Beobachter der veränderten Szenerie wollen den Begriff des Krieges für den Staatenkrieg vorbehalten wissen oder doch zumindest nur die Formen der Gewaltanwendung, an denen mindestens ein Staat beteiligt ist, als Krieg bezeichnen.[7] Deswegen belegen sie viele Konflikte, die in den letzten beiden Jahrzehnten in periodischen Abständen die Öffentlichkeit der westlichen Welt beschäftigt haben, mit der Bezeichnung »organisierte Gewalt«, worin eine gewisse Unentschlossenheit und Ratlosigkeit angesichts der jüngsten Entwicklungen zum Ausdruck kommt. Andere wollen den Kriegsbegriff auf den klassischen Staatenkrieg beschränkt wissen, weil sie dann weiterhin der Auffassung anhängen können, dass die Fülle der internationalen Verträge und der darauf begründeten Organisationen, von der *Organisation für Sicherheit und Zusammenarbeit in Europa* (OSZE) über die *Internationale*

5 Aus der Fülle der einschlägigen Literatur seien hier stellvertretend genannt: Kapuściński, *Afrikanisches Fieber*; Stage, *Niemandsländer*; Buch, *Blut im Schuh*; ders., *Standort Bananenrepublik*; Emcke, *Von den Kriegen*; Gaus, *Frontberichte*; Malzahn, *Signatur des Krieges*. Zur Analyse der exzessiven Gewalt gegen sogenannte »unschuldige Zivilisten« vgl. Sofsky, *Zeiten des Schreckens*, insbes. S. 21 ff. und 197 ff.

6 Abb. in Schröder/Sternath (Hrsg.), *Dürer*, S. 221.

7 Zu nennen sind hier vor allem Gantzel, »Neue Kriege? Neue Kämpfer?«, und Eppler, *Vom Gewaltmonopol zum Gewaltmarkt?*

Atomorganisation (IAO) bis zu den *Vereinten Nationen* (VN/UNO), zu einem allmählichen Verschwinden des Krieges aus der Politik geführt habe. Das Versagen insbesondere der UNO, aber auch anderer internationaler Organisationen in vielen dieser neuen Kriege, von Bosnien über Somalia bis Ruanda, würde dann nämlich einen erheblich geringeren Einwand gegen deren politische Handlungsfähigkeit und vor allem keinen gegen ihre Fähigkeit zur Kriegsprävention darstellen. Das theoretische Problem der Definition von Krieg und seiner Abgrenzung gegen Formen nichtkriegerischer Gewalt ist dementsprechend mit dem politisch-praktischen Problem der neuen oder alten Weltordnung aufs engste verknüpft. Das verleiht den Definitionsbemühungen ein erhebliches Gewicht und macht sie dadurch nicht einfacher. Kurz und knapp formuliert lautet die Frage, um die es hier geht: Ist das Ende des klassischen Krieges das Ende von Kriegen überhaupt? Oder hat der Krieg nur seine Erscheinungsform geändert, und das Ende des klassischen Krieges ist nichts anderes als das Ende einer bestimmten geschichtlichen Epoche der Kriegführung? Das ist freilich ein so bedeutsamer Unterschied, dass darüber in den letzten Jahren ein kontroverser Disput geführt werden konnte.[8]

Die begriffliche Ordnung des Krieges: Staatenkrieg oder Bürgerkrieg

Im allgemeinen versuchen wir uns komplexe Phänomene dadurch zuhanden zu machen, dass wir sie in komplementäre Begriffspaare zerlegen. Etwas anspruchsvoller lässt sich dies als binäre Codierung bezeichnen. Die Komplementärbegriffe sollen das Beobachtungsfeld strukturieren, eine Ordnung für die Fülle der Beobachtungen schaffen und auf diese Weise schließlich ein angemessenes, weil sachgerechtes Handeln der politischen Akteure ermöglichen. Das ist auch im Falle des Krieges so. Eine der tragenden Unterscheidungen, mit denen nach dem Ende des Ersten Weltkriegs gearbeitet worden ist, ist die Gegenüberstellung von Angriffs- und Verteidigungskrieg, wobei der Angriffskrieg in den einschlägigen Bestimmungen der Völkerbundsatzung geächtet wurde.[9] Noch einen Schritt weiter gegangen ist die unter dem Eindruck

8 Diese Diskussion wurde in Deutschland focussiert durch mein Buch *Die neuen Kriege*. Als wichtige Diskussionsbeiträge sind zu nennen: Knöbl, »Krieg, ›Neue Kriege‹ und Terror«, S. 187 ff.; Heupel/Zangl, »Von ›alten‹ und ›neuen‹ Kriegen«, S. 346 ff.; Kahl/Teusch, »Sind die ›neuen Kriege‹ wirklich neu?«, S. 382 ff.; Chojnacki, »Wandel der Kriegsformen?«, S. 402 ff. sowie Frech/Trummer (Hrsg.), *Neue Kriege*.

9 Dazu Grewe, *Epochen der Völkerrechtsgeschichte*, S. 728 ff.

des Zweiten Weltkriegs verfasste UN-Charta, die in Art. 2, Ziffer 4 ein generelles Gewaltverbot in der internationalen Politik festgeschrieben und davon in Art. 51 nur die Selbstverteidigung ausgenommen und für zulässig erklärt hat. Damit waren die Fronten im Kampf um Begriffe neu gezogen: Der begann damit, dass die vormals als *Kriegs*ministerien bezeichneten Regierungseinrichtungen sukzessive in *Verteidigungs*ministerien umbenannt wurden. Später ging es um die Frage, ob antikoloniale Befreiungskriege, antiimperiale Aufstände oder auch ethnisch bzw. religiös motivierte Sezessionskriege unter dem Begriff der Verteidigung rubriziert werden könnten.[10] Auch humanitäre militärische Interventionen werden durchgängig als Verteidigung der Menschenrechte begründet und nicht, was häufig angemessener wäre, als erstmaliger Versuch ihrer Durchsetzung in einer bestimmten Region. Zuletzt wurde schließlich darüber gestritten, ob der Verteidigungsbegriff Präventiv- und Präemptivkriege noch einschließe oder nicht. Verteidigung und Krieg sind unter diesen Umständen im allgemeinen Sprachgebrauch tendenziell identisch geworden.

Der für weite Strecken des 20. Jahrhunderts charakteristische Versuch, sämtliche Kriege auf der politisch-legitimatorischen Ebene als Verteidigungskriege darzustellen, war die Folge dessen, dass die Unterscheidung zwischen Verteidigungs- und Angriffskrieg von einer völkerrechtlichen Normierung überlagert wurde, die zwischen dem gerechtfertigten und dem ungerechtem Krieg unterschied. Schon bald gab es in den offiziellen Verlautbarungen der kriegführenden Parteien nur noch Verteidigungskriege. Bekanntlich hat sogar Hitler den deutschen Angriff auf Polen am 1. September 1939 als Verteidigungskrieg zu rechtfertigen versucht, indem er ihn als Reaktion auf einen inszenierten Überfall als polnische Soldaten verkleideter SS-Männer auf den Sender Gleiwitz darstellte. Nun kam in diesem Fall schnell heraus, dass es sich bei den angeblichen polnischen Soldaten um Deutsche gehandelt hatte. In anderen Fällen dauerte es erheblich länger, bis solche Inszenierungen bekannt wurden. So war die uneingeschränkte Vollmacht zur Kriegführung in Vietnam, die der US-Kongress Präsident Johnson gewährte, eine Reaktion auf Torpedoangriffe nordvietnamesischer Schiffe gegen amerikanische Patrouilleneinheiten im Golf von Tongking, die jedoch nie stattgefunden hatten. Die Liste der Beispiele ließe sich endlos verlängern.[11]

10 Ebd., S. 791 ff.

11 Zum angeblichen Überfall auf den Sender Gleiwitz und zum Beginn des Zweiten Weltkriegs vgl. Salewski, *Deutschland und der Zweite Weltkrieg*, S. 79; Müller, *Der letzte deutsche Krieg*, S. 34, und Keegan, *Der Zweite Weltkrieg*, S. 70. Die Geschichte der Verteidigungscamouflage in der amerikanischen Kriegspolitik ist lang: Sie reicht von der Explosion des Kriegsschiffs *Maine* im Hafen von Havanna, die zum Anlass für

Macht es unter diesen Umständen überhaupt Sinn, an der Unterscheidung zwischen Angriffs- und Verteidigungskrieg festzuhalten, oder hat sich diese nicht längst in eine Aufforderung zu Täuschung und Propagandatricks verwandelt? Die Beantwortung der Frage hängt letzten Endes davon ab, wer über die Unterscheidung zwischen Angriffs- und Verteidigungskrieg und damit über die Feststellung des gerechten bzw. ungerechten Krieges verfügt. Sind dies die Kriegsakteure selbst, oder gibt es dafür unabhängige Institutionen oder internationale Organisationen, die gewissermaßen letztinstanzlich darüber entscheiden, ob ein Krieg als Angriffs- oder Verteidigungskrieg geführt wird? Und wenn ja, sind die internationalen Organisationen tatsächlich unabhängig, neutral und objektiv, oder sind sie ihrerseits durchsetzt mit partikularen Interessen? Bekanntlich ist es im Vorfeld des letzten Golfkriegs um diese Frage gegangen, und es hat keine Übereinstimmung erzielt werden können.

Aber all diesen Debatten liegt eine sehr viel grundsätzlichere Unterscheidung zugrunde, von deren Plausibilität und Stimmigkeit nicht nur die skizzierten Überlegungen, sondern letzten Endes die Struktur der internationalen Ordnung abhängig ist – und das ist die Unterscheidung zwischen Staaten- und Bürgerkrieg bzw. zwischenstaatlichen und innergesellschaftlichen Kriegen. Diese Unterscheidung bildete das Rückgrat des Westfälischen Systems, also der im Frieden von Münster und Osnabrück (1648), dem Westfälischen Frieden, begründeten politischen Ordnung Europas, die bis ins 20. Jahrhundert hinein Bestand gehabt hat. Die politisch folgenreiche Leistung dieser Unterscheidung lag darin, dass mit dem Staatenkrieg eine Form von Krieg und Kriegführung definiert wurde, die sich politisch und rechtlich regulieren ließ und die zugleich gegenüber dem indifferenten Gemisch der sonstigen Kriege klar abzugrenzen war. Diese restlichen Kriege, die weder eindeutig definierbar noch präzise fassbar waren, wurden unter dem Rubrum des Bürgerkriegs zusammengefasst.[12] Bürgerkrieg bezeichnete die Restgröße des nichtnormierbaren und nichtregulierbaren Krieges, wobei man versuchte, ihn räumlich auf das Innere von Staaten zu begrenzen und auf diese Weise als Pendant zum Staatenkrieg zu profilieren. Das ist im Rahmen des Westfälischen Systems auch weitgehend gelungen und darin liegt die politisch stabilisierende Leistung dieser internationalen Ordnung.[13]

den spanisch-amerikanischen Krieg wurde, bis zu den angeblichen Massenvernichtungswaffen Saddam Husseins im Golfkrieg von 2003; vgl. Schley/Busse, *Die Kriege der USA*, passim.

12 Vgl. Waldmann, »Bürgerkrieg – Annäherung an einen schwer faßbaren Begriff«, S. 15 ff., Genschel/Schlichte, »Wenn Kriege chronisch werden: der Bürgerkrieg«, S. 501 ff. sowie von Treskow (Hrsg.), *Der Bürgerkrieg*.

13 Der Begriff des Westfälischen Systems bzw. der Westfälischen Ordnung

Das entscheidende Mittel bei der Separierung von Staaten- und Bürgerkrieg war die präzise Grenzziehung zwischen den Staaten und die Subsumption des so eingegrenzten Gebiets und der auf ihm lebenden Menschen unter die Entscheidungsgewalt eines Souveräns. Dessen Entscheidungen waren inappellabel, konnten also nicht auf dem Rechtswege, sondern nur durch Krieg geändert werden. Der Krieg avancierte so zum »letzten Auskunftsmittel« im Streit der Souveräne, und das blieb auch so, als die Monarchen durch die Nationen in der Position des Souveräns abgelöst wurden. Kriege zwischen den Souveränen waren Staatenkriege; Kriege innerhalb eines abgegrenzten Gebietes dagegen, bei denen es um die Anerkennung oder Absetzung eines Souveräns ging, waren Bürgerkriege. In ihnen konnte es um konkurrierende Herrschaftsansprüche von Thronprätendenten gehen, um das Ausmaß an politischer Partizipation bzw. die gesellschaftliche Ordnung, was hieß, dass es revolutionäre Kriege waren, oder schließlich um die Unabhängigkeit eines Gebiets bzw. einer ethnisch oder religiös definierten Gruppe, was hieß, dass es sich um Separationskriege handelte. Bürgerkrieg ist eine Sammelbezeichnung für heterogene Konflikte, aber bei aller Heterogenität ist diesen Kriegen doch gemeinsam, dass sie nicht *zwischen Souveränen*, sondern *gegen einen Souverän* geführt werden. Ansonsten konnten ihre Ursachen und Antriebe so unterschiedlich sein, wie sie wollten. Die Ordnung des ganzen Systems hing im Prinzip an einer einzigen Grenzziehung, und das war die Unterscheidbarkeit von Staaten- und Bürgerkriegen. So lange, wie sie gewährleistet war, blieb die Ordnung stabil. Sie wurde durch gelegentlich geführte Staatenkriege bestätigt und weiter gefestigt.[14]

Eine erste Erschütterung dieser Ordnung stellte die Französische Revolution dar, doch war die von ihr freigesetzte Nationalisierung der Politik kaum dazu geeignet, die zwischenstaatlichen Grenzen grundsätzlich in Frage zu stellen; sie verschob Grenzen und hob einige von ihnen zeitweilig auf, aber der im Verlauf der Revolution in Gang gesetzte Austausch des Monarchen durch die Nation als Souverän hat die Grenzziehungen im Prinzip eher verstärkt als abgeschwächt. Wenn es in der Literatur[15] heißt, der Wiener Kongress habe das Westfälische

entstammt der amerikanischen Politikwissenschaft; zu einer kritischen Revision des Konzepts vgl. Teschke, *The Myth of 1648*, insbes. S. 13-45.

14 Vgl. Daase, *Kleine Kriege – große Wirkung*, S. 91 ff.

15 Gegen die Auffassung vom notwendigen Gegensatz zwischen dem revolutionären Frankreich und dem Ancien Régime in Europa vgl. etwa Fehrenbach, »Ideologisierung des Krieges«, S. 58 f.; zur konservativen Anlage des Wiener Friedens und zur politischen Orientierung Metternichs, der die Verhandlungen beherrschte, vgl. Nipperdey, *Deutsche Geschichte 1800-1866*, S. 87 ff.

System in Europa wieder hergestellt, so hat er doch eigentlich nur den formellen Schlussstrich unter diese Wiederherstellung dargestellt; in der Sache war sie nämlich bereits in den antinapoleonischen Kriegen erfolgt. Dass in diesen Kriegen gleichwohl zeitweilig die Unterscheidung zwischen Staaten- und Bürgerkrieg verloren zu gehen drohte, lag daran, dass sich der Kampf um die Souveränität über ein Territorium mit dem Kampf um den Inhaber dieser Souveränität verband.

Erheblich nachhaltiger und folgenreicher wurde die Trennung von Staaten- und Bürgerkrieg im Verlauf des Ersten Weltkriegs in Frage gestellt. Schon die Bezeichnung dieses Krieges als »Weltkrieg«, die zunächst auf den deutschsprachigen Bereich beschränkt blieb (in England und Frankreich hieß der Krieg von 1914-1918 der »Große Krieg«), zeigt die Suche nach einem Begriff an, der das *tertium non datur* des Begriffspaares Staaten- und Bürgerkrieg zumindest relativierte. Tatsächlich hat der Krieg von 1914-1918, der als Staatenkrieg begonnen wurde, in vielen der an ihm beteiligten Länder als Bürgerkrieg geendet,[16] und zwar in Bürgerkriegen, die sowohl aus Gründen der politischen Partizipation und gesellschaftlichen Umgestaltung als auch um der nationalen Selbstbestimmung willen geführt wurden. Keines der großen Reiche in Mittel- und Osteuropa bzw. in Kleinasien und dem Nahen Osten hat das Kriegsende überlebt: Die Donaumonarchie zerfiel in eine Reihe von Staaten, von denen einige selbst multinationale Gebilde waren, das Osmanische Reich schrumpfte auf das Kerngebiet der Türkei zusammen, wobei große Teile seines früheren Territoriums als Mandatsgebiete des Völkerbunds unter britische oder französische Kontrolle gerieten, und das zarische Russland schließlich entstand, nachdem es an seinem westlichen Rand eine Reihe von Gebieten verloren hatte, als Union der Sozialistischen Sowjetrepubliken (UdSSR) wieder. In allen Fällen aber wurde der Zerfall der politischen Einheit durch Bürgerkriege vorangetrieben.

Es mag sein, dass in einem so langen und mit solcher Intensität geführten Krieg, wie dem von 1914 bis 1918, die Grenzziehungen zwischen

16 Im Westen ging der Erste Weltkrieg als Staatenkrieg zu Ende, und deswegen schwiegen hier auch am 9. November 1918 die Waffen. Im Osten sah das anders aus: Als Staatenkrieg hatten die Kampfhandlungen mit dem Frieden von Brest-Litowsk im März 1918 geendet; als Bürgerkrieg dauerten sie bis in den Anfang der 1920er Jahre fort. Eine wesentlich auf die Entscheidung im Westen fixierte Historiographie hat dieses Problem weithin aus dem Auge verloren; vgl. dagegen Howard, *Kurze Geschichte des Ersten Weltkrieges*, S. 141, 165 ff.; Keegan, *Der Erste Weltkrieg*, S. 474-477, S. 588 ff.; Strachan, *Der Erste Weltkrieg*, S. 403 ff., insbes. S. 406; vor allem aber Ferro, *Der große Krieg*, S. 368 f. und 411 ff.; zum Krieg im Osten vgl. insbesondere Fuller, »Die Ostfront«, S. 34-70.

Staaten- und Bürgerkrieg zwangsläufig porös werden, aber in diesem Fall kam noch hinzu, dass die Durchlöcherung der Grenzen von mehreren Seiten ganz gezielt als Instrument der Kriegführung bzw. des Geltendmachens eigener politischer Vorstellungen betrieben wurde: So hatte Lenin auf dem Höhepunkt des Krieges die Formel von der Überführung des Weltstaatenkrieges in den Weltbürgerkrieg ausgegeben, wobei die bisherigen Fronten der Staaten durch die Frontlinien des Klassenkampfes auf der Basis einer internationalen Solidarität des Proletariats konterkariert werden sollten. Aber Lenin war nicht der einzige, der das überkommene Modell des Staatenkrieges auszuhebeln suchte: Auch die Vorstellung des amerikanischen Präsidenten Woodrow Wilson, dieser Krieg müsse, wenn die USA in ihn einträten, dazu dienen, das Selbstbestimmungsrecht der Völker durchzusetzen, und der Demokratie weltweit zum Sieg verhelfen, lief auf ein Niederreißen der für die politische Ordnung Europas wesentlichen Grenzziehungen zwischen Staaten- und Bürgerkrieg hinaus. Sicherlich verfolgten Lenin und Wilson dabei unterschiedliche Ziele, aber gegen das politische Ordnungsmodell Europas agierten sie gleichermaßen.[17] Und schließlich war da noch der Entschluss der deutschen Obersten Heeresleitung unter Hindenburg und Ludendorff, die zu dieser Zeit de facto die Regierungsgewalt im Deutschen Reich ausübten, den Revolutionär Lenin im versiegelten Eisenbahnwagon aus seinem Schweizer Exil quer durch Deutschland und die von deutschen Truppen beherrschten Räume nach Schweden zu bringen, von wo ihm der Weg ins aufständische Petrograd offenstand, um auf diese Weise das angeschlagene Russland weiter zu schwächen und einen Separatfrieden mit Deutschland zu ermöglichen.[18] In allen drei Fällen rangierte die Erreichung politischer Ziele höher als die Bewahrung bzw. Respektierung der überkommenen europäischen Ordnung von Krieg und Frieden.

Die Unterscheidbarkeit von Staaten- und Bürgerkrieg ist also keine vorgefundene und wissenschaftlich nur noch zu beschreibende Tatsache, sondern sie ruht wesentlich auf einem politischen Willen und einer politischen Ordnung, die immer wieder gegen die Versuchung, eigene

17 Zur Parallelität Lenins und Wilsons als Gegnern des europäischen Staatensystems und der ihm inhärenten Prinzipien vgl. Krüger, »Der Erste Weltkrieg als Epochenschwelle«, S. 70-76; zu Wilsons außenpolitischen Leitvorstellungen vgl. Schröder, »Demokratie und Hegemonie«, S. 159-177.

18 Stökl, *Russische Geschichte*, S. 640 f. Ludendorff ging es freilich um mehr als bloß einen Separatfrieden im Osten, der den Zweifrontenkrieg beenden und die Verlegung der im Osten gebundenen deutschen Truppen an die Westfront ermöglichen sollte. Er verfolgte, wie die Offensive vom 18. Februar 1918 im Osten zeigt, darüber hinaus annexionistische Ziele; dazu Deist, »Die Kriegführung der Mittelmächte«, S. 265 f.

Vorteile zu deren Lasten zu verfolgen, verteidigt und bewahrt werden muss. Während Lenin und Wilson, wenn auch aus unterschiedlichen Gründen, diese Ordnung grundsätzlich ablehnten – Lenin, weil sie die weltrevolutionäre Veränderung blockierte, Wilson, weil sie in der vorfindlichen Struktur dem demokratischen Frieden entgegenstand –, stellte Ludendorff die Trennung von Staaten- und Bürgerkrieg nicht grundsätzlich in Frage, sondern wollte deren partielle Durchlöcherung zum einseitigen Vorteil des Deutschen Reichs nutzen. Mehr oder minder deutlich gescheitert sind jedoch alle drei: als erster Ludendorff, weil die im Osten freigewordenen Truppen im Frühjahr 1918 den entscheidenden Durchbruch im Westen nicht schafften, sondern die Offensive nach einigen Wochen stecken blieb. Damit war der Krieg für Deutschland verloren. Wilson hat die USA zwar in eine weltpolitisch dominierende Rolle gebracht, aber es gelang ihm nicht, seine Ordnungsvorstellungen gegenüber den europäischen Verbündeten, namentlich Frankreich, durchzusetzen, und schließlich verweigerte ihm der amerikanische Kongress die nötige Unterstützung für ein längerfristiges Engagement der USA in Europa.[19] Und Lenin hoffte vergeblich auf einen Siegeszug der sozialistischen Revolution, die sich, von Russland ausgehend, wie ein Lauffeuer nach Westeuropa ausbreiten würde. Durch das Beschränktbleiben der Revolution auf das alte Zarenreich sah sich die Sowjetunion nach einiger Zeit gezwungen, als ein Staat wie andere in die internationale Ordnung zurückzukehren. Zwar versuchte man in der Zwischenkriegszeit mit Hilfe der Komintern, durch die Unterstützung revolutionärer Bewegungen und die Entfachung von Aufständen unterhalb der Ebene zwischenstaatlicher Kriege auf andere Länder Einfluss zu gewinnen, suchte also die strikte Trennung zwischen Staaten- und Bürgerkrieg verdeckt zu perforieren, aber auch das endete spätestens Ausgang der 1940er Jahre, als die Sowjetunion den im Zweiten Weltkrieg gewonnenen Einflussbereich konsolidiert hatte und offiziell eine Politik der »Nichteinmischung in die inneren Angelegenheiten souveräner Staaten« propagierte. Zwar hielt sie sich selbst nie so strikt an dieses Prinzip, wie sie es bei anderen einklagte, aber insgesamt hat sie von da an – von einigen Ausnahmefällen in Afrika abgesehen – auf eine systematische Aufweichung der Grenzziehung zwischen Staaten- und Bürgerkrieg verzichtet. Die Distanzierung gegenüber der von Che Guevara betriebenen Politik des Guerilla-Exports in Lateinamerika (»Schafft eins, zwei, viele, viele Vietnams«[20]) belegt dies nur zu deutlich.

19 Vgl. Junker, *Power and Mission*, S. 46 ff.
20 Dazu Castañeda, *Che Guevara*, S. 408 ff.

Die Verstaatlichung des Krieges im frühneuzeitlichen Europa

In manchen Darstellungen wird die Herausbildung der die europäische Geschichte über eine Zeitspanne von drei Jahrhunderten prägenden Kriegsform als ein wesentlich von den Juristen gesteuerter und von ihnen zu verantwortender Prozess beschrieben.[21] Das mag plausibel erscheinen, wenn man allein auf die Entwicklung des Völkerrechts schaut, klärt aber nicht die Frage, welche Faktoren die mächtigen Akteure dazu veranlasst haben, sich an diesen völkerrechtlichen Entwicklungen zu orientieren oder sie gar gegen deren Verächter und Widersacher durchzusetzen. Tatsächlich war der Aufstieg des Staates zum Kriegsmonopolisten das Ergebnis einer dramatischen Verteuerung des Krieges im Gefolge technologischer Innovationen und militärorganisatorischer Reformen. Nur weil die Staaten als einzige in der Lage waren, diese Reformen und Innovationen zu finanzieren, auf diese Weise die »military revolution« in Gang zu setzen und anschließend deren Wirkung zu verstärken, konnten sie im Verlaufe etwa eines Jahrhunderts zum faktischen Monopolisten des Krieges aufsteigen. Die Entwicklung des Kriegsvölkerrechts hat sie anschließend zum einzig legitimen Kriegsakteur werden lassen. Das Zusammentreffen von Faktizität und Legitimität hat diese Entwicklung begleitet und stabilisiert. Die Rechtsentwicklung hat den Prozess der Verstaatlichung des Krieges sicherlich in gewissen Grenzen geformt; angestoßen und in Gang gesetzt hat sie ihn jedoch nicht. Dafür war eher die Kombination von Schießpulver und Geschützkammer verantwortlich, also die Entwicklung und sukzessive Verbesserung der Kanone.

Die Erfindung und Weiterentwicklung der Kanone[22] hat die europäische Kriegführung revolutioniert, freilich nicht plötzlich und auf einen Schlag, sondern in einem lange währenden, sich über mindestens ein Jahrhundert hinziehenden Prozess. Dabei war die Verfügung über Kanonen zunächst keine Garantie dafür, dass man über einen Gegner, der keine Kanonen hatte, auch den Sieg davontrug. In der entscheidenden Auseinandersetzung mit den Schweizern, der Schlacht von Nancy, konnte Herzog Karl der Kühne von Burgund auch Kanonen einsetzen,

21 Am stärksten ausgeprägt ist diese Tendenz bei Carl Schmitt und seinen Schülern; vgl. etwa Schmitt, *Der Nomos der Erde*, S. 111 ff.; ders., *Der Begriff des Politischen*, S. 48 ff.; eine juristisch angeleitete, zugleich aber auch politikwissenschaftlich informierte Skizze zur Geschichte des Staatenkrieges findet sich bei Preuß, *Krieg, Verbrechen, Blasphemie*, S. 19 ff.

22 Hierzu ausführlich Cipolla, *Segel und Kanonen*, S. 35 ff. sowie Zinn, *Kanonen und Pest*, S. 103 ff.

aber gesiegt haben die Schweizer, deren entschlossener Angriff auf die Flanke des burgundischen Heeres dessen Ordnung zertrümmerte.[23] Ende des 15./Anfang des 16. Jahrhunderts entwickelte sich eine heftige Debatte über die Frage, welche Bedeutung der Einsatz von Kanonen in der Feldschlacht habe und ob durch sie die bisherigen Lehren für die Führung einer Schlacht entwertet worden seien. In dieser Debatte wurde zumeist übersehen, dass sich die Revolutionierung der Kriegführung durch den Einsatz von Kanonen zunächst nicht in der Feldschlacht, sondern im Belagerungskrieg vollzog. Die Kanone hat nämlich die Jahrhunderte währende Überlegenheit der strategischen Defensive beendet und offensive Strategien wieder praktikabel gemacht.

Der Aufstieg des Rittertums hatte sich nicht nur im Zeichen der schweren Reiterei vollzogen, deren mit geballter Wucht vorgetragener Schockangriff auf dem Schlachtfeld zumeist entscheidend war, sondern daneben war auch die Burg als Wohn- und Herrschaftssitz zum Rückgrat militärischer Selbstbehauptung der Ritter geworden. Wer Burgen und burgähnlich befestigte kleinere Städte erobern wollte, musste sie belagern und, wenn der Angriff an der Höhe der Mauern scheiterte, in einer monatelangen Belagerung aushungern. Das aber kostete Zeit, und die stand den Belagerern nur selten zur Verfügung. Die Burg entwickelte sich auf diese Weise zu einem Instrument, das eine drastische Verlangsamung des kriegerischen Geschehensablaufs zur Folge hatte. Raumgreifende Eroberungen waren unter diesen Umständen so gut wie unmöglich, denn schon bald verlor der Vorstoß eines Heeres durch das Erfordernis der Einschließung und Belagerung von Burgen und befestigten Städtchen an Wucht, um nach einiger Zeit gänzlich zum Stillstand zu kommen. Die ritterliche Kriegführung des Hohen und Späten Mittelalters, die sich auf den Schockangriff der schweren Reiterei und die Durchhaltefähigkeit der Burg gründete, verband die Überlegenheit der taktischen Offensive mit jener der strategischen Defensive. Die Folge war, dass viele Kriege dieser Zeit in der direkten Konfrontation der gegeneinander kämpfenden Herrscher und ihrer bewaffneten Gefolgschaft entschieden wurden. Die Eroberung von Territorien und die Kontrolle der Räume spielte dagegen eine nachgeordnete Rolle. Die Aufmerksamkeit mittelalterlicher Kriegstexte galt dementsprechend vor allem dem Zweikampf als einer hochgradig ritualisierten Form des Kampfes. In ihm zeigte und bewährte sich ritterliches Ethos.[24]

Mit der Zeit hat die Kanone all dem ein Ende gesetzt. Sie wurde gleichermaßen zu Instrument und Symbol eines Wandels, mit dem an die

23 Vgl. Delbrück, *Geschichte der Kriegskunst*, Bd. 3, S. 733 ff.

24 Zur Bedeutung der Burg vgl. Fleckenstein, *Rittertum*, S. 83 ff.; zur Ritualisierung der Gewalt im Turnier vgl. Keen, *Rittertum*, S. 129 ff. und 305 ff., zur ritterlichen Kriegführung Keen, *Rittertum*, S. 335 ff.

Stelle des ritterlichen Ethos technische Kunstfertigkeit und die Überlegenheit des eingesetzten Kriegsgeräts trat. Dieser Wandel nahm seinen Anfang mit der Entwertung der Burg durch den Einsatz von Kanonen im Belagerungskrieg. War zuvor eine Befestigung um so sicherer, je höher ihre Mauern aufragten, so war es nunmehr gerade die Höhe der Mauern, an der die Kanone ansetzte. Durch regelmäßigen Beschuss brachte sie die Mauern zum Einsturz, und sie tat dies um so zuverlässiger, je höher die Mauern waren. Die erste und entscheidende Wirkung der Kanone bestand also darin, dass sie den Geschehensablauf des Krieges beschleunigte. Weit ausgreifende Operationen wurden jetzt wieder möglich. Mochte sie auf den Verlauf von Feldschlachten vorerst keinen entscheidenden Einfluss gehabt haben, so hat sie doch die Vorherrschaft der Defensive im strategischen Bereich gebrochen. Als es dem französischen König Karl VIII. im Jahre 1494 innerhalb weniger Monate gelang, von Mailand bis nach Neapel vorzustoßen, war dies für viele zeitgenössische Beobachter ein Indiz dafür, dass sich die Kriegführung grundlegend verändert hatte.

Natürlich waren die Baumeister und Ingenieure schon bald damit beschäftigt, Befestigungsanlagen zu entwickeln, die auch einem mit Kanonen ausgerüsteten Belagerer trotzten: An die Stelle der hohen Mauern traten nun flache und gedrungene Befestigungswerke, deren äußere Ummauerungen abgeschrägt waren und auf der Rückseite durch gewaltige Erdwälle gestützt wurden.[25] Vor allem aber kam es darauf an, dass auch die Verteidiger über Kanonen verfügten und Geschütztürme in die zentralen Positionen der Verteidigung integriert wurden, um das Belagerungsgeschütz der Angreifer auf Distanz zu halten. Die Folge war, dass die neuartigen Festungen um ein Vielfaches größer waren als die herkömmlichen Burgen. So hat nicht nur die Kanone selbst, sondern auch die Reaktion auf sie die Herstellung von Kriegführungsfähigkeit deutlich verteuert, und in Folge dessen schied eine ganze Reihe von Akteuren aus den Reihen der selbständig kriegführenden Parteien aus. Zu nennen ist hier vor allem die stolze und selbstbewusste Ritterschaft, deren politisch-militärische Selbständigkeit mit der Entwertung der Burg als Verteidigungseinrichtung zu Ende ging. Festungen neuen Typs konnten sich Ritter und Ritterfamilien nicht mehr leisten: weder im Hinblick auf die beträchtlichen Baukosten noch angesichts der zahlenmäßigen Stärke der ständigen Besatzung. Die für Bau und Unterhaltung der Festungen erforderlichen Mittel konnte nur noch der Territorialstaat aufbringen, dessen politischer Siegeszug etwa zeitgleich mit dem der Kanone begann.

25 Vgl. Pepper/Adams, *Firearms and Fortifications*, insbes. S. 156 ff.; zur mittelalterlichen Führung des Belagerungskriegs vgl. Contamine, *War in the Middle Ages*, S. 101 ff. und 200 ff.; zum Festungskrieg der Frühen Neuzeit vgl. Luh, *Kriegskunst in Europa*, S. 81 ff.

Nicht nur der Bau von beschussresistenten Befestigungsanlagen war so teuer, dass sie sich nur noch wenige leisten konnten und im Gefolge dessen der Kreis der kriegführungsfähigen Akteure immer kleiner wurde, sondern bereits der Guss von Kanonen sowie die Bewegung der schweren Stücke und ihre sachkundige Bedienung verschlangen erhebliche Summen. Viele, die noch hatten mithalten können, solange es um die Stellung von Pferden und Rüstungen sowie die Unterhaltung eines Knappen und mehrerer Fußknechte ging, schieden nun aus dem Kreis selbständiger Kriegsakteure aus. Der Aufstieg der Kanone als militärisches Großgerät der Frühen Neuzeit bezeichnet das Ende der sogenannten Selbstequipierung, also jener Form von Rüstung und Bewaffnung, bei der jeder Kämpfer die für die Kampfteilnahme notwendigen Waffen und Geräte selbst stellte und auch selbst für deren Unterhalt sorgte. Max Weber hat das Ende der Selbstequipierung als Bestandteil eines elementaren Schritts bei der Entstehung moderner Gesellschaften begriffen: der Trennung von Produzent und Produktionsmittel: »Der Ritter der Vergangenheit war Eigentümer seines Pferdes und seiner Rüstung. Er hatte sich auszurüsten und zu verpflegen. Die damalige Heeresverfassung beruhte auf dem Prinzip der Selbstequipierung. Sowohl in den antiken Städten als auch in den Ritterheeren des Mittelalters musste man seinen Panzer, seine Lanze und sein Pferd selbst stellen und Proviant mitbringen. Das moderne Heer ist in dem Augenblick entstanden, wo die fürstliche Menage einsetzte, wo also der Soldat und der Offizier [...] nicht mehr Eigentümer der Kriegsbetriebsmittel waren. Darauf beruht ja der Zusammenhalt des modernen Heeres. Deshalb war es ja den russischen Soldaten so lange nicht möglich, aus den Schützengräben zu entkommen, weil dieser Apparat des Offizierskorps, der Intendantur- und der sonstigen Beamten vorhanden war und jedermann im Heere wusste, dass seine ganze Existenz, auch seine Ernährung, davon abhängig war, dass dieser Apparat funktionierte. Sie alle waren getrennt von den Kriegsbetriebsmitteln, ganz ebenso, wie der Arbeiter es von den Arbeitsmitteln ist. Ebenso wie ein Ritter stand ein Beamter der Lehenszeit, ein Vasall also, der mit der Verwaltungs- und Gerichtshoheit belehnt war. Er trug die Kosten der Verwaltung und Gerichtsbarkeit aus eigener Tasche und bezog dafür Gebühren. Er war also im Besitze der Verwaltungsbetriebsmittel. Der moderne Staat entsteht, indem der Fürst das in die eigene Menage nimmt, besoldete Beamte anstellt und damit die ›Trennung‹ der Beamten von den Betriebsmitteln vollzieht. Überall also dasselbe: die Betriebsmittel sind innerhalb der Fabrik, der Staatsverwaltung, des Heeres und der Universitätsinstitute mittels eines bürokratisch gegliederten Menschenapparates konzentriert in den Händen dessen, der diesen Menschenapparat beherrscht. Das ist teils rein technisch, durch die Art der modernen Betriebsmittel: Maschinen, Geschütze usw. bedingt, teils aber einfach durch die größere Leistungsfähigkeit dieser

Art des Zusammenwirkens von Menschen: durch die Entwicklung der ›Disziplin‹, Heeres-, Amts-, Werkstatt- und Betriebsdisziplin.«[26]

Es sind zwei Aspekte, die Max Weber in dieser Passage mit dem Prozess der Modernisierung verbindet bzw. sie als deren Voraussetzung und Movens auszeichnet: die Größe und Komplexität des Geräts, das angewandt oder eingesetzt wird, und die Durchsetzung einer spezifischen Form von Selbstkontrolle und Zusammenwirken, die er als Disziplin bezeichnet. Für ersteres steht die Kanone. Sie wird schon bald zu regelrechten Artillerieparks diversifiziert, die in staatlichen Zeughäusern bereitgehalten werden. Für letzteres steht die Durchsetzung einer Militärverfassung, in welcher der Staat die vollständige Kontrolle über das Militär, die Soldaten wie die Offiziere,[27] erlangt hat. Ausdruck dieser Kontrolle ist, dass die Soldaten vom Staat nicht nur bewaffnet, sondern auch bekleidet, das heißt uniformiert werden.

Die hier skizzierten Entwicklungsschritte des Militärapparats haben dessen Unterhaltskosten dramatisch erhöht, und auch die europäischen Territorialstaaten konnten die dafür erforderlichen Finanzmittel nur aufbringen, indem sie sich schrittweise in Steuerstaaten verwandelten. Die militärische Revolution im Europa der Frühen Neuzeit war nur möglich auf der Grundlage einer ständig steigenden steuerlichen Belastung der Untertanen, und die durchzusetzen war nur den sich allmählich herausbildenden Territorialstaaten möglich. Im Verlaufe des 16. Jahrhunderts hat sich das staatliche Steueraufkommen verdrei- bis vervierfacht.[28] Im Unterschied zur Steuerverwendung im Dienstleistungs- und Wohlfahrtsstaat flossen mit Ausnahme der Repräsentationsaufwendungen für den Herrscher und die Unterhaltung eines eher kleinen Verwaltungsapparats sämtliche Mittel in die Finanzierung des Militärs. Der frühneuzeitliche Steuerstaat entwickelt sich als Militärstaat. Das ist der Hintergrund für die in der Literatur immer wieder zu findende These, wonach Militärwesen und Kriegführung die Schrittmacher des modernen Staates gewesen seien.[29] Sie haben zumindest dafür gesorgt, dass die politischen Betriebsmittel unter die Kontrolle des Staates gelangten. Dazu freilich war noch mehr vonnöten als die Verteuerung des

26 Weber, *Der Sozialismus*, S. 82 f.

27 In der Regel beruhte die Kontrolle des Staates über das Offizierskorps des Heeres auf einem Bündnis zwischen König und Adel; vgl. Hintze, »Staatsverfassung und Heeresverfassung«, S. 60 f.; zur Durchsetzung der Disziplin vgl. Oestreich, *Geist und Gestalt des frühmodernen Staates*, S. 11 ff. und 290 ff.

28 Dazu Stolleis, *Pecunia nervus rerum*, S. 63-128, sowie Münkler, *Im Namen des Staates*, S. 238 ff.

29 Scharf ausgeprägt etwa bei Sombart, *Der moderne Kapitalismus*, Bd. 1, S. 342 ff.

Kriegswesens in Folge des aufwendigen Gusses von Kanonen und des Baus noch aufwendigerer Festungsanlagen.

Die Differenzierung der drei Waffengattungen und ihr gefechtsverbundener Einsatz

Die Heeresaufgebote des späten Mittelalters gruppierten sich um die schwere Reiterei als der bis dahin schlachtentscheidenden Waffe. Allmählich erhöhte sich freilich der Anteil unberittener Mitstreiter, die auch für die Kampfentscheidung an Bedeutung gewannen. Das galt insbesondere für jene Schlachten, bei denen zwei Ritteraufgebote nicht in tendenziell gleicher Form gegeneinander anritten, sondern die eine Seite eine Defensivstellung bezog, die durch die natürliche Topographie sowie künstlich angelegte Hindernisse geschützt war. Wo sie dem Schockangriff der schweren Reiter nicht ungeschützt ausgesetzt waren, konnten die mit langen Spießen ausgerüsteten Fußknechte für den Kampfverlauf eine erhebliche Bedeutung erlangen. Weiterhin kam den Bogenschützen eine wichtige Rolle zu, wenn sie aus einer schwer angreifbaren Stellung heraus den Distanzkampf führen konnten. Das musste die französische Ritterschaft bei Azincourt (1418) erfahren, als ihre mehrfach vorgetragenen Angriffe im Pfeilhagel der englischen Langbogner zusammenbrachen.[30] All dies änderte freilich nichts daran, dass die schwere Reiterei die entscheidende Offensivwaffe war.

Erst im Verlauf des 15. Jahrhunderts entwickelten sich Formationen von Fußkämpfern, welche die bis dahin der schweren Reiterei obliegende Aufgaben im Zentrum der Front übernehmen konnten. Damit rückte die Reiterei auf die Flügel der Schlachtordnung, wo sie, von der Ritterschaft zur Kavallerie umgebildet, bis ins 19. Jahrhundert verblieb. Die in sogenannten Haufen formierten Fußkämpfer, deren wichtigste Waffe der überlange Spieß war, bildeten nunmehr das Zentrum des Kampfgeschehens. Diese Fußtruppen waren, solange sie in Formation kämpften, von Reitern kaum anzugreifen: Als »Igel« aufgestellt, bot der Landsknechtshaufen keine Flanken und vor allem keine Rückseite, wo er leicht attackierbar gewesen wäre, und ein mit schwerer Reiterei geführter Frontalangriff gegen die dichte Phalanx der Spieße war zum Scheitern verurteilt.[31] Der Bedeutungszuwachs der Fußtruppen, die

30 Zum erhöhten Anteil von Fußtruppen im spätmittelalterlichen Kriegswesen allgemein Schmidtchen, *Kriegswesen im späten Mittelalter*, S. 225 ff., sowie Delbrück, *Geschichte der Kriegskunst*, Bd. 3, S. 489 ff.; zum Verlauf der Schlacht von Azincourt ebd., S. 533 ff.; sowie Keegan, *Die Schlacht*, S. 89-134.

31 Zur Taktik des Spießerhaufens vgl. Delbrück, *Geschichte der Kriegs-*

leichter zu verpflegen waren als schwere Reiterei, bot die Möglichkeit zur Vergrößerung der Heere, womit jener Prozess der Aufbietung immer größerer Heere in Gang gesetzt wurde, der die neuzeitliche Kriegsgeschichte Europas kennzeichnet. Wer die größeren Truppenmassen zur Verfügung hatte, steigerte seine Aussichten auf einen erfolgreichen Ausgang des Krieges. Freilich waren einer beliebigen Heeresvergrößerung nach wie vor logistische Grenzen gesetzt, und so suchte man durch Qualitätssteigerung zu erreichen, was an Steigerung der Quantität unmöglich war.[32] Man bildete die Truppen besser aus, achtete vor allem auf ihre Fähigkeit, auch unter schwierigen Bedingungen die taktische Formation zu bewahren, und steigerte so ihren Gefechtswert. Neben die Fähigkeiten des Einzelkampfes, die für den Ritter ausschlaggebend waren, trat nunmehr die Gefechtsführung in Formation. Das aber verlangte eine neue Art der Ausbildung.

Allmählich gelang es auch, die zunächst nur im Belagerungskrieg effektiven Kanonen in der offenen Feldschlacht einzusetzen. Entscheidend dafür waren eine höhere Feuergeschwindigkeit und die größere Beweglichkeit der Kanonen. Da sie auf gleicher Höhe mit den Fußtruppen, teilweise auch davor, aufgestellt wurden, kam alles darauf an, dass sie möglichst viele Salven abfeuerten, bevor sie vom gegnerischen Ansturm erreicht bzw. vor dessen Auftreffen zurückgezogen wurden. Seitdem dies möglich war, bildete die Artillerie eine auch für den Verlauf der Feldschlacht entscheidende Waffengattung. Einer ihrer wichtigsten Effekte bestand darin, dass die bisherige Formierung der Fußtruppen in tiefgestaffelten Haufen nicht mehr möglich war, da direkter Beschuss bei dicht gedrängten Menschenmassen eine verheerende Wirkung zeigte. Um die Wirkung des Artilleriebeschusses zu vermindern, wurden die Fußtruppen auseinandergezogen, was jedoch zur Folge hatte, dass ihre Formation für Kavallerieattacken anfällig wurde. Sie musste an den Flanken also durch eigene Kavallerie geschützt werden. Seit dem 16. Jahrhundert bestanden kriegführungsfähige Heere aus allen drei Waffengattungen: Infanterie, Artillerie und Kavallerie. Wer bei einer der Waffengattungen Defizite aufwies, gefährdete damit die Einsetzbarkeit der anderen. Dieser Zwang zur Verfügung über alle drei Waffengattungen hat die Herstellung von Kriegführungsfähigkeit noch einmal erheblich verteuert. Nun war schon nicht mehr jeder Territorialstaat, sondern

kunst, Bd. 4, S. 67 ff.; zur Umbildung der Ritterschaft in Kavallerie ebd., S. 151 ff.; zum Landsknechtswesen allgemein vgl. Baumann, *Landsknechte*, insbes. S. 92 ff.

32 Erst der Bau der Eisenbahnen eröffnete die Möglichkeit zu einer Vergrößerung der Heere, insbesondere zur Versorgung größerer Truppenmassen auf den jeweiligen Kriegsschauplätzen; dazu McNeill, *Krieg und Macht*, S. 199 f., 216.

nur noch ein flächen- und bevölkerungsmäßig größerer Staat selbständig kriegführungsfähig. Im Gefolge dessen bildete sich die europäische Pentarchie heraus, das System der fünf selbständig kriegführungsfähigen Staaten, um die sich entsprechende Bündnisse gruppierten. Im 17. Jahrhundert waren dies Frankreich, England, Spanien, Österreich und Schweden; im 18. Jahrhundert traten Russland und Preußen an die Stelle Spaniens und Schwedens.

Vor allem das Erfordernis, die tiefgestaffelten Formationen der Fußtruppen in die langgezogenen Linien der nur noch in drei Gliedern kämpfenden Infanterie umzuformen, hat die Aufstellung der Heere gewaltig verteuert. Diese taktische Formation, deren große Zeit das 18. Jahrhundert war, war nicht länger mit eilends rekrutierten Kämpfern und unter Vertrag genommenen Truppenteilen herzustellen, wie dies bei den Gewalthaufen der Landsknechte im 15. und frühen 16. Jahrhundert noch der Fall gewesen war, sondern sie musste über lange Zeit und mit viel Drill eingeübt werden. Dieser Drill hatte zum Ziel, die Bewegungsabläufe der Soldaten zu mechanisieren, um sie gleichförmig zu machen, damit die geschlossenen Truppenkörper auch im Gefecht ihre Ordnung bewahrten.[33] Das aber hatte zur Voraussetzung, dass die Soldaten einem jahrelangen Exerzierreglement unterworfen wurden, was nur möglich war, wenn der Staat sie dauerhaft in seine Dienste nahm, sie in Garnisonen unterbrachte und regelmäßig auf Exerzierplätzen antreten ließ. Je länger und ausgiebiger er dies tat, um so höher war die Qualität seiner Infanterie. Das aber verschlang gewaltige Summen, und dementsprechend waren nur noch wenige Staaten in Europa zu selbständiger Kriegführung in der Lage. Die anderen waren bloß als Koalitionäre kriegführungsfähig.

Betrachtet man die europäische Kriegsgeschichte vom 14. bis zum 18. Jahrhundert, so fällt an ihr die beständige Abnahme der selbständig kriegführungsfähigen Akteure auf. Konnte zunächst noch jeder Ritter auf seinem Fehderecht insistieren, um auf diesem Weg seinen Willen auch gewaltsam zur Geltung zu bringen, so gelang es dem Territorialstaat im 16. und 17. Jahrhundert, sich als Kriegsmonopolist durchzusetzen. Der Territorialstaat brachte, um mit Max Weber zu sprechen, die politischen Betriebsmittel unter seine ausschließliche Kontrolle, und dabei spielte der Krieg als forcierendes Element dieser Entwicklung eine entscheidende Rolle. Aber schon bald wuchsen die Kosten für die Herstellung und Aufrechterhaltung der Kriegführungsfähigkeit so

33 Zur Entwicklung der neuen Infanterietaktik vgl. Delbrück, *Geschichte der Kriegskunst*, Bd. 4, S. 188 ff. und 342 ff. Dabei hatten zunächst die Spanier (Infanterie = Truppe des Infanten) und dann die Niederländer eine führende Position inne; vgl. Oestreich, *Geist und Gestalt des frühmodernen Staaten*, S. 11-34.

stark an, dass nur noch wenige größere Staaten tatsächlich das Recht der Kriegführung für sich in Anspruch nehmen konnten. Daraus entwickelte sich das System des europäischen Gleichgewichts, in dem fünf große Mächte die ausschlaggebende Rolle spielten. Die Einschränkung der allgemeinen Kriegführungsfähigkeit durch deren dramatisch angestiegene Kosten hatte diese Mächte zu Großmächten werden lassen, aber die Aufrechterhaltung dieses Status' war davon abhängig, dass sie permanent einen aufwendigen Militärapparat unterhielten. Sobald sie sich, wie Spanien und Schweden, dazu nicht mehr in der Lage sahen, verschwanden sie aus dem Kreis der großen Mächte und spielten nur noch eine untergeordnete Rolle. Demgemäß waren diese Staaten darum bemüht, ihre gesamte innere Organisation an den Erfordernissen des Militärapparats auszurichten. Otto Hintze hat dies als den Militarismus des europäischen Kontinentalstaates bezeichnet.[34]

Dafür gewannen die Kriege, die zwischen den Staaten geführt wurden – auch sie zumeist in Koalitionen, die um die großen Mächte gruppiert waren –, eine Intensität, die vordem unvorstellbar gewesen war. Die Entwicklung, in deren Verlauf die Trennlinie zwischen Staaten- und Bürgerkrieg scharf und deutlich ausgezogen wurde, kann auch als ein Prozess der Verbannung des kleinen Krieges aus dem Alltag der Menschen und der Konzentration der Kriegsgewalt in einem außeralltäglichen Zustand, eben dem Staatenkrieg, beschrieben werden.[35] Die Unterscheidung zwischen Krieg und Frieden gewann dadurch für die Menschen eine Bedeutung, die sie zuvor nie besessen hatte. Freilich verlief dieser Prozess keineswegs so gradlinig, wie dies die Rekonstruktion seiner Dynamik erscheinen lässt. Die tiefste und folgenreichste Blockierung auf dem Weg zum Frieden als politischem Normalzustand und dem Krieg als zeitlich wie räumlich begrenzten Einbruch außeralltäglicher Gewalt war der europäische Krieg von 1618 bis 1648, in dessen Verlauf alle zuvor entwickelten Begrenzungen und Trennungen zerstört wurden, um nach dessen Ende freilich um so fester wieder errichtet zu werden.

Der Dreißigjährige Krieg

Der beschriebene Prozess einer abnehmenden Zahl kriegführungsfähiger Akteure kann als schrittweise Umstellung eines auf den Marktprinzipien von Angebot und Nachfrage beruhenden Regulationssystems

34 Hintze, »Staatsverfassung und Heeresverfassung«, S. 61 ff.

35 Tatsächlich wurde der kleine Krieg zu einem begleitenden Hilfsmittel des großen Krieges, das auch räumlich eng an letzteren gebunden war; vgl. Kunisch, *Der Kleine Krieg*.

der Kriegsgewalt, wie es sich von Italien ausgehend im 15. und 16. Jahrhundert entwickelt hatte, durch das politische Regulationssystem der Staaten und der Staatsräson begriffen werden. Die Monopolisierung des Krieges durch den Staat ist in dieser Sicht mit der Schließung des Marktes für die Anbieter und Nachfrager militärischer Arbeitskraft bzw. militärischer Dienstleistungen gleichbedeutend. Zuvor freilich hatte sich mit der schwindenden Kraft vasallitischer Bindungen und der gleichzeitigen Ansammlung großer Vermögen in den europäischen Handelsstädten und insbesondere in den Händen von Großkaufleuten eine Ordnungsstruktur der militärischen Gewalt entfaltet, die man in der Literatur auch als die »Kriege der Söldner und Kaufleute« bezeichnet findet.[36] Man kann darin aber auch einen entwicklungsgeschichtlichen Zwischenschritt sehen, bei dem die feudale Ordnung *nicht mehr* die Kraft hatte, die Kriegsgewalt zu kontrollieren, während die sich gerade formierenden Territorialstaaten dazu *noch nicht* in der Lage waren. In dieser Situation geriet der Krieg unter die Kontrolle des Geldes. Der »Krieg der Söldner und Kaufleute« lässt sich freilich auch als eine besonders kostengünstige Form der Kriegsorganisation beschreiben, bei der die Auftraggeber militärischen Gewaltgebrauchs dessen Kosten in Grenzen zu halten bestrebt waren: Fürsten oder Städte beauftragten danach einen Kriegsunternehmer (*Condottiere*), für eine festgelegte Geldsumme innerhalb eines bestimmten Zeitraums eine klar umrissene Aufgabe zu erfüllen.[37] Das konnte die Eroberung einer Stadt, die Verwüstung gegnerischen Territoriums oder auch die Abwehr eines bedrohlichen Angreifers sein. Man zahlte nur so lange, wie man die militärische Arbeitskraft brauchte, und kehrte danach wieder in einen durch die drastische Absenkung der Militärausgaben versüßten Friedenszustand zurück. Nunmehr, so die Annahme des Idealfalls, gingen die Söldner andernorts anderen Aufgaben nach. Freilich ging diese Rechnung nicht immer auf: Oft zeichneten sich die Söldner durch Leistungsverweigerung aus, bestanden dafür aber um so entschiedener auf der Auszahlung des Soldes. Sie nutzten ihre konkurrenzlose Gewaltkompetenz, um ihre eigenen Interessen, nicht aber die ihres Auftraggebers durchzusetzen. Die Kritiker verwiesen demgemäß immer wieder auf die Unzuverlässigkeit der Söldner und machten geltend, dass sie tatsächlich sehr viel teurer seien, als es auf den ersten Blick den Anschein habe: Sie kosteten nämlich bloß, ohne zuverlässige Gegenleistungen zu erbringen. Als schärfster Kritiker des Söldnertums ist auf dessen Höhepunkt Niccolò Machiavelli hervorgetreten: »Ein Herrscher, der sich auf Söldner stützt, wird niemals auf festem Boden stehen und sicher sein;

36 Howard, *Der Krieg in der europäischen Geschichte*, S. 33 ff., 56 ff.

37 Vgl. Trease, *Condottieri*, sowie Hale, *War and Society in Renaissance Europe*, S. 46 ff.

denn Söldner sind uneinig, machtgierig, ohne Disziplin und treulos, überheblich gegenüber den Freunden, feig vor dem Feind, ohne Furcht vor Gott, ohne Redlichkeit gegen die Menschen. Man schiebt seinen Untergang nur so lange hinaus, als man den Angriff hinausschiebt. Im Frieden wird das Land *von ihnen* ausgeplündert, im Krieg *vom Feind.* Der Grund hierfür ist der, daß sie sich durch nichts gebunden fühlen als das bißchen Sold, der nicht ausreicht, um sie gerne für dich sterben zu lassen.«[38]

Aber es war auch für Machiavelli unbestreitbar, dass das Söldnerwesen erlaubte, hohe Militäraufwendungen nur dann zu tätigen, wenn man sich im Kriegszustand befand, um ansonsten diese Ausgaben tendenziell auf Null zurückzuführen. Er bestritt freilich, dass es eine nennenswerte Gegenleistung für diese Ausgaben gab.

Das Ende eines freien Söldnerwesens kam in Europa mit dem Ausgang des Dreißigjährigen Krieges. Im Gefolge des Friedensschlusses von Münster und Osnabrück nahmen die Staaten das Militär unter ihre strikte Kontrolle und beendeten die Epoche der auf der Suche nach Beschäftigungsmöglichkeiten durch das Land vagabundierenden, der »gartenden« Landsknechte, die etwa zwei Jahrhunderte gedauert hatte.[39] Bei diesem weitreichenden Entschluss haben die Erfahrungen des Dreißigjährigen Krieges eine entscheidende Rolle gespielt. In diesem Krieg haben sich unterschiedliche Bestrebungen der Konfliktparteien, aber auch die verschiedenen Regime der militärischen Gewalt unterschiedslos vermischt, und nicht zuletzt diese Vermischung hat zur Intensität dieses Krieges, zu seiner Dauer wie den unermesslichen Schwierigkeiten bei seiner Beendigung geführt. Die klare Separierung politischer und religiöser Bestrebungen sowie die restlose Verstaatlichung des Kriegsregimes, wie sie im Westfälischen Frieden festgeschrieben wurde, hat den klassischen Krieg in Europa hervorgebracht und auf Dauer gestellt.

Befasst man sich etwas genauer mit dem Dreißigjährigen Krieg, so steht an dessen Anfang eine Vermischung politischer und konfessioneller Konflikte:[40] einerseits die Auseinandersetzung der böhmischen Stände mit dem Wiener Kaiserhaus um die Macht in Böhmen und andererseits die Zuspitzung des seit langem schwelenden Konflikts zwischen Calvinismus und Katholizismus durch die Wahl Kurfürst Friedrichs von

38 Machiavelli, *Der Fürst*, S. 49 f.

39 Vgl. Bürschel, »Innermilitärische Disziplinierung«, S. 971 f., sowie Kroener, »Vom ›extraordinari Kriegsvolck‹ zum ›miles perpetuus‹«, S. 141-187.

40 Aus der Fülle der Literatur zu diesem Krieg seien hier genannt: Parker, *Der Dreißigjährige Krieg*, insbes. S. 102 ff.; sowie – mit einer anderen Akzentsetzung – Barudio, *Der Teutsche Krieg*, S. 71 ff.

der Pfalz, des Anführers der Reformierten in Deutschland, zum böhmischen König. Politische und religiöse bzw. konfessionelle Konflikte flossen damit ineinander und mobilisierten Freundschaften wie Feindschaften, die weitaus stärker waren, als dies bei einem gesonderten Auftreten beider Konflikte der Fall gewesen wäre. Aber damit nicht genug: Durch die Verbindung der beiden Konfliktdimensionen kamen Akteure ins Spiel, die zunächst gar nicht in die Auseinandersetzung involviert gewesen waren: Maximilian von Bayern etwa, für den das böhmische Engagement des pfälzischen Kurfürsten die willkommene Möglichkeit bot, sein eigenes politisches Projekt zur Erlangung der Kurwürde im Deutschen Reich mit dem Streit um die Prager Königskrone zu verbinden. Auch Spanien, das in den Niederlanden seit mehreren Jahrzehnten mit politischen Unabhängigkeitsbestrebungen konfrontiert war, deren es militärisch nicht Herr wurde, war umstandslos bereit, sich in den Konflikt hineinziehen zu lassen, hoffte es doch, durch einen Sieg über Friedrich die Position der Reformierten in Deutschland zu schwächen, damit eines der wichtigsten Unterstützungs- und Nachschubgebiete der niederländischen Reformierten ausfallen würde. Friedrich von der Pfalz wiederum konnte auf englische Subsidien zählen, und das nicht bloß, weil er der Schwiegersohn des englischen Königs Jacob I. war, sondern auch, weil die englische Staatsräson nahelegte, immer dann und überall dort einzugreifen, wo der globale Konkurrent Spanien um die Festigung oder Vergrößerung seiner Macht bemüht war. So wurde aus einem regionalen Konflikt binnen weniger Wochen und Monate ein Krieg, der die Konflikte und Spannungen verschiedener Regionen zusammenführte und miteinander verband. Das ist zugleich der Grund dafür, warum der als Streit um die böhmische Krone begonnene Krieg nicht mit der Schlacht am Weißen Berg und dem Sieg der Kaiserlichen über die böhmischen Stände bzw. der katholischen Liga über die Reformierten endete und wieder Frieden einkehrte.

Die dreißigjährige Dauer dieses Krieges erklärt sich somit daraus, dass immer dann, wenn sich der Sieg einer Seite (in der Regel der katholischen bzw. der kaiserlichen Seite) abzeichnete, dies neue Kräfte von außen ansog, weil dieser Ausgang des großen Ringens in Mitteleuropa nicht zu ihrem Vorteil war. Zwei Motivationen für solche Intervention sind dabei zu unterscheiden: die Intervention aus Gründen machtpolitisch ausgerichteter Staatsräson und die Intervention aufgrund konfessioneller Bindungen und politischer Werte, also *interessenorientierte* und *wertgebundene* Interventionen. Etwas vereinfacht wird man das Engagement Frankreichs im Dreißigjährigen Krieg dem ersten Typ zurechnen können; die wichtigste Direktive der von Kardinal Richelieu geleiteten französischen Politik lautete, alles zu unternehmen, was Macht und Einfluss des Hauses Habsburg in Europa schwächen oder zumindest begrenzen konnte. Also unterstützte der Kardinal der römischen Kirche die protestantische Seite, zunächst verdeckt und mit Subsidien, später offen und mit eigenen Truppen. Konfessionelle Bindungen verschwanden für Richelieu hinter den alles beherrschenden Direktiven der Staatsräson. Die umgekehrte Gewichtung findet sich bei Gustav Adolf von Schweden, in dessen Bemühen es sicherlich auch darum ging, die gerade errungene schwedische Großmachtposition im Norden Europas zu konsolidieren, der in seiner Bündnispolitik aber stark an konfessionellen Bindungen und Loyalitäten orientiert war und der hier deswegen als Repräsentant des zweiten Interventionstypus' angesehen werden kann.[41]

Schließlich kam im Innern des Kriegsgebiets noch eine Entwicklung zum Tragen, die ganz entscheidend zur langen Dauer dieses Krieges beigetragen hat: die Entstehung »kriegsverbundener« Interessen in Form von Kriegsunternehmern und Söldnergruppen, die vom Krieg lebten, sich durch ihn bereicherten oder ihn zum sozialen bzw. politischen Aufstieg nutzten und darum kein Interesse an seiner Beendigung hatten – jedenfalls so lange nicht, wie sie ihre Schäfchen noch nicht ins Trockene gebracht hatten. Albrecht von Wallenstein, der es vom kleinen Landedelmann bis zum Herzog von Friedland bzw. zu einem der reichsten und mächtigsten Männer Europas gebracht hat, ist das bekannteste Beispiel für diesen Typus des Kriegsunternehmers. In seinem Schlepptau bewegte sich eine große Schar von Glücksrittern, die nichts mehr fürchteten als den »Ausbruch des Friedens«. Mit ihnen kam neben den politischen und religiösen Motiven auch die ökonomische Seite des Krieges ins Spiel. Je länger der Krieg dauerte, desto größeren Einfluss gewannen diese Kriegsunternehmer und ihr bewaffneter Anhang auf seinen Verlauf, da infolge der Verwüstungen und des Zusammenbruchs der Friedensökonomie die an einer schnellen Kriegsbeendigung interessierten Gruppen an Gewicht verloren hatten. Für die Kriegsunternehmer und die Söldner galt, dass sie nicht nur für den Krieg, sondern auch vom Krieg lebten.[42]

Fassen wir zusammen: Dauer und Intensität des Dreißigjährigen Krieges sind entscheidend durch das Zusammenfließen unterschiedlicher Interessen und Motive bestimmt, was relativ bald dazu führte, dass die regionalen Begrenzungen des Kriegsgeschehens übersprungen

41 Zur Politik Richelieus vgl. Wollenberg, *Richelieu*, S. 39-124; zur vielschichtigeren Gestalt des Schwedenkönigs vgl. Barudio, *Gustav Adolf*, passim.

42 Dazu Parker, *Der Dreißigjährige Krieg*, S. 280 ff., sowie Langer, *Der Dreißigjährige Krieg*, S. 61 ff., 134 ff. Bert Brecht hat diesen Aspekt des Krieges in seiner *Mutter Courage* ins Zentrum der Darstellung gerückt; vgl. dazu Münkler, »Der Dreißigjährige Krieg, die neuen Kriege und Brechts ›Mutter Courage‹«, S. 16-33.

wurden und der Krieg sich räumlich immer weiter ausdehnte. Die Ausdehnung im Raum wurde zur Ursache für die Ausdehnung in der Zeit. Das größte Problem bei der Begrenzung bzw. Beendigung des Krieges aber war die progredierende Vermischung von Politischem, Religiösem und Ökonomischem, die zur Folge hatte, dass nahezu alle Begrenzungen der Gewalt niedergerissen wurden und sich keine starken Gegeninteressen mehr fanden, die auf eine baldige Beendigung des Krieges drängten. So flammte der Krieg nach zeitweiligen Waffenstillständen und Friedensverabredungen immer wieder von neuem auf, und die Art und Weise, wie er in den zähen Verhandlungen in Münster und Osnabrück schließlich zu Ende gebracht wurde, ähnelt weniger dem klassischen Modell eines Friedens*schlusses* als vielmehr dem, was man heute als Friedens*prozess* bezeichnet. In diesen Verhandlungen ging es – auch – um die schrittweise Entflechtung des Politischen, Religiösen und Ökonomischen, ohne die eine stabile Übereinkunft nicht möglich war. Bis zum Schluss blieb dabei die Demobilisierung der Soldaten und die Frage, wer die Demobilisierungskosten zu tragen hatte, eines der schwierigsten Probleme der Friedensgespräche.

Im hier interessierenden Zusammenhang richtet sich die Aufmerksamkeit auch darum auf die Strukturen und Dynamiken des Dreißigjährigen Krieges, weil er nicht nur eine große Unterbrechung in der Entwicklung des Staatenkrieges darstellt, sondern es liegt auch die Vermutung nahe, dass die Konstellationen der neuen Kriege denen des Dreißigjährigen Krieges in vielerlei Hinsicht ähneln.[43] Eines der auffallenden Charakteristika der neuen Kriege ist, dass sie erheblich länger dauern als die klassischen zwischenstaatlichen Kriege und nur in wenigen Fällen durch Friedensschlüsse, sondern, wenn überhaupt, durch Friedensprozesse zu Ende gehen. So dauert der Krieg in Somalia inzwischen zweieinhalb Jahrzehnte, der wahrscheinlich zu Ende gegangene Krieg in und um Angola hat mehr als drei Jahrzehnte gedauert, der Krieg in und um den Kongo, dem im weiteren Sinne auch die Massaker an den Tutsi in Ruanda im Jahre 1994 zugerechnet werden müssen, schwelt inzwischen mehr als zehn Jahre vor sich hin, und auch der Krieg in und um Afghanistan, der trotz Loya Jirga und Wahlen im Süden und Osten des Landes weitergeht, dauert inzwischen zweieinhalb Jahrzehnte. Noch bedeutsamer für die Analogie zwischen dem Dreißigjährigen Krieg und vielen der neuen Kriege ist das Auftauchen privater Kriegsunternehmer, sogenannter Warlords, die, weil sie den Krieg zur Form ihres Erwerbslebens gemacht haben, ein Interesse an dessen Fortsetzung haben. Und schließlich ist da das Zusammenfließen politischer und religiöser Motive, das zur Steigerung von Feindschaften erheblich beiträgt.

43 Dazu ausführlich Münkler, *Die neuen Kriege*, S. 59 ff.

Nun könnte gegen den Vergleich dieser Kriege mit dem Dreißigjährigen Krieg eingewandt werden, dass es sich hier um Bürgerkriege handele, die seit jeher erheblich länger gedauert hätten als Staatenkriege. Der Einwand übersieht freilich, dass innergesellschaftliche Kriege nicht eo ipso lange dauern, sondern ebenso dem Gesetz von Sieg und Niederlage unterliegen wie zwischenstaatliche Kriege. Was Kriege vielmehr lange dauern lässt, ist die Grenzverwischung zwischen Bürger- und Staatenkrieg, wie sie für den Dreißigjährigen Krieg kennzeichnend und auch für die gerade genannten Kriege des späten 20./frühen 21. Jahrhunderts typisch ist. Retrospektiv wird man sagen können, dass die Ratio des Westfälischen Systems wesentlich in der Separierung von Staaten- und Bürgerkrieg lag, die als solche sicherlich zunächst nicht bewusst angezielt worden ist, sich aber durch die Präzisierung des Staatenkrieges in dieser Form entwickelt hat. Es ist das Poröswerden dieser Grenzziehung, die Diffusion von innergesellschaftlichen und zwischenstaatlichen Kriegen, die für die endlose Dauer vieler der neuen Kriege verantwortlich ist.

Kleine Geschichte des klassischen Krieges: Vom Westfälischen Frieden bis zum Ersten Weltkrieg

Der Vergleich zwischen den neuen Kriegen unserer Gegenwart und den klassischen Staatenkriegen zeigt eine weitere Trennlinie, die im Gefolge der Friedensschlüsse von Münster und Osnabrück in die internationale Politik eingeführt wurde und die für die Ordnung des Westfälischen Systems von annähernd gleicher Bedeutung war wie die mit der Einrichtung des Staatensystems einhergehende Trennung zwischen dem Innen und Außen der Staaten: die Separierung von Politik und Ökonomie in allen *unmittelbar* den Krieg betreffenden Fragen. Das heißt nicht, dass Staatenkriege nicht auch aus wirtschaftlichen Interessen heraus geführt worden wären. Neben dem Motiv präventiver Machtsteigerung in der Konkurrenz mit den anderen Großmächten[44] haben wirtschaftliche Interessen bei dem Entschluss Krieg zu führen immer auch eine Rolle gespielt. Aber der *unmittelbare* Einfluss wirtschaftlicher Überlegungen und Antriebe auf die Führung eines Krieges war im Westfälischen System blockiert. Man führte Kriege auch um wirtschaftlicher Ziele willen, aber Krieg zu führen war selbst kein wirtschaftliches Ziel. Das war die Voraussetzung dafür, dass der Krieg nunmehr direkter staatlicher Kontrolle unterworfen und als ein Instrument der Politik

44 Zu den strukturellen Konkurrenzzwängen der großen Mächte vgl. Mearsheimer, *The Tragedy of Great Power Politics*, S. 29-54; Gilpin, *War and Change in World Politics*, S. 18 ff.

begriffen werden konnte. Clausewitz' vielzitierte Definition des Krieges als »bloße Fortsetzung der Politik mit anderen Mitteln«[45] ist in dieser Form die Definition des klassischen Krieges, des Staatenkrieges. Dass Krieg nur die Fortsetzung der Politik und nicht auch der Ökonomie, der Religion oder was auch immer »mit anderen Mitteln« ist, ist alles andere als selbstverständlich, sondern selbst eine politische Leistung. Das Westfälische System war der Versuch, diese Leistung institutionell auf Dauer zu stellen.

Nun ist die Geschichte des europäischen Staatenkrieges zwischen 1648 und 1918 jedoch keineswegs so gradlinig verlaufen, wie man bei Betrachtung der Strukturprinzipien des Westfälischen Systems meinen könnte. Die Französische Revolution und die an sie anschließenden Kriege haben die Ordnung des Staatenkrieges grundsätzlich in Frage gestellt: Vor allem während der Revolutionskriege, weniger während der anschließenden napoleonischen Eroberungskriege ist es zu einer Diffusion von Innen und Außen gekommen, die den Kriegen eine sehr viel größere Intensität verliehen hat, als dies bei den Kabinettskriegen des 18. Jahrhunderts der Fall war.[46] Und doch hat nicht erst der Wiener Kongress die Staatenordnung und damit auch den Staatenkrieg in Europa wiederhergestellt, sondern das hat bereits Napoleon getan, dessen Kriege im wesentlichen keine zur Ausbreitung der Revolution und ihrer Grundsätze waren, sondern solche zur Verschiebung von Grenzen und zur Ausweitung von Einflussgebieten. Dennoch stellt in der Geschichte des Staatenkrieges die Französische Revolution so etwas wie eine Wasserscheide dar, die den *Krieg der Kabinette* vom *Krieg der Nationen* trennt. Beides sind freilich Konkretionen des klassischen Krieges.

Die eineinhalb Jahrhunderte, in denen der Krieg eine Angelegenheit der Kabinette war, die sie vermittels ihrer Heere betrieben, wenn sie mit den Mitteln der Diplomatie das angestrebte Ziel nicht erreichen konnten, bilden die Epoche, in welcher der Krieg ein *politisches* Instrument darstellt, wie er es weder zuvor noch danach je gewesen ist. Das hatte vor allem damit zu tun, dass die Bevölkerung der am Krieg beteiligten Länder soweit wie irgend möglich aus dem Gewaltgeschehen herausgehalten wurde: Weder wurde sie von dem eigenen Landesherrn systematisch zur Verteidigung herangezogen noch wurde der Krieg gegen die Bevölkerung des feindlichen Gebietes geführt. Die

45 Clausewitz, *Vom Kriege*, S. 210.

46 Zur revolutionären Kriegführung vgl. Fiedler, *Grundriß der Militär- und Kriegsgeschichte*, Bd. 2, S. 81 ff., insbes. S. 148 ff.; ders., *Kriegswesen und Kriegführung im Zeitalter der Revolutionskriege*, S. 16 ff. und 189 ff., sowie Best, *War and Society in Revolutionary Europe*, S. 63 ff.; zum Kriegsdiskurs der Revolutionäre vgl. Kunisch/Münkler (Hrsg.) *Die Wiedergeburt des Krieges*, passim.

Heere der Kabinette bestanden im wesentlichen aus Berufssoldaten, die zum Teil im eigenen Herrschaftsgebiet, häufig aber auch außerhalb dessen angeworben worden waren. Der Krieg war eine Angelegenheit der Regierungen, die sie, wie Clausewitz schreibt, »vermittelst der Taler in ihrem Koffer und der müßigen Herumtreiber in ihren und den benachbarten Provinzen zustande brachten«.[47] Diese Heere führten den Krieg auf eine Weise, dass die Zivilbevölkerung des Kriegsgebiets möglichst wenig in Mitleidenschaft gezogen wurde. Die Entscheidung fiel in der direkten Konfrontation beider Heere – entweder indem sie sich »ausmanövrierten«, also versuchten, das gegnerische Heer von seinen Nachschublinien abzuschneiden und es so zur Kapitulation zu zwingen, oder aber, indem sie sich zur Entscheidungsschlacht stellten. Die Bevölkerung der Krieg führenden Länder trat dabei nur als Kriegsfinanzier, als Zahler von Steuern, Sondersteuern und Kontributionen in Erscheinung. Diese Finanzierungslast konnte freilich überaus drückend sein; dementsprechend hat Kant die Disposition der republikanischen Ordnung zum Frieden wesentlich auf den Kosten des Krieges begründet, als er die »Drangsale des Krieges« für die Bürger aufzählte: »selbst zu fechten; die Kosten des Krieges aus ihrer eigenen Habe herzugeben; die Verwüstungen, die er hinter sich lässt, kümmerlich zu verbessern; zum Übermaße des Übels endlich noch eine, den Frieden selbst verbitternde, wie (wegen naher immer neuer Kriege) zu tilgende Schuldenlast selbst zu übernehmen«.[48] Dabei war das Erfordernis »selbst zu fechten« im Vergleich mit der Kriegführung seit der Französischen Revolution nur für einen begrenzten Anteil der Bevölkerung und kaum für die Bürger, wie Kant sie definiert, eine tatsächliche »Drangsal des Krieges«.

Das hatte zur Folge, dass die Zwecke, die von den Kabinetten mit dem Mittel des Krieges verfolgt wurden, begrenzt und überschaubar waren. Obendrein war die Politik der Kabinette so angelegt, dass oftmals allein die Reputation des Heeres genügte, um einen (begrenzten) politischen Willen durchzusetzen, so dass das Heer gar nicht in den Kampf geführt werden musste, sondern die bloße Demonstration seiner Einsatzbereitschaft genügte. Je weniger der Krieg existenzielle Dimensionen annahm, desto eher genügte eine bewaffnete Demonstration, wie

47 Clausewitz, *Vom Kriege*, S. 967; zur Art der Kriegführung vgl. Luh, *Kriegskunst in Europa*, passim; zur Instrumentalität des Krieges vgl. Kunisch, »La guerre – c'est moi!«, S. 1-41.

48 Kant, »Zum ewigen Frieden«; in: ders., *Werke*, Bd. 9, S. 205 f.; zur Bedeutung der Kriegsfinanzierung vgl. auch Clausewitz, *Vom Kriege*, S. 966: »Diese Kriegsmacht war auf Werbung und Geld begründet. Die Staaten hatten sich zur vollkommenen Einheit ausgebildet und die Regierungen, indem sie die Leistungen ihrer Untertanen in Geldabgaben verwandelten, ihre ganze Macht in ihren Geldkasten konzentriert.«

etwa die Mobilisierung der Armee und ihr Aufmarsch im Grenzgebiet, um zum Ziel zu kommen. In diesem Falle hing viel von der Reputation ab, die eine Armee besaß, und diese Reputation wurde nicht nur in Kriegen und Schlachten erworben, sondern ebenso in Manövern, Paraden und Revuen. Der Aufmarsch der Truppen, die uniformiert, aber von großer Farbenpracht waren, das eindrucksvolle Bild ihrer Ordnung, die Präzision, mit der sie die Kommandos ausführten und sich in gleichem Schritt und Tritt im Gelände bewegten, waren ein Gradmesser für die Güte des militärischen Instruments und wurden dementsprechend genau beobachtet.[49] Wenn die zahlreichen Beobachter solcher Manöver und Revuen den europäischen Kabinetten berichteten, welchen Eindruck die Truppen bei ihnen hinterlassen hatten, hatte dies oft denselben Effekt wie Siege oder Niederlagen im Krieg. Die Kriege waren unter diesen Umständen berechenbar, und diese Berechenbarkeit wiederum konnte den Effekt der Kriegsvermeidung haben. In dieser Epoche quantifizierend-mechanischer Kräftebetrachtung wurde Krieg im Prinzip nur geführt, wenn man von einem Gleichgewicht der Kräfteverhältnisse ausging oder aber die Relationen unklar waren. Bei eindeutiger Über- und Unterlegenheit wurden Übereinkünfte auch ohne »das Auskunftsmittel des Krieges« (Clausewitz) getroffen.

Das änderte sich mit der Französischen Revolution, in deren Folge die als Nation konstituierte Bevölkerung eines Landes in die Waagschale des Krieges geworfen werden konnte, so dass neben den quantitativ-mechanischen die *moralischen* Faktoren für die Beurteilung der zwischenstaatlichen Kräfteverhältnisse an Gewicht gewannen. Es kam nun nicht mehr nur darauf an, eine zahlenmäßig überlegene Armee ins Feld zu schicken, sondern man musste sich auch auf eine kriegsentschlossene und opferbereite Bevölkerung stützen können, wenn man seinen politischen Willen mit den Mitteln des Krieges durchsetzen wollte. Die nationalistische Begeisterung eines Volkes wurde zu einer Ressource der Kriegführung. Auf die Epoche der Revolutions- und napoleonischen Kriege zurückblickend, hat Clausewitz darauf bestanden, dass in ihr der klassische Staatenkrieg nicht zu Ende gegangen, sondern dem Staat vielmehr eine größere Palette von Möglichkeiten zugewachsen sei: »Aber diese Veränderungen sind nicht dadurch entstanden, dass die französische Regierung gewissermaßen emanzipiert, vom Gängelbande der Politik losgelassen hätte, sondern sie sind aus der veränderten Politik entstanden, welche aus der französischen Revolution sowohl für Frankreich als auch für ganz Europa hervorgegangen ist. Diese Politik hatte andere Mittel, andere Kräfte aufgeboten und dadurch eine Ener-

49 Dazu ausführlich Luh, *Kriegskunst in Europa*, S. 177 ff.; zur Unterscheidung zwischen instrumentellen und existenziellen Kriegen Münkler, *Über den Krieg*, S. 91 ff.

gie der Kriegführung möglich gemacht, an welche außerdem nicht zu denken gewesen wäre.«[50]

Die Zeit des strategischen Manövrierens war nunmehr vorbei,[51] und es begann die Ära der Entscheidungsschlachten, in denen alles davon abhing, dass man zur entscheidenden Zeit am entscheidenden Ort überlegene Kräfte zur Verfügung hatte und sie mit äußerster Entschlossenheit gebrauchte, um hier und jetzt zu siegen. Napoleon war ein Meister dieser Art von Kriegführung,[52] und wenn ihn darin einer übertroffen hat, dann der preußische Generalstabschef Helmuth von Moltke. Beide markieren zugleich Anfang und Ende der in einer großen Schlacht entschiedenen Kriege: Austerlitz, Jena, Leipzig und Waterloo stehen am Anfang dieser Epoche der Kriegführung, Königgrätz und Sedan an ihrem Ende.[53] Aber wenn Waterloo und Sedan auch nach demselben Prinzip der Konzentration der Kräfte in Raum und Zeit geschlagen wurden, so hatte sich zwischenzeitlich doch Grundlegendes verändert, und das wies voraus auf Konstellationen, unter denen Kriege nicht mehr durch Entscheidungsschlachten, sondern durch materielle und moralische Erschöpfung entschieden wurden: Napoleon konnte auf dem Schlachtfeld nur über die Truppen verfügen, die sich durch Muskelkraft von den Aufstellungsräumen des Feldzugs bis zum Ort der Entscheidungsschlacht bewegt hatten. Das war vor allem ein logistisches Problem, da die Einheiten während des gesamten Zeitraums verpflegt werden mussten, was der Größe der Truppenaufgebote sowie der Schnelligkeit und Tiefe ihres Vorstoßes natürliche Grenzen setzte. Moltke dagegen konnte seine Truppen mit der Eisenbahn bis in die Nähe des Schlachtfelds bringen und dort auf dieselbe Weise verpflegen und munitionieren. An die Stelle

50 Clausewitz, *Vom Kriege*, S. 998. Über die infolge der Revolution veränderten Mittel des Krieges hatte Clausewitz zuvor geschrieben (S. 971): »Mit der Teilnahme des Volkes an dem Kriege trat statt eines Kabinetts und eines Heeres das ganze Volk mit seinem natürlichen Gewicht in die Waagschale. Nun hatten die Mittel, welche angewandt, die Anstrengungen, welche aufgeboten werden konnten, keine bestimmte Grenze mehr; die Energie, mit welcher der Krieg selbst geführt werden konnte, hatte kein Gegengewicht mehr, und folglich war die Gefahr für die Gegner die äußerste.«

51 Im Anschluss an Hans Delbrück wird eine Art der Kriegführung, in der das Manövrieren der Truppen mit gelegentlichen Gefechten und einigen größeren Schlachten verbunden ist, als doppelpolige Strategie bezeichnet; vgl. Craig, »Der Militärhistoriker Hans Delbrück«, S. 95 ff., sowie Aron, *Clausewitz*, S. 115 ff. und 372 ff.

52 Dazu unten, S. 86 ff.

53 Beschreibungen der Schlachten von Waterloo, Königgrätz und Sedan finden sich in Förster u. a. (Hrsg.), *Schlachten der Weltgeschichte*, S. 184 ff., 216 ff., 230 ff.

von Muskelkraft war fossile Energie getreten, und das hatte zur Folge, dass sehr viel mehr Soldaten zum Einsatz gebracht werden konnten. Die Revolution in Frankreich hatte die *politischen* Begrenzungen für die Eskalation der Kriegsanstrengungen niedergerissen, aber dafür, dass diese Entgrenzung des Ressourceneinsatzes auch tatsächlich genutzt werden konnte, hat erst die von England ausgehende industrielle Revolution gesorgt, indem sie die *logistischen* Begrenzungen verminderte. Zivile Infrastruktur, wie eben das Eisenbahnnetz eines Landes, wurde damit zu einem zentralen Element der Kriegführungsfähigkeit.[54] Die zuvor klare Grenzziehung zwischen ziviler Ökonomie und militärischem Apparat wurde dadurch porös, und das sollte für den weiteren Verlauf der Kriegsgeschichte in Europa weitreichende Folgen haben.

Diese zeigten sich im Ersten Weltkrieg, der von beiden Seiten mit dem Ziel der schnellen Entscheidung durch eine große Schlacht eröffnet wurde, sich aber mehr und mehr von der Niederwerfungs- auf die Ermattungsstrategie umstellte.[55] In der jüngeren Forschung wird wieder stärker betont, dass die Entscheidung dieses Krieges mehrfach auf der Kippe stand, und die Mittelmächte Deutschland und Österreich-Ungarn nach dem Scheitern der schnellen Entscheidung in Frankreich keineswegs den Krieg verloren hatten.[56] Dass die Fortsetzung des Krieges nach dem Scheitern des Schlieffenplans deutscherseits nur die bei steigenden Kosten aufgeschobene Einsicht in die Unvermeidlichkeit der Niederlage war, ist hingegen die in der älteren Forschung vorherrschende Auffassung.[57] Der Sieg der Revolution in Russland, zumal der Sieg der Oktoberrevolution, war das Ergebnis der politischen und wirtschaftlichen Erschöpfung des Zarenreichs. Zu diesem Zeitpunkt war nicht auszuschließen, dass Frankreich früher ermattet sein würde als sein Hauptgegner Deutschland, zumal es nach dem Scheitern der Nivelle-Offensive im Frühjahr 1917 zu schweren Meutereien in der französischen Armee kam, in deren Gefolge ein Teil der französischen

54 Dazu McNeill, *Krieg und Macht*, S. 199 ff.

55 Zum Dogma der in der Entscheidungsschlacht gipfelnden Offensive als strategischer Doktrin des französischen wie deutschen Generalstabs vor 1914 vgl. Aron, *Clausewitz*, S. 355 ff. und 364 ff. Das darin liegende Missverständnis der Clausewitzschen Theorie, insbesondere des 6. Buches von *Vom Kriege*, ist eingehend analysiert bei Wallach, *Das Dogma der Vernichtungsschlacht*, insbes. S. 109 ff. Zur Unterscheidung von Niederwerfungs- und Ermattungsstrategie vgl. Delbrück, *Geschichte der Kriegskunst*, Bd. 4, S. 582 ff.

56 Vgl. Ferro, *Der große Krieg*, S. 69 ff.; Howard, *Kurze Geschichte des Ersten Weltkriegs*, S. 139 ff.; Keegan, *Der Erste Weltkrieg*, S. 546 ff.

57 Etwa Geiss, *Das Deutsche Reich und der Erste Weltkrieg*, passim; Mommsen, »Die Kontinuität des Irrtums«, S. 79 ff.

Truppen nur noch begrenzt einsatzfähig war.[58] Es gelang der französischen Militärführung jedoch, diese Krise zu meistern. Ab Juli/August 1918 zeichnete sich dann der Zusammenbruch Deutschlands infolge des sukzessiven Eintreffens amerikanischer Truppen in Europa ab. Zu diesem Zeitpunkt waren die Kräfte Österreich-Ungarns bereits aufgebraucht, und das Osmanische Reich, der wichtigste Verbündete der Mittelmächte, stand vor dem Zusammenbruch.

Es war also keine Entscheidungsschlacht, die den Krieg von 1914-1918 beendete, sondern physische und moralische Erschöpfung. Diese Erschöpfung war nicht nur eine des Militärs, sondern auch eine der Zivilbevölkerung und vor allem der wirtschaftlichen Leistungsfähigkeit der kriegsbeteiligten Länder.[59] Der Krieg war nicht länger nur eine bewaffnete Auseinandersetzung, die durch professionelles Militär ausgetragen wurde, sondern er betraf die gesamte Bevölkerung, die schließlich in Gestalt der sich dramatisch verschlechternden Ernährungslage vom Neugeborenen bis zum Greis in das Kriegsgeschehen involviert wurde. Der Erste Weltkrieg wurde nämlich von beiden Seiten auch als ein Krieg gegen die Ressourcenzuflüsse und damit gegen die Versorgungslage des Gegners geführt. Die Briten bedienten sich dazu ihrer überlegenen Kriegsmarine, die eine Fernblockade gegen die Mittelmächte errichtete, um ihnen die Fähigkeit zur Weiterführung des Krieges zu nehmen. Deutschland setzte dagegen auf die U-Boote, die durch die Versenkung von Handelsschiffen die britischen Inseln nicht nur vom Zufluss kriegswichtiger Rohstoffen, sondern auch von lebensnotwendigen Zufuhren abschneiden und das Land so in die Knie zwingen sollten.[60] Auf diese Weise wurde der Krieg nicht nur gegen das gegnerische Militär, sondern auch gegen die Zivilbevölkerung geführt. Die Ausweitung dieser Art von Kriegführung von der See in den Luftraum wurde gegen Ende des Ersten Weltkriegs eher antizipiert als effektiv praktiziert. Aber die Vorstellung, dass mit Hilfe von Bomberflotten die Infrastruktur des Gegners zerstört und ihm so die Möglichkeit zur Fortführung des Krieges genommen werden konnte, entstammt dem Ersten Weltkrieg.[61] Der mit Armeen gegen Armeen geführte klassische Krieg war durch die Nutzung neuer Technologien, wie des U-Boots, des Flugzeugs, durch den Einsatz chemischer Kampfstoffe, namentlich Gas, vor allem aber durch die Aufstellung von bis dahin unvorstellbaren

58 Howard, *Kurze Geschichte des Ersten Weltkriegs*, S. 125 f.; Strachan, *Der Erste Weltkrieg*, S. 301 ff.; Keegan, *Der Erste Weltkrieg*, S. 458 ff.; Willmott, *Der Erste Weltkrieg*, S. 212 f.

59 Chickering, *Das Deutsche Reich und der Erste Weltkrieg*, S. 43.

60 Strachan, *Der Erste Weltkrieg*, S. 245 ff.; Howard, *Kurze Geschichte des Ersten Weltkriegs*, S. 85 ff.; Ferro, *Der Große Krieg*, S. 176 ff.

61 Vgl. Müller, *Der Bombenkrieg*, S. 11-28.

Massenheeren sowie deren Ausrüstung und Versorgung auf der Basis industrieller Massenproduktion an seine Grenze gestoßen. Dieser Krieg hatte den an ihm beteiligten Ländern Verluste zugefügt, von denen klar war, dass sie von der Bevölkerung so kein zweites Mal mehr getragen würden.[62] Die Pazifisten reagierten darauf mit der Forderung, den Krieg generell zu ächten, um ihn den Regierungen als Mittel der Politik zu nehmen. Die Satzung des Genfer Völkerbunds ging nicht ganz so weit, als sie ein Verbot von Angriffskriegen aussprach und damit nur noch den Verteidigungskrieg völkerrechtlich zuließ. Man wird darin jedoch durchaus die völkerrechtliche Verabschiedung des klassischen Krieges aus dem Repertoire der Politik sehen können.[63]

Derweilen waren die Militärs der größeren europäischen Länder damit beschäftigt, den Krieg unbeschadet der politischen und rechtlichen Entwicklung wieder führbar zu machen, und zwar dadurch, dass die technologischen Entwicklungen, die zur Ausweitung und Intensivierung des Krieges geführt hatten, aufgenommen und weitergeführt wurden, um auf diesem Wege Überlegenheit gegenüber dem Feind zu erlangen. Dabei lassen sich grosso modo drei Varianten unterscheiden, die man etwas vereinfachend als französische, deutsche und britische Antwort auf die Erfahrung des Ersten Weltkriegs bezeichnen kann.[64] Diese Bezeichnungen sollen nicht besagen, dass sie von den Militärs von vornherein so intendiert worden wäre bzw. nur das jeweilige nationale Militär mit dieser besonderen Strategie gearbeitet hätte; sehr wohl aber wird man sagen können, dass die politische und militärische Führung dieser Länder während einer bestimmten Zeit überwiegend auf eine dieser Antworten gesetzt hat und mit ihr erfolgreich gewesen oder gescheitert ist.

Als erstes zu nennen ist die französische Antwort, die untrennbar mit dem Kriegsminister André Maginot verbunden ist. Sie setzte auf eine Stärkung der Defensive, indem sie darauf abstellte, einen durch Stahl- und Betonmassen geschützten Verteidiger tendenziell unverwundbar zu machen. Diese aus dem Mythos Verdun erwachsene *Maginot-Konzeption* wurde im Bau eines gewaltigen Festungsgürtels umgesetzt, der die französische Westgrenze gegen einen abermaligen deutschen Vorstoß schützen und die Verluste der eigenen Truppen minimieren sollte.[65]

62 Zur Verarbeitung und Erinnerung des Ersten Weltkriegs in den daran beteiligten Ländern vgl. Vondung (Hrsg.), *Kriegserlebnis*, und Eksteins, *Tanz über Gräben*.

63 Vgl. hierzu Steiner, »Krieg, Frieden und das internationale Staatensystem«, S. 263-297; Zum Kriegsverbot der Völkerbundsatzung und des Briand-Kelogg-Pakts vgl. Grewe, *Epochen der Völkerrechtsgeschichte*, S. 728 ff.

64 Dazu auch Münkler, *Über den Krieg*, S. 227 ff.

65 Vgl. Rémond, *Frankreich im 20. Jahrhundert*, Bd. 1, S. 311 ff. Die De-

Dagegen setzte die vor allem in Deutschland ausgearbeitete *Blitzkriegskonzeption* auf die Vermeidung eines lange währenden Abnutzungskriegs durch Stärkung der Offensivkraft des Heeres. Motorisierte, aus der Luft unterstützte Einheiten mit großer Feuerkraft sollten danach die gegnerische Front durchbrechen, die feindlichen Kräfte umfassen, von ihrem Nachschub abschneiden und sie auf diese Weise demoralisieren und zertrümmern. An die Stelle der Abnutzungsschlacht trat die Kesselschlacht.[66] Beide Vorstellungen, die defensive der Franzosen und die offensive der Deutschen, setzten mehr oder weniger darauf, die Entscheidung des Krieges aufs Schlachtfeld zurückzuverlagern und sie wieder in der direkten Konfrontation der Streitkräfte zu suchen. Während die französische Konzeption auf eine Verlangsamung des Kriegsverlaufes setzte, vertraute die deutsche auf die Möglichkeiten der Beschleunigung.[67] Bei diesen Optionen spielten auch geopolitische bzw. geostrategische Faktoren eine Rolle: Frankreich setzte darauf, dass ihm bei einem In-die-Länge-Ziehen des Krieges Verbündete zuwachsen würden, während Deutschland die Folgen einer längeren Wirtschaftsblockade fürchtete und politisch auf eine schnelle Kriegsentscheidung setzte.

Davon unterscheidet sich als dritte Antwort die britische Konzeption des *strategischen Bombenkriegs*, der wesentlich nicht gegen den Militärapparat des Gegners, sondern gegen dessen Rückraum, gegen die Industriepotentiale und nicht zuletzt die Wohnquartiere der Arbeiterschaft gerichtet werden sollte. Im Prinzip handelte es sich dabei um eine Variante des »indirect approach«, wie er für die britische Seekriegführung seit jeher typisch war. Danach wurde die unmittelbare Konfrontation mit dem Gegner auf dem Schlachtfeld, wo er am stärksten war, vermieden, um stattdessen die Nerven- und Versorgungsbahnen anzugreifen und die direkte Auseinandersetzung erst dann aufzunehmen, wenn die gegnerische Seite bereits stark geschwächt war.[68] Dabei ist freilich zu beachten, dass die britische Konzeption des strategischen Bombenkriegs in dieser Form erst während des Zweiten Weltkriegs und unter dem Eindruck der militärischen Erfolge Hitler-Deutschlands entwickelt wurde. Wie die an sie anschließende amerikanische Luftkriegskonzeption war sie vor allem gegen die Durchhaltefähigkeit hochindustrialisierter Gegner (wie Deutschland und Japan) gerichtet. Davon

fensivstrategie des Baus riesiger Bunkeranlagen beschränkte sich freilich nicht auf Frankreich, sondern wurde auch von Deutschland im Bau des West- und des Atlantikwalls praktiziert. Großbritannien vertraute auf seine Insellage und deren Schutz durch die Flotte. Zum Bunkerbau vgl. Virilio, *Bunker-Archäologie*, passim.

66 Vgl. Liddell Hart, *Die Strategie einer Diktatur*, insbes. S. 86 ff.; S. 163 ff.; Frieser, *Blitzkrieglegende*, S. 5-14.

67 Dazu unten, S. 169 ff., sowie allgemein Rosa, *Beschleunigung*, S. 311 ff.

68 Müller, *Der Bombenkrieg*, S. 107 ff.; Friedrich, *Der Brand*, S. 67 ff.

zu unterscheiden ist die Luftkriegskonzeption des faschistischen Italien, die während der »Zwischenkriegszeit« in Libyen und Abessinien erprobt wurde und sich gegen einen technologisch weit unterlegenen Gegner richtete. Diese Konzeptionen des Luftkriegs dienten zunächst einer Effektivierung der Kolonialkriegführung,[69] aber das hatte sehr bald Rückwirkungen auf die Vorstellungen des zwischenstaatlichen Krieges. Es ist jedoch auffällig, dass der von den Italienern in Abessinien praktizierte Einsatz von Giftgas gegen Truppenkonzentrationen wie gegen die Zivilbevölkerung[70] in der Kriegführung ab 1939 nicht kopiert worden ist. Offensichtlich bediente man sich solcher Massenvernichtungswaffen nur dann, wenn man sicher sein konnte, dass der Gegner nicht mit gleicher Münze heimzuzahlen in der Lage war. Das gilt letztlich auch für den Abwurf der amerikanischen Atombomben auf die japanischen Großstädte Hiroshima und Nagasaki.

Wie auch immer sich diese drei unterschiedlichen Antworten im Verlauf des Zweiten Weltkriegs bewährt und welche Folgen sie gezeitigt haben – sie bilden bis heute die Palette der Möglichkeiten, die hochentwickelten Gesellschaften zur Verfügung stehen, wenn sie in Kriege eingreifen oder mit militärischen Mitteln ihren politischen Willen zur Geltung bringen wollen.

Symmetrie als wichtigstes Merkmal des klassischen Krieges

Symmetrische Kriege sind politische Kunstwerke,[71] bei denen die miteinander ringenden Parteien durch ein ganzes Set von Gratifikationen und Sanktionen daran gehindert werden, den Attraktionen einer Asymmetrierung des Konflikts zu folgen. Symmetrie bedeutet demnach, dass beide Seiten das zum Kampf aufgebotene Personal in gleicher Weise

69 Der Einsatz der Luftwaffe in Kolonialkriegen war freilich keine italienische Spezialität, sondern wurde auch von den Spaniern gegen die Rif-Kabylen sowie von den Briten im Irak praktiziert.

70 Dazu Mattioli, *Experimentierfeld der Gewalt*, S. 104 ff.

71 Von Kunstwerken ist hier in einem doppelten Sinn die Rede: zum einen, weil die Symmetrie der Konfliktparteien durch ein umfassendes Maßnahmenset gegen die gleichsam natürliche Tendenz zur Asymmetrierung hergestellt und aufrechterhalten werden muss, zum anderen aber auch, weil die Konzentration asymmetrischer Kriege einen unmittelbaren Vergleich kreativer Kriegsführung provoziert, also die Eleganz strategischer Planungen und ihrer Ausführung zu einem Beurteilungsmaßstab wird. Die meisten Darstellungen der europäischen Kriegsgeschichte haben mit diesem Maßstab mehr oder minder die Operationsführung der Kriegsparteien evaluiert.

rekrutieren, in gleicher Weise bewaffnen und schließlich auch noch in gleicher Weise ausbilden. Vollständige Symmetrie ist danach eine approximative Größe, die wohl angestrebt, aber nur selten erreicht werden kann. Das Turnier und später das Duell sind Versuche, die Konfrontation beider Seiten so weit wie möglich zu symmetrieren.[72] Bezeichnenderweise sind beide eher dem Kriegsspiel als dem wirklichen Krieg zuzurechnen, aber je häufiger diese Spiele gespielt und ihre Regeln entsprechend internalisiert wurden, desto größer war die Wahrscheinlichkeit, dass sich das Verhalten im realen Gefecht dem des Kriegsspiels annäherte. Der ritterliche Kampf, vom Lanzenstechen bis zum Zweikampf mit Schwert und Schild, ist ebenso zum Sinnbild symmetrischer Kriegführung geworden wie das Duell zweier Jagdflieger am Himmel – vorausgesetzt sie verfügen über gleichwertige Flugzeuge mit einem etwa gleichen Brennstoffvorrat. Wo dagegen unterschiedliche Kriegskulturen aufeinander treffen, wie bei der Kolonialexpansion der Europäer oder dem Zusammenprall nomadischer Krieger mit dem Militär agrarischer Zivilisationen, ist symmetrische Kriegführung ganz unwahrscheinlich.

Symmetrie kann also durch Regelinternalisierung hergestellt werden, wie dies im Falle der Ritter, jedenfalls seit der Durchsetzung des ritterlichen Ideals im 12. Jahrhundert, der Fall war, oder aber durch die gleichartige technische Ausstattung der Kämpfenden im Falle der Jagdflieger des Ersten und teilweise noch des Zweiten Weltkriegs.[73] Da in einem Kampf auf Leben und Tod freilich auf Norminternalisierung nur begrenzt Verlass ist und von einer völligen Gleichwertigkeit der Waffentechnik nur selten ausgegangen werden kann, werden die Reziprozitätsregeln symmetrischer Kriegführung am ehesten eingehalten, wenn sie durch Außenbeobachtung überwacht und gesichert werden. Es muss also einen Dritten geben, der bei weitgehenden Verletzungen der Symmetrie eingreift und die aus der Asymmetrierung für eine Seite erwachsenen Vorteile wieder wettmacht. Die Entwicklung des Kriegsvölkerrechts, wie sie in Europa seit den Bemühungen der spanischen Neuscholastiker des 16. Jahrhunderts stattgefunden hat, kann als die Bereitstellung von Kriterien für Minimalstandards von Symmetrie verstanden werden. Die Unterscheidung zwischen Kombattanten und Nonkombattanten etwa ist eine solche Minimalbedingung von Symmetrie.

Die Geschichte des klassischen Krieges in Europa vom Westfälischen Frieden bis zum Ersten Weltkrieg, in mancher Hinsicht sogar bis zum

72 Dazu Barber/Barker, *Die Geschichte des Turniers*, insbes. S. 41 ff., sowie Frevert, *Ehrenmänner*, S. 89 ff.

73 Symmetrische Kriegführung ist in jedem Fall heroische Kriegführung; sie gründet sich auf eine prinzipielle Gleichverteilung der Chancen zu töten bzw. getötet zu werden. Einer der wohl wichtigsten Effekte dieser Konstellation ist die Anerkennung des Gegners als Gleichen.

Ende des Ost-West-Konflikts, ist eine unausgesetzte Abfolge der Wiederherstellung symmetrischer Konstellationen, nachdem diese sich durch politische Revolutionen oder technologische Innovationen aufgelöst hatten. Dabei bedeutet Symmetrie ausdrücklich nicht zahlenmäßig gleiche Stärke der Kontrahenten, sondern Gleichartigkeit. Sicherlich ist in der äußersten Steigerung der Symmetrie, dem Turnier oder dem Duell, auch die gleiche Anzahl von Kämpfern gefordert, aber das sind Fairnessbedingungen, die fast immer auf das Kriegsspiel beschränkt bleiben. Die Attraktivität von Asymmetrie besteht unter anderem auch darin, dass die kräftemäßig schwächere bzw. technologisch rückständige und bei einer symmetrischen Konfrontation insofern unterlegene Seite den Regelbruch, die technologische Innovation oder die Entwicklung neuer Kampfformen sucht, um sich trotz Unterlegenheit an Zahl und Ressourcen zu behaupten und womöglich gar zu siegen. Es bedarf somit starker Anreizsysteme, um die Attraktionen der Asymmetrierung zu blockieren. Dafür sorgte in Europa über lange Zeit das Gleichgewichtssystem, durch das deutliche Kräfteungleichgewichte zwischen den Kontrahenten qua Parteinahme zuvor Neutraler kompensiert wurden.

Die Stabilität des Westfälischen Systems beruhte darauf, dass es einerseits immer wieder Resymmetrierungsprozesse angestoßen, forciert und gesteuert und andererseits die Entwicklung großer Asymmetrien, die nicht mehr resymmetriert werden konnten, verhindert hat. Keine europäische Macht war in der Lage, sich dauerhaft eine so große waffentechnologische Überlegenheit zu verschaffen, dass die Konkurrenten nicht in der Lage gewesen wären, sie wieder auszugleichen. Entscheidend dabei war, dass waffentechnische Vorsprünge in Europa nicht durch eine Politik systematischer Nonproliferation in die dauerhafte Überlegenheit einer Macht verwandelt wurden.[74] So hat es in Europa zwar immer wieder ein Ringen um die Hegemonie gegeben, aber keine der daran beteiligen Mächte hat sich als Imperium etablieren können.[75] Das unterscheidet die neuzeitlichen europäischen Verhältnisse von den Konstellationen in Asien, wo es immer wieder zu Großreichsbildungen gekommen ist, die unter anderem auf einer asymmetrischen militäri-

74 Die einzige Ausnahme war die im 18. Jahrhundert entstandene Überlegenheit der britischen Kriegsmarine, der keine andere europäische Macht gewachsen war. Entsprechende Anstrengungen anderer Mächte wurden von den Briten als feindseilige Akte begriffen. Auf diese Weise entstand im Vorfeld des Ersten Weltkriegs der deutsch-britische Gegensatz, wiewohl es eigentlich keine substanziell gegenläufigen Interessen zwischen beiden Mächten gab; vgl. Massie, *Die Schalen des Zorns*, S. 178 ff.

75 In der Regel haben hegemoniale Kriege freilich eine erheblich größere Intensität und hinterlassen größere Zerstörungen als imperiale Kriege; vgl. Gilpin, *War and Change in World Politics*, S. 186 ff., sowie Münkler, *Imperien*, S. 59 ff.

schen Überlegenheit der imperialen Macht beruhten.[76] Die Dialektik von Symmetrie und Asymmetrie besteht nun darin, dass die permanenten Resymmetrierungserfordernisse der europäischen Konkurrenz, die seit dem 16. Jahrhundert zu immer neuen Rüstungswettläufen geführt haben, den Europäischen Staaten bei der überseeischen Expansion eine asymmetrische Überlegenheit verschafften, die schließlich in eine Reihe von Großreichsbildungen einmündete – freilich nicht innerhalb Europas, sondern in Form von Kolonialreichen außerhalb des Kontinents.

Der womöglich wichtigste Anreiz des Westfälischen Systems, auch im Augenblick einer sich abzeichnenden Niederlage nicht auf Strategien der Asymmetrierung zurückzugreifen, war die in ihm enthaltene staatliche Bestandsgarantie, gegen die, sieht man von den Nationalstaatsbildungen Deutschlands und Italiens ab, in denen mehrere zuvor selbständige Territorialstaaten aufgingen, nur im Falle der polnischen Teilung verstoßen wurde. Wer sich an die Regeln des Systems hielt, konnte davon ausgehen, dass eine Niederlage im Krieg zwar eine Grenzverschiebung, nicht aber das Ende der staatlichen Existenz nach sich zog. Immer wenn diese Bestandsgarantie ins Wanken geriet und es, wie im Falle der an die Französische Revolution anschließenden Kriege, zur Infragestellung des staatlichen Bestands kam, wuchs die Wahrscheinlichkeit einer Asymmetrierung des Krieges, etwa in Form seiner Weiterführung als Partisanenkrieg nach der Niederlage in einer großen Schlacht, die eigentlich die Entscheidung und damit die Beendigung des Krieges hätte sein müssen. Die Entstehung der antinapoleonischen Guerilla in Spanien ist dafür das bekannteste Beispiel.

Wahrscheinlich sind nur solche Kriegskonstellationen klar zu verrechtlichen, die ein gewisses Maß an Symmetrie aufweisen: Die Konfliktparteien müssen sich als Gleiche wahrnehmen, um sich gegenseitig anzuerkennen. Diese wechselseitige Anerkennung ist die Grundlage der Reziprozität, ohne die rechtliche Regelungen bei den Kriegsparteien keine starke Bindewirkung entfalten. Einer der wichtigsten Effekte der im Westfälischen System festgeschriebenen europäischen Staatenordnung war neben der Verstaatlichung des Krieges die darüber hinausgehende Bindung des Politischen an die Territorialität, was seinen konkreten Niederschlag in der Inthronisierung des Territorialstaates als Politikmonopolist fand. Die Territorialbindung aller Politikakteure der Westfälischen Ordnung sorgte dafür, dass sie tendenziell gleichen Rationalitätsstandards unterlagen und bei Konflikten ebenfalls gleichen Eskalationsdynamiken ausgesetzt waren. Die Territorialität der politischen Akteure stellte nämlich sicher, dass sie alle in tendenziell gleicher Weise verletzbar waren, und diese gleiche Verletzbarkeit wiederum bildete die

76 Zur Erklärung der unterschiedlichen Entwicklung Europas und Asiens vgl. Jones, *Das Wunder Europa*, S. 51 ff. und S. 201 ff.

Grundlage ihrer politischen Rationalität, die für alle anderen Beteiligten nachvollziehbar, wenn nicht sogar berechenbar war. Das System der Staaten wurde durch eine Ordnung der Staatsraison komplementiert, die Minimalbedingungen gegenseitigen Vertrauens sicherte.[77]

Das Problem des intellektuellen Nachvollzugs dieser Ordnung besteht im wesentlichen darin, dass für uns die Territorialität der politischen Akteure nach wie vor ganz selbstverständlich ist und es schwer fällt, in Alternativen zu denken. Diese können in Geheimbünden oder Netzwerken bestehen, die vielleicht partielle territoriale Verwurzelungen aufweisen, für die Territorialität aber keine existenzielle Bestandsvoraussetzung darstellt.[78] Die Vorstellbarkeit solcher nichtterritorialer Politikakteure hat seit jeher obsessive Ängste ausgelöst: von den verborgenen Machenschaften des Ritterordens der Templer und ihrem sagenhaften Reichtum, den sie angeblich zur Mehrung politischen Einflusses gebrauchten, über die Idee einer Freimaurerverschwörung oder auch des verdeckten Einflusses der Jesuiten, deren staatenübergreifende Verbindungen als eine Gefährdung der innerstaatlichen Ordnung angesehen wurden, bis zu den Plots von Agentenfilmen, in denen Geheimorganisationen darauf aus sind, die Macht auf der Erde zu übernehmen oder die Regierungen der Staaten zu erpressen, und sie dazu in der Lage sind, weil sie selbst territorial nicht in Erscheinung treten. Das alles waren freilich so lange eher Angstphantasien als reale Bedrohungen, wie die Territorialstaaten die tatsächlichen Politikmonopolisten waren. Aber sie zeigen doch auch, wo deren Achillesferse liegt: beim Auftauchen von Politikakteuren, die sich durch ihre Nichtterritorialität entscheidende Vorteile in der Auseinandersetzung mit territorialen Akteuren verschaffen. Die Vorstellbarkeit nichtreziproker Akteure wird zum Generator gesteigerter Ängste. Die Basisvoraussetzung symmetrischer Politikkonstellationen ist deren Territorialität, also ihre Fassbarkeit und damit Verwundbarkeit, die als Garant politischer Rationalität angesehen werden kann. Verglichen damit ist die Entterritorialisierung von Politikakteuren mit ihrem Verschwinden unter Tarnkappen vergleichbar: Sie sind angriffsfähig, ohne mit reziproken Antworten rechnen zu müssen. Das ist genau die Situation, die mit dem Auftritt des transnationalen Terrorismus entstanden ist.

77 Dazu Münkler, *Im Namen des Staates*, S. 270 f. Natürlich schwankte die qua Territorialität hergestellte Verletzlichkeit mit der Größe des Territoriums, mit dessen Ausdehnung die »strategische Tiefe« wuchs. Das aber war eher ein Problem der europäischen Peripherie als des Zentrums.

78 Vgl. Behr, *Entterritoriale Politik*, S. 119 ff.

Asymmetrie und Asymmetrierung

In der einschlägigen Literatur wird der Asymmetriebegriff nahezu ausschließlich als Synonym des Partisanenkrieges bzw. der Guerilla gebraucht.[79] Das ist in dieser Restriktion jedoch einseitig und darum falsch. Tatsächlich sind *Asymmetrien aus Stärke* von *Asymmetrien aus Schwäche* zu unterscheiden. Nachfolgend soll der Asymmetriebegriff für ersteres und der Begriff der Asymmetrierung für letzteres gebraucht werden. Asymmetrien entstehen dadurch, dass eine Seite durch permanente militärorganisatorische und waffentechnische Innovationen gegenüber ihren Kontrahenten einen Vorsprung gewinnt, den diese innerhalb eines politisch relevanten Zeitraums nicht mehr wettmachen können. Das war seit dem 16./17. Jahrhundert bei den Europäern im Verhältnis zu den außereuropäischen Mächten der Fall – von der Eroberung Amerikas durch die Spanier bis zur Öffnung Japans und Chinas für europäische Waren mit Hilfe von Kanonenbooten. Keiner dieser Kriege ist auch nur entfernt nach dem Modell des klassischen Staatenkrieges geführt worden. Solche Asymmetrien beruhen in der Regel darauf, dass die technologisch überlegene Seite den Kampf über Distanzen führen kann, bei denen die unterlegene Seite in eine Position tendenzieller Wehrlosigkeit gedrängt ist. Das beginnt beim Gebrauch von Schusswaffen, intensiviert sich durch die Erhöhung ihrer Schussfrequenz (die Konstruktion des Maschinengewehrs spielt hier eine entscheidende Rolle),[80] und das alles wird noch einmal multipliziert, wenn die überlegene Seite aus Räumen heraus agiert, in die ihr die unterlegene Seite nicht folgen kann. Den Anfang dessen macht der Einsatz von Seestreitkräften gegen reine Landmächte, es wird fortgesetzt im Einsatz der Luftwaffe gegen Gegner, die weder über eine eigene Luftwaffe noch eine geeignete Luftabwehr verfügen und kulminiert schließlich in der Steuerung von Lenkwaffen aus dem Weltraum. Inzwischen sind die USA der Erbe der einstigen europäischen Überlegenheit. In der Zeit des Ost-West-Gegensatzes hat sich die Sowjetunion über eine gewisse Zeit in einer symmetrischen Gegenposition zu den USA befunden, doch ist sie an den damit verbundenen ökonomischen Belastungen schließlich kollabiert. Inzwischen ist die Verfügung über Nuklearwaffen und entsprechende Trägersysteme zur Residualgröße der militärisch-politischen Symmetrie geworden.

79 Als zusammenfassende Darstellung vgl. Schröfl u. a. (Hrsg.), *Asymmetrische Kriegführung*, passim.

80 Vgl. Ellis, *The Social History of the Machine Gun*, passim. Das Maschinengewehr ist ein Instrument der Beschleunigung, dessen Effekte gesteigert werden können, wenn es mit Mitteln der Entschleunigung kombiniert wird, etwa dem Stacheldraht; vgl. hierzu Razac, *Politische Geschichte des Stacheldrahts*, S. 51 ff.

Dem steht die als Asymmetrierung bezeichnete Reaktion der organisatorisch wie technologisch Unterlegenen gegenüber, die sich mit Hilfe kreativer Strategien und Taktiken dem Zugriff der überlegenen Seite zu entziehen versuchen, etwa wenn sie nicht mehr dem strategischen Prinzip einer Konzentration der militärischen Kräfte in Raum und Zeit folgen, sondern an dessen Stelle die Verstreuung der Kräfte im Raum und die Ausdehnung des Krieges in der Zeit setzen. Kriegsgeschichtlich formuliert verzichten sie damit auf die Führung des Großen Krieges und beschränken sich auf den Kleinen Krieg, die Guerilla. Der Kleine Krieg bzw. Partisanenkrieg ist bereits im 18. Jahrhundert, freilich als Begleiter und Unterstützer des Großen Krieges, nach den Grundsätzen einer Vermeidung der Kräftekonzentration geführt worden. Asymmetrierung heißt hier, sich dem Gegner nicht dort zum Kampf zu stellen, wo er mit Sicherheit seine Überlegenheiten ausspielen kann, und stattdessen die militärische Konfrontation da zu suchen, wo man seine Schwächen und Verwundbarkeiten ausgemacht hat.[81]

Auf die oben angestellten Überlegungen zur Territorialität als Anker der Symmetrie bezogen heißt das, dass beide Varianten der Asymmetrie sich den Bindungen der Territorialität zu entziehen suchen, jedoch in unterschiedlichen Richtungen. Die Asymmetrie der Stärke setzt auf technologische Entwicklungen, die neue Räume der Kriegführung erschließen. Von diesen Räumen aus können territoriale Akteure attackiert oder ausgehungert werden, ohne dass sie selbst in der Lage wären, die Auseinandersetzung mit dem Gegner in dem von ihm beherrschten Raum zu suchen. Der berühmte Kriegsplan des Perikles, mit dem er den Peloponnesischen Krieg gegen die Spartaner gewinnen wollte, ist dafür ein Beispiel: Athen sollte auf der Grundlage seiner unangefochtenen Seeherrschaft den Krieg so lange hinziehen, bis Sparta und seine Verbündeten erschöpft waren und nachgeben mussten.[82] Die Strategie der großen Seemächte, von den Portugiesen bis zu den Briten und in ihrer Nachfolge schließlich den USA, ist diesen Vorgaben gefolgt. Man mied die direkte Konfrontation mit dem Gegner, um ihn physisch und moralisch zu erschöpfen und so den eigenen politischen Willen durchzusetzen. Mit der zu Beginn des 20. Jahrhunderts einsetzenden Erschließung des Luftraums als einer weiteren Sphäre möglicher Asymmetrie wurde dann die Ungleichartigkeit der Akteure weiter gesteigert. Jetzt nämlich war es möglich, mit starken Bomberverbänden nicht nur die gegnerischen

81 Dazu Heilbrunn, *Die Partisanen*, S. 37 ff.; Hahlweg, *Guerilla*, passim; von der Heydte, *Der moderne Kleinkrieg*, S. 50 ff.

82 Die Schilderung des Kriegsplanes findet sich bei Thukydides, *Der Peloponnesische Krieg*, I, 141-144, S. 107-110; eine Analyse des perikleischen Kriegsplans findet sich bei Delbrück, *Geschichte der Kriegskunst*, Bd. 1, S. 139 ff.

Streitkräfte selbst, sondern auch deren Rückraum anzugreifen, darunter die Verkehrslinien, über die diese Streitkräfte versorgt und kampffähig gehalten wurden, schließlich auch die Produktionsstätten, aus denen sie ihre Waffen und Munition bezogen. Aber weil die Führung eines Luftkriegs gegen eher kleine Bodenziele, die obendrein gut geschützt oder gut getarnt waren, überaus schwierig war und bei einem für den anfliegenden Bomberverband überaus verlustreichen Angriff die Ziele nicht oder nur geringfügig getroffen wurden, gingen die Strategen des Bombenkriegs dazu über, die erheblich leichter anzugreifenden Arbeiterwohnquartiere systematisch mit Bombenteppichen zu belegen, um so die feindliche Produktion nachhaltig zu stören.[83] Damit freilich war eine Grenze überschritten, die bei der Verwandlung des nichtregulierten Krieges in den klassischen Staatenkrieg mit einigem Aufwand errichtet worden war: die zwischen Kombattanten und Nonkombattanten.[84]

Selbstverständlich ist es auch im klassischen Krieg immer wieder dazu gekommen, dass die Zivilbevölkerung durch das Kriegsgeschehen schwer in Mitleidenschaft gezogen wurde. Aber es handelte sich dabei um Versehen oder Vergehen, hinter denen keine prinzipielle und systematische Verletzung dieser Grenzziehung stand. Dies hat – neben dem Partisanenkrieg – erst der strategische Bombenkrieg bewirkt. Nun ist der strategische Bombenkrieg gegen die Zivilbevölkerung des feindlichen Landes, bei allen Verwüstungen, die er anrichtet, und der weitreichenden Durchlöcherung des Kriegsvölkerrechts, die er zur Folge hat, so lange für die Frage von Symmetrie oder Asymmetrie folgenlos, wie beide Seiten *gleichermaßen* über die Fähigkeit verfügen, dem Gegner einen solchen Schaden zuzufügen. In der Regel führt diese Reziprozität

83 Müller, *Der Bombenkrieg*, S. 114 ff.

84 Eine andere Form, in der die Unterscheidung zwischen Kombattanten und Nonkombattanten aufgelöst wurde, ist die Politik der »ethnischen Säuberung«, also der systematischen Vertreibung, wenn nicht Ausrottung bestimmter Bevölkerungsgruppen. Auch hier richtet sich die Gewalt nicht gegen einen reziproken Gegner, sondern gegen tendenziell Wehrlose. Eine solche Form der Gewaltanwendung, in der die Grenzziehungen zwischen innergesellschaftlichem und zwischenstaatlichem Krieg verschwimmen, findet sich vor allem in postimperialen Räumen. In der europäischen Geschichte tauchten diese Formen der »Kriegführung« in Verbindung mit dem Zerfall des Osmanischen Reichs auf, um von hier aus dann sehr schnell auf Mittel- und Osteuropa überzugreifen, wo sie sowohl von Hitler als auch von Stalin praktiziert wurden; vgl. dazu Diner, *Das Jahrhundert verstehen*, S. 195-249. Daneben steht das vor allem von Erich Ludendorff betriebene Projekt einer kolonisierenden Eroberung des Ostens, das in der deutschen Kriegführung im Osten den Ersten und Zweiten Weltkrieg miteinander verbindet. Dazu Liulevicius, *Kriegsland im Osten*, sowie Müller/Ueberschär, *Hitlers Krieg im Osten*, S. 225 ff. und 310 ff.

der Zerstörungskapazitäten dazu, dass bestimmte strategische Ziele nicht angegriffen oder bestimmte Waffen nicht benutzt werden, weil der Erstangreifer den Zweitschlag des auf diese Weise Angegriffenen fürchtet. Nach diesem Prinzip hat das nukleare Patt der beiden Supermächte während des Ost-West-Konflikts funktioniert, und ein ähnliches Patt hat auch dafür gesorgt, dass während des Zweiten Weltkriegs Giftgas nicht als Kriegswaffe eingesetzt wurde, wiewohl beide Seiten dafür gerüstet waren.[85] So ist in diesem Krieg Gas nur von den Nazis in den Vernichtungslagern eingesetzt worden, also gegen Menschen, die auf die unterste Stufe der Wehrlosigkeit gebracht worden waren.

Gänzlich anders stellt sich dagegen die Situation dar, wenn eine Seite eine solche Überlegenheit besitzt, dass sie überhaupt nicht oder nur in sehr eingeschränktem Maße mit Vergeltungsschlägen der Gegenseite rechnen muss. Während des Zweiten Weltkriegs war dies auf dem europäischen Kriegsschauplatz seit Sommer 1944 der Fall, als die britisch-amerikanische Luftüberlegenheit gegenüber Deutschland Luftangriffe größten Ausmaßes ermöglichte. Das Deutsche Reich besaß zwar mit den neuartigen Raketen V1 und insbesondere der ballistischen V2 prinzipiell die Fähigkeit zu Vergeltungsschlägen, doch diese waren von ihrer Wirkung her mit den alliierten Luftbombardements nicht vergleichbar. Noch sehr viel stärker war das Ungleichgewicht auf dem pazifischen Kriegsschauplatz, wo die Japaner nach der verlorenen Seeschlacht bei den Midway-Inseln die Offensivfähigkeit gegen amerikanisch-kontrolliertes Gebiet verloren hatten und ihre Hauptinseln zunehmend in die Reichweite amerikanischer Bomberverbände gerieten. Der Endpunkt dieser Entwicklung war der Abwurf der beiden Atombomben »Little boy« und »Fat man«.

Sowohl auf dem europäischen als auch auf dem pazifischen Kriegsschauplatz ist das Hauptmotiv der Westalliierten zu massiven Bombenangriffen auf die Städte und Wohnquartiere des Gegners die Aussicht gewesen, auf diese Weise hohe Verlustraten bei Bodentruppen zu vermeiden, die ohne die Zerstörung der Rüstungskapazität des Gegners mit hoher Wahrscheinlichkeit eingetreten wären. Dementsprechend wird zu dem Mittel des strategischen Bombenkrieges als Verabschiedung der symmetrischen Konstellationen des Gefechtsfeldes am ehesten jene Seite greifen, die sich hohe Verluste am wenigsten leisten kann. Das sind in der Regel die sozio-ökonomisch am stärksten fortgeschrittenen, politisch als Demokratie verfassten Gesellschaften. Es kommt nicht

85 Vgl. Müller, *Der Bombenkrieg*, S. 161 ff.; der italienische Giftgaseinsatz im Abessinienkrieg bestätigt diese Auffassung, insofern die äthiopische Seite nicht in der Lage war, gegen die italienischen Truppen oder gar gegen das italienische Mutterland ihrerseits Senfgas einzusetzen; vgl. Mattioli, *Experimentierfeld der Gewalt*, S. 108 ff.

von ungefähr, dass der strategische Bombenkrieg nicht von einem der beiden großen totalitären Regime des 20. Jahrhunderts, der bolschewistischen Sowjetunion oder dem nationalsozialistischen Deutschland, sondern von den westlichen Demokratien Großbritannien und den USA »erfunden« und in großem Stil praktiziert worden ist.[86] Während die totalitären Regime auch nach den Gefahren des Ersten Weltkriegs zu einem rücksichtslosen Verbrauch von Menschenleben bei der Führung von Kriegen in der Lage waren, unterliegen Demokratien einem über die Chance zur Abwahl der Regierung institutionalisierten Zwang, mit den aus dem eigenen Elektrorat stammenden Soldaten überaus vorsichtig und zurückhaltend umzugehen. Verlustraten, wie sie die von Anfang an in den Ersten Weltkrieg verwickelten Mächte hatten hinnehmen müssen, hätten die westlichen Demokratien kein zweites Mal ertragen können. Dementsprechend haben im Zweiten Weltkrieg die totalitäre Sowjetunion, das totalitäre Deutsche Reich und das autoritäre Japan die höchsten Verlustraten getragen. Das faschistische Italien, der Theorie nach ebenfalls ein totalitäres Regime, hatte bereits 1943 die Grenzen seiner Belastbarkeit erreicht und brach zusammen.

Es ist also das hohe Maß an Verletzlichkeit ökonomisch wie technologisch fortgeschrittener Gesellschaften, das noch gesteigert wird, wenn diese Gesellschaften als Demokratien verfasst sind, welches sie zum Verzicht auf die mit der Symmetrie des Krieges verbundene Reziprozitätsstruktur des Kampfes zwingt. Um es zu pointieren: Die Kosten der Reziprozität sind für moderne demokratische Gesellschaften zu hoch, jedenfalls höher als der aus der Reziprozität erwachsende kriegsrechtliche Nutzen und die mit ihm verbundene präzise Begrenzung des Gewaltgeschehens auf die von der großen Gruppe der Nonkombattanten abgegrenzten Kombattanten. Aber diese Grenzüberschreitung hat ihren Preis, und der besteht in einer Delegitimation der Kriegführung. Dieser Preis musste während des Zweiten Weltkriegs im Kampf gegen das nazistische Deutschland und das imperialistische Japan infolge der von Deutschland und Japan in den eroberten Ländern verübten Grausamkeiten und Verbrechen nicht gezahlt werden. Aber spätestens in den von den europäischen Kolonialmächten geführten Kriegen gegen antiimperiale Befreiungsbewegungen sowie vor allem im Vietnamkrieg ist er dann fällig geworden. Bekanntlich ist die Entscheidung über den Ausgang dieses Krieges nicht im vietnamesischen Dschungel, sondern in den amerikanischen Großstädten gefallen, als beides zusammenkam: steigende Verluste der eigenen Streitkräfte und wachsende Abscheu

86 Zuvor haben sowohl Italien als auch Deutschland ihre Bomber ohne jede Rücksicht auf die Zivilbevölkerung eingesetzt, aber zur Führung eines strategischen Bombenkrieges waren beide schon infolge des Fehlens schwerer Bombenflugzeuge nicht in der Lage.

gegen die Art der Kriegführung, die mit dem Einsatz von Napalm und chemischen Kampfstoffen zur Entlaubung des Urwaldes zu einer Kriegführung nach Art der Ungezieferbekämpfung geworden war. Postheroische Gesellschaften können die Lasten einer heroischen Kriegführung nicht mehr tragen, aber sie verabscheuen in der Regel auch die Begleitumstände einer unheroischen Kriegführung.[87] Die Folge dessen ist ihr notorisches Schwanken zwischen dem Wunsch, Menschenrechte und Demokratie notfalls auch mit Gewalt durchzusetzen, und ihrer Neigung zum Nachgeben gegenüber denen, die drohend und erpresserisch auftreten.

Die technische Fortentwicklung moderner Waffensysteme, vor allem der waffentechnologische Sprung im Gefolge der Mikroelektronik, die sogenannte »Revolution in Military Affairs« (RMA), kann als eine Lösung für das Problem der mit Luft- bzw. Raketenangriffen verbundenen Verluste unter der Zivilbevölkerung begriffen werden: Zwar hat sich der Abstand zwischen den gegeneinander Kämpfenden mit der Einführung satellitengesteuerter Cruise Missiles und unbemannter Kampfdrohnen, die Hunderte von Kilometern entfernt vom Einsatzgebiet gesteuert werden, noch weiter vergrößert,[88] aber gleichzeitig ist mit der Einführung sogenannter intelligenter Waffen auch die Chance gewachsen, zwischen Kombattanten und Nonkombattanten, Kämpfern und Zivilisten wieder genauer zu unterscheiden. Diese Unterscheidung erwächst freilich nicht mehr, wie im klassischen Krieg, aus der Reziprozität professionellen Militärs, sondern ist eine Folge der einseitigen Selektivität moderner Waffen, die, gestützt auf die Informationsüberlegenheit der sie einsetzenden Macht, mehr oder minder zuverlässig in der Lage sind, zwischen Kämpfern und Zivilisten zu unterscheiden. Was ehedem die wechselseitige Anerkennung als Gleiche war, die dazu beitrug, dass Zivilpersonen nach Möglichkeit von Waffeneinwirkung verschont wurden, ist nunmehr die einseitige Verfügung über Waffen, die im Zusammenwirken von Zielerfassung, Präzision und den Entscheidungen eines Feuerleitoffiziers dazu führen, dass aus den Bombenteppichen des Zweiten Weltkriegs als »chirurgische Eingriffe« apostrophierte Präzisionsschläge geworden sind. Die Informationspolitik von US-General Norman Schwarzkopf und Nato-Pressesprecher Jimmy Shea hat dies legitimationspolitisch zu nutzen vermocht.[89]

87 Der Begriff ›postheroisch‹ findet sich in der einschlägigen Literatur bei Keegan, *Die Maske des Feldherrn*, S. 449 ff., sowie Luttwak, *Strategie*, S. 101 ff.; vgl. auch unten, S. 310 ff.

88 Die erste Phase des Golfkriegs von 2003 zeigt das Schwinden jeglicher Reste von Reziprozität und die Reduktion der Gegenseite auf den Status purer Hilflosigkeit; vgl. Münkler, *Der neue Golfkrieg*, S. 95 ff.

89 Dazu Ignatieff, *Virtueller Krieg*, S. 76 ff., 147 ff.

Dieser Asymmetrie der Stärke steht die Asymmetrierung aus Schwäche gegenüber, die in Europa erstmals im spanischen Partisanenkrieg gegen die napoleonische Besetzung zwischen 1808 und 1813 zu finden ist. Nach der schnellen Niederlage des regulären spanischen Militärs gegen die französische Invasionsarmee und der Niederschlagung des antinapoleonischen Aufstands in Madrid entwickelte sich auf dem Land, insbesondere in den hügeligen und schwer zugänglichen Regionen, eine Form des Kleinkrieges, *guerilla*, der sich zu einer »schwärenden Wunde« der französischen Truppen in Spanien entwickelte.[90] Selbstverständlich hatte die Kriegführung des 17. und 18. Jahrhunderts neben dem großen auch den kleinen Krieg gekannt, wobei dieser jedoch durchweg ein Begleiter und Vorbereiter der Entscheidung des großen Krieges in der Schlacht war.[91] Der mit leichten Truppen geführte Kleinkrieg bestand aus Operationen gegen die gegnerische Logistik, überfallartigen Attacken auf kleinere Detachements an den Flanken des gegnerischen Aufmarschgebiets sowie nicht zuletzt Aufklärungsaktionen und Informationsbeschaffung, um die Bewegung der eigenen Hauptkräfte durch einen Schirm von Wissen über die Bewegungen des Feindes zu sichern. Nicht selten rekrutierten sich diese leichten Truppen aus Völkerschaften, die an den Rändern der großen Reiche lebten und für die Krieg in Verbindung mit Jagd und Nomadentum eine alltägliche Lebensform geblieben war. Das gilt für die Kroaten und Panduren in habsburgischen Diensten ebenso wie für Baschkiren und Kosaken in den Diensten der russischen Zaren.

Was den spanischen Partisanenkrieg von der Kleinkriegführung des 18. Jahrhunderts unterschied, war seine operative Verselbständigung. Die Kriegführung der Irregulären war hier keine Begleitung und Absicherung der regulären Hauptkräfte mehr, sondern entwickelte sich – bei einer gewissen Verbindung zu dem von Portugal aus operierenden britischen Expeditionskorps Wellingtons – zu einer eigenständigen Form der Kriegführung. Voraussetzung dafür war eine nachhaltige Unterstützung durch die Bevölkerung, die zum logistischen Rückgrat wie zur Deckung und Tarnung der Partisanen wurde. Was in der klassischen Verbindung

90 Vgl. Hahlweg, *Guerilla*, S. 38 ff.; vor dem antinapoleonischen Partisanenkrieg in Spanien ist bereits der antirevolutionäre Aufstand in der Vendee nach Art eines Kleinkrieges geführt worden; vgl. Paret, *Internal War and Pacification*. Das verweist darauf, dass entgegen einer in der Mitte des 20. Jahrhunderts aufgekommenen Vorstellung die Ursprünge des Partisanenkriegs eher konterrevolutionärer als revolutionärer Art sind; vgl. Münkler, »Partisanen der Tradition«, S. 127-141. Zur antirevolutionären Grundlage des Partisanentums vgl. Schroers, *Der Partisan*, S. 17-32, sowie Schmitt, *Theorie des Partisanen*, S. 26 ff.

91 Dazu Kunisch, *Der Kleine Krieg*, passim.

von großem und kleinem Krieg für die den Kleinkrieg führenden leichten Truppen die eigenen Hauptstreitkräfte waren, in deren Schutz sie sich bei größeren Gegenoperationen des Feindes zurückziehen konnten, war nunmehr die Zivilbevölkerung der Regionen, in denen sich der Partisanenkrieg entwickelte und größere Intensität gewann.[92] So entwickeln Partisanen keine ausdifferenzierte Logistik, sondern versorgen sich aus den Beständen der Zivilbevölkerung, die sie teilweise aus politischer Verbundenheit freiwillig versorgt, teilweise auch mit terroristischen Methoden dazu gezwungen wird. Die Zivilbevölkerung eines mit Partisaneneinheiten durchsetzten Gebietes wird damit zwangsläufig zum Semikombattanten; ohne sie könnten die Partisaneneinheiten nicht überleben. Die Zivilisten in Partisanengebieten, zumeist Bauern, befinden sich also in der gleichen Lage wie die Rüstungsarbeiter in kriegführenden Industrieländern: Sie sind ein unverzichtbarer Bestandteil des Krieges, nehmen an ihm selbst aber nicht *aktiv* teil. Die präzise Unterscheidung zwischen Kombattanten und Nonkombattanten ist also von zwei Seiten in Frage gestellt worden: der Industrialisierung der Militärpotentiale ebenso wie der agrarisch verankerten Gegenbewegung der Partisanen.

Nun besteht ein Unterschied zwischen der Arbeiterschaft in Rüstungsbetrieben und der Bauernschaft in Partisanengebieten jedoch darin, dass erstere sich auf beiden Seiten der kriegführenden Parteien in gleicher Weise finden kann, so dass eine tendenzielle Symmetrie der Konfliktparteien erhalten bleibt, während es für die Bauernbevölkerung eines Partisanengebietes bei der Besatzungs- oder Kolonialmacht kein symmetrisches Gegenüber gibt. Partisanenkrieg ist also eine *wesentlich* asymmetrische Kriegführung, die effektiv nicht gegen andere Partisanen, sondern nur gegen reguläre Streitkräfte angewandt werden kann. Eine auf der Reziprozität der Vernichtungskapazitäten beruhende Eingrenzung oder Abschreckung des Gebrauchs der Gewaltmittel kommt hier nicht in vergleichbarer Form ins Spiel. Das ist auch der Grund dafür, warum im Falle eines Partisanenkrieges die unter symmetrischen Bedingungen errichteten Begrenzungen sehr viel schneller und nachhaltiger niedergerissen werden als im zwischenstaatlichen Krieg angesichts der technologischen oder organisatorischen Überlegenheit einer Seite. Die Partisanenangriffe, denen das reguläre Militär ausgesetzt ist und die um so erfolgreicher sind, je mehr die Zivilbevölkerung den Partisanen Schutz und Deckung gewährt, führen nach einiger Zeit regelmäßig zu systematischen Repressalien gegen die Zivilbevölkerung. Diese sollen die Trennung von Zivilbevölkerung und Partisanen erzwingen, also gewissermaßen Nonkombattanten von Kombattanten separieren, freilich nicht, um, wie im klassischen Krieg, erstere zu verschonen und nur

92 Dazu Schulz (Hrsg.), *Partisanen und Volkskrieg*, passim.

letztere zu bekämpfen, sondern um die Partisanen zu vernichten und das Gebiet der Kontrolle durch die Regulären zu unterwerfen. Die Untrennbarkeit von Partisanen und Zivilbevölkerung ist das Lebenselexier des Partisanenkrieges, und wo sie aufgebrochen wird, ist der Krieg für die Partisanen verloren. Das ist der Sinn des vielzitierten Mao-Diktums, wonach die Partisanen sich in der Bevölkerung bewegen wie die Fische im Wasser.

Wiewohl der spanische Partisanenkrieg gegen die napoleonischen Heere zu Beginn des 19. Jahrhunderts recht erfolgreich gewesen war, fand er zunächst keine Nachfolger. Zwar lässt sich die Kriegführung der Kosaken gegen die sich aus Moskau zurückziehende Große Armee Napoleons durchaus als partisanisch beschreiben, nur war dies eher eine Kleinkriegführung nach dem Modell des 18. Jahrhunderts als Guerillakrieg entsprechend den Innovationen der Spanier. Der Partisanenkrieg hat in Europa während des 19. und der ersten Jahrzehnte des 20. Jahrhunderts nicht Fuß fassen können, weil die Kriegsakteure entschieden an den Konstellationen der symmetrischen Kriegführung mit professionellen, waffentechnisch hochmodern ausgerüsteten Militärapparaten festhielten. Das war jedoch nicht der Fall in den außereuropäischen Kriegen, wo eine technologisch begründete asymmetrische Überlegenheit europäischer Streitkräfte für die Gegenseite prinzipiell unerreichbar war. Hier war die nahe liegende Konsequenz, bedingungslos auf Asymmetrierung zu setzen, zumal es für die gegen Eroberung und Kolonisierung Widerstand leistenden Völker keine Symmetrieprämie gab, auf die sie im Fall der Asymmetrierung hätten verzichten müssen. Diese Symmetrieprämie war im Europa des Westfälischen Systems die Garantie staatlichen Fortbestands auch im Falle einer schweren militärischen Niederlage. Gerade diese Prämie auf Asymmetrierungsverzicht gab es in der außereuropäischen Welt nicht; vom Maghreb bis in den Kaukasus, im subsaharischen Afrika ebenso wie in Südostasien fehlten politische Prämien für den Verzicht auf Asymmetrierung: Hier diente im Gegenteil der Partisanenkrieg dazu, die staatliche Anerkennung überhaupt erst zu erkämpfen. Ebenso fehlten diese Prämien während des Zweiten Weltkriegs in den von deutschen, italienischen oder japanischen Truppen besetzten Gebieten, wo klar war, dass beim Erfolg der Eroberung eine lange währende Ausbeutung der Bevölkerung wie der Ressourcen des Landes die Folge sein würde. Wenn man so will, diente der Partisanenkrieg dazu, mit den militärischen Mitteln der Asymmetrierung eine Konstellation politischer Symmetrie (wieder-)herzustellen. Sein Ziel war keineswegs die Perpetuierung der Asymmetrie, sondern vielmehr die Nutzung ihrer Möglichkeiten um zu politisch symmetrischen Konstellationen zu kommen.

Diese Entwicklung hat in den antikolonialen Befreiungskriegen ihre Fortsetzung und Steigerung gefunden, und im Rückblick der 1960er

Jahre hatte es den Anschein, als sei der Partisanenkrieg das aufgelöste Geheimnis einer erfolgreichen Kriegführung gegen einen militärisch weit überlegenen Gegner. Die schon früh erkennbaren Probleme der US-Streitkräfte in Vietnam haben diese Vorstellung verstärkt, und so galt der Partisanenkrieg zeitweilig von Lateinamerika bis Südostasien als Erfolgsmodell bei der Machtübernahme von sich antiimperial und sozialistisch verstehenden Akteuren. Sehr bald stellte sich jedoch heraus, dass der Partisanenkrieg einer Reihe von Restriktionen unterlag und auch die Gegenseite inzwischen gelernt hatte, sich auf die Kampfweise von Partisanen effektiver einzustellen. So spielten die klimatisch-geographischen Verhältnisse eine sehr viel größere Rolle, als die meisten Partisanentheoretiker angenommen hatten, und auch die nachhaltige Unterstützung durch die Bevölkerung war in antiimperialistisch-sozialistischen Partisanenkriegen sehr viel schwerer zu gewinnen als in nationalistischen oder antikolonialen Befreiungskriegen. Trotz der amerikanischen Niederlage in Vietnam waren die 1970er Jahre die Zeit der großen Desillusionierung über die Möglichkeiten des Partisanenkrieges. Was sich stattdessen seit den 1980er Jahren entwickelte, waren ›neue Kriege‹, in denen die beschriebene Ordnung des klassischen Staatenkrieges keine Rolle mehr spielte und in denen es auch nicht mehr darum ging, Strategien der Asymmetrierung dazu zu nutzen, um zu symmetrischen Anerkennungsverhältnissen zu gelangen. In den ›neuen Kriegen‹ wird die asymmetrische Gewalt, die von Bewaffneten gegen Unbewaffnete gebraucht wird, auf Dauer gestellt. Gleichzeitig haben die waffentechnischen Asymmetrien zwischen den USA und den anderen Staaten der OECD-Welt inzwischen ein Ausmaß erreicht, dass sie innerhalb eines absehbaren Zeitraums nicht mehr resymmetriert werden können. Und schließlich hat sich mit dem transnationalen Terrorismus eine Form von Kriegführung entwickelt, die Asymmetrierung ohne die Perspektive der Resymmetrierung betreibt. Die Zeiten des klassischen Staatenkrieges sind endgültig zu Ende gegangen.

KAPITEL 2

Clausewitz' Beschreibung und Analyse einer Schlacht

Borodino als Beispiel

Wer ist der Sieger?

»In dieser Lage sahen wir der Schlacht zu, und es in mir immer merkwürdig geblieben wie sie nach und nach den Charakter der Ermüdung und Erschöpfung annahm. Die Infanterie Massen waren so zusammengeschmolzen, dass vielleicht kein Drittheil der ursprünglichen Massen im Gefecht war; die übrigen waren todt, verwundet, brachten Verwundete zurück oder sammelten sich hinten; kurz es waren überall weite Leeren entstanden. Die ungeheure Artillerie die von beiden Seiten über 600 Kanonen ins Gefecht gebracht hatte, ließ sich nur in einzelnen Schüssen noch hören, und selbst diese Schüsse schienen nicht mehr den ursprünglichen donnernden kräftigen Ton zu haben sondern ganz matt und heiser zu klingen. Die Kavallerie hatte fast überall die Plätze und die Stellen der Infanterie eingenommen und machte ihre Anfälle in einem müden Trab indem sie sich hin- und her trieb und sich wechselweise Schanzen abjagte. Nachmittags um 3 Uhr ungefähr sah man, dass die Schlacht in den letzten Zügen lag und dass also, wie meistens, die Entscheidung der ganzen Frage noch davon abhänge wer noch den letzten Trumpf in der Hand, die stärksten Reserven zurückbehalten habe.«[1] – Clausewitz' Beschreibung der Schlacht von Borodino, wo sich am 7. September 1812 (nach dem julianischen Kalender der Russen am 26. August) die russische Armee unter General Michail Illarionowitsch Kutusow dem Vormarsch der Grande Armée Napoleons auf Moskau entgegenstellte, ist ein Meisterstück der Schlachtbeschreibung. Die ungeheuren Verluste, die beide Seiten an diesem Tag erlitten – etwa 80 000 Gefallene und Verwundete – werden aus den wenigen Zeilen ebenso deutlich wie der Umstand, dass beide Seiten, Kutusow wie Napoleon, nach der Schlacht glaubten, den Sieg für sich in Anspruch nehmen zu können. »Unsere Batterien wurden eingenommen, wiedererobert, aber am Ende hatte der Feind keinen Fußbreit an Boden gewonnen«, schrieb Kutusow an seinen Zaren,[2] und Napoleon berichtete am Tag danach an

1 Clausewitz, »Der Feldzug von 1812«, S. 850 f.; zur Bedeutung des Russlandfeldzugs für Clausewitz' intellektuelle Entwicklung eingehend Paret, *Clausewitz und der Staat*, S. 273 ff. sowie Schramm, *Clausewitz*, S. 343-401.

2 Zit. nach Nicolson, *Napoleon in Rußland*, S. 115.

seine Frau Marie-Louise: »Ich habe gestern die Russen geschlagen; ihre ganze Armee in einer Stärke von 120 000 Mann war hier. Die Schlacht war heiß. Um zwei Uhr nachmittags war der Sieg unser. Ich habe ihnen mehrere Tausend Gefangene und sechzig Geschütze abgenommen. Ihre Verluste lassen sich auf 30 000 Mann schätzen. Ich selbst habe viele Tote und Verwundete. Ich bin bei guter Gesundheit, das Wetter ist etwas kühl.«[3] Es sind immer wieder solche auf wenige Sätze komprimierte Berichte von Seiten beteiligter Heerführer gewesen, durch die die Erinnerung an große Schlachten im kollektiven Gedächtnis viel stärker geprägt worden ist als durch die umfänglichen Schlachtbeschreibungen in der offiziellen Kriegshistoriographie – von Wellingtons »Unser Plan ist ganz einfach: die Preußen oder die Nacht. Aushalten bis auf den letzten Mann!«[4] am frühen Nachmittag der Schlacht von Waterloo bis

3 Zit. nach Nicolson, *Napoleon in Rußland*, S. 115. Bemerkungen zum Gesundheitszustand des Kaisers sind ein Topos napoleonischer Schlachtbeschreibungen. So endet das 29. Bulletin der Grande Armée, das über deren furchtbare Verluste während des Rückzugs von Moskau berichtet, mit der berühmten Wendung: »Die Gesundheit Sr. Majestät war nie besser« (zit. nach Kleßmann/Jürgens, *Napoleon*, S. 100). Auch Blüchers (durch seine eigenwillige Rechtschreibung bekannter) Brief an seine Frau nach der Schlacht an der Katzbach endet mit einem Blick auf das Wetter und den eigenen Gesundheitszustand: »heute wahr der Tag den ich so sehnlich gewünscht habe, wir haben den Feind völlig geschlagen, ville Kanonen erobert und gefangene gemagt, morgen denke ich noch ville Gefangene zu machen, da ich den Feind mit meiner gantzen Cavallerie verfollge, es war den ganzen Tag ein Regen so daß ich nicht einen trockenen Bissen behillte, gesund bin ich auch meine umgebung... gott mit dich in Eill, und mühde und matt. Blücher« (zit. nach Schulze, *1813-1815*, S. 124 f.)

4 Zit. nach Schulze, *1813-1815*, S. 301; Wellingtons Äußerung ist in verschiedenen Varianten überliefert, u. a. auch der sehr viel dramatischeren: »Ich wollte, es wäre Nacht oder die Preußen kämen!« Die oben zitierte bezüglich des Schlachtplans bezieht sich auf Blüchers Zusage am Vortag der Schlacht, zumindest zwei seiner Korps in Richtung Waterloo in Marsch zu setzen, um Napoleons Angriffe abzuwehren oder ihn am darauffolgenden Tag selbst anzugreifen. Blüchers IV. Korps (Bülow) hatte seit dem späten Vormittag Kontakt mit Napoleons rechtem Flügel und umgehend mit dem Angriff begonnen. Napoleon hatte infolgedessen seinen rechten Flügel verstärken und dem Zentrum Reserven entziehen müssen. Dennoch war es Marschall Ney am späten Nachmittag gelungen, Wellingtons linken Flügel schwer zu erschüttern. In dieser Situation, auf dem Höhepunkt der ›Krise der Schlacht‹, wie die Kriegsgeschichtsschreibung dies nennt, soll Wellington den berühmten Ausspruch getan haben, er wolle, es werde Nacht oder die Preußen kämen. Das bezog sich nicht mehr auf die Preußen insgesamt, die mit zwei Korps längst im Gefecht standen, sondern auf das I. Korps

zu Ferdinand Fochs legendärem Funkspruch auf dem Höhepunkt der Marneschlacht: »Mein Zentrum gibt nach, mein rechter Flügel ist auf dem Rückzug. Lage hervorragend. Ich greife an.«[5]

Selbstverständlich sind die Briefe Kutusows wie Napoleons ebenfalls Schlachtbeschreibungen, wenngleich weniger am Verlauf des Kampfgeschehens selbst orientiert, sondern eher in Summe dessen Ergebnisse zusammenfassend – wobei sich Napoleon übrigens getäuscht hat: Nicht mehrere Tausend, sondern nur 700 Gefangene hatte die Grande Armée gemacht, und ihm waren auch nicht um die sechzig, sondern nur zwanzig Geschütze in die Hände gefallen, und die waren allesamt zerstört. Beides war von größter Bedeutung hinsichtlich der Beurteilung der Schlacht und der Beantwortung der Frage, was der Sieg auf dem Schlachtfeld für den weiteren Fortgang des Krieges bedeute. Doch auch Kutusow hatte sich getäuscht, als er in seiner offiziellen Depesche nach Sankt Petersburg von »der Niederlage Bonapartes in einer großen Schlacht« berichtete.[6] Zwar hatten sich die Russen am Tag der Schlacht knapp behauptet, aber ihre Positionen waren schwer erschüttert, die Frontlinie war überdehnt, die Munition knapp und der Proviant verzehrt, so dass Kutusow gar nichts anderes übrigblieb, als sich weiter zurückzuziehen. Dieser Rückzug erfolgte jedoch in geordneter Form und ohne Zurücklassung von Material und Menschen, was die typischen Begleiterscheinungen einer Niederlage sind, durch die diese für den Kriegsverlauf in der Regel erst folgenreich wird. In Clausewitz' Bericht liest sich dies wie folgt: »Die Russische Armee zog sich in der Nacht vom 7ten auf den 8ten September zurük und zwar wie wir schon gesagt haben auf einer Straße in vier neben einander marschirenden *Colonnen*. Sie ging nur eine Meile weit nehmlich bis hinter *Moschaisk*, welches hinreichend beweist, dass sie in einer Ordnung und Schlachtfertigkeit war, die nach einer verlohrnen Schlacht nicht gewöhnlich ist, auch kann der Verfasser versichern, dass ihm keine Spur der Auflösung vorgekommen ist welche von einem sonst sehr unpartheiischen französischen Schriftsteller behauptet worden ist. Die Zahl der Gefangenen

(Ziethen), das als letztes eintraf und aufgrund unklarer Dispositionen erst verspätet zur Stützung von Wellingtons schwer erschüttertem Flügel eingreifen konnte. Das war dann aufgrund des entschlossenen Eingreifens von General Müffling, Blüchers Verbindungsoffizier bei Wellington, gegen 18 Uhr der Fall, und damit war die Schlacht endgültig zugunsten der Alliierten entschieden (zum Schlachtverlauf detailliert Chandler, *The Campaigns of Napoleon*, S. 1064-1093).

5 Zit. nach Keegan, *Der Erste Weltkrieg*, S. 177.

6 Zit. nach Nicolson, *Napoleon in Rußland*, S. 114; zum Verlauf der Schlacht von Borodino aus der Perspektive der modernen Kriegsgeschichtsschreibung vgl. Chandler, *The Campaigns of Napoleon*, S. 790-807.

mag einige Tausend, die Zahl der verlohrnen Geschütze zwischen 20 und 30 betragen haben. Die Trophäen waren also nicht bedeutend.«[7]

Andererseits war es Napoleon gelungen, die Russen im Zentrum ihrer Front aus ihren wichtigsten Befestigungen, der sog. Großen Redoute und der langgestreckten Artilleriestellung der *flèches*, herauszuwerfen und damit ihre Verteidigung aus den Angeln zu heben. Aber er hatte zwischen zwei und drei Uhr nachmittags, als in einem kombinierten Infanterie- und Kavallerieangriff die Große Redoute gestürmt worden war, sich nicht entschließen können, die bislang zurückgehaltene kaiserliche Garde einzusetzen, um die russische Front in ihrem Zentrum zu zertrümmern und ihre Reste nach der in vielen vorangegangenen Schlachten bewährten Taktik der überholenden Verfolgung durch die Kavallerie zu vernichten. Als er dann am späten Nachmittag die Junge Garde einsetzte, die Alte Garde aber weiterhin zurückhalten wollte, hatte Murat entschieden dagegen protestiert: Die vorgesehenen Kräfte seien für die ihnen zugedachte Aufgabe zu schwach, der Zeitpunkt für den entscheidenden Stoß zu spät – und so war dieser Stoß schließlich unterblieben. Auf dem Schlachtfeld selbst hatte zweifellos Napoleon gesiegt, aber im Hinblick auf den Krieg hatte ihm der Sieg von Borodino wenig gebracht: Kutusows Armee war zwar geschwächt (sie hatte etwa die Hälfte ihres Bestandes verloren), aber nach wie vor handlungsfähig, und der entscheidende Sieg, der den Zaren zur Kapitulation zwingen sollte, war nicht gelungen. So war Borodino für Napoleon ein taktischer Sieg, der strategisch einer Niederlage gleichkam – und zwar ganz in dem Sinne, wie Clausewitz später Taktik und Strategie voneinander unterschieden hat: Die Taktik bestehe darin, die »Gefechte in sich anzuordnen und zu führen«, die Strategie hingegen darin, »sie unter sich zum Zwecke des Krieges zu verbinden«.[8] Und so definiert er: »Es ist also nach unserer Einteilung die Taktik die Lehre vom Gebrauch der

7 Clausewitz, »Der Feldzug von 1812«, S. 856. Clausewitz' Urteil wird durch den Bericht Ségurs, der als einer der Adjutanten Napoleons an der Schlacht teilgenommen hat, weitgehend bestätigt: »Die französischen Soldaten, die einen richtigen Takt haben, sahen mit Befremden, daß der getöteten und verwundeten Feinde so viele, der Gefangenen so wenige, gar nur achthundert waren. Sie waren gewöhnt, die Größe des Erfolgs nach der Zahl der Gefangenen zu berechnen, denn durch die Toten wurde mehr der Mut der Besiegten als der Sieg selbst bekundet« (Ségur, *Napoleon und die Große Armee*, S. 175). Und: »Während dieser traurigen Musterung ließ der Kaiser die wenigen Gefangenen mehr als einmal zählen und alle Kanonen, die auf dem Schlachtfelde lagen, zusammenbringen, hoffend, daß sich ein tröstlicheres Resultat ergeben würde: allein, sieben- bis achthundert Gefangene und etwa zwanzig beschädigte Kanonen waren die einzigen Trophäen dieses unvollständigen Sieges« (ebd., S. 176).

8 Clausewitz, *Vom Kriege*, S. 270 f.

Streitkräfte im Gefecht, die Strategie die Lehre vom Gebrauch der Gefechte zum Zwecke des Krieges.«[9]

Clausewitz war am frühen Mittag zur Kavallerieabteilung des Generals Uwarow kommandiert worden, der mit einer überraschenden Attacke den Franzosen in die Flanke fallen und so den ständig wachsenden Druck auf das Zentrum der russischen Front vermindern sollte. Aber der Angriff war misslungen – Ségur spricht mit Blick auf Uwarows Attacke von einem »mehr lärmenden als gefährlichen Feind«.[10] Uwarow hatte sich zurückgezogen und, wie Clausewitz mit Unwillen vermerkte, in sicherem Abstand zum Kampfgeschehen nahe dem Dorf Borodino Position bezogen. Wenigstens hatte der im Frühjahr 1812 in russische Dienste übergewechselte Clausewitz von hier aus einen vorzüglichen Blick über das Kampfgeschehen. Was er von seiner Position aus sehen konnte, war vor allem jene Phase der Schlacht, in der Kutusow über keine größeren Reserven mehr verfügte, weswegen er sie auch nicht in die Schlacht werfen konnte, um sie zu seinen Gunsten zu entscheiden, während auf der anderen Seite Napoleon immer noch zögerte, seine bislang zurückgehaltene Garde einzusetzen, um nach der bewährten Manier von Austerlitz und Wagram durch einen massiven Stoß zurückgehaltener Reserven die Entscheidung herbeizuführen. In der militärhistorischen Literatur ist über Napoleons Zaudern bei Borodino – eine für die von ihm sonst praktizierte Art des Einsatzes der Kräfte gänzlich untypische Verhaltensweise[11] – viel gerätselt worden, und dabei sind neben seinem bereits fortgeschrittenen Alter und den nervenaufreibenden Belastungen der zurückliegenden Jahre vor allem eine Blasenentzündung und eine schwere Erkältung, an denen er während der Tage der Schlacht von Borodino litt, als Erklärung angeführt worden.[12] »Um 1810«, so leitet Georges Lefebvre in seiner großen Napoleon-Biographie die Schilderung des Zusammenbruchs des Kaiserreichs ein, »beginnt das Alter den Kaiser leicht zu zeichnen: Das Gesicht wird fett, der Teint grau, der Körper plump und dick. Gewisse Zeichen lassen darauf schließen, dass das Kaiserreich, maßlos ausgeweitet, wie es ist, von ihm einen übergroßen Kraftaufwand fordert (...). Noch merklicher ist der Einfluss seiner

9 Ebd., S. 271; vgl. hierzu Münkler, »Carl von Clausewitz«, S. 99.

10 Ségur, *Napoleon und die Große Armee*, S. 169.

11 Berühmt ist in diesem Zusammenhang die nach dem ersten italienischen Feldzug gemachte Bemerkung Napoleons: »Es gibt in Europa viele gute Generale, aber sie sehen zu viele Dinge auf einmal; ich sehe nur eins; das sind die Massen. Ich versuche, sie zu vernichten, sicher, daß die Nebensachen dann von selbst fallen werden« (zit. nach Schulze, *1813-1815*, S. 119).

12 Eine Zusammenstellung von Schlachtentscheidungen, bei denen der Gesundheitszustand eines der beteiligten Feldherrn eine entscheidende Rolle spielte, findet sich bei Regan, *Narren, Nulpen, Niedermacher*, S. 22 ff.

Allmacht auf die moralische Physiognomie: das Selbstvertrauen schlägt in Starrsinn um: ›Meine italienischen Völker kennen mich gut genug, um nicht vergessen zu dürfen, daß ich mehr im kleinen Finger weiß, als sie in allen Ihren Köpfen zusammen.‹ Der Pessimismus wird brutal: ›Ich habe immer beobachtet, daß die anständigen Leute nichts taugen.‹ Der Kult der Macht und des Erfolgs läßt ihn zynisch werden: ›Es gibt nur ein Geheimnis, die Welt zu führen: stark sein; weil es in der Stärke keinen Irrtum und keine Illusionen gibt; das ist die nackte Wahrheit.‹«[13] Kann man den Schlachtverlauf von Borodino angemessen beschreiben, ohne auf Napoleons physische und moralische Konstitution einzugehen? Kaum. Ségur berichtet, in französischen Offizierskreisen sei nach der Schlacht von Borodino bemängelt worden, es habe »dieser Schlacht an Einheit« gefehlt »und der Sieg sei mehr ein Sieg der Soldaten als des Feldherrn«.[14] Clausewitz hat, auch wenn er unmittelbar in seiner Schilderung von Borodino auf Napoleons physisch-psychischen Zustand nicht eingeht, das Problem der gesundheitlichen Verfassung und der seelischen Befindlichkeit des Feldherrn zu einem zentralen Punkt seiner Kriegsanalysen gemacht, und so bemerkt er in *Vom Kriege* unter der Kapitelüberschrift »Der kriegerische Genius«: »Wenn wir nun einen Gesamtblick auf die vier Bestandteile werfen, aus denen die Atmosphäre zusammengesetzt ist, in welcher sich der Krieg bewegt, *auf die Gefahr*, *die körperliche Anstrengung*, *die Ungewißheit* und *den Zufall*, so wird es leicht begreiflich, daß eine große Kraft des Gemütes und des Verstandes erforderlich ist, um in diesem erschwerenden Element mit Sicherheit und Erfolg vorzuschreiten, eine Kraft, die wir nach den verschiedenen Modifikationen, welche sie von den Umständen annimmt, als *Energie*, *Festigkeit*, *Standhaftigkeit*, *Gemüts- und Charakterstärke* in dem Munde der Erzähler und Berichterstatter kriegerischer Ereignisse finden. Man könnte alle diese Äußerungen der Heldennatur als ein und dieselbe Kraft des Willens betrachten, die sich nach den Umständen modifiziert; aber so nahe diese Dinge miteinander verwandt sind, so sind sie doch nicht ein und dasselbe, und es ist in unserem Interesse, das Spiel der Seelenkräfte dabei wenigstens um etwas genauer zu unterscheiden.«[15] Am Tag von Borodino scheint Napoleon das Spiel mit Ungewissheit und Zufall, das er früher so glänzend beherrscht hatte, gescheut zu haben.

Es spricht manches dafür, dass Napoleon während der Schlacht von Borodino nicht auf der Höhe seiner taktischen Fähigkeiten war, dass er, um es mit Clausewitz zu formulieren, an diesem Tag nicht über die Kraft des Gemüts und des Verstandes verfügte, die ihn sonst auszeichnete,

13 Lefebvre, *Napoleon*, S. 406.
14 Ségur, *Napoleon und die Große Armee*, S. 173.
15 Clausewitz, *Vom Kriege*, S. 237 f.

dass ihm insbesondere Energie und Gemütsstärke an diesem Tage abgingen,[16] denn kaum eine seiner großen Schlachten hat er mit so wenig taktischer Kreativität und einer so geringen Ausnutzung der sich während des Kampfes ergebenden Möglichkeiten geführt wie Borodino.[17] Seine Dispositionen drehten sich nur um eine einzige taktische Idee: den Gegner an seiner stärksten Stelle anzugreifen, ihn aus seinen Positionen zu werfen und seine Streitkräfte zu vernichten, um so den russischen Widerstandswillen zu brechen und den Krieg zu seinen Gunsten zu entscheiden. Auf dem Schlachtfeld von Borodino hat Napoleon die von ihm zuvor immer wieder mit durchschlagendem Erfolg praktizierte *Strategie* der Konzentration der Kräfte, das sogenannte Operieren auf der inneren Linie, auf eine *Taktik* der Kräftekonzentration reduziert: So hat er auf die aus seiner Sicht entscheidenden Punkte der russischen Stellungen, die Große Redoute und die *flèches*,[18] 45 000 Soldaten und 400 Geschütze konzentriert, und als gegen zwei Uhr die Redoute er-

16 Als Napoleon Marschall Ney die von diesem geforderten Reserven verweigerte, mit denen er, nachdem er die russische Positionen beim Korps Bagration schwer erschüttert hatte, die russischen Hauptkräfte von der Flanke und im Rücken angreifen wollte, soll er gerufen haben: »Sind wir denn darum so weit hergekommen, um uns mit einem Schlachtfeld zu begnügen? Was tut denn der Kaiser hinter der Armee? Dort kann er nichts recht beurteilen. Wenn er den Krieg nicht mehr selbst führen, nicht selbst General sein, überall nur den Kaiser machen will, so kehre er in die Tuilerien zurück und lasse uns für ihn das Kriegshandwerk treiben« (zit. nach Ségur, *Napoleon und die Große Armee*, S. 166). Und: »Murat sagte unverhohlen, er habe in dieser großen Schlacht das Genie Napoleons nicht mehr erkannt« (ebd., S. 173).

17 In der Literatur wird immer wieder darauf hingewiesen, dass Napoleons *Grande Armée* nur zu einem Zehntel aus kampferprobten Soldaten bestanden und der Anteil von Nichtfranzosen, vorwiegend Truppen der Rheinbundstaaten, deutlich überwogen habe. So schreibt Roger Dufraisse mit Blick auf den Russlandfeldzug: »Seine [Napoleons] Vielvölkerarmee vermochte nicht mit der gleichen Schnelligkeit zu manövrieren wie seine früheren Armeen, die vorwiegend aus Franzosen bestanden hatten« (Dufraisse, *Napoleon*, S. 146); zur »nationalen« Zusammensetzung der napoleonischen Armee; vgl. Willms, *Napoleon*, S. 545.

18 Die Große Redoute oder auch Rajewskischanze bildete das Zentrum der russischen Front; es handelte sich um einen mit Erdwerken befestigten Hügel; die auf ihm postierten Batterien beherrschten die Ebene und brachten einen französischen Angriff nach dem andern zum Scheitern. Bei den sog. *flèches* oder Bagrationsfleschen handelte es sich um eine drei kleinere Hügel verbindende Verschanzung, etwa eineinhalb Kilometer südlich der Rajewskischanze, die den Rückhalt für das Korps von Bagration bildeten; vgl. Chandler, *The Campaigns of Napoleon*, S. 794 ff.

obert war, war er davon überzeugt, die Schlacht sei zu seinen Gunsten entschieden. Vor allem die britische Militärgeschichtsschreibung, die dem napoleonischen Prinzip des Suchens der Entscheidungsschlacht anstelle eines langwierigen Manövrierens, der Massierung der Kräfte auf dem Schlachtfeld und der Gefechtsführung nach der Doktrin der Vernichtung[19] ohnehin kritisch gegenübersteht, hat Napoleon darob der Phantasielosigkeit geziehen. Im Gespräch mit seinem langjährigen Adjutanten General Jean Rapp hat Napoleon auf dessen am Vorabend der Schlacht gemachte Bemerkung hin, man sei aufgrund der strategischen Situation zu siegen gezwungen und die Schlacht des kommenden Tages werde wohl überaus blutig werden, noch einmal seinen Kriegsplan resümiert: »Ich weiß, aber ich habe 80 000 Mann. Ich werde 20 000 verlieren und mit 60.000 werde ich in Moskau einmarschieren. Dort werden die Nachzügler und die Reservebataillons aufschließen, und wir werden stärker sein als vor der Schlacht.« Und nach einer Pause fügte er hinzu: »Was ist der Krieg? Ein barbarisches Handwerk, dessen ganze Kunst darin besteht, an einem bestimmten Ort stärker zu sein.«[20]

Der Blick übers Schlachtfeld

Es war also zunächst Napoleons einfaltslose Taktik,[21] die es Clausewitz erlaubte, von einem kleinen Hügel aus inmitten der sumpfigen Wiesen um Borodino das Schlachtgeschehen in seinen entscheidenden

19 Vgl. hierzu Fiedler, *Kriegswesen und Kriegführung*, S. 174 ff. In der Analyse der napoleonischen Strategie ist nach wie vor die von Delbrück vorgenommene Gegenüberstellung von Ermattungs- und Niederwerfungsstrategie wichtig; Napoleon ist danach das Genie der Niederwerfungsstrategie; vgl. Delbrück, *Geschichte der Kriegskunst*, S. 550-589.

20 Zit. nach Nicolson, *Napoleon in Rußland*, S. 108.

21 Im Unterschied hierzu war es Moltkes erfolgreiche Strategie, die den englischen Kriegsberichterstatter Russell am Tag der Schlacht von Königgrätz (bzw. Sadowa, wie sie in der österreichischen Kriegsgeschichte heißt) das Schlachtgeschehen bis in alle Einzelheiten hat überschauen lassen. Russell hatte sich auf einem hohen Turm unweit des Prager Tors von Königgrätz postiert und konnte von hier aus beobachten, wie die aus drei Richtungen konzentrisch auf die Stadt an der Elbe vorstoßenden Preußen die hier zusammengezogene österreichische Armee angriffen und die Schlacht am Nachmittag für sich entschieden. Russells Bericht folgt viel stärker als der von Clausewitz dem Hin und Her des Kampfgeschehens, Angriffen und Gegenangriffen, Vormarsch und Rückzug (Russell, *Meine sieben Kriege*, S. 263-283), während Clausewitz das Geschehen analytisch komprimiert. Dass Russells guter Überblick vor allem an Moltkes Strategie – und nicht etwa allein an dem günstigen Platz auf dem Turm lag, zeigt sich vier Jahre

Phasen zu überblicken,[22] den Verbrauch der Kräfte zu beobachten, den er sukzessiv nach den Waffengattungen der Infanterie, Artillerie und Kavallerie geordnet hat, und schließlich festzuhalten, dass derjenige die Schlacht für sich entscheiden werde, der am Schluss die größeren Reserven ins Gefecht schicken könne. Dass diese auf der französischen Seite standen, hat Clausewitz von seinem Standort wohl sehen können: »Die Russen fingen an die Sache mit anderen Augen anzusehen als am Morgen zwischen 8 und 9 Uhr. Sie merkten, dass nun erst das ganze Gewicht des Riesen auf sie zu lasten anfing, und dass sie ihm doch wohl nicht gewachsen seyn würden. Die *Corps* von *Baggovout* und *Ostermann* welche den müßigen rechten Flügel gemacht hatten, waren bereits zur Unterstützung des linken und des Centrums verwendet, und auch die Garden hatten schon einen Theil ihrer Truppen ins Gefecht geschikt; die Reserve fing also an sehr klein zu werden, während die französischen

später auf dem Schlachfeld von Sedan, wo Russell erneut das Geschehen gut zu übersehen vermochte. Moltkes strategische Devise des ›Getrennt marschieren, vereint schlagen‹ erwies sich beide Male als ausgesprochen kriegsberichterstatterfreundlich.

22 Clausewitz selbst hat in seinem Bericht über das Schlachtgeschehen den Anspruch, alles *mit eigenen Augen* gesehen zu haben, relativiert, als er notierte: »Dieß so wie die eigentliche Lage beider Theile konnten wir nicht übersehen; die einzelnen Nachrichten welche uns zukamen waren nicht gerade beunruhigend, worüber der Verfasser sich indeß doch wunderte, da das *Centrum* offenbar schon etwas aus seinen Fugen gewichen war, woraus man auf den linken Flügel schließen konnte« (Clausewitz, »Der Feldzug von 1812«, S. 851). Aber die von Clausewitz vorgenommene Einschränkung hinsichtlich des Gesehenen ist beschränkt auf die Frage, wer den letzten Trumpf besitze und wie exakt die Lage beider Seiten sei. Es handelt sich also nicht um eine Relativierung des Augenzeugenberichts, sondern der in ihn verwobenen Schlussfolgerungen hinsichtlich des weiteren Fortgangs der Schlacht. Neben Tolstois berühmter Darstellung der Schlacht von Borodino in *Krieg und Frieden* hat auch Fontane in *Vor dem Sturm* die Schlacht von Borodino aus der Perspektive eines auf napoleonischer Seite kämpfenden Deutschen, des einem sächsischen Kürassierregiment angehörenden Herrn von Meerheimb geschildert. Auch diese Schilderung beginnt mit einem Blick über das Schlachtfeld: »Es war ein klarer Tag. Die Sonne, eben aufgegangen, hing wie eine rote Kugel über einem Waldstrich am Horizont und sah auf das kahle Plateau hinunter, das sich, halb Brache, halb Stoppelfeld, in bedeutender Tiefe aber nur etwa in Breite einer halben Meile vor uns ausdehnte. (…) In tiefen Kolonnen stand der Feind, scheinbar endlos. Wir sahen weithin das Blitzen der Bajonette und in Front seiner Stellung am Rande des Grundes hin, die dunklen Öffnungen seiner Geschütze,« (Fontane, *Vor dem Sturm*, S. 375).

Garden etwa 20 000 Mann in dichten *Colonnen* unbeweglich hielten wie eine schwarze Gewitterwolke.«[23]

Hätte Napoleon, wie von einigen seiner Marschälle angeraten, das Schlachtgeschehen stärker auf seinen rechten Flügel verlagert, wo die polnischen Verbände unter Marschall Poniatowski schon am frühen Morgen beträchtliche Erfolge erzielt hatten und gegen Utiza vorgerückt waren, so hätte der auf dem rechten russischen Flügel postierte Clausewitz den Verlauf der Schlacht kaum als Augenzeuge verfolgen können, sondern ihn sich aus dem, was an Kanonendonner und Schützenfeuer zu hören war, sowie anhand eintreffender Meldungen zusammenreimen müssen. Es wäre ihm dann so gegangen, wie dem Philosophen Henrik Steffens, der 1813 dem Stabe Blüchers zugeteilt war und in dieser Rolle, auf den Kreckwitzer Höhen stehend, über die Schlacht bei Bautzen am 20./21. Mai 1813 berichtete: »Der klare, helle Tag ließ uns das ganze weite Schlachtfeld übersehen. Bei Löbau und in der Umgegend sahen wir, obgleich in weiter Entfernung, den Kämpfen der Russen zu. Bautzen lag vor uns, aber hinter Hügeln versteckt, nur die Türme ragten hervor. Zwischen dieser Stadt und uns, an den Ufern der Spree, fanden die lebhaftesten Angriffe statt; aber diese waren uns verborgen, denn dieseits wie jenseits des Flusses erhoben sich die Hügel, nur hörten wir das Gewehrfeuer in großer Nähe.«[24] Da Steffens, wiewohl er, wie er ausdrücklich hervorhob, mit einem guten Fernglas versehen war, nur einzelne Gefechtsszenen zu erkennen vermochte – »Ich verlor mich ziemlich lange in die Betrachtung einzelner Gefechte; ich sah besonders nach Löbau hin die Russen mit dem Feind fechten; sah Kämpfende bald hier, bald da stürzen, die ringenden Massen von beiden Seiten bald vor- und zurückschreiten«[25] –, diese aber nicht zu einem Gesamtbild des

23 Clausewitz, »Der Feldzug von 1812«, S. 849; Fontane, der Clausewitz' Bericht wohl kannte, lässt Herrn von Meerheimb berichten: »Aber schon begann es an den Kräften zu fehlen, wenigstens in der Front. Die Divisionen des Davoutschen Korps waren nur noch Schlacke, die des Neyschen nicht minder, (...). Der Sturmversuch war als gescheitert anzusehen, und in unserer ganzen Front, sowohl unmittelbar vor uns wie auch nach beiden Flügelpunkten hin, standen keine frischen Truppenkörper mehr, denen eine Wiederholung des Sturms zuzumuten gewesen wäre« (Fontane, *Vor dem Sturm*, S. 376 f.). Der Berichterstatter Meerheimb hatte nicht den Überblick, den Clausewitz besaß – daraus erwächst die unterschiedliche Beurteilung der Reserven.

24 Zit. nach Schulze, *1813-1815*, S. 89 f.

25 Ebd., S. 90. Derlei Unübersichtlichkeit ist freilich kein alleiniges Problem von auf Schlachtfelder verschlagenen Zivilisten. Russell etwa schreibt über die Schlacht von Inkerman während des Krimkriegs: »Unsere Generäle wußten nicht weiter. Sie konnten nicht erkennen, wo der Feind stand, aus welcher Richtung er kam, was sein Ziel war. In Dunkelheit, Düsternis

Schlachtverlaufs zusammenfügen konnte (schließlich war er Professor für Philosophie an der Universität Breslau und kein Stabsoffizier), versenkte er sich sehr bald in allgemeine Betrachtungen über den Zusammenhang zwischen Landschaft und Krieg: »Wenn ich dann das Auge erhob, das ganze Schlachtfeld übersah, wie seltsam trat es mir entgegen! Wie verhängnisvoll erscheint überhaupt eine Landschaft während einer Schlacht! (...) Die Landschaft schien ihre ganze Physiognomie verändert zu haben; es ruhte ein tragischer Schleier auf allen Gegenständen, einen schicksalschwangeren Geist sah ich über Städten und Dörfern schweben. Es ist schwer, das Bild solcher Gegenden, wie sie uns erscheinen, wenn aus einem jeden Punkte die drohende Gefahr des Augenblicks uns entgegentritt, durch Worte klar zu machen.«[26] Wie anders dagegen liest sich die Schlachtbeschreibung von Clausewitz: Massen zusammengeschmolzen, Bewegungen verlangsamt; Reserven entscheidend. Das lag nicht nur daran, dass Clausewitz bei Borodino mit bloßem Auge mehr zu erkennen vermochte als Steffens bei Bautzen. Die Differenz ist auch eine der kognitiven Verarbeitung der Informationen. Darauf wird noch zurückzukommen sein.

Zunächst jedoch noch einmal zurück auf das Schlachtfeld von Borodino und zu Napoleons »einfallsloser« Taktik, die es Clausewitz ermöglichte, die entscheidenden Entwicklungen der Schlacht mit bloßem Auge zu sehen. Tatsächlich hatte Marschall Davout seinem Kaiser am Vorabend der Schlacht zu einer weitausholenden Umfassungsbewegung des rechten Flügels geraten, um den von Fürst Bagration kommandierten linken russischen Flügel im Rücken zu packen und zu vernichten.[27]

und Regen mußten sie unsere Truppen durch dichtes, dorniges Gestrüpp führen, was unsere Reihen auseinanderriß und die Männer aufbrachte. Jeder Schritt war markiert von einem Gefallenen oder einem Verwundeten, getroffen von einem Feind, dessen Position sich nur durch den Lärm der Gewehre und umherschwirrende Kanonenkugeln verriet« (Russell, *Meine sieben Kriege*, S. 64).

26 Zit. nach Schulze, *1813-1815*, S. 90; zum Schlachtverlauf vgl. Chandler, *The Campaigns of Napoleon*, S. 887 ff.

27 Ségur berichtet darüber: »Er (Davout) bittet den Kaiser, ihm seine fünf Divisionen zu lassen und auch noch das Korps von Poniatowsky zuzuteilen, indem dieses zu schwach sei, für sich allein den Feind zu umgehen. Er will am folgenden Morgen diese Masse in Bewegung setzen und, gedeckt durch die letzten Schatten der Nacht und den Wald, an den der linke russische Flügel sich lehnt, auf der alten Straße von Smolensk nach Moskau über diesen hinausgehen und dann durch ein rasches Manöver in der Flanke dieses Flügels und hinter demselben vierzigtausend Franzosen und Polen entwickeln. Während nun der Kaiser die Front der Moskowiten durch einen allgemeinen Angriff beschäftigt, gedenkt er, eine Redoute, eine Reserve nach der andern anzugreifen, vom linken nach dem rechten

Napoleon jedoch hatte, wiewohl seine Armee auf dem Schlachtfeld zahlenmäßig überlegen war, von einer gefährlichen Schwächung seines Zentrums gesprochen; vor allem aber scheint er gefürchtet zu haben, dass sich die Russen bei den ersten Anzeichen einer drohenden Umfassung zurückziehen würden und dann keine Entscheidungsschlacht vor den Toren Moskaus stattfinden würde. Auf diese Entscheidungsschlacht aber war seine ganze Strategie hin angelegt – und das war, jenseits von Blasenentzündung und Bronchitis, die Ségur für Napoleons taktische Einfallslosigkeit verantwortlich macht,[28] der entscheidende Grund, warum der Kaiser alle taktischen Finessen früherer Jahre fahren ließ und die Schlacht von Borodino als ein brutales Gefecht führte. Borodino wurde die verlustreichste Schlacht der gesamten napoleonischen Ära.

Die strategischen Dispositionen und der Kulminationspunkt des Angriffs

Die Befürchtung Napoleons, die Russen könnten sich weiter zurückziehen, die Schlacht verweigern und den Krieg noch weiter in die Tiefe des Raumes verlagern, waren alles andere als unbegründet. Eine Reihe der das russische Oberkommando beratenden deutschen Stabsoffiziere, unter ihnen auch der Oberstleutnant Carl von Clausewitz, hatten dringlich zu einer solchen Kriegführung geraten. Jahre später schrieb Clausewitz bei der Abfassung von *Vom Kriege* dazu: »Das russische Reich ist kein Land, was man förmlich erobern, d. h. besetzt halten kann, wenigstens nicht mit den Kräften jetziger europäischer Staaten, und auch nicht mit den 500 000 Mann, die Bonaparte dazu anführte. Ein solches Land kann nur bezwungen werden durch eigene Schwäche und durch die Wirkungen des inneren Zwiespalts. Um auf diese schwachen Stellen des politischen Daseins zu stoßen, ist eine bis ins Herz des Staates gehende Erschütterung notwendig. Nur wenn Bonaparte mit seinem kräftigen Stoß bis Moskau hineinreichte, durfte er hoffen, den Mut der Regierung und die Treue und Standhaftigkeit des Volkes zu erschüttern.«[29] Clausewitz selbst berichtet, wie er während des russi-

Flügel hin alles aufzurollen, auf die große Straße von Mojaisk zu drängen, dort der russischen Armee den Todesstoß zu geben und der Schlacht wie dem Krieg ein Ende zu machen« (Ségur, *Napoleon und die Große Armee*, S. 151).

28 »Nur diejenigen, die ihn [Napoleon] den ganzen Tag nicht verlassen hatten, wußten, dass der Besieger so vieler Nationen an diesem Tage von einem heftigen Fieber war besiegt worden« (Ségur, *Napoleon und die Große Armee*, S. 173).

29 Clausewitz, *Vom Kriege*, S. 1024; ähnlich auch ders., »Der Feldzug

schen Feldzugs mit Karl Friedrich Graf von Toll, einem in russischen Diensten stehenden Oberst, diese Probleme besprochen habe: »Nach der Schlacht von *Borodino* hatte Oberst *Toll* dem Verfasser ein Paar mal als er in Geschäften zu ihm geschikt worden war geäußert, dass nach seiner Meinung der Rükzug über *Moskau* hinaus nicht mehr in die alte Richtung genommen werden sondern dass man sich gegen den Süden wenden müßte. Der Verfasser stimmte mit der größten Lebhaftigkeit ein und bediente sich dabei des ihm schon zur Gewohnheit gewordenen Bildes, daß man sich in Rußland mit seinem Gegner Zeck jagen könne, und daß man also indem man immer im Rükzug bliebe am Ende wieder an der Grenze mit ihm ankommen könne. (...) Auch die jüngeren Offiziere des Generalstabs besprachen diesen Gegenstand häufig unter einander, so daß er wenn auch nicht zur völligen Klarheit erhoben doch wenigstens völlig durchgesprochen wurde.«[30]

Die leitende Idee, die dem Vorschlag des strategischen Rückzugs in die Tiefe des Raumes zugrundelag, war folgende: Je tiefer die zahlenmäßig zunächst weit überlegene Armee Napoleons in den russischen Raum eindrang und je weiter sich die kräftemäßig zunächst unterlegenen Russen zurückzogen, desto mehr näherten sich beide Armeen dem Punkt ihres kräftemäßigen Gleichgewichts, und dementsprechend kam alles darauf an, Napoleon dazu zu verleiten, den Kulminationspunkt des Angriffs zu überschreiten, um ihn dann mit überlegenen Kräften anzugreifen, zurückzuwerfen oder gar zu vernichten. In *Vom Kriege* hat Clausewitz dazu folgende Überlegung angestellt: »Der Erfolg im Angriff ist das Resultat einer vorhandenen Überlegenheit, wohlverstanden physische und moralische Kräfte zusammengenommen. Wir haben (...) gezeigt,

von 1812«, S. 864. In der Clausewitzforschung sind diese und ähnliche Überlegungen immer wieder auf das ›Unternehmen Barbarossa‹, Hitlers Angriff auf die Sowjetunion im Sommer 1941, bezogen worden, etwa von Schramm, *Clausewitz*, S. 354. Sicherlich lässt sich zwischen Clausewitz' Urteil, Russland lasse sich nur durch innere Schwäche und politischen Zwiespalt bezwingen, und der Vorstellung, eine vernichtende Niederlage der Russen bei Borodino hätte womöglich zu einem anderen Ausgang des Krieges geführt, ein Widerspruch sehen. Clausewitz selbst hätte diesen Widerspruch nicht gesehen, denn wenn die Russen nach der Vernichtung ihrer Hauptarmee bei Borodino in die ihnen von Napoleon diktierten Friedensbedingungen eingewilligt hätten, so wäre dies für ihn ein Zeichen politischer Schwäche, nämlich fehlenden Zutrauens in die eigene Durchhaltefähigkeit, gewesen.

30 Clausewitz, »Der Feldzug von 1812«, S. 863 f. Bereits 1804 hatte Clausewitz in der Studie »Strategie« geschrieben: »Wenn Bonaparte einst nach Polen kommen sollte, so wird er leichter zu besiegen sein als in Italien, und in Rußland würde ich seinen Untergang für ausgemacht halten« (Clausewitz, *Strategie aus dem Jahre 1804*, S. 42).

daß sich die Kraft des Angriffs nach und nach erschöpft; möglicherweise kann die Überlegenheit dabei wachsen, aber in der großen Mehrheit der Fälle wird sie abnehmen. Der Angreifende kauft Friedensvorteile ein, die ihm bei den Unterhandlungen etwas gelten sollen, die er aber auf der Stelle bar mit seinen Streitkräften bezahlen muß. Führt dieses im Vorteil des Angriffs sich täglich vermindernde Übergewicht zum Frieden, so ist der Zweck erreicht.«[31] Napoleons Plan für den russischen Feldzug war nach diesem Kalkül aufgebaut, und in den Schlachten von Smolensk und Borodino war er bereit, mit Tod oder Verwundung seiner Soldaten dafür zu bezahlen, dass er dem Zaren in Moskau die Friedensbedingungen diktieren konnte. Das aber hatte zur Voraussetzung, dass die russische Seite überhaupt bereit war, sich zur Schlacht zu stellen und in ihr die physischen und moralischen Kräfte beider Seiten messen zu lassen. Gegen Napoleons offensive Strategie des Erkaufens von Friedensvorteilen wollte Clausewitz den strategischen Rückzug ins Landesinnere setzen, um Napoleon dazu zu nötigen, den Kulminationspunkt des Angriffs zu überschreiten: »Es gibt strategische Angriffe, die unmittelbar zum Frieden geführt haben – aber die wenigsten sind von der Art, und die meisten führen nur bis zu einem Punkt, wo die Kräfte noch eben hinreichen, sich in der Verteidigung zu halten und den Frieden abzuwarten. – Jenseits dieses Punktes liegt der Umschwung, der Rückschlag; die Gewalt eines solchen Rückschlags ist gewöhnlich viel größer, als die Kraft des Stoßes war. Dies nennen wir den Kulminationspunkt des Angriffs.«[32]

Dieser Kulminationspunkt aber war nach Clausewitz' Auffassung bei Borodino noch nicht erreicht, weswegen es seiner Auffassung nach falsch war, sich hier zum Kampf zu stellen.[33] Sicherlich auch mit Blick auf die Schlacht von Borodino hat Clausewitz seine strategischen Vorstellungen vom Sieg ohne Schlacht so zusammengefasst: »Wir haben den freiwilligen Rückzug in das Innere des Landes als eine eigene mittelbare Widerstandsart angesehen, bei welcher der Feind nicht sowohl

31 Clausewitz, *Vom Kriege*, S. 879. In seiner Analyse des Feldzugs von 1812 hat Clausewitz das Agieren Napoleons sowie das seines Gegenspielers Zar Alexander unter diesem Aspekt analysiert: »*Bonapartes* Rükzug war unvermeidlich und sein ganzer Feldzug verfehlt von dem Augenblick an wo der Kaiser *Alexander* den Frieden versagte – auf diesen Frieden war alles berechnet und *Bonaparte* hat sich darüber gewiß nicht einen Augenblik getäuscht« (Clausewitz, »Der Feldzug von 1812«, S. 871).

32 Clausewitz, *Vom Kriege*, S. 879.

33 Clausewitz' Überlegungen zur russischen Kriegführung zeigen, wie falsch es ist, ihn als bedingungslosen Theoretiker der Entscheidungsschlacht zu begreifen, wie dies britische Militärhistoriker getan haben, als sie die Material- und Vernichtungsschlachten an der Somme und in Flandern auf Clausewitz' Einfluss zurückführten; hierzu kritisch Aron, *Clausewitz*, S. 687 ff.

durch das Schwert als durch seine eigenen Anstrengungen zugrunde gehen soll. Es wird also hierbei entweder gar keine Hauptschlacht vorausgesetzt oder der Zeitpunkt derselben so spät angenommen, daß die feindlichen Kräfte schon beträchtlich geschwächt sind.«[34] In Clausewitz' Sicht ist es strategisch also gänzlich überflüssig gewesen, dass Kutusow auf dem Rückzug nach Moskau bei Borodino die Schlacht angenommen hat, da er sein Ziel, die feindlichen Kräfte entscheidend zu schwächen, wenn nicht zu vernichten, auch durch den bloßen Rückzug hätte erreichen können. Zumindest die russischen Opfer von Borodino sind danach, so Clausewitz', überflüssig und sinnlos gewesen, und aus purem Nationalstolz und militärischer Eitelkeit hat Kutusow, indem er sich Napoleon bei Borodino zur Schlacht stellte, den sonst schon sicheren Sieg der Russen riskiert: Hätte Napoleon nämlich einen entscheidenden Sieg errungen und die russische Armee vernichtend geschlagen, so wäre der Durchhaltewillen der russischen Führung wohl dahin gewesen, und Zar Alexander hätte sich in Moskau von Napoleon die Bedingungen des Sieges diktieren lassen. Wie sehr der Ausgang des Krieges nach der Schlacht von Borodino auf der Kippe gestanden hat, glaubte Clausewitz beim Rückzug der Russen nach Moskau zu beobachten, als die Zuversicht unter den Soldaten immer tiefer sank und viele einen Friedensschluss zwischen Napoleon und Alexander erwarteten: »Gleichwohl befanden wir uns doch schon nahe dem *Culminations* Punkt der französischen Offensive, nahe dem Punkt wo das ganze Gewicht der aufgehobenen und nicht überwältigten Last auf sie zurückschlagen sollte.«[35]

Indem Clausewitz in seinem Bericht über den Feldzug von 1812 nicht nur die kriegsentscheidende Bedeutung der Schlacht von Borodino bestritt, die russischerseits vielfach betont wurde, sondern obendrein auch

34 Clausewitz, *Vom Kriege*, S. 784.

35 Clausewitz, »Der Feldzug von 1812«, S. 871. Clausewitz konzediert freilich, dass das Erkennen des Kulminationspunktes eines Angriffs nicht leicht ist, zumal dann nicht, wenn der anempfohlene Rückzug einer ins Innere des eigenen Landes ist. »Freilich waren wir Fremde, und dem Fremden war es leichter, einen unbefangenen Gesichtspunkt zu behalten. Wie groß auch der Antheil war den unser Gemüth an der Wendung des Krieges nahm, so waren wir doch nicht wie die Russen unmittelbar von dem Schmerz eines tief verwundeten leidenden in seiner Existenz bedroheten Vaterlandes ergriffen. Dergleichen hat immer Einfluß auf die Urtheilskraft« (ebd., S. 872). Clausewitz selbst hat drei Wochen nach der Schlacht von Borodino am 30. Sept. 1812 an seine Frau geschrieben: »Wir haben eine Schlacht verloren, aber mit Maß; unsere Kräfte ergänzen sich fast täglich, die feindlichen nicht. Schon jetzt sind wir fast überlegen, während der Feind es im Anfange des Feldzuges in hohem Maße war« (Karl/Marie von Clausewitz, Ein Lebensbild, S. 297).

noch die Schlacht insgesamt für sinnlos und die eigenen Ziele unnötig gefährdend erklärte, musste er unweigerlich den russischen Nationalstolz provozieren; man kann Tolstois Darstellung der Schlacht in *Krieg und Frieden* bis ins Detail hinein als eine Zurückweisung der Clausewitzschen Sicht – nicht nur der Darstellung des taktischen Geschehens der Schlacht, sondern insbesondere auch ihrer strategischen Bedeutung – sehen, zumal Tolstoi, der Clausewitz' Bericht gekannt hat,[36] Clausewitz zum Gegenstand seiner Darstellung gemacht hat: »Die Offiziere standen auf, und Fürst Andrej verließ mit ihnen den Schuppen. Pierre folgte ihnen und wollte, nachdem die Offiziere sich verabschiedet hatten, mit dem Fürsten Andrej ein Gespräch beginnen, als auf dem Weg der Hufschlag von drei Pferden erscholl. Fürst Andrej erkannte Wolzogen und Clausewitz, von einem Kosaken begleitet. Da sie ziemlich nahe vorbeiritten, hörten Fürst Andrej und Pierre folgende Sätze in deutscher Sprache: ›Der Krieg muß in diesen Raum verlegt werden‹, sagte der eine. ›Ja‹, antwortete eine zweite Stimme. ›Es kommt nur darauf an, den Feind zu schwächen, deshalb kann man auf die Verluste von Privatpersonen keine Rücksicht nehmen.‹ ›Ganz richtig‹, erwiderte die erste Stimme. – ›Jawohl, in diesen Raum verlegen!‹ rief Fürst Andrej zornig, als sie vorübergeritten waren. ›In diesem Raum, da war mein Vater, mein Sohn und meine Schwester… Aber das ist ihm ganz gleich. Höre gut zu, was ich Dir sage, nicht diese deutschen Herren werden morgen die Schlacht gewinnen, sondern sie werden nur Schaden anrichten, soviel sie vermögen, weil sie in ihren deutschen Schädeln nur Gedanken haben, die keine leere Eierschale wert sind; ihren Herzen aber fehlt das, was morgen nötig ist. (…) Ganz Europa haben sie ›ihm‹ überlassen, und dann kommen sie her, um uns zu unterrichten! Prächtige Lehrmeister sind das!«[37]

Tolstois Clausewitz-Kritik, die auf einer kataklysmischen Theorie des Krieges begründet ist, ist freilich ebenso ungerecht wie unzutreffend, denn dass der Rückzug ins Landesinnere hohe Anforderungen an die Moral des Heeres und die Opferbereitschaft der Bevölkerung stellte, dass der ›Krieg ohne Schlacht‹ keineswegs ein Vermeiden von Verlusten, sondern eine entsagungsreiche militärische Strategie war, hat Clausewitz nie bestritten. In *Vom Kriege* schreibt er dazu: »Das Volk wird Mitleiden und Unwillen fühlen, wenn es das Schicksal der aufgeopferten Provinzen sieht, das Heer wird leicht sein Vertrauen zu seinem Führer oder gar zu sich selbst verlieren, und die beständigen Gefechte der Nachhut während des Rückzugs werden ihm eine immer erneuerte Bekräftigung

36 Vgl. das Kapitel »Clausewitz und Leo Tolstoi« bei Aron, *Clausewitz*, S. 598-602.

37 Tolstoi, *Krieg und Frieden*, Teil 9, Kap. 25; vgl. hierzu auch Rapoport, »Tolstoi und Clausewitz«, S. 697-718.

seiner Befürchtungen werden. Über *diese Folgen* des Rückzugs darf man sich nicht täuschen. Und allerdings ist es an und für sich betrachtet natürlicher, einfacher, edler, dem moralischen Dasein des Volkes entsprechender, offen in die Schranken zu treten, damit der Angreifende die Grenzen eines Volkes nicht überschreiten könne, ohne seinem Genius zu begegnen, der ihm die blutige Rechenschaft abfordert.«[38] Ein solches Rechenschaft-Abfordern von Napoleon nach dessen Überschreiten des Njemen hätten die Russen wohl ihr Heer gekostet und dazu veranlasst, sich Napoleons Willen zu unterwerfen. Dass sie sich Napoleon bei Smolensk und dann noch einmal bei Borodino entgegengestellt und ihm »blutige Rechenschaft« abgefordert haben, war eher psychologisch als strategisch begründet. Dementsprechend zurückhaltend hat Clausewitz dies beurteilt.

Zurück zur Schlacht von Borodino: Was Napoleon, als er Murats Plan eines Flankenangriffs ablehnte, nicht wusste und auch nicht wissen konnte, war, dass Kutusow die Auffassung der deutschen Stabsoffiziere nicht teilte und die Schlacht gegen die Grande Armée vor den Toren Moskaus schlagen wollte, auch wenn er keineswegs von ihrer militärischen Notwendigkeit überzeugt war.[39] Wäre Napoleon Davouts Vorschlägen einer weiträumigen Umfassung des linken russischen Flügels gefolgt, so hätte Kutusow aller Wahrscheinlichkeit nach seine dort

38 Clausewitz, *Vom Kriege*, S. 788.

39 Clausewitz' Urteil über Kutusow ist für diesen alles andere als schmeichelhaft: Während der Schlacht sei er »fast eine Null« gewesen und als Oberkommandierender habe er eine Rolle gespielt, die »nichts weniger als glänzend« gewesen sei (Clausewitz, »Der Feldzug von 1812«, S. 832). Er stellt aber auch fest: »*Kutusof* hätte gewiß die Schlacht von *Borodino* nicht geliefert, von der er doch wahrscheinlich keinen Sieg erwartete, wenn ihn nicht die Stimme des Hofes, des Heeres und ganz Rußlands dazu genöthigt hätte. Er sah sie vermuthlich nur wie ein nothwendiges Uebel an. Er kannte die Russen und verstand sie zu behandeln. Mit unerhörter Dreistigkeit betrachtete er sich als Sieger, verkündete überall den nahen Untergang des feindlichen Heeres, gab sich bis auf den letzten Augenblik das Ansehen als wolle er *Moskau* durch eine zweite Schlacht schützen und ließ es an Prahlerei keiner Art fehlen« (ebd., S. 833). Indem er so das Selbstvertrauen des Heeres wiederhergestellt habe, habe er durch Großspurigkeit mehr bewirkt, als dies sein eher ängstlicher und ehrlicher Vorgänger Barclay de Tolly vermocht habe. »Der einfache, ehrliche, an sich tüchtige aber ideenarme *Barklay*, unfähig diese großen Verhältnisse bis auf den Grund zu durchblicken, wäre von den moralischen Potenzen des französischen Sieges erdrükt worden, während der leichtsinnige Kutusow ihnen eine dreiste Stirn und einen Haufen Prahlereien entgegensetzte und so glücklich in die ungeheure Lücke hineinsegelte, die sich bereits in der französischen Armada fand« (ebd., S. 833 f.).

stehenden, durch die vorangegangenen Gefechte bereits geschwächten Verbände verstärkt, Napoleon hätte die zahlenmäßige Überlegenheit seiner Armee zur Geltung bringen können, die *flèches* und die Große Redoute wären von der Flanke her aufgerollt und die russischen Armeekorps nach erbittertem Widerstand wohl zerschlagen worden.[40] An einen geordneten Rückzug widerstandsfähiger Verbände wäre dann nicht mehr zu denken gewesen, und Murats Kavallerie hätte in überholender Verfolgung die Trümmer der geschlagenen Armee umzingelt und vernichtet oder zur Kapitulation gezwungen.[41] Vor allem wäre unter diesen Umständen der Train und die Artillerie in die Hände der Franzosen gefallen. Kurzum: Bei Borodino wäre das eingetreten, was Napoleon drei Jahre später bei Waterloo selbst widerfahren ist. Vielleicht hätte der Krieg unter diesen Umständen einen anderen Verlauf genommen, denn den Russen hätte dann keine einsatzfähige Armee mehr zur Verfügung gestanden.[42]

Der Rückzug vom Schlachtfeld und die moralischen Faktoren

In *Vom Kriege* ist Clausewitz ausführlich auf das Problem der Verluste während und nach der Schlacht zu sprechen gekommen: »Nun ist es eine bekannte Erfahrung, daß die Verluste an physischen Streitkräften im Laufe des Gefechts selten eine große Verschiedenheit zwischen Sieger und Besiegten geben, oft gar keine, zuweilen auch wohl eine sich verkehrt verhaltende, und daß die entscheidendsten Verluste für den Besiegten erst mit dem Abzug eintreten, nämlich die, welche der Sieger nicht mit ihm teilt. Die schwachen Reste schon erschütterter Bataillone werden von der Reiterei zusammengeworfen, Ermüdete bleiben liegen, zerbrochene Geschütze und Pulverwagen bleiben stehen, andere können in schlechten Wegen nicht schnell genug fort und werden von der feindlichen Reiterei erreicht; in der Nacht verirren sich einzelne Haufen

40 Chandler (*The Campaigns of Napoleon*, S. 798) weist in diesem Zusammenhang darauf hin, dass solche Manöver angesichts der Kampfkraft und Unerschütterlichkeit der russischen Infanterie auch und gerade in Situationen äußerster Bedrängnis nicht ohne Risiko waren, und ferner, dass Napoleon mit den Erfahrungen, die Friedrich II. bei Zorndorf und Kunersdorf mit der russischen Infanterie gemacht hatte, vertraut war.

41 Es ist freilich fraglich, ob Murats Kavallerie dazu in der Lage gewesen wäre, da die Leistungsfähigkeit der Pferde in Folge der schweren Strapazen und ihrer schlechten Versorgung stark eingeschränkt war; vgl. Dufraisse, *Napoleon*, S. 145; Willms, *Napoleon*, S. 546 und 552.

42 Vgl. hier nochmals die in Anm. 29 gemachten Bemerkungen über militärische Vorgänge und politischen Willen.

und fallen dem Feinde wehrlos in die Hände, und so gewinnt der Sieg meistens erst Körper, nachdem er schon entschieden ist.«[43] Bei der Niederschrift dieser Zeilen dürfte sich Clausewitz des von ihm selbst erlebten Untergangs der preußischen Armee nach der Doppelschlacht von Jena und Auerstedt erinnert haben, als französische Kavallerie die zurückflutenden Verbände verfolgte, ihnen pausenlos zusetzte und sie so daran hinderte, sich neu zu formieren. Das Grenadierbataillon, dem Clausewitz im Rang eines Capitäns angehörte, wurde schließlich bei Prenzlau eingeschlossen und musste kapitulieren.[44] Und so resümiert er Schlachtverlauf und Verluste: »Die Verluste in der Schlacht bestehen mehr in Toten und Verwundeten, die nach der Schlacht mehr in verlorenem Geschütz und in Gefangenen.«[45] Borodino war für Napoleon also letzten Endes darum kein Sieg, weil er »die Ernte der Schlacht« nicht einzufahren vermochte; seine von Ségur geschilderten Anstalten, die gefangenen Soldaten und erbeuteten Geschütze immer wieder nachzählen zu lassen, um zu prüfen, ob es nicht doch mehr seien, zeigen nur zu deutlich, wie sehr er sich dessen bewusst war.

In der Schlacht bei Waterloo, die Clausewitz der preußischen Konvention gemäß als die von Belle-Alliance bezeichnet, hatte Napoleon dagegen auf dem Schlachtfeld alles riskiert – und alles verloren. »In der berühmtesten aller Schlachten, in der von Belle-Alliance, setzte Bonaparte seine letzten Kräfte daran, eine Schlacht zu wenden, die nicht mehr zu wenden war, er gab den letzten Heller aus und floh dann wie ein Bettler vom Schlachtfelde und aus dem Reiche.«[46] Der Bericht Gneisenaus, der die preußischen Truppen am Nachmittag der Schlacht in die rechte Flanke der die Engländer ununterbrochen angreifenden Franzosen geführt hatte, gibt von der Katastrophe der französischen Armee am späten Abend eine überaus anschauliche Vorstellung: »Mit dem Rückzug des Feindes ging es noch so lange erträglich, bis das Dorf Plancenoit in seinem Rücken, das die Garden verteidigten, nach mehreren abgeschlagenen Angriffen und vielem Blutvergießen endlich mit Sturm genommen war. Nun wurde aus dem Rückzuge eine Flucht, die bald das ganze französische Heer ergriff und immer wilder und wilder

43 Clausewitz, *Vom Kriege*, S. 428.

44 Paret, *Clausewitz und der Staat*, S. 160 f.; Schramm, *Clausewitz* , S. 105 ff.; allgemein Fiedler, *Kriegswesen und Kriegführung*, S. 226 ff.; sowie Chandler, *The Campaigns of Napoleon*, S. 497 ff.

45 Clausewitz, *Vom Kriege*, S. 430.

46 Ebd., S. 459; Clausewitz meint damit, es sei Napoleons Fehler gewesen, die Schlacht, nachdem er um die Mittagszeit wusste, dass er es nicht nur mit Wellington, sondern auch Teilen der preußischen Armee Blüchers zu tun hatte, nicht abgebrochen, sondern weiter versucht zu haben, das englische Zentrum zu durchbrechen; vgl. Chandler, *The Campaigns, of Napoleon*, S. 1073 f.

alles mit sich fortriß. Es war 9 1/2 Uhr. Der Feldmarschall [Blücher] versammelte jetzt die höheren Offiziere und befahl, daß der letzte Hauch von Mensch und Pferd zur Verfolgung aufgeboten werden sollte. Die Spitze der Armee beschleunigte ihre Schritte. Rastlos verfolgt, geriet das französische Heer bald in eine völlige Auflösung. Die Chaussee sah wie ein großer Schiffbruch aus. Sie war mit unzähligen Geschützen, Pulverwagen, Fahrzeugen, Gewehren und Trümmern aller Art wie besäet; aus mehr als 9 Biwaks wurden diejenigen, die sich einige Ruhe hatten gönnen wollen und keine so schnelle Verfolgung erwartet hatten, vertrieben; in einigen Dörfern versuchten sie zu widerstehen; doch sowie sie die Trommeln und Flügelhörner hörten, flohen sie oder warfen sich in die Häuser, wo sie niedergemacht oder gefangen wurden. Der Mond schien hell und begünstigte ungemein die Verfolgung. Der ganze Marsch war ein stetes Aufstöbern des Feindes in den Dörfern und Getreidefeldern.«[47]

Hatte Napoleon bei Borodino zu wenig, so hatte er bei Waterloo zu viel riskiert. Mit Blick auf die Ausgestaltung des Sieges nach der Schlacht hat Clausewitz die Analyse des Sieges nicht auf den Abgleich der *physischen* Verluste begrenzt wissen wollen, sondern ebenso in Betracht gezogen, dass im Verlaufe einer Schlacht auch die *moralischen* Kräfte verbraucht, erschüttert und gebrochen werden, und deswegen hat er neben den Verlust an Menschen und Material den an Ordnung und Zusammenhang, Mut und Vertrauen gestellt. »Jedes Gefecht«, so resümiert er, »ist (...) die blutige und zerstörende Abgleichung der Kräfte, der physischen und moralischen. Wer am Schluss die größte Summe von beiden übrig hat, ist der Sieger.«[48] Wie hoch Clausewitz hierbei die Bedeutung der moralischen Faktoren eingeschätzt hat, zeigt seine Feststellung: »Der ganze Krieg setzt menschliche Schwäche voraus, und gegen diese ist er gerichtet.«[49] Das heißt, dass es zuletzt vor allem auf die moralischen Kräfte ankommt, auch wenn Clausewitz konzediert, dass »die Wirkungen der physischen Kräfte mit den Wirkungen der moralischen Kräfte ganz verschmolzen und nicht wie eine metallische Legierung durch einen chemischen Prozeß davon zu scheiden sind«.[50]

47 Zit. nach Schulze, *1813-1815*, S. 303.
48 Clausewitz, *Vom Kriege*, S. 429.
49 Ebd., S. 465.
50 Ebd., S. 357; diesen Gedanken nimmt Clausewitz in seiner Definition der Entscheidungsschlacht wieder auf: »Die Hauptschlacht ist der blutigste Weg der Lösung; zwar ist sie kein bloßes gegenseitiges Morden und ihre Wirkung mehr ein Totschlagen des feindlichen Mutes als der feindlichen Krieger, (...), allein immer ist Blut ihr Preis und Hinschlachten ihr Charakter wie ihr Name; davor schaudert der Mensch im Feldherrn zurück« (ebd., S. 469).

Die Folgen eines überstürzten Rückzugs, wie ihn Kutusow nach der Schlacht von Borodino infolge der Standhaftigkeit seiner Truppen, aber auch infolge von Napoleons zögerlicher Unentschlossenheit hatte vermeiden können und wie er nach den Schlachten von Jena und Auerstedt bzw. Waterloo/Belle-Alliance zur Vernichtung der preußischen bzw. der französischen Armee geführt hatte, hat Clausewitz eindrucksvoll geschildert. Diese Schilderung kann als Ergänzung zu Gneisenaus Bericht über die preußische Verfolgung der geschlagenen Franzosen nach der Schlacht von Waterloo/Belle-Alliance gelesen werden:[51] »Wer sich nie in einer großen verlorenen Schlacht befunden hat, wird Mühe haben, sich eine lebendige und folglich eine ganz wahre Vorstellung davon zu machen, und die abstrakten Vorstellungen von diesem oder jenem kleinen Verlust werden den eigentlichen Begriff einer verlorenen Schlacht niemals ausfüllen. Verweilen wir einen Augenblick bei dem Bilde. Das erste, was sich der Einbildungskraft, und man kann wohl auch sagen des Verstandes, in einer unglücklichen Schlacht bemächtigt, ist das Zusammenschmelzen der Massen, dann der Verlust des Bodens, welcher mehr oder weniger immer, und also auch bei dem Angreifenden, eintritt, wenn er nicht glücklich ist; dann die zerstörte ursprüngliche Ordnung, das Durcheinandergeraten der Teile, die Gefahren des Rückzugs, die mit wenig Ausnahmen immer bald schwächer, bald stärker eintreten; nun der Rückzug, der meist in der Nacht angetreten oder wenigstens die Nacht hindurch fortgesetzt wird. Gleich bei diesem ersten Marsch müssen wir eine Menge von Ermatteten und Zerstreuten zurücklassen, oft gerade die Bravsten, die sich am weitesten vorgewagt, die am längsten ausgeharrt haben; das Gefühl, besiegt zu sein, welches auf dem Schlachtfelde nur die höheren Offiziere ergriff, geht nun durch die Klassen bis zum Gemeinen über, verstärkt durch den abscheulichen Eindruck, soviel brave Gefährten, die gerade in der Schlacht uns erst recht wert geworden sind, in Feindes Händen zurücklassen zu müssen, und verstärkt durch das erwachende Mißtrauen gegen die Führung, der mehr oder weniger jeder Untergebene die Schuld seiner vergeblich gemachten Anstrengungen beimißt.«[52] Das Entscheidende ist nun, dass diese Eindrücke und Empfindungen in Clausewitz' Sicht nicht panische Reaktionen, sondern ein Einholen des objektiven Geschehens in der subjektiven Wahrnehmung der Beteiligten darstellen, weswegen er fort-

51 Ganz unverkennbar orientiert sich der in den Vorlesungen Johann Gottfried Kiesewetters an der Berliner Kriegsschule mit der Kantschen Philosophie in Berührung gekommene Clausewitz (vgl. Paret, *Clausewitz und der Staat*, S. 95 ff.; Aron, *Clausewitz*, S. 658 ff.) hier an Kants Diktum, wonach Begriffe ohne Anschauungen leer, Anschauungen ohne Begriffe aber blind seien (Kant, *Kritik der reinen Vernunft*, S. 98).

52 Clausewitz, *Vom Kriege*, S. 462 f.

fährt: »Und dieses Gefühl, besiegt zu sein, ist keine bloße Einbildung, über die man Herr werden könnte; es ist die evidente Wahrheit, daß der Gegner uns überlegen ist; eine Wahrheit, die in den Ursachen so versteckt sein konnte, daß sie vorher nicht zu übersehen war, die aber beim Ausgang immer klar und bündig hervortritt, die man auch vielleicht vorher erkannt hat, der man aber in Ermangelung von etwas Reellerem Hoffnung auf den Zufall, Vertrauen auf Glück und Vorsehung, mutiges Wagen entgegenstellen mußte. Nun hat sich dies alles unzulänglich erwiesen, und die erste Wahrheit tritt uns streng und gebieterisch entgegen.«[53] Dieses Bild der verlorenen Schlacht und ihrer Folgen für die Moral der Soldaten bezog sich freilich nicht auf Borodino, sondern auf Jena und Waterloo.[54]

Episodennarration oder Geschehensanalytik, sinnliche Erfassung oder kognitive Synthesen

Clausewitz hat sich offenbar an die bei Borodino empfangenen Eindrücke des Schlachtverlaufs erinnert, als er in *Vom Kriege* die Hauptschlacht idealtypisch beschrieben hat: »Man stellt sich in großen Massen neben- und hintereinander geordnet ruhig hin, entwickelt ver-

53 Ebd., S. 463.

54 Freilich ist die Grande Armée Napoleons wenige Wochen später in eine ähnliche Situation geraten, als sie auf dem Rückzug das Schlachtfeld von Borodino erneut überquerte. Ségur berichtet: »Von der Kologha zog man nachdenklich weiter fort, als plötzlich einige von uns einen Schrei des Entsetzens ausstießen und dadurch die Aufmerksamkeit eines jeden weckten. Ein eingestampftes, nacktes, verwüstetes Feld lag vor uns! Alle Bäume waren einige Schuh vom Boden abgehauen, die Kuppen der Hügel im Hintergrunde zum Teil abgestreift. Der höchste von allen schien am meisten entstellt und glich einem ausgebrannten, geborstenen Vulkan. In seinem Bereich war der Boden mit Stücken von Helmen und Kürassen, von Trommeln und Gewehrschäften, mit blutbefleckten Fetzen von Kriegsgewändern und Fahnen übersäet. Auf diesem verheerten Felde lagen dreißigtausend halbverweste Leichname. Einige Gerippe auf dem Geröll eines Hügels überragten das Ganze; der Tod schien dort seinen Herrschersitz aufgeschlagen zu haben. Es war dies jene furchtbare Redoute, die Eroberung und das Grabmal von Caulaincourt. Der Ruf, der Walplatz der großen Schlacht, scholl jetzt in einem traurigen und langen Gemurmel. Der Kaiser sputete sich; von der Kälte, dem Hunger und dem Feinde getrieben, hielt sich niemand auf; im Gehen warf man noch einen letzten traurigen Blick rückwärts auf dieses ungeheure Grab so vieler Waffengefährten, die, zwecklos hingeopfert, zurückgelassen werden mußten« (Ségur, *Napoleon und die Große Armee*, S. 266).

hältnismäßig nur einen geringen Teil des Ganzen und läßt sich diesen ausringen in einem stundenlangen Feuergefecht, welches durch einzelne kleine Stöße von Sturmschritt, Bajonette und Kavallerieanfall hin und wieder unterbrochen und etwas hin und hergeschoben wird. Hat dieser eine Teil sein kriegerisches Feuer auf diese Weise nach und nach ausgeströmt, und es bleiben nichts als Schlacken übrig, so wird er zurückgezogen und von einem anderen ersetzt. Auf diese Weise brennt die Schlacht mit gemäßigtem Element wie nasses Pulver langsam ab, und wenn der Schleier der Nacht Ruhe gebietet, weil niemand mehr sehen kann und sich niemand dem blinden Zufall preisgeben will, so wird geschätzt, was dem einen und dem anderen übrig bleiben mag an Massen, die noch brauchbar genannt werden können, d. h. die noch nicht ganz wie ausgebrannte Vulkane in sich zusammengefallen sind; es wird geschätzt, was man an Raum gewonnen oder verloren hat, und wie es mit der Sicherheit des Rückens steht; es ziehen sich diese Resultate mit den einzelnen Eindrücken von Mut und Feigheit, Klugheit und Dummheit, die man bei sich und seinem Gegner wahrgenommen zu haben glaubt, in einen einzigen Haupteindruck zusammen, aus welchem dann der Entschluss entspringt: das Schlachtfeld zu räumen oder das Gefecht am anderen Morgen zu erneuern.«[55] Kutusow hat sich in der Nacht nach der Schlacht entschlossen, das Schlachtfeld zu räumen und das Gefecht am anderen Tag nicht mehr aufzunehmen.

Wäre Napoleon nun bei Borodino den Ratschlägen Marschall Davouts gefolgt, so hätte die Schlacht wahrscheinlich einen anderen Verlauf genommen, und Clausewitz hätte aufgrund der weitausgreifenden Umfassungsbewegung des rechten französischen Flügels ein flächenmäßig viel größeres Schlachtfeld nicht mehr per Augenschein erfassen können. Clausewitz hätte sich dann aus Bruchstücken von Gesehenem und Gehörtem sowie verfügbaren Meldungen und Berichten ein nicht in seinen Grundzügen *sinnlich erfasstes*, sondern ein wesentlich *kognitiv synthetisiertes* Bild des Geschehens zusammensetzen müssen. Auch wenn zahlreiche Schlachtenbilder der napoleonischen Kriege, die das Schlachtgeschehen aus einer leicht überhöhten Betrachterposition als ein buchstäblich überschaubares Ganzes darstellen, den Eindruck erwecken, man habe sich zu Beginn des 19. Jahrhunderts noch mit eigenen Augen einen Überblick über den Gesamtverlauf einer Schlacht verschaffen

55 Ebd., S. 420 f.; was in Clausewitz' idealtypischer Schlachtbeschreibung deutlich erkennbar wird, ist die Bildung taktischer Reserven, durch die sich die Schlachten der napoleonischen von denen der friderizianischen Kriege unterscheiden (vgl. Delbrück, *Geschichte der Kriegskunst*, S. 556 f.); dementsprechend traf Friedrich seine Dispositionen am Vorabend einer Schlacht und danach stellte er seine Truppen auf; Napoleon dagegen entschied während der Schlacht, nachdem er die Schwächen und Stärken seines Gegners herausgefunden hatte.

können, so ist dies bei Borodino, nicht zuletzt aufgrund der taktischen Dispositionen Napoleons, eher *ausnahmsweise* der Fall gewesen.[56] In der Regel waren Schlachten in ihrer Entwicklung, der Abfolge der Gefechtshandlungen im Zentrum und auf den Flügeln, der weitausholenden Bewegungen disziplinierter Kavallerieeinheiten usw. seit Ende des 18./Anfang des 19. Jahrhunderts infolge der dramatisch gewachsenen Zahlen eingesetzter Soldaten nicht mehr mit den Sinnesorganen zu erfassen. Es kam hinzu, dass der Sieger auf dem Schlachtfeld nun vermehrt dessen Früchte durch eine nachhaltige Verfolgung einholen wollte und sich das Schlachtfeld dadurch entlang der Rückzugsstraße der geschlagenen Seite weiter ausdehnte. Zur Beschreibung eines Schlachtverlaufs genügte darum in der Regel auch nicht mehr, an ihr teilgenommen oder gar in der Nähe des Feldherrnhügels gestanden zu haben, sondern dazu waren nunmehr kognitive Modelle der Verarbeitung von Informationen erforderlich, deren Entwicklung und Anwendung einzuüben zu einem spezifischen Element der Stabsausbildung geworden war. Die verwirrende Vielfalt der vom Schlachtfeld empfangenen Eindrücke und Meldungen musste innerhalb kürzester Zeit in ein Raster gebracht werden, das – als Vierecke symbolisiert – bereitgestellte und – als Pfeile gekennzeichnet – in Bewegung befindliche Truppenmassen anzeigte und obendrein noch den Schlachtverlauf erfasste, indem es registrierte, ob sich ein Viereck in einen Pfeil verwandelte oder umgekehrt. An die Stelle eines sprachlich-narrativen Geschehensberichts, wie er hier noch einmal anhand der Texte von Clausewitz, Gneisenau und Steffens vorgeführt worden ist, trat mehr und mehr die mit Zeichen und Symbolen versehene Geländekarte, die von individuellen Geschehenseindrücken abstrahierte und sie durch konventionalisierte Zeichen ersetzte. Die Beschreibung der Schlacht wandelte sich damit in eine Analyse des Schlachtgeschehens. In dem neuen kognitiven Verarbeitungssystem komplexer Informationen, dessen sich die Stäbe nun zunehmend bedienten und vermittels dessen sie die Entscheidungen des Oberbefehlshabers vorbereiteten wie umsetzten, spielten die am Geschehen beteiligten Menschen sowie das ihnen im Verlauf des Kampfes zuteil gewordene Leid und Elend infolge der entnarrativierten Symbolisierungsformen keine Rolle mehr. Clausewitz' Schlachtbeschreibungen freilich mitsamt der für sie typischen sprachlichen Wendungen, wie »Massen«, »Ausringen« und »übriggebliebene Schlacke«, stellen eine Übergangsphase bzw. Zwischenetappe dar. So

56 Die Entscheidung über den Ausgang der Schlacht im unmittelbaren Sinn fiel hier im Kampf um die Große Redoute bzw. Rajewskischanze, und insofern hat Fontane in *Vor dem Sturm* mit dem sicheren Gefühl eines erfahrenen Kriegsberichterstatters, der er nach seinen Büchern über die Kriege von 1864, 1866 und 1870/71 war, den Kampf um die Rajewskischanze in den Mittelpunkt seines Berichts gestellt.

haben Clausewitz seinem Bericht über die Schlacht von Borodino und Gneisenau seiner Schilderung der Verfolgung nach Waterloo noch einmal eine sinnliche Anschaulichkeit gegeben, wie sie den abstrahierenden Symbolisierungen der Stabsperspektive eigentlich abging. Vor allem Clausewitz hat in seinen Texten Schlachtbeschreibung und Schlachtanalyse miteinander verbunden.

Was Clausewitz und auch Gneisenau lieferten, war eine Darstellung des Geschehens, die in mancher Hinsicht mit den Schlachtenbildern des Generals Louis-François Lejeune vergleichbar ist, der aus einer leicht überhöhten Perspektive den entscheidenden Augenblick einer Schlacht darzustellen versucht hat und darin die Mitte hielt zwischen den impressionistischen Schilderungen eines an einem bestimmten Ort zu einer bestimmten Zeit unmittelbar am Kampfgeschehen Beteiligten und dem abstrakt-synthetischen Symbolsystem der Stäbe. Dabei bestand Lejeunes Stärke darin, dass er zahlreiche auf genauen Beobachtungen beruhende Detailszenen, die sich irgendwann im Verlauf der Schlacht zugetragen hatten, mit der Darstellung des in der Retrospektive erst erkennbaren Augenblicks kombinierte, in dem sich entschied, wer das Feld als Sieger und wer es als Verlierer verlassen würde. In seiner Darstellung der Schlacht von Marengo ist dies der von Napoleon persönlich geführte Angriff der Division des Generals Desaix, durch den die von Seiten der Franzosen bereits verloren geglaubte Schlacht noch gewendet und in einen Sieg verwandelt wurde.[57] Und im Falle von Borodino ist dies der Augenblick, in dem ein kombinierter Infanterie- und Kavallerieangriff zur Eroberung der großen Redoute führte, wobei er das entscheidende Ereignis in einer kleinen Episode in der unteren Bildmitte zusammengefasst hat: General Auguste de Caulaincourt, der den entscheidenden Angriff des 5. Kürassierregiments auf die Große Redoute[58] persönlich angeführt hatte, war unmittelbar nach deren Er-

57 Vgl. Chandler, *The Campaigns of Napoleon*, S. 295 f.

58 Fontane lässt seinen Berichterstatter Meerheimb an diesem Sturm persönlich teilnehmen: »Unserer Brigade Thielmann, bis auf die Hälfte zusammengeschmolzen, war dabei der Löwenanteil zugedacht; sie erhielt Order, die gefürchtete Rajewskischanze, den festesten Punkt der feindlichen Zentrumsstellung, zu stürmen. Ein Schanzensturm mit Kavallerie!« (Fontane, *Vor dem Sturm*, S. 381) Und: »Unsere vordersten Züge bogen unwillkürlich nach rechts hin aus und suchten durch eine im Halbkreis gehende Bewegung die Kehle der Schanze zu gewinnen; die nachfolgenden Rotten aber, als wäre die Schanzenböschung nur die Fortsetzung des eben im Fluge genommenen Flußbettabhanges, rasten die Redoute hinauf und sprengten von oben her mitten in die Schanze hinein. Ein Kampf Mann gegen Mann entspann sich; die Kanoniere, die nach Wischer und Hebebäumen griffen, wurden niedergehauen; was übrig blieb, warf die Waffen fort und gab sich zu Gefangenen« (ebd., S. 382).

oberung von einer Kugel tödlich getroffen worden. »Er hatte sich sein Grab erobert«, kommentiert Ségur.[59] Die Nachricht von seinem Tode trifft bei Napoleon zusammen mit der Meldung von der Eroberung der Großen Redoute ein. »Er ist als Held gefallen, nachdem er die Schlacht entschieden hat«, sagt Napoleon. Mit Napoleon vernimmt auch der Bruder des Gefallenen General Armand de Caulaincourt, der Oberstallmeister des Heeres, die Nachricht, er »zeigte sich im ersten Augenblick betroffen, stemmte sich aber bald wieder gegen das Unglück, und ohne die Tränen, die ihm über die Wangen herabflossen, hätte man ihn für ganz unempfindlich halten müssen. Der Kaiser sagte zu ihm: ›Sie haben es gehört, wollen sie sich entfernen?‹, und begleitete diese Worte mit einem Ausdruck des Schmerzes; allein gerade in diesem Augenblick war unsere Linie im Vorrücken, der Großstallmeister antwortete nichts und blieb, seinen Dank und seine Weigerung dadurch bezeugend, daß er den Hut zog.«[60] Lejeune hat diese Szene leicht verändert und in der unteren Bildmitte dargestellt: Zwei Kürassiere stützen den Körper des tödlich verwundeten Caulaincourt, sein Bruder fasste den Arm des Sterbenden, tief ergriffen vom Schmerz über seinen Tod, während ein kaiserlicher Adjutant herbeieilt, um den Helden mit einer hohen Auszeichnung zu dekorieren. Um die mit der Erstürmung der Großen Redoute eingetretene Entscheidung der Schlacht sinnfällig zu machen, hat Lejeune oberhalb der Sterbeszene einen von einem französischen Gardisten herbeigeführten russischen Offizier gemalt, der einem französischen Offizier, wohl Marschall Berthier, dem Generalstabschef Napoleons, seinen Degen überreicht. In diesen beiden Szenen hat er die Summe des sich über eine weitgestreckte Hügellandschaft hinziehenden militärisch unübersichtlichen Geschehens gezogen und dabei – wie Clausewitz in seinem Text – in seinem Gemälde die Darstellung der Ereignisse mit einer Analyse des Schlachtverlaufs verbunden.

Im Prinzip jedoch waren Schlachtenbilder wie die Lejeunes als Darstellungen militärischer Ereignisse zu Beginn des 19. Jahrhunderts inadäquat geworden: Sie griffen *eine* Phase des Geschehens in einem *räumlich begrenzten* Abschnitt heraus und bereiteten sie interpretativ als schlachtentscheidend auf, ohne die Gesamtheit des Geschehens erfassen zu können.[61] Sie waren somit, wenn sie gut waren, eher Interpretationen

59 Ségur, *Napoleon und die Große Armee*, S. 170.

60 Ebd.

61 So ist Napoleon auch zum Vorwurf gemacht worden, dass er die Schlachtenbilder Lejeunes, Swebachs, Taunays, Thévenins, Vernets u. a. als Mittel politischer Propaganda nutze (zahlreiche dieser Schlachtengemälde in Klessmann/Jürgens, *Napoleon*). Böse Zungen in Paris hätten behauptet, schreibt Delbrück (*Geschichte der Kriegskunst*, S. 567), »daß der Sieg von Marengo im Grunde nicht ihm [Napoleon], sondern dem auf dem

als Darstellungen des Geschehens. Authentisch waren sie eigentlich nur noch dann, wenn sie sich als Episodennarration zu erkennen gaben, also als Berichte, die *ausdrücklich* die Kontingenz des Zeitpunkts des Dargestellten und der räumlichen Positionierung des Darstellenden eingestanden.[62] Die impressionistische Berichterstattung unmittelbarer Augenzeugenschaft spaltete sich von der analytischen Darstellung der militärischen Stäbe ab, und seitdem sind beide voneinander getrennte Wege gegangen und haben hinsichtlich ihres Anspruchs auf Authentizität ein komplementäres, mitunter konkurrierendes Verhältnis eingenommen.[63] Dies wird vor allem an den Darstellungen des Ersten Weltkriegs sinnfällig, in denen die berühmten literarischen Texte, von Arnold Zweigs *Erziehung vor Verdun* über Ludwig Renns *Der Krieg* bis zu Ernst Jüngers *In Stahlgewittern*, die Authentizität begrenzter Augenzeugenschaft für sich in Anspruch genommen haben, während die umfassenden Generalstabsdarstellungen solche Formen von Authentizität gemieden und stattdessen auf vom unmittelbaren Geschehen abstrahierende Begriffe und Schemata gesetzt haben.[64] Aus dieser Sicht kommt Solschenizyns *August vierzehn* eine so herausgehobene Bedeutung unter den jüngeren literarischen Schlachtbeschreibungen zu, weil hier noch einmal der Versuch einer Zusammenführung der beiden seit Beginn des 19. Jahrhunderts getrennten Ebenen von Bericht und Analyse unternommen worden ist. Clausewitz' kurzer Bericht über die Schlacht von Borodino ist auch darum ein so herausragendes Beispiel

Schlachtfelde gebliebenen Desaix zu verdanken sei. Dem zu begegnen, ließ der Kaiser einen amtlichen Bericht über den Feldzug ausarbeiten, den er selbst korrigierte und der gemäß diesen Korrekturen umgearbeitet werden mußte und die Wahrheit auf das gröblichste vergewaltigte, in dem Sinne, daß der Feldherr alles vorher gewußt und vorher berechnet habe, das zeitweilige Zurückweichen der Franzosen aber und die kritischen Momente der Schlacht unterdrückte.« Eine ähnliche Funktion durfte Lejeunes Gemälde der Schlacht von Marengo gehabt haben, das in den Salons von 1801 und 1802 ausgestellt und mehrfach ausgezeichnet wurde.

62 In *Krieg und Frieden* hat Tolstoi eine aus einem Patchwork von Episodennarrationen hergestellte Darstellung der Schlacht von Borodino gegeben, wobei der Perspektive Pierre Besuchows, der als »Schlachtenbummler« von Ereignis zu Ereignis eilt, eine herausgehobene Bedeutung zukommt. Fontane hingegen hat eine bewusst persönliche Perspektive eingenommen, seinen Berichterstatter dafür im Zentrum der Entscheidung positioniert. Das Gegenteil hierzu ist Fabrizio del Dongo, den Stendhal in seiner *Kartause von Parma* orientierungslos über das Schlachtfeld von Waterloo reiten lässt.

63 Vgl. dazu Münkler, »Schlachtbeschreibung«, S. 129-146.

64 Aus deutscher Sicht ist zu nennen Reichsarchiv, *Der Weltkrieg 1914 bis 1918*.

der Schlachtbeschreibung, weil es hier einem professionellen Analytiker des Kriegsgeschehens noch einmal gelungen ist, die kriegsgeschichtlich immer weiter auseinanderfallenden Perspektiven und Analyseebenen noch einmal in knapper Form zusammenzubinden.

KAPITEL 3

Verdun und Somme am Anfang

Das Jahrhundert der Gewalt

Von Beginn an hat der Krieg im 20. Jahrhundert den Charakter eines gewaltigen Massakers angenommen. Zwischen den Vogesen und Flandern fand seit Herbst 1914 ein Gemetzel statt, das, genau besehen, nicht mehr von Soldaten ausgeführt wurde, sondern, so Ernst Jünger später, von Arbeitern: von Männern, die nicht gegen direkte Kontrahenten kämpften, sondern das Kampfgeschehen in Gang hielten, indem sie Maschinen und Geräte bedienten, ein schweres Geschütz oder ein Maschinengewehr. In den modernen, mit den letzten technischen Mitteln ausgerüsteten Heeren ficht nicht mehr ein ständisches Kriegertum, das sich dieser technischen Mittel bedient, sondern diese Heere sind der kriegerische Ausdruck, den die Gestalt des Arbeiters sich verleiht.[1] Und die, die im Feuer dieser Waffen-Maschinen zu Tausenden ihr Leben verloren, haben den Waffen-Arbeiter auf der Gegenseite in der Regel nicht einmal gesehen. Hinter Hügeln oder Wäldern an einer Kanone stehend oder tief eingegraben an einem Maschinengewehr liegend, blieb er für die Angreifer unsichtbar und unerreichbar. Jünger hat darum von »der endgültigen Vernichtung der alten Kriegerkaste durch die mechanische Schlacht« gesprochen.[2]

Dementsprechend waren die von Maschinen beherrschten Schlachtfelder des Ersten Weltkriegs fast immer von Kriegern entleert. Und wenn sie zum Sturmangriff in dichten Wellen die eigenen Gräben verließen, um die des Gegners zu erreichen, so kam alles darauf an, die Zeit ihrer Sichtbarkeit zu verkürzen, um so die Verluste in Grenzen zu halten. An dieser Zeitverkürzung arbeiteten die Taktiker beider Seiten während des gesamten Ersten Weltkriegs. Parallel dazu zog sich der Krieg, der einige Jahrzehnte zuvor noch in Entscheidungsschlachten, wie bei Königgrätz und Sedan, innerhalb einiger Stunden oder Tage ausgefochten worden war, zeitlich immer mehr in die Länge und erfaßte durch die Ausdehnung der Fronten immer weitere Räume. Von den begrenzten Schauplätzen früherer Tage breitete er sich aus und wanderte immer tiefer in die Gesellschaften ein; es gab kaum noch einen, der nicht auf irgendeine Art in das Kriegsgeschehen involviert gewesen wäre. Keine der beteiligten Mächte hätte den Ersten Weltkrieg länger als einige Monate durch-

1 Jünger, *Der Arbeiter*, S. 76.

2 Ebd., S. 167; eine ausführliche Beschreibung und Analyse dessen findet sich bei Keegan, *Die Schlacht*, S. 241 ff.

halten können, wenn es ihr nicht gelungen wäre, die gesamte Wirtschaft auf die Erfordernisse der Kriegsproduktion umzustellen. Dementsprechend naheliegend war es, den Krieg nicht nur gegen die Streitkräfte des Feindes, sondern auch gegen seine wirtschaftliche Durchhaltefähigkeit zu führen. Die Briten taten dies durch die Fernblockade gegen Deutschland und den mitteleuropäischen Wirtschaftsraum, die Deutschen antworteten darauf mit dem U-Bootkrieg, der die britischen Inseln von der Versorgung abschneiden sollte.

Dass Krieg und Gewalt eine solche Entwicklung nehmen würden, hatten vor 1914 nur Zivilisten zu denken gewagt. Der Industrielle Friedrich Engels und der Bankier Johann von Bloch sind hier vor allem zu nennen.[3] Den Militärs war ein solcher Krieg ein Greuel, würde er ihnen unter diesen Umständen doch mehr und mehr aus den Händen gleiten. Die Diskussionen um die Einführung des Maschinengewehrs zu Beginn des Jahrhunderts sind hierfür aufschlussreich. Vor allem in den Konflikten mit aufständischen Völkern der Kolonialreiche war die neue Waffe eingesetzt worden und hatte sich dort – aus europäischer Sicht – sehr bewährt: Einige Dutzend disziplinierte Soldaten konnten mit ihrer Hilfe Tausende Aufständische niedermähen. Das wohl berühmteste Beispiel dafür ist die Schlacht von Omdurman, in der ein britisches Expeditionskorps unter Lord Kitchener mit auf Flussbooten mitgeführten Kanonen und vor allem durch den Einsatz der neuen Maxim-Maschinengewehre das zahlenmäßig weit überlegene Aufgebot sudanesischer Krieger vernichtete – bei minimalen eigenen Verlusten. Aber viele Generäle führten diese Überlegenheit nicht auf die Feuerkraft der mechanischen Waffe, sondern die überlegene Disziplin und Tapferkeit ihrer Soldaten zurück. Gleichzeitig wollten sie die Einführung des MGs auf die kolonialen Kriegsschauplätze beschränkt wissen; es verbrauche nämlich zuviel Munition.[4] Mit wachsendem Munitionsverbrauch aber trat das Problem des Nachschubs in den Vordergrund, und damit wuchs der Einfluss von Zivilisten. Techniker und Wissenschaftler, Unternehmer und Finanzjongleure nahmen den Krieg in ihre Verfügung, und die Generäle verwandelten sich mitsamt ihren Divisionen zu Schachfiguren, die von Zivilisten gezogen wurden. Jedenfalls verloren die Berufssoldaten ihren zuvor beherrschenden Einfluss auf das Kriegsgeschehen oder mussten ihn doch in wachsendem Maße mit Männern aus der Wirtschaft teilen.[5]

Entgegen dem ersten Anschein gilt dies auch für den Zweiten Weltkrieg. Der »böhmische Gefreite«, wie Hindenburgs abschätzige Be-

3 Vgl. Münkler, *Über den Krieg*, S. 128 ff.

4 Dazu ausführlich Storz, *Kriegsbild und Rüstung vor 1914*, S. 338 ff., sowie Ellis, *The Social History of the Machine Gun*.

5 Vgl. Feldman, »Die Mobilisierung der Volkswirtschaften«, S. 167-186.

zeichnung für Hitler lautete, war in der Sicht der Reichswehrführung und der meisten Wehrmachtsgeneräle bloß ein militärisch verkleideter Demagoge, und doch hat Hitler auf die Kriegführung bis ins Detail hinein Einfluss genommen, wobei für ihn wirtschaftliche Fragen, vor allem die Rohstoffversorgung eine zentrale Rolle gespielt haben.[6] Ähnliches wird man für Stalin, Hitlers wichtigsten Widerpart in der zweiten Hälfte des Krieges, sagen können, und selbst Winston Churchill, Hitlers Hauptgegenspieler in der ersten Kriegshälfte, hat großen Einfluss auf die strategische Planung der Briten genommen. Von ihm stammt auch die gängige Wendung, der Krieg sei eine zu wichtige Angelegenheit, als dass man ihn den Militärs überlassen könne.

Aber die Entwicklung zur »Entprofessionalisierung« des Krieges, zur Auflösung der Trennlinien zwischen »Front« und »Heimat« und der wachsenden Bedeutung von Wirtschaft und Wissenschaft für den Kriegsverlauf war ambivalent. Man kann daraus eine Tendenz zur demokratischen Kontrolle des Krieges ableiten und daran zuletzt die Erwartung anschließen, der Krieg werde infolge dieser Entwicklung schließlich einem »ewigen Frieden« Platz machen. Das war die Hoffnung, die Immanuel Kant mit der Republikanisierung der Staaten verbunden hatte: Wenn das Volk selbst über die Kriegserklärung zu entscheiden habe, werde es mit Blick auf die Unwägbarkeit des Kriegsverlaufs, die zu seiner Vorbereitung anfallenden Kosten und die nach seiner Beendigung hinterlassenen Schulden davon wohl abstehen.[7] Tatsächlich gibt es dafür Beispiele. Die »Theorie des demokratischen Friedens« hat diese Beobachtung systematisiert und daraus praktische Hinweise für die Gestaltung einer Weltfriedensordnung hergeleitet.[8]

Genauso aber kann man aus der beschriebenen Entwicklung auch die Tendenz zum »totalen Krieg« herauslesen, wie er in Deutschland während der 1920er und 1930er Jahre von einigen Militärs und Intellektuellen konzipiert und beschrieben worden ist. Der Begriff selbst hat dann mit Erich Ludendorffs kleiner Schrift *Der totale Krieg*[9] rasche Verbreitung gefunden. Jeder Staatenkrieg, der über ein bloßes Grenzgeplänkel hinausgeht, weist heute eine starke Tendenz zum totalen Krieg auf. Das läßt sich an dem letzten großen Staatenkrieg des 20. Jahrhunderts zeigen, dem Krieg zwischen Iran und Irak während der 1980er Jahre, der mit dem Kampfverlauf an der Westfront während des Ersten Weltkriegs viele Ähnlichkeiten hatte. Dieser Krieg war aber kein reiner Kampf zwischen Armeen mehr, sondern wurde unter Einbezug der gesamten Bevölkerung und mit einer starken Konzentration auf die

6 Dazu Hillgruber, *Hitlers Strategie*, S. 351 ff.
7 Kant »Zum Ewigen Frieden«, S. 205 f.
8 Dazu Nielebock, »Der Friede zwischen den Demokratien«, S. 165-191.
9 Ludendorff, *Der totale Krieg*, S. 29 ff.

wirtschaftliche Durchhaltefähigkeit des Gegners ausgefochten.[10] Dementsprechend gehören Bomben- und Raketenangriffe auf »zivile Ziele« längst zum Szenario dieser Kriege dazu.

Die Auflösung der Trennlinien zwischen »Front« und »Heimat« hat dem Krieg im 20. Jahrhundert eine gesellschaftspolitische Bedeutung zuwachsen lassen, die er niemals zuvor innegehabt hat. Der Krieg ist in unserem Jahrhundert zum Beschleuniger beispielloser politischer und gesellschaftlicher Veränderungen geworden.[11] Ohne die verheerenden Niederlagen des zarischen Russland zunächst gegen Japan (1905) und anschließend im Ersten Weltkrieg gegen das Deutsche Reich hätte es dort wahrscheinlich keine Revolution, mit Sicherheit aber keine Oktoberrevolution und keinen Sieg der Bolschewiki gegeben. Lenin wäre im Schweizer Exil geblieben und hätte sein Leben als politischer Schriftsteller beendet. Und ohne die Zerstörung des chinesischen Sozialgefüges durch die japanische Eroberungspolitik, die Vernichtung der bürgerlichen Mittelschicht und das Elend der kleinen Bauern hätten sich die Kommunisten auch in China kaum durchsetzen können. Ohne die großen hegemonialen Kriege wäre das 20. Jahrhundert mit Sicherheit anders verlaufen.

Die sozialen Kosten des Krieges lassen sich beziffern: Die Reallohnverluste der Arbeiter infolge des Ersten Weltkriegs haben erheblich zu ihrer politischen Radikalisierung beigetragen; in Großbritannien betrugen sie, gemessen am Vorkriegsniveau, 15 Prozent, in Frankreich 25 Prozent, in Deutschland 35 Prozent, in Österreich-Ungarn sogar 50 Prozent, und in Rußland dürften sie noch deutlich darüber gelegen haben.[12] Die Inflation hat die Kriegsschulden des Deutschen Reichs von 154 Milliarden Reichsmark auf 15,4 Pfennige am 15. November 1923 reduziert. Solch eine Entschuldungspolitik hatte freilich ihren Preis, und der bestand im Ruin des Mittelstandes, dessen Sparvermögen binnen weniger Monate vernichtet wurde. Die Radikalisierung der bürgerlichen Mittelschicht war die Folge – eine entscheidende Voraussetzung für den Aufstieg Hitlers.

Demgegenüber hat der Zweite Weltkrieg zur Entwicklung einer stabilen demokratischen Gesellschaft in Deutschland beigetragen, indem er die ehemals dominierende Stellung des Adels gebrochen hat: Viele Söhne der Adelsfamilien sind als Frontoffiziere in Rußland gefallen, und einen anderen Teil hat Hitler ob der Beteiligung am Staatsstreich vom 20. Juni 1944 hinrichten lassen; schließlich haben Vertreibung und Enteignung im Osten die wirtschaftlichen Grundlagen der politischen Macht des Adels zerstört. So hat der Zweite Weltkrieg für Deutschland

10 Vgl. Münkler, *Der neue Golfkrieg*, S. 69 ff.
11 Zur Rolle des Krieges als Beschleuniger vgl. unten, S. 172 ff.
12 Diese Angaben nach Kolko, *Das Jahrhundert der Kriege*, S. 96 ff.

einen viel dramatischeren Elitenwechsel zur Folge gehabt als die Revolution vom November 1918. Wenn zu Beginn der 1950er Jahre die englische Gesellschaft die traditionellste in Europa war, so darum, weil sie den Einwirkungen des Krieges am wenigsten ausgesetzt gewesen war. Die beiden großen Kriege haben in Mitteleuropa Macht und Einfluss nicht nur der alten Aristokratie, sondern auch des Großbürgertums gebrochen.

Der Krieg hat den breiten Massen den Zugang zur Macht geebnet, indem er sie auf die Schlachtfelder geführt hat. Dass der Einsatz von Massenheeren, in denen die gesamte männliche Bevölkerung mit Ausnahme von Kindern und Greisen Dienst tat, Rückwirkungen auf die gesellschaftliche und politische Ordnung haben würde, ist den klügeren unter den zeitgenössischen Beobachtern klar gewesen. Bereits der alte Engels hatte die Möglichkeit ins Auge gefaßt, dass der revolutionäre Umsturz in Europa nicht durch Streiks und Aufmärsche der Arbeiterklasse, sondern infolge von Staatsbankrotten durch rasant steigende Rüstungsausgaben und das Aufgebot von Massenheeren eintreten könnte. Was für Engels eine *Hoffnung* war, äußerte sich im preußischen Kriegsministerium als *Befürchtung*: Man leistete hinhaltenden Widerstand gegen die Forderung des Generalstabs auf eine Heeresvergrößerung um zwei bis drei Armeekorps. Die Offiziere dieser Truppen hätten nicht mehr aus der preußischen Aristokratie rekrutiert werden können. Im Hinblick auf die Verwendbarkeit der Truppen bei inneren Konflikten schreckte man vor bürgerlichen Offizieren als Berufssoldaten zurück. Was bei der Marine tolerabel war, war dies noch lange nicht beim Landheer.[13] Womöglich wäre der Schlieffenplan aufgegangen und die französische Armee im Herbst 1914 in einer großen Umfassungsbewegung geschlagen worden, wenn die geforderten Armeekorps zur Verfügung gestanden hätten. Im Grunde war man vor dem sozialen Preis des Massenkrieges zurückgeschreckt und hatte gehofft, sich ihn durch eine Art ›Blitzkriegführung‹ ersparen zu können. Zweieinhalb Jahrzehnte später hat Hitler auf dasselbe Prinzip gesetzt und von 1939 bis zum Wintereinbruch vor Moskau damit Erfolg gehabt. Danach jedoch nahm der Krieg einen ähnlichen Verlauf wie seit November 1914. Die Verbrechen der Wehrmacht fallen vor allem in diese zweite Kriegsphase.

Während des gesamten 20. Jahrhunderts haben die strategischen Doktrinen der kriegführenden Mächte zwischen der Konzeption hochmobiler Elitetruppen und dem Dogma des Massenaufgebots geschwankt. Mit der gegenwärtigen Abschaffung der Wehrpflicht in den meisten europäischen Ländern und der Umstellung auf Berufsarmeen ist das Pendel wieder zugunsten hochmobiler Elitetruppen ausgeschlagen; Krieg und Militär sind in den Ländern der OECD-Welt wieder in eine Phase

13 Vgl. Kehr, »Klassenkämpfe und Rüstungspolitik«, S. 101 f.

der Reprofessionalisierung eingetreten. Man kann darin einen späten Triumph der britischen Strategietheoretiker John Frederick Charles Fuller und Basil Henry Liddell Hart, sehen, die für die im November 1914 eingetretene Erstarrung der Fronten im Westen und den Beginn der verlustreichen Materialschlachten um Verdun und an der Somme den preußischen Militärtheoretiker Clausewitz und die ihm zugeschriebene Strategie der Massen verantwortlich gemacht haben:[14] Hätte man den Krieg mit kleinen, beweglichen und kampfstarken Elitetruppen nach Art des englischen Expeditionskorps geführt, so wäre er mit deutlich geringeren Verlusten schnell entschieden worden, und man hätte sich die tiefen sozialen Verwerfungen und politischen Revolutionen in Europa erspart. Solche Überlegungen sind von verführerischer Suggestivität: Die soziale Veränderung Europas hätte auch dann stattgefunden, aber mit geringeren Kosten und Verlusten und unter Vermeidung von Bolschewismus und Faschismus bzw. Nationalsozialismus. Der europäische Weg durch das 20. Jahrhundert hätte dann wohl eher dem amerikanischen geglichen: Herstellung von Gleichberechtigung auf dem Wege rechtsförmig ausgetragener Konflikte, gelegentliche Beteiligung an Kriegen, aber nie auf dem eigenen Gebiet, sondern als Intervention auf anderen Kontinenten und vor allem mit begrenzten Kräften.

Freilich – und deswegen gehen diese Überlegungen letztlich doch nicht auf – haben beide Seiten zu Beginn des Ersten Weltkriegs durchaus hochmobile Eliteeinheiten in Form von Kavallerieverbänden bereitgehalten, die jedoch infolge der Beherrschung der Gefechtsfelder durch Schnellfeuerkanonen und Maschinengewehre nicht zum Zuge kamen. Das änderte sich erst wieder mit der Aufstellung geschlossener Panzerverbände, die den offensiven Kräften wieder die Oberhand verliehen haben und deren Einsatz den Verlauf des Zweiten Weltkriegs in Europa stark bestimmt hat. Freilich ging es den britischen Militärstrategen um mehr als bloß die Frage der effektiveren und eleganteren Strategie; was sie vor allem beschäftigte war das Problem der Kriegführungsfähigkeit der europäischen Staaten. Sie hatten nämlich richtig beobachtet, dass keiner von ihnen nochmals ein Ringen, wie das zwischen Vogesen und Flandern, durchhalten könnte. Die französische Niederlage von 1940 kann als der deutlichste Beleg dafür gelten; legt man das Verhältnis zwischen den im Kampf gefallenen, den in Gefangenschaft gegangenen und den insgesamt aufgebotenen Soldaten zugrunde, so hat es sich dabei um die schwerste militärische Niederlage der Neuzeit gehandelt.[15]

14 Dabei handelt es sich um ein Missverständnis der Clausewitzschen Theorie, das freilich unter seinen Anhängern zu Beginn des 20. Jahrhunderts weit verbreitet war; vgl. Aron, *Clausewitz*, S. 339 ff.

15 Zahlen- und materialmäßig waren die verbündeten Westmächte der deutschen Wehrmacht überlegen; vgl. Müller, *Der letzte deutsche Krieg*, S. 46;

Doch nicht nur die Franzosen, die im Ersten Weltkrieg nach den Ungarn in Relation zur männlichen Bevölkerung die schwersten Verluste erlitten hatten,[16] wollten einen solchen Krieg nicht noch einmal durchstehen, sondern dies galt auch für Großbritannien und selbst für das nationalsozialistische Deutschland. Die deutsche Blitzkriegstrategie[17] war auch eine militärische Umsetzung ökonomischer Zwänge. Bis zur Übernahme des Rüstungsministeriums durch Albert Speer hatte es Hitler vermieden, die Produktion des Deutschen Reichs voll auf den Krieg umstellen zu lassen.[18] Tatsächlich hat die Rüstungsproduktion erst 1944 ihren höchsten Ausstoß erreicht. Was wie eine rüstungstechnische Fehlplanung aussieht, war Ergebnis politischer Überlegungen: Hitler bezweifelte nämlich, dass die Deutschen militärisch-ökonomische Anstrengungen, wie die von 1914 bis 1918, noch einmal durchhalten würden, und dementsprechend hat er sich Goebbels' Ansinnen zur Ausrufung des totalen Krieges zunächst widersetzt. Mit Stalingrad spätestens stand fest, dass dieses Konzept nicht aufgegangen war. Jetzt durfte Goebbels seine berüchtigte Rede zum totalen Krieg im Berliner Sportpalast halten.[19]

Aber auch Churchill hat Großbritannien nicht zugetraut, die schweren Verluste des Ersten Weltkriegs noch einmal zu verkraften. So setzten die Briten zu Beginn des Krieges auf die indirekte Strategie, die den Gegner an seinen weichen Flanken, im Nordmeer und Norwegen mit Blick auf die schwedischen Erze sowie im Mittelmeer mit Blick auf die Ölfelder am Schwarzen Meer packen und ökonomisch strangulieren sollte. Auf diese Weise sollten ähnlich schwere Verluste, wie man sie im Ersten Weltkrieg erlitten hatte, vermieden werden. Überhaupt verfolgte Churchill jene Strategie, der er auch im Ersten Weltkrieg bereits angehangen hatte und mit der er bei Gallipoli gescheitert war: der den Briten als global agierender Seemacht seit langem vertrauten Strategie des *indirect approach*, derzufolge man die unmittelbare Konfrontation mit dem Gegner an dessen stärksten Stellen, wo dieser die Entscheidung suchte, nach Möglichkeit vermied und stattdessen dort attackierte, wo der Gegner schwach oder unvorbereitet war. Das war im Ersten Welt-

Salewski, *Deutschland und der Zweite Weltkrieg*, S. 121 f.; eine engagierte Auseinandersetzung mit dem Zusammenbruch der französischen Armee und dem mangelnden Widerstandswillen findet sich bei Marc Bloch, *Die seltsame Niederlage*, insbes. S. 180 ff.

16 Kolko, *Das Jahrhundert der Kriege*, S. 107.

17 Dass der Krieg im Westen keineswegs so geplant war, wie er dann verlaufen ist, hat zuletzt Karl-Heinz Frieser (*Blitzkrieg-Legende*) gezeigt. Das ändert jedoch nichts daran, dass die Wehrmacht für eine schnelle Entscheidung ausgebildet und ausgerüstet war.

18 Dazu Müller, *Der letzte deutsche Krieg*, S. 127 ff.

19 Vgl. Fetscher, *Goebbels im Berliner Sportpalast*, S. 31 ff.

krieg die mit den Mittelmächten, also Deutschland und Österreich-Ungarn, verbündete Türkei, wobei Churchill hoffte, durch die Kontrolle über die Meerengen zwischen Mittelmeer und Schwarzem Meer den Einkreisungsring zu schließen und Deutschland von Südosten her zu Fall zu bringen. Der Fehlschlag von Gallipoli war gleichbedeutend mit Churchills Sturz als Erster Lord der Admiralität.[20] Churchills nunmehrige Planungen suchten eine militärische Konfrontation wie die bei Gallipoli zu vermeiden und setzten sehr viel stärker auf See- und Luftstreitkräfte. Nachdem dieser Plan fehlgeschlagen war, wurden zunächst alle Erwartungen auf das Strategische Bomberkommando gesetzt, das die leicht verwundbaren Großstädte Deutschlands angreifen sollte. Zur Verärgerung Stalins haben die Westmächte die Eröffnung einer echten zweiten Front im Westen immer wieder hinausgezögert – zunächst unter Verweis auf den Bombenkrieg und dann mit dem Hinweis auf die Landung alliierter Truppen zunächst auf Sizilien und dann auch auf dem italienischen Festland. Für Churchill war dies ein Angriff auf den »weichen Unterleib« der deutschen Herrschaft über Europa, für Stalin dagegen ein weiteres Ausweichen vor der Errichtung einer zweiten Front.[21] Dabei mögen auch Churchills alte antikommunistische Aversionen eine Rolle gespielt haben; vor allem aber fürchtete er einen Abnutzungskrieg gegen die Wehrmacht, deren Kampfkraft um ein Viertel höher eingeschätzt wurde als die der westlichen Alliierten.[22] Verluste wie im Ersten Weltkrieg bei Ypern und an der Somme mußten unter allen Umständen vermieden werden.

Die Folge dessen war der alliierte Luftkrieg gegen die deutschen Städte, gegen die Rüstungsindustrie, vor allem aber gegen den Durchhaltewillen der Zivilbevölkerung.[23] Bis zu den jüngsten Konflikten ist dies die Strategie der westlichen Mächte (und im Prinzip auch der Sowjetunion in Afghanistan und Rußlands in Tschetschenien) bei militärischen Interventionen geblieben: Zerschlagung des Gegners aus der Luft und Einsatz von Bodentruppen allenfalls gegen demoralisierte Verbände, die zu nachhaltigem Widerstand nicht mehr in der Lage sind. Korea und Vietnam waren die Ausnahmen, in denen die USA Bodentruppen eine entscheidende Bedeutung beigemessen haben. Nach der Vietnamerfahrung war dies bis zum Beginn des jüngsten Irakkriegs nicht mehr der Fall. Zwar wurden auch im Golfkrieg von 1991 massiv Bodentruppen eingesetzt, doch ging es dabei nur um die Befreiung des von den Irakern besetzten und dann annektierten Kuwait. An einen

20 Dazu Keegan, *Der Erste Weltkrieg*, S. 331-351; Strachan, *Der Erste Weltkrieg*, S. 146-156.
21 Dazu Keegan, *Der Zweite Weltkrieg*, S. 449 ff.
22 van Creveld, *Fighting Power*, passim.
23 Dazu ausführlich Müller, *Der Bombenkrieg*, S. 91 ff.

tiefen Vorstoß in den Irak oder gar einen mit militärischen Mitteln von außen herbeigeführten Regimewechsel hatte man damals nicht gedacht. Der bei der Kosovointervention von einigen Staaten zum politisch-militärischen Dogma erhobene Verzicht auf den Einsatz von Bodentruppen hat diese Linie der Vermeidung eigener Verluste durch den Einsatz mit überlegener Technologie fortgesetzt. Die Kriegführungsbereitschaft wie Kriegführungsfähigkeit der liberalen Demokratien bleibt auch angesichts von Greueltaten und Massakern weitgehend auf den Einsatz der Luftwaffe beschränkt.

Das heißt, liberale Demokratien sind dort interventionsfähig, wo sie eine asymmetrische Überlegenheit zum Tragen bringen können, die eigene Verluste weitgehend vermeidet und zugleich so angelegt ist, dass sich gegnerische Verluste auf das Militär beschränken und die Zivilbevölkerung nach Möglichkeit nicht von Kriegshandlungen betroffen ist. Eines zumindest hat sich gegenüber dem Zweiten Weltkrieg grundlegend geändert: Die Vermeidung eigener Verluste durch massive Angriffe gegen die gegnerische Zivilbevölkerung, deren Höhepunkt die Atombomben auf Hiroshima und Nagasaki waren, findet keine öffentliche Zustimmung mehr. Der Einsatz von Präzisionslenkwaffen ist die Voraussetzung für die Zustimmung von Öffentlichkeiten zu Militärinterventionen. Das freilich setzt entsprechende Ziele auf der Gegenseite voraus, die in der Regel nur bei mittelgroßen Staaten ohne Nuklearbewaffnung gegeben sind. Im Falle von Bürgerkriegen und transnationalen Kriegen ist das nicht der Fall.

KAPITEL 4

Ist Krieg abschaffbar?

Antworten aus dem Erfahrungshorizont der klassischen Kriege

Die Verteidigung des Krieges gegen die Perspektive seiner Abschaffung: Clausewitz und Moltke

Die Erwartung, die Geschichte der Kriege werde in absehbarer Zeit ein Ende finden (oder doch zumindest finden können), ist kein modernes Phänomen, sondern ebenso alt wie die Historiographie des Krieges selbst. So ist in einer von Hesiods *Ehoien* davon die Rede, Herakles, der größte unter den mythischen Heldenkriegern der Antike, sei von dem Gott Apollon ausgesandt worden, dem Wegelagerer Kyknos das Handwerk zu legen. Nachdem Herakles diesen Räuber, einen Sohn des Kriegsgotts Ares, erschlagen hatte, wollte Ares sich an Herakles rächen, aber mit Hilfe der Göttin Athene besiegte der schließlich auch den Kriegsgott selbst. Eine oberflächliche Lesart mag darin eine weitere Erzählung von Herakles' Heldentum sehen, aber »die ganze Erzählung ist«, so Hermann Fränkel, »in sehr eigentümlicher Weise auf das Thema: Krieg dem Kriege! abgestellt.«[1] Hier geht es um mehr als bloß einen weiteren Schritt bei der »Säuberung« der Welt von Ungeheuern – hier wird die Befreiung der Menschheit von ihrer ärgsten Geißel, vom Kriege selbst, ins Auge gefaßt. Insbesondere nach lange dauernden Kriegen mit ihren verheerenden Folgen ist immer wieder die Erwartung geäußert worden, der gerade beendete Krieg sei der letzte gewesen und nunmehr beginne, wenn nicht der ewige Friede, so doch eine langandauernde Friedensperiode. Solche Erwartungen fanden vor allem bei denen starke Verbreitung, die den Krieg verloren oder unter ihm besonders gelitten hatten. Dementsprechend ist die Sehnsucht nach der Abschaffung des Krieges in ideengeschichtlicher Perspektive eher eine Hoffnung der Schwachen und Ohnmächtigen als eine der Starken und Mächtigen, innerhalb der Gesellschaften ebenso wie zwischen den Staaten.[2] Auch die Hoffnungen

1 Fränkel, *Dichtung und Philosophie des frühen Griechentums*, S. 121; Der Sieg über Kyknos gehört nicht zu den zwölf kanonischen Taten des Herakles und ist infolgedessen für das mythische Profil des Helden nicht bedeutsam geworden; vgl. Brommer, *Herakles*, Bd. 2, S. 81 ff.

2 Einen Überblick über die periodisch an- und abschwellenden Friedenserwartungen bieten Diesner, *Stimmen zu Krieg und Frieden im Renaissance-Humanismus*; Fischbach, *Krieg und Frieden in der französischen Aufklärung*, sowie Dietze (Hrsg.), *Ewiger Friede?*

Hesiods sind nicht die eines Kriegers, sondern die eines Bauern, der Ruhe und Frieden braucht, um sein Feld bestellen zu können.

Umgekehrt haben die Sieger immer wieder den von ihnen erfolgreich beendeten Krieg für den voraussichtlich letzten erklärt, wie dies etwa bei der Verherrlichung der ›pax Romana‹ im ersten und zweiten nachchristlichen Jahrhundert der Fall gewesen ist. Doch die Deklarationen der sich zu Friedensgaranten erklärenden Sieger waren mit dem einschränkenden Hinweis verbunden, die Türen des Ianustempels könnten nur so lange geschlossen bleiben, wie die in den zurückliegenden Kriegen unterworfenen Städte und Völkerschaften den Status quo akzeptierten und nicht dagegen rebellierten. Die proklamierte Abschaffung des Krieges stand unter dem Vorbehalt, dass die Ergebnisse früherer Kriege hingenommen und anerkannt wurden. Wenn in den *Res Gestae* des Augustus vom Frieden die Rede ist, so im Sinne eines durch Siege errungenen Friedens bzw. einer Politik der Pazifizierung.[3] Die Erklärung des ewigen oder doch zumindest eines lange währenden Friedens durch den Sieger der letzten Kriege ist politisch wenig überraschend: Wenn alle, die durch den von der siegreichen Macht hergestellten Status quo unterdrückt, gedemütigt oder benachteiligt sind, auf dessen Veränderung verzichten (und sei es nur durch eine höhere demographische Reproduktionsrate), so ist der Krieg leicht abzuschaffen. Gegen solche Friedensdeklarationen, die ein propagandistischer Bestandteil imperialer Pazifizierungspolitik waren und sind,[4] ist der Krieg immer wieder als ein unverzichtbares Mittel bei der Durchsetzung des Rechts auf politische Selbstbehauptung verteidigt worden, auch durch Carl von Clausewitz:

»Der Krieg ist mehr für den Verteidiger als für den Eroberer da, denn der Einbruch hat erst die Verteidigung herbeigeführt und mit ihr erst den Krieg. Der Eroberer ist immer friedliebend (wie Bonaparte auch stets behauptet hat), er zöge ganz gerne ruhig in unseren Staat ein; damit er dies aber nicht könne, darum müssen wir den Krieg wollen und also auch vorbereiten, d. h. mit anderen Worten: es sollen gerade die Schwachen, der Verteidigung Unterworfenen, immer gerüstet sein und nicht überfallen werden; so will es die Kriegskunst.«[5]

3 Dazu Wells, *Das Römische Reich*, S. 92-94.

4 Dazu ausführlich Münkler, *Imperien*, S. 128 ff.

5 Clausewitz, *Vom Kriege*, S. 634. Wahrscheinlich kannte Clausewitz jene Passage Fichtes, in der dieser schreibt, Eroberer »lieben in der Tat den Frieden, den ihrigen nämlich, und sie wünschen wirklich keinen Widerstand zu finden, indes sie gegen alle Welt den Krieg führen, fortsetzen und vollenden« (Fichte, *Volk und Staat*, S. 219). Clausewitz hat Fichtes antinapoleonische Polemik systematisch weitergedacht und kriegstheoretisch fruchtbar gemacht. Die Beispiele für die Friedensliebe der Eroberer lassen sich unschwer vermehren: Auch Hitler sprach im Herbst 1939 nach dem Sieg über

Aus dieser Beobachtung hat Clausewitz dann die grundlegende These abgeleitet, ein Krieg beginne tatsächlich nicht mit dem Angriff, sondern mit der Verteidigung:

»Wenn wir uns die Entstehung des Krieges philosophisch denken, so entsteht der eigentliche Begriff des Krieges nicht mit dem Angriff, weil dieser nicht [...] den Kampf als [vielmehr] die Besitznahme zum absoluten Zweck hat, sondern er entsteht erst mit der Verteidigung, denn diese hat den Kampf zum unmittelbaren Zweck, weil Abwehren und Kämpfen offenbar eins ist. Das Abwehren ist nur auf den Anfall gerichtet, setzt ihn also notwendig voraus, der Anfall aber nicht auf das Abwehren, sondern auf etwas anderes, nämlich die Besitznahme, setzt also das letztere nicht notwendig voraus. Es ist daher in der Natur der Sache, daß derjenige, welcher das Element des Krieges zuerst in die Handlung bringt [...], auch die ersten Gesetze für den Krieg aufstelle, nämlich *der Verteidiger*.«[6]

Clausewitz' eher implizite als explizite Argumentation gegen die Abschaffung des Krieges gründet sich auf den Anspruch, den eigenen (politischen) Willen notfalls auch mit gewaltsamen Mitteln gegen seine Einschränkung und Unterdrückung durch einen mächtigen anderen Willen aufrechterhalten und zur Geltung bringen zu können. Eine Alternative zum Krieg als der bewaffneten Selbstbehauptung Schwächerer gegenüber Stärkeren hat Clausewitz nicht gesehen; von einem Internationalen Gerichtshof (oder einer ähnlichen Einrichtung) hat er sich nichts versprochen, weil er bezweifelte, dass die Starken und Mächtigen sich dessen Entscheidungen unterwerfen würden.[7] Der höchste Gerichtshof,

Polen und im Frühsommer 1940 nach dem erfolgreichen Frankreichfeldzug bevorzugt vom Frieden. Wer dagegen vom Krieg sprach, war Churchill, weswegen ihn die Goebbelssche Propaganda auch fortgesetzt als Kriegshetzer und Kriegstreiber denunzierte; vgl. Münkler, »Der bedingungslose Wille zum Widerstand«, S. 18 ff. Im Frühjahr 1812 hatte sich Clausewitz in einer ähnlichen Lage befunden, als er die preußische ›Appeasement‹-Politik gegenüber Napoleon und die Unterstützung seiner Angriffsvorbereitungen gegen Rußland ablehnte und stattdessen Pläne zu einem Volksaufstand bzw. Partisanenkrieg gegen Napoleon ausarbeitete. Als er damit nicht zum Zuge kam, quittierte er den preußischen Dienst und trat in die russische Armee ein; vgl. Paret, *Clausewitz und der Staat*, S. 263 ff., sowie von Schramm, *Clausewitz*, S. 330 ff. In seiner sog. *Bekenntnisdenkschrift* hat Clausewitz die in den höheren Ständen vorherrschende Orientierung an Ruhe und Sicherheit für das politische Scheitern des Aufstandsprojekts verantwortlich gemacht; Clausewitz, *Schriften – Aufsätze – Studien – Briefe*, S. 682-750.

6 Clausewitz, *Vom Kriege*, S. 644 (Hervorh. im Text).

7 Auch Rühle von Lilienstern, der mit Clausewitz gut bekannt war, hat in seiner *Apologie des Krieges* die friedensstiftende Funktion eines internationalen Gerichtshofs bezweifelt: »In wie fern die Staaten Prozesse führen,

den Clausewitz kannte und anerkannte, war die Entscheidung der Waffen, und so hat er diese mehrfach auch als Gerichtsentscheidung metaphorisiert.[8] Seine Polemik gegen eine Art der Kriegführung, die auf der Basis strategischer Operationen gegen die Versorgungslinien des Feindes versuchte, diesen von seinem Nachschub abzuschneiden und ohne Schlacht wehrlos zu machen, um so den Krieg ohne Blutvergießen zu entscheiden,[9] zeigt deutlich, dass er in der Abschaffung des Krieges bloß eine Begünstigung hegemonialer und imperialer Mächte sah. Gegen Dietrich Heinrich von Bülow, der in seiner Schrift *Der Geist des neueren Kriegssystems* von einer rational aufgeklärten Operationsform ohne Schlacht »einen zukünftigen immerwährenden Frieden«[10] erwartet hatte, schrieb er: »Wir wollen nichts hören von Feldherrn, die ohne Menschenblut siegen. Wenn das blutige Schlachten ein schreckliches Schauspiel ist, so soll das nur eine Veranlassung sein, die Kriege mehr zu würdigen, aber nicht die Schwerter, die man führt, nach und nach aus Menschlichkeit stumpfer zu machen, bis einmal wieder einer dazwischen kommt mit einem scharfen, der uns die Arme beim Leibe weghaut.«[11]

Es war die Erfahrung Napoleons, die gegen die Rationalisiserung und Humanisierung der Kriegsführung sprach. Letzten Endes, so

wird kein noch so mächtiger Gerichtshof, der für sie errichtet werden möge, die Parteien durch sein bloßes Ansehen zu unbedingtem Gehorsam zwingen, und statt dass er geeignet sein sollte, allem Kriegführen ein Ende zu machen, würde er Stoff werden für zwei neue Arten des Krieges, für Revolutionskriege einerseits und Exekutionskriege andererseits, die ihrer Natur nach gerade im Kantischen Sinne die vernunftwidrigsten sein müssten.« (Rühle von Lilienstern, *Apologie des Krieges*, S. 46).

8 So schreibt Clausewitz über die Waffenentscheidung, »daß, wo sie faktisch am Gegner in Anspruch genommen wird, dieser Rekurs niemals versagt werden kann, daß also der kriegführende, welcher einen anderen Weg gehen will, sicher sein muß, daß der Gegner diesen Rekurs nicht nehmen oder seinen Prozeß an diesem *höchsten Gerichtshof* verlieren wird«; ebd., S. 229 (Hervorh. H. M.).

9 Vgl. hierzu Aron, *Clausewitz. Den Krieg denken,* S. 76-85. In vieler Hinsicht ähnelt die moderne Vorstellung vom virtuellen Schlachtfeld elektronischer Waffen, auf dem ein Konflikt ohne Blutvergießen entschieden werden soll, jenen Strategien unblutiger Kriegführung aus der zweiten Hälfte des 18. Jahrhunderts. Diese funktionierte freilich nur, wenn sich beide Konfliktparteien gleichermaßen an ihren Vorgaben orientierten und keine von ihnen bedingungslos die Entscheidungsschlacht suchte, wie dies Napoleon getan hat. Ähnliches dürfte für die virtuelle Kriegführung gelten.

10 Zit. nach Aron, *Clausewitz*, S. 77.

11 Clausewitz, *Vom Kriege*, S. 470.

Clausewitz' Einwand, begünstigte sie denjenigen, der sich um sie nicht scherte.

Was Clausewitz über die Erfordernisse der Schlacht für das Erreichen der Zwecke des Krieges schreibt, gilt in seiner Sicht analog für die Erfordernisse des Krieges beim Erreichen der politischen Ziele: Die »*blutige Entladung der Krise*, das Bestreben zur Vernichtung der feindlichen Streitkräfte«, sei der erstgeborene Sohn des Krieges: »Mag bei kleinen politischen Zwecken, bei schwachen Motiven, geringen Spannungen der Kräfte ein behutsamer Feldherr geschickt alle Wege versuchen, wie er ohne große Krisen und blutige Auflösungen, durch die eigentümlichen Schwächen seines Gegners, im Felde und im Kabinett, sich zum Frieden hinwindet; wir haben kein Recht, ihn darüber zu tadeln, wenn seine Voraussetzungen gehörig motiviert sind und zum Erfolg berechtigen; aber wir müssen doch immer von ihm fordern, daß er sich bewußt bleibt, nur Schleifwege zu gehen, auf denen ihn der Kriegsgott ertappen kann, daß er den Gegner immer im Auge behalte, damit er nicht, wenn dieser zum scharfen Schwerte greift, ihm mit einem Galanteriedegen entgegentrete.«[12]

Clausewitz' eindringliche Warnungen vor einer Kriegführung, die ohne größere Gefechte und Schlachten auskommen wollte, ebenso wie vor der Vorstellung von einer politischen Welt, in der der Krieg abgeschafft sei, sind motiviert durch die Erfahrungen der Französischen Revolution sowie den Aufstieg Napoleons, die alle vorherigen Hoffnungen auf eine Fesselung der Bellona und den Anbruch eines Zeitalters des Friedens zunichte gemacht hatten.[13] So ist Clausewitz' Verteidigung des Krieges gegen die Perspektive seiner Abschaffung dezidiert *politisch*: Den Krieg abzuschaffen, der von ihm als gewaltsame Selbstbehauptung der Kleinen gegen die Großen, der Schwachen gegen die Starken konzipiert wird, heißt die politische Welt denen auszuliefern, die ihren politischen Willen auch ohne den Einsatz von Waffen durchzusetzen vermögen. Dabei war Clausewitz, wie seine Vorstellungen zu Volksbewaffnung und Volkskrieg zeigen,[14] sogar bereit, auch auf Formen asymmetrischer Kriegführung zurückzugreifen, wenn denn einem überlegenen Gegner nicht anders Paroli geboten werden konnte, und er war sich darüber im klaren, dass dies auf eine Enthegung des Krieges mit erheblichen Folgen hinauslief. Der Vorstellung von einer fortschreitenden Zivilisierung der Kriegführung hat Clausewitz jedenfalls nicht angehangen.

Während Clausewitz' Argumentation ohne jede geschichtsphilosophische oder geschichtstheologische Rechtfertigung des Krieges

12 Ebd., S. 230.

13 Dazu ausführlich Kunisch, »Von der gezähmten zur entfesselten Bellona«, S. 203-226, sowie ders./Münkler (Hrsg.), *Die Wiedergeburt des Krieges*.

14 Clausewitz, *Vom Kriege*, S. 799-806.

auskommt und ausschließlich politisch angelegt ist, hat der preußische Generalstabschef Helmuth von Moltke in einer später viel zitierten Passage seines Briefs an den Rechtsprofessor Johann Kaspar Bluntschli bei der Verteidigung des Krieges gegen die Aussicht auf seine Abschaffung zivilisationspessimistische Vorstellungen geltend gemacht: »Der ewige Friede ist ein Traum, und nicht einmal ein schöner, und der Krieg ein Glied in Gottes Weltordnung. In ihm entfalten sich die edelsten Tugenden des Menschen, Mut und Entsagung, Pflichttreue und Opferwilligkeit mit Einsetzung des Lebens. Ohne den Krieg würde die Welt im Materialismus versumpfen.«[15]

Moltkes Rechtfertigung des Krieges, die in kritischer Distanzierung zu dem ihm von Bluntschli übersandten Handbuch *Les Lois de la Guerre sur Terre* erfolgte und um die sich nach ihrer Veröffentlichung eine heftige politische Kontroverse entspann, kann freilich kaum als originär gelten, sondern führt bis in die Formulierung hinein Überlegungen fort, wie sie sich bereits bei Mirabeau (»Der ewige Friede ist ein Traum, und zwar ein gefährlicher Traum«[16]) und Hegel finden. In einem Zusatz zum § 324 der *Rechtsphilosophie* hat Hegel festgehalten: »Im Frieden dehnt sich das bürgerliche Leben mehr aus, alle Sphären hausen sich ein, und

15 Brief Moltkes an Bluntschli vom 11. Dez. 1880; in: *Kriegstheorie und Kriegsgeschichte*, S. 487; zur Gegenbegrifflichkeit von *Sumpf* und *Schlachtfeld* vgl. Schivelbusch, *Die Kultur der Niederlage*, S. 356. Man wird davon ausgehen können, dass Moltke bei seiner Zurückweisung der Idee des ewigen Friedens durch die 1813 erschienene kleine Schrift Rühle von Liliensterns unter dem Titel *Apologie des Krieges* inspiriert worden ist, mit der er gut vertraut war. Rühle, ein preußischer Offizier und Militärschriftsteller, hatte sich darin mit Kants Friedensschrift auseinandergesetzt und die negativen Folgen eines ewigen Friedens aufzuzeigen versucht. Er hatte dabei das menschliche Leben als Wechselspiel von Erwerben und Genießen dargestellt, wobei er das Erwerben mit dem Krieg, das Genießen mit dem Frieden verband. Das Erwerben dreht sich für ihn freilich keineswegs nur um den materiellen Besitz, sondern vor allem um die Freiheit, die immer wieder neu erkämpft werden müsse. Im Anschluss an Adam Müller, unter dessen Einfluss Rühle zeitweilig stand, begriff er die Geschichte also als ein *notwendiges* Wechselspiel von Krieg und Frieden. So spricht er von »dem ausdrücklichen unabänderlichen Willen der Natur, daß weder Krieg noch Frieden auf der Erde allein vorhanden sein, sondern daß aus dem Wechsel beider gemeinschaftlich ein ewig reges und frisches Leben erzeugt werden solle« (*Apologie*, S. 33). Rühle kommt so zu dem Ergebnis, »daß der Krieg aus dem Gesichtspunkte der Staaten kein Übel, sondern eine Wohltat, keine politische Krankheit, sondern ein politisches Heilmittel ist« (ebd., S. 65).

16 Rede vom 20. April 1790; zit. nach Aubry, *Die Französische Revolution*, Bd. 1, S. 299.

es ist auf die Länge ein Versumpfen der Menschen; ihre Partikularitäten werden immer fester und verknöchern. Aber zur Gesundheit gehört die Einheit des Körpers, und wenn die Teile in sich hart werden, so ist der Tod da. [...] Aus den Kriegen gehen die Völker nicht allein gestärkt hervor, sondern Nationen, die in sich unverträglich sind, gewinnen durch Kriege nach außen Ruhe im Innern. Allerdings kommt durch den Krieg Unsicherheit ins Eigentum, aber diese *reale* Unsicherheit ist nichts als die Bewegung, die notwendig ist.«[17]

Die von Moltke in dem Brief an Bluntschli zum Ausdruck gebrachte Distanz gegenüber der von den Völkerrechtslehrern entwickelten Per-

17 Hegel, *Werke*, Bd. 7, S. 493 f. Im § 324 der *Rechtsphilosophie* zitiert sich Hegel im übrigen selbst und wiederholt eine Bemerkung aus dem Naturrechtsaufsatz von 1802/03, in der er die »Notwendigkeit des Krieges« damit begründet hatte, daß er »die sittliche Gesundheit der Völker in ihrer Indifferenz gegen die Bestimmtheiten und gegen das Angewöhnen und Festwerden derselben erhält, als die Bewegung der Winde die Seen vor der Fäulnis bewahrt, in welche sie eine dauernde Stille, wie die Völker ein dauernder oder gar ein ewiger Frieden, versetzen würde« (*Werke*, Bd. 2, S. 482). Im Naturrechtsaufsatz hat Hegel dies dahingehend begründet, daß individueller Besitz und Eigentum sich nicht absolut festsetzen dürften, da dies die innere Sittlichkeit eines Staates zerstöre. Dem werde »am meisten durch den Krieg« entgegengewirkt; ebd., S. 483. Daß es sich hierbei, wie Massimo Mori meint (»Krieg und Frieden in der klassischen deutschen Philosophie«, S. 73) um eine gegen Eudämonismus und Utilitarismus gerichtete Haltung handelt, möchte ich bezweifeln; eher zeigt sich darin ein Relikt des klassischen Republikanismus, dem Hegel in seiner Tübingen Zeit angehangen hat. In der *Rechtsphilosophie* hat Hegel das Zitat aus dem Naturrechtsaufsatz dann mit der Nachbemerkung relativiert: »Daß dies übrigens *nur* philosophische Idee oder, wie man es anders auszudrücken pflegt, eine Rechtfertigung der *Vorsehung* ist und daß die wirklichen Kriege noch einer anderen Rechtfertigung bedürfen, davon hernach« (Werke, Bd. 7, S. 493). Offensichtlich hat Moltke dies ähnlich gesehen, denn trotz seiner Kriegsrechtfertigung im Brief an Bluntschli hat er selbst eher auf eine Politik der Kriegsvermeidung gesetzt: »Jeder Krieg, auch der siegreiche«, sei »ein nationales Unglück«, schrieb er Anfang März 1879 an Karl Friedrich August Hauschild; und an Goubareff, der ihn wegen des Bluntschli-Briefes kritisiert hatte, schrieb er: »Wer möchte in Abrede stellen, daß jeder Krieg, auch der siegreiche, ein Unglück für das eigene Volk ist, denn kein Landerwerb, keine Milliarden können Menschenleben ersetzen und die Trauer der Familien aufwiegen.« In seiner Reichstagsrede vom 11. Januar 1887 schließlich brachte er seine Überzeugung zum Ausdruck, »daß kein Staatslenker freiwillig die ungeheure Verantwortung auf sich nehmen wird, die Brandfackel in den Zündstoff zu werfen, welcher mehr oder weniger in allen Ländern angehäuft ist«; zit. nach *Kriegstheorie und Kriegsgeschichte*, S. 485, 492 und 502.

spektive einer dauerhaften Begrenzung, wenn nicht gar Abschaffung des Krieges durch die Einrichtung eines Völkerbundes resultiert im wesentlichen daraus, daß Moltke bei der Begrenzung der destruktiven Folgen von Krieg und Gewalt stärker auf die *Zivilisierung* als auf die *Abschaffung* des Krieges vertraute und diese weniger durch ein kodifiziertes Kriegsrecht als vielmehr durch militärorganisatorische Entwicklungen gewährleistet sah. Dazu rechnet er, wie er an Bluntschli schrieb, als erstes »die Einführung der allgemeinen Militärpflicht«, weil durch sie »die gebildeten Stände in die Armee eingereiht« worden seien und »die rohen und gewalttätigen Elemente [...] nicht mehr wie früher den alleinigen Bestand« bildeten.[18] Als weitere Mittel, »um den schlimmsten Ausschreitungen vorzubeugen«, nennt Moltke »die schon im Frieden gehandhabte und eingelebte strenge Manneszucht und die administrative Vorsorge für die Ernährung der Truppen im Felde«. Der größte Schritt bei der Zivilisierung des Krieges aber sei seine schnelle Führung und baldige Beendigung, wie er selbst sie in den Einigungskriegen von 1866 und 1870/71 beispielhaft praktiziert hatte.[19] Genau dies aber sieht er durch die von Bluntschli vorgeschlagene völkerrechtliche Beschränkung der Anwendung kriegerischer Gewalt allein auf die gegnerischen Streitkräfte gefährdet.[20] Demgegenüber verlangt er, daß »alle Hülfsquellen der feindlichen *Regierung* [...] in Anspruch genommen werden« dürfen, um den Krieg so schnell wie möglich zu entscheiden: »ihre Finanzen, Eisenbahnen, Lebensmittel, selbst ihr Prestige«. Die eigentliche Bedrohung für die zuletzt erfolgte Zivilisierung des Krieges erwächst für Moltke nicht aus Defiziten des Völkerrechts, denen durch dessen Fortentwicklung abgeholfen werden könne, sondern aus der Ausrufung des Volkskriegs durch eine revolutionäre Regierung, die in die Nieder-

18 Brief Moltkes an Bluntschli vom 11. Dez. 1880; zit. nach *Kriegstheorie und Kriegsgeschichte*, S. 488.

19 Dies gilt insbesondere für den Krieg von 1866, als Moltke durch die beidseitige Umfassung der österreichisch-sächsischen Nordarmee bei Königgrätz den Krieg eine Woche nach Feldzugsbeginn entschieden hatte. Um Mißverständnisse bei der Verwendung des Zivilisierungsbegriffs zu vermeiden: Die Schlacht von Königgrätz war eine der verlustreichsten in der Kriegsgeschichte; vgl. Becker, »Getrennt marschieren, vereint schlagen«, S. 216-229.

20 Welche zentrale Bedeutung für Moltke die schnelle Führung und baldige Beendigung des Krieges bei dessen Zivilisierung hatte, zeigt sich auch in seiner vielzitierten Warnung, ein neuer Krieg in Europa könne ein siebenjähriger, womöglich gar ein dreißigjähriger Krieg werden. Und mit Blick auf die damit verbundenen Verheerungen fügt er hinzu: »Wehe dem, der Europa in Brand steckt, der zuerst die Lunte in das Pulverfaß schleudert.« Rede im Reichstag am 14. Mai 1890; zit. nach *Kriegstheorie und Kriegsgeschichte*, S. 505.

lage des Staates nicht einzuwilligen bereit war[21] – eine Erfahrung, die er selbst im Herbst 1870 nach der Kapitulation Napoleons III. und der Ausrufung der Republik durch Léon Gambetta hatte machen müssen: »Mit dieser Energie, und doch mit mehr Mäßigung wie je zuvor, ist der letzte Krieg gegen Frankreich geführt worden. Nach zwei Monaten war der Feldzug entschieden, und erst als eine revolutionäre Regierung ihn zum Verderben des eigenen Landes noch vier Monate länger fortsetzte, nahmen die Kämpfe einen erbitterten Charakter an.«[22]

21 Das war ziemlich genau die Politik, die Clausewitz, Scharnhorst und Gneisenau von Preußen nach der Niederlage von 1806/07 vergeblich erwartet und die sie dann mit der Aufstellung der Landwehr und des Landsturms im Rahmen der Reformen selbst betrieben hatten. »Eine Regierung«, so Clausewitz (*Vom Kriege*, S. 806), »die nach verlorener Hauptschlacht nur daran denkt, das Volk schnell in das Bette des Friedens steigen zu lassen und übermannt von dem Gefühl einer großen fehlgeschlagenen Hoffnung, nicht mehr den Mut und die Lust in sich fühlt, alle Kräfte anzuspornen, begeht in jedem Fall aus Schwäche eine große Inkonsequenz und zeigt, daß sie des Sieges nicht würdig und ebendeswegen vielleicht auch gar nicht fähig war.« Moltke hat in der Retrospektive zu den Ereignissen nach dem Ende des napoleonischen Kaiserreichs in der Schlacht von Sedan also die exakt gegenteilige Position bezogen. Für ihn ließen sich Zivilisierung des Krieges und dessen siegreiche Beendigung unschwer verbinden, für Clausewitz hingegen nicht. Für diesen gilt: »Kein Staat sollte sein Schicksal, nämlich sein ganzes Dasein, von einer Schlacht, sei es auch die entscheidendste, abhängig glauben. Ist er geschlagen, so kann das Aufbieten neuer eigener Kräfte und die natürliche Schwächung, welche jeder Angriff in der Dauer erleidet, einen Umschwung der Dinge herbeiführen, oder er kann von außen her Hilfe bekommen. Zum Sterben ist es immer noch Zeit, und wie es ein Naturtrieb ist, daß der Untergehende nach dem Strohhalm greift, so ist es in der natürlichen Ordnung der moralischen Welt, daß ein Volk die letzten Mittel seiner Rettung versucht, wenn es sich an den Rand des Abgrunds geschleudert sieht.« Ebd., S. 805.

22 Brief Moltkes an Bluntschli, S. 488. Es verdient in diesem Zusammenhang der Erwähnung, daß Philip Henry Sheridan, einer der erfolgreichsten Generäle der Union im amerikanischen Bürgerkrieg, dessen Strategie der verbrannten Erde entscheidend zur Kapitulation der Konföderation beigetragen hat (vgl. McPherson, *Für die Freiheit sterben*, S. 766 f.), sich als Beobachter der Kämpfe im Herbst 1870 dezidiert darüber verwunderte, daß die Vormarschstraßen der deutschen Truppen nicht von brennenden französischen Dörfern gesäumt waren (Schivelbusch, *Die Kultur der Niederlage*, S. 54). Moltke hat auf eine disziplinierte, taktisch flexible und strategisch großräumig operierende Armee als Garant der Zivilisierung des Krieges gesetzt; der revolutionäre Volkskrieg, aber auch das Milizsystem waren für ihn Bedrohungen dieser Zivilisierung. So lehnte

Starke Regierungen sowie eine energische Zügelung der Leidenschaften des Volkes und des Parteigeistes waren für Moltke die wirklichen Garanten dafür, dass möglichst wenige Kriege geführt wurden und dass dies, wenn doch, in möglichst zivilisierter Art und Weise geschah. »Starke Regierungen«, so erklärte er am 11. Januar 1887 im Reichstag, »sind eine Bürgschaft für den Frieden«, und am 14. Mai 1890 erneut im Reichstag: »Die Zeit der Kabinettskriege liegt hinter uns, – wir haben jetzt nur noch den Volkskrieg, und einen solchen mit allen seinen unabsehbaren Folgen heraufzubeschwören, dazu wird eine irgend besonnene Regierung sich sehr schwer entschließen.«[23] Kriege in Europa, so Moltkes Erwartung, waren damit unwahrscheinlich geworden, zumindest so lange, wie die gegebenen Konstellationen nicht durch revolutionäre Veränderungen erschüttert wurden.

Die Berufssoldaten Clausewitz und Moltke haben bei allem Wissen um Not und Leiden des Krieges und durchaus auch bei konträren politisch-militärischen Präferenzen nicht auf die Abschaffung des Krieges gesetzt, die sie entweder für wenig wahrscheinlich oder gar für politisch gefährlich hielten. Stattdessen hat Moltke die Regulierung des Krieges und die Zivilisierung der Krieger favorisiert, wovon er sich letzten Endes eine größere Wirkung versprach und deren erfolgreiche Realisierung er für wahrscheinlicher hielt als alle politisch weitergespannten Projekte. Dass dies gelang, war alles andere als selbstverständlich, und während Moltke im wachsenden Einfluss der unteren Schichten die Drohung einer Rebarbarisierung des Krieges sah, die er wiederholt am Beispiel der Pariser Comune exemplifizierte,[24] hat Clausewitz die revolutionäre Entgrenzung des Krieges als eine – von der Politik vorgegebene – Möglichkeit stets in die Überlegungen einbezogen: »Mit der Teilnahme des Volkes an dem Kriege trat statt eines Kabinetts und eines Heeres das ganze Volk mit seinem natürlichen Gewicht in die Waagschale. Nun hatten die Mittel, welche angewandt, die Anstrengungen, welche aufgeboten werden konnten, keine bestimmte Grenze mehr; die Energie, mit welcher der Krieg selbst geführt werden konnte, hatte kein Gegengewicht mehr, und folglich war die Gefahr für den Gegner die äußerste.«[25]

er am 18. Oktober 1867 vor dem Norddeutschen Reichstag das Konzept einer Milizarmee mit dem Argument ab: »Es wird wohl Niemand von uns wünschen, die Greuel eines Krieges, wie wir sie in Amerika gesehen haben, auf europäischen Boden zu verpflanzen.« Zit. nach *Kriegstheorie und Kriegsgeschichte*, S. 461.

23 Ebd., S. 502 u. 504 f.

24 Ebd., S. 484 und 508.

25 Clausewitz, *Vom Kriege*, S. 971.

Doch trotz seiner dezidierten Napoleonfeindschaft hat Clausewitz nach den Erfahrungen, die er im Spätherbst 1812 bei der Verfolgung und Vernichtung von Napoleons *Grande Armée* durch die Kosaken gemacht hatte, durchweg gehofft, daß diese Art der Kriegführung West- und Mitteleuropa erspart bliebe.[26]

Eschatologisch-apokalyptische Friedensvorstellungen: Wiedereintritt ins Paradies oder Endschlacht für den Frieden

Friedenshoffnungen, die nicht auf einer realistisch-pragmatischen Politikstrategie unter Einschluss deren möglichen Scheiterns begründet sind, sondern die definitive Abschaffung des Krieges mit dem Anbruch eines neuen Zeitalters verbinden, werden nachfolgend als eschatologisch bzw. apokalyptisch bezeichnet. Die Abschaffung des Krieges ist bei ihnen zentriert um eine grundlegende Veränderung der Verhältnisse, insbesondere einen tiefgreifenden Wandel der menschlichen Natur, und ein direktes Eingreifen Gottes in den Gang der Ereignisse. In der Regel sind solche Friedensvorstellungen stark religiös geprägt, sei es nun in der Vorstellung einer Rückkehr ins Paradies bzw. der Wiederkehr des Goldenen Zeitalters – beides Orte bzw. Zeiten, die Unterdrückung und Gewalt nicht gekannt haben –, oder sei es in der Vernichtung derer, von denen der Krieg ausgegangen ist. Diese zumindest für die europäische Vorstellungswelt paradigmatische Friedenseschatologie findet sich bei dem Propheten *Jesaja*, wo es heißt: »Er spricht Recht im Streit der Völker, er weist viele Nationen zurecht. Dann schmieden sie Pflugscharen aus ihren Schwertern und Winzermesser aus ihren Lanzen. Man zieht nicht mehr das Schwert, Volk gegen Volk, und übt nicht mehr für den Krieg.«[27]

26 Am 17. November 1812 schrieb Clausewitz an seine Frau: »Aber welche Szenen habe ich hier gesehen! Wenn mein Gefühl nicht schon abgehärtet oder vielmehr abgestumpft wäre, ich würde vor Schauder und Entsetzen nicht zu mir selbst kommen, sowie ich noch nach vielen Jahren nicht ohne Schauder daran werde denken können. Ich mag meinen Brief nicht damit anfüllen aus vielen Gründen; aber wenn wir uns einst wiedersehen, muß ich Dich einen Blick tun lassen auf dieses blutige Blatt der Geschichte. [...] Ich schreibe Dir zwischen Leichen und Sterbenden unter rauchenden Trümmern, und Tausende von gespensterartigen Menschen ziehen vorüber und schreien und flehen und weinen vergebens nach Brot.« Clausewitz, *Ein Lebensbild in Briefen und Tagebuchblättern*, S. 304, 305.

27 *Jesaja* 2,4; dieses wie die nachfolgenden Bibelzitate folgen der Einheitsübersetzung nach der *Neuen Jerusalemer Bibel*.

Wenn dieser *Er*, von dem Jesaja spricht – entweder der verheißene *Messias*, dessen Geburt als unmittelbar bevorstehend angekündigt wird, oder aber der in der Zionstheologie als *Herr* Apostrophierte[28] – auftreten und Recht sprechen wird, wird der Krieg verschwinden und für immer Frieden herrschen. Alles hängt von der Ankunft bzw. Geburt des verheißenen *Er* ab; darauf kann jedoch mit den Mitteln der Politik kein Einfluss genommen werden, sondern dieses umstürzende Ereignis muss geduldig erwartet werden. Jetzt freilich, so Jesajas Verheißung, steht es unmittelbar bevor: »Das Volk, das im Dunkeln lebt, sieht ein helles Licht, über denen, die im Land der Finsternis wohnen, strahlt ein Licht auf. [...] Jeder [Soldaten-]Stiefel, der dröhnend daherstampft, jeder [Soldaten-]Mantel, der mit Blut befleckt ist, wird verbrannt, wird ein Fraß des Feuers. Denn uns ist ein Kind geboren, ein Sohn ist uns geschenkt. Die Herrschaft liegt auf seinen Schultern, man nennt ihn: Wunderbarer Ratgeber, Starker Gott, Vater in Ewigkeit, Fürst des Friedens. Seine Herrschaft ist groß, und der Friede hat kein Ende.«[29]

Ganz ähnliche Vorstellungen vom Anbruch einer neuen Epoche, der Abschaffung des Krieges und dem Beginn ewigen Friedens, finden sich in der 4. *Ekloge* Vergils, wo ebenfalls die Geburt eines Kindes vorhergesagt wird, mit der eine Epoche der Kriege und Bürgerkriege zu Ende gehen und eine langewährende Friedenszeit anbrechen wird.[30] Es ist kein Friede im Sinne einer bloßen Abschaffung des Krieges, der hier vorhergesagt wird, sondern dieser Friede beruht auf einer fundamentalen Verwandlung von Mensch und Natur, die einer Neuerschaffung des Menschen und aller Lebewesen gleichkommt. Das wird deutlich, wenn Jesaja die neue Friedensordnung ausführlicher beschreibt: »Dann wohnt der Wolf beim Lamm, der Panther liegt beim Böcklein. Kalb und Löwe weiden zusammen, ein kleiner Knabe kann sie hüten. Kuh und Bärin freunden sich an, ihre Jungen liegen beeinander. Der Löwe frißt Stroh wie das Rind. Der Säugling spielt vor dem Schlupfloch der Natter, das Kind steckt seine Hand in die Höhle der Schlange. Man tut nichts

28 Zu Jesajas Messiasvorstellungen und der Frage, wer als Messias angekündigt wird, vgl. Kilian, *Jesaja 1-39*, S. 1-26; zur Zionstheologie ebd. S. 40 ff.

29 *Jesaja* 9, 1-6.

30 Es ist nicht klar, ob sich Vergils Vorhersage auf ein Kind des Asinius Pollio bezieht, der zu dieser Zeit in Rom Konsul war, oder auf ein Kind aus der Verbindung zwischen Marc Anton und Kleopatra, oder ob es sich dabei um einen Hinweis auf die segensreichen Folgen der Machtkonsolidierung Octavians handelt; spätestens seit der konstantinischen Zeit haben die Christen Vergils Ankündigung auf die Geburt des Jesuskindes bezogen und den Dichter damit in die Ahnenreihe der Propheten Jesu aufgenommen; vgl. Norden, *Die Geburt des Kindes*, S. 4 ff.; zu den Parallelen zwischen Jesajas und Vergil ebd., S. 51 ff.

Böses mehr und tut kein Verbrechen auf meinem ganzen heiligen Berg; denn das Land ist erfüllt von der Erkenntnis des Herrn, so wie das Meer mit Wasser gefüllt ist.«[31]

Aber gibt es in der politischen Welt irgendwelche Hinweise darauf, dass eine so wunderbare Wendung der menschlichen Angelegenheiten eintreten wird, ja, dass ihr Eintreten als unmittelbar bevorstehend vorausgesagt werden kann? Eschatologische Friedensvorstellungen tauchen vor allem dann auf, wenn es im Hinblick auf die äußeren Umstände am wenigsten Anlaß gibt, auf friedliche Zeiten zu hoffen, und sie begründen ihre Erwartungen gerade aus der Dauer und Intensität des gegenwärtigen oder gerade zu Ende gegangenen Krieges.[32] Eschatologisch-apokalyptisches Denken gewinnt die Zuversicht, dass nicht der Untergang, sondern die Errettung folgen wird, gerade aus der katastrophalen Ausweitung der Krise in der Gegenwart; es ist getragen von der Vorstellung, dass die Ausweglosigkeit der gegenwärtigen Situation ein zuverlässiger Indikator der bevorstehenden Wende sei. Wo die Gefahr am größten, da wachse das Rettende auch, lautet die von Hölderlin geprägte Formel dieses Denkens.[33] Die politischen Verhältnisse, unter denen Jesaja wie Vergil ihre Friedensvorstellungen entwickelten, waren in diesem Sinne katastrophal und boten keinerlei Anlaß für Friedenshoffnungen:[34] Nach Jahrzehnten des Bürgerkriegs, der Proskriptionen und politischen Intrigen konnte in Rom, als Vergil die 4. Ekloge schrieb, keiner seines Lebens noch seines Besitzes sicher sein, und noch verheerender waren die Verhältnisse in Juda zur Zeit des Jesaja: Von Norden drangen syrische Heere in das Land ein, und von Süden rückten Edomiter und Philister vor; man mußte damit rechnen, dass das Königreich Juda mitsamt seinem König Ahas in Kürze von der politischen Landkarte verschwinden werde. Während Ahas in dieser Situation den assyrischen König Tiglatpileser III. um militärische Hilfe bat, der ihn aus der Umklammerung durch überlegene Feinde befreien sollte, hat Jesaja dieser Bündnispolitik mit heidnischen Herrschern eine dezidierte Absage erteilt und stattdessen verlangt, allein auf die Hilfe Gottes zu vertrauen. Nicht die militärische Unterstützung

31 *Jesaja* 11, 7-9.

32 Hierin liegt die Differenz zwischen Prognosen, die gegenwärtige Daten und Entwicklungen in die Zukunft extrapolieren, und Prophezeiungen, in denen die Zukunft ›das ganz Andere‹ gegenüber der Gegenwart darstellt.

33 Dazu Vondung, *Apokalypse*, passim.

34 Zu den Konstellationen des römischen Bürgerkriegs und ihrem Einfluss auf Vergil vgl. Christ, *Krise und Untergang der römischen Republik*, S. 444 f.; zur Bedrohung des Königreichs Juda durch Syrer, Edomiter und Philister und deren Einfluss auf die Prophetie Jesajas vgl. Noth, *Geschichte Israels*, S. 234 ff.; Ben-Sasson, *Geschichte des jüdischen Volkes*, S. 168 f.

der Assyrer – wahrscheinlich wäre der Vorstoß Tiglatpilesers gegen die Syrer und das mit ihnen verbündete Nordreich Israel auch ohne Ahas' Hilfsersuchen erfolgt[35] –, sondern die *Absage an jede Form militärischer Politik* und ein vorbehaltloses Vertrauen in das Wirken Gottes wurden von Jesaja vorgeschlagen und eingefordert.

Will man diese Vorstellungen ohne starken Rekurs auf ein in der Moderne nicht mehr vorhandenes Gottvertrauen politisch bedeutsam machen, so bestünde die modernisierte Variante von Jesajas Botschaft darin, dass nur ein radikaler Ausstieg aus der Logik militärischer Abschreckung die Chance auf ein Überleben der Menschheit eröffnet, während ein wie auch immer geartetes Festhalten an dieser Logik im Zeitalter der Nuklearwaffen zwangsläufig zum Untergang führt. Insbesondere Günther Anders hat diesen Gedanken – freilich ohne eine nachhaltige Perspektive der Errettung – in der Zeit des Kalten Krieges eindrucksvoll vorgetragen,[36] und vor allem die westdeutsche Friedensbewegung hat nach dem Nato-Nachrüstungsbeschluss in der Spätphase des Kalten Krieges daraus ein politisches Programm zu entwickeln versucht.[37] In der programmatischen Formel »Schwerter zu Pflugscharen« hat sie bewußt auf die Verheißungen des Jesaja zurückgegriffen.

Von der Vision einer Abschaffung des Krieges durch den Bruch mit der Logik militärischer Selbstbehauptung, wie sie sich bei Jesaja und Vergil findet, ist die ebenfalls religiös unterbaute Vorstellung einer End-

35 Das davidisch-salomonische Reich war zuvor in das Königreich Israel im Norden und das Königreich Juda im Süden zerfallen; in ihrem erbitterten Ringen um die Oberhoheit hatten beide Reiche die Unterstützung äußerer Mächte gesucht und den Krieg dadurch immer weiter eskaliert. Der erfolgreiche Vorstoß der Assyrer führte schließlich zu einer schweren Niederlage Israels, das zwei Drittel seines Territoriums verlor, vgl. Noth, *Geschichte Israels*, S. 236f; Ben-Sasson, *Geschichte des jüdischen Volkes*, S. 169 f.

36 Zu nennen ist Anders' Buch *Endzeit und Zeitenende*, das später unter dem Titel *Die atomare Drohung* erschienen ist; vor allem aber ist sein 1956 erstmals veröffentlichtes Hauptwerk mit dem politisch pointierten Titel *Die Antiquiertheit des Menschen* zu nennen; vgl. Lütkehaus, *Philosophieren nach Hiroshima*, sowie Matz, *Politik der Apokalypse*, S. 49-57; vielfältige Verbindungen zur klassischen Prophetenrolle hat Jürgen Ebach hergestellt, dabei den ›Heilspropheten‹ Ernst Bloch gegen den ›Unheilspropheten‹ Günther Anders scharf konturierend: Ebach, *Kassandra und Jona*, S. 17 ff.

37 Einer der zentralen Texte der Friedensbewegung war das kleine Buch von Alt, *Frieden ist möglich*, das den Ausstieg aus der militärischen Abschreckungslogik zum politischen Programm erhob; zur Kritik dieses Friedensbegriffs vgl. Sternberger, *Über die verschiedenen Begriffe des Friedens*, S. 9 ff.; dort auch Bezugnahmen auf Jesaja.

schlacht zu unterscheiden, in der die Mächte des Bösen endgültig besiegt werden. Dieser Endschlachtmythos, der in hohem Maße die Vorstellungswelt der Linkssozialisten am Ausgang des 19. und zu Beginn des 20. Jahrhunderts beeinflusst hat – »Heilig die letzte Schlacht«, lautet der Schlussvers von *Brüder, zur Sonne, zur Freiheit*, der inoffiziellen Hymne der deutschen Sozialdemokratie[38] –, ist durch jüdisch-christliche Vorstellungen inspiriert und von religiösen Heilserwartungen getragen. So ist beim Propheten *Ezechiel* davon die Rede, dass Gott die unter dem Namen Gog zusammengefaßten Kriegsscharen (»Pferde und Reiter, alle prächtig gekleidet, ein großes Heer, mit Langschild und Rundschild; alle haben ihr Schwert in der Hand«[39]) aufreizt, die friedlich und ungeschützt in den Bergen Israels lebenden Menschen (»Alle leben sie ohne Mauern, und sie haben keine Riegel und Tore«[40]) zu überfallen und auszuplündern: »Dann, wenn mein Volk Israel sich in Sicherheit wähnt, brichst du auf und ziehst aus deinem Land heran, aus dem äußersten Norden, du und viele Völker mit dir, alle zu Pferd, ein großes Heer, eine gewaltige Streitmacht. Du ziehst gegen mein Volk heran wie eine Wolke, die das ganze Land bedeckt.«[41]

Aber dann werde Gott sein Volk gegen die plündernden und raubenden Soldaten schützen, und die heranrückenden Heere in gewaltigen Naturkatastrophen vernichten: »An jenem Tag wird es in ganz Israel ein gewaltiges Erdbeben geben. [...] Ich richte ihn durch Pest und [Ströme von] Blut; ich lasse Wolkenbrüche und Hagel, Feuer und Schwefel über ihn und seine Truppen und über die vielen Völker, die bei ihm sind, herabregnen. [...] Dann schlage ich dir den Bogen aus der Linken und lasse deiner Rechten die Pfeile entfallen. Im Bergland von Israel wirst du umkommen, du und alle deine Truppen und die Völker, die bei dir sind. Raubvögeln aller Art und den wilden Tieren werfe ich dich zum Fraß vor.«[42]

Es ist charakteristisch für diese Vision, dass die angegriffenen Völker, deren Kriegsablehnung und Friedensliebe mehrfach ausdrücklich betont wird, an dieser Vernichtungsschlacht nicht beteiligt sind, sondern Gott allein die von ihm aufgereizten Aggressoren straft und vernichtet; so bleibt die moralische Reinheit und Friedensliebe der überlebenden Völker gewahrt. Dass die Vernichtung der Angreifer keine kriegsge-

38 Weitere Beispiele bei Hölscher, *Weltgericht oder Revolution*, S. 249 ff.; dagegen hat Friedrich Engels, zumal in den letzten Jahren seines Lebens, der Idee einer Abschaffung des Krieges durch den Krieg eher mißtraut; dazu Münkler, *Über den Krieg*, S. 149-172.

39 *Ezechiel* 38, 4.

40 *Ezechiel* 38, 11.

41 *Ezechiel* 38, 14-16.

42 *Ezechiel* 38, 19 und 22, 39, 3-4.

schichtliche Episode bleibt, sondern den definitiven Anbeginn einer dauerhaften Friedensepoche darstellt, macht der Bericht über die »Nachbearbeitung« des Schlachtfelds durch die Israeliten deutlich: »Die Einwohner der Städte Israels werden hinausgehen; mit den Waffen, mit Langschild und Rundschild, mit Bogen und Pfeilen, mit Keulen und Lanzen machen sie Feuer und heizen. Sieben Jahre lang machen sie Feuer damit. Sie sammeln kein Holz auf den Feldern, sie schlagen kein Holz im Wald, sondern verbrennen die Waffen. Sie plündern die Plünderer und berauben die Räuber.«[43]

Das Verbrennen der Waffen bringt die Endgültigkeit zum Ausdruck, mit der hier die Geschichte der Kriege beendet wird. Diese Vorstellung von der großen eschatologischen Schlacht, mit der die Kriegsgeschichte definitiv zu Ende geht, findet sich erneut und noch gesteigert in der *Offenbarung* des Johannes, wo sie gleichsam den Auftakt und die Voraussetzung für das Jüngste Gericht und die Schaffung eines neuen Himmels und einer neuen Erde bildet. Nach dem Ende des Tausendjährigen Friedensreichs, das im Anschluss an eine erste eschatologische Schlacht und die Fesselung Satans durch den Engel errichtet worden war, wird der aus seinem Gefängnis freigekommene Satan noch einmal den Kampf um die Weltherrschaft eröffnen, um ihn dann endgültig zu verlieren: »Er wird ausziehen, um die Völker an den vier Ecken der Erde, den Gog und den Magog, zu verführen und sie zusammenzuholen für den Kampf; sie sind so zahlreich wie die Sandkörner am Meer. Sie schwärmten aus über die weite Erde und umzingelten das Lager der Heiligen und Gottes geliebte Stadt. Aber Feuer fiel vom Himmel und verzehrte sie. Und der Teufel, ihr Verführer, wurde in den See von brennendem Schwefel geworfen.«[44]

Wie auch immer die Verheißungen der Propheten und die Visionen der Johannes-Offenbarung in der politischen Vorstellungswelt fortgewirkt haben mögen – sie waren Deutungsangebote, mit denen Kriege und Kriegsfolgen für eine grundlegende geschichtliche Wende in Anspruch genommen und im Hinblick auf eine Abschaffung des Krieges interpretiert werden konnten. Zumindest stellten sie, gleichgültig, ob die sich darauf Berufenden dies vor einem religiösen Hintergrund taten oder diesen womöglich dezidiert ablehnten, ein Interpretationsmuster für die Abfolge kriegerischer Konflikte bereit, das der Vorstellung von der Abschaffbarkeit des Krieges und dem Eintritt in ein Zeitalter beständigen Friedens beachtliche Plausibilität verschaffte. Lenins Erwartung, dass nach der Überführung des Kriegs der Imperialismen in den Kampf der Klassen die Gründung der »Föderativen Weltrepublik der Sowjets« in unmittelbare Reichweite gekommen sei, womit – unter anderem – auch

43 *Ezechiel* 39, 9 und 10.
44 *Offenbarung* 20, 8-10.

der Krieg abgeschafft sein würde, hat sich aus dieser Quelle ebenso gespeist wie Woodrow Wilsons Vorstellung, mit der Durchsetzung einer »Herrschaft des Rechts« in den internationalen Beziehungen, die »gegründet [ist] auf die Zustimmung der Regierten und getragen von der organisierten Meinung der Menschheit«, werde sich ein dauerhafter Friedenszustand in Europa herstellen und sichern lassen.[45]

Drei Entwicklungsstränge zur Abschaffung des Krieges: Wirtschaft, Technik, Technologie

Es waren freilich nicht nur Derivate religiöser Heilserwartungen, die den Friedensvorstellungen Lenins und Wilsons zugrundelagen, sondern auch beobachtbare Entwicklungen, die eine Abschaffung des Krieges als nicht nur wünschbar, sondern auch möglich, wenn nicht gar wahrscheinlich erscheinen ließen: die abnehmende Bedeutung von Grund und Boden, das Ausgreifen ökonomischer Rationalität auf nahezu alle anderen Lebensbereiche und schließlich die gesteigerte Politikpartizipation der Herrschaftsunterworfenen.

Spätestens mit dem Ende des Zweiten Weltkriegs, so die Diagnose Michael Howards, seien die Staaten des industrialisierten Nordens in ein postheroisches Zeitalter eingetreten, in dem die Lust auf Selbstbestätigung im Kampf endgültig zu einem Atavismus geworden sei – vielleicht mit Ausnahme der USA, wo sich ein von Hollywood immer wieder wirkungsvoll in Szene gesetzter Pop-Heroismus weiterhin gehalten habe.[46] Insgesamt aber habe sich in der industriellen Welt eine Mentalität durchgesetzt, für die der Krieg weder hinsichtlich der Positionierung in sozialen Hierarchien noch bezüglich des Selbstwertgefühls der Menschen eine wichtige Rolle spiele, und wenn doch, dann eher eine negative. Insofern ist, wenn auch mit einer Zeitverzögerung von mehr als einhundert Jahren, schließlich doch noch eingetreten, was

45 Lenin wie Wilson werden zitiert nach Krüger, »Der Erste Weltkrieg als Epochenschwelle«, S. 70 und 74.

46 Howard, *Die Erfindung des Friedens*, S. 98 ff.; Howards Diagnose wird freilich konterkariert durch jene Stränge der Kriegshistoriographie, die weniger politische und ökonomische Entwicklungen, sondern vielmehr soziale Rituale und gesellschaftsspezifische Dispositionen in den Mittelpunkt der Analyse stellen. Unverkennbar hat diese ›anti-clausewitzianische‹ Betrachtung des Krieges in den letzten Jahren erheblich an Einfluss gewonnen; als ihre wichtigsten Vertreter sind Keegan (*Die Kultur des Krieges*) und van Creveld (*Die Zukunft des Krieges*) zu nennen; kritisch zu dieser Thematisierung des Krieges als ›Kultur‹ Herberg-Rothe, *Das Rätsel Clausewitz*, S. 199 ff.

die frühen Soziologen für das industrielle Zeitalter vorausgesagt haben: dass der Krieg unter den Bedingungen der industriellen Produktion bei schwindender Relevanz der Agrarökonomie mehr und mehr zu einem Atavismus werde. So ist etwa Auguste Comte in seiner *Soziologie* davon ausgegangen, dass der religiöse und der kriegerische Geist zusammengehörten und sich wechselseitig beförderten, während der Geist von Wissenschaft und Industrie mit einer kriegerischen Lebensweise unvereinbar sei. Dabei hat er gerade die militärischen Erfolge der Französischen Revolution als den Anfang vom Ende der jahrtausendelangen Herrschaft kriegerischer Eliten begriffen: »Die Art und Weise, wie die große republikanische Verteidigung sich vollzog, verwirrte die alte militärische Kaste, die sich so ihrer charakteristischen Eigenschaft beraubt sah. Die so wenig vorbereiteten Bürger übertrafen damals nach einer kurzen Lehrzeit die erfahrensten Meister und zerstörten für immer den Glanz, der der Besonderung eines solchen Gewerbes innewohnte. Diese entscheidende Probe [...] zeigte, daß für eine bloße Verteidigung, die sich doch allein mit dem friedlichen Geist der modernen Gesellschaft verträgt, das Bestehen einer militärischen Kaste, und selbst jede stete Beschäftigung mit kriegerischen Dingen, unnütz geworden ist.«[47] Bei allen Rückschlägen, die auch Comte konstatierte, war er jedoch zutiefst davon überzeugt, dass der wissenschaftliche Geist, wenn er erst einmal tiefer in die modernen Heere eingedrungen sei, diese für den Krieg ungeeignet machen und nur noch als Instrumente zur Aufrechterhaltung der öffentlichen Ruhe und Ordnung fortbestehen lassen werde.

Noch schärfer hat Herbert Spencer die Auffassung vorgetragen, dass die kriegerischen Gesellschaften zugrundeliegenden Organisationsprinzipien mit denen industrieller Gesellschaften unvereinbar sind: Seien erstere durch einen umfassenden Zwang gekennzeichnet, so sei für letztere Vertragsfreiheit als Voraussetzung freien Warentauschs unabdingbar. Aber Spencer hat nicht nur kriegerische und industrielle Gesellschaften als entgegengesetzte Typen sozialer Ordnung einander gegenübergestellt, sondern deren Kontrastierung auch mit der These verbunden, die überlegene Produktivität der Industriearbeit werde die Erträge kriegerischer Eroberungen mit der Zeit unattraktiv machen und auf diese Weise zum Verschwinden des Krieges führen.[48] Gewalt und Erwerbsleben werden voneinander separiert bzw. unter den Bedingungen einer kapitalistischen Produktionsweise erweist sich der Gebrauch von Gewalt als zunehmend dysfunktional. In seiner Kritik der marxistischen Imperialismustheorie hat Joseph Schumpeter die kapitalistische Zivilisation darum als antiheroisch und pazifistisch gekennzeichnet. Dabei

47 Zit. nach Wachtler (Hrsg.), *Militär, Krieg, Gesellschaft*, S. 36.

48 Spencer, *Die Prinzipien der Soziologie*; auszugsweise in: Wachtler (Hrsg.), *Militär, Krieg, Gesellschaft*, S. 38-51.

hat er konzediert, dass es durchaus Beispiele »kapitalistischer Kampfeslust« sowie »kapitalistische Eroberungskriege« gebe, diese erwüchsen aber nicht aus dem normalen Funktionieren der kapitalistischen Vergesellschaftung, sondern aus dem Prestigebedürfnis unbürgerlicher Berufe und Mentalitäten. Wo die Gesetzmäßigkeiten des Kapitalismus hingegen in reiner Form zur Geltung kämen, sprächen sie »fortwährend gegen die Anwendung militärischer Gewalt und für friedliche Regelungen [...], selbst wo die Waage des pekuniären Vorteils sich deutlich auf die Seite des Krieges neigt, was unter den heutigen Umständen im allgemeinen nicht sehr wahrscheinlich ist. Tatsächlich können wir beobachten, dass, je vollkommener kapitalistisch die Struktur und Haltung einer Nation, sie auch um so pazifistischer ist (und um so mehr geneigt die Kosten eines Krieges zu berechnen!).«[49]

Die Prognose dieser Autoren war, dass die Entfaltung und Durchsetzung der kapitalistischen Vergesellschaftung im Weltmaßstab zu einem allmählichen ›Veralten‹ des Krieges führen werde, und im Verlaufe dieser Entwicklung werde, wenn sie nicht durch kollektive Regressionen oder das Erstarken nichtkapitalistischer Mächte blockiert oder unterbrochen werde, der Krieg schließlich gänzlich verschwinden. Tatsächlich ist auf der Basis einer umfassenden Auswertung aller Kriege nach 1945 die Hamburger »Arbeitsgemeinschaft Kriegsursachenforschung« zu dem Ergebnis gelangt, Kriege seien dort am wenigsten wahrscheinlich, wo die Formen kapitalistischer Vergesellschaftung am weitesten fortgeschritten seien. Dass die Gesamtzahl der Kriege nach 1945 trotz einer stetigen Ausdehnung des Kapitalismus nicht zurückgegangen ist, hat danach Ursachen, die im Widerstand vorkapitalistischer Gesellschaftsformen gegen ihre kapitalistische Durchdringung wie in den inneren Konflikten, die bei der Modernisierung traditionaler Gesellschaften entstehen, zu suchen sind.[50] Der Geist des Handels und der Industrie jedenfalls, der mit einer heroisch-bellizistischen Mentalität auf Dauer nicht zusammenbestehen könne, werde den Krieg schließlich zum Verschwinden bringen.

Nun hat bereits Immanuel Kant im Jahre 1795 in seiner Schrift *Zum Ewigen Frieden* von der Ausbreitung einer rationalen Wirtschaftsgesinnung einen nachhaltigen Beitrag zum Verschwinden des Krieges

49 Schumpeter, *Kapitalismus, Sozialismus und Demokratie*, S. 210.

50 Dazu Gantzel, »Kriegsursachen – Tendenzen und Perspektiven«, S. 257-266; ders., »Über die Kriege nach dem Zweiten Weltkrieg«, S. 299-318; zur theoretischen Untermauerung dieser Beobachtungen und Prognosen vgl. Siegelberg, *Kapitalismus und Krieg*; Schlichte, *Vergesellschaftung und Krieg in Afrika*; Schreiber, »Die Kriege in der zweiten Hälfte des 20. Jahrhunderts und danach«, S. 11-46; sowie Jung, Schlichte, Siegelberg, *Kriege in der Weltgesellschaft*, insb. S. 15-76.

erwartet: »Es ist der Handelsgeist, der mit dem Kriege nicht zusammen bestehen kann, und der früher oder später sich jedes Volks bemächtigt.« Mehr als alle »Triebfedern der Moralität«, so fügt Kant hinzu, veranlasse die Geldmacht die Staaten dazu, »den edlen Frieden zu befördern, und, wo auch immer in der Welt Krieg auszubrechen droht, ihn durch Vermittlungen abzuwehren«.[51] Neben der Durchsetzung einer kapitalistischen Wirtschaftsgesinnung, das heißt dem beständigen Abgleich von Kosten und Nutzen, hat Kant sich vor allem von der republikanischen Umgestaltung der Verfassungsordnung einen nachhaltigen Beitrag zum allmählichen Verschwinden des Krieges versprochen: »Wenn (wie es in dieser [republikanischen] Verfassung nicht anders sein kann) die Beistimmung der Staatsbürger dazu erfordert wird, um zu beschließen, ›ob Krieg sein solle, oder nicht‹, so ist nichts natürlicher, als daß, da sie alle Drangsale des Krieges über sich selbst beschließen müßten (als da sind: selbst zu fechten; die Kosten des Krieges aus ihrer eigenen Habe herzugeben; die Verwüstung, die er hinter sich läßt, kümmerlich zu verbessern; zum Übermaße des Übels endlich noch eine, den Frieden selbst verbitternde, nie (wegen naher immer neuer Kriege) zu tilgende Schuldenlast selbst zu übernehmen), sie sich sehr bedenken werden, ein so schlimmes Spiel anzufangen.«[52]

51 Kant, »Zum Ewigen Frieden«, S. 226; die Herausstellung der Geldmacht als zum Frieden nötigende Größe ist interpretatorisch zurückzubeziehen auf den dritten Präliminarartikel, in dem Kant neben der Heeres- und der Bundes- auch die Geldmacht unter die den Krieg ermöglichenden Mächte gerechnet und als »wohl das zuverlässigste Kriegswerkzeug« bezeichnet hat (S. 198). Die starke sozio-ökonomische Fundierung der Kantschen Überlegungen wird in der jüngeren, überwiegend moralphilosophisch ausgerichteten Interpretation seiner Friedensschrift zu wenig beachtet. Das gilt auch für Jürgen Habermas' rechtstheoretisch ausgelegte Weiterführung von Kants Überlegungen, die sich weitgehend auf eine Verrechtlichung der internationalen Politik unter Absehung von sozio-ökonomischen Dynamiken verlassen zu können meint; Habermas, »Kants Idee des Ewigen Friedens«, S. 293-319; auch in Volker Gerhardts stärker politiktheoretisch ausgerichtetem Buch über Kants Friedensschrift wird die für Kant so zentrale *Wirkungsumkehrung der Geldmacht* weitgehend vernachlässigt (*Immanuel Kants Entwurf »Zum ewigen Frieden«*, S. 58 f., 124 f.).

52 Kant, »Zum Ewigen Frieden«, S. 205 f.; die von Kant seiner Argumentation zugrunde gelegte Annahme, dass der Krieg dem Einzelnen prinzipiell mehr Nachteile als Vorteile bringt, ist nicht unbedingt zwingend. Wahrscheinlich gewinnt diese Annahme erst unter der Voraussetzung einer breiten Durchsetzung industrieller Produktionsformen und einer kapitalistischen Wirtschaftsmentalität größere Evidenz. Ansonsten ist der Beschluss der athenischen Volksversammlung vom Sommer 415 v. Chr., ein großes Expeditionsheer nach Sizilien zu entsenden, um Syrakrus zu

Beide dem Krieg entgegenwirkende und den Frieden befördernde Entwicklungen – die Durchsetzung republikanischer Staatsformen wie der sich ausbreitende Handelsgeist – sind somit auf Eigeninteresse und Eigennutz begründet; es sind also schwerlich als moralisch zu bezeichnende Eigenschaften, die von Kant – gleichsam im Vorgriff auf Hegels »List der Vernunft« – als Vehikel beim Verschwinden des Krieges und bei der Beförderung des Friedens begriffen werden. »Auf diese Art garantiert die Natur, durch den Mechanism in den menschlichen Neigungen selbst, den ewigen Frieden; freilich mit einer Sicherheit, die nicht hinreichend ist, die Zukunft desselben (theoretisch) zu *weissagen*, aber doch in praktischer Absicht zulangt, und es zur Pflicht macht, zu diesem (nicht bloß schimärischen) Zwecke hinzuarbeiten.«[53]

Die empirische Kriegsursachenforschung zumindest geht inzwischen davon aus, dass sich das von Kant unter Verweis auf gewisse empirische Plausibilitäten praktisch Geforderte zu einer relativ gut gesicherten Tatsache verfestigt hat: dass demokratisch regierte Staaten keine Kriege gegeneinander führen, was freilich nicht ausschließt, dass sie sehr wohl Kriege gegen nicht demokratisch regierte Staaten zu führen bereit sind. Unter dem Begriff des *demokratischen Friedens* gilt diese Beobachtung

erobern und die Insel dem eigenen Einfluss zu unterwerfen, ein gravierendes Gegenbeispiel gegen die Annahme, dass Bürger keinen (Angriffs-) Krieg beschließen, weil sie dessen Folgen selbst zu tragen haben. Über die Motive zu diesem Kriegsbeschluss schreibt Thukydides: »Und eine Sucht nach diesem Unternehmen überkam alle in gleicher Weise: die Älteren, (das Land) zu unterwerfen, gegen das sie ausfuhren – zumindest würde eine so große Streitmacht keinesfalls zugrunde gehen –, die in ihren besten Jahren Stehenden aus Sehnsucht, die Ferne zu sehen und kennenzulernen, voll Vertrauen, heil davonzukommen, und die große Masse der Soldaten in der Hoffnung, fürs Erste Geld zu verdienen und dann eine Macht zu gewinnen, durch die ihnen dauernde Soldzahlung gewährleistet werde. Wegen der übermächtigen Leidenschaft der Menge verhielt sich auch mancher, dem die Sache mißfiel, ruhig aus Furcht, er könnte, wenn er dagegenstimme, in den Ruf eines Staatsfeindes kommen.« Thukydides, *Der Peloponnesische Krieg*, S. 480. Etwas anders ist der bei Clausewitz zu findende Einwand gegen Kants Hoffnung, mit breiterer politischer Partizipation der Bevölkerung werde die Bereitschaft zur Führung eines Krieges schwächer werden: vielleicht hätte Clausewitz dieser Kantschen Erwartung im Prinzip nicht einmal widersprochen, aber er hätte darauf hingewiesen, dass ein gesteigerter politischer Einfluss der Bevölkerung, wenn denn der Krieg erst einmal ausgebrochen ist, mit großer Sicherheit zu einer erheblichen Intensivierung des Kampfes führen werde; vgl. etwa *Vom Kriege*, S. 200 f. Im Hintergrund dieser Überlegung stehen die Kriege der Französischen Revolution und der napoleonischen Epoche.

53 Kant, »Zum Ewigen Frieden«, S. 226 f.

inzwischen als eine der wenigen feststehenden Tatsachen der Kriegsursachenforschung, auch wenn es bei einem genaueren Blick auf die empirischen Überprüfungen wie der theoretischen Begründungen des demokratischen Friedens nach wie vor eine Reihe offener Fragen gibt.[54] Es könnte sein, dass stärker als die politische Verfassung der Staaten deren sozio-ökonomische Struktur für die Frage der Friedensfähigkeit und Friedensbereitschaft entscheidend ist. Haben die Vergesellschaftungstheoretiker, wie Gantzel, Siegelberg, Schlichte u. a., die sozio-ökonomischen Faktoren in den Mittelpunkt ihrer Überlegungen gestellt, so hat die Theorie des demokratischen Friedens im wesentlichen auf die institutionellen Arrangements der Verfassung gesetzt. Es könnte aber sein, dass beides untrennbar miteinander verbunden ist. Die Demokratisierung der Staaten, die der UNO angehören, würde danach in Verbindung mit der Durchsetzung einer marktwirtschaftlichen Ordnung zu einem allmählichen Verschwinden des Krieges führen, weswegen im Anschluss an Kants Überlegungen zur Friedenssicherung durch die republikanische Verfassung sowie die soziologischen Beobachtungen zur pazifizierenden Wirkung einer kapitalistischen Wirtschaftsgesinnung von einigen Friedensforschern die Perspektive einer Abschaffung des Krieges im Kontext von Demokratisierung und kapitalistischer Vergesellschaftung entwickelt worden ist.[55]

Neben den sozialevolutiven und den politisch-republikanischen Begründungen für die Erwartbarkeit einer dauerhaften Abschaffung des Krieges gibt es schließlich noch den *wissenschaftlich-technologischen* Strang, der das Verschwinden des Krieges aus der Entwicklung und

54 Vgl. Brown/Lynn-Jones/Miller (Hrsg.), *Debating the Democratic Peace*; Risse-Kappen, »Wie weiter mit dem ›demokratischen Frieden‹?«, S. 367-379.

55 Eher vorsichtig findet sich diese These bei Klaus Jürgen Gantzel, wenn er schreibt, »sowohl theoretische Überlegungen als auch empirische Indizien [sprächen] für die These [...], daß es sich bei den vielen Kriegen in der Dritten und nun auch in der vormals Zweiten Welt um einen Konflikt im nachholenden Prozeß kapitalistischer Vergesellschaftung und bürgerlicher Staatskonsolidierung handelt, der eines Tages in eine Zivilisierung wie in den kapitalistischen Metropolen münden müßte«; Gantzel, »Kriegsursachen«, S. 265. Mit der Vorstellung von der Durchsetzung des »zivilisatorischen Hexagons« ist Dieter Senghaas (*Den Frieden denken,* S. 196-223) in eine ähnliche Richtung gegangen, wobei er das mit Demokratisierung und Kapitalismus Bezeichnete breiter aufgefächert hat; die sechs Seiten seines Hexagons sind: Gewaltmonopol des Staates, Rechtsstaatlichkeit, Affektkontrolle, demokratische Partizipation, soziale Gerechtigkeit sowie eine stabile Konfliktkultur. Je voraussetzungsvoller jedoch die Abschaffung des Krieges in normativer Hinsicht gedacht wird, desto unwahrscheinlicher ist dessen politische Realisierung.

Verfügbarkeit von Waffensystemen heraus begründet, die durch ihre Vernichtungskraft den Krieg unführbar gemacht haben – sei es, weil infolge des Einsatzes dieser Waffen jedes nur denkbare Ziel, das mit kriegerischen Mitteln erreicht werden kann, unerreichbar oder unverfügbar wird, sei es, weil aus dem Einsatz solcher Waffen moralische Dilemmata erwüchsen, denen die Soldaten nicht gewachsen seien. So hatten viele der am *Manhatten-Projekt* beteiligten Wissenschaftler, die sich zum Ziel gesetzt hatten, die verfügbaren Kenntnisse über die Kernspaltung zur Entwicklung einer Atombombe zu nutzen, dies in der festen Überzeugung getan, diese Bombe werde die Tür zu einer neuen friedlichen Weltordnung öffnen. So soll die erste Frage, die Niels Bohr nach seinem Eintreffen in Los Alamos an J. Robert Oppenheimer gerichtet hat, gewesen sein, ob die Bombe auch groß und verheerend genug sei, um den Krieg für immer unmöglich zu machen.[56] Was Bohr damit von Oppenheimer wissen wollte, war, ob es den Wissenschaftlern gelungen sei, durch die militärische Nutzbarmachung ihres Wissens den Krieg unführbar zu machen. Das war eine Umkehrung der Mittel bei der Verfolgung von ähnlichen Zielen, wie sie auch Werner Heisenberg im Auge gehabt hat, als er sich im Spätsommer 1941 mit Bohr in Kopenhagen traf, um mit ihm eine Kooperationsverweigerung der Physiker gegenüber den an der Entwicklung der Atombombe interessierten Regierungen zu verabreden. Die Physiker, so Heisenbergs Vorstellung, sollten ihren Regierungen mitteilen, ein solches Vorhaben sei zu teuer und im Ergebnis zu unsicher, um realisiert werden zu können.[57] War es Heisenberg darum gegangen, durch die *Nicht-Entwicklung der Atombombe* den am Krieg beteiligten Regierungen die Mittel zu einer weiteren Eskalation der Gewaltanwendung zu verweigern, so hatte Bohr darauf gehofft, gerade durch die *Erfindung und Verfügbarmachung der Bombe* die mögliche Gewaltanwendung in einer Weise zu steigern, dass im Ergebnis der Krieg als Mittel der Politik verschwinden werde. In dieser Hoffnung sind ihm zahlreiche Physiker bis zu den Bombenabwürfen von Hiroshima und Nagasaki gefolgt; mit dem Abwurf von ›little boy‹ und ›fat man‹, den beiden unterschiedlich konstruierten Bomben auf die japanischen Städte zeigte sich jedoch, dass auch die militärische Nutzbarmachung der Kernspaltung nicht zu einer durch die drohende Apokalypse erzwungenen Abschaffung des Krieges, sondern bloß zur Integration der neuen Waffe in das Arsenal der Gewaltmittel geführt hatte.

56 Vgl. Englund, *Menschheit am Nullpunkt*, S. 270 f.
57 Vgl. ebd., S. 259 ff., sowie Fischer, *Werner Heisenberg*, S. 105-120.

II.
Asymmetrische Kriege

KAPITEL 5

Kriege im 21. Jahrhundert

Das Problem der Prognostizierbarkeit

Prognosen über die Kriege der Zukunft sind riskant, riskanter jedenfalls, als dies sonst bei sozialwissenschaftlichen Prognosen der Fall ist. Können jene sich in der Regel auf Datensätze stützen, die sie unter Zugrundelegung bestimmter Annahmen über Entwicklungen und deren Rückkopplungseffekte in die Zukunft extrapolieren, so spielen bei Prognosen über zukünftige Kriege immer auch die Problemperzeptionen, Risikoabwägungen und schließlich Entscheidungen politischer Akteure eine Rolle, und die sind nur in sehr begrenztem Maße vorhersehbar. Dies wird obendrein dadurch kompliziert, dass sich gerade im Verlauf des letzten Jahrzehnts die Rationalitätsstandards und Entscheidungsparameter der politischen Akteure dramatisch diversifiziert haben. In der bipolaren Konstellation des Ost-West-Konflikts konnte die Friedens- und Konfliktforschung davon ausgehen, dass die Risikoabwägungen und Entscheidungsrationalitäten beider Seiten gleichartig, wenn nicht über weite Strecken identisch waren. Entscheidend war dabei freilich, dass nicht nur die beobachtende Forschung, sondern auch die beteiligten Akteure von der Gleichartigkeit ihrer Entscheidungsparameter ausgehen konnten. Auf dieser Voraussetzung beruhte das System der gegenseitigen Abschreckung.

Mit dem Niedergang und schließlich dem Zusammenbruch der Sowjetunion und des Warschauer Pakts sind diese prognosefreundlichen Konstellationen weltpolitischer Bipolarität zerfallen: Die Entscheidungsrationalität der einzigen verbliebenen Weltmacht USA ist ausweislich der neuen nationalen Sicherheitsdoktrin der Bush-Administration[1] auf fundamental andere Bedrohungsszenarien umgestellt worden, in deren Gefolge die Strategie der Abschreckung an Bedeutung verloren hat und zunehmend durch Strategien der Prävention und Präemption komplementiert worden ist. Innenpolitische sowie sozialpsychologische Faktoren haben dadurch an Bedeutung gewonnen, und auch das Glaubwürdigkeitsproblem, die eigentliche Achillesferse von Groß- und Weltmächten, stellt sich für die USA nach dem Wegfall der Sowjetunion komplexer dar als in der Zeit des Ost-West-Konflikts. Parallel dazu dürften sich auch die Perzeptions- und Entscheidungsmuster der Groß-

1 Die Nationale Sicherheitsstrategie der USA vom 20. September 2002 ist in deutscher Übersetzung auszugsweise veröffentlicht in *Blätter für deutsche und internationale Politik*, Dezember 2002, S. 1505-1511.

mächte mit regionalen Hegemonieansprüchen, wie Russland, China und Indien, verändert haben.

Am folgenreichsten für das Kriegsgeschehen des ausgehenden 20. und beginnenden 21. Jahrhunderts und dementsprechend auch für die Prognostizierbarkeit zukünftiger Kriege war das Auftauchen neuer Akteure, die unter früheren Bedingungen als nur bedingt oder überhaupt nicht kriegführungsfähig anzusehen waren. Dabei handelt es sich sowohl um Clanchefs, Milizenführer und Bürgerkriegsgeneräle, für die sich inzwischen der Sammelbegriff *Warlord* durchgesetzt hat, als auch um terroristische Organisationen, die nicht mehr bloß, wie in der Vergangenheit, am revolutionären Umsturz oder der Separation einer Region orientiert sind, sondern eine fundamentale Veränderung der internationalen Strukturen anstreben. Man wird davon ausgehen müssen, dass sich die Rationalitätsstandards der Warlords und Terrororganisationen grundlegend von denen der Regierungen von Staaten unterscheiden.

Die neue Inkompatibilität der Perzeptionsmuster und Rationalitätsstandards bei den zur Kriegführung befähigten Akteuren ist vor allem ein Problem der internationalen Stabilität, die im Gefolge dieser Entwicklungen fragiler geworden ist, aber sie ist zugleich auch eine erhebliche Beeinträchtigung politikwissenschaftlicher Prognosefähigkeit (und damit auch deren Beratungskompetenz), insofern die Beobachtung von Entwicklungen der Vergangenheit nicht mehr ohne weiteres in die Zukunft verlängert werden kann.[2] Dennoch ist die beobachtende Konflikt- und Kriegsforschung im Hinblick auf das zukünftige Kriegsgeschehen nicht gänzlich ohne Anhaltspunkte: Die Kriege des letzten Jahrzehnts und deren Vergleich bzw. Kontrastierung mit den Kriegen früherer Epochen[3] geben Aufschluss über das, was uns in der Zukunft erwartet. Im Unterschied zur Prognostik des Ost-West-Konflikts beruhen diese Zukunftsannahmen jedoch weniger auf Datenmengen und Berechnungen, sondern stärker auf analytischen Beschreibungen und Plausibilitätsannahmen.

2 Hierzu Zangl/Zürn, *Frieden und Krieg*, sowie Jung/Schlichte/Siegelberg, *Kriege in der Weltgesellschaft*.

3 Eine starke Kontrastierung von alten und neuen Kriegen findet sich bei Kaldor, *Neue und alte Kriege*; ähnlich Münkler, *Die neuen Kriege*. Als einer der ersten hat van Creveld das Theorem eines fundamentalen Gestaltwechsels des Krieges entwickelt, ohne jedoch aus der kritischen Gegenüberstellung alter und neuer Kriege differenzierte Prognosen gewinnen zu wollen; vgl. van Creveld, *Die Zukunft des Krieges*.

Asymmetrie der Stärke vs. Asymmetrie aus Schwäche

Auch wenn sie für die Zukunft nicht gänzlich auszuschließen sind, so sind doch zwischenstaatliche Kriege im klassischen Sinn, also Kriege, wie sie die europäische Geschichte vom 16./17. bis ins 20. Jahrhundert gekennzeichnet haben, in hohem Maße unwahrscheinlich geworden. Dafür gibt es eine Reihe von Gründen: Neben der dramatisch angewachsenen Verletzlichkeit moderner Gesellschaften, deren Infrastruktur unendlich komplexer und fragiler ist als die agrarischer und frühindustrieller Gesellschaften, ist dabei der Umstand bedeutsam, dass territoriale Eroberungen, etwa um Ackerland oder Zugang zu Bodenschätzen zu gewinnen, für die Staaten nur noch eine geringe Attraktivität besitzen. Es ist für sie allemal kostengünstiger, diese Ressourcen zu kaufen als sie mit Waffengewalt zu erobern – und dies ist so lange der Fall, wie das nach Ende des Zweiten Weltkriegs durchgesetzte System des freien Welthandels in Kraft ist und funktioniert. Der Garant dieses Systems sind die USA, und eine Reihe von Kriegen, die sie seitdem geführt haben, haben nicht zuletzt der Aufrechterhaltung und Stabilisierung des freien Welthandels gedient. Das gilt insbesondere für die Kriege, die die USA zuletzt in der Golfregion geführt haben.[4] Erst der Zusammenbruch des freien Welthandels und die Schließung von Märkten mit lebenswichtigen Ressourcen würden von Staaten geführte Kriege um die dauerhafte Okkupation ressourcenreicher Territorien wieder wahrscheinlich machen. Eine derartige Entwicklung ist freilich im Augenblick nicht abzusehen. Dass sie mit der Verknappung und Verteuerung des Erdöls als der weltwirtschaftlich wichtigsten strategischen Ressource eintreten könnte, ist nicht auszuschließen. Dennoch spielt sie in den Prognosen über zukünftige Kriege zumeist eine überdimensionierte Rolle.[5] Zwischenstaatliche Kriege im klassischen Sinn sind auch darum unwahrscheinlich geworden, weil sich mit der Konsolidierung der modernen Gesellschaften eine postheroische Mentalität der Bevölkerung entwickelt hat, die der Führung von verlust- und entsagungsreichen Kriegen entgegensteht. Bei den Gesellschaften des Westens, die über Arbeit, Tausch und Wohlstand und nicht über Opfer und Ehre integriert sind, handelt es sich um solche postheroische Gesellschaften, die, wenn sie sich überhaupt zur Führung

4 Dazu ausführlich Münkler, *Der neue Golfkrieg*, S. 29 ff., sowie ders., *Imperien*, S. 224 ff.

5 Exemplarisch für viele Zumach, *Die kommenden Kriege*, S. 115 ff.; dagegen spielen bei Ramonet, *Kriege des 21. Jahrhunderts*, S. 177 ff., sehr viel stärker ökologische Katastrophen eine Rolle. Dießenbacher, *Kriege der Zukunft*, S. 185 ff., sieht die Hautursache künftiger Kriege in der Übervölkerung bestimmter Regionen.

von Kriegen genötigt sehen, dies nur in der Form einer postheroischen Kriegführung können.[6] Dies gilt auch für die USA.

Kurzum: Kriege sind für moderne, staatlich verfasste Gesellschaften zu teuer geworden, um als Mittel der Machtausdehnung oder Ressourcenaneignung weiterhin attraktiv zu sein. Selbst wenn sie erfolgreich verlaufen, kosten sie doch weit mehr, als sie einbringen, und das hat nicht zuletzt damit zu tun, dass die Herstellung von Kriegführungsfähigkeit infolge der waffentechnologischen Entwicklung unendlich teuer und im Prinzip unbezahlbar geworden ist – jedenfalls dann, wenn es um die Herstellung von Kriegführungsfähigkeit gegen einen tendenziell gleichartigen Gegner geht. Das ändert sich freilich, wenn der Krieg gegen ungleichartige Gegner geführt werden soll und infolge der Ungleichartigkeit sichergestellt ist, dass der Krieg relativ kurz sein wird und vor allem ohne größere eigene Verluste geführt werden kann. Postheroische Demokratien sind, wenn sie nicht existenziell bedroht sind, nur zu einer solchen Form asymmetrischer Kriegführung fähig, und um diese Fähigkeit herzustellen, sind sie gezwungen, ihre militärtechnologische Überlegenheit durch entsprechende Rüstungsinvestitionen aufrechtzuerhalten. Die sich auch nach dem Ende des Ost-West-Konflikts, insbesondere in den USA, weiterdrehende Rüstungsspirale wird also von anderen Imperativen angetrieben, als sie unter den Bedingungen der Bipolarität wirksam waren: Ging es vordem um die Sicherung des militärischen Gleichgewichts, so geht es nunmehr um die Aufrechterhaltung des militärtechnologischen Vorsprungs. Waren unter den Bedingungen der Gleichgewichtssicherung Rüstungsbegrenzungsabkommen nicht nur grundsätzlich *möglich*, sondern schließlich sogar *wahrscheinlich*, um die Kosten der Rüstung in Grenzen zu halten, so ist dies unter den Bedingungen einer militärtechnologischen Überlegenheitssicherung ausgeschlossen. Die technologische Überlegenheit kann angesichts der unklaren Bedrohungslage bzw. deren Perzeption durch Regierung und Bevölkerung nicht groß genug sein. Das ist zumindest die amerikanische Sichtweise, von der sich die der Europäer freilich unterscheidet.

Bei dem inzwischen verbreiteten Begriff des asymmetrischen Krieges ist es wichtig, zwischen Asymmetrien der Stärke und Asymmetrien aus Schwäche zu unterscheiden.[7] Asymmetrien der Stärke erwachsen in der Regel aus waffentechnischer und/oder militärorganisatorischer

6 Zum Begriff der postheroischen Kriegführung vgl. Luttwak, *Strategie*, S. 8 f. sowie 101 ff.; vgl. auch unten, S. 310 ff.

7 In der Regel wird bei der Verwendung des Asymmetriebegriffs nur auf die Asymmetrierungsformen der waffentechnologisch und militärorganisatorisch unterlegenen Seite abgehoben; vgl. etwa Mack, »Why big nations lose small wars«, S. 175-200; zu einem umfassenderen Begriffsverständnis Münkler, *Die neuen Kriege*, S. 48 ff.

Überlegenheit. Sie gewinnen vor allem dort Bedeutung, wo es der überlegenen Seite gelingt, sich neue Räume und Sphären für die Zwecke der Kriegführung zu erschließen, in die ihr die Gegenseite infolge technologischer Rückständigkeit nicht zu folgen vermag. War lange Zeit die See der Raum zur Asymmetrierung des Krieges gegenüber reinen Landmächten, so sind zu Beginn des 20. Jahrhunderts der Luftraum und inzwischen auch der Weltraum hinzugekommen. Wer diese Räume beherrscht, ohne dass ihn der Gegner dort anzugreifen vermag, erlangt dadurch tendenzielle *Unverwundbarkeit*. Sie ist Ziel und Zweck einer militärischen Asymmetrie der Stärke.

War die europäische Kriegsgeschichte der letzten Jahrhunderte durch eine vorherrschende Tendenz zur Resymmetrierung militärischer Ungleichgewichte gekennzeichnet und war diese Resymmetrierungstendenz ein Grundantrieb der Rüstungsspiralen, so ist inzwischen infolge der übergroßen wirtschaftlichen, technologischen und militärischen Überlegenheit der USA die Chance einer Resymmetrierung für deren Kontrahenten und Gegner nicht mehr vorhanden. Die letzte Macht, die diesen Weg beschritten hat, war die Sowjetunion, und die ist nicht zuletzt deswegen wirtschaftlich kollabiert. China wird sich auf ein solches Unterfangen nicht einlassen, und die Europäer, die wohl als einzige von ihren ökonomischen Potenzen her dazu in der Lage wären, sehen dazu keine Erfordernis und haben demgemäß auch keinen entsprechenden Willen. So sind jene Mächte und Kräfte, die ihren Willen gegen die USA notfalls auch mit den Mitteln der Gewalt zur Geltung bringen wollen, zur Entwicklung asymmetrischer Gegenstrategien genötigt, die darauf beruhen, dass sie aus der Schwäche eine Stärke machen. Die klassische Form der strategischen Asymmetrie aus Schwäche ist der Partisanenkrieg, der darauf beruht, dass sich die Kämpfer nicht zu erkennen geben und zum offenen Gefecht antreten, sondern aus dem Untergrund operieren, mit überlegenen Kräften überfallartig angreifen und wieder verschwinden. Dieses Verschwinden wird neben geographischen Gegebenheiten, wie Gebirge und Dschungel, vor allem durch die Bevölkerung ermöglicht, indem sie den Partisanen Verpflegung und Verstecke gewährt. Die Asymmetrie aus Schwäche beruht also auf der Idee einer tendenziellen *Unerkennbarkeit* der Kämpfer, und diese Unerkennbarkeit soll ihnen ermöglichen, den Krieg im Raum und in der Zeit auszudehnen, um so einen überlegenen Gegner zu zermürben. Die Asymmetrie der Unerkennbarkeit steht gegen die Asymmetrie der Unerreichbarkeit. Beide zielen auf die Herstellung tendenzieller Unverwundbarkeit.

Der Partisanenkrieg ist freilich eine wesentlich defensive Form asymmetrischer Kriegführung, da er auf eine nachhaltige Unterstützung durch die Zivilbevölkerung angewiesen ist, demgemäß nur im eigenen Land geführt und nicht in das Territorium des Gegners getragen werden kann. Im Unterschied dazu ist der Terrorismus eine potenziell offensive

Form asymmetrischer Kriegführung, da er nicht auf die Unterstützung durch die Bevölkerung angewiesen ist, sondern sie durch die Nutzung der Infrastruktur der angegriffenen Länder als Waffe wie Logistik ersetzt. Je komplexer die Infrastruktur der angegriffenen Länder ist, desto leichter sind diese anzugreifen und um so wirkungsvoller können terroristische Gruppen agieren. So hat sich inzwischen gegen die waffentechnisch begründete Asymmetrie der Stärke eine auf der Erzeugung von Schrecken (lat. *terror*) beruhende Asymmetrie aus Schwäche entwickelt, und es ist sehr wahrscheinlich, dass zahlreiche kriegerische Konflikte des 21. Jahrhunderts durch den Aufeinanderprall beider Asymmetrien geprägt sein werden.

Das Ende des staatlichen Kriegsmonopols

Erst im Verlaufe des 17. Jahrhunderts ist es den Staaten in Europa gelungen, sich als die nicht nur legitimen, sondern auch *faktischen* Monopolisten des Krieges durchzusetzen. Zwar hatten sie den Anspruch der Ritterschaft auf ein eigenes Recht zur Kriegführung schon früher zu brechen vermocht, aber danach hatten sie sich über zwei Jahrhunderte unter Vertrag genommener oder selbst eilends angeworbener Söldnerverbände bedient, die den Krieg zu einem Geschäft und die Kriegführung zu ihrem Lebensunterhalt gemacht hatten.[8] Erst mit der Aufstellung stehender Heere, des *miles perpetuus*, erlangten die Staaten die uneingeschränkte Verfügung über das Kriegsgeschehen und vermochten so die Entscheidung über Krieg und Frieden ihrer Staatsräson zu unterwerfen. Diese Verstaatlichung des Krieges hatte zur Folge, dass Glücksritter und private Kriegsunternehmer, die von ihnen aufgestellte und ausgestattete Einheiten an die je kriegführenden Parteien vermieteten, aus dem Kriegsgeschehen verschwanden und es danach in Europa keine handlungsfähigen Akteure mehr gab, die *unmittelbar* vom Krieg lebten und profitierten.[9] So entstand ein neuer Typus des Soldaten: Er unterlag einem rigiden Disziplinarregime, wurde über Jahre für neue Gefechtstaktiken exerziert und erhielt seinen Sold unabhängig davon, ob Krieg oder Frieden herrschte. Dieser Soldatentyp hatte kein materielles Interesse am Krieg, denn auch die bei Feldzügen gemachte Beute

8 Dazu ausführlich oben, S. 45 ff.

9 Natürlich gab es weiterhin Personen und Personengruppen, die vom Krieg profitierten, aber sie taten dies vermittels staatlicher Entscheidungen und Regeln, etwa als Lieferanten von Waffen, Ausrüstung und Verpflegung. Diese Entwicklung war freilich im wesentlichen auf Europa begrenzt: Außerhalb des Kontinents führten Handelskompanien und Abenteurer weiterhin Krieg auf eigene Faust und eigene Rechnung.

gehörte nicht ihm, sondern dem Staat. Der Krieg selbst wurde auf diese Weise entkommerzialisiert.

Die Entwicklungen der letzten beiden Jahrzehnte können geradezu als eine Umkehrung dieser von Europa ausgegangenen Entwicklung angesehen werden: Überall dort, wo der Prozess der Staatsbildung gescheitert oder nie richtig in Gang gekommen ist, sind Warlords aufgetaucht, die den Krieg für sich selbst zu einem Geschäft und für ihre bewaffnete Gefolgschaft zu einer Form des Lebensunterhalts gemacht haben. In der Kriegsursachenforschung, die sich bei der Analyse dieser zumeist als Bürgerkriege oder innergesellschaftliche Kriege rubrizierten Gewalt zunächst auf ideologische Antriebe der Akteure, wie ethnische Gegensätze, religiöse Unterschiede, aber auch gegensätzliche politische Entwicklungsperspektiven konzentriert hat, ist inzwischen eine verstärkte Aufmerksamkeit für die Fragen und Probleme der Kriegsökonomie zu konstatieren,[10] und gerade die Analyse von Friedensmissionen und sogenanntem *nation building* zeigt, dass eine dauerhafte Stabilisierung von Nachkriegsordnungen nur dort gelingt, wo über einen Ausgleich der politischen, ethnischen und kulturellen Gegensätze hinaus auch die entstandenen Kriegsökonomien nachhaltig in Friedensökonomien überführt werden.[11]

Dabei ist das größte Problem, dass sich Kriegsökonomien als mafiose Strukturen in der Nachkriegsordnung einnisten, auf diese Weise Loyalitäten und Abhängigkeitsverhältnisse, die eine Ressource für die Kriegführungsfähigkeit der Warlords sind, erhalten bleiben und die von Schmuggel, Raub und Erpressung lebenden Banden jederzeit wieder als Kriegsparteien mobilisiert werden können.[12] Vor allem aber bleibt unter diesen Umständen die Gewalt ein zentraler Bestandteil der Ökonomie, so dass die Ausgestaltung einer stabilen Friedensökonomie unmöglich ist.[13] Der Krieg ist dann nicht wirklich erloschen, sondern glimmt untergründig fort und kann jederzeit aufs neue entflammt werden.

10 Vgl. Lock, »Ökonomien des Krieges«, S. 269-286. Weiterhin Jean und Rufin (Hrsg.), *Ökonomie der Bürgerkriege*, Jung (Red.), *Ungeheuer ist nur das Normale*; Ruf (Hrsg.), *Politische Ökonomie der Gewalt*, sowie Kurtenbach/Lock (Hrsg.), *Kriege als (Über-)Lebenswelten.*

11 Dazu Debiel, *UN-Friedensoperationen in Afrika*, sowie Ferdowsi/Matthies (Hg.), *Den Frieden gewinnen.*

12 Dazu Mappes-Niedeck, »Schwache Staaten und ökonomische Entwicklung«, S. 208 ff.

13 Die Gewalt ist hier ein Instrument im Kampf um den Zugang zu Ressourcen und die Verteilung von Gütern, das in Friedensökonomien nicht zugelassen bzw. an die Ränder der Gesellschaft abgedrängt ist; hier dagegen bleibt sie eine »ökonomische Potenz« (Marx). Das aber ist für die Struktur der Gesellschaft nicht folgenlos, insofern die Gruppen, die über

Der hier skizzierte Typus des Krieges, der nach seinen motivationalen Antriebselementen häufig als ethnischer oder religiöser bzw. konfessioneller Krieg bezeichnet oder in einem politischen Ordnungsschema als Bürgerkrieg oder innergesellschaftlicher Krieg rubriziert wird, kann mit Blick auf seine ökonomischen Strukturen auch als *Ressourcenkrieg* bezeichnet werden. Fast immer geht es in diesen Kriegen nämlich darum, dass die konfligierenden Parteien versuchen, die wichtigsten Ressourcen einer Region mit Gewalt unter ihre Kontrolle zu bringen. Dabei kann es sich um Bodenschätze handeln, wie Erdöl, Erze, Edelmetalle und Diamanten, oder um illegale bzw. als illegal zertifizierte Güter, wie Rauschgift oder Frauen, oder auch nur um die Kontrolle von Flüchtlingscamps, die regelmäßig von den internationalen Hilfsorganisationen versorgt werden. Die Verfügung über diese Ressourcen sichert die Durchhaltefähigkeit der Kriegsparteien und stellt das Rückgrat ihrer Kriegsökonomien dar. Da die so entstandenen Warlordfigurationen vom Krieg leben, sind die ihnen angehörenden Akteure an dessen Fortsetzung interessiert.[14] Das ist der wohl wichtigste Grund dafür, dass sich diese Kriege, wie in Afghanistan, Somalia, Angola usw., oft über Jahrzehnte hinziehen. Die Form, in der diese Kriege geführt werden, zielt nicht auf die Schlacht als die Entscheidung des Krieges, sondern besteht aus Scharmützeln und Massakern, die sich zumeist gegen die Zivilbevölkerung richten. Daraus erklärt sich auch, warum in diesen Kriegen deutlich mehr Zivilisten als Bewaffnete Opfer der Gewaltanwendung werden.[15]

Ressourcen- und Pazifizierungskriege

Die Ressourcenkriege an der Peripherie der Wohlstandszonen sind mit den Zentren der ökonomischen Prosperität über die Kanäle der Schattenglobalisierung verknüpft. Nicht selten in Verbindung mit der international organisierten Kriminalität docken die Kriegsökonomen an die Friedensökonomien der OECD-Welt an und beziehen von hier einen Großteil der Mittel, die sie für die Fortführung des Krieges brauchen. Wichtiger als der Ankauf von Waffen, die zumeist aus den überreichen

geringe Gewaltkompetenz verfügen, nun ihrerseits an den Rand gedrängt werden; dazu eingehend Schlichte, »Profiteure und Verlierer von Bürgerkriegen«, S. 124 ff.

14 Vgl. Schneckener, »Warum manche den Frieden nicht wollen«, S. 61 ff.

15 Zur Analyse dieses Kriegstypus' vgl. Schreiber, »Die Kriege in der zweiten Hälfte des 20. Jahrhunderts und danach«, S. 11-46, insbes. S. 36 ff., sowie Eppler, *Vom Gewaltmonopol zum Gewaltmarkt?*, insbes. S. 86 ff., und Münkler, *Die neuen Kriege*, S. 131 f.

Beständen der ehemaligen Warschauer-Pakt-Staaten bezogen werden, ist für die Warlords dabei die Verfügung über Geld, Lebensmittel und medizinische Hilfsgüter. An Geld kommen sie durch den Verkauf von Bohr- und Schürfrechten für Bodenschätze in den von ihnen kontrollierten Gebieten an internationale Unternehmen oder durch den Handel mit illegalen Gütern, wobei der Rauschgift- und Frauenhandel eine Hauptrolle spielen. Lebensmittel und medizinische Hilfsgüter erhalten sie häufig kostenlos, nämlich dann, wenn von Hilfsorganisationen und Medien über die in den Kriegsgebieten herrschenden Seuchen und Hungerkatastrophen berichtet wird und im Gefolge dieser Berichte eine Hilfswelle nationaler und internationaler Organisationen anläuft.[16] Deren Nutznießer sind nicht selten die Warlords, da sich ihre eigene bewaffnete Gefolgschaft damit als erstes versorgt, sie sich um das Überleben der Bevölkerung in den von ihnen kontrollierten Gebieten infolgedessen nicht kümmern müssen, wodurch Mittel für die Kriegführung (oder ihre eigene Bereicherung) frei werden, und schließlich, indem sie den Transport der Nahrungshilfe »vor Ort« mit ihren Fahrzeugen übernehmen und daraus beträchtliche Einnahmen beziehen. So bilden die Ökonomien und die Hilfsbereitschaft (das schlechte Gewissen) des reichen Nordens nicht selten das logistische Rückgrat dieser Ressourcenkriege an der Peripherie der Wohlstandszonen.

Unter diesen Umständen hat sich auch in den westlichen Ländern und ihren postheroischen Gesellschaften die Vorstellung durchgesetzt, dass diese Ressourcenkriege womöglich nur durch humanitäre militärische Interventionen beendet werden können.[17] Durch die Entsendung von Truppen in die Kriegsgebiete soll die Gewaltoption der konfligierenden Parteien unterdrückt, der Schutz der Zivilbevölkerung gewährleistet und der Aufbau einer stabilen Friedensordnung ermöglicht werden. Eine der Voraussetzungen für das Gelingen dieses Vorhabens ist freilich die Korruptionsresistenz der entsandten Truppen, die sicherstellt, dass diese nicht binnen kürzester Zeit selbst zu einem Bestandteil der Kriegsökonomie werden, etwa durch den Verkauf von Waffen und Munition oder die Nutzung ihrer Transportlinien für den Schmuggel illegaler Güter. Damit freilich geraten die Interventionsstreitkräfte in ein Dilemma: Je effektiver sie die Transformation einer Kriegs- in eine Friedensökonomie vorantreiben, desto mehr verlieren sie die Akzeptanz der Warlords und geraten in die Gefahr, Ziel von Angriffen und Anschlägen zu werden, die sie zum Verlassen des Landes bringen sollen. Das Stillhalten der regionalen Warlords ist fast immer davon abhängig, dass sie von der Anwesenheit der Interventionskräfte profitieren oder zumindest bei

16 Dazu Jean, »Humanitäre Hilfe und Kriegsökonomie«, S. 440 ff.

17 Dazu Gustenau (Hrsg.), *Humanitäre militärische Intervention*, sowie Preuß, *Krieg, Verbrechen, Blasphemie*, S. 82 ff.

der Verfolgung ihrer Interessen nicht wesentlich beeinträchtigt werden. Ist dies nicht der Fall, eröffnen sie eine offene oder verdeckte Gewaltkampagne gegen die Interventionsstreitkräfte. Diese stehen dann vor der Alternative des Rückzugs oder der Führung eines kostspieligen und verlustreichen Pazifizierungskrieges. Sowohl bei dem Entschluss zur Intervention als auch bei dem zum Rückzug der Interventionskräfte spielen im übrigen die Medien eine unverhältnismäßig große Rolle – sei es dadurch, dass sie eindrucksstarke Bilder von Hunger, Elend und Gewalt zeigen, sei es dadurch, dass sie die grausame und entwürdigende Behandlung gekidnappter oder getöteter Soldaten der Interventionskräfte auf den Bildschirm bringen. In beiden Fällen erzeugen sie gesellschaftlichen Druck auf die Politik, die dann nicht nach längerfristig angelegten Plänen, sondern unter dem Diktat aktueller Bilder agiert.[18]

Pazifizierungskriege dürften den zweiten Haupttypus der Kriege des 21. Jahrhunderts darstellen. Allgemein formuliert handelt es sich dabei um Formen militärischer Gewaltanwendung, mit denen die Grundsätze der in den Wohlstandszonen herrschenden sozio-politischen Ordnung an deren Peripherie durchgesetzt werden sollen. Solche Pazifizierungskriege beschränken sich freilich nicht auf die gewaltsame Beendigung eines Ressourcenkrieges und die Errichtung stabiler Friedensökonomien,[19] sondern können auch die Verhinderung einer Proliferation von Massenvernichtungswaffen zum Ziel haben, etwa indem Regimes beseitigt werden sollen, die sich erkennbar um die Verfügung über atomare, biologische und chemische Waffen bemühen. Solche Kriege sind nicht nur durch eine militärische, sondern auch durch eine legitimatorische Asymmetrie gekennzeichnet, insofern die Staaten, die die Proliferation mit militärischen Mitteln zu verhindern suchen, fast immer selbst über genau die Massenvernichtungswaffen verfügen, deren weitere Verbreitung sie verhindern wollen. Von Kritikern wird ihnen das immer wieder als Doppelzüngigkeit oder Ausdruck moralischer Doppelstandards vorgehalten. Und tatsächlich erhebt sich in diesem Typus von Pazifizierungskriegen die eine Seite über die andere und nimmt für sich Rechte und Technologien in Anspruch, die sie anderen nicht zugesteht. Die legitimatorischen Reziprozitätsstrukturen der klassischen Staatenkriege dürften damit endgültig der Vergangenheit angehören.

18 Dazu ausführlich unten, S. 196 ff.

19 In gewisser Hinsicht lässt auch der jüngste Irakkrieg als ein solcher Pazifizierungskrieg – und nicht, wie von manchen Kritikern der USA behauptet, als ein Ressourcenkrieg, in dem es um die Kontrolle über das Öl ging – begreifen. Tatsächlich hatte nämlich Saddam Hussein mit dem Angriff auf den Iran und mit der Okkupation Kuwaits zwei Ressourcenkriege geführt, und die 1990 gegen den Irak verhängten UN-Sanktionen hatten vor allem die Aufgabe, ihn an der Führung weiterer Kriege dieser Art zu hindern; vgl. dazu Münkler, *Der neue Golfkrieg*, S. 69 ff.

Man kann diesen nicht auf die Beendigung von Bürgerkriegen, sondern Regimewechsel oder gewaltsame Abrüstung abzielenden Typus von Pazifizierungskriegen auch als eine Form von Neoimperialismus oder Neokolonialismus ansehen, und die Literatur, in der dies der Fall ist, ist unter dem Eindruck der US-amerikanischen Politik der letzten Jahre in einem stetigen Anschwellen begriffen. Tatsächlich geht es in diesen Pazifizierungskriegen jedoch nicht, wie von den Kritikern insinuiert, um die Aneignung von Reichtümern und Ressourcen, sondern um die Sicherung und Durchsetzung jener Rationalitätsstandards, von denen die Interventionsmächte glauben, dass sie bei über Massenvernichtungsmittel verfügenden Regierungen vorhanden sein müssen. Regierungen, für die nicht prinzipiell feststeht, dass Kriege unattraktiv sind, weil sie mehr kosten als sie einbringen, müssen danach unter allen Umständen und mit allen Mitteln an der Verfügung über Massenvernichtungswaffen gehindert werden, weil sonst die Führung von Kriegen für sie zusätzliche Attraktivität gewinnen könnte.

Führbar sind diese Pazifizierungskriege für westliche Länder am ehesten dann, wenn sie sich darauf beschränken, dass durch den Einsatz der Luftwaffe oder seegestützter Marschflugkörper der gegnerische politische Wille gebrochen werden kann. Der Krieg wird geführt, ohne dass man nennenswerte eigene Verluste in Kauf nehmen muss. Bei allen Problemen der politischen und militärischen Koordination war die Kosovo-Intervention der Nato im Frühjahr 1999 die Idealform eines solchen Pazifizierungskrieges: Im Rahmen von Kampfhandlungen wurde kein einziger Soldat der Nato-Streitkräfte getötet. Die Gegenseite reagierte schließlich auf die durch Luftangriffe zugefügten Schäden und zog ihre Bodentruppen aus dem Kosovo zurück. Der anschließende Afghanistankrieg zum Sturz des Taliban-Regimes und erst recht der jüngste Irakkrieg waren erheblich problematischer – auch was den unmittelbaren Verlauf der Kampfhandlungen anbetrifft, vor allem aber im Hinblick auf den anschließenden Prozess des *nation building*, ohne dessen Erfolg der Krieg zwar militärisch gewonnen, aber politisch verloren wird.[20] Es hat den Anschein, als hätten die Gegner solcher Pazifizierungsaktionen schnell gelernt, wo sie ihren Widerstand ansetzen müssen: nicht auf dem Schlachtfeld in der Phase der Hauptkampfhandlungen, denn hier sind sie gegen die technologisch wie organisatorisch überlegene Interventionsmacht ohne jede Chance, sondern vielmehr in der anschließenden Phase, wenn der vermeintliche Sieger mit der Herstellung einer stabilen Nachkriegsordnung beschäftigt ist. Nunmehr ist er im Land, nicht mehr in Gefechtsposition, sondern mit der Wahrnehmung einer Fülle unterschiedlicher Aufgaben befasst und dementsprechend leicht angreif- und

20 Dazu Hippler (Hrsg.), *Nation-Building*; Hille (Hrsg.), *State Building*; Fukuyama, *Staaten bauen*.

verwundbar. In dieser Phase kommt die Asymmetrie aus Schwäche zum Tragen und die vordem siegreiche Macht gerät in einen verlustreichen Abnutzungskrieg, den sie, will sie nicht ihr politisches Scheitern ratifizieren, nicht vermeiden kann. Nach den im Irak gemachten Erfahrungen werden die USA in Zukunft noch mehr bestrebt sein, selbst die Aufgabe der Zerschlagung missliebiger Regimes zu übernehmen, den anschließenden Prozess des *nation building* aber ihren Verbündeten zu überlassen. Dies ist eine für die Europäer ausgesprochen unattraktive Form der Arbeitsteilung.

Terrorismus als Verwüstungskrieg

War über lange Zeit der Partisanenkrieg die einzige erfolgversprechende Form, einem waffentechnisch wie militärorganisatorisch weit überlegenen Gegner Widerstand zu leisten,[21] so ist spätestens mit den Terroranschlägen vom 11. September 2001 der Terrorismus als eine weitere Form asymmetrischer Kriegführung erkennbar geworden.[22] Dabei ist der wichtigste Unterschied, dass die Partisanenstrategie prinzipiell defensiver Art ist, während Terrorismus auch offensiv gehandhabt werden kann. Das hat seinen Grund darin, dass im Terrorismus die Unterstützung durch die Zivilbevölkerung durch die Nutzung der Infrastruktur des angegriffenen Gegners ersetzt wird. Von den Verkehrssystemen, insbesondere dem Flugverkehr und den Massenverkehrssystemen in urbanen Ballungszentren, bis zum Mediensystem beuten die terroristischen Angreifer die zivile Infrastruktur des Angegriffenen für die Zwecke ihrer Gewaltanwendung aus. Dabei greifen sie in der Regel gerade nicht die Streitkräfte oder den Polizeiapparat des Gegners an, sondern administrative, wirtschaftliche und infrastrukturelle Einrichtungen, weil sich hier die größeren psychischen Effekte einstellen. Gerade auf solchen psychischen Effekten beruht Terrorismus. Fast immer sind die Gruppen zu schwach, um sich von den physischen Folgen ihrer Attacken nachhaltige Auswirkungen versprechen zu können, und so nutzen sie die Anschläge, um Furcht und Schrecken zu verbreiten. Die Anschläge vom 11. September waren bislang die einzigen terroristischen Aktionen, bei denen der unmittelbare physische Schaden als nachhaltig angesehen werden kann, doch auch in diesem Fall kamen die psychischen Wirkungen hinzu, und sie entfalteten sich vor allem an der Börse sowie in einem erheblichen Rückgang der Fluggastzahlen mit weitreichenden Folgen. Wahrscheinlich war auch im Falle der Anschläge vom 11. September

21 Dazu Heilbrunn, *Die Partisanen*; Hahlweg, *Guerilla*, sowie von der Heydte, *Der moderne Kleinkrieg*.
22 Dazu ausführlich unten, S. 221 ff.

der über psychische Effekte entstandene indirekte Schaden höher als die unmittelbaren Zerstörungen.

Hauptangriffsziel der jüngeren Formen des internationalen Terrorismus ist demnach die labile psychische Infrastruktur hochentwickelter Gesellschaften. Neben den Angriffszielen vom 11. September und den Massenverkehrssystemen der Großstädte kommen dabei vor allem touristische Einrichtungen in islamischen Ländern als Ziele terroristischer Anschläge in Betracht, da sie weltweit kaum hinreichend zu schützen und durch ihre Zerstörung nachhaltige psychische Effekte zu erzielen sind. Insofern zielen diese Angriffe eigentlich nicht auf bestimmte touristische Objekte, wie die Synagoge in Djerba, die Diskotheken auf Bali oder die Hotels in Mombasa, sondern auf das Sicherheitsgefühl der Touristen. Sie sollen von Urlauben in bestimmten Regionen abgehalten werden, und dies soll zum Zusammenbruch der dortigen Tourismusbranche führen. Die daraus resultierende Krise der jeweiligen Länder soll dann als Voraussetzung für den politischen Umsturz und die Errichtung eines fundamentalistischen Regimes genutzt werden. Die jüngeren Formen des internationalen Terrorismus sind darum als moderne Variante des Verwüstungskrieges zu begreifen.

Verwüstungskriege, der dritte Typus von Kriegen, die das Gewaltgeschehen des 21. Jahrhunderts vermutlich bestimmen werden, richten sich gegen die wirtschaftlichen Grundlagen des angegriffenen Landes, wobei die Angreifer bestrebt sind, eine direkte militärische Konfrontation mit den professionellen Streitkräften des Angegriffenen zu vermeiden. Klassische Verwüstungskriege waren die sengenden und raubenden Streifzüge nomadischer Völkerschaften an der Peripherie sozio-ökonomisch fortgeschrittener Großräume. In der Regel konnten diese Reitervölker wegen ihrer Schnelligkeit von den Streitkräften der angegriffenen Länder nicht zur Schlacht gestellt werden. An die Stelle der Schnelligkeit, in der ökonomisch und technologisch überlegene Mächte seit längerem nicht mehr übertrumpft werden können, ist in der terroristischen Variante des Verwüstungskrieges die Klandestinität getreten. Die Akteure verschwinden in der Tiefe des sozialen Raumes. Es ist ihre Unerkennbarkeit, die terroristische Akteure davor schützt, gestellt und mit militärischen Mitteln vernichtet zu werden.

Damit wird neben Asymmetrierung und Kommerzialisierung des Krieges ein weiteres Merkmal der für das 21. Jahrhundert zu prognostizierenden Kriege sichtbar: deren wachsende Entmilitarisierung, wie sie durch die Strategie des Terrorismus vorangetrieben wird.[23] Tatsächlich sind bei der Bekämpfung von Terroristen Geheimdienste ein erheblich effektiveres Instrument als das klassische Militär. Und wenn auch das Militär bei der Terrorismusbekämpfung weiterhin eine größere Rolle

23 Dazu Heins/Warburg, *Kampf der Zivilisten*, S. 121 ff.

spielt, dann vorzugsweise durch den Einsatz von Spezialkräften, die Wesensmerkmale der Polizei und der Geheimdienste mit denen des klassischen Militärs verbinden.[24] Freilich ist absehbar, dass der Terrorismus auf lange Zeit weder mit militärischen noch mit politischen Mitteln zu besiegen sein wird. In dem von der US-Administration ausgerufenen Krieg gegen den Terror wird es auch in Zukunft darum gehen, mit militärischen Aktionen die Terrorgruppen in ihren operativen Fähigkeiten so einzuschränken, dass sie nur Ziele an der Peripherie der Wohlstandszonen, nicht aber in deren Zentren angreifen können. Polizeiliche Überwachungsmaßnahmen in den bedrohten Ländern selbst werden dabei durch militärische Operationen gegen die vermuteten Rückzugszonen und Ausbildungslager der Terrorgruppen flankiert, durch die diese Gruppierungen zwar im militärischen Sinne nicht besiegt, aber so unter Stress gehalten werden können, dass sie mehr mit ihrer Selbsterhaltung als mit Angriffen auf die Wohlstandszonen beschäftigt sind.

Es sind mithin drei Typen des Krieges, die das Kriegsgeschehen des 21. Jahrhunderts zumindest in dessen erster Hälfte, bestimmen werden: Ressourcenkriege, Pazifizierungskriege und Verwüstungskriege. Ihnen ist gemeinsam, dass es sich dabei um wesentlich asymmetrische Kriege handelt, in denen die Reziprozität der Akteure und die darauf errichteten Formen der Hegung der Gewalt keine Rolle mehr spielen werden. Den asymmetrischen Strategien sind schon jetzt asymmetrische Legitimationen zur Seite getreten. Die Wiederkehr der Idee des gerechten Krieges ist dafür das eine Beispiel, die des heiligen Krieges das andere.[25] Aus beiden erwächst eine Dynamik, von der zu befürchten ist, dass sie Kriege eher ausweiten als begrenzen wird.

24 Vgl. Priest, *The Mission*, S. 121 ff.

25 Dazu unten, S. 264 ff.

KAPITEL 6

Symmetrie und Asymmetrie in Militärgeschichte und Kriegstheorie

Symmetrie als europäischer Sonderweg der Kriegsgeschichte

Seit den 1970er Jahren, als Andrew Mack den Begriff der Asymmetrie aufgriff, um die spezifischen Konstellationen der Entkolonisierungskriege zu analysieren, den gerade zu Ende gegangenen Vietnamkrieg eingeschlossen,[1] ist eine ziemlich umfängliche Literatur entstanden, in der die Kriege und bewaffneten Konflikte der letzten Jahrzehnte als wesentlich asymmetrisch beschrieben werden.[2] Darin ist jedoch durchweg übersehen oder doch nicht beachtet worden, dass asymmetrische Kriege und asymmetrische Kriegführung keineswegs etwas prinzipiell neues sind, das sich erst im Schatten des nuklearen Gleichgewichts der Supermächte und infolge einer besonderen strategischen Kreativität der militärisch Schwachen entwickelt hätte. Tatsächlich ist das Gegenteil der Fall: Asymmetrische Konfliktkonstellationen sind mit großer Wahrscheinlichkeit älter als symmetrische Kriege, und vor allem stellen sie, weltgeschichtlich betrachtet, die Regel dar, während symmetrische Kriege eher eine Ausnahme oder doch einen Sonderfall der Kriegsgeschichte bilden.

Nimmt man freilich die Werke der Militärgeschichte und Kriegstheorie zur Hand, so gewinnt man einen gänzlich anderen Eindruck: Dargestellt werden zumeist symmetrische Kriege, und analysiert werden fast ausschließlich symmetrische Konstellationen.[3] Es ist diese Fixierung von Militärgeschichte und Kriegstheorie auf symmetrische Konflikte, die den Eindruck hat entstehen lassen, die in jüngster Zeit entwickelten Überlegungen zu asymmetrischer Kriegführung beträfen ein völlig neues Phänomen oder handelten gar von einer strategischen Revolution, die sich in den letzten Jahrzehnten zugetragen habe. Wie hat es zu die-

1 Mack, »Why Big Nations Lose Small Wars«, S. 175-200.

2 Zu nennen sind Paul, *Asymmetric Conflicts*; Fischerkeller, »David versus Goliath«, S. 1-43; Arrequín-Toft, »How the Weak Win Wars«, S. 93-128.

3 Auch in der wichtigsten Arbeit zu strategischem Agieren im 20. Jahrhundert, in Luttwaks Buch *Strategie,* wird auf Asymmetrie nur peripher eingegangen, und auch das ausgerechnet am Beispiel der Nuklearkonfrontation von Ost und West (S. 307 ff.). Ohne den Begriff der Asymmetrie zu verwenden, geht es bei Daase, *Kleine Kriege – große Wirkung*, wesentlich um die damit verbundenen Probleme.

sem Missverständnis kommen können? Vier Ursachen scheinen dazu beigetragen zu haben:

- Die Kriegshistoriographie ist zum überwiegenden Teil Schlachtengeschichte, zumindest läuft die Darstellung der Ereignisse auf die Schlacht als die Entscheidung des Krieges zu.[4] Die Schlacht aber ist eine wesentlich symmetrische Form militärischer Konfrontation. Ihr asymmetrisches Pendant ist das Massaker.[5]
- Der Focus der Militär- bzw. Kriegsgeschichte ist in hohem Maße auf die kontinentaleuropäischen Kriege gerichtet, die seit dem 17. Jahrhundert im wesentlichen als symmetrische Kriege geführt wurden. Eine stärkere Beschäftigung mit den außereuropäischen Kriegen, insbesondere jenen, in denen die Europäer als Eroberer neuer Welten aufgetreten sind, hätte dagegen sehr viel mehr an Asymmetrien sichtbar werden lassen.[6]
- Die kontinentaleuropäische Kriegsgeschichte ist seit der Frühen Neuzeit eine Geschichte zwischenstaatlicher Kriege, und zwischenstaatliche Kriege sind eher symmetrisch als asymmetrisch. Der Staat als politische Organisationsform fungiert gleichsam als Symmetriegenerator, und das ist vor allem dann der Fall, wenn er in ein Pluriversum von Staaten eingebettet ist. Davon unterscheidet sich die politische Organisationsform des Imperiums, das einen gleichen (gleichartigen wie gleichberechtigten) Kontrahenten nicht kennt und schon gar nicht als solchen anerkennt.[7] Imperiale Kriege sind darum zumeist asymmetrische Kriege.
- Seit dem Hohen Mittelalter hat sich in Europa ein spezifisches Kriegerethos ausgebildet, das am fairen Kampf zwischen gleichartigen Akteuren orientiert ist. Der ritterliche Zweikampf und seine Ritualisierung im Turnier wurden zu der Norm, nach der gekämpft werden sollte. Ritterlichkeit im Kampf aber ist nichts anderes als ethisierte Symmetrie.[8] Die Ethisierung einer bestimmten Kampfweise kann auch als Innovationsverbot bzw. Blockade taktischer wie strategischer Kreativität angesehen werden. Die aus einer asymmetrischen

4 Dazu oben, S. 75 ff.

5 Sofsky hat in seinem *Traktat über die Gewalt*, S. 173-190, das Massaker als einen Akt orgiastischer Tötungslust beschrieben. Die zeitliche Nähe zu den jugoslawischen Zerfallskriegen hat ihn übersehen lassen, dass es auch Massaker gibt, die aus großer Distanz verübt werden; zu Beispielen aus dem Zweiten Golfkrieg von 1991 vgl. Münkler, *Der neue Golfkrieg* , S. 99 ff.

6 Zahlreiche Beispiele hierfür finden sich in Reinhard, *Geschichte der europäischen Expansion*.

7 Dazu Münkler, *Imperien*, S. 82 ff.

8 Eine Zusammenstellung einschlägiger Arbeiten hierzu findet sich in Borst (Hrsg.), *Das Rittertum im Mittelalter*, sowie insbes. in Eifler (Hrsg.), *Ritterliches Tugendsystem*.

Kampfweise erwachsenden Siegchancen konnten infolgedessen von den ›professionals‹ der Kriegführung nicht wahrgenommen werden und blieben auf Gruppen beschränkt, die im Kriegsgeschehen nur sporadisch eine Rolle spielten.[9] Die ethisch gesicherte Blockade innovativer Kreativität war andererseits aber eine wichtige Voraussetzung für die Akzeptanz der im regulierten Kampf gefallenen Entscheidung durch die unterlegene Seite. Es war diese ethisierte Regularität des Kampfes, die sicherstellte, dass sein Ausgang auch von denen akzeptiert wurde, die eine Niederlage erlitten hatten. Sie verzichteten unter dieser Voraussetzung darauf, den unter symmetrischen Bedingungen verlorenen Kampf mit asymmetrischen Mitteln weiterzuführen, um ihn doch noch zu ihren Gunsten zu wenden. Die kriegsvölkerrechtlichen Bestimmungen, wie sie zu Beginn des 20. Jahrhunderts in der Haager Landkriegsordnung und dann in den Genfer Konventionen niedergelegt worden sind, haben dieses Ethos ritterlicher Kriegführung in juridischer Form generalisiert und auf die Massenheere des 20. Jahrhunderts übertragen. Die europäische Kriegführung ist also auf doppelte Weise gegen die Attraktionen der Asymmetrie abgesichert worden: durch das Ethos der Krieger und Soldaten und durch die Regeln des Kriegsvölkerrechts.[10]

Diese Blockaden und Limitierungen, die der Gewaltanwendung im Kriege Grenzen setzten, haben sich im Verlaufe des 20. Jahrhunderts parallel zu ihrer juridischen Kodifizierung in der Praxis der Kriege jedoch gelockert: durch den großen Anteil, den Partisanenkriege an der Gesamtbilanz des Kriegsgeschehens in diesem Jahrhundert haben, durch die Brutalisierung der Kriegführung regulärer Armeen im Kampf mit Irregulären, aber auch durch die Verwandlung des Staatenkrieges in den sogenannten Weltanschauungskrieg, weiterhin durch den Aufbau der Luftwaffe und die Entwicklung des strategischen Bombenkriegs, der sich im wesentlichen nicht gegen die bewaffnete Macht des Gegners, sondern gegen dessen Produktionsausstattung und Infrastruktur, zentral vor allem gegen die Zivilbevölkerung richtet, schließlich durch

9 Ein Beispiel hierfür sind die Kriege zwischen den Schweizer Bauernaufgeboten und der habsburgischen Ritterschaft, wobei seitens der Ritter den Bauern vorgeworfen wurde, nicht nach den Regeln und Konventionen der Ritter zu kämpfen; vgl. Delbrück, *Geschichte der Kriegskunst*, Bd. 3, S. 629 ff.

10 So schreibt Rühle von Lilienstern 1813, alle Kriegshandlungen sollten »im Gefühl der großen Angelegenheit, die verfochten wird um der persönlichen Familien- und Volksehre willen, in echtem ritterlichen Sinne vollzogen werden, der lieber unterliegen als durch entehrende Mittel einen unwürdigen Sieg erfechten mag, der ihn vor Gott, vor der Nachwelt, vor dem unbefleckten Ruhme der Vorfahren und vor seinem eigenen Gewissen brandmarken mußte« (*Apologie des Krieges*, S. 71 f.).

die zunehmende Vergrößerung des Abstands, der die militärischen Fähigkeiten ökonomisch entwickelter und technologisch fortgeschrittener Staaten von denen der Dritten und Vierten Welt trennt.[11] An der militärischen Revolution, die im 16. und 17. Jahrhundert durch die Entwicklung der Artillerie und die Verwandlung der Fußtruppen in exerzierte Infanterie das europäische Kriegswesen grundlegend veränderte,[12] haben tendenziell alle europäischen Staaten teilgenommen, so dass diese Veränderung der Kriegsführung im Ergebnis zu einer Konsolidierung der Staatlichkeit führte und gleichzeitig die Symmetrierung der machtpolitischen Konstellationen in Europa betrieb. Dagegen ist die *Revolution in Military Affairs*, die seit etwa zwei Jahrzehnten die Waffentechnologie von Mechanik auf Elektronik umstellt,[13] ein auf die Staaten der OECD-Welt, im wesentlichen freilich auf die USA, beschränkter Vorgang, der die Asymmetrie zwischen den militärischen Fähigkeiten potentieller Kontrahenten in einem bisher unvorstellbaren Maße gesteigert hat. Asymmetrische Konfliktlagen sind zur weltgeschichtlichen Signatur geworden, und die Kriege des 21. Jahrhunderts werden im wesentlichen asymmetrische Kriege sein.[14] Um es zu pointieren: Der europäische Sonderweg einer militärischen Symmetrie ist an sein Ende gelangt, und damit haben auch alle politischen und rechtlichen Instrumente, die für Kriegsverhinderung wie Gewaltbegrenzung unter den Bedingungen der Symmetrie entwickelt worden sind, dramatisch an Bedeutung verloren.

11 Dazu Müller/Überschär, Hitlers Krieg im Osten, S. 225 ff., sowie Overy, *Russlands Krieg*, S. 199 ff., und Müller, *Der Bombenkrieg*, passim.

12 Dazu Parker, *Die militärische Revolution*, sowie Rogers (Hg.), *The Military Revolution Debate*. Die Bedeutung der militärischen Revolution für den Gang der europäischen Geschichte ist erstmals systematisch dargestellt bei Nef, *Western Civilization since the Renaissance*.

13 Eine perspektivische Zusammenschau dieser Entwicklung findet sich bei Palm, »Eine technologische Vorschau auf zukünftige Kriege«, S. 279-291; die Folgen der Revolutionierung der Kriegführung sind am Beispiel des Dritten Golfkriegs beschrieben von Mey, »Moderne Kriegführung«, S. 71-81; auf die politischen Kosten einer hochmodernen Ausrüstung der Truppen, insbesondere im Prozess des *nation building*, hat Kagan, »Krieg und Nachkrieg«, S. 1321-1332, hingewiesen.

14 van Creveld, *Die Zukunft des Krieges*, S. 42 ff. und 281 ff., hat das charakteristische Merkmal zukünftiger Kriege in den sog. *low intensity conflicts* gesehen, zentriert um die Doppelthese, dass es immer seltener Staaten sind, die Kriege führen, und dass die Instrumentalität des Krieges verschwindet; Kaldor, *Neue und alte Kriege*, S. 110 ff., hat die veränderte Subsistenzstruktur der kriegführenden Parteien herausgestellt; ich selbst habe in meinem Buch *Die neuen Kriege*, S. 48 ff., den Zusammenhang zwischen neuen Kriegsökonomien, weltpolitischen Asymmetrien und Strategien der Asymmetrisierung betont.

Der Umgang mit den Asymmetrien der Macht wie den asymmetrischen Strategien der Gewalt ist der Schlüssel zur Herstellung einer neuen Weltordnung oder zum Absturz in eine Weltunordnung, die durch eine wachsende Diffusität der Gewalt gekennzeichnet sein wird.[15]

Bilder und Narrationen von Asymmetrie

Trotz der aufgeführten Gründe für die Konzentration der europäischen Militärgeschichte und Kriegstheorie auf symmetrische Konfliktlagen und symmetrische Kriegführung ist deren ausgeprägtes Desinteresse gegenüber Asymmetrien freilich auch insofern erstaunlich, als es im kulturellen Selbstbild des Westens eine Symbolisierung von Asymmetrie gibt, wie sie subtiler und eindrucksvoller kaum sein könnte: den Kampf zwischen David und Goliath, dem kriegsunerfahrenen Hirtenjungen und dem professionellen Kriegshelden, der Einsatz der Steinschleuder gegen Helm, Spieß und Schwert. Es ist nicht auszuschließen, dass die fraglose Identifikation mit der Person Davids, wie sie 1. Samuel 17 geschildert wird, einer genaueren Reflexion der asymmetrischen Konfrontation zwischen der philiströsen Kampfmaschine und dem halbwüchsigen Hirtenjungen im Wege gestanden hat.[16] Die ungleiche Sympathieverteilung ist bis heute geblieben: Wer die Position des David besetzt, kann sich der Sympathien der Weltöffentlichkeit sicher sein, auch wenn er dabei zu Mitteln und Methoden der Kriegführung greift, die mit den Idealen der Ritterlichkeit schwerlich zu vereinbaren sind. Wer dagegen erst einmal in die Goliathrolle hineingedrängt worden ist, kann im Kampf so viel Zurückhaltung üben, wie er will – er wird stets derjenige sein, dessen Aktionen die Reaktionen der Gegenseite überhaupt erst provoziert haben und der deswegen nicht nur für den Konflikt, sondern auch für seine Eskalation die Verantwortung trägt.

Solange Israel in der militärischen Konfrontation mit der gesamten arabischen Welt stand, war ihm in der Wahrnehmung der Europäer die Davidposition sicher; sobald aber die meisten arabischen Staaten aus dem Konflikt ausgeschieden waren und nur noch die Palästinenser als Gegner des israelischen Militärs auftraten, kam es zum Rollenwechsel:

15 Die jeweiligen Pole einer solchen Weltunordnung sind von Enzensberger, *Aussichten auf den Bürgerkrieg*, als molekularer Krieg ohne erkennbare Grenzen und erkennbare Freund-Feindschaften und von Huntington, »The clash of civilizations?«, S. 22-49, als Kampf der Kulturen beschrieben worden; dazu Münkler, *Über den Krieg*, S. 199 ff.

16 Zur biblischen Darstellung des Kampfes zwischen David und Goliath und zu dessen Rezeption in der europäischen Kulturgeschichte vgl. Münkler, »Goliath und David«, S. 25-38.

Mit einem Mal befand sich Israel in der Goliathposition und die palästinensischen Jugendlichen, die in geschickter Symbolpolitik mit Steinschleudern gegen israelische Soldaten mit Helmen, Schutzwesten und automatischen Waffen antraten, nahmen ihrerseits die Davidposition ein – mit weitreichenden Folgen für die Wahrnehmung des Konflikts durch die Weltöffentlichkeit. Die politische Bedeutung dieser Sympathieverteilung zugunsten des asymmetrisch Unterlegenen ist der amerikanischen Kulturindustrie offenbar seit langem bewusst: Wiewohl die USA alle Kriege, an denen sie im Verlaufe des 20. Jahrhunderts beteiligt waren,[17] objektiv aus der Goliathposition heraus geführt haben, hat Hollywood sie doch immer wieder die sympathischere Davidposition einnehmen lassen: eine Handvoll amerikanischer Helden, die sich gegen die gewaltige Überlegenheit der Feinde durchsetzt oder – seltener – ehrenhaft zugrunde geht. Fast möchte man mit Blick auf die USA von einer systematischen Camouflage sprechen: Die Macht, die wie keine andere eine asymmetrische Überlegenheit gegenüber ihren Gegnern angestrebt und schließlich erreicht hat, bevorzugt für ihre narrative Selbstdarstellung die Position asymmetrischer Unterlegenheit. In dieser Camouflage zeigt sich die Scheu, über Asymmetrie genauer nachzudenken.

Aber es hätte auch andere Möglichkeiten als die David-Goliath-Narration gegeben, sich mit asymmetrischen Konstellationen eingehender auseinanderzusetzen – etwa indem man die Kriege der Völkerwanderungszeit zum Thema gemacht hätte, in denen zumeist von Not und Hunger getriebene Wandervölker auf den imperialen Militärapparat Roms trafen und es zu Kämpfen und Kriegen kam, die nicht anders als asymmetrisch zu bezeichnen sind. Diese Asymmetrie reicht bis in die jeweilige Historiographie hinein: Während die römischen Historiker breit und detailliert von den Auseinandersetzungen mit den Cheruskern, Chatten und Markomannen, den Goten, Franken und Burgunden zu berichten wissen, taucht das Römische Reich in der germanisch-deutschen Heldendichtung nicht auf, wiewohl die historischen Kerne vieler Texte, etwa des Alten Hildebrandslieds, des Alten Atlilieds und des Waltharilieds, auf die Völkerwanderungszeit und die Spätphase des Römischen Reichs zurückgehen. Es dürften die Asymmetrien der Bewaffnung, der Gefechtsführung und schließlich der politischen Organisation beider Seiten gewesen sein, die das Römische Reich für das germanische Heldenlied unsichtbar gemacht haben.[18]

Dabei lassen sich Asymmetrien zwischen Römern und Germanen auf vier Ebenen beobachten:

17 Vgl. Schley/Busse, *Die Kriege der USA*, sowie Boot, *The Savage Wars of Peace*, S. 99 ff.

18 Dazu ausführlich die kleine Studie des Verfassers, *Das Blickfeld des Helden.*

- Der standardisiert-instrumentellen Bewaffnung der römischen Legionen stand auf germanischer Seite eine bunte Mischung der Waffen gegenüber, von denen einige durch das ihnen zugeschriebene Charisma besonders herausgehoben wurden: die Waffe des Helden hatte ihr je eigenes »Heil«, und dies (nicht etwa taktisches Geschick der militärischen Führung) machte sie zum Bürgen des Sieges.
- Der Konfrontation der römischen Kohortentaktik mit dem Stoßkeil (bzw. »Eberkopf«) der Germanen, dessen prinzipiell offensive Ausrichtung die Linienformation der Kohorten im ersten Ansturm durchbrechen musste, wenn er von den taktisch flexibleren Kohorten nicht umfasst und vernichtet werden wollte,[19] kann als taktische Asymmetrie beschrieben werden. Der germanische Heerführer kämpfte an der Spitze des Keils, weil hier aus germanischer Perspektive die Entscheidung über Sieg und Niederlage fiel. Dagegen stand der römische Feldherr hinter seinen Truppen auf einem Hügel, von wo aus er das Kampfgeschehen überblicken und entsprechende Anweisungen geben konnte. Der römische Feldherr hat den germanischen Heerführer an der Spitze seiner Krieger erkennen und beobachten können; umgekehrt hingegen dürfte der Germane den Römer gar nicht zu Gesicht bekommen haben.
- Das Aufeinandertreffen der oft unkoordinierten, kaum vorbereiteten, eher tastenden als zielorientierten Bewegungen wandernder Völker bzw. locker integrierter Stämme mit der weiträumig geplanten und zeitlich aufeinander abgestimmten Strategie des Imperium Romanum stellt eine Asymmetrie dar, bei der die Germanen Jahrhunderte lang ein ums andere Mal den Kürzeren zogen.
- Schließlich ist auch das Gegeneinander von Sippe und Staat asymmetrisch: die gentile Ordnung mit den ihr eigenen Treueverpflichtungen und verwandtschaftlichen Bindungen (ebenso aber auch Verwerfungen und Racheverpflichtungen) auf der einen und die abstrakt-rationalen Strukturen der Staatlichkeit auf der anderen Seite, bei denen Pflicht und Sold die Bindeglieder der Militärorganisation sind.[20]

In einer Hinsicht ist Rom für die Germanen und ihre Dichtung bzw. Historiographie freilich doch sichtbar geworden: im Fluch des Goldes, von dem nahezu alle Heldenlieder berichten:[21] Geld bzw. Gold war für

19 Zur germanischen Schlachtordnung des Keils vgl. Delbrück, *Geschichte der Kriegskunst*, Bd. 2, S. 33 ff.; zur römischen Militärorganisation und Kriegführung vgl. Kromayer/Veith, *Heerwesen und Kriegführung der Griechen und Römer*, S. 473 ff., sowie Gilliver, *Auf dem Weg zum Imperium*.

20 Zu Genese und Struktur der germanischen Stammesverbände vgl. Wenskus, *Stammesbildung und Verfassung*.

21 Dazu Münkler, *Blickfeld des Helden*, S. 131 ff.; zur römischen Währungspolitik vgl. Bellen, *Grundzüge der Römischen Geschichte*, Teil II, S. 253 ff., sowie Teil III, S. 129 f.

die Römer ein Warenäquivalent und Zahlungsmittel, mit dem sie nach wirtschaftlichen und fiskalischen Erfordernissen umgingen, was gegebenenfalls auch eine Politik der Münzverschlechterung einschloss, und vor allem war es für sie ein Instrument, sich die Botmäßigkeit der germanischen Wandervölker zu erkaufen bzw. sie gegeneinander auszuspielen und aufzuhetzen. Für die Germanen hingegen war Gold der Nukleus des Königsschatzes, der Hort, der den Kern der Gefolgschaftsbildung und damit der Entstehung von Herrschaft darstellte. Es kommt darum nicht von ungefähr, dass die Germanen dem Gold magische Qualitäten zugeschrieben haben.

Die wissenssoziologische Analyse der Berichte von asymmetrischen Kämpfen fördert also auf der Ebene des Wissens selbst Asymmetrien zu Tage, die ihrerseits eine zusätzliche Erklärung dafür darstellen, warum asymmetrische Kriege in der Militärgeschichte und Kriegstheorie allenfalls geringe Aufmerksamkeit gefunden haben. Nur mit Mühe ist zu erkennen, dass die römische Historiographie und die germanische Heldendichtung von denselben Ereignissen berichten, die sie auf radikal unterschiedliche Art wiedergeben. Für die einen verdichten sich diese Ereignisse in der heroischen Existenz, in Kampf und Untergang eines Helden; für die anderen entwickeln sie sich aus politischen Konstellationen und gegensätzlichen Interessen heraus und manifestieren sich in strategischen Überlegungen und militärischen Operationen. Wir haben, sobald die Ereignisse einige Zeit zurückliegen, eine starke Neigung, die letztgenannte Betrachtungsweise für die allein angemessene zu halten, während wir die erstgenannte in den Bereich der Ideologie, bestenfalls der Selbsttäuschung verweisen. Nicht selten wird die Asymmetrie des Wissens und Handelns auch als eine Stufenfolge von Wissens- und Organisationsstufen beschrieben, die durch eine allmähliche Fort- und Höherentwicklung gekennzeichnet ist. Aber bevor man diese Asymmetrien vorschnell in den Gegensatz von Wahrheit und Ideologie oder eine Geschichte des gesellschaftlichen Fortschritts auflöst, ist zu bedenken, dass das Besingen der heroischen Taten eines Einzelnen durchaus sozio-politischen Konstellationen entsprechen kann, in denen Macht und Einfluss neben Herkunft und Sippenbindung im wesentlichen aus Charisma und Charismaglauben erwachsen. Die verschiedenen kognitiv-historiographischen Herangehensweisen, die sich auch in literarischer Hinsicht in unterschiedlichen narrativen Strukturen manifestieren,[22] entsprechen zunächst unterschiedlichen sozio-politischen Formationen, deren je adäquater Ausdruck sie sind. Erst wenn sie sich aus diesen Konstellationen lösen und verselbständigen, können sie zu Mitteln der politischen Propaganda wie der Massenunterhaltung werden.[23]

22 Dazu Auerbach, *Mimesis*, insbesondere S. 37 f., 76 f. und 84 ff.

23 Die ursprünglich sakrale Dimension des Helden und der Prozess seiner

Strategien der asymmetrisch Unterlegenen

Die anhand der Konfrontation von Römern und Germanen skizzierten Konstellationen dürften sich in ähnlicher Form in fast allen asymmetrischen Konflikten auffinden lassen. Sie sind nicht nur durch eine fundamentale Ungleichartigkeit der gegeneinander geführten Kräfte gekennzeichnet, sondern auch durch eine ebenso große Ungleichartigkeit des Wissens, der politischen und militärische Kenntnisse sowie der Möglichkeiten zur Selbstvergewisserung, über die beide Seiten verfügen. Dabei ist die asymmetrisch unterlegene Seite so lange ohne eine reelle Siegchance, wie es ihr nicht gelingt, sich auf die Höhe des Wissens und der Selbstvergewisserungsmöglichkeiten ihres asymmetrisch überlegenen Gegners zu bringen. Das aber heißt: Sie muss die Rationalitätsstrukturen und die aus ihnen erwachsenden Direktiven ihres Gegners zu durchschauen lernen, um die darin enthaltenen Schwachstellen herauszufinden. Dagegen ist nicht erforderlich, dass sie sich auf die Höhe der militärischen Fähigkeiten ihres Gegners bringt. Während letzteres auf eine Symmetrierung zunächst asymmetrischer Kampfweisen hinausläuft, eröffnet ersteres die Möglichkeit einer Strategie systematischer Asymmetrierung, die Siegchancen auch aus einer Position der organisatorischen und waffentechnischen Unterlegenheit heraus eröffnet. Sie ist also im Vergleich mit den für die Symmetrierung der Fähigkeiten erforderlichen Anstrengungen der eindeutig schnellere und kostengünstigere Weg, und dieser Weg ist auch dann gangbar, wenn die Herstellung von Symmetrie unmöglich ist. Oder pointiert: Symmetrierung erfolgt über die Angleichung der *hardware*, die Wahrnehmung von Chancen auch aus der Position asymmetrischer Unterlegenheit dagegen beruht auf innovativer *software*.

Bleiben wir zur Illustration dieser Überlegungen bei der Konfrontation zwischen Germanen und Römern: Der Cheruskerfüst Arminius/Hermann,[24] der in der *clades Variana*, der sogenannten Schlacht im Teutoburger Wald, den Römern eine bittere Niederlage zugefügt hat, hatte zuvor mehrere Jahre im römischen Militärdienst gestanden und war mit

Säkularisierung wird behandelt bei Naumann, *Strukturwandel des Heroismus*, insbesondere S. 39 ff.; das bürgerliche Leiden am Verlust des Heroischen ist das Thema bei Martinsen, *Der Wille zum Helden*, S. 13 ff. Die Narrationsmuster amerikanischer Kriegs- und Actionfilme bieten ein breites Feld zur Vertiefung dieser Beobachtungen; vgl. Büttner u. a. (Hrsg.), *Der Krieg in den Medien*, S. 75 ff., 87 ff. und 129 ff.

24 Es ist ein Kennzeichen asymmetrischer Wissenskonstellationen, dass von dem cheruskischen Stammesfürsten nur sein römischer, nicht aber sein germanischer Name überliefert ist.

der Operationsweise und Gefechtsführung der Legionen gut vertraut.[25] Vor allem war er sich darüber im klaren, dass die undisziplinierten, taktisch inflexiblen, zu hinhaltender Gefechtsführung unfähigen germanischen Krieger in einer offenen Feldschlacht, also unter symmetrischen Bedingungen, gegen römische Verbände keine Siegchance hatten. In unwegsamem Gelände jedoch, wo die Römer ihre taktischen Formationen nicht entfalten konnten, sie obendrein durch den mitgeführten Tross behindert wurden, wo sich das Gefecht dementsprechend nicht als ein Aufeinandertreffen taktischer Formationen entwickelte, sondern aus einer Summierung von Einzelkämpfern bestand, in die dann auch die weniger kampferprobten römischen Trosssoldaten verwickelt wurden – da würden die Germanen eine Chance zum Sieg über die ansonsten für sie unschlagbaren Legionen erhalten.

So oder ähnlich sind sämtliche Asymmetrieumkehrungen erfolgt, also die Verwandlung der *Stärke* eines asymmetrisch Überlegenen in eine spezifische *Schwäche*, die von dem asymmetrisch Unterlegenen dann gezielt und systematisch ausgenutzt werden kann. Das lässt sich von der Entwicklung einer eigenständigen Partisanenstrategie in Spanien am Anfang des 19. Jahrhunderts bis zur Erfindung der jüngsten Formen des internationalen Terrorismus im Nahen Osten zeigen.[26] Die Gelenkstelle dieser Asymmetrieumkehrung ist die Ausfaltung vordem untergeordneter taktischer Elemente der Gewaltanwendung zu selbständigen Strategien. So war etwa der Kleine Krieg, also das, was seit dem antinapoleonischen Partisanenkrieg der Spanier als *guerrilla* bekannt geworden ist, schon lange vorher ein Element der Kriegführung,[27] aber stets nur als komplementärer Begleiter des Großen Krieges, und demgemäß haben sich zumeist beide Seiten des Kleinen Krieges bedient. Der Kleine Krieg, der mit leichten Truppen geführt wurde, war ein Begleiter und Hilfsmittel des Großen Krieges, aber er hatte diesem gegenüber kein eigenes strategisches Gewicht. Die strategische Kreativität der Spanier bestand darin, dass sie erstmals auf die Führung des Großen Krieges, in dem sie sich gegen die napoleonische Kriegskunst als chancenlos erwiesen hatten, gänzlich verzichteten und den Krieg *allein* nach Art von Guerilleros, Kleinkriegern, führten. Aus einem Begleitelement des Krieges wurde so eine neue Strategie der Kriegführung.

Das freilich hatte seinen Preis, und der war erheblich: Eine nachhaltige Partisanenkriegführung, die gegen die Nachschublinien und kleinere

25 Dazu Timpe, *Arminius-Studien*, sowie Lehmann, »Das Ende der römischen Herrschaft über das ›westelbische‹ Germanien«, S. 123-141 und Wells, *Die Schlacht im Teutoburger Wald*, S. 101 ff.

26 Vgl. dazu oben, S. 65 ff.

27 Dazu Kunisch, *Der Kleine Krieg*, sowie ders., »Feldmarschall Loudon und der kleine Krieg«, S. 45-70.

Einheiten des Gegners gerichtet ist, war (und ist) nur möglich unter der Voraussetzung, dass sie von einer breiten Unterstützung der Bevölkerung getragen wird, die damit freilich zu einem unmittelbaren Bestandteil der Kriegsführung wurde. Sehr bald nämlich richteten sich Vergeltungsmaßnahmen und Repressalien des von den Partisanen attackierten Gegners gegen die Zivilbevölkerung, um den Partisanenverbänden Basis und Rückhalt zu entziehen. Eine erfolgreiche Partisanenstrategie gründet sich somit auf eine gesteigerte Opfer- und Leidensbereitschaft der Bevölkerung bzw. beutet diese über alle Maßen aus.[28] Nur auf diese Weise gewinnt sie die Zeit, vermittels deren sie den asymmetrisch überlegenen Gegner auf Dauer zugrunde richtet.

Eine weitgehend analoge Entwicklung lässt sich im Falle des Terrorismus beobachten: Auch er war zunächst ein untergeordnetes Element von Bürgerkriegskonzeptionen und Partisanenstrategien, und erst im Verlauf der letzten Jahrzehnte hat er sich zu einer selbständigen Strategie fortentwickelt, die nicht länger darauf angelegt ist, dass die Terrorkampagne nach einiger Zeit in die Etappe des Partisanenkrieges überführt wird, sondern die politischen Ziele direkt und ohne Durchlaufen verschiedener Stufen der Gewalteskalation erreichen zu können glaubt.[29]

Rekrutierung, Ausrüstung und Ausbildung sowie die Verfügung über Raum und Zeit

Zunächst freilich sind die Voraussetzungen für die Herausbildung von Symmetrie zu klären: nicht Gleichheit, schon gar nicht gleiche Stärke, sondern vielmehr *Gleichartigkeit* der aufgebotenen Kräfte ist gemeint, wenn von symmetrischen Konflikten und Kriegen die Rede ist. Diese Gleichartigkeit ist im wesentlichen anhand von drei Kriterien zu überprüfen:

- Das erste Kriterium ist die Form der *Rekrutierung*: Handelt es sich bei den Streitkräften um ein eilends zusammengetrommeltes Volksaufgebot, bei dem tendenziell die gesamte Bevölkerung, unabhängig von Alter und Geschlecht, am Kampf teilnimmt, um den Gegner in Form eines permanenten Krieges zu zermürben? Oder wird nur eine bestimmte Bevölkerungsgruppe rekrutiert, zumeist Männer eines bestimmten Alters, die dann während eines längeren Zeitraums im Gebrauch der Waffen geschult werden? Hier geht es um den Grad der Professionalisierung des Aufgebots.

28 Vgl. Schulz (Hrsg.), *Partisanen und Volkskrieg*, sowie Münkler (Hrsg.), *Der Partisan*, Heilbrunn, *Die Partisanen*, S. 28 ff. und Hahlweg, *Guerilla*, S. 38 ff.

29 Dazu ausführlich unten, S. 221 ff. und 239 ff.

- Zweites Kriterium ist die Art der *Bewaffnung*: Ist sie an einheitlichen Standards ausgerichtet, erfolgt nach Möglichkeit aus staatlichen Magazinen, um die Formierung taktischer Körper oder die Verwendung militärischen Großgeräts zu ermöglichen, wie dies bei den römischen Legionen seit der späten Republik der Fall war, oder handelt es sich dabei um Waffen, die jeder Einzelne mitbringt und mit denen er umzugehen versteht, wie dies nicht nur bei Gentilverbänden und Partisanengruppen, sondern auch bei der Ritterschaft des europäischen Mittelalters zu beobachten ist? Allgemeiner gefasst: Ist das Aufgebot nach dem Prinzip der Selbstequipierung bewaffnet, oder ist es das Instrument einer politischen Einheit, die es ausrüstet und verpflegt?
- Drittes Kriterium schließlich sind Dauer und Intensität der *Ausbildung*, und diese kann von der Schulung individueller Kenntnisse und Fertigkeiten bis zur Einübung in taktische Formationen reichen, wobei sie zumeist von der Art der Bewaffnung und der Form der Rekrutierung abhängig ist.

Von Symmetrie im strikten Sinn kann nur dann die Rede sein, wenn *bei allen drei Kriterien* eine zumindest tendenzielle Gleichartigkeit der gegeneinander aufgebotenen Streitkräfte gegeben ist. Eine eindeutige Asymmetrie liegt dementsprechend dann vor, wenn *bei keinem dieser drei Kriterien* Gleichartigkeit beobachtet werden kann. Symmetrie und Asymmetrie bezeichnen demnach nicht präzise identifizierbare, in ihrer Entgegensetzung die Fülle der Möglichkeiten ausschöpfende Alternativen der Kriegführung, sondern stellen eher die Endpunkte auf einem weit gestreckten Band der Möglichkeiten dar. Genau hierauf beziehen sich auch die methodisch wie inhaltlich akzentuierten Einwände gegen den Gebrauch der Symmetrie-Asymmetrie-Unterscheidung als klassifikatorisches Kriterium der Militärgeschichte und Kriegstheorie: In vielen Fällen ist tatsächlich keine klare und eindeutige Zuweisung möglich, sondern es muss mit Bezeichnungen wie »eher symmetrisch« oder »stärker asymmetrisch« gearbeitet werden. So lassen sich verschiedene Grade von Symmetrie wie Asymmetrie beobachten. Freilich dürften die damit zum Ausdruck gebrachten Möglichkeiten der Abstufung sowie der Bezeichnung von Übergängen eher ein Vorzug als ein Nachteil wissenschaftlicher Begrifflichkeit sein. Wer Kriege als symmetrisch oder asymmetrisch beschreibt, sollte sich darüber im klaren sein, dass es sich hier nicht um Wesensmerkmale des Krieges handelt, die durch ein striktes Entweder-Oder voneinander getrennt sind. Nur wer dies erwartet beziehungsweise wissenschaftliches Arbeiten mit solchen Erwartungen verbindet, wird mit der Symmetrie-Asymmetrie-Unterscheidung wenig anfangen können oder als entschiedener Kritiker an ihr auftreten.

Ein mit den drei aufgeführten Kriterien aufs engste verbundenes zusätzliches Gleichartigkeitsmerkmal ist der Zugriff der Kriegsparteien auf Raum und Zeit. Als symmetrisch können Kriege nur dann bezeichnet werden, wenn die Beteiligten – *erstens* – gleichen Zugriff auf die Räume und Sphären haben, in denen die Gewalt angewandt wird und die Entscheidung über Sieg und Niederlage fällt, und wenn sie – *zweitens* – in gleicher Weise über die Möglichkeiten zur Beschleunigung bzw. Verlangsamung des Kampfgeschehens verfügen.[30] Nur wenn beides gegeben ist, entscheidet, wie es bei Clausewitz heißt,[31] »das Spiel der Wahrscheinlichkeiten und des Zufalls« über den Ausgang des Krieges. Dass dem so ist, ist ein weiteres Merkmal für Symmetrie.

Die Definition von Symmetrie als gleichartige Verfügung über Raum und Zeit macht zugleich deutlich, wann und wie *extreme Asymmetrien* entstehen: dann, wenn es einer Seite gelingt, neue Räume der Kriegführung zu erschließen und nutzbar zu machen, in die ihr die Gegenseite nicht zu folgen vermag. Dieses Monopol der militärischen Nutzung von Räumen kann durch technologische Entwicklungen, aber auch mit Waffengewalt hergestellt werden – etwa dann, wenn die schwächeren Kräfte, mit denen der Gegner in diesen Räumen operiert, vertrieben oder vernichtet werden und ihm ein neuerliches Eindringen in diese Räume unmöglich ist. Dies ist vor allem dann der Fall, wenn es über den Boden als den ursprünglichen Ort der Gewaltanwendung hinaus um die Beherrschung des Meeres, des Luftraums oder des Weltraums geht. Je mehr eine Seite im Unterschied zur Gegenseite Räume dieser Art zu kontrollieren vermag, um so größer ist ihre asymmetrische Überlegenheit. Das legt die Vermutung nahe, dass die Konfrontation von Seemächten mit Landmächten von vornherein asymmetrisch imprägniert ist, während der Krieg von Landmächten gegen Landmächte oder Seemächten gegen Seemächte zur Symmetrie tendiert.

Auf einer solchen asymmetrischen Konstellation beruhte der berühmte Kriegsplan des Perikles, mit dem er seine athenischen Landsleute veranlasste, die Herausforderung der in der Landkriegführung überlegenen Spartaner anzunehmen und die Entscheidung über die Beherrschung Griechenlands im Krieg zu suchen. Perikles erläuterte der Volksversammlung nämlich,[32] dass man sich, weil man das Meer beherrsche und die Befestigungsanlagen Athens uneinnehmbar seien, den Spartanern nicht zur Schlacht stellen solle und dies auch nicht dürfe, wenn man am Ende des Krieges den Sieg davontragen wolle. Am Schluss nämlich

30 Vgl. unten S. 169 ff.

31 Clausewitz, *Vom Kriege*, S. 213.

32 Thukydides, *Der Peloponnesische Krieg*, (1, 141-144), S. 107 ff. In einer Aufsehen erregenden Veröffentlichung hat Hans Delbrück Perikles' Strategie als Prototyp der *Ermattungsstrategie* dechiffriert, die er der am Beispiel Napoleons entwickelten *Niederwerfungsstrategie* gegenüberstellte; Delbrück, *Die Strategie des Perikles*; vgl. Craig, »Der Militärhistoriker Hans Delbrück«, S. 77-111, sowie Nowosadtko, *Krieg, Gewalt und Ordnung*, S. 79 ff.

werde derjenige erfolgreich sein, der mehr Zeit und größere Optionen zur Verfügung habe – und das sei nach seiner festen Überzeugung die Seemacht, die mit gezielten Landungsoperationen auch auf spartanisches Gebiet vorstoßen könne, um es zu verwüsten, und sich bei Annäherung des Gegners wieder auf die See zurückziehe, während vergleichbares der Landmacht nicht möglich sei. Es mag dahingestellt bleiben, ob Perikles' Plan, wenn er denn befolgt worden wäre, zum Erfolg geführt hätte[33] – in jedem Fall beruhte er auf einer strategischen Ausnutzung der asymmetrischen Konstellationen zwischen See- und Landmacht, die es den Athenern ermöglichen sollte, den Krieg aus einer Position der strategischen Defensive zu führen, weswegen er für sie lange durchzuhalten war, während sich die Ressourcen Spartas und seiner Verbündeten in immer neuen Offensiven verzehrten, bis sie schließlich ermatteten und erlagen.

Häufig ist, wie der Kriegsplan des Perikles zeigt, die Erschließung neuer Räume mit der Eröffnung neuer Möglichkeiten zum Gebrauch der Zeit als einer zentralen Ressource der Kriegführung verbunden. So werden die Möglichkeiten zur Beschleunigung, aber auch zur Verlangsamung des Kriegsgeschehens ungleich verteilt und auf diese Weise erhält die je begünstigte Seite die Chance, das Gesetz des Handelns allein in die Hand zu bekommen und der anderen Seite die Rhythmen des Krieges nach ihrem Belieben zu diktieren. Es muss freilich nicht immer die militärische Erschließung neuer Räume sein, die Asymmetrien schafft, sondern dies können auch militärorganisatorische Innovationen in Verbindung mit strategischer Kreativität sein. So war für die napoleonische Strategie beispielsweise eine deutliche Beschleunigung der Truppenbewegungen charakteristisch, und diese führte dazu, dass der Kaiser am Ort der Entscheidung stets größere Truppenmassen zur Verfügung hatte als seine Gegner. »Es gibt in Europa viele gute Generäle«, erklärte Napoleon nach dem ersten Italienfeldzug, »aber sie sehen zu viele Dinge auf einmal; ich sehe nur eins; das sind die Massen, [...].«[34] Die größere Konzentration der Massen auf dem Schlachtfeld verschaffte sich Napoleon durch die größere Geschwindigkeit, mit der er seine Truppen bewegte. Um dies zuverlässig auf der von ihm bevorzugten inneren Linie tun zu können, setzte er ein umfängliches Programm zum Bau baumbestandener Chausseen in Gang. So konnte er seine Truppen mit einer Schnelligkeit verlegen, der in West- und Mitteleuropa kein

33 In Abwägung der Voraussetzungen und Risiken dieser Strategie mit eher skeptischem Urteil Welwei, *Das klassische Athen*, S. 153 ff.; eine ausgewogene, zuletzt aber ebenfalls kritische Wertung findet sich bei Kagan, *Perikles*, S. 313-336.

34 Zit. nach Schulze (Hrsg.), *1813-1815*, S. 119; dazu auch Paret, »Napoleon as Enemy«, S. 75 ff., sowie Willms, *Napoleon*, S. 69-93.

Gegner gleichkam. Daraus erwuchs zwar in Vergleich mit der Erschließung neuer Räume eine nur geringfügige Asymmetrie, aber die war hinreichend dafür, dass Napoleon fast zwei Jahrzehnte die Schlachtfelder Mitteleuropas nach Belieben beherrschte. Eine wichtige Rolle spielte dabei im übrigen der Gebrauch der Kavallerie, die nach gewonnener Schlacht in schneller überholender Verfolgung dem Gegner nachsetzte, dadurch dessen Rückzug in aufgelöste Flucht verwandelte und so aus dem Sieg in der Schlacht die Entscheidung des Krieges machte. Entscheidend dafür war, das Trägheitsmoment nach der gewonnenen Schlacht zu überwinden, die Truppen erneut in Bewegung zu setzen und sie dabei in einem Maße zu beschleunigen, dass sie den sich zurückziehenden Gegner ein- und überholten.[35]

Das exakte Gegenteil zu der von Napoleon praktizierten Beschleunigung ist die auf Verlangsamung bzw. Entschleunigung beruhende Strategie des Partisanenkrieges, wie sie von den Spaniern gegen die napoleonischen Armeen entwickelt worden ist. Hat man in Preußen im Rahmen der politischen und militärischen Reformen versucht, die napoleonischen Beschleunigungsvorteile wettzumachen, um sich mit derselben Geschwindigkeit zu bewegen wie die Franzosen, so haben die spanischen Guerilleros den entgegengesetzten Weg beschritten, indem sie das Kriegsgeschehen systematisch verlangsamten, um so den Schnelligkeitsvorteil des Kaisers zu entwerten und ihn in eine Schwäche zu verwandeln.[36] Auch in der Frage des Gebrauchs der Zeit lassen sich Resymmetrierung und Asymmetrierung also relativ genau voneinander unterscheiden: Beruhte Napoleons Fähigkeit zur Beschleunigung auf dem strategischen Prinzip einer Konzentration der Kräfte in Raum und Zeit, durch das ihm in einem bestimmten Raum und zu einer bestimmten Zeit die größeren Massen zur Verfügung standen, so gründete sich die Strategie des Partisanenkrieges auf den Grundsatz der Verteilung der Kräfte im Raum und der Ausdehnung des Krieges in der Zeit.[37]

Die Bedeutung der Massen und der technologische Vorsprung

Offenbar ist unter symmetrischen Konstellationen die Masse der im Krieg verwendbaren und in die Schlacht gebrachten Kräfte der entscheidende Faktor. Für den Ausgang einer Schlacht, so Clausewitz, sei entscheidend, »was dem einen und dem andern übrig bleiben mag an

35 Dazu ausführlich oben S. 92 f.

36 Vgl. unten, S. 184 ff.

37 Mao Tse-tung hat den Partisanenkrieg darum auch als »den langedauernden Krieg« bezeichnet; Mao Tse-tung, *Vom Kriege*, S. 179 ff.

Massen, die noch brauchbar genannt werden können, d. h. die noch nicht ganz wie ausgebrannte Vulkane in sich zusammengefallen sind«.[38] Das Gewicht der Massen kann von der zahlenmäßig unterlegenen Seite nur in sehr begrenztem Maße durch größere Tapferkeit und taktisches Geschick bei der Führung der Truppen wettgemacht werden. Zuletzt sind in tendenziell symmetrischen Kriegen durchweg die größeren Massen bzw. – seit der Industrialisierung der Kriegführung – die größeren Ressourcen entscheidend. Wer sich auf symmetrische Kriege einlässt, sollte sich zuvor vergewissert haben, dass er bei den Massen wie den Ressourcen nicht deutlich im Hintertreffen ist. Geringe Überlegenheitsvorteile bei der Ausbildung und Führung der Truppen sind selten in der Lage, das Gewicht der überlegenen Massen und Ressourcen über eine längere Zeit auszugleichen, da diese Vorteile erfahrungsgemäß, je länger ein Krieg dauert, durch entsprechende Anstrengungen der Gegenseite immer kleiner werden.[39]

Das ist, wie zuletzt der Verlauf des Dritten Golfkriegs gezeigt hat, bei Kriegen mit deutlich ausgeprägten Asymmetrien anders. Die Massen verlieren hier an Gewicht, weil sich die Fähigkeit zur Beherrschung eines Kriegstheaters von der Anzahl der Soldaten auf ihre durch die jeweiligen Waffentechnologien stark diversifizierten Fähigkeiten verlagert. Unter dem Eindruck symmetrischer Konstellationen hat eine Reihe von Kriegstheoretikern die Entscheidung über den Ausgang eines Krieges prinzipiell von der Masse der mobilisierbaren Kräfte abhängig gemacht.[40] Vor allem Friedrich Engels hat unter dem Eindruck des amerikanischen Bürgerkriegs sowie der deutschen Einigungskriege die Bedeutung der überlegenen Massen herausgestellt, und die sowjetische Militärdoktrin ist ihm darin bis zuletzt verpflichtet geblieben.[41] Das Manko dieser Theorie und der von ihr angeleiteten Militärdoktrinen besteht darin, dass sie die Veränderung der Rahmenbedingungen, also die Entstehung von Asymmetrien, nicht hinreichend in Betracht zu

38 Clausewitz, *Vom Kriege*, S. 420 f.; vgl. oben, S. 96 f.

39 Dazu am Beispiel des Zweiten Weltkriegs Overy, *Die Wurzeln des Sieges*, insbes. S. 268 ff.

40 Auch Clausewitz ist insbesondere von Seiten britischer Kriegstheoretiker der Vorwurf gemacht worden, er habe den Massen für Führung und Ausgang des Krieges ein zu großes Gewicht beigemessen. Das ist insofern zutreffend, als Clausewitz ein Theoretiker der kontinental-symmetrischen Kriegführung ist und ihm die aus der Beherrschung der See erwachsenden Asymmetrien verborgen geblieben sind. Der Vorwurf ist jedoch insofern einseitig und überzogen, als Clausewitz neben den physischen auch den moralischen Faktoren eine erhebliche Bedeutung beigemessen hat, und die wiederum sind als Massenproblem nicht zu fassen; dazu ausführlich Aron, *Clausewitz*, S. 177 ff.

41 Vgl. Münkler, *Über den Krieg*, S. 149-172, hier insbes. S. 152 f.

ziehen vermag. Es war nicht erst der politische Zusammenbruch der Sowjetunion im Spätsommer 1991, der die symmetrische Bipolarität des Ost-West-Konflikts beendete, sondern die wirtschaftlich verursachte Unfähigkeit der Sowjetunion, die sich im Gefolge der *Revolution in Military Affairs* entwickelnden asymmetrische Überlegenheit der USA durch entsprechende eigene Rüstungsanstrengungen wettzumachen.[42] Der Zweite Golfkrieg von 1991, in dem die US-Streitkräfte die mit russischem Material ausgerüstete und nach den Vorgaben der sowjetischen Militärdoktrin geführte irakische Armee innerhalb von 72 Stunden zerschlugen,[43] war der demonstrative Beweis für die zwischenzeitlich entstandene technologische Asymmetrie. Danach war klar, dass zwischen USA und UdSSR nur noch im Bereich der Nuklearwaffen eine tendenzielle Symmetrie bestand.

Tatsächlich war der Ost-West-Konflikt, seitdem die Sowjetunion im Verlauf der 1960er Jahre eine nukleare Parität mit den USA erreicht hatte, ein Paradefall der symmetrischen Konfrontation, da die Atomwaffen und die für ihren Einsatz erforderlichen Trägersysteme geeignet waren, alle Disparitäten im Bereich von Rekrutierung, Bewaffnung und Ausbildung konventioneller Streitkräfte zu relativieren. Sie hatten eine gleiche Nutzung von Raum und Zeit zur Folge, und beide Seiten wachten mit Argusaugen darüber, dass auch kleine Vorteile, die eine Seite durch die Einführung einer neuen Raketengeneration oder durch die vorgeschobene Dislozierung von Atomwaffen erlangt hatte, durch eigene Nachrüstungen umgehend wettgemacht wurden. Die Bezeichnung »Raketenschach«, die für die Nuklearstrategie der beiden Supermächte Verbreitung fand, brachte die Konstellationen einer nahezu vollständigen Symmetrie prägnant zum Ausdruck: Es gibt Spielregeln, denen beide Seiten folgen, und die Spielsteine, mit denen sie ziehen, sind für beide Seiten gleich. Bis heute stellen nukleare Massenvernichtungswaffen eine Möglichkeit dar, große Unterschiede in den militärischen Fähigkeiten zu relativieren und deren Folgen für das politische Gewicht eines Staates zu begrenzen. Das ist zugleich der eigentliche Grund dafür, warum das Bestreben einer Reihe von Staaten, sich in den Besitz von Atomwaffen zu bringen, nach wie vor ungebrochen ist, und umgekehrt wird man davon ausgehen dürfen, dass die überragende Bedeutung, die seitens der USA der Proliferationsverhinderung beigelegt wird, auch mit deren Interesse an der Aufrechterhaltung asymmetrischer Überlegenheiten zu tun hat.[44]

42 Dazu Daschitschew, *Moskaus Griff nach der Weltmacht*, S. 41 ff. und S. 83 ff.
43 Dazu Münkler, *Der neue Golfkrieg*, S. 95 ff.
44 Vgl. Müller, *Amerika schlägt zurück*, S. 133 ff. sowie Münkler, *Imperien*, S. 59 ff.

Eine Ära asymmetrischer Kriege

Die Epoche der symmetrischen Kriege, wie sie vor allem in Europa geführt wurden, scheint zu Ende gegangen zu sein. Die Anzahl entsprechend geführter Kriege ist seit 1945 kontinuierlich im Schwinden begriffen.[45] Die Kriege der Gegenwart sind fast durchweg asymmetrische Kriege, gleichgültig, ob es sich dabei um Ressourcen-, Pazifizierungs- oder Verwüstungskriege handelt.[46] Angesichts der dramatischen Unterschiede an politischer und wirtschaftlicher Macht, an technologischem Potential und militärischen Fähigkeiten, wie sie die weltpolitische Situation seit dem Zusammenbruch der Sowjetunion kennzeichnen, ist mit großer Wahrscheinlichkeit davon auszugehen, dass asymmetrische Konfliktlagen für das Kriegsgeschehen des 21. Jahrhunderts typisch sein werden. Noch stärker als jetzt wird in ihnen die Entwicklung entgegengesetzter Fähigkeiten eine Rolle spielen. Nicht durch Angleichung, also Synchronisierung und Symmetrierung, sondern durch die Vervollkommnung der je eigenen Fähigkeiten werden die Konfliktparteien versuchen, ihre im weitesten Sinn militärischen Fähigkeiten fortzuentwickeln. Wahrscheinlich wird die Proliferation von Nuklearwaffen und Trägersystemen das wichtigste Element der Symmetrierung sein, weswegen die asymmetrisch Überlegenen große Anstrengungen unternehmen dürften, dies zu verhindern – was die Schwachen wiederum um so nachdrücklicher auf den Weg der strategischen Asymmetrisierung verweisen wird.

Die postheroischen Gesellschaften des reichen Nordens sind zur Aufrechterhaltung ihrer militärischen Interventionsfähigkeit darauf angewiesen, die Mittel und Methoden einer möglichst verlustarmen Kriegführung weiter zu steigern: das sind satellitengesteuerte Marschflugkörper, Informationsüberlegenheit (*network centric warfare*) und die Fähigkeit, mit schnellen, über Lufttransport herangeführte Truppen anzugreifen und wieder zu verschwinden.[47] Gesellschaften, die dazu aus technologischen wie wirtschaftlichen Gründen nicht in der Lage sind, sind dagegen auf die Kultivierung heroischer Fähigkeiten verwiesen, und deren Symbol wie äußerste Steigerung ist der Selbstmordattentäter.[48] Er ist das asymmetrische Pendant zu satellitengesteuerten Marschflugkörpern.

45 Vgl. die entsprechenden Zahlen bei Gantzel, »Über die Kriege nach dem Zweiten Weltkrieg«, S. 299-318.

46 Vgl. oben, S. 144 ff.

47 Dazu Priest, *The Mission*, insbes. S. 121 ff.

48 Zur Genese und Bedeutung des Selbstmordattentäters vgl. Croitoru, *Der Märtyrer als Waffe*, insbes. S. 121 ff., sowie Reuter, *Mein Leben ist eine Waffe*, S. 58 ff.

KAPITEL 7

Zeitrhythmen des Krieges

Beschleunigung und Verlangsamung unter den Bedingungen von Symmetrie und Asymmetrie

Beschleunigung und Verlangsamung als Faktoren der Kriegführung

Wer die Rhythmen der Zeit beeinflussen und verändern kann, erhöht dadurch nicht nur die Chance, seinen politischen Willen durchzusetzen, sondern erlangt auch die Möglichkeit, kurzfristige Macht in dauerhafte Herrschaft zu transformieren – jedenfalls dann, wenn die Verfügung über die Rhythmen der Zeit nicht bloß die Folge eines zufälligen Zusammentreffens verschiedener Faktoren ist, sondern aus der Beherrschung von Ressourcen erwächst, auf die er jederzeit und dauerhaft Zugriff nehmen kann. Dabei wird unter der Kontrolle von Zeitrhythmen zumeist eine Fähigkeit zur Beschleunigung verstanden, über welche andere nicht verfügen. Tatsächlich lassen sich sowohl zivilisatorisches Gefälle als auch die Unterscheidung zwischen reichen und armen Nationen als unterschiedliche Fähigkeiten zur Beschleunigung von Abläufen begreifen. In diesem Sinne hat der Wirtschaftshistoriker David Landes ökonomische Revolutionen auf Fortschritte bei der Verfügbarkeit von Energie zurückgeführt:[1] Die technologische Fähigkeit, den Einsatz menschlicher Arbeitskraft durch den Einsatz von Energie zu kompensieren, ist durchweg mit der Verstetigung der Zeitrhythmen sowie der Fähigkeit zu deren Beschleunigung verbunden.

Auch in militärischer Hinsicht ist die Verfügbarkeit unterschiedlicher Energiearten der Schlüssel zu Verstetigung wie Beschleunigung der Zeitabläufe. Seit Ende des 19. Jahrhunderts bewegten sich die Truppen nicht mehr aus eigener Kraft, sondern mit der Eisenbahn ins Aufmarschgebiet. Die Ersetzung von Muskelkraft durch fossile Energie hatte nicht nur eine Verkürzung der Aufmarschzeit zur Folge, sondern sorgte auch dafür, dass sehr viel größere Truppenmassen herangeführt und im Kampfgebiet versorgt werden konnten.[2] Wer über das bessere Eisenbahnnetz verfügte, hatte dadurch im Krieg deutliche Vorteile. Die zu Beginn des 20. Jahrhunderts unter Rückgriff auf arabisches Erdöl erfolgte Umstellung der britischen Kriegsmarine von Kohle- auf Ölfeuerung verschaffte ihr in operativer Hinsicht entscheidende Vorteile gegenüber dem deutschen

1 Landes, *Wohlstand und Armut der Nationen,* S. 56.
2 Vgl. McNeill, *Krieg und Macht,* S. 199 f.

Widerpart: Die Einsatzdauer der ölgetriebenen britischen Kriegsschiffe war erheblich größer als die der deutschen Kriegsschiffe mit Kohlefeuerung, weil sie relativ größere Mengen Treibstoff mitführen konnten und ölgetriebene Schiffe auf See, also ohne Anlaufen eines Hafens, betankt werden konnten. Die ölgetriebenen Schiffe verschafften der britischen Kriegsmarine Einsatzrhythmen, durch die sie entscheidende Vorteile gegenüber den Deutschen gewann. Michael Mann hat in seiner *Geschichte der Macht* festgehalten, dass Großreichsbildung durch die Nutzung bzw. Kontrolle von Wasserwegen erheblich begünstigt, wenn nicht überhaupt erst ermöglicht wird, weil nur auf Kähnen und Schiffen größere Lasten in kurzer Zeit zu vertretbaren Kosten zu transportieren sind.[3] Vor allem für das Verlegen von Truppenverbänden und deren Versorgung ist dies von ausschlaggebender Bedeutung. Die Verfügung über Wasserwege, seien es Flüsse, Seen oder das offene Meer, eröffnet Möglichkeiten der Beschleunigung und Verstetigung von Versorgungsmöglichkeiten, durch welche Konkurrenten, die nicht darauf zurückgreifen können, dauerhaft ins Hintertreffen geraten.

Aber die Vorstellung, allein die Beschleunigung sei ein relevanter Faktor bei Machtsteigerung durch die Kontrolle von Zeitrhythmen, wie sie in der »Dromologie« Paul Virilios im Prinzip unterstellt wird,[4] ist zu einfach und wird dem komplexen Zusammenspiel von Beschleunigung und Verlangsamung als Generatoren von Macht nicht gerecht. Was in ökonomischer Hinsicht zutreffen mag, dass nämlich die Erhöhung der Geschwindigkeit auf eine Steigerung des Wirkungsgrades hinausläuft, ist im politisch-militärischen Bereich keineswegs der Fall: Die Defensive, von Clausewitz definiert als die stärkere Form mit dem schwächeren Zweck,[5] kann mithin als systematische Verlangsamung des militärischen Geschehensablaufs begriffen werden, deren Grundidee darin besteht, dem Gegner ein Zeitquantum an Anstrengungen abzuverlangen, das seine Kräfte übersteigt bzw. sie durch die Dauer der Anstrengung verzehrt. So hatte während des Hohen und Späten Mittelalters die Technik des Burgbaus und der Befestigung von Städten der Defensive ein solches Übergewicht verliehen, dass die Konsolidierung größerer Herrschaftsbereiche die Kräfte und Fähigkeiten der meisten Eroberer überstieg. Da die Burgen und befestigten Städtchen zumeist nicht im Sturm genommen werden konnten, sondern belagert und ausgehungert

3 Mann, *Geschichte der Macht,* Bd. 1, S. 226 ff.

4 Virilio, *Fluchtgeschwindigkeit,* S. 165 ff.; ders., *Ereignislandschaft,* S. 143 ff.

5 Clausewitz, *Vom Kriege,* S. 617: »Wer stark genug zu sein glaubt, sich der schwächeren Form [der Offensive] zu bedienen, der darf den größeren Zweck wollen; wer sich den geringerem Zweck setzt, kann es nur tun, um den Vorteil der stärkeren Form [der Defensive] zu genießen.«

werden mussten, verlor ein Eroberungszug sehr schnell an Stoßkraft und verzettelte sich in der Niederringung befestigter Bergdörfer. Die Kosten der Belagerung einer Burg oder eines Städtchens aber betrugen ein Vielfaches ihrer Verteidigung, und so erschöpften sich die Kräfte des Angreifers mit der Zeit, die ihn die Einschließung und Belagerung eines befestigten Platzes kostete, sehr viel schneller als die des Verteidigers.[6] Infolge der Verlangsamung des militärischen Geschehensablaufs durch die Defensive erlangten auch Schwächere eine reelle Chance, weit überlegenen Angreifern erfolgreichen Widerstand zu leisten und deren Kräfte so zu schwächen, dass diese in ihrem politischen Willen resignierten.

Demgegenüber hatten die kräftemäßig überlegenen Mächte ein starkes Interesse daran, ihre Fähigkeiten zur Beschleunigung des Kriegsgeschehens zu vergrößern und zu verbessern, weil sie auf diese Weise am aussichtsreichsten ihre überlegenen Ressourcen in militärischen Erfolg verwandeln und ihre Macht vergrößern konnten. Die Möglichkeit hierzu eröffnete sich gegen Ende des 15. Jahrhunderts, als durch den Guss großkalibriger Geschützrohre und die Verbesserung der Lafettentechnik in zunehmendem Maße Kanonen zur Verfügung standen, mit deren Hilfe Burgen und Mauern innerhalb kurzer Zeit zertrümmert werden konnten.[7] Für einen gewissen Zeitraum erhielt dadurch die strategische Beschleunigung ein Übergewicht gegenüber der strategischen Verlangsamung, und der Siegeszug, der im Jahre 1494 den französischen König Karl VIII. durch ganz Italien hindurch bis vor die Mauern Neapels führte, wäre ohne die neuen Möglichkeiten der schweren Artillerie nicht möglich gewesen. Die zeitweilige Dominanz des Beschleunigungs- über das Verlangsamungsprinzip endete, als es italienischen Architekten gelang, neue Befestigungsanlagen zu entwickeln, die auch mit schwerem Geschütz nicht so leicht zu brechen waren.[8]

In einer ersten Zusammenfassung dieser Beobachtungen wird man sagen können, dass bei militärischen Konfrontationen die an *verfügbaren* Ressourcen überlegene Seite auf die Beschleunigung der Geschehensabläufe setzt, während die Erfolgschancen der technologisch unterlegenen Seite mit ihrer Fähigkeit zur Verlangsamung der Zeitrhythmen wachsen. Die Potentiale zur Beschleunigung – im wesentlichen erwachsend aus ökonomischer und insbesondere technologischer Überlegenheit – sind dabei vor allem in militärorganisatorischen Entwicklungen und waffentechnischen Neuerungen zu suchen, während die Fähigkeit zur Verlang-

6 Dazu Contamine, *War in the Middle Ages,* S. 219 ff., sowie Ohler, *Krieg und Frieden im Mittelalter,* S. 87 ff.

7 Dazu Nef, *Western Civilization since the Renaissance,* S. 23 ff., sowie Cipolla, *Segel und Kanonen,* S. 35 ff.; vgl. oben, S. 37 ff.

8 Dazu Pepper/Adams, *Firearms and Fortifications,* insbes. S. 32 ff.

samung vor allem aus der Steigerung des politischen Durchhaltewillens resultiert, die zumeist auf einer größeren, zumindest langfristig höheren Opferbereitschaft der Bevölkerung beruht. Das gilt für das Durchstehen einer Belagerung ebenso wie für die Führung eines Partisanenkrieges. In diesem Sinne kann der Vietnamkrieg als das paradigmatische Aufeinandertreffen der Beschleunigungs- und Verlangsamungspotentiale zweier Mächte rekonstruiert werden, bei dem zuletzt die auf Verlangsamung setzende Seite siegte, weil die Beschleunigungsfähigkeiten der Gegenseite nicht hinreichten, um auf Dauer die geringere Opferbereitschaft der eigenen Bevölkerung zu kompensieren.

Treffen diese Beobachtungen zu, so lassen sich daraus einige allgemeine Gesetzmäßigkeiten bezüglich des Verhältnisses von Zeitrhythmen und militärischer Gewalt ableiten: *Zunächst*, dass die Seite im Vorteil ist, die in hohem Maße sowohl über die Fähigkeiten der Beschleunigung als auch der Verlangsamung verfügt und dadurch in der Lage ist, die Rhythmen militärischer Gewalt in beide Richtungen forcieren bzw. ihnen folgen zu können, je nachdem was ihr günstiger und erfolgversprechender erscheint. Da es jedoch ausgeschlossen ist, dass eine Macht die Fähigkeit zur Beschleunigung und zur Verlangsamung des Kriegsgeschehens in gleichem Maße hat, wird sie, *zweitens*, bestrebt sein, ihre Fähigkeiten in dem Bereich weiterzuentwickeln, in dem die damit verbundenen wirtschaftlichen und/oder politischen Kosten niedriger und die Steigerung der eigenen Fähigkeiten größer sind. Dabei muss sie jedoch, *drittens*, darauf bedacht sein, dass diese Kompensationsentwicklung nicht im gänzlichen Verlust der nur in geringerem Maß vorhandenen entgegengesetzten Fähigkeiten endet, da sie sonst an Handlungsoptionen verliert und gegenüber der Gegenseite voraussichtlich mehr verliert als gewinnt.

Kriege als Beschleuniger geschichtlicher Verläufe

Nun stellt sich freilich die Frage nach den Folgen von Beschleunigung und Verlangsamung nicht nur als eine der Rhythmen *im* Kriege, sondern ebenso als eine nach der Rhythmisierung sozio-politischer Entwicklungen *durch den* Krieg. Offenbar haben Kriege immer wieder als Beschleuniger sozialer und politischer Entwicklungsprozesse gewirkt bzw. sind als solche begriffen und gelegentlich auch begrüßt worden. In mancher Hinsicht sind Kriege darin Revolutionen vergleichbar: Beide stellen Beschleunigungen ohnehin in Gang befindlicher sozialer wie politischer Entwicklungen dar, die freilich mit einer dramatischen Erhöhung der Kosten für diesen Entwicklungssprung verbunden sind. So hat Ralf Dahrendorf beispielsweise den Zweiten Weltkrieg retrospektiv als einen Beschleuniger der Entwicklung Deutschlands auf dem Weg zu einer stabilen, belastbaren Demokratie begriffen, insofern im Verlaufe des Krieges die männlichen Angehörigen des ostelbischen Adels gefallen bzw. nach dem Stauffenberg-Attentat auf Hitler hingerichtet worden seien, wodurch eine notorisch demokratiefeindliche sozio-politische Elite, die einen wesentlichen Anteil am Scheitern der Weimarer Republik gehabt hatte, von der politischen Bildfläche verschwunden sei.[9] Dahrendorf hat die funktionalen Effekte des Krieges als Beschleunigung von Entwicklungsprozessen beschrieben, die wohl auch ohne den Krieg, dann aber sehr viel langsamer und zögerlicher eingetreten wären. Freilich wäre die sozio-politische Modernisierung Deutschlands dann auch mit sehr viel geringeren Kosten erfolgt – von den Kriegstoten bis zu den zerstörten Städten.

Mit nicht minder großem Recht können Kriege im Hinblick auf ihre mittel- und langfristigen Auswirkungen aber auch als Verlangsamer sozio-ökonomischer Entwicklungen angesehen werden, ohne dass dem irgendwelche politischen Ergebnisse als positive Kompensationen gegenüberzustellen sind. In Deutschland ist dem Dreißigjährigen Krieg diese Rolle zugesprochen worden, in dessen Folge das Land gegenüber seinen europäischen Nachbarn um Jahrzehnte zurückgeworfen worden sei. Erst im 19. Jahrhundert habe Deutschland dann unter größten Anstrengungen zu seinen (west-)europäischen Nachbarn wieder aufschließen können.[10] Eine radikale Variante dieser Sicht des Dreißigjährigen Krieges ist schließlich so weit gegangen, den Ersten Weltkrieg als den Versuch der Deutschen zu interpretieren, die Nachteile und Marginalisierungen, die ihnen infolge des Dreißigjährigen Krieges im Kampf um die europäische Hegemonie entstanden waren, nun ihrerseits mit gewaltsamen Mitteln zu kompensieren. Was der Dreißigjährige Krieg

9 Dahrendorf, *Gesellschaft und Demokratie in Deutschland*, S. 431 ff.

10 Eine zusammenfassende Darstellung der Kriegsfolgen findet sich bei Zeeden, *Hegemonialkriege und Glaubenskämpfe*, S. 315-328. Zeedens Zusammenfassung des Forschungsstandes ist unüberhörbar durchzogen von dem Tenor einer Retardierung der deutschen Entwicklung und eines daraus resultierenden Rückstands auf andere europäische Staaten. Demgegenüber hat Heinz Schilling Elementen einer »Produktivität« des Krieges nachgespürt, die sich in weitem Sinn auch als Beschleunigung erwünschter Entwicklungen verstehen lassen: »Die wichtigste Veränderung, die sich im Grauen von Kampf, Hunger, Verstümmelung und Tod Bahn brach, betraf den Krieg selbst. Indem er Wolfsnaturen züchtete, zwang er den Menschen zur Selbstbesinnung; […].« Und: »Gerade aus der kaum noch zu überbietenden Fanatisierung und der Verrohung in der Kriegführung wuchs unaufhaltsam der Zwang zur Einhegung der zerstörerischen Kraft.« Schilling, *Aufbruch und Krise*, S. 441. Eine differenzierte Abwägung der Kriegsfolgen bei kritischer Auseinandersetzung mit früheren Einschätzungen findet sich bei Parker, *Der Dreißigjährige Krieg*, S. 300 ff.

als Verlangsamer der politischen Entwicklung Deutschlands zur Folge gehabt hatte, sollte der Erste Weltkrieg nun als ein Entwicklungsbeschleuniger wieder wettmachen.

Kriege können also als Beschleuniger wie Verlangsamer sozio-ökonomischer und politischer Entwicklungsprozesse angesehen werden. Ist dabei, so die naheliegende Frage, die jeweilige Charakterisierung von der politischen Einstellung und dem zeitlichen Abstand der Betrachter zu den historischen Ereignissen abhängig, oder lassen sich objektivierende Kriterien ausmachen, die im einen Fall von eher beschleunigenden, im anderen von wesentlich retardierenden Effekten zu sprechen erlauben? Ein erstes Kriterium könnte in der Unterscheidung zwischen Siegern und Verlierern bestehen. Freilich lassen schon die bislang angezogenen geschichtlichen Beispiele vermuten, dass die Sieger-Verlierer-Unterscheidung keine signifikanten Überschneidungen mit den zugeschriebenen Effekten von Beschleunigung oder Verlangsamung aufweisen, zumal es Sieger gibt, deren Kriegsziel definitiv in der Verlangsamung von Entwicklungen bestand, die sich ohne Krieg ungehindert entfaltet hätten: So beschreibt Thukydides die spartanische Kriegspolitik gegen Athen als den Versuch, die sich unter Friedensbedingungen immer stärker durchsetzende Herrschaft der Athener zurückzuschrauben.[11] In anderen Fällen bestanden die Kriegsziele der nachmaligen Sieger hingegen gerade darin, die Blockierer und Bremser von gewünschten Entwicklungen mit den Mitteln militärischer Gewalt niederzuringen und auf diese Weise einen Beitrag zur Beschleunigung dieser Entwicklungen zu leisten: Lenins, aber auch Woodrow Wilsons politische Direktiven während des Ersten Weltkrieges lassen sich so interpretieren.[12]

Ein *zweites* Kriterium, anhand dessen sich die Beschleunigungs- oder Verlangsamungsqualitäten von Kriegen sortieren lassen, ist die Unterscheidung zwischen innergesellschaftlichen und zwischenstaatlichen Kriegen,[13] und zwar auf Grundlage der Hypothese, dass Staatenkriege eher als Beschleuniger, Bürgerkriege hingegen als Verlangsamer wirken. Grundlage dieser Hypothese wäre, dass dort, wo der Staat zum rechtlichen wie faktischen Monopolisten der Kriegführung aufgestiegen ist, die Anwendung militärischer Gewalt einer Kontrolle unterliegt, die sie als Instrument politischer Zwecke funktionalisiert; dass unter den Bedingungen einer funktionierenden Staatlichkeit relativ genaue Kosten-Nutzen-Bilanzen des Krieges erstellt werden können, die für die Entscheidungen der politischen Akteure ausschlaggebend sind; dass schließlich

11 Thukydides, *Der Peloponnesische Krieg, I,* 23; vgl. Münkler, *Über den Krieg,* S. 19-33, insbes. S. 20 ff.

12 Vgl. Niedhart, »Der Erste Weltkrieg«, S. 187-211, hier S. 201.

13 Die Misch- und Zwischenformen der sogenannten transnationalen Kriege, in denen sich Elemente des zwischenstaatlichen Krieges mit innergesellschaftlichen Kriegen verbinden, können hier außer Acht bleiben.

allein Staaten als Organisatoren der Kriegführung in der Lage sind, die Energien einer gesamten Gesellschaft für die Zwecke des Krieges zu mobilisieren und zu bündeln, was zu einer deutlichen Beschleunigung sozio-ökonomischer Entwicklungen führt.[14] Vor allem die systematische Nutzung, wenn nicht gar Initiierung des technologischen Fortschritts für die Zwecke der Kriegführung, zweifellos ein bedeutender Faktor bei der Beschleunigung gesellschaftlicher Entwicklungsprozesse, ist nur möglich, wenn der Staat als Organisator des Kriegswesens auftritt, weil allein er zu jener langfristigen Ressourcenmobilisierung in der Lage ist, ohne die die enge Verkoppelung von Kriegswesen und technologischer Entwicklung nicht möglich ist. Demgemäß sind die Staatenkriege in der europäischen Geschichte vom 16./17. bis zum 20. Jahrhundert durch eine permanente Verteuerung der Rüstungsgüter und des Militärapparats gekennzeichnet, während innergesellschaftliche Kriege, die fast immer ohne militärisches Großgerät und den Einsatz von Spitzentechnologie ausgefochten werden, eher billig geblieben sind – jedenfalls was die Voraussetzungen für den Kriegseintritt der jeweiligen Parteien betrifft. Diese innergesellschaftlichen Kriege haben keine technologischen Entwicklungen stimuliert. Statt dessen haben sie vorhandene Potentiale zerstört, und fast immer sind die Gesellschaften nach Kriegsende damit beschäftigt gewesen, in jahrzehntelangen Anstrengungen den Zustand vor Kriegsbeginn wieder herzustellen.[15] Innergesellschaftliche Kriege haben danach die Tendenz, Entwicklungsprozesse zu verlangsamen bzw. gänzlich zu blockieren. Dementsprechend sind *militärische Revolutionen*, von denen während der letzten Jahrzehnte in der Forschung vermehrt die Rede war,[16] auch nur dort zu beobachten, wo die Staaten die Herren des Krieges sind.

Bei genauerer Betrachtung lassen sich freilich auch gegen die Verbindung von Staatenkrieg und Beschleunigung sowie innergesellschaftlichem Krieg und Verlangsamung eine Reihe von Einwänden geltend machen. So hat etwa der von 1980 bis 1988 andauernde Krieg zwischen dem Irak und Iran, der ohne Zweifel ein zwischenstaatlicher Krieg war, in keinem der beiden Länder akzelerierende Effekte im oben beschriebenen Sinn gehabt: Im Irak hatte er zur Folge, dass das Land Schulden

14 Zur Verstaatlichung des Krieges in der europäischen Geschichte sowie zu deren Vorausetzungen und Folgen vgl. Münkler, *Die neuen Kriege,* S. 91 ff.; die unterschiedlichen Effekte staatlicher und nichtstaatlicher Kriegführung sind ausführlich behandelt bei Kaldor, *Neue und alte Kriege,* S. 26 ff. und 144 ff.

15 Zur sozialen und wirtschaftlichen Selbstzerstörung von Gesellschaften in innergesellschaftlichen wie transnationalen Kriegen vgl. Münkler, *Die neuen Kriege,* S. 131 ff.

16 Vgl. Parker, *Die militärische Revolution,* sowie Rogers (Hrsg.), *The Military Revolution Debate.*

in Höhe von mehr als 500 Mrd. US-Dollar angehäuft hatte, was zur Ursache des nächsten Krieges wurde, und dass das Entwicklungsniveau, das der Irak vor Kriegsbeginn erreicht hatte, dramatisch absank.[17] Im Iran brach sich im Kriegsverlauf der ursprüngliche Elan der islamischen Revolution, was, wie auch immer man dies im einzelnen beurteilt, jedenfalls keine beschleunigenden Effekte für die iranische Gesellschaft zur Folge hatte. Genauso lässt sich aber auch bezweifeln, dass innergesellschaftliche Kriege *prinzipiell keine* Beschleunigungseffekte für die sozio-politische Entwicklung haben: Sie haben dies sicherlich nicht als Stimuli technologischen Fortschritts, aber zumindest dort, wo sie mit einer revolutionären Durchbrechung alter Herrschaftsstrukturen verbunden sind, also als gewaltsame Durchsetzung neuer politischer Strukturen wirken, können sie sehr wohl Beschleunigungsqualitäten haben. Der amerikanische Unabhängigkeitskrieg ist ein Beispiel dafür.

Offenbar ist es nicht möglich, die Frage nach der beschleunigenden oder verlangsamenden Qualität von Kriegen anhand objektiver Merkmale des Kriegsgeschehens eindeutig zu beantworten, ohne die Bereiche, in denen Beschleunigungen bzw. Verlangsamungen beobachtet werden, ihrerseits zu differenzieren. Offenbar sind politische, soziale, ökonomische und technologische Beschleunigungs- bzw. Verlangsamungsprozesse weder gleichursächlich noch koextensiv, so dass Kriege in technologischer und ökonomischer Hinsicht als Beschleuniger, in politischer Hinsicht aber als Verlangsamer wirken können. Einen Ausweg aus der verwirrenden Gemengelage von Beschleunigung und Verlangsamung bei der Beobachtung von Kriegsfolgen könnte die Frage nach der jeweiligen Organisation von Lernprozessen bieten: Dass Kriege – und in ihnen vor allem Niederlagen – intensivierte, um nicht zu sagen beschleunigte Lernprozesse in Gang setzen, ist in der Forschungsliteratur immer wieder beobachtet worden.[18] Entscheidend für die Frage der Beschleunigung bzw. Verlangsamung von Entwicklungsabläufen ist dabei, wer lernt, wie diese Lernprozesse organisiert sind und welches spezifische Interesse das Lernen anleitet. So kann aus dem Verlauf eines Krieges etwa gelernt werden, dass sich Krieg als Mittel der Politik nicht lohnt, weil seine Kosten in jedem Fall höher sind als sein möglicher Ertrag. Ebenso kann daraus aber auch gelernt werden kann, wie er in Zukunft effektiver, mit geringeren Kosten und einer erhöhten Wahrscheinlichkeit des Sieges zu führen ist.[19] In beiden Fällen können die unterschiedlichen

17 Dazu Münkler, *Der neue Golfkrieg*, S. 69 ff.

18 Zum Beispiel Hondrich, *Lehrmeister Krieg*, sowie Schivelbusch, *Die Kultur der Niederlage;* zur kritischen Überprüfung modernisierungs- wie lerntheoretischer Ansätze vor allem Joas, *Kriege und Werte.*

19 Die Gleichzeitigkeit beider Lernprozesse ist in Deutschland nach dem Ersten Weltkrieg zu beobachten; folgenreich wurde schließlich allein der

Lernprozesse als Beschleunigungen ohnehin in Gang befindlicher und obendrein gewünschter Entwicklungen begriffen werden. Die Beobachtung gegensätzlicher Lernprozesse sollte jedoch nicht zu der Auffassung beliebiger Lernergebnisse verführen, sondern zu der Metabeobachtung weitergeführt werden, welcher der beiden gegensätzlichen Lernprozesse sich politisch durchsetzt bzw. gesellschaftlich hegemonial wird. Das Ergebnis dieser Auseinandersetzung ist dann zugleich eine Entscheidung darüber, welche Präferenzen in einer Gesellschaft bezüglich Beschleunigung und Verlangsamung von Entwicklungen die Oberhand haben.

Die Frage, welcher durch den Verlauf oder Ausgang eines Krieges angestoßene Lernprozess schließlich die Oberhand gewinnt, hängt sowohl von den politischen Rahmenbedingungen, etwa den Artikulationsmöglichkeiten der je Lernenden, als auch von der Art seiner Organisation und der Kohärenz seiner Ergebnisse ab. Dabei ist die Vermutung naheliegend, dass militärische Apparate Lernprozesse in der Regel effektiver organisieren, als dies in der Diffusität gesellschaftlicher Selbstverständigung möglich ist. Vor allem können militärische Apparate Lernergebnisse schneller präsentieren und in operative Politik umsetzen, als dies gesellschaftlichen Gruppen und politischen Parteien möglich ist. Dafür sind gesellschaftliche Lernprozesse zumeist sehr viel umfassender und grundsätzlicher, als dies für das instrumentelle Lernen eines militärischen Apparats bzw. des militärisch-industriellen Komplexes möglich ist.[20] Während Institutionen in der Regel auf die Effektivierung ihrer

Lernprozess der militärischen Effektivitätssteigerung. Nach dem Zweiten Weltkrieg lief die Entwicklung in Deutschland genau umgekehrt. Ob man die eine oder andere Form dieser Lernprozesse als pathologisch klassifiziert (so Eder, *Geschichte als Lernprozess?)*, ist eine Frage geschichtstheoretischer Grundannahmen oder politischer Präferenzen.

20 Man kann bestimmte Überlegungen in Kants Friedensschrift als Reaktion auf die zwischen politischen Institutionen und der Gesellschaft asymmetrisch, zumindest aber mit unterschiedlicher Geschwindigkeit verlaufenden Lernprozesse begreifen: Durch die republikanische Rückkoppelungsschleife, die den Eintritt in einen Krieg von der Zustimmung der Bevölkerung abhängig machte, weil diese den Krieg und seine langfristigen Folgen zu bezahlen habe, suchte Kant den notorischen »Lernvorsprung« der Regierenden zu konterkarieren, indem er die langsameren, aber grundsätzlicheren Lernprozesse der Gesamtbevölkerung mit zusätzlichem politischem Gewicht ausstattete. »Wenn [...] die Beistimmung der Staatsbürger dazu erfordert wird, um zu beschließen, ›ob Krieg sein solle, oder nicht‹, so ist nichts natürlicher, als daß, da sie alle Drangsale des Krieges über sich selbst beschließen müßten (als da sind: selbst zu fechten; die Kosten des Krieges aus ihrer eigenen Habe herzugeben; die Verwüstung, die er hinter sich läßt, kümmerlich zu verbessern; zum Übermaße des Übels endlich noch eine, den Frieden selbst verbitternde, nie (wegen

Aufgaben hin lernen, lernen Gesellschaften (auch), indem sie den Wert von Institutionen und der von ihnen verfolgten Ziele evaluieren. Solche gesellschaftlichen Lernprozesse werden folgenreich, wenn unter ihrem Eindruck Gesellschaften den betreffenden Institutionen und Organisationen die Ressourcen entziehen, deren sie für ihre Selbstperpetuierung wie die Verfolgung ihrer Ziele bedürfen. Im Falle des Militärs reicht dies von der Kürzung des Rüstungsetats bis zu massenhafter Wehrdienstverweigerung. Ebenso gut kann das Ergebnis gesellschaftlicher Lernprozesse aber auch darin bestehen, dass zum Schutz der eigenen Gesellschaft, ihrer Werte wie ihres Reichtums vermehrte Rüstungsanstrengungen und eine größere Opferbereitschaft der Gesellschaft vonnöten sind. Offenbar hat der Großteil der europäischen Gesellschaften nach 1989/90 einen anderen Lernprozess durchlaufen als die amerikanische Gesellschaft.[21] Die Risse in der sogenannten transatlantischen Wertegemeinschaft, die seit geraumer Zeit konstatiert werden, resultieren demnach nicht nur aus unterschiedlichen Interessen, sondern auch aus unterschiedlichen Lernprozessen. In der politischen Rhetorik der jeweiligen Protagonisten werden die entgegengesetzten Lernprozesse freilich gleichermaßen als Beschleunigung und nicht als Verlangsamung bezeichnet. Das ist eher dem Umstand geschuldet, dass der Begriff der Beschleunigung in der Moderne positiv besetzt ist, während Verlangsamung eher negativ konnotiert ist. Im vorliegenden Kontext wird jedoch sinnvollerweise von solchen normativen Implikationen abgesehen und »Beschleunigung« bzw. »Verlangsamung« neutral im Sinne unterschiedlicher Lernprozesse verwendet.

Technologische und strategische Beschleunigung

Auf begrifflich sichererem Terrain bewegt man sich, wenn man nach Beschleunigung und Verlangsamung der Geschehensabläufe *im* Kriege fragt. Hier geht es vor allem um physisch beobachtbare Vorgänge, wie die Dauer von Bewegungsabläufen während der Kampfhandlung, um Geschossgeschwindigkeit und schließlich um die Zeitspanne, innerhalb deren Truppen und militärisches Gerät von einem Ort zu einem anderen bewegt werden können. Die Militärgeschichte der letzten Jahrhunderte weist dabei insgesamt eine beständige Tendenz zur Beschleunigung militärischer Geschehensabläufe auf: von der systematischen Anlegung baumbestandener Chausseen unter Napoleon, auf denen die Truppen

naher immer neuer Kriege) zu tilgende Schuldenlast selbst zu übernehmen), sie sich sehr bedenken werden, ein so schlimmes Spiel anzufangen […].« Kant, *Werke,* Bd. XI, S. 205 f.

21 Dazu Münkler, *Imperien,* S. 245 ff.

mit hoher Marschgeschwindigkeit bewegt werden konnten, über die Nutzung des Eisenbahnnetzes für den Aufmarsch der Truppen unter dem älteren Moltke bis schließlich zur Motorisierung ganzer Divisionen in den 1930er und 1940er Jahren, was eine größere Beweglichkeit der Truppen für die Gefechtsführung zur Folge hatte. Auch die Seestreitkräfte gewannen während dieses Zeitraums an Bewegungsgeschwindigkeit, zunächst durch den Übergang vom Segel- zum Dampfschiff, danach durch die Ersetzung der Kohle- durch die Ölfeuerung. Der bloße Geschwindigkeitszuwachs dürfte bei der Marine in Relation zum Heer am geringsten ausgefallen sein, was freilich durch die gewaltige Vergrößerung der Transportkapazität und die Erhöhung der Feuerkraft der Einheiten in seiner Gesamtbedeutung aufgewogen worden ist: Die Geschwindigkeit, mit der sich ein Flugzeugträgerverband bewegt, dürfte sich von der eines Segelschiffgeschwaders nicht so sehr unterscheiden, wie das Tempo einer voll motorisierten Division sich von dem einer klassischen Infanteriedivision unterscheidet; dafür ist die Steigerung der Kampfkraft eines Flugzeugträgerverbandes gegenüber einem segelgetriebenen Kriegsschiff in Relation um ein Vielfaches höher als im Falle einer motorisierten gegenüber einer Infanteriedivision. Noch nie war eine Weltmacht im globalen Maßstab mit so großen Kapazitäten so schnell interventionsfähig, wie dies die USA mit Hilfe ihrer Flugzeugträger sind.

Die größte Beschleunigung hat das Militärwesen aber zweifellos in der Luft erfahren, beginnend bei den Anfängen während des Ersten Weltkriegs bis zu den mit doppelter Schallgeschwindigkeit fliegenden Jagd- und Kampfmaschinen der 1960er und 1970er Jahre. Freilich zeigen die jüngsten Entwicklungen, etwa im Falle der sogenannten Tarnkappenbomber, dass nicht eine weitere Steigerung der Geschwindigkeit, sondern die reduzierte Erkennbarkeit für den Gegner, die nicht selten mit Beschleunigungsverzicht verbunden ist, den neuen militärischen Anforderungen entspricht. Diese Entwicklung ist seit der sogenannten Militarisierung des Weltraumes, also der Stationierung von Satelliten, die nicht nur der Aufklärung, sondern auch der Lenkung von Marschflugkörpern dienen, noch einmal gesteigert worden. Zweifellos hat die Nutzung des Luft- wie des Weltraumes zusammen mit der Beschleunigung der Informationsabläufe die dramatischsten Beschleunigungseffekte für die Vorbereitung und Führung von Kriegen gehabt. Entscheidend dafür war die Entkoppelung menschlicher Bewegungs- und Wahrnehmungsfähigkeit von der Beschleunigungs- und Steuerbarkeitskapazität des militärischen Geräts.[22] Eine Reihe von Kriegs- und Militärtheoretikern, insbesondere jene, die den technologischen Faktoren den entscheiden-

22 Vgl. Palm, »Eine technologische Vorschau auf zukünftige Kriege«, S. 279-291.

den Einfluss auf den Ausgang von Kriegen beimessen, hat daraus die Konsequenz gezogen, dass den Krieg gewinnt, wer über die größeren Beschleunigungskapazitäten verfügt, was im Ergebnis heißt, dass die USA für die nächsten Jahrzehnte, wenn sie in einen Krieg eintreten, auch von vornherein als dessen Sieger feststehen. Die Konsequenz daraus dürfte eine steigende politische Bereitschaft der USA zur Führung von Kriegen sein.

Die Herausstellung technologischer Beschleunigungsfähigkeiten und ihre Auszeichnung als allein ausschlaggebender Faktor bei der Entscheidung über Sieg und Niederlage würde, wäre sie zutreffend, freilich die Geltung aller bisher beobachtbaren Entwicklungen der Kriegsgeschichte und vor allem alle Prinzipien politisch-militärischer Strategien außer Kraft setzen. Grundsätzlich ist dies nicht auszuschließen, aber es ist unwahrscheinlich, dass eine so grundlegende Veränderung, wie sie auch zu früheren Zeitpunkten immer wieder behauptet und dann doch nie eingetreten ist, ausgerechnet jetzt stattgefunden haben sollte. Eher ist davon auszugehen, dass die gegenwärtige Betonung technologischer Faktoren einem spezifischen Typ von Nahbeobachtung geschuldet ist, der sich durch Einbezug in größere Zusammenhänge und seine Einbettung in geschichtlich umfassende Zeiträume stark relativieren dürfte. Im Prinzip nämlich geht die Herausstellung der Dominanz technologischer Entwicklungen davon aus, dass das Grundprinzip allen strategischen Handelns, die Möglichkeit zu effektivem Gegenhandeln, außer Kraft gesetzt worden ist.

Diese Annahme beruht auf einer Unterschätzung der strategischen Kreativität potentieller Gegenakteure, wobei der Fähigkeit zur systematischen Verlangsamung von Kriegsabläufen eine zentrale Bedeutung zukommt. Dass die Geschichte strategischen Denkens und Handelns im 19. und 20. Jahrhundert immer wieder durch die kreative Umkehrung technologischer Überlegenheiten gegen ihre Nutzer gekennzeichnet ist, hat Edward Luttwak in seiner großen Studie über Strategie überzeugend nachweisen können.[23] Überhaupt ist fraglich, ob die überragende Bedeutung des technologischen Faktors, wie sie sich mit der Vorstellung von der Dominanz der Beschleunigung verbindet, im Kriegsgeschehen, zutreffend ist.[24] Das von vielen Militärhistorikern und Kriegstheoretikern konstatierte Verschwinden des klassischen zwischenstaatlichen Krieges und seine Ersetzung durch sogenannte *low intensity conflicts* spricht gegen eine einsinnige Entwicklung, da diese neuen Kriege durchweg mit billigem, technisch wenig avanciertem Gerät geführt werden

23 Luttwak, *Strategie*, insbes. S. 125 ff.

24 Diese Auffassung wird vor allem von dem französischen Dromologen Paul Virilio vertreten; Virilio, *Ereignislandschaft*, S. 143 ff.; ders., *Information und Apokalypse/Die Strategie der Täuschung*, passim.

und entgegen allen Annahmen über Geschwindigkeit und Beschleunigung sich häufig über Jahrzehnte hinziehen.[25] Offenbar spielt die »Entschleunigung« des Geschehensablaufs in den *low intensity conflicts* bzw. den sogenannten neuen Kriegen eine zentrale Rolle, und so liegt die Vermutung nahe, dass es sich dabei um eine strategische Reaktion auf die größeren Erfolgsaussichten des Militärs ökonomisch fortgeschrittener Staaten bei einer auf Schnelligkeit und Beschleunigung setzenden Form der Kriegführung handelt. Man kann diese »Entschleunigung« auch als eine systematische Asymmetrierung in Reaktion auf eine asymmetrische waffentechnische und militärorganisatorische Überlegenheit des Gegners dechiffrieren. Die entgegengesetzten Imperative der Be- und Entschleunigung sollen darum nachfolgend entlang der Unterscheidung zwischen symmetrischen und asymmetrischen Formen der Kriegführung betrachtet werden.

Eine Fülle von Beispielen aus der Militärgeschichte zeigt, dass technologisch wie organisatorisch ihren Gegnern überlegene Militärapparate zur Beschleunigung des Kriegsgeschehens tendieren, weil sie auf diese Weise ihre Überlegenheit am besten zur Geltung bringen können: Da ist zunächst die Kavallerie Marschall Murats, die in schneller überholender Verfolgung dem von Napoleon auf dem Schlachtfeld geworfenen Gegner nachsetzte, dessen Rückzug in ungeordnete Flucht verwandelte, dadurch die Zurücklassung des schweren Geräts erzwang und so dem Gegner die Möglichkeit nahm, sich neu zu formieren und wieder zum Gefecht zu stellen.[26] Dass Napoleon fast alle siegreich beendeten Kriege in einer einzigen Hauptschlacht gewann, hat seine Ursache ganz wesentlich in diesem neuartigen Gebrauch der Kavallerie. Während der Schlacht wurden die großen Kavalleriemassen zurückgehalten, um sie erst nach der Schlacht einzusetzen und dabei ihre im Vergleich mit Fußtruppen größere Schnelligkeit in der räumlichen Ausdehnung der Rückzugsgebiete des geschlagenen Gegners voll zur Geltung zu bringen. Ein weiteres Beispiel ist die mit dem Namen Heinz Guderian verbundene Führung von Panzerverbänden, durch welche die deutsche Wehrmacht während der ersten Jahre des Zweiten Weltkriegs ihre Erfolge errang: Dabei wurden schmale Durchbrüche in der gegnerischen Front genutzt, um sie mit starken Panzerverbänden zu durchstoßen, die im Rücken der gegnerischen Front dann in großer Geschwindigkeit vorstießen, gegnerische Nachschubverbände vernichteten, Panik verbreiteten und dadurch entscheidend zum Zusammenbruch der gesamten Front beitrugen.[27] Ein

25 Vgl. van Creveld, *Die Zukunft des Krieges*, S. 42 ff.; Gantzel, »Über die Kriege nach dem Zweiten Weltkrieg«, S. 299-318; Münkler, *Die neuen Kriege*, S. 13 ff.

26 Vgl. oben, S. 92 ff.

27 Dazu Liddell Hart, *Die Strategie einer Diktatur*, S. 86 ff., 99 ff.

drittes Beispiel schließlich sind die amerikanischen Kampfbomber und Lenkraketen, mit denen es General Schwarzkopf im Zweiten Golfkrieg von 1991 gelang, die irakischen Kommando- und Versorgungsstrukturen zu paralysieren, bevor der eigentliche Bodenkrieg begann. Der Widerstand der irakischen Truppen war danach unkoordiniert, litt unter Nachschubmangel und brach schnell zusammen. Allen drei Fällen ist gemeinsam, dass die größeren Fähigkeiten einer Seite zur Beschleunigung des Kampfgeschehens und damit zur schnellen räumlichen Ausweitung des Gefechtsfeldes für den Sieg ausschlaggebend waren.

Das heißt freilich nicht, dass die größere Beschleunigungsfähigkeit einer Seite eo ipso den Sieg im Krieg oder auch nur in der Hauptschlacht verbürgt. So konnte ein erbitterter Widerstand, wie ihn beispielsweise die russische Infanterie in der Schlacht von Preußisch-Eylau (1807) und dann erneut bei Borodino (1812) leistete, Napoleon dazu zwingen, die für die strategische Entscheidung zurückgehaltenen Kavalleriemassen zu taktischen Zwecken auf dem Schlachtfeld selbst einzusetzen, wodurch er zwar die Schlacht gewann, den Sieg durch die Erschöpfung seiner Kavallerie aber nicht auszunutzen vermochte. So fehlten ihm die Möglichkeiten, den Sieg auf dem Schlachtfeld durch die anschließende Zertrümmerung der gegnerischen Streitkräfte in die Entscheidung des Krieges umzumünzen. Neben anderen Faktoren ist Napoleon dies im Feldzug von 1812 zum Verhängnis geworden. Sein Gegenspieler bei Borodino, der russische General Kutusow, war alles andere als ein militärisches Genie, und bezüglich taktischer Flexibilität oder strategischer Kreativität war er Napoleon nicht im entferntesten gewachsen. Aber seine Beharrlichkeit und Nervenstärke, um nicht zu sagen: seine Sturheit, nahmen Napoleon die Möglichkeit, seine in früheren Fällen kriegsentscheidenden Fähigkeiten zur Beschleunigung des Kriegsgeschehens ins Spiel zu bringen.[28]

Aber es war keineswegs nur der zähe Widerstand der russischen Soldaten, der während Napoleons Russlandfeldzug von 1812 ein Element der Entschleunigung des in seinen Kriegsplänen auf Schnelligkeit angewiesenen Kaisers darstellte, sondern daneben spielte auch die Weite Russlands, die schiere Ausdehnung des Raumes, eine wichtige Rolle. Die Bedeutung, die Schnelligkeit und Beschleunigung für den Gang eines Krieges haben, steht in Relation zu der Größe des Raumes, den man mit einem im 18. Jahrhundert aufgekommenen Begriff als »Kriegstheater« bezeichnet, sowie der anschließenden Räume, in die hinein der Krieg von den Verteidigern verlagert werden kann. Je größer diese Räume sind, desto geringer ist der relative Effekt der Beschleunigung. Oder umgekehrt: je kleiner das Kriegstheater ist, desto folgenreicher sind selbst geringfügige Beschleunigungsdifferenzen für Verlauf und Aus-

28 Dazu ausführlich oben S. 75 ff.

gang der Kampfhandlungen. In der politisch wie geographisch engräumigen Landschaft Mitteleuropas war die größere Schnelligkeit, mit der Napoleon seine Truppen bewegte, hinreichend, um als Erfolgsgarant zu fungieren. In den Weiten Russlands hingegen hat sich dieser relative Beschleunigungsvorteil als zu gering erwiesen, um den militärischen und politischen Sieg verbürgen zu können.[29] Clausewitz' berühmtes, später viel zitiertes Urteil über Napoleons Scheitern in Russland fasst diese Beobachtungen prägnant zusammen: »Sein Feldzug ist nicht mißraten, weil er zu schnell und zu weit vorgedrungen ist, wie die gewöhnliche Meinung geht, sondern weil die einzigen Mittel zum Erfolg fehlschlugen. Das russische Reich ist kein Land, das man förmlich erobern, d. h. besetzt halten kann, wenigstens nicht mit den Kräften jetziger europäischer Staaten, und auch nicht mit den 500 000 Mann, die Bonaparte dazu anführte. Ein solches Land kann nur bezwungen werden durch eigene Schwäche und durch die Wirkungen des inneren Zwiespalts.«[30]

Größere Schnelligkeit und höhere Beschleunigungskapazitäten sind also mitnichten eo ipso Garanten des Sieges, sondern sie sind dies nur unter bestimmten Voraussetzungen, wie der räumlichen Begrenztheit des Kriegstheaters, einer nicht deutlich größeren Kampfentschlossenheit und Zähigkeit der gegnerischen Truppen in der Defensive und schließlich der Unfähigkeit der Gegenseite, die Vorteile eines größeren Raumes, die »strategische Tiefe«, als Faktor in das Produkt des Kriegsverlaufs einzubringen. Fällt eine dieser Voraussetzungen weg, so ist die Chance dahin, größere Schnelligkeit in die Erhöhung der Siegchancen umzumünzen, ja, die Beschleunigungsvorteile können sogar ins Gegenteil umschlagen und die Wahrscheinlichkeit der Niederlage erhöhen. Clausewitz hat diese Widerstandsart, bei der eine Seite an ihrer Überlegenheit in Sachen Schnelligkeit scheitert und zugrunde geht, unter der Überschrift »Rückzug in das Innere des Landes« behandelt: »Wir haben den freiwilligen Rückzug in das Innere des Landes als eine eigene mittelbare Widerstandsart angesehen, bei welcher der Feind nicht sowohl durch das Schwert als durch seine eigenen Anstrengungen zugrunde gehen soll. [...] Jeder im Angriff Vorschreitende wird in seiner Streitmacht durch dieses Vorschreiten geschwächt; [...]. Diese Schwächung im Vorgehen wird gesteigert, wenn der Gegner unbesiegt ist, sich mit einer ungebrochenen frischen Streitmacht freiwillig vor ihm zurückzieht, ihn aber durch einen beständigen abgemessenen Widerstand jeden Schritt Landes blutig erkaufen lässt, so daß sein Vorschreiten ein beständiges

29 Diese Überlegungen gelten in leicht modifizierter Form auch für das Scheitern der Wehrmacht in Russland im Sommer und Herbst 1941; dazu Müller, *Der letzte deutsche Krieg*, S. 100 ff., sowie Salewski, *Deutschland und der Zweite Weltkrieg*, S. 193 ff.

30 Clausewitz, *Vom Kriege*, S. 1024.

Vordringen und nicht ein bloßes Verfolgen ist.«[31] Clausewitz hat diesen Gedanken zu dem Theorem vom »Kulminationspunkt des Angriffs« verdichtet, bei dem die Überlegenheit der einen Seite dazu führt, dass sie den Punkt eines relativen Kräftegleichgewichts überschreitet und sich dadurch einem Rückschlag aussetzt: »Die Gewalt eines solchen Rückschlags ist gewöhnlich viel größer, als die Kraft des Stoßes war. Dies nennen wir den Kulminationspunkt des Angriffs.«[32] Dass gerade die größere Schnelligkeit und höhere Beschleunigungskapazitäten einen Angreifer dazu verleiten kann, den Kulminationspunkt des Angriffs zu überschreiten und dadurch der Wucht des Rückstoßes ausgesetzt zu sein, bedarf keiner weiteren Begründung.[33]

Partisanenkrieg als strategische Entschleunigung

Eine andere Form, die aus militärorganisatorischer oder waffentechnologischer Überlegenheit erwachsenen Beschleunigungsvorteile der Gegenseite zu kompensieren, ist die Entfesselung eines Partisanenkrieges, der im Rahmen der hier angestellten Überlegungen zu den Zeitrhythmen im Kriege als umfassende Strategie der Verlangsamung des Kampfgeschehens definiert werden kann. In diesem Sinne hat Mao Tse-tung den Partisanenkrieg als den »langandauernden Krieg« bezeichnet.[34] Dazu gehört die Vermeidung größerer Gefechte, bei denen der Gegner seine organisatorische und technologische Überlegenheit ins Spiel bringen und so den Kriegsverlauf beschleunigen kann, und vor allem die Grunddevise aller Partisanenkriege, dass der Sieg am Schluss der Seite zufällt, die die größere Durchhaltekraft und nicht unbedingt die größeren Beschleunigungskapazitäten besitzt. Raymond Aron hat dies auf die Formel gebracht, dass es den Partisanen genügt, »militärisch nicht zu verlieren, um politisch zu gewinnen«,[35] und Henry Kissinger hat dies zu dem Aperçu zugespitzt, dass Partisanen gewinnen, wenn sie nicht verlieren, Reguläre hingegen verlieren, wenn sie nicht gewinnen.[36]

31 Ebd., S. 784.
32 Ebd., S. 879.
33 Chalmers Johnson hat kürzlich das von Clausewitz rein militärisch gedachte Konzept des Rückschlags ins Politische übertragen und in Verbindung mit Paul Kennedys besorgten Überlegungen zum *imperial overstretch* auf die imperiale Ausdehnung der USA übertragen: vor allem im pazifischen Raum glaubt er ein Überschreiten des Kulminationspunktes konstatieren und deutliche Anzeichen für einen Rückschlag (»blowback«) beobachten zu können. Johnson, *Ein Imperium verfällt*.
34 Mao Tse-tung, »Über den langdauernden Krieg«, S. 179-278.
35 Aron, *Frieden und Krieg*, S. 48.
36 »The guerrilla wins if he does not lose. The conventional army loses if he does not win.« Kissinger, »The Vietnam Negotiations«, S. 214.

Was damit in den Blick kommt, sind die prinzipiell asymmetrischen Konstellationen eines Partisanenkrieges, in dem beiden Seiten unterschiedlich große Zeitquanten zur Verfügung stehen: Da die eine Seite nur über ein begrenztes Zeitbudget verfügt, ist sie zur Beschleunigung gezwungen, um die politisch-militärischen Ziele zu erreichen, bevor das Budget erschöpft ist. Die andere Seite dagegen, die über nur geringe Beschleunigungsreserven verfügt, hat ein tendenziell unerschöpfliches Zeitbudget und ist ihrerseits gezwungen, den Gang des Kriegsgeschehens immer wieder zu »entschleunigen«, wenn sie erfolgreich sein will. Würde sie sich auf einen Beschleunigungswettlauf einlassen, so würde sie den Krieg sehr schnell verlieren; dagegen wachsen ihre Erfolgschancen in dem Maße, wie es ihr gelingt, den Konflikt in die Länge zu ziehen, Entscheidungsschlachten zu vermeiden und auf die allmähliche Ermattung des Gegners zu setzen. Clausewitz hat die Erfolgsaussichten eines Partisanenkrieges, den er unter den Oberbegriffen »Volkskrieg« und »Volksbewaffnung« behandelt, dementsprechend als das Produkt aus den Faktoren Raum und Zeit begriffen: »Daß ein so verteilter Widerstand nicht zu der in Zeit und Raum konzentrierten Wirkung großer Schläge geeignet ist, geht aus der Natur der Sache hervor. Seine Wirkung richtet sich, wie in der physischen Natur der Verdampfungsprozeß, nach der Oberfläche. Je größer diese ist und der Kontakt, in welchem sie mit dem feindlichen Heere sich verbindet, um so größer ist die Wirkung der Volksbewaffnung. Sie zerstört wie eine still fortschwelende Glut die Grundfesten des feindlichen Heeres. Da sie zu ihren Erfolgen Zeit braucht, so entsteht, während beide Elemente so aufeinander wirken, ein Zustand der Spannung, die sich entweder nach und nach löst, wenn der Volkskrieg an einzelnen Stellen erstickt wird und an anderen langsam erlischt, oder die zu einer Krise führt, wenn die Flammen dieses allgemeinen Brandes über das feindliche Heer zusammenschlagen und es nötigen, das Land vor eigenem gänzlichen Untergange zu räumen.«[37]

Wie entstehen nun diese unterschiedlichen Zeitbudgets, die die eine Seite zur Beschleunigung zwingen und der anderen die Verlangsamung ermöglichen? Entscheidend ist hierfür die Höhe und Art der Kosten, die eine Gesellschaft für die Durchsetzung ihrer politischen Ziele mit gewaltsamen Mitteln zu zahlen bereit ist. Dabei gilt zunächst generell, dass das verfügbare Zeitbudget um so größer ist, je höher die Leidens- und Opferbereitschaft einer Bevölkerung ist. Nur Gesellschaften mit einer sehr hohen Leidens- und Opferbereitschaft sind in der Lage, einen Partisanenkrieg erfolgreich durchzustehen. Wo diese Bereitschaft nicht vorhanden ist, wird der Widerstand, wenn er an einigen Stellen erst einmal gewaltsam erstickt worden ist, im ganzen Land recht schnell erlöschen, und der Partisanenkrieg ist damit verloren. Zur Führung

37 Clausewitz, *Vom Kriege,* S. 800.

von Partisanenkriegen sind also nur *heroische* Gesellschaften befähigt, Gesellschaften, in denen Werten wie Opfer und Ehre eine zentrale Bedeutung zukommt.[38] Je stärker heroische Werte das Selbstverständnis einer Gesellschaft prägen, desto größer ist das Zeitbudget, das für die erfolgreiche Führung eines solchen Krieges zur Verfügung steht. Genau umgekehrt ist dies bei *postheroischen* Gesellschaften, die über Tausch und Arbeit integriert sind, Opfer zu vermeiden trachten und für die Ehre eine geringe Bedeutung besitzt: Sie haben nur knappe Zeitbudgets für die Führung eines Krieges, und ihre Bereitschaft zur Übernahme der Kosten eines Krieges erstreckt sich eher auf finanzielle Belastungen und scheut den Einsatz von Menschenleben. Dementsprechend tendieren postheroische Gesellschaften dazu, eine Art der Kriegführung zu forcieren, bei der durch den Einsatz einer immer fortgeschritteneren Technologie die eigenen Opfer minimiert werden. In der Regel läuft dies auf eine weitere Steigerung der Beschleunigungsfähigkeiten hinaus, um im Rahmen der knappen Zeitbudgets zu bleiben. Postheroische Gesellschaften investieren in militärische Hochtechnologie, um Zeit und Menschenleben zu sparen. Das ist ihre Stärke, denn auf diese Weise sind sie, wie zuletzt der Dritte Golfkrieg gezeigt hat, mit einer bislang unvorstellbaren Effizienz kriegführungsfähig. Das ist zugleich aber auch ihre Schwäche, denn auf diese Weise sind sie einem Gegner mit größerer zeitlicher Durchhaltefähigkeit in hohem Maße ausgeliefert.

Waren symmetrische Kriege durch eine starke Tendenz zur Angleichung unterschiedlicher Zeitrhythmen gekennzeichnet, so zeichnen sich asymmetrische Konfliktlagen gerade dadurch aus, dass die unterschiedlich starken Akteure ihre Erfolgschancen durch Auseinanderentwicklung der Zeitrhythmen vergrößern – die technologisch und ökonomisch überlegene Seite durch weitere Beschleunigung, die unterlegene Seite hingegen durch weitere Verlangsamung: Im Prinzip nämlich ist der Terrorismus im Vergleich mit dem Partisanenkrieg durch eine weitere Ausdehnung der Zeitquanten gekennzeichnet, und der Schlüssel hierzu ist die weitgehende Entterritorialisierung der Akteure. Der Krieg hat dadurch eine gegenüber den klassischen Staatenkriegen fundamental andere Erscheinungsform bekommen: Entscheidungsschlachten, die nur möglich sind bei tendenziell gleichen Zeitrhythmen, dürften der Vergangenheit angehören, und statt dessen tritt der Kampf um die Dominanz der je eigenen Zeitrhythmen in den Vordergrund. Fast zwangsläufig ist dieser Kampf nicht auf ein Duell von Kombattanten zu beschränken, sondern erfasst die gesamte Gesellschaft und alle ihre Lebensbereiche.

38 Vgl. unten, S. 322 ff.

Die politischen Effekte unterschiedlicher Zeitressourcen

Die politische Ordnung der Staaten, wie sie sich in Europa im Verlaufe des 16. und 17. Jahrhunderts herausgebildet hat, das sogenannte Westfälische System, war (und ist) nicht nur eine auf strukturelle Ähnlichkeiten angelegte Ordnung des Raums, sondern zugleich auch eine ähnliche Rhythmen befördernde und nötigenfalls erzwingende Ordnung der Zeit. Die Territorial- wie Temporalstrukturen des europäischen Raumes sind durch die Ordnung der Staatlichkeit auf Äquivalenz ausgerichtet worden. Während im Pluriversum der Staaten der Raum durch Grenzziehungen geordnet wurde, sorgte die Konkurrenz der Staaten dafür, dass sich die Zeitrhythmen und Beschleunigungskapazitäten der einzelnen Staaten nicht zu weit voneinander entfernten: Wenn es kurzzeitig dazu kam, dass einer der Staaten deutliche Beschleunigungsvorteile gegenüber den anderen erlangte (was fast immer mit einer Ausweitung seines räumlichen Herrschaftsbereiches verbunden war), so waren die anderen Staaten infolge der untereinander bestehenden Reziprozitätsbeziehungen bestrebt, diese Beschleunigungsvorteile so schnell wie möglich wettzumachen.[39] Das gilt für die Zeitordnung und das Beschleunigungspotential bei der Produktion von Gütern ebenso wie bei der Führung von Kriegen. Wäre es einem Staat gelungen, Beschleunigungsvorteile auf Dauer zu stellen, so wäre dies über kurz oder lang auf das Ende des europäischen Staatenpluriversums und die Entstehung eines imperial geordneten Machtbereichs hinausgelaufen. Anläufe in diese Richtung hat es immer wieder gegeben; auf Dauer erfolgreich gewesen ist keiner von ihnen.[40]

Neben der ökonomischen Konkurrenz war es vor allem der Krieg bzw. die Kriegsdrohung, die in Europa immer wieder zu einer Angleichung der Zeitrhythmen und Beschleunigungspotentiale geführt hat – mit Ausnahme deutlicher ausgeprägter Unterschiede an den östlichen und südöstlichen Rändern, wo die europäische Staatenwelt in imperiale Ordnungen überging. Hier ließen Aufholzwang und Angleichungsdruck nach, und demgemäß vergrößerte sich die Rückständigkeit dieser Regionen – auch in militärischer Hinsicht. Im europäischen Zentrum hingegen bedingten sich symmetrische Kriege und annähernd gleiche Zeitrhythmen der Kriegführung wechselseitig. Hier wurde auf Beschleunigungsvorteile mit nachholender Beschleunigung reagiert, und ein sich

39 Pluralität und Konkurrenz sind als die von anderen Erdteilen unterscheidenden Spezifika Europas herausgestellt und in ihren Folgen untersucht bei Jones, *Das Wunder Europa*, S. 121 ff.

40 Vgl. nach wie vor: Dehio, *Gleichgewicht oder Hegemonie*, außerdem Münkler, *Imperien*, S. 59 ff.

entwickelndes Symmetriegefälle wurde durch entsprechende Resymmetrierungsanstrengungen ausgeglichen, bevor es sich zu unaufholbaren Asymmetrien auswachsen konnte. Die asymmetrische Antwort, die auf Beschleunigungsvorteile mit systematischer Verlangsamung antwortet – sie wurde oben als Partisanenkrieg beschrieben –, blieb dementsprechend auf die europäischen Randbereiche beschränkt, etwa auf Spanien und Russland in der Zeit der napoleonischen Kriege.

Symmetrische Kriege unterscheiden sich von asymmetrischen Kriegen nicht dadurch, dass sie weniger Opfer fordern; aber sie sind kürzer und stürzen die Grundstruktur der politischen Ordnung nicht um, sondern beschränken sich auf Einfluss- und Machtverschiebungen.[41] Vor allem aber bieten sie die Perspektive, durch rationalen Interessenausgleich abgelöst und in eine Epoche friedlichen Zusammenlebens überführt werden zu können, wie dies Kant in seiner Schrift *Zum Ewigen Frieden* projektiert hat. All dies ist im Fall asymmetrischer Kriege nicht der Fall. In ihnen folgen die Akteure unterschiedlichen Rationalitätsstandards, häufig haben sie divergente Wertmuster, und dass sie nach unterschiedlichen Zeitrhythmen und Beschleunigungspotentialen agieren, verringert die Chancen friedlichen Interessenausgleichs obendrein: Es war eine der großen politischen Hoffnungen nach dem Ende des Zweiten Weltkriegs sowie der Epoche der Entkolonisierung und der sie begleitenden Kriege, dass eine solche Ordnung der Staatlichkeit in globalem Maßstab durchgesetzt und etabliert werden könne und aus ihr langfristig eine Welt des Friedens erwachsen werde. Daraus ist nichts geworden; im Gegenteil – die Staaten haben das Monopol der Kriegführungsfähigkeit zunehmend verloren.[42] Während die symmetrischen Kriege der europäischen Geschichte, die nach kongruenten Zeitrhythmen geführt wurden, ein historisches Auslaufmodell sind, ist die Anzahl der asymmetrischen Kriege deutlich angewachsen. Sie sind gekennzeichnet durch das Auseinanderdriften der jeweiligen Zeitrhythmen der konfligierenden Parteien, und es spricht vieles dafür, dass dies als ein nicht beherrschbarer Eskalationsfaktor wirksam werden wird.

41 Daase, *Kleine Kriege – Große Wirkung*, S. 91 ff.
42 Dazu Münkler, »Die Privatisierung des Krieges«, S. 7-22.

KAPITEL 8

Bilder als Waffen: Der Krieg und die Medien

Krieg und Medien sind seit langem eine enge Verbindung miteinander eingegangen. Bereits Mitte des 18. Jahrhunderts ist der Krieg als »die so furchtbare Mutter« der Zeitschriften bezeichnet worden.[1] So bildeten Kriege den Anlass und Gegenstand der unregelmäßig erscheinenden Vorläufer der periodischen Presse. Im deutschsprachigen Raum werden zwischen 1630 und 1640, also während des Dreißigjährigen Krieges, 41 neue Zeitungen gegründet, viermal so viele wie ein Jahrzehnt danach, und das, obwohl Kriege gleichzeitig als Notzeiten gelten, in denen Herstellung und Absatz von Zeitungen stark beeinträchtigt sind.[2] Eineinhalb Jahrhunderte später, in der Zeit der revolutionären und der anschließenden napoleonischen Kriege, entsteht zunächst in Frankreich und dann in ganz Europa die moderne Presselandschaft mit ihren Periodika.[3]

Doch sind es wirklich die Kriege und kriegerischen Auseinandersetzungen, die die Schaulust und das Informationsinteresse wecken? Betrachtet man die Prozesse im revolutionären Frankreich genauer, so zeigt sich, dass die Entwicklung der Presselandschaft eher internen Politikprozessen als äußeren Konflikten geschuldet ist. Jede Nachricht ist auf ein Publikum angewiesen und zugeschnitten. Die ersten Konsumenten der Tagesnachrichten sind die neuen politischen Eliten, die Abgeordneten der *Assemblée nationale*, die nicht nur regelmäßig, sondern auch vielseitig informiert sein wollen und müssen, insofern sie sich als Sprachrohr der Nation verstehen, und erst später sind es breitere Kreise der nunmehr mit politischem Mitspracherecht ausgestatteten Bevölkerung. Auch ein zweiter Aspekt ist von Bedeutung: Die breite Mehrheit der Bevölkerung interessiert sich von der Zeit an zunehmend für die Kriege in Europa, da die Kampfhandlungen nicht mehr von Söldner-, sondern von den Volksheeren geführt werden. Der Krieg, der zur Sache des Volkes geworden ist, ist dementsprechend auch von Interesse für das Volk. Es will unterrichtet und informiert werden.

Vor allem dieser Wandel im Charakter des Krieges ist bedeutsam für die Entwicklung der Kriegsberichterstattung. In einer knappen Skizze

1 *Wohlmeinender Unterricht, für alle diejenigen, welche Zeitungen lesen,* Leipzig 1755, zitiert nach Wilke, »Krieg als Medienereignis«, S. 22.
2 Ebd., S. 22-23.
3 Vgl. Popkin, *Revolutionary News.*

soll im folgenden diese Entwicklung nachgezeichnet werden. Der Fokus liegt dabei auf einer Analyse der veröffentlichten Bilder und ihrer Bedeutung für den Krieg.[4] Die These ist, dass sich die Medien vom Begleiter des Krieges zu dessen Bestandteilen gewandelt haben und inzwischen selbst als Kriegsmittel gelten können. Wie es zu dieser gravierenden Transformation der Medien kommen konnte, wird im zweiten Teil des Kapitels diskutiert. Dabei wird zwischen der Eigenart der Bildsprache in den Medien, den Besonderheiten der Kriegführung und der Ethik der Krieg führender Gesellschaften unterschieden.

»Kriegsberichterstattung« von der napoleonischen Zeit bis in die Gegenwart

Bis zum Ende des 18. Jahrhunderts fungieren Korrespondenten als Berichterstatter. Sie verarbeiten eigene Beobachtungen, Mitteilungen von Augenzeugen, offizielle Quellen und Meldungen, die schon anderweitig erschienen waren. Ihr Stil ist sachlich, unspektakulär und in jeder Hinsicht um »Objektivität« bemüht. Dabei bleibt der Krieg selbst jedoch weitgehend der Geheimdiplomatie vorbehalten. Die Öffentlichkeit bzw. das Volk findet in der Zeit der Kabinettskriege keine Beachtung und wird dementsprechend auch nicht gezielt informiert. Auch erfolgt die Berichterstattung ohne zeitlichen Druck. Demengemäß klaffen das Kriegsgeschehen und die entsprechenden Berichte darüber zeitlich weit auseinander.[5] Insofern sind auch die Reaktionsmöglichkeiten der Öffentlichkeit, so diese denn überhaupt existieren, sehr begrenzt. Kriegsbeschreibungen dienen eher der geschichtlichen Einordnung denn der politischen Analyse.

Seit dem Ende des 18. Jahrhunderts entsteht dann der Typ des Publizisten, der nicht nur Bekanntes und bekannt Gewordenes berichtet, sondern auch Unbekanntes »aufdeckt«, Kritik übt und Meinungsbildung betreibt.[6] Als erster Journalist, der aktiv und »auf eigene Faust« an der Front recherchierte und den Krieg von dort aus schilderte, gilt der Engländer William Howard Russell, der für die Londoner »Times« über den Krimkrieg (1853-1856) berichtete und mittlerweile als klassi-

4 Dazu allgemein Paul, *Bilder des Krieges, Krieg der Bilder,* dessen Analyse freilich erst mit der Verwendung der Fotographie substanziell wird.

5 Goethe etwa, der fünf Monate den preußischen Feldzug gegen Frankreich begleitet, veröffentlicht seine Kampagne in Frankreich 1792 erst 30 Jahre danach. Goethe, *Aus meinem Leben;* Zweiter Abteilung fünfter Teil; »Auch ich in der Champagne!«, Stuttgart/Tübingen 1822.

6 Vgl. Wilke, »Spion des Publikums, Sittenrichter, Advokat der Menschheit. W. L. Wekhrlin«, S. 322-334.

sches Beispiel des »investigativen« Reporters angesehen wird.[7] Freilich konnte dieser neue Typ des Journalisten erst entstehen, als Presseberichte selbst zum Bestandteil des Krieges wurden. Auch hier markieren die Französische Revolution und in ihrer Folge die Napoleonischen Kriege einen Einschnitt in der Pressegeschichte. Vor allem Napoleon war sich der Bedeutung der öffentlichen Meinung bewusst und bemühte sich, gezielt mit der eigenen wie mit der Zivilbevölkerung des Gegners zu kommunizieren. So gibt es aus den Napoleonischen Kriegen nicht nur unzählige Beispiele von Kriegspropaganda, sondern auch Fälle, in denen sich Militärs über die Berichterstattung der Journalisten beschweren. Der Herzog von Wellington etwa tadelt in einem Brief vom 21. Dezember 1809 die Zeitungen für ihre Kriegsberichte, die so detailliert seien, dass der Gegner nicht nur exakte Informationen über die Zahl der Regimenter, deren Stellung und Bewaffnung erhalte, sondern auch noch über deren Kampfmoral informiert werde. Auf diese Weise werde der Gegner unterstützt und die Position der eigenen Truppe untergraben.[8] Die Befürchtung, dass Medienberichte den Gegnern strategisch nützen, wurde bald darauf zur Standardbegründung für Zensur in Kriegszeiten.

So wurde auch Russell mit dem Vorwurf konfrontiert, er habe Hochverrat begangen, da aufgrund seiner Berichterstattung der Gegner mit Informationen über militärische Details versorgt worden sei. Es kam sogar das Gerücht auf, der russische Geheimdienst würde seine Berichte nach Moskau kabeln und in militärische Vorteile umsetzen. Im englischen Parlament gab es daher erregte Debatten über die Legitimität der freien Kriegsberichterstattung. Politikern wie Militärs war klar geworden, dass die Kriegsberichterstattung mit ihren neuen technischen Möglichkeiten, die die Zeit zwischen Ereignis und Berichterstattung erheblich verkürzten, eine neue politische wie strategische Rolle übernommen hatte. Ein Krieg, der noch nicht beendet war und über den fortlaufend berichtet werden konnte, musste notgedrungen die ganze mediale Aufmerksamkeit auf sich ziehen. Damit gewann die Berichterstattung nicht nur für den militärischen Apparat selbst an Bedeutung, sondern sie wurde auch für die breite Öffentlichkeit zum politisierenden Faktor. Prinz Albert, Ehemann von Königin Viktoria, nannte Russell, nicht ohne Ressentiment, einen »miserablen Schreiberling«.[9] Außenminister Lord Clarendon erklärte sogar, die negativen Wirkungen seiner Berichte könnten nicht durch drei erfolgreiche Schlachten wettgemacht werden.[10] Angesichts

7 Knightly: The First Casuality, sowie Paul, *Bilder des Krieges, Krieg der Bilder,* S. 61 ff.; vgl. auch Russell, *Meine sieben Kriege.*

8 Vgl. Kunczik, »Kriegsberichterstattung und Öffentlichkeitsarbeit in Kriegszeiten«, S. 90.

9 Fabian/Adam, »Bilder vom Krieg: 130 Jahre Kriegsfotografie«, S. 76.

10 Koszyk, »Amtliche Irreführung«, S. 26.

der unerwünschten Öffentlichkeit wurde während des Krimkriegs von englischer Seite daher nicht nur die Zensur eingeführt, sondern im Auftrag von Prinz Albert auch der Fotograf Robert Fenton mit Kamera und mobiler Dunkelkammer auf die Krim geschickt. Er sollte die »positiven Seiten des Krieges« darstellen.[11] »No dead bodies«, lautete der Auftrag Prinz Alberts.[12] Fenton, der mit den englischen Truppen zog, gehörte zu den ersten »eingebetteten« Journalisten.[13] Doch dieses »Eingebettetsein« schuf eine soziale Situation, die einen höchst subtilen Einfluss auf die Berichterstattung hatte. Fenton teilte zwar »nur« die Schwierigkeiten des Alltags mit den Soldaten, doch verbanden ihn diese bald eng mit den »Kameraden«. Seine Bilder zeigten denn auch Idyllen, die Kameradschaft und Abenteuer versinnbildlichen. Noch heute wirkt der Gegenstand seiner Fotos »als Variante eines vergnüglichen Jagdausflugs und nicht als grausames Unternehmen«.[14] Fentons mehr als 350 Bilder konnten zwar noch nicht von der Presse genutzt werden – dies wurde technisch erst ab 1880 möglich –, doch wurden sie in Wanderausstellungen als politische Werbung eingesetzt. Der Schock über die neuen Möglichkeiten der Kriegsberichterstattung gebar daher nicht nur den Gedanken ihre Restriktion, nämlich der Zensur, sondern brachte auch die ersten Schritte ihrer propagandistischen Verwendung mit sich. Zensur, Propaganda und schließlich Gegenpropaganda gehören seitdem zusammen. Sie alle entstammen einer Zeit, in der die Medien, anstatt »nur« zu berichten, durch die Verkürzung der Zeit zwischen Geschehen und Bericht eine Öffentlichkeit schufen und diese politisch mobilisierten.[15]

War die Presse im 18. und 19. Jahrhundert somit in erster Linie ein *Begleiter der Kriege*, so wird sie im 19. und 20. Jahrhundert schrittweise zum *Bestandteil des Krieges*. Einen nicht unwesentlichen Anteil daran haben, wie schon das Beispiel Fentons zeigt, neben der Verkürzung der Zeitspanne zwischen Ereignis und Bericht die neuen technischen Möglichkeiten auf dem Gebiet der visuellen Kommunikation. Im Laufe des 19. Jahrhunderts setzen sich nämlich im Zusammenhang mit den

11 Kunczik, »Kriegsberichterstattung und Öffentlichkeitsarbeit in Kriegszeiten«, S. 91.

12 Ebd.

13 Der Begriff des eingebetteten Journalisten wird freilich erst in den beiden Irakkriegen geboren. Auch hier kommt es zu subtilen Formen emotionaler und psychologischer Verstrickung: »Es entwickelten sich Loyalitäts- und Dankbarkeitsgefühle, die einen Schleier über die objektive Berichterstattung legten. Den eigenen Lebensrettern pfuscht man nicht ins Geschäft. Eine Berichterstattung über Wäsche waschende, essende und schlafende Soldaten gab dem Krieg ein menschliches Gesicht – auf der Siegerseite.« Müller, »Demokratie, die Medien und der Irakkrieg«, S. 24.

14 Kunczik, »Kriegsberichterstattung und Öffentlichkeitsarbeit«, S. 91.

15 Dazu Morelli, *Die Prinzipien der Kriegspropaganda*, insbes. S. 133 ff.

Berichten neue Illustrationstechniken durch, unter ihnen zunächst die Lithographie und der Holzstich. Von ihnen macht die Presse etwa im deutsch-französischen Krieg 1870/71 massiv Gebrauch.[16] Spätestens im Ersten Weltkrieg ermöglichte die Fotografie ein exaktes, ungeschöntes Festhalten der Kampfhandlungen. Noch heute konfrontieren die Aufnahmen den Betrachter mit dem Grauen der Schützengräben. Die Stäbe beider Seiten waren sich dessen bewusst und verboten darum die Veröffentlichung von Fotografien, auf denen Gefallene und Verwundete der eigenen Seite zu sehen waren. So wurde die visuelle Kriegsberichterstattung im Ersten Weltkrieg trotz der fortgeschrittenen technischen Möglichkeiten noch einmal von Zeichnern und Kunstmalern dominiert. Dem neuen Medium der Fotografie ist jedoch eine weitreichende Ambivalenz eigen. Auf der einen Seite können die Schrecken des Krieges mit einer sinnlichen Intensität vermittelt werden, wie es mit bloßen Worten kaum möglich ist. Auf der anderen Seite können Fotos jedoch auch in einer besonderen Weise zur Ästhetisierung und Heroisierung des Krieges genutzt werden.[17] Jeder Fotograf komponiert seine Bilder – und dies um so mehr in einer Zeit, in der der Schnappschuss technisch noch nicht möglich ist. Das in der Komposition enthaltene Moment der Verherrlichung und Stilisierung dient dann jedoch wieder der Entfremdung des Betrachters vom gezeigten Gegenstand. Die Möglichkeiten der Fotografie übertreffen in dieser Hinsicht sogar noch die medialen Potentiale des Films, der seit dem Ersten und Zweiten Weltkrieg ebenfalls zur »Information« der Zuschauer über das Geschehen an der Front dient.[18] Zum ersten Mal waren nunmehr die technischen Möglichkeiten gegeben, in den Medien, vor allem aber in den Wochenschauen, ein breites Publikum am Kriegsgeschehen »teilhaben« zu lassen und patriotisch zu stimmen.

Propaganda mit Hilfe der Medien, das heißt gezielte Manipulation des öffentlichen Bewusstseins, ist seitdem ein fester Bestandteil der modernen Kriegführung. Nicht nur ein hoch aufgerüsteter und hoch technisierter Militärapparat entscheidet den Krieg, sondern vor allem auch, ob es den jeweiligen Kriegsparteien gelingt, die Kontrolle über die Information bzw. die Bilder zu behalten: sie gezielt zu steuern, zu streuen oder zu verknappen. Sir Arthur Ponsonby hat dies so ausgedrückt: »In Kriegszeiten ist das Versäumnis zu lügen eine Nachlässigkeit, das Bezweifeln einer Lüge ein Vergehen und die Erklärung der Wahrheit ein Verbrechen.«[19] Zur Propaganda gehört nicht nur, dass die eigenen Verluste als möglichst gering bezeichnet und die der Gegner übertrie-

16 Wilke, »Krieg als Medienereignis«, S. 30.

17 Paul, *Bilder des Krieges, Krieg der Bilder,* S. 103 ff.

18 Ebd., S. 125 ff.

19 Ponsonby, »Lügen in Kriegszeiten«, S. 30.

ben werden, sondern auch die Dämonisierung des Gegners: Der Andere ist nicht nur der Aggressor, er ist »nachweisbar« auch der Barbar, der Unmensch, der Fanatiker, etc. Bereits im Ersten Weltkrieg entwickelten Großbritannien und Frankreich umfangreiche Propagandaapparate. Zu deren wichtigsten Aufgaben gehörte die »Greuelpropaganda«: Berichte und Bilder von den barbarischen Deutschen oder den Schwarzen und Indern in den Truppen der Westalliierten sollten die Bevölkerung auf Kampf und Durchhalten einstellen.[20] Die Presse nahm die ihr zugewiesene »nationale Aufgabe« der »geistigen Kriegsführung« gerne an – auch in Deutschland. Gleichwohl wurde ihr nach dem Ersten Weltkrieg in Deutschland vorgeworfen, zu wenig Patriotismus, Durchhaltevermögen und Siegesgewissheit in der Bevölkerung geschürt zu haben, so dass schließlich die Heimat den Truppen an der Front in den Rücken gefallen sei.[21] Die Dolchstoß-Legende hatte ihre publizistische Variante. Der Vorwurf vom Versagen der deutschen Publizistik unterstreicht, welche Bedeutung der Presse im Krieg mittlerweile zugemessen wurde und welche Rolle man von ihr erwartete.

Der Stellenwert der Presse kommt auch in dem Umstand zum Ausdruck, dass sowohl in Deutschland als auch in England und Frankreich mit Kriegsbeginn die Pressefreiheit aufgehoben und die Zensur eingeführt wurde. So durfte über militärisch relevante Informationen, etwa Schiffsbewegungen, Produktionskapazität und Versorgungslage sowie innenpolitische Differenzen, nicht berichtet werden. Zwar gab es auch im Ersten Weltkrieg immer wieder Journalisten, die die Zensur umgingen, doch konnte von einer autonomen Kriegsberichterstattung nicht die Rede sein. Eine freie Bewegung im Kampfgebiet war nicht möglich, so dass sich die Berichterstatter kein eigenes Bild von der Lage machen konnten. Die sogenannten »Augenzeugenberichte« von der Front waren deshalb einseitige Darstellungen, die ein geschöntes Bild vom blutigen und grausamen Alltag im Grabenkrieg entwarfen. Auch wurden eigene Niederlagen fast nie gemeldet, sondern als »Frontbegradigungen« weitergeleitet.

Vor allem wurde eine gezielte Pressepolitik betrieben. Als der Kriegsverlauf zu kippen drohte, hoffte Großbritannien auf einen Kriegseintritt der USA, den es propagandistisch zu befördern suchte. So wurde eine US-Sektion des britischen Propagandabüros eingerichtet, die nicht nur Besichtigungen der Front ermöglichte, sondern auch Informationen an US-Politiker sandte, Informationsveranstaltungen für US-Journalisten durchführte und letztlich immer mehr die Berichte der US-Medien zu beeinflussen suchte. Der Kriegseintritt der USA, der entscheidend von

20 Eine Zusammenstellung findet sich bei Hamann, *Der Erste Weltkrieg*.

21 Bertkau, *Das amtliche Zeitungswesen im Verwaltungsgebiet Ober-Ost*, S. 26.

der Stimmung in der US-amerikanischen Bevölkerung abhing, wurde so publizistisch vorbereitet.[22]

Doch so gezielt die Medien im Ersten Weltkrieg auch eingesetzt wurden, so zaghaft wirken diese Versuche im Vergleich zu der Mediensteuerung während des Zweiten Weltkriegs. Ende der 1930er Jahre strukturierte in Deutschland das Goebbelssche Ministerium die Kriegsberichterstattung und -propaganda zur »Informations-Verwaltung«[23] um. Dies bedeutete für die Frontberichterstattung, dass kein ziviler Journalist mehr recherchieren und informieren durfte, sondern die gesamte Nachrichtenvermittlung von sogenannten »Propaganda-Kompanien« getätigt wurde, die selbst militärische Einheiten waren und aus den vordersten Frontlinien berichteten. Damit wurde nicht nur ein, wie es damals hieß, fachkundiges und realistisches Berichten möglich (immerhin lieferten die Deutschen insgesamt 80 000 umfangreiche und technisch einwandfreie Kriegsberichte, 1,5 Millionen Bilder und 5,5 Millionen Filmberichte), sondern es wurde auch die Informationsfreiheit vollkommen aufgehoben und dem Militär untergeordnet.[24] Auch die USA starteten ihren militärischen Einsatz in Europa mit einer breit angelegten Presse-Kampagne. General Eisenhower prägte für sie den Satz: »Public opinion wins war.« Zwar durften sich die amerikanischen Korrespondenten im Kriegsgebiet relativ frei bewegen, doch waren sie bei der Informationsvermittlung auf die technischen Einrichtungen der US-Army angewiesen und blieben deren Kontrolle unterstellt. Sie galten als »betreute« Kriegsberichterstatter.

Die Präsentation der Kriegsgeschehnisse im Zweiten Weltkrieg wird deshalb gerne als »Pressekrieg« charakterisiert, und das in doppelter Hinsicht. Zum einen profitierten die Militärs von den Medien, die neben der effektiven Meinungssteuerung der Zivilbevölkerungen im Dienste der Kriegführung auch die Mobilisierung der Massen für den Frontdienst oder den Einsatz in der Kriegsindustrie ermöglichen. Zum anderen wurden die Kriegsvorstellungen von Zeitungsberichten, Fotos und Filmen geprägt. Als einheitliches Phänomen spielte sich der Krieg zunehmend in den Medien ab. Nicht mehr das, was mit eigenen Augen erfahren wurde, galt als Kriegserleben, sondern die Einordnung dieser Erlebnisse in die komplexe Bilderwelt und Berichterstattung der Medien wurde zur Grundlage der Erfahrungswelt von Zivilbevölkerung wie Soldaten. Die Medien bestimmen seither Wahrnehmung wie Beurteilung von Kriegen gleichermaßen.

Zu einem neuen qualitativen Sprung in der Kriegsberichterstattung kam es dann am Ende des 20. und zu Beginn des 21. Jahrhunderts.

22 Dominikowski, »›Massen‹medien und ›Massen‹krieg«, S. 42.

23 Ebd., S. 43.

24 Ebd., vgl. auch Paul, *Bilder des Krieges, Krieg der Bilder,* S. 223 ff.

Waren die Medien zuvor Bestandteil der Kriegspropaganda, wurden sie nun selbst zu *Kriegsmitteln*.[25] Am prägnantesten zeigt sich diese Entwicklung bei den Bildern von terroristischen Anschlägen: Hier sind die Bilder selbst ein Bestandteil der terroristischen Strategie. Dies war insbesondere bei den Anschlägen vom 11. September 2001 der Fall, als schließlich ein nach Millionen zählendes Publikum den Zusammensturz der Twin Towers buchstäblich miterlebte bzw. die unzähligen Male der Wiederholung dieser Bilder vom Einschlag der Flugzeuge und dem Zusammensturz des World Trade Centers dazu beitrugen, dass sich die Anschläge tief ins Bewusstsein der Menschen eingruben.[26] Ähnliches gilt für die späteren Anschläge von Madrid und London. Neu sind hier nicht nur die Verschmelzung von Berichterstattung und Echtzeit des Geschehens oder das weltweite Publikum als Adressat der Bilder, sondern auch die symbolische Bedeutung der Bilder, das brennende World Trade Center oder die zerrissenen Züge auf den Madrider Bahnhöfen, welche den Tod Hunderter, ja Tausender von Menschen zugleich überlagern und präsent halten. Wie ist es zu diesem erneuten Wandel der »Kriegsberichterstattung« gekommen, die zeitweilig nichts anderes als den Anspruch erhoben hat, die Kriege der Aufsicht der Weltöffentlichkeit zu unterstellen und dadurch einen Beitrag zur Kontrolle und Eindämmung der Gewaltanwendung zu leisten?

Vom Beobachter zum Protagonisten: die Rolle der Journalisten im Krieg

Bilder haben in unserer Kultur schon immer eine besondere Rolle gespielt, da sie wie kein anderes Medium unsere Vorstellung von Realität prägen. So sprechen wir davon, wir wollten uns »ein Bild« von den Tatsachen machen oder etwas »versinnbildlichen«, also einen Sachverhalt »anschaulich« zum Ausdruck bringen. Bilder haben zudem ihre ganz eigene Zeichensprache. Wie Symbole verraten sie ihre Aussagen meist auf den ersten Blick. Ein lachendes Kind auf einem Foto – niemand würde sich über den Aussagewert eines solchen Bildes streiten. Insofern eignen sich Bilder für die immer knapper werdenden Aussagen moderner Massenmedien in besonderer Weise. Auf einen Blick bzw. auf einem Bild scheinen sich die Sachverhalte ablesen zu lassen. Zudem vermitteln Filme und Fotos das Gefühl, etwas mit eigenen Augen gesehen zu haben. Bilder, so *scheint* es, können nicht lügen. Deshalb ist es auch nicht verwunderlich, dass die mediale Aufmerksamkeit für Konfliktszenarien

25 Münkler, »Terrorismus als Kommunikationsstrategie«, S. 11-18, sowie Shpiro, »Medien und Terrorismus«, S. 19-24.

26 Dazu Seeßlen/Metz, *Krieg der Bilder*, S. 19 ff.

meist erst in dem Augenblick anwächst, in dem das erste Bildmaterial gezeigt wird. Als Amnesty International 2003 in einem Bericht auf Foltervorwürfe im Irak einging, gab es zwar vereinzelte Pressemeldungen, aber die Sache verlief sich schnell im Sande. Erst als im Frühjahr 2004 Fotos von Folterungen veröffentlicht wurden, griffen die Medien das Thema auf, und es wurde zu einem der größten Probleme der amerikanischen Irakpolitik.[27]

Ähnlich stellt sich dies bei humanitären Interventionen dar. Erst von dem Moment an, in dem die ersten Fotos an die Öffentlichkeit gelangen, die ersten Filmberichte gezeigt werden, gewinnt eine humanitäre Katastrophe breite Aufmerksamkeit und zwingt im öffentlichen Aufschrei der Empörung Regierungen zum Handeln. So waren es die Fotos vertriebener und hungernder Kinder, die zur Intervention in Somalia führten, obwohl schon lange zuvor Hilfsorganisationen und NGOs vor einer humanitären Katastrophe gewarnt hatten. Fotos und Filme gelten in besonderer Weise als Belege und Beweise, selbst wenn sie, wie im Fall der Folter von Gefangenen, gestellt, obszön und menschenverachtend sind.

Und doch: Die Medienberichte über die jüngsten Kriege hat auch die Diskussion über die Manipulierbarkeit von Bildern wieder ins Blickfeld gerückt. Das Betrachten von Bildern, seien es nun Filme oder Fotos, ist immer auch ein Akt der Interpretation. Bilder verraten nichts über den Kontext ihrer Entstehung, meist noch nicht einmal etwas über den Kontext dessen, was sie zeigen. Aber aus dem Kontext gerissen sind sie für die Kriegsparteien frei interpretierbar und instrumentalisierbar. Bilder »lügen« durch die Veränderung der beigefügten Information. Bildausschnitte von unspektakulären Alltagssituationen, aber mit konstruierten Unterzeilen legen völlig anders geartete Szenarien nahe. Bilder lügen aber auch, wenn das Bildmaterial verändert wurde. Die Manipulation von Bildern hat Methode und Tradition. Erinnert sei hier nur an die weithin bekannten Bilder, auf denen nach Anweisung Stalins Retuscheure das für Militärfragen zuständige Mitglied des Rats der Volkskommissare Leo Dawidowitsch Bronstein, genannt Trotzki, verschwinden ließen, der damit aus dem historischen Gedächtnis getilgt werden sollte.[28]

Die heutige Regenbogenpresse bzw. die Werbung konfrontiert uns täglich mit Bildern, die wir als »schönen Schein« nicht mehr hinterfragen. Aber fast alle Bilder, die wir aus Tagespresse und Fernsehen kennen, sind in irgendeiner Weise arrangiert und gestellt. Selten machen wir uns bewusst, dass jeder Journalist und Fotograf seine Bildobjekte gezielt auswählt, seine Fotos nach eigenen ästhetischen und politischen Kri-

27 Eine ausführliche Darstellung findet sich bei Paul, *Der Bilderkrieg*, S. 181 ff.

28 Münkler, *Politische Bilder, Politik der Metaphern*, S. 12-13.

terien auswertet[29] und Presseagenturen Fotos nach medienwirksamen Merkmalen sieben. Die Spendenbereitschaft westlicher Gesellschaften wird nachhaltig angeregt durch Bilder von Hunger und Elend, zumal wenn sie Mütter und Kinder zeigen, also sogenannte unschuldige Zivilisten. Als mobilisierende Symbole gelten inzwischen die Motive »Mutter mit weinendem Kind« oder »Kind mit Ungeziefer«, die in nahezu allen Berichten aus den Flüchtlingscamps auftauchen. Die mit solchen Bildern unterlegten Berichte stimulieren in den westlichen Gesellschaften regelmäßig Wellen der Hilfsbereitschaft. Im Zusammenspiel von NGOs und Medien diktieren diese Bilder die Rhythmen der humanitären Hilfe, und so schnell, wie ein regionaler Konflikt ins allgemeine Bewusstsein getreten war, so schnell verschwindet er daraus auch wieder, wenn es keine Bilder mehr gibt.

Aber nicht nur die Bilder, sondern auch die Vermittlung der Nachrichten selbst ist zu berücksichtigen. So sind die Schlagzeilen der Zeitungen, die Titelblätter oder die halbstündigen Nachrichtensendungen, die wir ganz selbstverständlich betrachten, noch nicht sehr alt, und doch haben wir uns ihren Code und die diesem zugrunde liegenden Stereotypen unterschwellig eingeprägt: Inlandsnachrichten sind in der Regel wichtiger als Auslandsnachrichten, Nachrichten beziehen ihren Informationsgehalt aus den letzten 24 Stunden, keine Nachricht, auch nicht die eines Krieges, ist überholter als die von gestern. Zudem müssen Nachrichten in ein bestimmtes Format passen – sei es nun ein Leitartikel oder ein 30 Sekunden dauerndes Sendeformat. Die Mehrheit dieser Formvorlagen bietet jedoch kaum Möglichkeiten für die Offenlegung politischer Hintergründe, und sie drängen die Konfliktszenarien aus den Nachrichten, sobald sie keinen Neuigkeitswert mehr bieten.[30]

29 Der britische Kriegsfotograf Don McCullin drückt die Widersprüchlichkeit seiner Auswahlkriterien, nämlich auf der einen Seite neutral zu berichten und auf der anderen Seite Partei für die Opfer zu ergreifen, in der Einleitung zu seinem Bildband mit den Fotos aus Biafra, Bangladesh und Vietnam wie folgt aus: »Was meine politische Einstellung ist? Sicherlich nehme ich Partei für die Unterprivilegierten. Ich möchte nicht behaupten, politisch jemals neutral gewesen zu sein. Ob ich rechts oder links bin, kann ich ebenfalls nicht sagen. Mir ist, als ob ich in meinem beruflichen Werdegang gefangen sei, meiner Unfähigkeit, Tatsachen zurückzuhalten, und meiner völligen Verwirrung, wenn man mich mit politischer Theorie konfrontiert: Ihre Bedeutung erscheint mir derart gering, dass ich nicht einmal zur Wahl gehe. Ich habe mich bemüht, Augenzeuge zu sein, ein unabhängiger Betrachter, mit dem Ergebnis, dass ich über die Fakten dessen, was ich gesehen habe, nicht hinausgelange. Ich habe zu viel Leid und Elend erlebt. Tief in mir fühle ich mich eins mit den Opfern. Und dies halte ich für eine moralisch integre Haltung.« In: *A Life in Photographs*, Granta Winter 1995.

30 Deshalb fordern engagierte Journalisten nicht nur die Möglichkeit zu

Aber auch das Publikum hat den Nachrichtenwert der Bilder verändert. Als routinierte Zuschauer haben die Bürger der westlichen Welt mittlerweile in Bezug auf bestimmte Themen eine Art »mediale Erwartungshaltung« entwickelt, der die Medien nachkommen zu müssen meinen. Im deutschen Fernsehen wurde während des Golfkrieges 1991, als die Informationen nahezu vollkommen kontrolliert wurden, der Satz geprägt: »Wir können ihnen leider keine Bilder von Verwundeten zeigen.«[31] Ein makabrer Hinweis auf den medialen Spagat zwischen Informations- und Unterhaltungsanspruch, für den es mittlerweile sogar einen Begriff gibt: Infotainment. Er beschreibt nicht nur die Aufmerksamkeit erheischende Aufbereitung von Nachrichten, sondern auch die Ausrichtung der Darstellung an antizipierten Einstellungen. Mit anderen Worten: Ein Krieg gilt nur dann als »real«, wenn er mit dem übereinstimmt, was wir als Realität akzeptieren bzw. von einem Krieg erwarten: Verwundete zum Beispiel.

Verzerrt wird die bildvermittelte Realität aber auch, wenn die Bilder nur einen Teil des Konfliktszenarios zeigen können, ohne über den anderen Teil zu berichten. Um bei dem Beispiel der Spendenaktionen zu bleiben: Wir haben uns damit abgefunden, Bilder von hungernden Kindern zu sehen und später von lachenden Kindern in den durch Spendengeldern errichteten Schulen. Die Medien berichten indes kaum darüber, dass oftmals bis zu 50 Prozent der medizinischen Güter und Nahrungsmittel an Straßensperren, Brücken und Bergpässen von den örtlichen Warlords als Zölle abgezweigt werden, bevor die Hilfskonvois ihr eigentliches Ziel erreichen. Aber auch in den Camps selber kommen die Lieferungen oft den Warlords zugute, da diese die Flüchtlingslager als Rekrutierungszentren und Versorgungsbasen ihrer Kämpfer nutzen. Obendrein entlasten sie die örtlichen Machthaber von der Aufgabe, sich selbst um die Nahrungsmittelversorgung der Menschen in den von ihnen beherrschten Gebieten kümmern zu müssen. Man muss also davon ausgehen, dass unter diesen Umständen die örtlichen Machthaber westlichen Kamerateams beim Drehen von Hunger und Elend gern behilflich sind und ein Interesse daran haben, dass solche Bilder immer wieder publiziert werden. Für sie sind die Bilder von Krieg und Gewalt, Not und Elend Ressourcen ihrer Handlungsfähigkeit. Sie stimulieren Hilfslieferungen, mit denen sie ihre Durchhaltefähigkeit erhöhen.

Das Beispiel der Warlords macht deutlich, warum Bilder inzwischen zu

umfassenderer Berichterstattung – Darlegung von Positionen und Gegenpositionen sowie die Erwähnung der jeweiligen Umstände von Informationsbeschaffung und Vermittlung –, sondern auch andere Sendeformate, die eine gründliche Recherche verlangen und einer komplexen Darstellung der Situation Raum geben.

31 RTL-plus, 5.2.1991.

Kriegsmitteln werden konnten. Betrachtet man das Propagandamaterial aus den beiden Weltkriegen, dann ist klar, dass es fast ausschließlich für die eigene Bevölkerung produziert wurde; sie sollte mobilisiert werden. Ziel der Propaganda war es gerade nicht, hinter die feindlichen Linien zu schauen, sondern das menschliche Antlitz des Gegners zu vertuschen und zu dämonisieren bzw. auf der eigenen Seite Helden zu schaffen. Durch die Globalisierung heutiger Massenmedien ist diese Strategie zwar nicht verschwunden, aber doch erheblich relativiert worden. Man hat immer schon den Blick frei auf die andere Seite. Als im Zweiten Weltkrieg die deutschen Städte bombardiert wurden, waren keine Reporter der Alliierten vor Ort – und keine deutschen Journalisten berichteten über die Perspektive der Alliierten. Seitdem ist die Kriegsführung erheblich transparenter geworden. Im Zeitalter digitaler Kameras werden selbst Soldaten zu Dokumentatoren, die ihre Bild-Trophäen per Mail um den Globus senden.[32] Diese Transparenz macht den Gegner nicht nur menschlicher, sondern das Publikum auch zu Augenzeugen der Leiden. Damit sinkt oder steigt die Legitimität militärischer Einsätze und politischer Ambitionen.

Der Kampf um die passenden Bilder hat den Status der Journalisten stark verändert. Aus Journalisten, die vorher Beobachter waren, wurden zunehmend Protagonisten, insofern sie über Bildmaterial verfügen, das die Handlungen der beteiligten Konfliktparteien in gleicher Weise legitimieren wie delegitimieren kann. Hat es schon vorher selten eine wirklich neutrale Kriegsberichterstattung gegeben, so gerät sie heute zwischen die Fronten.[33] »Das Wichtigste ist, dass der Feind nicht das

32 Vgl. Sontag, »Regarding the Torture of Others«, in *NYT,* May 23, 2004: »The pictures taken by American soldiers in Abu Ghraib, however, reflect a shift in the use made of pictures – less objects to be saved than messages to be disseminated, circulated. A digital camera is a common possession among soldiers. Where once photographing war was the province of photojournalists, now the soldiers themselves are all photographers – recording their war, their fun, their observations of what they find picturesque, their atrocities – and swapping images among themselves and e-mailing them around the globe.«

33 Astrid Frohloff, deutsche Journalistin in Bagdad zwischen 1997 und 1998, beschreibt ihre Arbeit vor Ort folgendermaßen: »Gleich bei der Ankunft nahm mich ein Begleiter in Empfang, der mich und mein jordanisches Kamerateam die folgenden 14 Tage nicht aus den Augen ließ. Ein deutsch sprechender Spitzel der Behörde lieferte jeden Abend einen schriftlichen Bericht ab über das, was ich tagsüber getan und mit wem ich gesprochen hatte. Eigentlich unnötig, denn Fernsehjournalisten hatten ohnehin keine freie Bewegungsmöglichkeit in der Stadt. Jeder Schritt außerhalb des Hotels musste genehmigt werden, jeder Journalist mit Kamera wurde begleitet. Gedreht werden durften nur ganz bestimmte Szenen, die das Regime

Monopol auf die Bilder haben darf«, fasste der ehemalige NATO-Sprecher Jamie Shea seine Kriegserfahrungen zusammen.[34] »Die Journalisten«, so Shea rückblickend auf den Kosovokrieg, »waren gleichsam Soldaten in dem Sinne, dass sie der Öffentlichkeit erklären mussten, warum dieser Krieg wichtig war. Es gehörte zu meinen Aufgaben, sie zu munitionieren, die Lauterkeit unserer Kriegsmotive und unserer Aktionen zu zeigen.«[35] Es ist deshalb wohl nicht übertrieben, wenn Michael Ignatieff meint, dass in den jüngsten Kriegen »Journalisten, ob gewollt oder nicht, zu Kombattanten« würden.[36] Dies wurde besonders deutlich, als im Kosovokrieg das NATO-Kommando versuchte, das Sendezentrum des serbischen Fernsehens zu bombardieren. Der Luftschlag löste eine heftige Diskussion aus: Von der einen Seite wurde argumentiert, dass die Bombardierung von Journalisten und Fernsehsendern gegen die Genfer Konvention verstoße; von der anderen Seite wurde geltend gemacht, Propaganda und Hasstiraden hätten die garantierte Immunität des Senders aufgehoben. Letzteres aber bedeutete nichts anderes, als die Unverletzlichkeit der Journalisten vom Inhalt ihrer Berichte und Bilder abhängig zu machen.

Aber auch auf serbischer Seite wurden Journalisten als Kombattanten behandelt. Der Fernsehsender wies das Personal an, in dem Gebäude zu bleiben, obwohl man von dem bevorstehenden Angriff wusste, den die NATO über die Medien angekündigt hatte. Man wollte das Bombardement dafür nutzen, die öffentliche Meinung im Westen gegen die Strategie der Luftschläge zu mobilisieren. Dafür schien kein »Objekt«

zeigen wollte: hungernde Kinder in Krankenhäusern, inszenierte Massendemos gegen die USA, Märkte, auf denen verarmte Iraker ihre letzten Habseligkeiten verkauften, Ruinen aus dem Golfkrieg. Alle Interviews, die ich mit Irakern führte, wurden mitgehört – und unterbrochen, wenn das Gesagte nicht ins Bild passte. Alle Berichte wurden zensiert: Sowohl im Schnittraum als auch bei den Live-Schaltgesprächen nach Deutschland war unser Begleiter dabei. Eine heimliche Kontaktaufnahme zu irakischen Informanten war so gut wie unmöglich, außerdem höchst gefährlich für diejenigen, die plauderten. […] Entsprechend schwierig gestaltete sich die Berichterstattung über die drohende militärische Auseinandersetzung: Wie lässt sich objektiv und unabhängig über einen Konflikt berichten, wenn die Beschaffung von Information derart reglementiert wird? Wie können gerade Fernsehjournalisten authentische Bilder der Lage zeigen, wenn nur das gedreht werden darf, was das Regime wünscht? Wie Nachrichten überprüfen, wenn die Bewegungsfreiheit eingeschränkt ist, wie zu einer objektiven Einschätzung der Lage gelangen?« Astrid Frohloff, »Kriegsnachrichten«, S. 42.

34 Zit. ebd., S. 39.

35 Vgl. Palm/Rötzer (Hg.), *Medien Terror Krieg*, S. 106.

36 Ignatieff, *Virtueller Krieg*, S. 185.

besser geeignet zu sein als eben jener Fernsehsender, symbolisierte er doch selbst die Freiheiten des Westens. Die von den serbischen Verantwortlichen billigend in Kauf genommenen Opfer des Bombardements sollten dazu dienen, die westliche Doppelmoral vorzuführen und zu entlarven – eine Strategie, die seitdem mehr als einmal erprobt wurde. Dagegen wurde die Bombardierung des Senders in den Pressekonferenzen der NATO damit gerechtfertigt, dass er sowohl propagandistische Hasstiraden als auch militärische Signale übermittelt habe. Als es schließlich zur Zerstörung des Senders kam, war die Bevölkerung darauf vorbereitet. Es gab keinen Aufschrei der Entrüstung. Die vorangegangene öffentliche Debatte der Aktion hatte die Aktion vorbereitet und politisch akzeptabel gemacht.

Auch diese Entwicklung macht aus Bildern Kriegsmittel. Verbargen in den Kriegen der Vergangenheit die Parteien die Kriegsziele voreinander, so werden sie heute nicht selten durch die Medien schon im Vorfeld bekanntgegeben. Dadurch wird aber nicht nur die Wahrnehmung der Bevölkerung getrübt, die zwischen realen und fiktionalen Bildern permanent hin und her schwankt, sondern es wird auch deren moralisches Urteilungsvermögen untergraben. In einem Zeitalter, in dem immer schon alles bekannt ist, kann es zu keinem wirklichen Aufschrei der Empörung mehr kommen. Andererseits lässt eine allgemeine Skepsis gegenüber den gezeigten Bildern Aufmerksamkeit und ziviles Engagement schwinden. Im modernen Medienkrieg kämpft der Westen letztendlich immer gegen sich selbst. Infolge der von Journalisten teilweise selbst betriebenen Aufhebung der Grenze zwischen Nachricht und Fiktion stellt sich das Verhältnis von Medien und Krieg deshalb noch weit problematischer dar, als es ohnehin schon immer gewesen ist.

Auch der Nachrichtenwert einer Information hat sich in den letzten Jahrzehnten gewandelt. Wenn immer wieder davon gesprochen wird, radikale politische Gruppen nutzten die Medien, um durch Gewaltanwendung auf ihr Anliegen aufmerksam zu machen, so kann dieser Vorwurf auf die Medien selbst angewendet werden. Offenbar ist es erst die Missachtung ihrer Anliegen durch die Medien, welche Minderheitengruppen zu Gewalt treibt, um die Aufmerksamkeit der Medien für ihre Anliegen zu gewinnen. So haben zehn Jahre gewaltfreier Widerstand durch die albanische Bürgerrechtsbewegung im Kosovo kaum Aufmerksamkeit in den westlichen Medien erregt. Erst nachdem es zum bewaffneten Widerstand durch die UCK gekommen war, wurde diese innerhalb kürzester Zeit zu einer von den Medien viel beachteten Kraft.

Freilich würde man es sich zu einfach machen, wenn man in erster Linie die Medien anklagte, die internationale Öffentlichkeit nicht rechtzeitig auf eskalierende Konflikte aufmerksam gemacht und damit die Chance zu einer nichtmilitärischen Beilegung vertan zu haben. Man muss sich nämlich auch die entgegengesetzte Frage stellen, ob Medienaufmerksamkeit nicht die Gefahr in sich birgt, Konflikte weiter anzuheizen und eine friedliche Konfliktlösung zu torpedieren, wie etwa in Palästina, das seit Jahren im Blickpunkt der Weltöffentlichkeit steht.[37] Dann wären die Bilder der Medien im wahrsten Sinne Kriegsmittel, die unaufhörlich dazu beitrügen, Kriege am Leben zu erhalten.

Die Rolle der Bilder in den neuen Kriegen

Nicht nur die Medien und ihre Berichterstattung haben sich in den letzten Jahrzehnten gewandelt, sondern auch die Kriege und das Kriegsgeschehen der jüngsten Vergangenheit haben sich erheblich verändert. Hier sind drei Entwicklungen zu unterscheiden: Zum einen haben wir es mit einer neuen Form transnationaler Kriege zu tun, die sich durch drei Charakteristika beschreiben lassen, die sie von den klassischen zwischenstaatlichen Kriegen, aber auch herkömmlichen Bürgerkriegen unterscheiden.[38] Erstes Merkmal ist die Entstaatlichung bzw. Privatisierung kriegerischer Gewalt. Damit verbunden ist eine um sich greifende Kommerzialisierung des Krieges. Bellum se ipse alet, der Krieg muss den Krieg ernähren, war die Kriegsdevise der Frühen Neuzeit. Träger dieser Privatisierung der Gewalt sind Kriegsherren, Bürgerkriegsgeneräle, Clanchefs und schließlich Söldnerfirmen, die durch den Kriegszustand rechtsfreie Zonen schaffen, in denen sie durch Raub, Plünderungen, illegale Waffen- und Drogengeschäfte, aber auch Schmuggel und Menschenhandel ein profitables Einkommen erzielen. Ein weiteres Merkmal der neuen Kriege sind die starken Asymmetrien der Kriegsparteien in der Fähigkeit und Bereitschaft zur Anwendung von Gewalt, das heißt, es kämpfen nicht mehr, wie bei den Armeen des 17. bis 20. Jahrhunderts, bewaffnete Soldaten als Teile ganzer Armeen, sondern Söldner, Kindersoldaten und ethnische Volksgruppen gegeneinander, die sich nicht länger als Gleiche anerkennen und behandeln. Dadurch kommt es zu einer Bestialisierung des Krieges, in dem das klassische Kriegsrecht keine Anwendung findet. Das dritte Merkmal schließlich ist die Entmilitarisierung des Krieges, also die Erosion des Monopols, welches das Militär auf kriegerische Gewaltanwendung gehabt hat. Die Folge dessen ist, dass die neuen Kriege nicht mehr in der Form von Schlachten entschieden werden, sondern sich als *low intensity conflicts* hinziehen, in denen immer wieder eine verstärkte Gewaltanwendung in Form von Massakern aufflammt. Die neuen Kriege werden in der

37 Kempf, »Konfliktprävention und Medien«, S. 17-23.

38 Zum Begriff und theoretischen Konzept der neuen Kriege vgl. Kaldor, *Alte und neue Kriege*, sowie Münkler, *Die neuen Kriege*, S. 13 ff.

Regel nicht mehr zwischen Kombattanten, also den professionalisierten Erzwingungsstäben beider Seiten, ausgetragen, sondern die Gewalt der Waffenträger richtet sich gegen die Zivilbevölkerung, die ausgeplündert oder vertrieben wird. Dabei haben sich die Formen der Gewaltanwendung diversifiziert: Militärische Gewalt im genuinen Sinn hat an Bedeutung verloren, während nichtmilitärische Gewalt, wie die systematische Vergewaltigung und Schwängerung von Frauen, an Bedeutung gewonnen hat. Im Rahmen dieser Veränderungen hat sich auch die Rolle der Medien noch einmal verändert.

Die neuen Kriege sind medial schwer vermittelbar. Die Hintergründe der Konflikte haben keinen rechten Nachrichtenwert. Durch die ideologischen, religiösen, ethnischen und geschichtlichen Konstruktionen zu ihrer Rechtfertigung wird die Neutralität der Nachrichten von vornherein untergraben. Auch bei den Kriegsparteien sind Täter und Opfer kaum noch zu unterscheiden, wodurch die moralische Legitimität der Kämpfe verschwindet. Schließlich handelt es sich oft um schwelende Konflikte ohne nennenswerte Gefechte. »Lediglich« Exekutionen, Massenvertreibungen und Hungersnöte ziehen von Zeit zu Zeit die mediale Aufmerksamkeit an. Und da die Clanchefs an einer bestimmten medialen Öffentlichkeit interessiert sind, die ihnen Spendengelder, Lebensmittel und Medikamente garantiert, konkurrieren weltweit die Bilder der Flüchtlinge miteinander und verdrängen sich gegenseitig – so, wie die Bilder aus dem Kosovokrieg die Bilder aus Somalia überlagerten.

Eine zweite Form bewaffneter Auseinandersetzungen sind terroristische Strategien, die, so das übereinstimmende Resümee der Forschung, dort die größte Wirkung zeigen, wo sie auf Gesellschaften mit einer großen Mediendichte treffen.[39] Denn unter den Bedingungen der Medienvielfalt und der verfassungsrechtlich geschützten Kommunikationsfreiheit sind in den westlichen Staaten terroristische Anschläge, selbst die ohne Opfer und mit geringem Schaden, nicht geheimzuhalten. Terroristische Anschläge und Attentate gewinnen aber erst durch die mediale Berichterstattung ihre Bedeutung, insofern die Anschläge durch die Medien der gesamten Bevölkerung bekanntgemacht werden, und die »Botschaften« der Anschläge, nämlich Verunsicherung, Angst und Schrecken, durch ihre mediale Aufbereitung erst wahrnehmbar und wirksam werden. Terror und Medien gehören auf das engste zusammen und bedingen sich gegenseitig. Die Dynamik von Gewalt und Gegengewalt, die für terroristische Strategien kennzeichnend ist, wird mittels der Medien in Gang gesetzt und am Leben erhalten.[40] Mit der medienwirksamen Auswahl der Objekte terroristischer Anschläge können zudem

39 Waldmann, *Terrorismus,* passim; Laqueur, *Terrorismus*, S. 55.

40 Crelinstein, »Television and Terrorism«, S. 8-31; Hoffmann, *Terrorismus*; Münkler, »Terrorismus als Kommunikationsstrategie«, S. 11-18; Nacos,

die Errungenschaften und das Selbstbild des Gegners massiv in Frage gestellt werden, wie die Anschläge auf das Pentagon und das World Trade Center gezeigt haben. Im terroristischen Anschlag sind die Bilder der Medien die eigentlichen »Kriegsmittel«. Das legt die Vermutung nahe, dass Terrorismus eine Strategie der Gewaltanwendung ist, deren große Zeit nicht hinter uns, sondern noch vor uns liegt. Die Chance, mit Terroranschlägen weltweit mediale Aufmerksamkeit zu erzielen, dürfte zu einem entscheidenden Anreiz immer neuer und größerer Anschläge werden.

Die dritte Entwicklungslinie bezieht sich auf die Kriege, die in den letzten Jahren durch die USA bzw. NATO geführt wurden. Durch die sogenannte *Revolution in Military Affairs*, wie sie seit den Zweiten Weltkrieg vom Westen immer weiter vorangetrieben worden ist, haben sich die Schlachtfelder wesentlich verändert. Die technischen Neuerungen, etwa die erheblich gestiegene Präzision von Distanzwaffen, haben das Wesen eines militärischen Kampfeinsatzes grundlegend verändert. Anstatt mit dem Gegner direkt zu kämpfen, geht es darum, ihm über große Entfernungen hinweg Verluste zuzufügen. Dies hat viele Vorteile. Wenn man einen Krieg von Flugzeugträgerverbänden aus führen kann, bedarf es keiner weltweiten Allianzen mehr, die man zur Nutzung von gemeinsamen Stützpunkten schmieden und pflegen muss. Zum anderen wird die Gefährdung der eigenen Truppen und Militäreinrichtungen so auf ein Minimum beschränkt. Die letzten zwischenstaatlichen Kriege unter Führung der USA bzw. der NATO unterstreichen vor allem diese letztere Entwicklung. Die westlichen Staaten erreichten ihre kurzfristigen Ziele ohne größere Verluste in den eigenen Reihen. Das ist aus militärischer Sicht eine nie da gewesene Leistung.

Die Präzisionslenkung hat aber auch die militärischen Angriffspunkte verändert. Ziel der Kriegsführung ist nicht mehr die Zermürbung und Vernichtung der feindlichen Truppen, sondern der Schlag gegen die Nervenzentren, das heißt die Kommandozentralen und Computernetzwerke des Gegners, die für die Truppenführung unverzichtbar sind. Sind diese ausgeschaltet, gibt es keine Möglichkeiten mehr, die Streitkräfte zu führen, selbst wenn diese noch einsatzbereit sind. Kommando- und Kontrollzentralen lassen sich aber auf zweierlei Weise zerstören. Neben direkten Bombenangriffen können sie auch durch Funkstörungen, Computerviren und jegliche Art von Desinformation lahmgelegt werden. Das Zerstören oder Manipulieren kriegswichtiger Daten, bei dem die Medien schon immer einen Anteil hatten, wird in Zukunft ebenso bedeutend sein wie das Zerschlagen von Streitkräften, wenn nicht sogar noch wichtiger.

Terrorism and the Media; Wilkinson, »The Media and Terrorism«, S. 51-64.

Die medialen Folgen dieser Kriege sind noch kaum richtig untersucht worden.[41] Michael Ignatieff nennt sie »virtuelle Kriege«,[42] insofern sie auf den Bildschirmen stattzufinden scheinen und die Gesellschaft auch nur virtuell beteiligen. Beispiele dafür sind die Bilder aus den Golfkriegen oder dem Kosovokrieg. Der deutsche Kabarettist Matthias Beltz hat das in dem Satz zusammengefasst: »Wir erfahren nichts, das aber stundenlang.«[43] Virtuelle Kriege können, wie es scheint, medial vollkommen beherrscht werden. Sie bieten das Vergnügen eines Schauspiels mit dem zusätzlichen Kitzel, dass sie zwar für den einen real sind, für die Zuschauer aber nicht. In einem virtuellen Krieg, schreibt Ignatieff, vergeben sich die Bürger deshalb nicht nur ihr Recht auf Zustimmung oder Ablehnung. »Sie werden außerdem demobilisiert. Inzwischen führen wir Kriege, und wenige bemerken es noch oder interessieren sich dafür.«[44] Ein Krieg erfordert nicht mehr dieselbe physische Beteiligung oder moralische Aufmerksamkeit wie die klassischen Staatenkriege der Vergangenheit. Welche Auswirkungen dies auf die moralische Dimension des Krieges hat, kann hier nur angedeutet werden.

Mit der modernen Militärtechnologie verändert sich jedoch nicht nur die Strategie, sondern in einem kaum zu unterschätzenden Maß auch die Ethik des Krieges. Waren die symmetrischen Staatenkriege der europäischen Geschichte des 17.–20. Jahrhunderts durch eine tendenzielle Gleichverteilung der Chancen zu töten und getötet zu werden gekennzeichnet, so hat die asymmetrische Überlegenheit eines aus großer Höhe oder über große Distanz geführten Angriffs zur Folge, dass die eine Seite prinzipiell Täter und die andere grundsätzlich Opfer ist. Wurde der Einsatz von Gewalt bisher auf die Legitimität der Selbstverteidigung gestützt, ist dies sinnlos, wenn die eine Seite kein anderes Risiko mehr eingeht als ein materielles. Jeder Tote, vor allem aber jedes zivile Opfer, ist in einem solchen Krieg moralisch untragbar. Es sind gerade die Versprechen der neuen Technologie, die die westliche Welt verwundbarer denn je machen. Denn in einem Krieg, in dem der militärische Einsatz als »chirurgischer Eingriff« dargestellt wird, ist jedes Opfer, insbesondere jedes zivile Opfer des Gegners, in der öffentlichen Meinung ein Opfer zu viel. Anstelle der politischen Entscheidungsinstanzen treten Meinungsumfragen und eine medienorientierte Öffentlichkeit, um über den Beginn und das Ende eines Krieges zu entscheiden.

41 Philosophische Ansätze gibt es hierzu bei Baudrillard, *Der Geist des Terrorismus,* S. 11-64.

42 Ignatieff, *Virtueller Krieg,* S. 147 ff.

43 Zitiert nach Kuniczik, »Kriegsberichterstattung und Öffentlichkeitsarbeit in Kriegszeiten«, S. 98.

44 Ignatieff, *Virtueller Krieg,* S. 174; Paul, *Bilder des Krieges, Krieg der Bilder,* S. 365 ff.

So war es nicht der Abschuss zweier Black-Hawk-Hubschrauber, auch nicht der Tod von 18 Soldaten, die die USA zum Abbruch ihrer Friedensmission in Somalia und zum überstürzten Rückzug ihrer Truppen aus dem ostafrikanischen Land veranlassten, sondern die Fernsehbilder, die einen toten US-Soldaten zeigten, der von somalischen Milizionären durch die Straßen Mogadischus geschleift und als Siegestrophäe missbraucht wurde. Was der Gebrauch von Waffen nicht vermochte, gelang den Bildern, die Gewalt und die Folgen der Gewalt zeigten. Sie nämlich ließen die Folgebereitschaft der amerikanischen Gesellschaft gegenüber der von der Regierung betriebenen Politik der humanitären Intervention bröckeln, deren erstes größeres Beispiel der mit großem Medienaufwand betriebene Einsatz in Somalia war. Hatten die Bilder der in Somalia zum Einsatz kommenden US-Marines dazu dienen sollen, die politische Unterstützung des amerikanischen Volkes für eine neue Form der Friedenssicherung und Friedenserzwingung zu gewinnen, so hatten die zufällig entstandenen Aufnahmen von dem entkleideten und an Stricken durch den Staub gezogenen Leichnam eines US-Soldaten genau das Gegenteil zur Folge. Die US-Bürger billigten humanitäre Interventionen fortan nur, wenn die Risiken für die eigenen Truppen so gering wie möglich waren. Das kann für die Zukunft bedeuten, dass die Bilder von einem einzigen geschändeten Soldaten ausreichen, um einen militärischen Einsatz zu beenden.

Generell kann man sagen, dass die heutigen westlichen Gesellschaften im *information warfare* eine verstärkte Verletzlichkeit aufweisen. Sie sind durch die Medien in einem bisher unbekannten Ausmaß von der öffentlichen Meinung bzw. Stimmung abhängig geworden. Deswegen sind sie zu umfassenden und raffinierten Inszenierungsstrategien gezwungen, weshalb ihren Regierungen nach Kriegsende mit großer Regelmäßigkeit nachgewiesen wird, dass sie bei Kriegsbeginn die Wahrheit verdreht oder schlichtweg gelogen haben.[45] So wurden im Kosovokrieg etwa die Bürger der NATO-Staaten zunächst aufgefordert, einen begrenzten Lufteinsatz zu unterstützen, mit dem die Serben an den Verhandlungstisch zurückgeholt werden sollten. Innerhalb weniger Tage wurde dann ein militärischer Schlag diskutiert, der die ethnische Säuberung stoppen und rückgängig machen sollte. Aber auch als der ganze Umfang der militärischen Operationen deutlich wurde, war nicht eindeutig, welche Art von politischem Ergebnis erreicht werden sollte. Die Kriegsziele waren keiner formalen Debatte in den legislativen Institutionen der NATO-Staaten unterworfen worden. Lediglich die Tatsache, dass die Verbündeten der NATO ohne Zustimmung des Sicherheitsrates nach Kapitel VII der

45 Vgl. MacArthur, *Die Schlacht der Lügen;* Beham, *Kriegstrommeln,* S. 79 ff.; Elter, *Die Kriegsverkäufer,* S. 110 ff. sowie Strübel, »Von Kuwait nach Kabul«, in: ders. (Hrsg.), *Film und Krieg.*

Charta der Vereinten Nationen militärische Gewalt einsetzten, wurde diskutiert. So wurde die wichtigste aller politischen Fragen, nämlich die Frage von Krieg und Frieden, von den Regierungen selbst dem virtuellen Konsens einer Bevölkerung unterstellt, die nicht umfassend informiert war. In Umfragen der Bevölkerungen der NATO-Staaten wurde lediglich eine militärische Operation gebilligt, die die ethnische Säuberung der Kosovo-Albaner unterbinden sollte, nicht jedoch eine 78 Tage währende Bombardierung Serbiens.

Hier zeigt sich, dass es den westlichen Gesellschaften trotz ihrer weit überlegenen Medienkompetenz nur in den seltensten Fällen gelingt, den Kampf um die einhellige Sympathie und geschlossene Unterstützung der Öffentlichkeit zu gewinnen. Ein Grund dafür dürfte in der angeführten Asymmetrie der neuen Kriege zu suchen sein, die von den westlichen Gesellschaften aufgrund ihrer gewaltigen militärischen Überlegenheit eine klare Bindung an die von ihnen formulierten ethischen Maßstäbe fordert. Da diese jedoch nicht nur einmalig, sondern beständig gewahrt werden müssen, befinden sich die westlichen Gesellschaften während jeder militärischen Auseinandersetzung in einem unaufhörlichen Rechtfertigungszwang. Jedes schockierende oder menschenverachtende Kriegsbild kann die militärische Handlungsfähigkeit in Frage stellen. Diese Situation ist für die Aussicht auf eine zuverlässige Kriegsberichterstattung ausgesprochen ungünstig.

KAPITEL 9

Wandel der Weltordnung durch asymmetrische Kriege

Asymmetrie und Asymmetrierung

Nicht quantitative Gleichheit, sondern qualitative Gleichartigkeit der Streitkräfte ist das entscheidende Merkmal symmetrischer Kriege. Dementsprechend bildet die qualitative Ungleichartigkeit der Konfliktparteien das Definitionskriterium asymmetrischer Kriege. Die Frage, ob Kriege wesentlich symmetrisch oder asymmetrisch sind, ist zunächst kein Problem der Quantität der verfügbaren Kräfte, sondern eines ihrer Qualität. Dabei ist mit Qualität keineswegs nur das hohe Niveau ihrer Ausbildung oder die Modernität ihrer Bewaffnung gemeint, sondern, ohne jedes Werturteil, die Art ihrer Rekrutierung, ihrer Ausrüstung und ihrer Ausbildung.[1] Nur bei Gleichartigkeit der Streitkräfte, also in symmetrischen Kriegen und Konfliktlagen, kommt der Zahl bzw. der Masse der Kräfte eine ausschlaggebende Bedeutung zu.[2] In asymmetrischen Kriegen dagegen spielen Zahl und Masse eine weniger bedeutende Rolle; bei den bekannten Fällen, in denen eine kleine Gruppe von Kriegern ganze Reiche erobert und zahlenmäßig weit überlegene Gegner geschlagen hat, handelt es sich durchweg um asymmetrische Kriege.[3]

Im Hinblick auf Entscheidungsoptionen und Handlungsrationalität politisch-militärischer Akteure lässt sich aus dieser Beobachtung schlussfolgern: Wer sich auf einen symmetrischen Krieg einlässt, geht davon aus, dass er dem Gegner kräftemäßig gewachsen, wenn nicht überlegen ist. Bei einer in etwa gleichen Art der Rekrutierung, Bewaffnung und

1 Dazu siehe oben, S. 161 f.

2 Friedrich Engels beispielsweise war der Auffassung, dass auf längere Sicht in Kriegen die Masse der verfügbaren Soldaten den Ausschlag geben werde. In dieser Überzeugung ist ihm die sowjetische Militärdoktrin lange Zeit gefolgt. Engels' Irrtum bestand darin, dass er, konzentriert auf die innereuropäischen Kriege des 19. Jahrhunderts, militärische Symmetrie prinzipiell als Regelfall unterstellte (vgl. Münkler, *Über den Krieg*, S. 149-172, insbes. S. 168 ff.). Die Bedeutung asymmetrischer Konstellationen hat Engels unterschätzt, weil er sie nur aus der Perspektive zivilisatorischer wie technologischer Unterlegenheit thematisierte.

3 Das dafür nach wie vor berühmteste Beispiel ist die Eroberung Mittelamerikas durch eine Handvoll spanischer Conquistadoren, insbesondere die Vernichtung des Aztekenreichs durch Hernàn Cortés; vgl. Thomas, *Die Eroberung Mexikos*.

Ausbildung der verfügbaren Streitkräfte wird am Ende derjenige die Oberhand behalten, der die größere Zahl bzw. Masse verfügbar hat. Oder allgemeiner formuliert: Bei Gleichartigkeit der für die Führung des Krieges erforderlichen Ressourcen wird derjenige siegen, der über das größere Maß dieser Ressourcen verfügt.[4] Sich auf einen symmetrischen Krieg unter der Voraussetzung einer deutlichen Ressourcenunterlegenheit einzulassen, ist damit gleichbedeutend, auf eine sichere Niederlage zuzusteuern. Es ist somit für einen bei symmetrischer Konfliktaustragung unterlegenen Akteur naheliegend, entweder in seinem politischen Willen zu resignieren und die eigenen Ansprüche zurückzustecken, bevor es zu Kampfhandlungen gekommen ist, oder aber der überlegenen Gegenseite mit Strategien der Asymmetrierung des Kampfgeschehens zu begegnen, um so die quantitativen Ungleichgewichte durch eine veränderte Art der Kriegführung auszugleichen.

Ein Beispiel für die Wahl der Asymmetrie zwecks Vermeidung von Unterlegenheit unter den Bedingungen von Symmetrie ist der Kriegsplan, den der athenische Politiker und Stratege Perikles zu Beginn des Peloponnesischen Krieges vor der Volksversammlung in Athen entwickelt hat, um den Bürgern für den Krieg gegen die Spartaner Mut zu machen und sie zugleich auf eine bestimmte Art der Kriegführung festzulegen.[5] Perikles' Überlegungen laufen im Kern darauf hinaus, die offene Feldschlacht der Hopliten, in der das attische Bürgeraufgebot den spartanischen Berufskriegern kaum gewachsen gewesen wäre, zu vermeiden und statt dessen einen lange auszuhaltenden Krieg zu führen, in dem die Athener aufgrund ihrer Seeherrschaft zuletzt den Sieg davontragen würden.[6] Ein anderes Beispiel für asymmetrische Reaktionsformen ist die Entfesselung eines Partisanenkrieges durch die Spanier gegen die in der offenen Feldschlacht weit überlegenen napoleonischen Truppen. In Form des Kleinen Krieges (*guerilla*) sollte die französische Armee auf der spanischen Halbinsel allmählich zermürbt und demoralisiert werden. Tatsächlich vermieden die Spanier auf diese Weise die schnelle Niederlage, die militärische Kapitulation, schließlich das Frie-

4 In diesem Sinne hat Richard Overy Verlauf und Ausgang des Zweiten Weltkrieges zu beschreiben und erklären versucht; vgl. Overy, *Die Wurzeln des Sieges,* insbesondere S. 403 ff.

5 Thukydides, *Geschichte des Peloponnesischen Krieges,* 1, 140-144, dazu auch oben S. 163 f.

6 Im Anschluss an die Arbeiten von Hans Delbrück (*Geschichte der Kriegskunst,* Bd. 1, S. 139 ff.) ist der perikleische Kriegsplan zumeist als strategische Defensive, nicht aber als asymmetrische Kriegführung bezeichnet worden. Berücksichtigt man freilich, dass Perikles' Defensivstrategie auf der athenischen Kontrolle über das Meer bei gleichzeitigem Fehlen jeglicher nautischer Fähigkeiten der Spartaner beruhte, so ist ein wesentliches Kriterium von Asymmetrie gegeben.

densdiktat durch Napoleon.[7] Auch die jüngsten Formen des internationalen Terrorismus, die als eine moderne Variante des klassischen Verwüstungskrieges bzw. der Ermattungsstrategie anzusehen sind, können als Variante asymmetrischer Kriegführung begriffen werden: Politische Akteure unterhalb der Ebene von Staatlichkeit sehen darin die Chance, einem Gegner, gegen den sie zu einer symmetrischen Konfrontation der Kräfte nicht im entferntesten in der Lage wären, einen nachhaltigen wirtschaftlichen Schaden zuzufügen. In unregelmäßigen Abständen, aber doch mit einer gewissen Kontinuität attackieren sie dessen labile psychische Infrastruktur, um ihm auf diese Weise einen auf die Dauer unerträglichen wirtschaftlichen Schaden zuzufügen.[8] Gleichzeitig haben die Amerikaner in den Kriegen, die sie in den letzten Jahren geführt haben, im Kosovo und in Afghanistan sowie in den beiden letzten Golfkriegen, ihre militärorganisatorische und waffentechnische Überlegenheit in einer Weise zur Geltung gebracht, dass dies ebenfalls als gezielte Asymmetrierung des Krieges bezeichnet werden kann – freilich nicht, um Unterlegenheit wettzumachen, sondern um durch Steigerung der Überlegenheit die eigenen Verluste zu minimieren.[9] In der Regel werden unter asymmetrischen Kriegen nur Kriege aus der Perspektive der Unterlegenen bezeichnet, etwa die der Partisanen oder auch der Terroristen. Das greift, wie die Beispiele des Perikles und der USA zeigen, jedoch zu kurz: Es gibt nicht bloß die Option einer Asymmetrierung aus Schwäche, sondern ebenso die einer Asymmetrierung aus Stärke.[10] Sie beruht auf der Erschließung neuer Sphären der Kriegführung, in die der Gegner nicht zu folgen vermag und durch die man tendenzielle Unverwundbarkeit erlangt. Für Perikles stellte dies die Seeherrschaft der Athener dar, für die USA sind es heute der Luft- und insbesondere der Weltraum.

7 Napoleons Strategie beruhte auf seiner größeren Schnelligkeit. Gegen sie setzten die Spanier die asymmetrische Antwort der Langsamkeit bzw. der Verlangsamung; vgl. oben S. 178 f.

8 Dazu unten S. 221 ff.

9 Vgl. Münkler, *Der neue Golfkrieg*, S. 95 ff.

10 Darin liegt das Defizit der ansonsten vorzüglichen Analyse von Daase (*Kleine Kriege – große Wirkung*): Asymmetrie wird darin nur aus der Perspektive der Schwäche thematisiert.

Politische Rahmenbedingungen von Symmetrie und Asymmetrie

Aus den bislang angestellten Überlegungen könnte man schlussfolgern, es sei ins freie Belieben politischer Akteure gestellt, ob sie sich nun für eine wesentlich symmetrische oder eine eher asymmetrische Form der Kriegführung entscheiden – je nachdem, wovon sie sich die größeren Erfolgsaussichten versprechen. Die Kriegsgeschichte wäre dann nach den Vorgaben von *rational choice*-Theorien zu rekonstruieren, wobei es allein um die Frage geht, ob die Akteure bei ihrer Entscheidung die, im Nachhinein betrachtet, *richtige* Entscheidung getroffen haben. Eine solche Schlussfolgerung greift jedoch zu kurz, denn tatsächlich steht den Akteuren die Entscheidung zwischen symmetrischer oder asymmetrischer Kriegführung nur in sehr beschränktem Maße offen. Als optionsrestringierende Faktoren sind dabei die politische Ordnung eines Großraums, die sozialen und kulturellen Grundlagen der je eigenen politischen Ordnung sowie schließlich die Optionsvarianz der Gegenseite in Betracht zu ziehen.

Mit den politischen Rahmenbedingungen eines Großraums kann die Vorherrschaft von Staatensystemen, imperialen Strukturen oder auch der Zerfall von Staatlichkeit in großen Regionen gemeint sein. Im Staatensystem herrscht ein Zwang zur Symmetrie, insofern die gesamte Ordnung auf Gleichartigkeit und reziproke Anerkennung der Akteure abgestellt ist. Nach diesen Vorgaben sind auch die Rechtsstrukturen fixiert. Wer sich unter diesen Bedingungen für eine aus der Position der Schwäche geführte asymmetrische Kriegführung entscheidet, scheidet aus der Ordnung der Staatlichkeit aus und verliert die Anerkennung der anderen Staaten. Es kommt also nicht von ungefähr, dass die Option eines Partisanenkrieges gegen Napoleon nur an den Rändern des europäischen Staatensystems, in Spanien und Russland sowie in den Tiroler Alpen, erfolgreich war. Für die anderen Akteure war der Preis der Asymmetrie höher als der einer militärischen Niederlage gegen Napoleon. Gleichzeitig ist das Staatensystem so beschaffen, dass es die Anstrengungen eines Akteurs, in eine Position asymmetrischer Überlegenheit zu kommen, zu konterkarieren vermag: durch Koalitionsbildung und durch Rüstungwettläufe.

Ganz anders stellt sich dies in den Konstellationen einer imperialen Ordnung dar:[11] Hier ist das Machtgefälle zwischen dem imperialen Zentrum und dessen Rändern bzw. Peripherien so groß, dass symmetrische Kriege zwischen der imperialen Macht und antiimperialen Opponenten praktisch unmöglich sind. Obendrein kann hier von Reziprozi-

11 Vgl. Münkler, *Imperien*, passim.

tät im Sinne einer gegenseitigen Anerkennung der Konfliktparteien als Gleiche nicht die Rede sein; äußerstenfalls ist eine solche Anerkennung das Ergebnis eines Krieges, in dessen Verlauf die imperiale Macht mit den Mitteln asymmetrischer Kriegführung stark geschwächt und so zur Anerkennung von Opponenten ihrer Macht als politisch selbständige Akteure gezwungen wird. Dementsprechend ist für die antiimperialen Kräfte der asymmetrische Krieg nicht nur eine Form des Geltendmachens und womöglich der Durchsetzung von Interessen, sondern immer auch ein Kampf um die Anerkennung als (tendenziell) Gleiche. Beide Seiten, das Imperium wie seine antiimperialen Opponenten, neigen dazu, ihre Kriegsziele wie die Art ihrer Kriegführung als »gerechten Krieg« oder auch »heiligen Krieg« zu begreifen, und das heißt, dass sie die jeweilige Gegenseite und deren Ansprüche moralisch wie rechtlich diskriminieren. Dementsprechend ist hier eine Hegung des Krieges nach den Regeln eines auf der Gleichheit der Konfliktparteien begründeten Völkerrechts unmöglich. Asymmetrische Kriege sind durch Formen der Gewaltanwendung gekennzeichnet, die, gemessen an den Standards symmetrischer Kriege, als grausam gelten. Vor allem spielt in solchen Kriegen die für symmetrische Kriege zentrale Unterscheidung zwischen Nonkombattanten und Kombattanten kaum eine Rolle. All dies gilt erst recht in Gebieten, in denen die Ordnung der Staaten oder Imperien zerfallen ist und Kriege nach den Imperativen des Gelderwerbs bzw. der Bereicherung geführt werden.[12] Umgekehrt liegt es in der Imperialräson der diesen Raum dominierenden Macht, keinen anderen Akteur in die Position einer potentiellen Symmetrie kommen zu lassen: Das Imperium ist bestrebt, durch präventive Abrüstungskriege zu verhindern, dass sich symmetrische Konstellationen entwicklen. Die Politik der *Counterproliferation*, wie sie von den USA betrieben wird, ist dafür das jüngste Beispiel.

Die Option für eine symmetrische oder asymmetrische Form des Krieges wird aber nicht nur durch die äußeren Rahmenbedingungen eines Großraums, sondern auch durch die innere sozio-politische Verfasstheit der politischen Akteure eingeschränkt. Gesellschaften, die symmetrische Kriege zu führen ohne weiteres in der Lage sind, können darum noch lange keinen asymmetrischen Krieg führen, zumal, wenn dies einer aus der Position der Schwäche heraus ist: Die von den preußischen Militärreformern angestellten Überlegungen, in Deutschland einen Partisanenkrieg gegen Napoleon nach spanischem oder Tiroler Vorbild zu entfesseln, stießen in der Bevölkerung auf keine größere Resonanz, wiewohl, wie sich 1813 zeigte, diese Bevölkerung durchaus bereit war, die Leiden und Lasten eines neuerlichen symmetrischen Krieges gegen

12 Dazu ausführlich Münkler, *Die neuen Kriege,* S. 131 f., sowie Kaldor, *Neue und alte Kriege,* S. 144 f.

Napoleon zu tragen. Und offensichtlich sind demokratisch verfasste postheroische Gesellschaften zur Führung symmetrischer Kriege weder fähig noch willens. Das heißt nicht, dass postheroische Gesellschaften prinzipiell nicht fähig sind, Krieg zu führen; aber sie sind darauf angewiesen, dies aus einer Position asymmetrischer Überlegenheit heraus zu tun, um die Anzahl der eigenen Opfer möglichst gering zu halten.[13] Was in der politikwissenschaftlichen Literatur seit einiger Zeit als »Theorie des demokratischen Friedens« die Runde macht – gemeint ist das Theorem, wonach Demokratien gegeneinander keine Kriege führten, worauf sich dann die Erwartung gründete, dass eine Demokratisierung im globalen Maßstab zur Realisierung der Idee des ewigen Friedens führen werde –, dürfte sich wesentlich auf symmetrische, nicht aber auf asymmetrische Kriege beziehen.[14] Die Kriege, die vor allem die USA, aber auch Großbritannien in den letzten Jahren geführt haben, haben sie führen können und geführt, weil sie den jeweiligen Gegnern asymmetrisch überlegen waren und keineswegs darum, weil es sich bei diesen Gegnern um nichtdemokratische Regime gehandelt hat.

Schließlich ist die Entscheidung zwischen Symmetrie und Asymmetrie auch darum nicht ins Belieben einer Seite gestellt, weil dabei immer auch die Entscheidungen der Gegenseite eine Rolle spielen. Dabei geht es weniger um den prinzipiellen Gegensatz von Symmetrie und Asymmetrie, sondern um Grade von Symmetrie oder Asymmetrie. Tatsächlich gibt es in der Beschreibung und Analyse von Kriegen die Symmetrie-Asymmetrie-Unterscheidung zweimal: zunächst als prinzipielle Unterscheidung, in der, wie hier bislang geschehen, Kriege entweder als wesentlich symmetrisch oder asymmetrisch klassifiziert werden. Hier handelt es sich um ein Klassifikationssystem, das darauf angelegt ist, Kriege nach einer binären Ordnung zu unterscheiden. Auf dieser Ebene gibt es weder ein Drittes noch graduelle Abstufungen, es gibt entweder Symmetrie oder Asymmetrie. Es dürfte aus Gründen einer präzisen Beschreibung jedoch sinnvoll sein, unterhalb dieser binären Klassifikation Kriege noch einmal nach dem Grad ihrer jeweils symmetrischen bzw. asymmetrischen Anteile zu bestimmen. So lassen sich in wesentlich symmetrischen Kriegen fast immer auch asymmetrische Elemente finden, und wesentlich asymmetrische Kriege können durchaus auch Elemente von Symmetrie aufweisen. Mehr noch: diese Beimischungen können sich im Verlaufe eines Krieges verändern, und diese Veränderungen sind um so gravierender, je länger ein Krieg dauert. Der deutsch-franzö-

13 Vgl. unten, S. 338 ff.

14 Eine kritische Auseinandersetzung mit der Theorie des demokratischen Friedens, freilich ohne Referenz auf das Symmetrie-Asymmetrie-Problem, findet sich bei Rauch, *Die Theorie des Demokratischen Friedens*, S. 41 ff.

sische Krieg von 1870/71 beispielsweise, der zu Beginn so gut wie keine Anteile asymmetrischer Kriegführung aufwies, wurde nach der Kapitulation Napoleons III. und der Weiterführung des Krieges durch die Dritte Republik zunehmend mit asymmetrischen Elementen angereichert, und er wäre möglicherweise in einen wesentlich asymmetrischen Krieg umgeschlagen, wenn er über Jahre und nicht bloß wenige Monate weitergeführt worden wäre.[15] Die klassifikatorisch wohl größte Herausforderung dürfte in dieser Hinsicht der Zweite Weltkrieg darstellen, bei dem jeweils nach Kriegsschauplatz und Zeitpunkt unterschiedliche Klassifikationen vorzunehmen sind. Dabei waren in nur sehr begrenztem Rahmen die Entscheidungen einer Kriegspartei ausschlaggebend, sondern die Dynamik der Veränderungen entwickelte sich aus dem Zusammenspiel zweier oder mehrerer Seiten.

Schlacht und Massaker

Entgegen dem Eindruck, den man bei Durchsicht der jüngeren einschlägigen Literatur gewinnen kann, sind Asymmetrien kriegsgeschichtlich nichts Neues. Eher wird man sagen müssen, dass sie weltgeschichtlich die Regel und Symmetrien eher die Ausnahme darstellen. Es sind die weitreichenden Bedingungen einer zivilisatorischen, politischen und sozialen Gleichartigkeit der Akteure, die Symmetrien unwahrscheinlich machen. Wahrscheinlich hat es kaum eine Periode der Kriegsgeschichte gegeben, in der symmetrische Kriege so lange vorherrschend waren, wie die europäische Geschichte vom 17. bis zum 20. Jahrhundert. Dabei dürften die »Verstaatlichung des Krieges«, also die Durchsetzung des staatlichen Monopols auf Kriegführungsfähigkeit, und die Entwicklung eines europäischen Staatensystems, das alle Anläufe zu imperialer Machtbildung auf dem Kontinent abgewehrt bzw. von vornherein in Grenzen gehalten hat, von ausschlaggebender Bedeutung gewesen sein.[16] Die Professionalisierung eines Soldatenstandes, die auch mit Einführung der Allgemeinen Wehrpflicht nicht aufgehoben, sondern bloß durch eine stärkere gesellschaftliche Rückbindung relativiert wurde, und die reziproke Anerkennung des Gegners haben die Symmetrien der Kriegführung stabilisiert und Tendenzen zur Asymmetrierung der Gewalt in Grenzen gehalten. Aber diese Entwicklung blieb im wesentlichen auf Europa beschränkt; dieselben Mächte, die innerhalb Europas nach den Grundsätzen und Regeln der Symmetrie agierten, hatten dazu nicht die geringste Neigung, wenn sie außerhalb Europas als Kolonial-

15 Vgl. Schivelbusch, *Die Kultur der Niederlage,* S. 133 ff.

16 Zum europäischen Staatensystem vgl. nach wie vor Dehio, *Gleichgewicht oder Hegemonie;* sowie oben, S. 37 ff.

mächte auftraten: Hier bedienten sie sich »wilder Völker«, um Kriege zu führen und die Opponenten ihrer Herrschaft zu vernichten, sie zeigten keinerlei Interesse an der Beachtung jener kriegsvölkerrechtlichen Regularien, auf deren Beachtung sie innerhalb Europas so großen Wert legten, und sie waren bestrebt, ihre waffentechnische wie militärorganisatorische Überlegenheit gegenüber den Unterworfenen und Kolonisierten rücksichtslos auszuspielen. Kurzum: sie vermieden Schlachten und veranstalteten Massaker.[17]

In mancher Hinsicht ist die Unterscheidung zwischen Schlacht und Massaker[18] eine Konkretion und Veranschaulichung des Unterschieds zwischen symmetrischer und asymmetrischer Form der Kriegführung. In der Schlacht[19] sind die Chancen auf Sieg und Niederlage für beide Seiten tendenziell gleich verteilt; jedenfalls geht jede Seite, die sich einer Schlacht stellt, davon aus, dass sie eine mehr oder minder große Chance auf den Sieg habe. Das gilt für das Massaker gerade nicht: In ihm ist die eine Seite nicht bloß chancenlos, sondern im wortwörtlichen Sinn auch wehrlos; sie hat sich nicht aus freien Stücken zum Kampf gestellt, weil sie darin eine Chance zur Durchsetzung ihrer Ziele sieht, sondern sie ist, wie gejagtes Wild, gestellt worden. In der Schlacht sind für den daran beteiligten Soldaten die Chancen zu töten oder getötet zu werden, tendenziell gleich verteilt, das heißt, er ist gleichzeitig Täter und Opfer. Das ist im Massaker gerade nicht der Fall; hier sind die Rollen des Täters und des Opfers strikt voneinander getrennt. Welche Folgen dies für das Kriegsgeschehen hat, lässt sich an einem Zahlenvergleich ablesen: Waren zu Beginn des 20. Jahrhunderts noch 90 Prozent der in Kriegen Getöteten und Verwundeten Kombattanten im völkerrechtlichen Sinn, also in der Regel Soldaten, und nur etwa 10 Prozent Nonkombattanten, also Zivilisten, so hat sich dieses Verhältnis am Ende des 20. Jahrhunderts ins Gegenteil verkehrt: 20 Prozent Kombattanten stehen 80 Prozent Nonkombattanten gegenüber.[20]

In den letzten Jahrzehnten des 20. Jahrhunderts hat der Krieg grundlegend seinen Charakter verändert: An die Stelle der symmetrischen Kriege, die wesentlich von Staaten geführt wurden, sind asymmetrische Kriege getreten. In ihnen spielen substaatliche Akteure, wie Warlords,

17 Die Probleme, die daraus bei der Kodifizierung kriegsrechtlicher Regelungen erwuchsen, sind dargestellt bei Dülffer, *Regeln gegen den Krieg?*, insbes. S. 76 ff. Eine eingehende Analyse eines solchen Massakerkrieges, des italienischen Abessinienkrieges von 1935/36, findet sich bei Mattioli, *Experimentierfeld der Gewalt*, S. 74-130.

18 Dazu auch Sofsky, *Traktat über die Gewalt*, S. 137 ff. und 173 ff., sowie ders., *Zeiten des Schreckens*, S. 147 ff.

19 Vgl. oben, S. 75 ff.

20 Vgl. Kaldor, *Neue und alte Kriege*, S. 160.

Clanchefs, Milizenführer und terroristische Netzwerke, aber auch imperiale Mächte, die sich als Exekutoren menschen- und völkerrechtlicher Prinzipien verstehen, und gelegentlich auch Staaten, die um die Wiederherstellung von Staatlichkeit in Bürgerkriegsgebieten bemüht sind, die entscheidenden Rollen. Nahezu alle dieser Kriege sind durch fundamentale Ungleichheiten zwischen den Akteuren gekennzeichnet, sowohl was die ihnen verfügbaren Ressourcen als auch die in Anspruch genommenen Legitimationen für den Krieg anbetrifft. Keiner der neuen Kriege wird, wie das für den klassischen europäischen Staatenkrieg galt, unter den Bedingungen wechselseitiger Anerkennung geführt. Dementsprechend haben auch die in Europa entstandenen und auf die europäischen Konstellationen hin formulierten kriegsrechtlichen Regeln ihre Bindekraft verloren. Was an ihre Stelle treten kann und soll, ist freilich unklar. Dass ein Internationaler Strafgerichtshof diese Aufgabe übernehmen wird, ist nach der Weigerung der USA, sich dessen Rechtssprechung zu unterwerfen, mehr als zweifelhaft. Ob über eine neuerliche Ethisierung der Kämpfer, wie Michael Ignatieff sie vorgeschlagen hat,[21] effektive Gewalthegungen durchgesetzt werden können, bleibt abzuwarten. Auch hier besteht eher zu Skepsis Anlass. Und auch die Medien, deren Präsenz gelegentlich ein Mittel zur Begrenzung der Gewaltanwendung ist, können die Aufgabe der Gewaltlimitierung nicht wirklich übernehmen, da Medienpräsenz gleichzeitig auch Gewalt stimulieren kann bzw. Gewaltanwendung durch deren mediale Verstärkung prämiert wird. Wahrscheinlich ist es ein weiteres Charakteristikum asymmetrischer Kriege, dass in ihnen die Medien, insbesondere die verschiedenen Formen der Bildberichterstattung, die Eigenschaft des neutralen Beobachters verloren haben.[22] In der Konfrontation von David und Goliath ist deren mediale Repräsentation immer eine Parteinahme für David. Kriege beginnen inzwischen häufig damit, dass beide Seiten mit den Mitteln medialer Inszenierung versuchen, in die David-Position zu kommen. Wer die David-Position innehat, hat damit mehr gewonnen als nur die Sympathie der Weltöffentlichkeit; er besitzt damit auch eine Quasi-Legitimation, mit den Kampfhandlungen zu beginnen. Bekanntlich hatte David gegen Goliath nur darum eine Chance, weil er als erster attackierte. Wer sich als David zu inszenieren versteht, braucht keine weitere Legitimation für Präventivschläge. Da eine solche Positionierung aber nur mit Hilfe der Medien möglich ist, haben Medien partiell Waffenqualität bekommen. Sie sind eine zentrale Ressource asymmetrischer Kriegführung, und dieser Entwicklung ist nicht länger mit der inzwischen hinreichend abgedroschenen Bemerkung beizukommen, die Wahrheit sei das erste Opfer des Krieges.

21 Ignatieff, *Die Zivilisierung des Krieges*, S. 138 ff.

22 Dazu ausführlich oben, S. 196 ff.

Die politischen Folgen der Asymmetrie

Der europäische »Sonderweg« symmetrischer Kriegführung ist an sein Ende gekommen. Das 21. Jahrhundert dürfte, wenn man die Entwicklung der letzten zwei Jahrzehnte zugrunde legt, eine Epoche asymmetrischer Kriege werden. Die nach dem Ende des Ost-West-Gegensatzes kurzzeitig aufgeblühte Hoffnung, der Krieg werde aus der Geschichte verschwinden bzw. nur noch eine marginale Rolle spielen, ist aus dem politischen Erwartungshorizont wieder verschwunden.[23] Nun sollte man jedoch angesichts der jüngsten Entwicklungen nicht in eine eurozentrierte Kriegsnostalgie verfallen: Die symmetrischen Kriege der europäischen Staatengeschichte waren, von einigen kurzen Zwischenetappen abgesehen, wie etwa jener der Manöverstrategie des 18. Jahrhunderts,[24] überaus blutige Kriege, und wenn es in ihnen auch über lange Zeit möglich war, die Gewaltanwendung räumlich wie zeitlich auf den sogenannten Kriegsschauplatz bzw. das Schlachtfeld zu begrenzen, so sind dort doch innerhalb kürzester Zeit Zehntausende, seit der Industrialisierung des Krieges gar Hunderttausende getötet worden.[25] Zu einer Nostalgie gegenüber dem klassischen Staatenkrieg besteht kein Anlass.

Es war das Zusammentreffen von *Staat* und *Nation*, das in der europäischen Geschichte eine Intensität der Kriegführung hervorgebracht hat, wie sie, weltgeschichtlich betrachtet, einmalig ist. Der Staat stellte die materiellen Ressourcen sowie die Organisations- und Steuerungskapazität zur Verfügung, und die Mobilisierungskraft nationaler Ideen steuerte eine gesteigerte Opfer- und Leidensbereitschaft der Menschen bei. Die Folge war, dass die europäische Kriegsgeschichte trotz aller Hegungen der Gewalt auf der Grundlage einer wechselseitigen Anerkennung als Gleiche, also der Entkriminalisierung des Feindes, wie Carl Schmitt dies genannt hat,[26] eine der blutigsten und gewaltintensivsten war, die es bis dahin gegeben hatte – mit dem Zusatz freilich, dass es bis in die Anfänge des Zweiten Weltkriegs hinein gelang, die direkte Gewaltanwendung auf die Kombattanten zu begrenzen, also »Front« und »Heimat« voneinander zu trennen. Dies war wesentlich eine Folge der Symmetrierung des Krieges.

Die *low intensity conflicts*, wie man die neuen asymmetrischen Kriege zunächst genannt hat,[27] zeichnen sich durch das genaue Gegenteil aus:

23 Vgl. oben, S. 128 ff.

24 Zur Manöverstrategie und dem Ideal der »unblutigen Schlachten« vgl. Delbrück, *Geschichte der Kriegskunst,* Bd. IV, S. 378 ff.

25 Vgl. Keegan, *Die Schlacht,* S. 135 ff., 141 ff.

26 Schmitt, *Der Nomos der Erde,* S. 114 ff.

27 Van Creveld, *Die Zukunft des Krieges,* S. 42 ff.

Sie kennen keine großen, verlustreichen Schlachten, sondern allenfalls kleinere Scharmützel, die schnell mit dem Rückzug einer der beiden Seiten enden; aber dafür kennen sie auch keine Begrenzung des Kriegsgeschehens in Raum und Zeit. Die Intensität der Gewaltanwendung hat sich in deren Extensität aufgelöst. Die Gewalt wird in den asymmetrischen Kriegen omnipräsent und ubiquitär, aber eben auf einem deutlich niedrigeren Intensitätsniveau. Verdichtet sie sich einmal, dann nicht in Form einer Schlacht, sondern im Massaker. In der Regel werden solche Massaker, wie etwa in Ruanda, unter der Zivilbevölkerung angerichtet, aber verschiedentlich kommt es zu ihnen auch an regulären Truppen, wie etwa am Ende des Zweiten Golfkrieges auf dem *Highway of Death*, als die aus Kuwait flüchtenden irakischen Truppen von der US-Luftwaffe ohne Möglichkeit zur Gegenwehr zerschlagen wurden.[28] Der Verlauf des jüngsten Golfkriegs hat diese Tendenz zur Asymmetrierung von Kampfverläufen auch beim Aufeinandertreffen regulärer Streitkräfte bestätigt.

Die waffentechnische und militärtechnologische Entwicklung, wie sie vor allem von den USA unter dem politischen Imperativ zur Vermeidung eigener Verluste in den letzten beiden Jahrzehnten vorangetrieben worden ist, hat dazu geführt, dass heute keine andere Macht den USA in einem nichtnuklearen Krieg militärisch gewachsen ist. Die strategischen Atomwaffen sind unter diesen Umständen der Restposten von Symmetrie. Dementsprechend groß ist die Versuchung für einige Mächte, sich in den Besitz von Atomwaffen und entsprechenden Trägersystemen zu bringen, während umgekehrt die USA alles daransetzen und notfalls auch mit Präventivkriegen drohen, um dies zu verhindern. Die Möglichkeit zu einer Resymmetrierung der Kriegführungsfähigkeiten, die aufgrund ihrer immensen Kosten ohnehin nur beschränkt vorhanden ist, ist damit politisch blockiert. Was den tatsächlichen wie potentiellen Gegnern der USA unter diesen Umständen allein offensteht, ist die Gegenstrategie einer weiteren Asymmetrierung, die von der Guerilla bis zum Terrorismus reicht. Auf eine wachsende Asymmetrie der militärischen Fähigkeiten durch die Entwicklung von Waffensystemen reagieren sie mit Strategien der Asymmetrierung, vermittels derer die überlegene Stärke des Gegners in eine Schwäche verwandelt werden soll. Allen diesen Strategien ist eines gemeinsam: Sie zielen darauf ab, die Dauer eines Krieges in die Länge zu ziehen, um den politischen Willen oder die ökonomischen Ressourcen eines überlegenen Gegners in einem Abnutzungs- oder Verwüstungskrieg zu erschöpfen. Die technologisch wie organisatorisch überlegene Seite ist bestrebt, kurze Kriege mit einer schnellen militärischen Entscheidung zu führen; die unterlegene Seite dagegen sieht ihre Chance in der Ausdehnung des Krieges, der Ver-

28 Vgl. Münkler, *Der neue Golfkrieg*, S. 99 ff.

meidung klarer Fronten und dem Unsichtbarmachen der »Streitkräfte« durch ihre Camouflage an die Zivilbevölkerung

Wie auch immer sich diese Formen der Auseinandersetzung fortentwickeln werden – ihre Folgen für die Weltordnung sind dramatisch. Die symmetrischen Kriege der europäischen Geschichte boten, wie blutig auch immer sie verliefen, stets die Aussicht ihrer Beendigung durch die Waffenentscheidung und den anschließenden Friedensschluss. Die asymmetrischen Kriege der letzten beiden Jahrzehnte bieten diese Aussicht auf eine definitive Beendigung der Gewaltanwendung nicht. Sie mögen weniger Opfer kosten als ein einziger Feldzug der europäischen Kriege, aber sie begleichen dies dadurch, dass sie keine inneren Mechanismen zur Kriegsbeendigung und zur Stiftung eines neuen Friedens enthalten. Der Krieg selbst hat durch das Schwinden symmetrischer Konfrontationsstrukturen an Intensität verloren, aber dieser Intensitätsverlust ist im Gefolge der Asymmetrierung durch seine Ausweitung in der Zeit ausgeglichen worden. Symmetrische Konfrontationen schlossen nicht nur die Möglichkeit eines dauerhaften Friedens auf der Basis rationalen Interessenausgleichs ein, sondern auf ihnen begründeten sich auch sämtliche Perspektiven der Kriegsprävention innerhalb einer globalen Friedensordnung. Das gilt für asymmetrische Konfliktkonstellationen nicht: Aufgrund fehlender Reziprozität ist die Chance des Interessenausgleichs in ihnen sehr beschränkt; gegenseitige Anerkennung wird von den einen als Sieg, von den anderen als Niederlage wahrgenommen; und so erwächst die Bedrohlichkeit asymmetrischer Kriege weniger aus ihrer Intensität als aus den fehlenden Mechanismen zu ihrer Beendigung.

KAPITEL 10

Terrorismus – eine moderne Variante des klassischen Verwüstungskrieges

Es mehren sich die Anzeichen dafür, dass die Bedrohung durch terroristische Anschläge das politische (und wirtschaftliche) Geschehen der nächsten Jahrzehnte bestimmen wird. Mehr als die kontinuierlich wachsenden Ungleichgewichte zwischen den reichen und den armen Weltregionen sind dafür die sich noch schneller vertiefenden Ungleichheiten in den militärischen Fähigkeiten zwischen den technologisch fortgeschrittenen Staaten und dem »Rest der Welt« verantwortlich. Terrorismus ist nicht, wie gelegentlich behauptet wird, eine Waffe der *Armen*, sondern er ist die Kampfweise der *Schwachen*. Er hat darin den Partisanenkrieg abgelöst, der während des 20. Jahrhunderts lange Zeit diese Funktion innehatte.

Aber die Ablösung des Partisanenkrieges durch den Terrorismus ist mehr als eine operative Innovation auf Seiten derer, die sich keine militärische Hochtechnologie leisten und keine komplexen Militärapparate unterhalten können: Partisanenkrieg ist eine wesentlich *defensive*, Terrorismus hingegen eine im Kern *offensive* Strategie. Partisanen nämlich sind auf die nachhaltige Unterstützung durch die Bevölkerung angewiesen, und die erhalten sie nur dort, wo sie mit dieser Bevölkerung ethnisch und/oder sozial eng verbunden sind. Che Guevaras Projekt einer offensiven Ausrichtung des Partisanenkrieges ist im bolivianischen Dschungel kläglich gescheitert. Die jüngeren Formen des transnationalen Terrorismus dagegen haben sich von der Unterstützungsabhängigkeit durch die Bevölkerung, der auch der klassische sozialrevolutionäre wie ethnoseparatistische Terrorismus unterlag,[1] in hohem Maße unabhängig gemacht, indem sie die Infrastruktur der angegriffenen Länder in Waffen verwandelten (etwa Flugzeuge zu Trägersystemen und Kerosin zu Sprengstoff) und ihre Logistik in die Ströme der Schattenglobalisierung einlagerten. Der Terrorist, der lange Zeit dem Partisanen eng verbunden gewesen war und sich selbst als eine von dessen Erscheinungsformen begriffen und dargestellt hatte,[2] wurde damit zu einem strategisch selbständigen Akteur. In der medialen Karriere Osama bin Ladens hat dies inzwischen seinen Niederschlag gefunden.

Im Partisanenkrieg ging (und geht) es um die Kontrolle und Beherr-

1 Dazu Waldmann, *Terrorismus*, S. 56 ff. und 75 ff., sowie Laqueur, *Die globale Bedrohung*, S. 23 ff.

2 Hierzu ausführlich Münkler, »Guerillakrieg und Terrorismus«, S. 142-175, 224-231, sowie ders., *Über den Krieg*, S. 173-198.

schung des Bodens, weswegen Carl Schmitt den »tellurischen Charakter« als eines der wesentlichen Merkmale des Partisanen bezeichnen konnte.[3] Terrorismus dagegen zielt, jedenfalls wenn er eine eigene Strategie und nicht ein untergeordnetes taktisches Element der Revolution oder Separation darstellt, auf die Unterbrechung der Ströme von Waren und Dienstleistungen, Kapital, Menschen und Informationen, die das Lebenselexier moderner Gesellschaften darstellen. Partisanen waren (und sind) auf Räume angewiesen, in denen sie ihre Logistik aufbauen und verfügbar machen, ihre Kämpfer rekrutieren und ausbilden sowie ansatzweise die von ihnen angestrebte sozio-politische Ordnung entwickeln (sog. befreite Gebiete). Terroristen haben sich dagegen weitgehend vom Raum gelöst, indem sie Gewaltanwendung und Logistik in die letzten Endes unkontrollierbaren Ströme der modernen Gesellschaften einlagern. Sie haben sich entterritorialisiert und sind in den sozialen Raum der globalisierten Welt diffundiert.[4] Das ist zugleich die Voraussetzung dafür, dass netzförmig organisierte Gruppen überhaupt als Widerpart einer Weltmacht operations- und überlebensfähig sind.

Damit ist aber auch klar, dass es sich bei den jüngeren Formen des Terrorismus um eine Form des Krieges handelt: Politische Akteure wollen auf diese Weise mit den Mitteln der Gewalt ihren Willen durchsetzen. Die auf Clausewitz zurückgehende Definition des Krieges als Durchsetzung eines politischen Willens mit den Mitteln der Gewalt[5] ist flexibler als die empiristisch ausgerichteten Definitionen des Krieges, die auf die Anzahl der Toten oder die Beteiligung eines Staates abheben, weil sie von bestimmten historischen Konstellationen unabhängig ist. Wer Krieg per definitionem auf eine bestimmte Art seiner Führung beschränkt, etwa auf staatliche Kontrahenten, die mit professionalisiertem Personal um die Kontrolle von Territorien kämpfen, wird selbstverständlich die jüngsten Formen des Terrorismus nicht als Krieg bezeichnen, sondern bestreiten, dass Terrornetzwerke, Milizenführer und Warlords kriegführende Parteien seien. Bestenfalls seien es Agenten organisierter Gewaltanwendung.[6] Aber damit gleitet ihm zugleich die Geschichte des Krieges wie Sand durch die Finger, und was hängen bleibt sind nur die Staatenkriege der europäischen Geschichte zwischen

3 Schmitt nennt vier Merkmale des Partisanen: die Irregularität der Kampfweise, das intensive politische Engagement, die gesteigerte Mobilität und schließlich den tellurischen Charakter, der die »grundsätzlich defensive Situation des Partisanen« bezeichnet. Schmitt, *Theorie des Partisanen,* S. 20-28, insbes. S. 26.

4 Vgl. Behr, *Entterritoriale Politik,* S. 119 ff.

5 »Der Krieg ist also ein Akt der Gewalt, um den Gegner zur Erfüllung unseres Willens zu zwingen.« Clausewitz, *Vom Kriege,* S. 191 f.

6 So etwa Eppler, *Vom Gewaltmonopol zum Gewaltmarkt?*

dem 17. und dem 20. Jahrhundert. Damit ist weder in wissenschaftlicher noch in politischer Hinsicht irgendetwas gewonnen.

Statt dessen sind wir hier davon ausgegangen, dass der Krieg im Verlauf der Geschichte in Relation zu den sozialen und wirtschaftlichen, demographischen und politischen Konstellationen immer wieder seine Erscheinungsformen gewechselt hat und dass dies nicht als ein einsinnig gerichteter Evolutionsprozess begriffen werden kann, weder als schrittweise Zivilisierung des Krieges mit der Perspektive seiner endgültigen Abschaffung im Anschluss an Immanuel Kant[7] noch als sicherer Weg zur Selbstauslöschung der Menschheit, wie dies bei Günther Anders der Fall ist.[8] Der Wandel der Kriegsformen lässt in langfristiger Perspektive keine klaren Regelmäßigkeiten erkennen, vielleicht mit Ausnahme dessen, dass die unterschiedlichen Formen des Krieges, wenn sie ihre möglichen Varianten entfaltet haben und sich die Perspektive einer Lähmung oder gar Abschaffung des Krieges entwickelt, durch neue Formen abgelöst werden, die das Entwicklungspotential mehrerer neuen Varianten enthalten.

So scheint es auch bei der jüngst von zahlreichen Beobachtern konstatierten Privatisierung und Asymmetrierung des Krieges zu sein: Sind die zahllosen Warlords an der Peripherie der Wohlstandszonen inzwischen zum Inbegriff der Privatisierung und Kommerzialisierung des Gewaltgeschehens geworden,[9] so stellen die neuen Formen des transnationalen Terrorismus Strategien einer gezielten Asymmetrierung dar, vermittels derer sich technologisch wie organisatorisch unterlegene Akteure gegen weit überlegene Gegner kriegführungsfähig machen.[10] Der klassische Staatenkrieg ist unterdessen infolge der potenzierten Vernichtungskraft von Nuklearwaffen und der hohen Zerstörungsanfälligkeit moderner Gesellschaften zu einem historischen Auslaufmodell geworden. Terroristische Kriegführung ist eine Form des Krieges, die das Kriegsgeschehen des 21. Jahrhunderts in hohem Maße bestimmen wird, und zwar unabhängig von der engen Verbindung, die der Terrorismus gegenwärtig mit dem radikalen Islamismus eingegangen ist. Dementsprechend soll Terrorismus nachfolgend nicht als die Äußerungsform einer bestimmten Ideologie, die er sicherlich auch ist, sondern als eine Strategie der Gewaltanwendung betrachtet werden, die tendenziell jedem schwachen Politikakteur zur Verfügung steht.

7 Vgl. oben, S. 130 ff.

8 Anders, *Die Antiquiertheit des Menschen,* Bd. 1, S. 233 ff.

9 Vgl. Kaldor, *Neue und alte Kriege,* insbes. S. 144 ff., Lock, »Ökonomien des Krieges«, S. 269-286, sowie Münkler, »Politik und Krieg«, S. 471-490.

10 Die tiefgreifenden Umwälzungen, die asymmetrische Kriegführung in der internationalen Ordnung hervorruft, sind beobachtet und analysiert bei Daase, *Kleine Kriege – große Wirkung,* S. 236 ff.

In seiner herkömmlichen Form, wie sie sich vor allem in Russland während der letzten Jahrzehnte des 19. Jahrhunderts entwickelt hat,[11] war Terrorismus eine Form der Gewaltanwendung, die sich eng mit der Idee der sozialen Revolution verband und insofern eher unter dem Rubrum des Bürgerkrieges als des internationalen Krieges zu behandeln war. Die Verbindung terroristischer Praktiken mit sozial- und sehr bald auch nationalrevolutionären Zielen hatte eine spezifische Zielauswahl und damit eine Begrenzung der Gewaltanwendung zur Folge, die in den jüngeren Formen des transnationalen Terrorismus weggefallen sind. Angriffe, wie die auf das World Trade Center vom 11. September 2001 oder auf touristische Einrichtungen, Hotels und Diskotheken, wie in Djerba, Mombasa, auf Bali oder Scharm el Scheik, wären für den herkömmlichen Terrorismus sozial- oder nationalrevolutionärer Prägung unvorstellbar gewesen, weil sie nicht »die Richtigen« getroffen hätten.[12] »Die Richtigen« – das waren die Repräsentanten und Funktionsträger des staatlichen Repressionsapparats, also Monarchen und Politiker, Staatsanwälte und Polizisten sowie Angehörige der sozial dominierenden Schicht, wie Bankiers, Fabrikanten und Großgrundbesitzer. Auf keinen Fall durften bei den Anschlägen Personen zu Schaden kommen, die dem »zu interessierenden Dritten« der terroristischen Kampagne zuzurechnen waren. Die Gestalt des »zu interessierenden Dritten« war nicht nur die zentrale Legitimationsfigur des herkömmlichen Terrorismus, sie war auch der wichtigste Gewaltbegrenzer und gewissermaßen der Garant dafür, dass der Einsatz von Massenvernichtungswaffen außerhalb des terroristischen Kalküls blieb.

Dabei hing es von der jeweiligen Zielsetzung und Ideologie der terroristischen Gruppen ab, wer als der »zu interessierende Dritte« fungierte: Es konnte sich bei ihm um sozial definierte Schichten und Klassen, um die sozial abhängige Bauernschaft, um das Proletariat industrieller Gesellschaften oder um die unterdrückten Völker der Dritten Welt handeln, ebenso aber auch um Nationen innerhalb eines Vielvölkerstaates oder ethnische Minderheiten innerhalb eines Nationalstaates, um konfessionelle Gruppen oder Menschen, die aus rassistischen Gründen diskriminiert wurden – stets war dieser »Dritte« der Adressat der mit der Gewaltanwendung verbreiteten Botschaft. Ihm sollte nicht nur die

11 Dazu Laqueur, *Terrorismus,* S. 27 ff., sowie ders. (Hrsg.), *Zeugnisse politischer Gewalt,* S. 56 ff.

12 Eine gewisse Ausnahme stellt hier die anarchistische Kriegserklärung an die Bourgeoisie dar, die in Einzelfällen zu Anschlägen geführt hat, die weder Zielauswahl noch Opferbegrenzung erkennen lassen. Höhepunkt dessen war die Bombenexplosion im Pariser Café Terminus mit der anschließenden Erklärung des Attentäters Emile Henry, es gebe keine Unschuldigen. Aber das waren Ausnahmen.

Möglichkeit des Widerstands vor Augen geführt, sondern er sollte auch zur aktiven Beteiligung an der Gewaltanwendung aufgefordert werden, damit der Kampf, der zunächst zwischen einer kleinen Gruppe und dem mächtigen Staatsapparat begonnen worden war, mit größerer Intensität und besseren Erfolgsaussichten geführt werden konnte. Nicht selten bauten die terroristischen Gruppen auch darauf, dass sich der Staat durch ihre Anschläge dazu würde provozieren lassen, die präventiven Repressionsmaßnahmen auf den »zu interessierenden Dritten« auszuweiten und ihm so einen zusätzlichen Motivationsschub zur Unterstützung der Terrorgruppen und zur Ausweitung des Kampfes zu geben.

Der von den Anschlägen ausgehende Schrecken hatte im herkömmlichen Terrorismus also die Funktion, Reaktionen zu provozieren, in deren Gefolge die sich als National- oder Sozialrevolutionäre verstehenden Terroristen zu neuen Kampfformen, dem Generalstreik bzw. Massenaufstand in den Städten oder dem Partisanenkrieg auf dem Lande, übergehen konnten. In schematischer Vereinfachung kann man von einem Dreistufenmodell des revolutionären Kampfes sprechen, in dem Terroraktionen *die erste Stufe*, ein sich zum Partisanenkrieg oder zum bewaffneten Aufstand in den Städten steigernder Kampf *die zweite Stufe* und die Herbeiführung der militärischen Entscheidung *die dritte Stufe* bilden sollten. Die Anwendung terroristischer Gewalt ist danach die möglichst zügig zu durchschreitende Anfangsphase des bewaffneten Kampfes sowie eine Rückfallposition für den Fall, dass die zum Partisanenkampf übergegangenen Akteure unter massiven Druck gerieten und sich wieder in den terroristischen Untergrund zurückziehen mussten. Durchweg war der Terrorismus innerhalb dieser Gesamtstrategie jedoch ein Durchgangsstadium, das für die Gewaltakteure relativ hohe Risiken des politischen Scheiterns enthielt.[13] Dementsprechend versuchte die Gegenseite, die Terroristen in diesem Stadium festzuhalten und sie zu Aktionen zu zwingen, durch die sie ihren politischen Anspruch und damit die Unterstützung des »zu interessierenden Dritten« verloren.[14] Das konnte durch terroristische Gewaltexzesse geschehen, denen viele dem »Dritten« zuzurechnende Personen zum Opfer fielen, ebenso aber auch durch die Zurückdrängung der Gruppen auf pure Selbsterhaltung, in deren Gefolge sie sich gewöhnlichen Gewaltkriminellen bis zur Ununterscheidbarkeit anglichen.[15]

13 Dazu ausführlich Waldmann, *Terrorismus und Bürgerkrieg*, S. 38 ff.

14 Das bisherige Scheitern aller Versuche, zu einer weltweit akzeptierten Definition des Terrorismus zu kommen, ist ein Nachspiel dieser Konstellationen: Der Widerstand vieler Länder gegen eine von den USA angebotene Terrorismusdefinition resultiert aus der Befürchtung, dass damit alle Formen des Befreiungskampfes als terroristisch geächtet würden.

15 Das gilt vor allem für die Guerillabewegungen in Peru und Kolumbien.

Die jüngeren Formen des transnationalen Terrorismus unterscheiden sich in organisatorischer, logistischer und operativer Hinsicht so sehr von dem skizzierten Modell des herkömmlichen national- bzw. sozial-revolutionären Terrorismus, dass die gemeinsame Benennung als ›Terrorismus‹ eher irreführend als erhellend ist. Letzten Endes bezieht sie sich allein auf die unmittelbare Funktion der Anschläge, nämlich die Verbreitung von Angst und Schrecken.[16] Zielte dieser Schrecken im herkömmlichen Terrorismus wesentlich auf den Staatsapparat und die herrschenden Kreise, die eingeschüchtert oder zu irrationalen Reaktionen verleitet werden sollten, während der »zu interessierende Dritte« zunächst in der komfortablen Position eines unbeteiligten Zuschauers verblieb, so ist der von den neueren Formen des Terrorismus verbreitete Schrecken ein Angriff auf die psychische Infrastruktur ganzer Gesellschaften, die dadurch zu tiefgreifenden Verhaltensveränderungen gezwungen werden sollen. Einen »zu interessierenden Dritten« im Sinne des herkömmlichen Terrorismus gibt es nicht mehr. Und vor allem stellt die Terrorkampagne nicht mehr nur eine transitorische Etappe im Rahmen einer umfassenden Gesamtstrategie dar, sondern ist zur eigentlichen Ebene der Auseinandersetzung geworden, und dementsprechend gibt es kein Erfordernis, zu einer anderen Form der Gewaltanwendung, wie etwa dem Partisanenkrieg, überzugehen.

Hat der herkömmliche Terrorismus die Funktion gehabt, die Kräfte zu sammeln und aufzubauen, die erforderlich waren, um mit hinreichenden Erfolgsaussichten in die entscheidende Auseinandersetzung mit dem staatlichen Repressionsapparat einzutreten, so verwenden die jüngeren Formen des Terrorismus auf Armee und Polizei keine sonderliche Aufmerksamkeit, sondern suchen die Auseinandersetzung dort, wo der angegriffene Gegner schwach bzw. relativ leicht zu verletzen ist. Das ist gerade nicht der militärische Apparat, sondern es sind die komplizierten wirtschaftlichen Strukturen, und innerhalb deren ist es vor allem die labile psychische Verfassung der Menschen in modernen Gesellschaften. Demgemäß hat das Terrornetzwerk al-Qaida bis zum Beginn des Irakkrieges bei seinen Anschlägen um das US-Militär einen Bogen gemacht und stattdessen direkt die psychische Infrastruktur der westlichen Gesellschaften, insbesondere der USA, angegriffen.[17] Strategisches Ziel ist die Unterbrechung oder zumindest Umlenkung der Kapital- und Informationsströme sowie des Personenverkehrs in urbanen Ballungszentren und der Touristenbewegungen, die wesent-

16 Dazu Fromkin, »Die Strategie des Terrorismus«, S. 83-99.

17 Eine recht zuverlässige Zusammenstellung findet sich bei Schröm, *Al Qaida*. Eine Ausnahme in der Auswahl nichtmilitärischer Ziele bildet der Anschlag auf den US-Zerstörer Cole am 12. Oktober 2000 im Hafen von Aden.

liche Bestandteile moderner Gesellschaften bilden. Der professionelle Militärapparat, in den die modernen Gesellschaften zu ihrer Sicherheit erheblich investiert haben, wird schlichtweg umgangen, und der Angriff zielt direkt auf die leicht verletzbaren Stellen dieser Gesellschaften.

Das lässt sich an einem Beispiel erläutern: Wenn nach dem mit einem Gastankwagen verübten Bombenanschlag unweit der Synagoge auf der tunesischen Ferieninsel Djerba, bei dem 19 Menschen getötet wurden, die aus Westeuropa kommenden Touristenströme versiegt wären, wenn in Folge dessen die tunesische Tourismusbranche kollabiert und es zu einer schweren Wirtschaftskrise des hochgradig vom Tourismus abhängigen Landes gekommen wäre, dann wäre auch der Sturz des politischen Regimes in den Bereich des Möglichen geraten. Wäre dies eingetreten, hätte der Westen nicht nur einen wichtigen Bündnispartner verloren, sondern es hätte sich auch das Machtgefüge in der gesamten Maghrebregion verändert. Oder ein anderes Beispiel: Die im Gefolge des 11. September eingeführten Sicherheitsvorkehrungen auf Flughäfen haben auf bestimmten Routen zu einer Verlangsamung der Passagierbewegungen geführt, was neben den unmittelbaren Kosten für die Sicherheitsaufwendungen infolge des erhöhten Zeitaufwands zu einer erheblichen Kostenbelastung der westlichen Wirtschaften geführt hat. Da in kapitalistischen Ökonomien Zeit Geld ist, setzen die Terroristen hier den Hebel an. Und dieser Hebel greift offenbar auch unabhängig von tatsächlichen Anschlägen durch immer wieder erfolgende Warnungen sowie die permanenten präventiven Sicherheitsmaßnahmen. Ein weiteres Beispiel sind die Angriffe auf die Nahverkehrsysteme der urbanen Ballungszentren: Wenn es den Terrorgruppen durch die Sequenzialisierung von Bombenanschlägen, wie 2005 in London versucht, gelingt, die tagtäglichen Pendlerströme zu unterbrechen, sei es durch die Zerstörung von U-Bahnschächten, sei es durch die Reaktion der Bevölkerung, die nach mehreren Anschlagsserien öffentliche Verkehrsmittel meidet, würde dies zwangsläufig zum Zusammenbruch des wirtschaftlichen Lebens in der betreffenden Metropole führen – mit, jedenfalls im Falle Londons, weltweiten Auswirkungen. Die Strategie des Terrorismus ist also, wenn sie voll zum Tragen kommt, eine überaus ernst zu nehmende Herausforderung der auf diese Weise angegriffenen Gesellschaften.

In strategischer Hinsicht folgen die jüngeren Formen des Terrorismus dem Modell des klassischen Verwüstungskrieges, bei dem nomadisierende Völker in die Randgebiete von Wohlstandszonen einbrachen und hier plündernd und sengend vor allem wirtschaftlichen Schaden anrichteten. Dabei hatten sie keinerlei Interesse daran, eine Entscheidungsschlacht mit den Truppen des angegriffenen Gebiets zu suchen, sondern sind im Gegenteil einem Aufeinandertreffen aus dem Weg gegangen. Das hatte seinen Grund zumeist darin, dass sie einem größeren Gefecht nicht gewachsen gewesen wären. Also entzogen sie sich durch ihre überlegene Beweglichkeit und Schnelligkeit dieser militärischen Konfrontation.[18] Nicht durch eine mit militärischen Kräften herbeigeführte Entscheidung, sondern durch die kontinuierliche Zufügung eines für den Gegner auf Dauer verheerenden wirtschaftlichen Schadens versuchten sie, ihren politischen Willen durchzusetzen – was auch immer dessen Inhalt sein mochte: von der Aufnahme in die prosperierenden Siedlungsgebiete einer imperialen Macht über regelmäßige Tributzahlungen als eine Form von Gewaltabkauf bis zur Erzwingung dynastischer Verbindungen.

Die Gegenwehr der so Angegriffenen umfasste eine ganze Palette von Möglichkeiten, deren Brauchbarkeit freilich in hohem Maße von den soziopolitischen Verhältnissen des Angreifers und der Geographie der Räume abhing, aus denen heraus er operierte. Handelte es sich um einen mit Streifscharen operierenden Staat, so lag es nahe, ihm ähnliche Schädigungen zuzufügen oder mit großer Heeresmacht auf sein Zentrum vorzustoßen und dort die Entscheidungsschlacht zu suchen. Freilich handelte es sich bei den Akteuren, die Verwüstungskriege führten, selten um Territorialstaaten, die ihrerseits durch Verwüstungskrieg angreifbar waren, sondern zumeist um weder staatlich verfasste noch in einem klar umrissenen Territorium ansässige Völkerschaften, die für ihre auf Beute gerichteten Kriegszüge lose Verbindungen eingingen und danach in der Tiefe des geographischen Raumes, aus dem sie gekommen waren, wieder verschwanden. Dementsprechend waren sie für die nachsetzenden Militärverbände nur schwer zu fassen. So schnell wie die Verwüstungskrieger aufgetaucht waren, waren sie auch wieder verschwunden. Doch plötzlich waren sie wieder da, und das Spiel begann von neuem. Im Prinzip gibt es für die derart Bedrohten zwei Möglichkeiten der Abwehr, die jeweils eine Reihe von Varianten aufweisen: zunächst den Bau von Grenzbefestigungen, an denen dauerhaft Truppenverbände stationiert werden. Der römische Limes und die Chinesische Mauer sind dafür ebenso Beispiele wie die Errichtung von Burgen und Wehrkirchen im östlichen Grenzgebiet der ottonischen Kaiser. Aber solche Verteidigungssysteme sind mit einem permanenten Kostenaufwand verbunden und haben alle Nachteile einer inflexiblen Verteidigung, während der Gegner seine Kräfte nach Belieben konzentrieren kann. Er bestimmt Ort und Zeitpunkt des Angriffs, während der Verteidiger permanent auf der Hut sein muss. Deswegen hat die Verteidigung imperialer Großräume, und das ist die zweite Variante, immer

18 Organisationsform und Kampfweise des Verwüstungskrieges findet sich in den an Schlachten bzw. der Entwicklung der Operationskunst orientierten Darstellungen der Kriegsgeschichte nur selten behandelt; als eine der wenigen Ausnahmen ist Keegan, *Die Kultur des Krieges*, S. 267 ff., zu nennen.

auch darauf gesetzt, Grenzsicherung durch offensives Eindringen in die vorgelagerten Räume zu betreiben, die ihrerseits verwüstet und in denen alle Ansätze zur Herausbildung militärisch aktionsfähiger Großverbände zerschlagen wurden.[19]

Die Analogien zwischen dem klassischen Verwüstungskrieg und den neueren Formen des transnationalen Terrorismus sind frappant, und zwar sowohl hinsichtlich der Angriffsformen des Terrorismus als auch mit Blick auf die Möglichkeiten zu deren Abwehr. Was im klassischen Verwüstungskrieg die Beweglichkeit und Schnelligkeit der Eindringlinge war, ist im Fall terroristischer Akteure deren Klandestinität. Sie operieren im Verborgenen und tauchen erst im Augenblick des Anschlags auf, so dass keine Zeit mehr bleibt, geeignete Abwehrmaßnahmen zu ergreifen. Terroristen agieren gleichsam unter einer Tarnkappe, und das erst verschafft ihnen die Möglichkeit, einen in fast jeder Hinsicht überlegenen Gegner anzugreifen. Nur in zweierlei Hinsicht ist dieser Gegner nicht überlegen, und das ist die Verfügung über die Ressource Zeit sowie die Möglichkeit, in der Auseinandersetzung mit den Terroristen auf eine ausgeprägte Operbereitschaft der Bevölkerung zurückgreifen zu können. Und genau hier setzen die neueren terroristischen Strategien an: Durch die Klandestinität der Akteure sind sie in der Lage, die Zeitrhythmen der Auseinandersetzung zu kontrollieren, und durch Angriffe auf zivile Ziele, das heißt auf die geringe Opferbereitschaft der Menschen in postheroischen Gesellschaften,[20] erhöhen sie den Druck auf die Regierungen, schnelle Erfolge im Kampf gegen den Terrorismus zu erzielen oder durch politische Konzessionen ein Ende der Bedrohung zu erreichen. Vor allem demokratisch kontrollierte Regierungen haben in der Konfrontation mit dem Terrorismus einen schweren Stand. Terroristen nutzen nämlich die hohe Mediendichte moderner Gesellschaften, um die psychischen Effekte ihrer Anschläge zu verstärken,[21] während gleichzeitig die demokratische Verfasstheit dieser Gesellschaften den Regierungen eine entsprechende Kontrolle der Medien als Abwehrmaßnahme untersagt. All dies ermöglicht kräftemäßig schwachen Akteuren, zu einer bedrohlichen Herausforderung starker Staaten zu werden.

Es sind also wesentlich asymmetrische Konstellationen, die für die terroristische Bedrohung charakteristisch sind. Nun waren freilich auch der herkömmliche Terrorismus und selbstverständlich die Strategie des Partisanenkrieges Formen asymmetrischer Kriegführung, freilich fast immer mit der Einschränkung, dass die Asymmetrie als Ausdruck einer

19 Dazu Münkler, *Imperien,* S. 150 ff.

20 Vgl. unten, S. 338 ff.

21 Dazu Münkler, »Terrorismus als Kommunikationsstrategie«, S. 11-18, sowie Hoffman, *Terrorismus,* S. 172 ff., und Waldmann, *Terrorismus,* S. 56 ff.

anfänglichen Schwäche der Insurgenten bzw. Revolutionäre begriffen wurde, die in dem Maße, wie diese im Verlaufe des Krieges an Stärke gewannen, schrittweise in Symmetrie überführt werden sollte. Die Entscheidungsschlacht als eine symmetrische Konfrontation war der Zielpunkt fast aller Konzeptionen des Partisanenkrieges, an erster Stelle der maoistischen Guerilladoktrin.[22] Genau dies ist bei den jüngeren Formen des transnationalen Terrorismus nicht der Fall: Asymmetrische Konfrontationen werden nicht länger als Stufen zur angestrebten Symmetrie konzipiert, und die Perspektive einer zu erreichenden Symmetrie mit dem Gegner ist verabschiedet. Das ist eine weitreichende politisch-strategische Innovation, die zugleich eine realistische Kräfteeinschätzung seitens der strategischen Planer der jüngsten Terrorkampagnen zeigt: Konnte Mao Tse-tung noch mit Recht davon ausgehen, dass sich die chinesische Volksbefreiungsarmee im Verlaufe des Krieges zu einem gleichartigen Kontrahenten der japanischen Invasionsarmee und später der Kuomintang-Streitkräfte entwickeln werde, so wären derlei Erwartungen bei Osama bin Laden oder Aymon al-Zawahiri völlig illusionär. Die jüngeren Formen des Terrorismus beruhen also darauf, dass in ihnen Asymmetrie nicht als eine zeitlich begrenzte Notmaßnahme, sondern als der definitive Schlüssel des Erfolgs gedacht wird. Eine Konfrontation mit dem Militärapparat der westlichen Vormacht wird darum auch für die ferne Zukunft nicht angestrebt. Im Gegenteil: Alles kommt darauf an, sich dessen Zugriff zu entziehen, um immer wieder die zivile Infrastruktur der westlichen Gesellschaften attackieren zu können. Diesem Zweck ist die Organisationsstruktur der Gruppen in Form entterritorialisierter Netzwerke optimal angepasst.[23] Ein direktes und schnelles Gegenhandeln, das sich wesentlich auf militärische Instrumente stützt, greift unter diesen Umständen ins Leere.

Wie lässt sich diese neuartige terroristische Herausforderung unserer Gesellschaften bekämpfen bzw. wie steht es um den von George W. Bush ausgerufenen Krieg gegen den Terrorismus? Die immer wieder zu hörende Behauptung, terroristische Gruppen ließen sich grundsätzlich nicht durch den Einsatz des Militärs bekämpfen, ist im Lichte der hier

22 Vgl. Mao Tse-tung, *Vom Kriege,* S. 165 ff. und 267 ff.

23 Über den Grad der Entbundenheit terroristischer Organisationen vom Territorium gibt es in der einschlägigen Literatur eine Diskussion: Von der regionalwissenschaftlichen Seite wird dabei die Verbindung zu den länderbezogenen Konflikten herausgestellt und die Bedeutung der »Dachorganisation« al Qaida relativiert, während diejenigen, denen es um die transnationale Aktionsfähigkeit des islamistischen Terrorismus geht, sehr viel stärker auf al Qaida und deren Fortbestand nach der Zerschlagung ihrer Lager in Afghanistan verweisen; vgl. Steinberg, *Der nahe und der ferne Feind,* S. 22 ff.

entwickelten Überlegungen zur terroristischen Strategie zu prüfen, und dabei stellt sich heraus, dass es sich dabei eher um ein ungeprüftes Glaubensbekenntnis handelt. Tatsächlich hat das Militär auch in dieser asymmetrischen Konfrontation eine wichtige Funktion, nur unterscheidet sich diese deutlich von der in herkömmlichen Staatenkriegen. In der Auseinandersetzung mit der terroristischen Bedrohung besteht *die erste Verteidigungslinie* in einer Einstellung der Bevölkerung, die man als »heroische Gelassenheit« bezeichnen kann. Zielen terroristische Anschläge vor allem auf die labile psychische Infrastruktur moderner Gesellschaften, um mit relativ geringem Aufwand tiefgreifende Wirkungen zu erzielen, so ist diesen Anschlägen dadurch ein Großteil ihrer Wirkung zu nehmen, wenn nicht mit hysterischer Erregtheit, sondern kaltblütiger Zurückhaltung reagiert wird. Dann können weder Touristenströme so ohne weiteres unterbrochen noch Fluggesellschaften wirtschaftlich ruiniert werden, und auch die Ausschläge der Aktienkurse werden weniger stark ausfallen. Die in europäischen Augen mitunter etwas schrill anmutenden patriotischen Bekundungen in den USA nach dem 11. September haben diesem Zweck gedient. Freilich dürfte dieser Reaktionsform die Durchhaltefähigkeit abgehen, wenn sie sich nicht mit »heroischer Gelassenheit« verbindet, die auch unter dem Eindruck längerfristig angelegter Anschlagsserien keine panischen Reaktionen zeigt. Dass eine solche »heroische Gelassenheit« in westlichen Gesellschaften tatsächlich vorhanden ist, ist freilich alles andere als selbstverständlich – im Gegenteil: Postheroische Gesellschaften sind gerade dadurch definiert, dass eine solche mentale Disposition in ihnen keine verallgemeinerbare Rolle spielt.[24]

Im Unterschied hierzu hat *die zweite Verteidigungslinie* einen stärker offensiven Charakter; sie besteht aus einem Mix polizeilicher und geheimdienstlicher Maßnahmen unter Einschluss militärischer Operationen. Ziel dessen ist, durch die Erzeugung von Verfolgungsdruck die Angriffsfähigkeit terroristischer Gruppen einzuschränken und ihnen die zunächst uneingeschränkte Verfügung über die Zeitrhythmen der Auseinandersetzung zu entreißen. Das beginnt bei erhöhten Schutzmaßnahmen, die die Ausführung von Angriffen zwar nicht grundsätzlich verhindern, aber doch erschweren, indem sie einen erhöhten Organisationsaufwand der Gruppen notwendig machen. Damit wächst die Chance ihrer rechtzeitigen Entdeckung und damit der Verhinderung des Anschlags. Dazu gehören weiterhin eine entsprechende Überwachung von Kommunikation sowie die Informationsbeschaffung mit geheimdienstlichen Mitteln, um den Schleier der Klandestinität zu lüften, der die Terrorgruppen schützt. Und schließlich sind dazu auch militärische Operationen gegen die Knoten des Netzwerkes zu rechnen, also gegen

24 Dazu unten, S. 310 ff.

all jene Stellen, wo mit verstärkten Kontaktaufnahmen terroristischer Akteure zu rechnen ist und diese in Folge prekärer oder zerfallener Staatlichkeit in der Region relativ risikolos erfolgen kann.[25] Wie alle anderen Organisationen verfügen auch terroristische Netzwerke nur über begrenzte Ressourcen, und dementsprechend geht es darum, sie mit polizeilichen, geheimdienstlichen, aber auch militärischen Mitteln in eine Situation zu bringen, in der sie einen Großteil dieser Ressourcen – vor allem deren knappste, nämlich Aufmerksamkeit – für ihre Selbsterhaltung einsetzen müssen und dementsprechend nur noch wenig für die Durchführung von Angriffsoperationen verfügbar haben. Militärische Operationen haben dabei die Aufgabe, die Gegenseite unter Stress zu setzen, um so einen erhöhten Ressourcenverbrauch zu erzwingen oder sie zu Fehlern zu verleiten. Davon, dass der Einsatz von Streitkräften, wie in symmetrischen Konflikten, eine schnelle militärische Entscheidung herbeiführen würde, kann freilich keine Rede sein. Eher sind Militäraktionen im Rahmen der Terroristenbekämpfung mit jenen präventiven Offensivoperationen zu vergleichen, durch die in früheren Zeiten die Wahrscheinlichkeit von Verwüstungsstreifzügen potenzieller Angreifer vermindert werden sollte. Der Terrorismus kann dadurch genauso wenig endgültig besiegt werden, wie einst die Möglichkeit des Einbruchs verwüstender Streifscharen auf diese Weise ausgeschlossen werden konnte. Aber seine Angriffsfähigkeit wird vermindert, wie früher die Einbruchswahrscheinlichkeit reduziert wurde.

Bleibt schließlich noch *die dritte Verteidigungslinie* zu erwähnen, die freilich erst mittel- bis langfristig Wirkung zu entfalten vermag, wobei deren Ausmaß nicht mit Sicherheit vorhergesagt werden kann: Sie kann tiefgreifend sein und zur Austrocknung der Strukturen terroristischer Gruppen führen, sie kann ebenso aber auch nur marginal sein und tendenziell bedeutungslos bleiben. Es geht hierbei um die Trennung der Terrorgruppen im engeren Sinn von ihrem Unterstützerumfeld, und das heißt vom Zufluss neuer Kämpfer, von Spenden und von politischer Legitimität. In einem weiteren Sinne wird man dies als die geistige Auseinandersetzung mit dem Terrorismus bezeichnen können, und zu ihr gehört nicht nur die Stärkung eines »aufgeklärten«, jedenfalls die Trennung von Politik und Religion akzeptierenden Islams, sondern auch die Sensibilisierung der westlichen Gesellschaften für die Art der sie bedrohenden Gefahren.[26] Wiewohl diese Ebene in der öffentlichen

25 Zur wachsenden Rolle von Geheimdiensten vgl. Todd/Bloch, *Globale Spionage*, S. 31 ff.; zur Art militärischer Operationen vgl. Priest, *The Mission*, S. 121 ff.

26 Beispiele für diese Auseinandersetzung sind Berman, *Terror und Liberalismus*, insbes. S. 196 ff., sowie Buruma/Margalit, *Okzidentalismus*, insbes. S. 103 ff.

Debatte am häufigsten und intensivsten apostrophiert wird, sind hier bislang keine überzeugend operationalisierbaren Konzepte entwickelt worden. Diese Ebene ist wichtig, aber solange sie nur beschworen wird und konzeptionell unterbelichtet bleibt, wird man von ihr nicht zuviel erwarten dürfen.

KAPITEL 11

Ältere und jüngere Formen des Terrorismus

Strategie und Organisationsstruktur

Vorbemerkung

Die Entwicklung des internationalen Terrorismus im letzten Jahrzehnt, so die den nachfolgenden Überlegungen zugrunde liegende These, ist weniger von seiner Ideologie als von seiner Strategie her zu entschlüsseln. Während im sozialrevolutionären und ethnoseparatistischen Terrorismus ideologische Vorgaben dominant waren (und sind) und aus ihnen die Strategie sowie die Taktik von Anschlägen abgeleitet wurden, hat sich in den jüngeren Formen des internationalen Terrorismus die Grammatik der Gewalt gegenüber den politisch-ideologischen Vorgaben in hohem Maße verselbständigt bzw. diese politisch-ideologischen Vorgaben sind von vornherein nur noch schwach ausgeprägt. Man kann mithin von einer Ersetzung des Primats der Politik durch einen Primat der Strategie sprechen bzw. von einer Verselbständigung der Gewaltstrategien gegenüber deren ideologischen Rechtfertigungen. Dies hat weitreichende Folgen für die Organisationsstruktur terroristischer Gruppen, unter anderem in der Ersetzung hierarchischer Kommandostrukturen – wie sie in den ethnoseparatistischen, vor allem den sozialrevolutionären Gruppen vorherrschend waren – durch segmentäre Netzwerkorganisationen, aber auch für die Auswahl der Ziele von Anschlägen und die aus den Handlungsimperativen terroristischer Akteure abzuleitende Erfordernis bzw. Nichterfordernis zur Begrenzung oder Nichtbegrenzung der bei diesen Anschlägen zu erwartenden Opfer. Im Verlauf der 1990er Jahre, so der nachfolgend zu entwickelnde Grundgedanke, haben Teile des internationalen Terrorismus einen fundamentalen Strategiewechsel vollzogen, in dessen Gefolge sich der Terrorismus aus einer überwiegend *innerstaatlichen Bedrohung* in eine *Herausforderung der internationalen Ordnung* verwandelt hat. Man kann den internationalen Terrorismus als eine neue Variante des Verwüstungskrieges begreifen, die sich im Rahmen einer allgemeinen Asymmetrierung des Krieges seit dem Ende des Ost-West-Konflikts entwickelt hat. Die Folge dessen ist, dass sich die Terrorismusbekämpfung aus einer wesentlich polizeilichen Aufgabe in eine in verstärktem Maße auch die nach außen tätigen Geheimdienste und das Militär betreffende Herausforderung verwandelt hat. Inbegriff dieser Entwicklung ist die internationale Netzwerkorganisation al-Qaida, deren Aktionsformen gleichermaßen Terroranschläge,

Guerillataktiken sowie Formen konventioneller Kriegführung umfassen bzw. umfasst haben.

Die Strategie des klassischen Terrorismus und die Figur des »als interessiert unterstellten Dritten«

Der Wandel in der Operationslogik des Terrorismus läßt sich an der Figur des »als interessiert unterstellten Dritten« konkretisieren:[1] In den früheren Formen des Terrorismus war diese ideologisch konstruierte Gestalt, bei der es sich um das Proletariat, gesellschaftlich Marginalisierte, Unterdrückte der Dritten Welt sowie benachteiligte ethnische Gruppen handeln konnte, die zentrale Legitimationsressource terroristischer Gewalt und daneben zugleich der wichtigste Adressat der von den Anschlägen verbreiteten »Botschaften«.[2] Aus dem Kampf für diesen Dritten bezogen die terroristischen Gruppen ihre politische Legitimität, und durch die Anschläge sollte der bislang passive Dritte zum aktiven Widerstand gegen die bestehende Ordnung motiviert werden. Von der Narodniki im Rußland des 19. Jahrhunderts bis zur RAF im Deutschland der 1970er Jahre war dieser »als interessiert unterstellte Dritte« der Adressat der Aktionen, die dazu beitragen sollten, ihn in den politischen Kampf zu ziehen – von Massenstreiks bis zum bewaffneten Widerstand.[3] Terrorismus war zum überwiegenden Teil Kampf um die politische Unterstützung durch diesen Dritten.

Die Aktivierung dieses Dritten, bei der terroristische Anschläge kleiner Gruppen die Initialgründung darstellen sollten, sollte entweder zu einem Aufstand in den Städten, also dem klassischen Beginn einer Revolution nach dem Modell von 1789, 1848 und 1917/18,[4] oder aber zu einem Partisanenkrieg auf dem Lande führen, bei dem die zunächst

1 Zum »als interessiert unterstellten Dritten« vgl. Münkler »Guerillakrieg und Terrorismus«, S. 142 ff.

2 Die Überlegung, daß es sich bei terroristischen Strategien immer auch um Kommunikationsstrategien handelt, findet sich insbesondere bei Waldmann, *Terrorismus*, insbes. S. 49 f.; die Öffentlichkeitsadressierung terroristischer Anschläge wird ebenfalls stark herausgestellt bei Hoffman, *Terrorismus*, S. 78 f., S. 172 ff., S. 203 u. ö.; in diesem Sinne auch Münkler, »Terrorismus als Kommunikationsstrategie«, S. 11-18.

3 Die Bedeutung des »als interessiert unterstellten Dritten« für die ideologische wie strategische Entwicklung der sog. Roten Armee Fraktion in der Bundesrepublik Deutschland während der 1970er Jahre ist analysiert bei Iring Fetscher/Rohrmoser, *Ideologien und Strategien*, S. 61 ff.

4 Vgl. Kippenberger/Tuchatschewski/Ho Chi Minh, *Der bewaffnete Aufstand*, sowie Laqueur (Hg.), *Zeugnisse politischer Gewalt*, insbes. S. 111 ff. und 121 f.

terroristisch agierenden Gruppen auf der Grundlage deutlich gewachsener Unterstützung durch die Bevölkerung zu einer neuen Taktik der Gewaltanwendung übergingen: der des Kleinkrieges (*Guerilla*), bei der der Gegner permanent attackiert wurde, ohne dass er selbst in der Lage war, die Angreifer zu stellen und in einem entscheidenden Gefecht zu vernichten. Eine solche asymmetrische Kampfweise war freilich nur möglich, wenn sie sich auf die nachhaltige Unterstützung durch die Bevölkerung verlassen konnte, und die wiederum sollte durch die vorangegangene terroristische Kampagne gewonnen werden. Ein solcher Übergang vom Terrorismus zum Partisanenkrieg war also damit gleichbedeutend, dass das Niveau der Gewaltanwendung gesteigert wurde, die Häufigkeit von Angriffen zunahm und die zunächst wesentlich als *symbolische Akte* angelegten terroristischen Anschläge durch Formen *militärischer Operationen* abgelöst wurden, die auf eine allmähliche Zermürbung des polizeilich-militärischen Apparats eines Staates abzielten. Die kommunikative Dimension der Gewalt trat zunehmend zurück und wurde durch eine zerstörende bzw. zermürbende Instrumentalität der Gewaltanwendung abgelöst. Hatten die Guerillagruppen schließlich eine bestimmte Größe und entsprechende Kampfkraft erreicht (Mao Tse-tung sprach in diesem Zusammenhang vom strategischen Gleichgewicht),[5] so konnte zu einer auch von Seiten der Rebellen mit regulären militärischen Kräften geführten Auseinandersetzung übergegangen werden, an deren Ende der Einzug der siegreichen Aufständischen in die Hauptstadt stand.

In den Entkolonialisierungskriegen der 1950er und 1960er Jahre ist dieses Modell vielfach erfolgreich angewandt worden. Sowohl die maoistische Guerilladoktrin und ihre Ableger als auch – in modifizierter Form – die Guerillakonzeption Che Guevaras und Fidel Castros[6] folgten diesem Drei-Etappen-Modell der revolutionären Gewalt. Terroristischen Aktionen kam dabei die Rolle eines *taktischen* Elements zu, das in ein umfassendes strategisches Konzept zum revolutionären Umsturz eingebunden war. Dabei konnte freilich auch in der Etappe des Partisanenkrieges, sobald die Partisanen in militärische Bedrängnis kamen, immer wieder auf terroristische Aktionsformen »zurückgeschaltet« werden. Während des algerischen Unabhängigkeitskrieges war dies der Fall. Eine solche Strategie war freilich nur unter den Bedingungen einer straffen hierarchischen Führung realisierbar, die die jeweils zu unternehmenden Schritte anordnete und die Auswahl der Ziele strikt kontrollierte.

Als Initialzündung bzw. »Anlasser« des Guerillakrieges hatten Anschläge in dieser älteren Form des Terrorismus also eine doppelte

5 Mao Tse-tung, *Vom Kriege*, S. 210 ff.

6 Guevara, *Der Partisanenkrieg*; dazu auch Maschke, *Kritik des Guerillero*, insbes. S. 88 ff.

Funktion: Sie sollten einerseits zeigen, dass Widerstand gegen das bestehende Regime nicht nur möglich, sondern auch erfolgversprechend war, insofern dem Regime empfindliche Schläge versetzt werden konnten, und sie sollten das Regime andererseits zu Reaktionen provozieren, durch die es seine eigene Legitimität untergrub und die ursprüngliche Folge- und Unterstützungsbereitschaft der Bevölkerung mehr und mehr verlor.[7] Durch repressive Maßnahmen, die durch die Terrorakte provoziert waren, sollte das Regime sich selbst »demaskieren« und zu einer Polarisierung der politischen Loyalitäten beitragen, um den Nährboden für den Übergang zum Partisanenkrieg (Rekrutierung von Kämpfern, logistische Unterstützung der Partisanen durch die Bevölkerung, Tarnung und Deckung in Dörfern und städtischen Quartieren) zu schaffen. Damit dies gelingen konnte, musste bei der Planung der Anschläge eine Reihe von einschränkenden Bedingungen bedacht werden, die ein selbständiges Agieren von Terrorzellen im Prinzip ausschlossen. So durfte bei Anschlägen der »als interessiert unterstellte Dritte« unter keinen Umständen in Mitleidenschaft gezogen werden; die Terrorakte mussten so geplant und durchgeführt werden, dass ihnen nur hohe Funktionsträger des Regimes, Angehörige des Repressionsapparats (Polizei und Militär) sowie allseits verachtete Profiteure der bestehenden Ordnung zum Opfer fielen, nicht aber den sozialen Unterschichten oder ethnischen Minderheiten Angehörende, die in der Ideologie der jeweiligen Gruppierungen als »interessierte Dritte« unterstellt wurden. Das schloss den Einsatz von Massenvernichtungswaffen ebenso aus wie »blindwütige« Bombenanschläge.[8] Im Gegenteil: Als Bestandteil einer umfassenden Strategie zielte die Taktik des Terrorismus darauf ab, das angegriffene Regime seinerseits zu undifferenzierter Gewaltanwendung zu provozieren. Erfolg oder Mißerfolg des strategischen Gesamtplans, der auf dem

7 Zur Funktionsweise des Terrorismus als Provokationsstrategie vgl. Waldmann, *Terrorismus*, passim, sowie ders., *Terrorismus und Bürgerkrieg*, S. 47 ff. Zur Reflexion des Terrorismus als Provokationsstrategie innerhalb der sog. Roten Armee Fraktion vgl. Fetscher/Rohrmoser, *Ideologien und Strategien*, S. 120 ff.

8 Auf dieser spezifischen Strategie des Terrorismus begründete sich die bis in die 1990er Jahre anzutreffende Einschätzung der Terrorismusanalytiker, wonach Schusswaffen und Sprengstoff, nicht aber Massenvernichtungsmittel die genuinen Waffen von Terroristen seien. In dieser Beurteilung wurde offenbar eine besondere, unter den politisch-historischen Konstellationen Europas entstandene Form des Terrorismus mit dessen prinzipiellen strategischen Optionen verwechselt; vgl. Gurr/Cole, *The New Face of Terrorism*. Zur wachsenden Bereitschaft terroristischer Gruppen, sich bei Anschlägen auch biologischer wie chemischer Massenvernichtungswaffen zu bedienen vgl. Laqueur, *Die globale Bedrohung*, S. 315 ff., sowie ders., *Krieg dem Westen*, S. 338 ff.

skizzierten Aktions-Reaktions-Modell aufgebaut war, hing entscheidend von der Selektivität terroristischer Gewalt und der Nichtselektivität der gegen sie gerichteten Repressionsmaßnahmen ab.

Um diesen politisch-strategischen Vorgaben zu genügen, mussten die terroristischen Aktionen sorgfältig geplant und durchgeführt werden – um so mehr, je schwieriger die Unterscheidung zwischen Funktionsträgern bzw. Parteigängern des Regimes und dem »als interesssiert unterstellten Dritten« war. Wo diese Unterscheidung sich auf ethnische Unterschiede stützte, waren terroristische Taktiken als Bestandteil einer national- bzw. sozialrevolutionären Strategie deutlich erfolgreicher als dort, wo dies nicht der Fall war.[9] In jedem Fall aber mussten terroristische Aktionen, wenn sie nicht von Ziel und Ausführung her selbstevident waren, mit Erklärungen und Erläuterungen versehen werden, die an den »als interessiert unterstellten Dritten« adressiert waren. »Bekennerschreiben«, in denen der Anschlag begründet und die Zielsetzungen der Gruppen erläutert wurden, waren darum ein unverzichtbarer Bestandteil dieser älteren Formen des Terrorismus. Insofern waren terroristische Anschläge taktischer Bestandteil einer umfassenden politischen Kommunikationsstrategie, die »den revolutionären Funken entzünden und zum Flächenbrand ausweiten« sollte.

Die Bekämpfung dieser spezifischen Form des Terrorismus hatte neben der unmittelbaren Prävention von Anschlägen sowie der Verfolgung, Inhaftierung und Verurteilung der Täter vor allem auf der Ebene der politischen Kommunikationsstrategie anzusetzen: Gelang es, die »Botschaften« der Gruppen zu implausibilisieren, so bestand eine gute Möglichkeit, den »als interessiert unterstellten Dritten« gegenüber den terroristischen Gruppen und ihren Zielen auf Distanz zu halten und die Terrororganisationen mit polizeilichen Mitteln zu zerschlagen bzw. die noch schwachen Guerilleros mit militärischen Mitteln zu besiegen. Insofern die terroristischen Anschläge Bestandteil einer umfassend angelegten komplexen Strategie waren, eröffnete sich eine Reihe von Möglichkeiten effektiven Gegenhandelns. Entscheidend für den Erfolg der Terrorismusbekämpfung war fast durchweg, dass die angegriffene Seite sich durch die Terroraktionen nicht zu unbedachten Gegenschlägen und Repressionsmaßnahmen provozieren ließ, auch wenn diese

9 Entgegen der immer wieder anzutreffenden Auffassung, terroristische Strategien seien aufgrund der Art ihrer Gewaltanwendung prinzipiell zum Scheitern verurteilt (so etwa Carr, *Terrorismus*), gibt es eine Reihe von Beispielen, in denen terroristische Strategien am Anfang eines erfolgreichen Staatsbildungsprozesses standen. Weniger erfolgreich waren terroristische Strategien hingegen im Falle sozialrevolutionärer Umwälzungen, aber auch hier stiegen ihre Erfolgsaussichten in dem Maße, wie sie sich mit nationalrevolutionären oder ethnisch-separatistischen Zielperspektiven verbanden.

häufig von Teilen der Bevölkerung und den ihnen verbundenen Medien gefordert wurden, sondern zielstrebig und selbstbewußt ihrem eigenen »Spielplan« folgte.

Die neue Strategie des Terrorismus: Angriffe auf ›weiche Ziele‹

Die jüngsten Aktionen des international organisierten Terrorismus folgen offenbar einer anderen Strategie, in der die Gestalt des »als interessiert unterstellten Dritten« eine politisch wie strategisch deutlich geringere Relevanz besitzt. Der Relevanzverlust des Dritten ist freilich weniger die Folge umfassender ideologischer Revirements, in deren Verlauf sozial, ethnisch oder kulturell definierte Bezugs- und Adressatengruppen etwa durch Transzendenzbezüge, wie apokalyptische oder millenarische Vorstellungen, ersetzt worden wären,[10] sondern die Folge einer Transformation des Terrorismus von einem *taktischen Element* im Rahmen einer komplexen politisch-militärischen Strategie in eine *selbständige Strategie.*[11] Die Erzeugung von Schrecken durch die überraschende und unvorhersehbare, letztlich aber nur punktuelle Anwendung von Gewalt ist aus einer untergeordneten Rolle im Rahmen einer mindestens dreistufigen Planung (Terroranschläge – Partisanenkrieg – Entscheidungsschlacht) herausgetreten und hat sich als politische Strategie autonomisiert.

Voraussetzung für diese Autonomisierung des Terrorismus zu einer eigenständigen politisch-militärischen Strategie war die »Entdeckung« der dramatisch gewachsenen Verletzlichkeit hochentwickelter Länder für Gewaltaktionen – im unmittelbar physischen Sinn, insbesondere aber in psychischer Hinsicht.[12] Dabei haben sich terroristische Akteure

10 Damit soll jedoch nicht in Abrede gestellt werden, dass die neuen Formen des internationalen Terrorismus, deren Anschläge ohne Limitierung der Opfer nach ethnischer Herkunft, sozialem Status, kultureller Zugehörigkeit und politischen bzw. administrativen Funktionen durchgeführt werden, in höherem Maße religiös grundierte Motivationen- und Legitimationsstrukturen aufweisen, als dies bei sozial- oder nationalrevolutionären bzw. ethnisch-separatistischen Terrorismen der Fall war und nach wie vor ist; zu dieser Beobachtung Waldmann, *Terrorismus*, S. 98 ff., sowie Hoffman, *Terrorismus*, S. 112 ff.

11 Dazu Münkler, *Über den Krieg*, S. 252-264.

12 In seiner inzwischen klassischen Definition des Terrorismus hat Fromkin, »Die Strategie des Terrorismus«, S. 83-99, die Orientierung an den *psychischen*, nicht so sehr den *physischen* Folgen der Gewaltanwendung als Wesensmerkmal terroristischer Aktionen herausgestellt. Mit der sinkenden Erfordernis einer Gewaltlimitierung in Hinblick auf den »Dritten« ist

seit jeher der Möglichkeiten einer medialen Verstärkung ihrer Aktionen bedient, und die ist besonders intensiv und nachhaltig in Ländern mit einer hohen Mediendichte. Hochentwickelte Gesellschaften sind durchweg Länder mit hoher Mediendichte, weswegen terroristische Strategien um so wirksamer sind, je höher entwickelt die Gesellschaften sind, gegen die sie sich richten.[13] Dagegen zeigen sie wenig Wirkung in agrarischen Gesellschaften, zumal in solchen, in denen ein gewisses Niveau an Gewaltsamkeit bei der Regelung von Sozialbeziehungen endemisch ist. Je geringer hingegen das Gewaltniveau einer Gesellschaft ist, desto stärker kommen die Effekte von Terroranschlägen zum Tragen.

Neben der die Terroranschläge verstärkenden Mediendichte ist für hochentwickelte Gesellschaften auch eine Mentalität charakteristisch, die man als postheroisch bezeichnen kann. Postheroische Gesellschaften sind durch Arbeit, Tausch und das Versprechen auf Wohlstand integriert, wohingegen eine aus Leidens- und Opferbereitschaft erwachsende Ehre in ihnen keine Rolle spielt. Dementsprechend sensibel reagieren solche Gesellschaften auf Gewaltanwendung bzw. oftmals bereits auf Gewaltandrohung. Es ist die Verbindung von postheroischer Mentalität mit einer Gewaltanwendung verstärkenden Mediendichte, die die westlichen Gesellschaften für terroristische Herausforderungen in besonderem Maße anfällig macht. Sie ist die Voraussetzung dafür, dass die Verselbständigung des Terrorismus zu einer eigenständigen Strategie trotz der verschwindend geringen Ressourcen der terroristischen Akteure überhaupt möglich war. Die Reaktionen der westlichen Gesellschaften auf die Anschläge vom 11. September 2001 zeigen, dass die jüngere Form des Terrorismus für diese Gesellschaften tatsächlich eine strategische Herausforderung darstellt, der sie sich auf Dauer erst noch gewachsen zeigen müssen.

Abgekürzt wird man sagen können, dass terroristische Anschläge heute weniger an einen »als interessiert unterstellten Dritten« adressiert als vielmehr auf die labile psychische Infrastruktur der westlichen Gesellschaften gerichtet sind, über die sie weitreichende ökonomische Effekte erzielen. Zur labilen psychischen Infrastruktur postheroischer Gesellschaften gehören die »Phantasie der Anleger«, die über das Auf und Ab der Börsennotierungen entscheidet, oder die Urlaubspräferenzen von Touristen, oder die Sicherheitserwartungen der Berufspendler, die alltäglich auf die öffentlichen Nahverkehrssysteme der urbanen Bal-

die Relevanz der physischen Folgen offenbar gewachsen; im Grundsatz hat sich jedoch an der Ausrichtung des Terrorismus auf den durch Gewalt verursachten *Schrecken* nichts grundsätzliches verändert.

13 Auf den Zusammenhang zwischen Mediendichte und den Effekten terroristischer Anschläge weist vor allem Waldmann hin: *Terrorismus*, S. 56 ff.; ähnlich Hoffman, *Terrorismus*, S. 172 ff.

lungszentren angewiesen sind, usw. Auf diese Weise sind die jüngeren Formen des Terrorismus vor allem an *ökonomischen* Effekten in den angegriffenen Ländern orientiert. In dem Maße, wie moderne Gesellschaften nicht mehr im wesentlichen politisch (also über das staatliche System), sondern über die sozio-ökonomische Ordnung integriert sind, folgen die Strategen des Terrors konsequent dem Evolutionsprozess westlicher Gesellschaften. Sie greifen dort an, wo diese Gesellschaften am leichtesten zu attackieren sind und wo ihnen zugleich der schwerste Schaden zugefügt werden kann. Der unmittelbare materielle Schaden des Doppelanschlags auf die Twin Towers in New York übertraf bei weitem alle Schäden, die durch terroristische Aktionen bis dahin angerichtet worden waren. Aber wahrscheinlich waren die psychischen Folgen des Anschlags für die Entwicklung der Börsenkurse und das Konsumverhalten in den westlichen Ländern noch erheblich größer. Die Anschläge vom 11. September haben deutlich gemacht, in welch zuvor unvorstellbarem Ausmaß über Börsen und Aktien gesteuerte Wirtschaften durch Terrorakte verwundbar sind. Diese Entdeckung, die zunächst auch die strategischen Planer der Anschläge überrascht haben dürfte, wird aller Voraussicht nach zu »Lerneffekten« bei terroristischen Gruppierungen führen, was heißt, dass sie die Ziele ihrer Anschläge zunehmend von solchen *politischer* auf solche *ökonomischer* Relevanz umstellen. Verglichen mit dem Anschlag auf das World Trade Center war der auf das Pentagon, der zwar von nicht geringerer Symbolkraft war als der auf die New Yorker Twin Towers, von deutlich geringerer Effektivität. Der Angriff auf das Pentagon zeigte zwar ebenfalls eine bis dahin für unmöglich gehaltene Verletzlichkeit der USA, aber er traf letzten Endes doch nur das Nervenzentrum des Apparats, der für die Abwehr und Prävention solcher und ähnlicher Angriffe professionalisiert ist. Damit traf er einen Teil jener Apparatur, die von modernen Gesellschaften zu ihrem Schutz und ihrer Sicherheit geschaffen wurde und dafür finanziert wird. Der Angriff auf das World Trade Center hingegen übersprang diese Apparatur und traf ins Zentrum jenes Bereichs, den zu schützen die Aufgabe von Militär, Geheimdiensten und Polizei ist. Terroristische Anschläge gegen postheroische Gesellschaften sind um so verheerender für die Angegriffenen, je weniger sie auf ausdifferenzierte Sicherheitsapparate, sondern auf die sensible Psychologie dieser Gesellschaften zielen und sie treffen.

Wahrscheinlich sind die Anschläge von Djerba und Bali, von Mombasa, Casablanca usw. bereits erste Ergebnisse dieses »Lernprozesses«: Entgegen dem ersten Eindruck richtete sich der Anschlag auf Djerba nämlich nicht gegen die jüdische Synagoge und auch nicht gegen die deutsche Besuchergruppe, sondern gegen die touristische Attraktivität Tunesiens. Ähnliches gilt für die gegen Tourismuseinrichtungen gerichteten Anschläge auf Bali, in Mombasa oder zuvor bereits in Luxor:

Über den Ruin der Tourismusbranche sollte hier die ohnehin labile Ökonomie dieser Länder weiter geschwächt werden. Die jüngeren Formen des Terrorismus stellen insofern eine moderne Variante des klassischen Verwüstungskrieges dar, der sich ebenfalls nicht gegen die Streitkräfte des Gegners und auch nicht gegen dessen Macht- und Herrschaftszentren richtete, sondern dessen strategisches Ziel darin bestand, der angegriffenen Gegenseite einen möglichst hohen wirtschaftlichen Schaden zuzufügen, um sie so zur Resignation ihres politischen Willens zu bringen.[14] Solche Verwüstungskriege waren in der Regel auf längere Dauer angelegt, was zumeist durch die unregelmäßige, auf Dauer jedoch kontinuierliche Verwüstung gegnerischen Territoriums erreicht werden sollte. An die Stelle des Territoriums agrarischer Gesellschaften ist in den jüngeren Formen des Terrorismus die Wirtschaftspsychologie moderner börsengesteuerter Gesellschaften getreten.

Ist diese Analyse zutreffend, so richten sich die Anschläge der jüngeren Formen des Terrorismus nicht mehr appellativ an einen »als interessiert unterstellten Dritten«, der für eine nachhaltige Unterstützung der terroristischen Akteure gewonnen werden soll, sondern der Adressat der terroristischen Botschaft sind die Touristen, denen von einem Urlaub in den von Terroranschlägen betroffenen Gebieten nachdrücklich »abgeraten« wird, oder die Berufspendler, die von der Nutzung der öffentlichen Nahverkehrssysteme abgehalten werden sollen. Terrorismus ist auch in diesem Fall eine Kommunikationsstrategie, nur hat sich die Adressierung der Gewaltbotschaft geändert und die Möglichkeiten zu einem effektiven Gegenhandeln der attackierten Seite haben sich deutlich verschlechtert. Nach wie vor geht es um die psychischen Effekte der Gewalt, aber indem diese über Individualentscheidungen auf *ökonomische Faktoren* und nicht auf *politische Strukturen* zielen, ist die terroristische Strategie wesentlich einfacher und robuster geworden, als sie dies unter den Bedingungen ihrer Adressierung an den zu interessierenden Dritten war. Bereits in den 1950er Jahren hat Raymond Aron die Strategie des Partisanenkrieges weniger als Ermöglichung des Übergangs zum regulären Krieg, wie bei Mao Tse-tung entworfen, sondern als ökonomische Zermürbung des angegriffenen Gegners analysiert und auf dieser Ebene eine weitgehende »Autonomisierung« der Partisanenstrategie beobachtet.[15]

In Analogie hierzu lassen sich auch die jüngeren Formen des Terrorismus beschreiben: Terroristische Aktionen greifen derart tief in die hochgradig störanfälligen Strukturen hochentwickelter Gesellschaften ein,

14 Damit beantwortet sich auch die häufig kontrovers diskutierte Frage, ob Terrorismus eine Form der Kriegführung sei; vgl. Münkler, »Sind wir im Krieg?«, S. 581-589.

15 Aron, *Der permanente Krieg*, S. 48.

dass sie in der Lage sind, hohe, womöglich untragbare Kosten zu verursachen und so den angegriffenen Gegner zur politischen Resignation zu zwingen, ohne dass sie dazu seinen organisatorisch wie technologisch weit überlegenen Sicherheitsapparat bekämpfen und niederringen müssen. Oder es geht darum, eine Reihe von Ländern aus dem System der kapitalistischen Weltwirtschaft, in das sie zumeist nur peripher integriert sind, herauszusprengen, indem man sie in ein wirtschaftliches Chaos stürzt, wodurch die zumeist prowestlich orientierten politischen wie wirtschaftlichen Eliten dieser Länder ihrer vormaligen Unterstützung durch Teile der Bevölkerung verlustig gehen. Bezogen auf den islamistisch grundierten Terrorismus, geht es hier um eine den halben Globus umspannende Kette von Ländern, die von Marokko und Algerien bis Indonesien und zu den Philippinen reicht. Sie zu einem eigenständigen, gegenüber der kapitalistischen Weltwirtschaft aparten sozio-politischen Block zu formen, dürfte das politische Fernziel des zur Zeit durch den Namen al-Qaida symbolisierten islamischen Terrorismus sein.

Die Organisationsstruktur von al-Qaida und deren Bedeutung für die neuen Formen des Terrorismus

Diese Umstellung des Terrorismus hat erhebliche Folgen für die Organisation der terroristischen Gruppen: Sie bedürfen weniger einer hierarchischen Führung, sondern können von einzelnen Zellen ohne permanente Koordination und Kontrolle aus agieren und sich infolgedessen netzwerkförmig organisieren. Das wiederum hat zur Folge, dass die auf die herkömmlichen Formen des Terrorismus ausgerichteten Strategien des Gegenhandelns wenig erfolgversprechend sind: Die Gruppen sind schwerer zu infiltrieren, eine »Enthauptung« der Organisation ist für diese weniger folgenreich, und auch Gegenkommunikation, die sich an den von den Terroristen angesprochenen Dritten wendet, hat eine geringere Bedeutung. Ohnehin besteht die Gegenkommunikation in diesem Fall darin, die eigene Bevölkerung, die durch die Terrorakte in Angst und Schrecken versetzt worden ist, zu beruhigen und sie davon abzuhalten, jene Verhaltensweisen an den Tag zu legen, die ihnen durch den Terror aufgenötigt werden sollen. Das aber heißt, dass die Regierungen und die zuständigen Behörden ihren Bürgern ein Sicherheitsgefühl vermitteln müssen, das den realen Bedrohungsszenarien nur bedingt entspricht und jederzeit durch terroristische Anschläge erschüttert werden kann. In demokratischen Gesellschaften mit hoher Mediendichte ist davon auszugehen, dass Regierung und Behörden dann eines unverantwortlichen Verhaltens wegen unterlassener oder unzureichender Warnhinweise bezichtigt werden. Da sie dies antizipieren, werden sich demokratisch kontrollierte Regierungen davor hüten, tatsächliche oder auch nur vermeintliche terroristische Bedrohungen herunterzuspielen. Die Möglichkeit einer tatsächlich effektiven Gegenkommunikation ist damit gerade in Demokratien versperrt, und häufig bedarf es nicht einmal tatsächlicher Anschläge, sondern nur entsprechender Anschlagswarnungen, damit die terroristischen Gruppen die von ihnen beabsichtigten psychologischen Effekte erzielen.

Auch wenn wir nicht viel über die Organisationsstruktur von al-Qaida sowie über deren Finanzierungsmethoden wissen, so lässt sich doch aus einer Reihe von außen gemachter Beobachtungen ein Bild gewinnen. Dabei zeigen sich signifikante Unterschiede zu den herkömmlichen Terrororganisationen; diese Unterschiede werden üblicherweise in dem Bild der Netzwerkstrukturen zusammengefasst.[16] Soweit erkennbar, sind die hierarchischen Strukturen von al-Qaida flacher und weniger ausgeprägt, einzelne Gruppen und Zellen haben eine höhere Selbständigkeit, und vor allem besteht eine sehr viel höhere Flexibilität hinsichtlich unterschiedlicher Gewaltstrategien, die jeweils nach den regionalen Gegebenheiten und der politischen Lage variabel eingesetzt werden können. Um es zu pointieren: Der Verzicht auf politische Dogmen und die Festschreibung einer bestimmten Strategie, wie sie für die linksrevolutionären Guerilladoktrinen der 1950er und 1960er Jahre ebenso charakteristisch waren wie für die terroristischen Revolutionskonzepte im Europa der 1970er Jahre, hat die von al-Qaida ausgehende Bedrohung dramatisch erhöht. Es gibt offenbar keine festgelegten Taktiken, sondern statt dessen ein in hohem Maße situationsabhängiges Agieren, was ein bisher unbekanntes Maß von Unberechenbarkeit der terroristischen Akteure und eine beschleunigte Lernfähigkeit der Organisation zur Folge hat.

Im Unterschied zu früheren Terrororganisationen ist es nicht mehr möglich, aus politisch-ideologischen Erklärungen und Manifesten stärker konturierte Bedrohungsszenarien abzuleiten, um auf dieser Grundlage entsprechende Sicherungsvorkehrungen zu treffen. Darüber hinaus hat das unscharfe politisch-ideologische Profil der Organisation für diese den Vorteil, für unterschiedliche Gruppierungen von Marok-

16 Ein Großteil des allgemein zugänglichen Wissens über die Organisationsstruktur und die Planungen von al-Qaida ist das Ergebnis journalistischer Recherchen, bei denen zu vermuten ist, dass Informationen der Geheimdienste in die Darstellungen eingeflossen sind; vgl. Theveßen, *Schläfer mitten unter uns*; Jacquard, *Au nom d'Oussama bin Laden*; Reeve, *The New Jackals*; Fielding/Fouda, *Masterminds of Terror*; Schröm, *Al Qaida*; Bourke, *Al Qaida*. Weniger narrativ und stärker analytisch sind die Aufsätze von Bruce, »Arab Veterans of the Afghan War«, S. 175-179; Gambill/Endravos, »Bin Laden's Network in Lebanon«; Orbach, »Usama bin Laden and al-Qa'ida«, S. 54-68; Shay/Schweitzer, »The ›Afghan Alumni‹ Terrorism«; Simon/Benjamin, »The Terror«, S. 5-18.

ko bis Indonesien und den Philippinen (und darüber hinaus für islamistische Akteure in aller Welt) bündnisfähig zu sein. Die Anschläge von Madrid und insbesondere von London zeigen darüber hinaus die Anschlussfähigkeit kleiner Gruppen, die – aus welchen Gründen auch immer – einen Beitrag zum Kampf gegen den Westen leisten wollen. Als einigendes Band genügen die Feindschaft gegenüber dem Westen und insbesondere der Hass auf die USA. Flache Hierarchiestrukturen und politisch-ideologische Konturlosigkeit sind gewissermaßen zwei Seiten ein und derselben Medaille. Beides wird dadurch ermöglicht, dass sich die Organisation vor allem durch die *Benennung des Feindes* und so gut wie nicht durch die *Konturierung des Freundes* politisch definiert. Dass dies offenbar hinreicht, um den Zusammenhalt und die Handlungsfähigkeit der Organisation sicherzustellen, hat vor allem mit dem Feind zu tun: den USA, deren globale politische, ökonomische und kulturelle Dominanz die Reihen ansonsten völlig heterogener Bündnispartner schließt.[17]

Bemerkenswert ist an al-Qaida weiterhin, dass der Organisation bis Oktober 2001 nahezu alle Optionen von Gewaltanwendung zur Verfügung standen: von einer landgestützten Kriegführung herkömmlicher Art, etwa durch die Unterstützung von Taliban-Verbänden gegen die Nordallianz in Afghanistan oder die Entsendung von Kämpfern zur Unterstützung der bosnischen Armee im Krieg gegen die Serben, über den Partisanenkrieg, etwa in den zentralasiatischen Republiken, bis zu terroristischen Anschlägen, etwa auf die amerikanischen Botschaften von Nairobi und Daressalam, auf den US-Zerstörer Cole und schließlich die Anschläge vom 11. September.[18] Diese sonst untypische Gleichzeitigkeit bei der Wahrnehmung aller Optionen von Gewaltanwendung wird ermöglicht durch die bloß residuale Territorialität von al-Qaida, die ihr die Möglichkeit eröffnet, nicht nur im Raum zu vagabundieren, sondern auch hinsichtlich der Gewaltformen zu variieren. Dadurch, dass al-Qaida weder an einen bestimmten Raum noch an eine bestimmte Kampfweise gebunden ist, hat sie sich in hohem Maße die Verfügung über die Zeitabläufe der Kriegführung verschafft – sie kann

17 So haben in Deutschland sowohl rechts- als auch linksextremistische Gruppierungen ihre Sympathie für al-Qaida bekundet. Zu den imperialen Konturen der USA als wesentlicher Faktor der Feindbildvereinheitlichung vgl. Münkler, *Imperien*, S. 127 ff.

18 Für einen vorläufigen Überblick zu den vielfältigen Aktionen und Verbindungen von al-Qaida in den 1990er Jahren vgl. Bergen, *Heiliger Krieg Inc.*, S. 117 ff., zur Unterstützung der Taliban durch al-Qaida-Verbände vgl. Rashid, *Taliban*, S. 149 u.ö., zu den Verbindungen mit in den zentralasiatischen Republiken operierenden islamistischen Guerillagruppen ders., *Heiliger Krieg am Hindukusch*, S. 129 ff.

den Rhythmus der Gewalt nach ihren Erfordernissen beschleunigen oder verlangsamen. Sie kann als Organisation gleichsam verschwinden, wie dies nach der militärischen Niederlage der Taliban in Afghanistan weitgehend der Fall war, um dann an beliebigen Orten und zu beliebiger Zeit mit Anschlägen oder in über Fernsehsender verbreiteten Videos wieder in Erscheinung zu treten. Die Folge dessen ist, dass sie kaum fassbar und als Bedrohungsfaktor doch omnipräsent ist.

Eine der zentralen Beobachtungen in Clausewitz' Theorie des Krieges handelt davon, daß sich die Gegner im Verlaufe eines Krieges wechselseitig das Gesetz des Handelns geben.[19] Diese am Modell eines Ringkampfs bzw. Duells entwickelte Vorstellung ist im vorliegenden Falle dahingehend zu spezifizieren, dass al-Qaida gleichsam unter einer Tarnkappe kämpft und dadurch das Gesetz des Handelns weitgehend selbst in der Hand behält. Die US-amerikanische Antwort auf diese für sie unvorteilhaften Kampfbedingungen besteht im permanenten Attackieren mit dem Ziel, auf diese Weise die Vorteile auszugleichen, die der Gegner aus seiner Gestaltflexibilität bezieht. Nun spielt sich diese Auseinandersetzung freilich unter der permanenten Beobachtung der Weltöffentlichkeit ab, und die USA laufen infolge des permanenten Attackierens eines kaum fassbaren Gegners Gefahr, immer wieder Unbeteiligte zu treffen und dadurch den moralischen Kredit zu verlieren, der ihnen nach den Anschlägen vom 11. September, zumindest in Teilen der Weltöffentlichkeit, zugewachsen ist. Es muss davon ausgegangen werden, dass diese Diskreditierung der USA ein Bestandteil des strategischen Konzepts von al-Qaida ist, ebenso wie der Reputationsverlust, den eine Weltmacht zwangsläufig erleidet, wenn sie trotz eines gewaltigen Aufgebots an Menschen und Material den scheinbar Schwächeren nicht zur Strecke zu bringen vermag. In dieser Hinsicht setzen die neueren Auseinandersetzungen zwischen Staaten bzw. einem Imperium und Terrororganisationen die älteren Formen des Terrorismus fort: Es sind immer auch Kämpfe um Reputation und Anerkennung durch einen in der Zuschauerrolle verharrenden Dritten. Es ist ein Wesensmerkmal asymmetrischer Kriege, dass in ihnen Nachrichten und insbesondere Fernsehbilder – von den brennenden Türmen des World Trade Center bis zu den zivilen Opfern amerikanischer Luftangriffe – zu einem Bestandteil der Kriegführung geworden sind. Das Zeigen der Gewalt ist in einer Reihe von Fällen zu einem Angriff auf die moralischen Kräfte des Gegners geworden. Hat Clausewitz die klassische Schlacht als ein Messen der moralischen und physischen Kräfte mit Hilfe der letzteren beschrieben, so läßt sich Terrorismus, insbesondere in seiner jüngsten Erscheinungsform, als ein Angriff auf die moralischen unter Umgehung der physischen Kräfte des Gegners definieren.

19 Clausewitz, *Vom Kriege*, S. 192-201.

Al-Qaida dürfte die gefährlichste und effektivste Herausforderung darstellen, der sich die USA seit dem Vietnamkrieg ausgesetzt gesehen haben. Wahrscheinlich ist die neue Herausforderung, entgegen dem augenblicklichen Anschein, bedrohlicher als die durch den Vietcong und Nordvietnam, weil al-Qaida in der Lage ist, das Kriegsgebiet permanent zu verlagern und unausgesetzt die Formen der Gewaltanwendung zu verändern. So war der Vietcong, um den Vergleich weiterzuführen, in seinem Operationsgebiet auf Indochina beschränkt. Auch der Vietcong hat – und das war eine wesentliche Voraussetzung seiner militärischen Durchhaltefähigkeit – den Krieg über die Grenzen Vietnams nach Laos und Kambodscha ausgeweitet, aber die Ausweitung des Operationsgebiets, insbesondere die Verlagerung der Versorgungslinien in den Schutz neutraler Gebiete, blieb auf den Großraum Indochina begrenzt. Angriffe auf US-Militärbasen außerhalb dieses Raumes oder gar auf die zivile Infrastruktur in den USA haben nicht stattgefunden. Darüber hinaus ist von Seiten des Vietcong nicht der Versuch zu einer Internationalisierung des Krieges unternommen worden.[20] Dagegen vermag al-Qaida aufgrund der Offenheit ihrer politischen Zielvorstellungen und der Flexibilität ihrer Kampfformen an beliebige Konflikte in globalem Maßstab anzudocken und diese zu einem Bestandteil ihres Kampfes zu machen. Dies wird nicht zuletzt dadurch begünstigt, dass al-Qaida aufgrund der Konturlosigkeit ihrer Ziele und ihrer netzwerkförmigen Organisationsstruktur regionalen politischen und militärischen Führern weder politische Definitionskompetenz noch strategische Entscheidungsbefugnis bestreitet. Die Wahrscheinlichkeit von Konkurrenzen und Spaltungen sind dadurch vermindert. Politische Konturlosigkeit und netzwerkartige Organisation sind darüber hinaus vorzüglich geeignet, potentielle Finanziers und Unterstützer nicht durch von ihnen nicht geteilte politische Zielsetzungen und scharfe Dominanzansprüche der al-Qaida-Spitze zu verschrecken und abzustoßen. Auch das vielthematisierte Finanzierungssystem von al-Qaida[21] profitiert von der politischen Konturlosigkeit und den flachen Hierarchien der Organisation bzw. ist durch sie erst möglich geworden.

20 Der affirmative Vietnam-Bezug in der bekannten Formel Che Guevaras vom Schaffen vieler Vietnams hatte stärker feuilletonistische als politisch-militärische Relevanz.

21 Vgl. Shahar, »Tracing bin Laden's Money«; Levitt, »Charitable and Humanitarian Organizations in the Network of International Terrorist Financing«.

III.
Handlungsoptionen für eine deutsche und europäische Sicherheitspolitik

KAPITEL 12

Nach der Wehrpflicht

Das Verschwinden der Massenheere und die Folgen für die Zivilgesellschaft

Die Ära der Massenheere

Noch handelt es sich bei der Bundeswehr um einen Dienstleister, dem zur Wahrnehmung seiner Aufgaben Arbeitskräfte in Form von zeitlich befristet Dienstverpflichteten zugeführt werden. Aber diese arbeitsmarktpolitische Privilegierung der Streitkräfte, die nicht mehr so recht in eine an den Funktionen des Marktes und den Normhorizonten der Zivilgesellschaft orientierte politische Welt passen will, dürfte sich nicht mehr lange halten lassen. Danach werden sich auch die deutschen Streitkräfte – wie die meisten ihrer Nato-Verbündeten bereits jetzt – bei der Suche nach geeignetem Personal auf dem allgemeinen Arbeitsmarkt umtun müssen. Sie werden mit sicheren Arbeitsplätzen, guten Aufstiegsmöglichkeiten und attraktiven Fortbildungsmöglichkeiten werben, um die erforderlichen Arbeitskräfte zu bekommen. Das Ende der allgemeinen Wehrpflicht ist das Ende einer arbeitsmarktpolitischen Privilegierung des Dienstleisters in Sachen Sicherheit, als der sich die Bundeswehr in Anzeigen und Werbespots schon seit geraumer Zeit präsentiert. Mit dem Verschwinden der Massenheere, wie es sich nach dem Ende der Ost-West-Konfrontation vollzogen hat, ist auch der Mechanismus zu deren Aufstellung, die allgemeine Wehrpflicht, obsolet geworden. Dennoch wollen viele Politiker und Militärs auf die Wehrpflicht nicht verzichten – aber nicht als Voraussetzung für die Aufstellung von Massenheeren, sondern als privilegierten Zugang der Streitkräfte zum Arbeitsmarkt. Das wird auf Dauer nicht mehr möglich sein.

Für die Bundeswehr wird dies freilich keine ganz neue Situation sein, denn schon jetzt stellen die Wehrpflichtigen im Vergleich zu den Zeit- und Berufssoldaten den kleineren Anteil der Soldaten. Die meisten Verteidiger der Wehrpflicht wissen, dass sie reine Rückzugsgefechte führen und es eigentlich nur noch um die Frage geht, wann die Wehrpflicht fallen wird. Der zivile Ersatzdienst, der noch in den 1960er und 1970er Jahren als Bedrohung und Infragestellung einer Wehrpflichtarmee angesehen wurde, ist inzwischen zu deren letztem Rettungsanker geworden: Wenn die Wehrpflicht falle, werde es auch keine Zivildienstleistenden mehr geben – und wer solle sich dann um die Alten und Pflegebedürftigen unserer Gesellschaft kümmern? Wenn der Wehrdienst zum Kostgänger eines unbezahlbar gewordenen Sozialsystems geworden ist, lässt sich mit ihm buchstäblich kein Staat mehr machen.

Die meisten europäischen Nachbarn haben dies längst realisiert und ihre Wehrpflicht- in Berufsarmeen verwandelt. Wo, wie in Großbritannien, die allgemeine Militärdienstpflicht der (männlichen) Bevölkerung ohnehin eine auf besondere Bedrohungslagen beschränkte Ausnahmesituation darstellt, ist dies reibungslos und ohne größere politische Auseinandersetzungen erfolgt. Aber selbst in Frankreich, wo die allgemeine Wehrpflicht in ihrer neuzeitlichen Gestalt »erfunden« worden ist, ist sie inzwischen abgeschafft worden, ohne dass dies in der französischen Gesellschaft zu nennenswerten Debatten geführt hat. Die Wehrpflicht ist ein historisches Auslaufmodell, das sich, wie so manches Element der europäischen Militär- und Kriegsgeschichte des 19. und 20. Jahrhunderts, überlebt hat. Nur an der europäischen Peripherie, vor allem bei den mittel- und osteuropäischen Staaten, hat sie noch einige Anhänger. Dass sie die Repräsentanten sozio-politischer Modernität wären, wie es am Ende des 18. und zu Beginn des 19. Jahrhunderts die französischen Revolutionäre oder die preußischen Reformer mit ihrer Insistenz auf der allgemeinen Wehrpflicht waren, wird im Ernst keiner behaupten. Es handelt sich um Nachzügler, nicht einmal um eine Nachhut im militärischen Sinn.

Dass die Wehrpflicht zum historischen Auslaufmodell geworden ist, hat vielerlei Ursachen, von denen das Ende des Ost-West-Konflikts und die Auflösung der militärischen Konfrontation beider Blöcke in Europa nur eine ist – und wahrscheinlich nicht einmal die wichtigste. Lange zuvor schon hatte nämlich die Kontrolle des territorialen Raumes jene entscheidende Bedeutung für den Ausgang militärischer Konfrontationen verloren, die sie zuvor besessen hatte, als für sie die auf der Wehrpflicht der männlichen Bevölkerung beruhenden Massenarmeen geschaffen wurden. Die technologische Entwicklung der Waffensysteme hat das zeitweilige Gewicht der großen Massen relativiert und den Krieg wieder zu einer Angelegenheit professionalisierter Spezialisten werden lassen, wie er dies etwa auch während der Blütezeit der Ritterschaft oder in der Epoche der stehenden Heere des Absolutismus gewesen ist.

Nimmt man die Kriegsgeschichte in ihrer Gesamtheit in den Blick, so ist sie durch zyklische Schwankungen zwischen dem Aufgebot der großen Massen und der Bereitstellung kleiner Gruppen hochprofessioneller Kriegsspezialisten gekennzeichnet, und gegen Ende des 20. Jahrhunderts hat das Spezialistentum wieder die Oberhand gewonnen. Der Blick auf die zyklischen Bewegungen der Kriegsgeschichte legt freilich nahe, solche Umschwünge nicht als historisch endgültige Entscheidungen für die eine oder andere Richtung zu begreifen, wie man dies bei einigen Publizisten zur Zeit lesen kann.[1] Es ist nicht prinzipiell auszuschließen, dass in einer gegenwärtig nicht antizipierbaren Zukunft den großen Massen wieder eine wichtige Rolle zukommen wird. Aber

1 Etwa Palm/Rötzer (Hg.), *Medien – Terror – Krieg*; die Pendelbewegung der

aus solchen geschichtstheoretischen Kautelen lassen sich keine verteidigungspolitischen Planungen für die nächsten Jahre und Jahrzehnte herleiten. Diese sind vielmehr bestimmt durch die Dominanz avancierter Technologien und einen hoch spezialisierten Professionalismus, neben denen sich die mit Hilfe der Wehrpflicht mobilisierten Massenarmeen als pure Nostalgie ausnehmen.

Beim letzten Umschwung von den Massen zum Spezialistentum hat die Veränderung des Raumes, in dem ein Krieg geführt wird, die entscheidende Rolle gespielt. Die ständig wachsende Bedeutung, die seit dem Ende des Ersten Weltkriegs der *Luftraum* gewonnen hat, sodann die strategische Relevanz des *Weltraums* im Zeitalter der Interkontinentalraketen und Raketenabwehrsysteme hat das zeitweilig kriegsentscheidende Gewicht der großen Massen dahinschwinden lassen. Die Massen haben sich im Verlaufe dieser Entwicklung aus einem Subjekt in ein Objekt der Kriegführung verwandelt.[2] Im nuklearstrategischen Raketenschach der Ost-West-Konfrontation etwa waren die großen Massen, neben der Zivilbevölkerung auch und gerade die Zusammenballungen militärischer Kräfte, eher die Geiseln beider Seiten, mit denen diese sich wechselseitig von Angriffshandlungen abschreckten, als dass sie in einer Strategie umfassenden Raumgewinns und der Zerschlagung gegnerischer Streitkräfte einen entscheidenden Faktor dargestellt hätten. Mit der schwindenden Bedeutung des Territoriums ist auch die militärische Relevanz der großen Massen dahingeschmolzen. Selbst die Sowjetunion, die bis zu ihrer offiziellen Auflösung Ende 1991 einer Doktrin der Kriegsentscheidung durch die Massen angehangen hat, hat dies teilweise realisiert: 1958 hat Chruschtschow, um den Aufbau eigener Raketenstreitkräfte finanzieren zu können, den Bestand der sowjetischen Landstreitkräfte um ein Drittel reduziert und eine Viertelmillion Offiziere in Pension geschickt – nicht ohne dabei auf den heftigen Widerstand der militärischen Traditionalisten zu treffen.[3] Im Verlauf der 1980er Jahre hat diese Entwicklung dann auch massiv auf die konventionelle Kriegführung übergegriffen: Die Bedeutung des Golfkriegs von 1990/91, die weit über die betroffene Region hinausging, lag in der Demonstration der Überlegenheit elektronisch hochgerüsteter Verbände mit gefechtsfeldbeherrschenden Luftstreitkräften über mechanisierte gepanzerte Einheiten. Der letzte Golfkrieg vom März/April 2003 hat diese Entwicklung weiter fortgeschrieben.[4]

Kriegsgeschichte zwischen Massenaufgebot und Spezialistentum findet sich in Umrissen bei Howard, *Der Krieg in der europäischen Geschichte*.

2 Dass den großen Massen freilich auch in der Zeit, in der sie schlacht- und damit kriegsentscheidend waren, ein Objektstatus zukam, zeigte Clausewitz' Analytik der Schlacht; vgl. oben, S. 75 ff.

3 Vgl. Schulz, *Geschichte im Zeitalter der Globalisierung*, S. 197.

4 Dazu Münkler, *Der neue Golfkrieg*, S. 95 ff.

Aber die Partisanenkriege in der Mitte des 20. Jahrhunderts, der Vietnamkrieg sowie die bitteren Erfahrungen, die die US-Streitkräfte seit dem Sommer 2003 im Irak mit einem Widerstand aus dem Untergrund machen müssen? Gerade der Partisanenkrieg ist kein Argument für die allgemeine Wehrpflicht der männlichen Bevölkerung eines bestimmten Alters, wird er doch durchweg von hochmotivierten Freiwilligen geführt, denen die gesamte Bevölkerung, unabhängig von Alter und Geschlecht, Unterstützung zu leisten und Deckung zu gewähren hat. Partisanenkriegführung hat nichts mit der allgemeinen Wehrpflicht, sondern vielmehr etwas mit der politisch-militärischen Mobilisierung des gesamten Volkes zu tun. Partisanenkrieg in seinen unterschiedlichen Varianten ist das Gegenteil eines hochspezialisierten Professionalismus in der Führung des Krieges, und wenn Partisanenkrieg und Professionalismus den eigentlichen Gegensatz bei den Möglichkeiten zur Führung eines Krieges darstellen, so ist die allgemeine Wehrpflicht gewissermaßen der Versuch, zwischen diesen Extremen die Mitte zu finden oder doch eine Verbindung herzustellen: die Mobilisierung der Energien des Volkes mit einer Regulierung der Kriegführung zu verbinden, bei der Kombattanten und Nonkombattanten voneinander klar zu unterscheiden sind. Der Professionalismus der Kriegführung ist eine Absage an die Vorstellung von der kriegsentscheidenden Gewaltsamkeit des gesamten Volkes; der Partisanenkrieg dagegen ist eine Absage an die Regeln und Regulierungen des konventionellen Krieges, die auf der Annahme fußt, dass unter diesen Umständen die Gegenseite den Krieg zu ihren Gunsten entscheiden werde.

Die Wehrpflicht: politische Voraussetzungen und militärische Folgen

Die Gegenüberstellung von Professionalismus und Partisanenkrieg ist geeignet, die spezifischen Bedingungen zu umreißen, unter denen die allgemeine Wehrpflicht zum Königsweg bei der Herstellung staatlicher Kriegführungsfähigkeit avancieren konnte. Da ist – *erstens* – die Existenz von Staatlichkeit als einer spezifischen Organisationsform des Politischen, also die Definition verpflichtender Zugehörigkeit von Menschen zu einer politischen Ordnung über Territorialität und Grenzziehung in Verbindung mit einem Institutionengefüge, das die gesamte Bevölkerung zu erfassen und zu kategorisieren in der Lage ist. Die allgemeine Wehrpflicht ist also an den institutionellen Flächenstaat gebunden. Diese systemische Voraussetzung wird – *zweitens* – ergänzt durch die mobilisierende Kraft der Nationsvorstellungen, ohne die auf die freiwillige Folge- und Opferbereitschaft einer Bevölkerung nicht vertraut werden kann. Deswegen stellt eine Wehrpflichtarmee ohne nationale (bzw. nationalistische) Basis nur eine Aggregation potentieller Deserteure dar, die allein schon durch ihre schiere Masse unführbar ist. Nicht mit der Entstehung des neuzeitlichen Staates als institutionellem Flächenstaat, sondern erst mit der Amalgamierung der ursprünglich voneinander aparten politischen Ordnungsmodelle des Staates und der Nation zum *Nationalstaat* ist in Europa die allgemeine Wehrpflicht entstanden.[5] Sie war und ist das legitime Kind des Nationalstaates, und seitdem dieser an regulierender wie motivierender Kraft verliert, ist auch sie im Niedergang begriffen. Wo es, wie in den meisten außereuropäischen Regionen, nicht zur Herausbildung stabiler Nationalstaaten gekommen ist, ist auch die allgemeine Wehrpflicht nicht zur tragfähigen Grundlage der Streitkräfte geworden. Ostasien stellt hier die einzige nennenswerte Ausnahme dar.

Zu der Verbindung von Staatlichkeit und Nation kommt schließlich– *drittens* – noch hinzu, dass es eine Reihe von Staaten sein muss, die in einer Ordnung von Kooperation und Konkurrenz miteinander verbunden sind, damit der im übrigen mit erheblichen politischen Kosten verbundene Schritt zur allgemeinen Wehrpflicht und der auf ihr basierten Aufstellung von Massenheeren nicht nur möglich ist, sondern auch tatsächlich unternommen wird. Dass die Einführung der allgemeinen Wehrpflicht über kurz oder lang zu einem wachsenden politischen Einfluss der von ihr Erfassten führen und infolgedessen das politische Gewicht des die kleinen Heere aus Söldnern und Berufssoldaten dominierenden Adels schwinden würde, ist den konservativen Gegnern und Kritikern der preußischen Reformen etwa von Anfang an klar gewesen, und diese Verschiebung der inneren Machtverhältnisse war in ihren Augen gewichtiger als die Aussicht, den bis dahin siegreichen Franzosen auf dem Schlachtfeld mit ihren eigenen Mitteln und Methoden entgegentreten zu können. Für Scharnhorst, Gneisenau und die anderen waren die Gewichtungen genau umgekehrt: Für sie war die innere Ordnung des Staates eine letzten Endes abhängige Variable der zwischenstaatlichen Herausforderungen: Wer sich diesen Herausforderungen nicht stellte und adäquat auf sie reagierte, riskierte den Untergang des Staates. Im Gefolge der revolutionären Massenmobilisierung hatte Frankreich eine solche Überlegenheit im Konzert der europäischen Mächte erlangt, dass die anderen Staaten vergleichbares bewerkstelligen mussten, wenn sie nicht dauerhaft zu Vasallen der französischen Politik werden wollten. »Der Krieg«, so analysierte Clausewitz dies in der Retrospektive, »war urplötzlich wieder eine Sache des Volkes geworden, und zwar eines Volkes von 30 Millionen, die sich alle als Staatsbürger betrachteten. [...] Mit dieser Teilnahme des Volkes an dem Krieg trat statt eines Kabinetts und eines Heeres das ganze Volk mit seinem natürlichen Gewicht in die

5 Dazu Paret, *Understanding War*, S. 39-74.

Waagschale. Nun hatten die Mittel, welche angewandt, die Anstrengungen, welche aufgeboten werden konnten, keine bestimmte Grenze mehr; die Energie, mit welcher der Krieg selbst geführt werden konnte, hatte kein Gegengewicht mehr, und folglich war die Gefahr für die Gegner die äußerste.«[6] Wenn also innerhalb des europäischen Staatensystems sich eine Macht durch die Einführung der allgemeinen Wehrpflicht Vorteile verschaffte, so waren die anderen gezwungen nachzuziehen, wenn sie das Gleichgewicht wiederherstellen wollten. Wollte Preußen, so die Grundüberlegung der Reformer, wieder als gleichberechtigte Macht in Europa auftreten, so musste der konservative Widerstand gebrochen und die allgemeine Wehrpflicht durchgesetzt werden.

Aber auch das liberale Bürgertum war von der Einführung der allgemeinen Wehrpflicht alles andere als begeistert, lief sie doch darauf hinaus, dass dessen bisherige Befreiung vom Waffendienst zu Ende ging. Die gegen die allgemeine Wehrpflicht ins Feld geführten Argumente drehten sich im wesentlichen um zwei Punkte: militärische und zivile Mentalität seien miteinander unvereinbar, und der Erwerb militärischer Kompetenzen werde zwangsläufig zu Lasten ziviler Kompetenzen gehen. Vor allem wurde auf die unter dem Wehrdienst leidende Ausbildung von Kaufleuten und Gelehrten verwiesen.[7] So viele überzeugte und begeisterte Anhänger, wie es im Nachhinein den Anschein hatte, hat die Wehrpflicht in der Zeit ihrer Durchsetzung nicht gehabt. Sie war ein Projekt, das eher auf der Grundlage außenpolitscher Erfordernisse und Zwänge als getragen von innerer Zustimmung und Unterstützung durchgesetzt wurde. Nur äußere Zwänge waren in der Lage, die allgemeine Abneigung und den inneren Widerstand bei ihrer Einführung zu überwinden.

Wie groß der zu überwindende Widerstand gegen die Wehrpflicht bzw. die Schwierigkeiten bei deren flächendeckender Durchsetzung gewesen sein müssen, zeigen die zahlreichen Konzessionen, mit denen die Praxis ihrer Anwendung über lange Zeit verbunden war. Zwar hatte das am 23. August 1793 von der französischen Nationalversammlung erlassene Gesetz jeden unverheirateten männlichen Bürger vom 18. bis zum 23. Lebensjahr zum Militärdienst verpflichtet und alle Formen der Stellvertretung verboten, aber fünf Jahre später schon wurde mit dem Abebben des revolutionären Feuers in Frankreich, freilich auch der geschwundenen äußeren Bedrohung, das Wehrpflichtgesetz dahingehend novelliert, dass alle Männer zwischen 20 und 25 Jahren verpflichtet waren, sich beim Kriegsministerium zu melden, von dem sie dann in verschiedene Altersklassen eingeteilt wurden. Das Parlament entschied,

6 Clausewitz, *Vom Kriege*, S. 970 f.

7 Dazu ausführlich Frevert, *Die kasernierte Nation*, S. 33 ff., S. 71 ff., S. 120 ff.

wie viele Rekruten gebraucht wurden, und das Kriegsministerium wies den Departements die zu stellenden Kontingente zu. Die lokalen Behörden entschieden dann auf der Grundlage der von ihnen zu stellenden Rekruten, wer einzurücken hatte und wer nicht. Um die Akzeptanz dieser Entscheidung durch die Betroffenen zu erhöhen, bediente man sich des Losverfahrens. Ab 1799 war es freilich legal möglich, für den Fall, dass einen das Los traf, einen Ersatzmann zu stellen, dessen Bereitschaft man mit Geld erkaufte. Die Folge dessen war, dass Wohlhabende keinen Militärdienst zu leisten hatten.[8] Mit der viel beschworenen Solidarität war es also nicht weit her: von den auf fünf Jahre Konskribierten diente, wen das Los traf und wer sich keinen Stellvertreter leisten konnte.

In seinen *Erinnerungen* berichtet Hermann von Boyen, unter den preußischen Reformern einer der entschiedensten Verfechter der allgemeinen Wehrpflicht, von den Problemen, die Scharnhorst hatte, das Institut der Stellvertretung, das in den ersten Entwürfen für die Aufstellung der Landwehr wie selbstverständlich enthalten war, daraus wieder zu entfernen: »Ließ er Stellvertretung zu, so lösten sich nicht allein die soeben zusammenberufenen Detachements der Freiwilligen auf, sondern alle Wohlhabenden zogen sich gegen eine Summe Geldes von ihrer Pflicht zurück, die Verteidigung des Vaterlandes wurde wieder eine Sache der Armut, und der alles begeisternde große Gedanke: gleiche Pflichten und gleiche Rechte, ging ohne Rettung verloren.«[9] In Boyens Sicht war die Freistellung gegen Geld das Übel, welches das alte preußische Heer verdorben hatte: »Der Adel fand sich bald darein, gegen die Aussicht der Weiterbeförderung seine Dienste von unten anzufangen, und der Bauer sowie der ärmere Bürger unterwarf sich der neuen Dienstpflicht ebenso aus patriotischem Gefühl als gewohnter Resignation. Nur mit dem reicheren Bürgerstande gab es schwierigere Verhältnisse. […] So kam man schließlich auf den übelsten aller Auswege und befreite die Besitzer eines gewissen Vermögens gegen eine in die Werbekasse zu bezahlende Abgabe von der Einstellung.«[10] – Derlei sollte sich bei den großen Reformen vor 1813 nicht wiederholen

Die Freikaufmöglichkeit der Wohlhabenden und Gebildeten hatte freilich im nachrevolutionären Frankreich einen politisch durchaus gewollten Effekt: Diese politisch artikulationsfähige und durchsetzungsmächtige Schicht trat unter diesen Umständen nicht als Gegner der allgemeinen Wehrpflicht bzw. des Systems der Konskriptionen in Erscheinung, und da ihre Angehörigen in den immer neuen Kriegen der napoleonischen Zeit keinen Zwangsdienst zu leisten hatten, bildeten sie

8 Vgl. Fiedler, *Kriegswesen und Kriegführung im Zeitalter der Revolutionskriege*, S. 39 f. und 62 f.

9 Boyen, *Erinnerungen*, S. 491.

10 Ebd., S. 156.

auch nicht den Kern eines politischen Widerstands gegen die napoleonische Expansionspolitik. Der Militärdienst wurde zum bevorzugten Beschäftigungsbereich derer, denen der Arbeitsmarkt keine attraktiven Alternativen anzubieten hatte. Was sich als Wehrpflichtarmee darstellte, entpuppte sich bei genauerem Hinsehen als eine Berufsarmee, und die Leistungsfähigkeit der französischen Truppen in den napoleonischen Kriegen beruhte nicht zuletzt darauf, dass sie aus lange dienenden, gut ausgebildeten Soldaten bestand, die ein besonderes Loyalitätsverhältnis zu ihren Einheiten sowie ihren Generälen und Marschällen entwickelt hatten. Darin unterschieden sie sich von den Söldnerarmeen der absolutistischen Staaten, in denen Viele gezwungenermaßen Dienst taten und bei denen weniger Motivation als mehr Zwang den Zusammenhalt der Armee sicherte. Die ausländische Werbung in den absolutistischen Armeen, so Boyen, habe den Armeen »neben einzelnen guten Menschen den Abschaum aller Länder« zugeführt, und er fährt fort: »Man kann ohne Übertreibung annehmen, dass von den jährlich in die Armee tretenden ausländischen Rekruten höchstens die Hälfte leichtsinnige, aber durchaus nicht verderbte Menschen waren, während die andere Hälfte aus nichtsnutzigen Wesen bestand, die das Desertieren von einem Dienst zum anderen, um in neuem Handgeld sich berauschen zu können, zu dem Gewerbe ihres Lebens machten, in der Zwischenzeit aber durch Betrug und Diebstahl in der Garnison sich eine Zulage zu erhaschen suchten. Mit solchem Gesindel bei den Fahnen und den unaufhörlichen Exzessen und Diebereien, die sie verübten, verlor nicht allein der gesamte Soldatenstand die Achtung seiner Mitbürger, sondern es wurde auch eine gewaltsame Behandlung der Soldaten notwendig oder wenigstens üblich, die die Besseren unter ihnen herabwürdigte und mittellos machte.«[11] All dies war in den nachrevolutionären Armeen, auch wenn es sich keineswegs um Wehrpflichtarmeen im strikten Sinne handelte, verschwunden.

In Preußen hat die Entwicklung eine ähnliche Richtung wie im nachrevolutionären Frankreich genommen. Zwar bestand ab 1814 die allgemeine Wehrpflicht, aber aufgrund der Bevölkerungsentwicklung gab es auch hier mehr Wehrpflichtige, als tatsächlich eingezogen werden konnten. Um dieses Überangebot zu steuern, wurde seit 1825 auch in Preußen gelost, wobei jedoch, im Unterschied zu Frankreich, Stellvertretung ausgeschlossen war. Jedoch sorgten die Kreisersatzkommissionen schon dafür, dass die Eingezogenen aus den unteren sozialen Schichten kamen. Obendrein gab es in Preußen das Institut des Einjährigfreiwilligen, das alle Absolventen der Mittleren Reife berechtigte, an Stelle des dreijährigen Wehrdienstes eine einjährige Militärdienstzeit abzulegen, bei der sie sich zwar selbst equipieren mussten, dafür aber auch das Recht hatten,

11 Ebd., S. 157, 158 f.

außerhalb der Kaserne zu wohnen.[12] Den bürgerlichen Mittelschichten blieben auf diese Weise lange Zeit die Härten des preußischen Wehrdienstes erspart.

Erst mit der Zuspitzung der politischen Situation in Europa und der Verlängerung der französischen Wehrpflicht bemühte man sich in Preußen (und Deutschland) darum, das Potential an Wehrpflichtigen stärker auszuschöpfen. Aber noch 1912 verweigerte das preußische Kriegsministerium die vom Generalstab geforderte Aufstellung zweier neuer Armeekorps, weil es befürchtete, dass die neu gebildeten Einheiten nicht mehr von politisch zuverlässigen Offizieren geführt werden würden und insofern nicht gegen Streiks und Demonstrationen im Innern verwendbar seien.[13] Die volle Ausschöpfung der Wehrpflicht stieß also an politisch-soziale Grenzen – und dies wiederum war der Grund, warum die deutsche Sozialdemokratie seit den 1870er/80er Jahren für die allgemeine Wehrpflicht eintrat: Sie hoffte, auf diese Weise den herrschenden Schichten das Instrument aus der Hand nehmen zu können, mit dem diese 1848/49 die Revolution erfolgreich niedergeschlagen hatten. Vor allem setzten sie darauf, dass die vermehrte Einziehung des städtischen Proletariats den Gebrauch der Truppen im Innern unmöglich machen würde. Solange die Wehrpflicht vor allem in agrarischen Gebieten angewandt wurde, in den industriellen Ballungsräumen von ihr aber nur sehr vorsichtiger Gebrauch gemacht wurde, waren die Truppen ein Instrument der politischen Reaktion. Die Art, wie die allgemeine Wehrpflicht gehandhabt wurde, war am Ende des 19. und zu Anfang des 20. Jahrhunderts somit zu einer Machtfrage geworden, bei der innenpolitische Erwägungen ein mitunter größeres Gewicht besaßen als außenpolitische Erfordernisse. Das ist der Grund für die bei vielen bis heute anzutreffende Vorstellung, allgemeine Wehrpflicht und Demokratie gingen zwangsläufig miteinander Hand in Hand. Der Blick auf Frankreich legte dies nahe. Der Blick auf England und die USA jedoch zeigt, dass es keine *zwangsläufige* Verbindung zwischen allgemeiner Wehrpflicht und Demokratie gab und gibt.

Dass die Rekrutenpotentiale, die durch die allgemeine Wehrpflicht den Staaten verfügbar geworden waren, während fast des ganzen 19. Jahrhunderts nicht ausgeschöpft wurden, lag freilich nicht nur an politisch-gesellschaftlichen Schranken, die die herrschenden Schichten nicht eingerissen sehen wollten, sondern auch an den fehlenden Transporttechnologien, mit denen die großen Massen ins Kampfgebiet transportiert und dort versorgt werden konnten. Die logistischen Fähigkeiten waren

12 Dazu Frevert, *Die kasernierte Nation*, S. 126 ff. Das Institut des Einjährigfreiwilligen blieb bis 1918 bestehen.

13 Dazu Kehr, »Klassenkämpfe und Rüstungspolitik im kaiserlichen Deutschland«, insbes. S. 99 ff.

eine unüberschreitbare Grenze der weiteren Heeresvergrößerung. Vor der Erfindung der Dampflokomotive und dem Bau eines dichten Eisenbahnnetzes waren Massenarmeen ab einer bestimmten Größe eher eine Belastung der kriegführenden Parteien, als dass sie deren Siegesaussichten erhöhten. Die Heeresgröße wurde dementsprechend nicht durch die Zahl der potentiell mobilisierbaren Rekruten, sondern durch die Möglichkeiten zu deren Transport und Versorgung begrenzt. Das änderte sich mit der Revolutionierung des Transportsystems infolge des Übergangs zu fossilem Brennstoff,[14] und die Überlegenheit der preußischen Armee in der Zeit der deutschen Einigungskriege erwuchs nicht so sehr aus Moltkes strategischem Genie, sondern vor allem aus seiner Fähigkeit zur systematischen Nutzung des deutschen Eisenbahnnetzes. So wie die Entwicklung der modernen Waffentechnologie am Ende des 20. Jahrhunderts die allgemeine Wehrpflicht hat obsolet werden lassen, so hatte sie deren volle Ausschöpfung und Anwendung für die Zwecke der Kriegführung in der Mitte des 19. Jahrhunderts erst möglich gemacht. Die lange Dauer des Ersten Weltkriegs war im wesentlichen die Folge der Verbindung von Wehrpflicht und Eisenbahnsystem. Diese spezifische Kombination von Politik und Technik hat inzwischen ihre Bedeutung verloren.

Das Ende des Bürger-Kriegers

Aber hat die allgemeine Wehrpflicht womöglich politisch-gesellschaftliche Effekte gehabt, die nicht in der Herstellung fortgeschrittener Kriegführungsfähigkeit aufgehen, sondern stärker die innere Kohäsion einer politischen Ordnung als ihre effektive Verteidigungsfähigkeit oder gar Expansionskraft betreffen? Die in Deutschland lange verbreitete Bezeichnung der Wehrpflichtarmee als »Schule der Nation« legt so etwas nahe. In der allgemeinen Wehrpflicht wird die Nation, sonst bloß eine *imagined community*[15] tatsächlich erfahrbar. Streicht man die nationalistisch-militaristischen Konnotationen, die in Deutschland zumindest zeitweilig mit der Redewendung von der »Schule der Nation« verbunden waren, so stößt man auf eine im Kern republikanische Überlegung, der zufolge die Verbindung von bürgerschaftlicher Partizipation und Bereitschaft zur Verteidigung der politischen Ordnung und ihrer territorialen Geltung der Kern aller politischen Freiheit sei. Wo die Verteidigungsbereitschaft und -fähigkeit der Bürger dahinschwinde, gerate auch eine politisch-partizipatorische Ordnung in Gefahr. Die Tyrannis, so bereits Aristoteles, beginne damit, dass ein Herrscher die

14 Vgl. McNeill, *Krieg und Macht,* S. 199 ff.
15 Anderson, *Die Erfindung der Nation*, S. 15 ff.

Bürger entwaffne und das Recht des Waffentragens nur einer von ihm besoldeten und darum auch ihm eng verbundenen Truppe, also Söldnern, vorbehalte.[16] Der Bürger-Krieger bzw. der heroische Bürger war darum bis ins 18. Jahrhundert hinein das politische Ideal der republikanischen Politiktheorien: Nicht für Geld und bare Zahlung, sondern aus seinem Wissen um deren Wert diente er auch und gerade in Waffen der politischen Ordnung, in der er lebte.

Aber dieses Ideal des Bürger-Kriegers entstammte der Vorstellungswelt agrarisch-handwerklicher Gesellschaften, die vom Prozess der Arbeitsteilung und der dadurch erzielten Produktivitätsfortschritte noch nicht erfasst waren und in denen dementsprechend die durch Spezialisierung und Professionalisierung zu erzielenden Vorteile so gering waren, dass die Aufbietung des Bürgers diesen als Krieger nicht entwertete, sondern eher als eine politisch wünschenswerte Komplementarität zur inneren Gliederung der Gesellschaft begriffen werden konnte. Die faktische Kampfkraft dieser Bürgerwehren und Milizen war freilich, sieht man von den griechischen Hopliten und den römischen Legionären bis zu den Reformen des Marius ab, durchaus begrenzt, und so kann es nicht überraschen, dass Adam Smith, der Theoretiker der arbeitsteiligen Marktgesellschaft, auch im Bereich des Militärwesens die Vorzüge der Arbeitsteilung herausstrich und die überlegene Effektivität des Berufssoldaten gegenüber dem Bürger-Krieger zur Abkehr vom alten republikanischen Ideal nutzte. An die Stelle der politischen Solidarität der Bürger-Krieger sollte die militärische Effektivität professionalisierter Soldaten treten.[17]

Man kann die mit der Französischen Revolution verbundene *Levée en masse* als retardierenden Faktor der von Smith und anderen vorausgesagten Entwicklung zum militärischen Professionalismus ansehen. Seine Argumentation verbindet sich dabei mit den Prognosen der frühen Soziologen Auguste Comte und Herbert Spencer, aber auch des Ökonomen Joseph Schumpeter, die mit der Entstehung der industriellen Gesellschaft einen allmählichen Rückzug heroischer Wertvorstellungen und Mentalitäten aus der Mitte der Gesellschaft verbunden sahen. Nicht das Problem militärischer Fähigkeiten, sondern die Frage psycho-sozialer Dispositionen stand im Zentrum ihrer Beobachtungen: Der heroische Bürger wurde im Gefolge der gesellschaftlichen Entwicklung durch den

16 Die Entwaffnung der Bürger und Besoldung von Ausländern als Wachmannschaft ist eine der zentralen Charakterisierungen, die Aristoteles im 5. Buch der *Politik* für die Tyrannis gebraucht. Sie taucht dort mehrfach auf.

17 Die zwischen Adam Ferguson und Adam Smith geführte Debatte ist in der Fülle ihrer Verästelungen dargestellt bei Matthias Bohlender, »Die Poetik der Schlacht und die Prosa des Krieges«, S. 17-41.

kommerziellen Bürger abgelöst, der nicht mehr an Ruhm und Ehre, sondern an Arbeit, Tausch und Wohlstand orientiert war. Ähnlich wie Kant haben Comte und Spencer mit dieser Entwicklung die Erwartung verbunden, dass der Krieg aus der Geschichte der Menschheit allmählich verschwinden werde. Das waren weitreichende, wahrscheinlich zu weit reichende Erwartungen. In politisch kleinerer Münze finden sie sich freilich dort, wo die Durchsetzung der allgemeinen Wehrpflicht mit der inneren Militarisierung der Gesellschaft verbunden und daraus der Vorwurf ihrer Orientierung auf Krieg abgeleitet wurde. Vor allem englische Autoren haben damit ihre Kritik an der kontinentaleuropäischen Entwicklung und deren Idealisierung zur politischen Norm unterfüttert.[18]

So ist die Wehrpflicht im einen Fall mit der Demokratie, im andern mit dem Militarismus verbunden worden. Zwingend, so zeigt die Retrospektive, war keine dieser Verbindungen. Eher kamen in ihnen die jeweiligen Traditionen der einzelnen Gesellschaften und Staaten sowie deren intellektuelle Selbstfeiern zum Ausdruck. Mit dem Ende der Wehrpflicht sind politische Ordnungen weder vor den Gefahren des Militarismus sicher noch haben sie damit die Axt an die Wurzeln der Demokratie gelegt. Eher schon müsste man fragen, ob nicht nach einem funktionalen Äquivalent für die durch Wehrpflicht und zivilen Ersatzdienst erzeugten Solidaritätseffekte zu suchen ist, weil die Umstellung einer bürgerschaftlichen Pflicht auf die Anreizsysteme des Arbeitsmarktes eine auf Dauer gefährliche Lücke in der sozialmoralischen Konstitution einer Gesellschaft hinterlassen könnte.[19] Oder anders formuliert: Können Zivilgesellschaften funktionieren, wenn sie ausschließlich nach den Gesetzmäßigkeiten des Marktes strukturiert sind? Wer diese Frage verneint, wird sich über die Einführung eines allgemein verpflichtenden sozialen Dienstes Gedanken machen müssen, bei dem es dann freilich keinen Grund mehr gibt, nach der Unterscheidung zwischen Mann und Frau Abstufungen vorzunehmen, wie dies bei der allgemeinen Wehrpflicht und dem für sie ersatzweise eintretenden Zivildienst der Fall ist. Eine solche allgemeine Inpflichtnahme der Bürgerschaft ließe sich sicherlich auch flexibler und intelligenter organisieren, als dies gegenwärtig in Gestalt der in einem bestimmten Alter und für einen zusammenhängenden Zeitraum greifenden Wehrpflicht und ihres Substituts Zivildienst der Fall ist. Der Phantasie sind hierbei keine Grenzen gesetzt. Eine hochindividualisierte Gesellschaft würde dabei nach den Bändern und Scharnieren ihres Zusammenhalts suchen. Sie würde sich

18 Vgl. für viele andere Keegan, *Die Kultur des Krieges*, S. 24-52.

19 Es ist festzuhalten, dass auch und gerade Adam Smith dieses Problem gesehen hat; vgl. Bohlender, »Die Poetik der Schlacht und die Prosa des Krieges«, S. 36 ff.

gewissermaßen neu erfinden. Sie könnte dabei herausbekommen, wie viel politische Kraft noch in ihr steckt. Sie kann daran aber auch scheitern. Nicht zuletzt dieses Risiko des Scheiterns dürfte viele Politiker vor einem solchen Projekt zurückschrecken lassen. Es könnte freilich auch sein wie bei der Einführung der allgemeinen Wehrpflicht: dass äußere Zwänge zu dem nötigen, wozu die innere Kraft fehlt. Insofern lässt sich aus der Geschichte der Wehrpflicht, wenn man sie recht betrachtet, auch für die Zeit nach ihrem Ende noch manches lernen.

KAPITEL 13

Moralphilosophie im Krieg

Einige Anmerkungen zur jüngsten Debatte über den ›gerechten Krieg‹

Eine deutsch-amerikanische Debatte über den Irakkrieg

Ob der Einsatz kriegerischer Gewalt mit moralischen Prinzipien zu rechtfertigen sei: ja oder nein, haben die amerikanischen Verfasser des Manifests *What we're fighting for* ihre deutschen Kritiker im Vorfeld des Irakkriegs gefragt – diese Frage nämlich sei von ihnen nicht beantwortet worden.[1] Diese Frage ist freilich leicht zu beantworten, und selbstverständlich kann sie in der allgemeinen Form, in der sie gestellt worden ist, nur bejaht werden. Doch die Bejahung einer so allgemeinen Frage besagt nichts im Hinblick auf die sehr viel konkreteren Fragen, ob beispielsweise die militärische Intervention im Kosovo gerechtfertigt gewesen sei; oder der Angriff auf das Taliban-Regime in Afghanistan; oder die militärische Zerschlagung des Regimes von Saddam Hussein im Irak. Man kann die gestellte Frage grundsätzlich bejahen und doch in allen drei Fällen (oder doch in einem Fall) mit Gründen gegen den Gebrauch militärischer Gewalt sein. Der ultimativ-imperativische Gestus freilich, in dem die amerikanischen Intellektuellen diese Frage an ihre Kritiker gestellt haben, verweist auf eine ganz andere Frage, und die lautet: Steht ihr auf Seiten der USA oder nicht? Dahinter steht eine spezifische Handlungslogik: Erstens: In der politischen Welt gibt es nur das Gute und das Böse, und das Gute wird grundsätzlich durch die USA verkörpert.[2] Zweitens: Konfrontiert mit der Alternative, auf Seiten des Guten oder auf Seiten des Bösen zu stehen, kann es keinerlei Neutralität geben; entweder man ist für das Gute, also für die USA, oder für das Böse, also gegen die USA. Im Ergebnis heißt das, dass der amerikanische Präsident entscheidet, was gut und böse ist und wogegen man zu kämpfen hat. Dass die deutsche Politik in der Irak-Frage als moralpolitisch unbotmäßig wahrgenommen wurde, zeigten die Auftritte von Verteidigungsminister Rumsfeld sowie die Erklärungen der Sicherheitsberaterin Rice und des Regierungsberaters Perle zu den deutsch-amerikanischen Beziehungen. Letzterer hatte nach der Bundestagswahl von 2002 sogar verlautbart, um das deutsch-amerikanische Verhältnis zu reparieren,

1 »Ist die Anwendung von Gewalt jemals moralisch gerechtfertigt?«, Blätter für dt. und intern. Politik, 9/2002, S. 1151.
2 Dazu Rühl, *Das Reich des Guten*, sowie Münkler, *Imperien*, S. 132 ff.

müsse Kanzler Schröder zurücktreten.[3] Das war ein Tonfall, wie er unter formal gleichberechtigten Verbündeten völlig unangemessen war. Er zeigte, dass es sich nicht um gleichberechtigte Verbündete handelte – jedenfalls nicht aus amerikanischer Sicht.

Das Antwortschreiben der amerikanischen Intellektuellen an ihre deutschen Kritiker ist eine Art intellektueller Wegbegleitung dieser Politik: Habe man erst einmal zugestanden, dass der Einsatz von Gewalt moralisch gerechtfertigt sei, so müsse man auch für Militärschläge gegen das Taliban-Regime in Afghanistan als Gastgeber und Schutzherr der al-Qaida-Organisation sein. Also auch für Militärschläge gegen das Regime Saddams Husseins im Irak? Die Bejahung der Frage nach der moralischen Rechtfertigbarkeit des Einsatzes von Gewalt verwandelte sich damit unter der Hand zur generellen Rechtfertigung einer das Instrument des Krieges nach Belieben handhabenden amerikanischen Außenpolitik. Michael Walzer, einer der Initiatoren des im Februar 2002 veröffentlichten Manifests *What we're fighting for*,[4] zog bald darauf die Notbremse und insistierte darauf, dass der Kampf gegen den Terror mit einem Krieg gegen Saddam Hussein nicht identisch sei. Das aber ist eine *politische* Differenzierung, und genau die fehlte in der allgemeinen Frage, ob der Einsatz von Gewalt *moralisch* gerechtfertigt sei oder nicht. Überhaupt sind politische Überlegungen in den jüngsten Debatten über Krieg und militärische Intervention notorisch zu kurz gekommen, was auch eine Folge der Auslieferung der internationalen Politik an die Moralphilosophie sein dürfte, wie sie in den beiden zurückliegenden Jahrzehnten stattgefunden hat. Es kommt – auch unter dem Eindruck des Desasters der amerikanischen Irakpolitik – jetzt darauf an, die politische Vernunft wieder zu stärken, denn die hat mehr im Auge zu behalten als bloß die Beantwortung der Frage, ob der Einsatz von Gewalt moralisch gerechtfertigt sei oder nicht. Anders formuliert: Die starke moralische Aufladung der internationalen Politik, wie sie keineswegs nur von der US-Administration, sondern auch von NGOs und politischen Intellektuellen betrieben worden ist, hat zu einer Blockierung politischer Urteilskraft geführt, die sich auf Dauer verhängnisvoll auswirken könnte.

Freilich dürfen sich die deutschen Kritiker des amerikanischen Manifests, die ihre Einwände unter der Überschrift *Eine Welt der Gerechtigkeit und des Friedens sieht anders aus* veröffentlicht haben,[5] nicht

3 Der Tagesspiegel, 2./3. Oktober 2002, S. 6.

4 »What we're fighting for – Wofür wir kämpfen«, Blätter für dt. und intern. Politik, 6/2002, S. 756-760.

5 »Eine Welt der Gerechtigkeit und des Friedens sieht anders aus«, Blätter für dt. und intern. Politik, 6/2002, S. 763-768.

beklagen, sie seien unzulässig an die moralphilosophische Knebelkette genommen worden. Sie selbst nämlich haben ebenfalls überwiegend moralisch und nicht politisch argumentiert. Sie haben moralisch hohe Ansprüche erhoben, als sie erklärten, entgegen ihren offiziellen Verlautbarungen verfolgten die USA im Mittleren Osten und in Zentralasien nicht in erster Linie humanitäre, sondern geostrategische Ziele: »Durch ihren Zugriff auf die für die Weltwirtschaft existenziellen Ölquellen dieser Region und auf die Öltransportrouten erhöhen die Vereinigten Staaten tatsächlich in beträchtlichem Ausmaß ihre geostrategischen Optionen, um ihre Hegemonialposition nicht nur gegen die angeschlagene Supermacht Russland und die aufsteigende Regionalmacht China, sondern auch gegen Europa und Japan für die nächsten Jahrzehnte zu festigen.«[6] Das klingt nach einer politischen Argumentation, ist es aber nicht, weil der Verweis auf amerikanische *Interessen* in der Region nicht hinsichtlich der von den Verfassern selbst angesprochenen weltwirtschaftlichen Bedeutung des Öls und der Rolle der USA als Garant der Weltwirtschaftsordnung ausgeleuchtet wird, sondern dazu dient, den *moralischen Anspruch* der USA zu bestreiten, gegen die Basen der al-Qaida-Organisation militärisch losschlagen zu dürfen: »Es gibt keine universal gültigen Werte, die es erlauben, einen Massenmord mit einem weiteren Massenmord zu rechtfertigen.«[7] Unter dem Begriff des Massenmords haben die deutschen Unterzeichner des Antwortschreibens dann Militäroperationen und Terroranschläge gleichgesetzt und damit im Prinzip das Recht auf Selbstverteidigung bestritten. Statt dessen haben sie vorgeschlagen, die Verfolgung und Bekämpfung des Terrorismus einer noch zu schaffenden Weltpolizei zu übertragen, von der aber unklar bleibt, wer sie rekrutieren und wer sie führen soll. Das ist angesichts des Scheiterns bzw. Versagens der Vereinten Nationen in Bosnien und Ruanda bestenfalls als naiv zu bezeichnen.

Es mag sein, dass die anschließenden Wendungen der amerikanischen Irakpolitik bei den deutschen Kritikern des Manifests zum gerechten Krieg die Überzeugung gefestigt hat, sie hätten von Anfang an gewusst, wohin der Krieg gegen den Terror führen werde – und deswegen habe ihr Widerstand gegen den Irak-Krieg bereits begonnen, als von diesem noch gar nicht die Rede gewesen sei. Sollte dies der Fall sein, so irren sie sich. Indem sie in ihrer Argumentation nicht zwischen militärischem Eingreifen in sogenannten *failed states* bzw. der Zerschlagung von Ausbildungs- und Ruhezentren terroristischer Netzwerke in *failed states* und einem militärischen Angriff auf einen tendenziell funktionierenden

6 Ebd., S. 764 f.; eine ähnliche Kritik wird in den USA seit längerem durch Noam Chomsky vorgetragen, wobei sich Chomsky vor allem auf die Doppelstandards der US-Außenpolitik bezieht.

7 Ebd., S. 763 f.

Staat zur Erzwingung eines Regimewechsels unterschieden, beraubten sie sich selbst der Möglichkeit, zwischen legitimen und illegitimen, vor allem aber zielführenden und zum Scheitern verurteilten Kriegshandlungen zu unterscheiden. Statt dessen haben sie alle Formen militärischer Operationen unter den Begriff »Massenmord« zusammengefasst[8] und sich damit auf ein moralisch gar hohes Roß gesetzt, von dem sie dann auch prompt heruntergefallen sind. Dieser Sturz erfolgte bereits in dem Augenblick, als sie zustanden oder sich doch zu dem Zugeständnis genötigt sahen: »Die Vereinigten Staaten haben für die Befreiung Europas vom Joch des Nationalsozialismus einen hervorragenden Beitrag geleistet.«[9] Eine solche Formulierung nimmt sich eigentümlich aus, wenn sie fast unmittelbar auf die voll innerer Überzeugung vorgetragene Feststellung folgt, mit Massenmord lasse sich kein weiterer Massenmord rechtfertigen. Die Unterzeichner haben darauf verzichtet, die schätzungsweise 600 000 Zivilisten, die britischen und amerikanischen Bombenangriffen auf deutsche Großstädte zwischen 1943 und 1945 zum Opfer gefallen sind,[10] gegen die Millionen von Deutschen oder unter deutscher Aufsicht in Konzentrationslagern ermordeten Juden aufzurechnen, aber sie hätten es konsequenterweise tun müssen, wenn sie von der *prinzipiellen* Richtigkeit und Gültigkeit ihrer Aussage, Massenmord rechtfertigt keinen Massenmord, in der von ihnen vorgetragenen Form überzeugt gewesen wären.[11] Und sie haben auch keinerlei Kriterium angegeben, warum ein liberaler afghanischer Intellektueller

8 Genau darauf geht das Antwortschreiben der US-Intellektuellen ein: »Auf der begrifflichen Ebene gehen Sie so weit, die zivilen Opfer des Afghanistan-Krieges als Beispiel eines amerikanischen ›Massenmords‹ anzuführen, womit Sie, moralisch gesprochen, eine Gleichsetzung mit den Morden vom 11. September in New York, Washington, D. C. und Pennsylvania vornehmen. [...] Wenn Sie die unbeabsichtigte Tötung von Zivilisten im Kampfgebiet eines Krieges, der um eine gerechte Sache geführt wird und in dem es das Ziel des Kämpfers ist, Zivilverluste zu minimieren, gleichsetzen mit der bewußten Tötung von Zivilisten in großstädtischen Bürogebäuden, bei der es um eine ungerechte Sache geht und das Ziel darin besteht, die Zivilverluste zu maximieren – dann haben wir es mit einem Akt moralischer Blindheit zu tun.« »Ist die Anwendung von Gewalt jemals moralisch gerechtfertigt?«, S. 1252.

9 »Eine Welt der Gerechtigkeit und des Friedens sieht anders aus«, S. 764.

10 Eine ausführliche Darstellung des Bombenkriegs, seiner Planung und seiner Auswirkungen findet sich bei Friedrich, *Der Brand*.

11 Bei Michael Walzer findet sich demgegenüber die Feststellung: »Der weitaus größte Teil der deutschen Zivilisten, die bei den Terrorbombardierungen ums Leben kam, starb ohne moralischen (und wahrscheinlich auch ohne militärischen) Grund.« Walzer, *Gibt es den gerechten Krieg?*, S. 372.

in einigen Jahren nicht den »hervorragenden Beitrag« der Vereinigten Staaten bei der »Befreiung Afghanistans vom Joch der Taliban« reklamieren können soll.

Es kommt nicht von ungefähr, dass bei allen in Deutschland während des letzten Jahrzehnts geführten Debatten über die Legitimität militärischer Interventionen und die möglichen Folgen kriegerischer Gewalt unterschwellig die Erinnerung an die Bombenangriffe der westlichen Alliierten in den letzten beiden Jahren des Zweiten Weltkriegs eine herausgehobene Rolle gespielt hat.[12] Dabei dürfte der höhere Grad von Ablehnung einer deutschen Beteiligung an militärischen Interventionen, der bei der Bevölkerung der neuen Bundesländer festzustellen ist, auch damit zu tun haben, dass hier, sicherlich auch aus politischen Interessen des SED-Regimes heraus, die Erinnerung an den Bombenkrieg der Westalliierten gegen deutsche Städte in höherem Maße wachgehalten worden ist als im Westen. Wurde der Bombenkrieg in der alten Bundesrepublik von der Politik bis zu den Intellektuellen und Schriftstellern weitgehend dethematisiert[13] oder allenfalls als gerechte Strafe für vorangegangene deutsche Luftangriffe auf Warschau, Rotterdam, Coventry und London erwähnt,[14] so spielte er in der DDR im Rahmen der Erinnerung an den Zweiten Weltkrieg durchweg eine erhebliche Rolle. Mit der Vereinigung der beiden deutschen Staaten ist dann, emblematisch verdichtet in der Zerstörung Dresdens im Februar 1945, die nunmehr auch *öffentliche* Erinnerung an die zivilen Opfer des Bombenkrieges zu einem Bestandteil der politischen Gedenkkultur in ganz Deutschland geworden.[15] Es ist also kaum verwunderlich, dass bei Bildern von Bombern und Kampfflugzeugen, die Bombenteppiche oder Clusterbomben abwerfen, in Deutschland fast immer eine Identifikation mit den Angegriffenen zu beobachten ist. Dementsprechend ist auch nirgendwo die Erregung über den Begriff »Kollateralschaden« so groß gewesen wie

12 Über die Art und Weise, wie das kollektive Gedächtnis politischer Großverbände deren Orientierung und Handeln steuert, hat Dan Diner unter dem Eindruck des Golfkriegs, der Intervention zur Befreiung Kuwaits, ein Buch geschrieben, in dem es auch um die deutsche Erinnerung bzw. Nichterinnerung an die Opfer des Bombenkriegs geht; vgl. Diner, *Der Krieg der Erinnerungen*, S. 54-80.

13 Als der Schriftsteller W. G. Sebald 1997 in seiner Züricher Poetikvorlesung über Luftkrieg und Literatur sprach, kam dies für viele der Entdeckung einer Gedächtnislücke gleich; vgl. Sebald, *Luftkrieg und Literatur*.

14 Dabei wird freilich zumeist übersehen, dass die deutsche Luftwaffe zu einem strategischen Bombenkrieg, wie er von den Westalliierten seit 1943 geführt wurde, von ihrer Ausrüstung her nicht wirklich in der Lage war; vgl. Müller, *Der Bombenkrieg*, S. 51 ff.

15 Vgl. Naumann, *Der Krieg als Text*, S. 33 ff.

hierzulande. Keine Bundesregierung, gleichgültig von welchen Parteien sie gestellt wird, wird an diesem Faktum vorbeikommen.

Demokratische Ordnung und asymmetrischer Krieg

Ohnehin stehen liberale Demokratien dem Krieg als Instrument zur Durchsetzung eines politischen Willens skeptisch bis ablehnend gegenüber. Das hat einige Politikwissenschaftler dazu gebracht, eine Theorie des demokratischen Friedens zu entwickeln, die im Kern besagt, dass demokratisch verfasste Staaten *gegeneinander* keine Kriege führen.[16] Diese Theorie ist freilich, da sie allein auf die Demokratie als qualifizierendes Merkmal setzt, unterkomplex und kaum in der Lage, wirklich tragfähige Aussagen und Prognosen abgeben zu können. Tatsächlich zeigen Demokratien wenig Neigung, *symmetrische* Kriege zu führen, also Kriege gegen gleichartige Gegner, bei denen hohe Verluste an Menschen und hohe Kosten für die Kriegführung und deren Folgenbewältigung zu erwarten sind. Der letzte Krieg dieser Art war der Erste Weltkrieg, bei dem gleichartige Gegner unter nachhaltiger Zustimmung der jeweiligen Bevölkerungen[17] gegeneinander Krieg geführt haben. Der Zweite Weltkrieg dagegen war ein Krieg, in dem die westlichen Demokratien dem nationalsozialistischen Deutschland unter tendenziell symmetrischen Kampfbedingungen nicht standhielten,[18] wenn man von dem durch den Ärmelkanal geschützten Großbritannien absieht, und auch die Briten nahmen – nunmehr im Bündnis mit den USA – den Krieg auf dem europäischen Kontinent erst wieder auf, als sie sicher sein konnten, dass sie aufgrund ihrer Luftüberlegenheit die eigenen Verluste in engen Grenzen halten und eine Entwicklung des Kampfgeschehens, wie sie 1915 bis 1918 stattgefunden hatte, vermeiden konnten. Demokratien, so die im Vergleich zur Theorie des demokratischen Friedens wohl zutreffendere Beobachtung, sind nicht bereit, sich auf über längere Zeit zu führende symmetrische Kriege einzulassen, aber *asymmetrische* Kriege zu führen sind sie sehr wohl in der Lage und Willens. Asymmetrische

16 Vgl. Risse-Kappen, »Wie weiter mit dem ›demokratischen Frieden‹?«, S. 367-379.

17 Ob Großbritannien, Frankreich und Deutschland formal als Demokratien zu bestimmen sind oder nicht, spielt dabei weniger eine Rolle als vielmehr der Umstand, dass keines dieser Länder den Krieg über mehr als vier Jahre ohne die Zustimmung des überwiegenden Teils der Bevölkerung hätte durchhalten können.

18 Die schnelle Niederlage der französischen Armee im Sommer 1940 gilt in der Kriegsgeschichtsschreibung als die verheerendste Niederlage, die jemals ein militärischer Verband erlitten hat.

Kriege sind – unter anderem – Kriege, bei denen eine Seite aufgrund militärorganisatorischer und/oder waffentechnologischer Überlegenheit dem Gegner hohe Verluste zuzufügen vermag, ohne dabei selbst vergleichbare Verluste zu erleiden. Der Einsatz des Maschinengewehrs in kolonialen Pazifizierungskriegen ist ein Beispiel dafür, als relativ kleine Expeditionskorps dadurch in der Lage waren, bei minimalen eigenen Verlusten zahlenmäßig weit überlegene Truppenaufgebote der einheimischen Herrscher zu vernichten; die Entwicklung der Panzerwaffe und ihr strategischer Gebrauch zur Einkesselung des Gegners ist ein weiteres Beispiel, doch die größten Asymmetrien entstehen dann, wenn es einer Seite gelingt, militärtechnisch neue Räume und Sphären zu erschließen: Das war insbesondere mit der Entwicklung der Luftwaffe der Fall, setzte sich in ballistischen Raketen fort und hat mit den Aufklärungs- und Lenksatelliten im Weltraum seinen vorläufigen Abschluß gefunden.[19] Und genau hier beginnt die Theorie des gerechten Krieges in politischer Hinsicht interessant zu werden.

Die Kriegführungs- und Interventionsfähigkeit der westlichen Demokratien beruht nämlich im wesentlichen auf der Überlegenheit ihrer Luftwaffe, und diese Überlegenheit sorgt dafür, dass der politische Wille des militärischen Gegners bei minimalen eigenen Verlusten gebrochen werden kann. So war die Kosovo-Intervention der Nato der erste Krieg, in dem die eine Seite keinen einzigen im Rahmen von Kampfhandlungen getöteten Soldaten zu beklagen hatte. Der Einsatz lasergesteuerter Cluster-Bomben, die von B-52-Bombern abgeworfen wurden, scheint die Kampfmoral der in Kunduz bereitgestellten Taliban-Verbände innerhalb von Minuten gebrochen zu haben,[20] so dass es zu den befürchteten langwierigen Bodenkämpfen nicht einmal ansatzweise gekommen ist. Dass die irakischen Truppen in zwei Kriegen gegen US-Verbände relativ schnell versagten, flohen oder sich auflösten, war im wesentlichen der amerikanischen Luftüberlegenheit geschuldet, die zur schnellen Demoralisierung der Iraker geführt hatte.[21] Wie zuvor allenfalls in der maritimen Rüstung, im Landkrieg jedoch in dieser Weise unvorstellbar,[22] hat die Entwicklung der Luftwaffe dazu geführt, dass die industriell-

19 Neben den aus militärtechnologischen Entwicklungen erwachsenden Asymmetrien gibt es auch Asymmetrien, die aus einer Position der Schwäche heraus entwickelt werden und die militärtechnologische Überlegenheit der Gegenseite kompensieren sollen; vgl. dazu Daase, *Kleine Kriege – große Wirkung*, S. 60 ff., sowie oben, S. 65 ff.

20 Palm, »Eine technologische Vorschau auf zukünftige Kriege«, S. 279-291, S. 290, Anm. 2.

21 Münkler, *Der neue Golfkrieg*, S. 95 ff.

22 Es kommt nicht von ungefähr, dass die einzige erfolgversprechende Form militärischen Gegenhandelns angesichts einer uneinholbaren technologischen Überlegenheit landgebunden ist: der Partisanenkrieg.

technologische Überlegenheit einer Seite sich unmittelbar im Kriegsgeschehen niedergeschlagen hat. Das unterscheidet heutige Imperien von denen früherer Zeiten: Weder die Römer noch die Chinesen und auch nicht die Briten besaßen eine derart dramatische Überlegenheit gegenüber ihren Feinden wie die USA, und wahrscheinlich war noch nie eine Macht in der Lage, mit so wenig eigenen Soldaten eine zahlenmäßig so große Gegnerschaft in Schach zu halten.

Aber diese Entwicklung hat die klassische Vorstellung von dem, was Krieg ist, obsolet gemacht: An die Stelle des Kampfes zweier Gleicher, von denen jeder im Prinzip die gleiche Chance hat zu töten oder getötet zu werden, sind Kampfweisen getreten, bei denen die eine Seite oft nicht einmal die Chance hat, den Kampf aufzunehmen, weil ihre Waffen den angreifenden Gegner überhaupt nicht zu erreichen vermögen. Die Soldaten der unterlegenen Seite werden einfach vernichtet. An die Stelle des Kampfes sind quasi-industrielle Lösungsstrategien getreten. In der Regel werden in der westlichen Öffentlichkeit nur die *nichtintendierten* Folgen dieser Kampfweise thematisiert, die von Seiten der Nato unter dem beschönigenden Begriff des Kollateralschadens zusammengefaßt worden sind. Aber das Provokative ist eigentlich diese Art der Kriegführung selbst, die, um einen Begriff Ernst Jüngers aufzugreifen, zu einer Form von Ungeziefervernichtung geworden ist und mit der klassischen Idee des Kampfes nur noch wenig zu tun hat. Ihr gegenüber haben die Theorien des gerechten Krieges eine doppelte Funktion: Zunächst sind es Legitimationen, in denen eine Form der Gewaltanwendung, die den Bedingungen der Reziprozität nicht unterliegt, als *Rechtsexekution* dargestellt wird, aber gleichzeitig sind es immer auch *Begrenzungen der Gewalt*, in denen festgelegt wird, in welchem Ausmaß die faktische Asymmetrie der Gewaltmittel ausgenutzt werden darf und wo ihre Grenzen sind. Theorien des gerechten Krieges sind immer beides zugleich: Selbstermächtigungen zum Gebrauch militärischer Gewalt, aber auch Selbstbegrenzungen des Gewaltgebrauchs, insbesondere im Hinblick auf die Auswahl der Ziele. Das gilt auch und gerade für das Manifest *What we're fighting for*.

Der ›gerechte Krieg‹ als normative Asymmetrie

Theorien des gerechten Krieges sind Reflexionen asymmetrischer Kriege, wobei die Asymmetrie sich auf die Legitimation des Krieges beschränken, aber auch Ausdruck waffentechnischer Überlegenheit sein kann – ersteres zum Beispiel in der Entgegensetzung eines die Zivilisation sichernden Imperiums angesichts dessen Bedrohung durch barbarische Völkerschaften, deren Erfolg einen Kulturbruch nach sich ziehen würde, wie dies in Augustinus' Überlegungen zum gerechten Krieg der

Fall ist; letzteres beispielsweise bei den spanischen Eroberern der neuen Welt im 16. Jahrhundert und den von ihnen kolonisierten und pazifizierten authochthonen Völkern Mittel- und Südamerikas, auf die sich die umfangreichen, detailliert ausgearbeiteten Völkerrechtstheorien der spanischen Neuscholastik von Sepúlveda bis Suárez beziehen. In allen Fällen aber gilt, dass die Theorien des gerechten Krieges Recht und Unrecht radikal ungleich verteilen: Die eine Seite hat im Prinzip alles Recht auf ihrer Seite und die andere alles Unrecht. Der Krieg wird nicht als Zweikampf zwischen prinzipiell Gleichen begriffen, sondern als bewaffnete Durchsetzung des Rechts oder gar der Gerechtigkeit gegen deren Bedrohung.[23] Eine Reihe von Beobachtern hat daraus den Schluß ziehen wollen, es handele sich hier also gar nicht um Krieg, sondern um bloße Rechtsexekution. Damit haben sie die Theorie des gerechten Kriegs normativ noch einmal überboten, indem sie den Kriegsbegriff gestrichen und die Gerechtigkeit zum ausschließlichen Charakteristikum der Gewaltanwendung gemacht haben.

Als der Kirchenvater Aurelius Augustinus zu Beginn des 5. Jahrhunderts unter Rückgriff auf den römischen Philosophen und Rhetor Marcus Tullius Cicero die Vorstellung des gerechten Krieges erstmals systematisch entfaltete, befand er sich gewissermaßen in der Situation eines Realpolitikers der Grünen. Die christlichen Gemeinden, an die er sich wandte, waren auf einen prinzipiellen Pazifismus eingeschworen, der über lange Zeit zur Politik des Römischen Reiches in grundsätzlicher Distanz gestanden und auf die Wiederkehr des Herrn gewartet hatte, mit der sich alles zum Guten wenden und der Krieg endgültig verschwinden werde. Aber der Herr ließ auf sich warten, und die Lage des Römischen Reiches hatte sich seit dem Einbruch germanischer Stämme immer weiter verschlechtert. Infolgedessen bestand ein erhöhter Handlungsbedarf, zumal in Rom selbst eine erstarkende Gruppe neuheidnischer Autoren das Christentum für die Entwicklung zum Schlechten verantwortlich machte und eine Rückkehr zu altrömischen Werten propagierte, um das Imperium zu retten. Das unter Kaiser Theodosius zur Staatsreligion avancierte Christentum war von zwei Seiten, von außen und innen, in eine bedrohliche Lage geraten. Augustinus war sich darüber im klaren, dass der christliche Pazifismus nicht durchgehalten werden konnte, wenn das Römische Reich fortbestehen sollte, und dies wiederum war aus seiner Sicht wünschenswert, weil nur unter dieser Voraussetzung die weitere Ausbreitung des christlichen Glaubens, zumindest aber sein Fortbestand in der rechten Form, sichergestellt werden konnte. Doch den Krieg ohne weiteres rechtfertigen wollte und konnte Augustinus auch nicht, zumal ihm nur zu deutlich vor Augen stand, mit welcher Art der Kriegführung die Römer den Aufbau ihrer

23 Dazu Steinweg (Red.), *Der gerechte Krieg.*

Herrschaft betrieben hatten. Gerade im Hinblick auf den Siegeszug Roms hatte er seine berühmte Formel geprägt, dass Reiche, aus denen die Gerechtigkeit verschwunden sei, nichts anderes seien als große Räuberbanden. Also entfaltete er die Vorstellung des gerechten Krieges, und das hieß für ihn vor allem eines Verteidigungskrieges für den besseren, wenn auch nicht guten Status quo gegen dessen Bedrohung durch barbarische Eroberer. Als der erste bedeutende Theoretiker des gerechten Krieges hat Augustinus den Krieg aus der Perspektive der *Verteidigung einer angegriffenen Zivilisation* gerechtfertigt. Wo die Autoren des amerikanischen Manifests von der Universalität der amerikanischen Werte sprechen, die als »gemeinsames Erbe der Menschheit« gegen ihre Bedrohung zu verteidigen seien,[24] folgen sie der Logik des Augustinus.

Die westlichen Gesellschaften zu Beginn des 21. Jahrhunderts sind zwar keine prinzipiell pazifistischen Gesellschaften, wie dies die christlichen Gemeinden des 5. Jahrhunderts waren, aber es sind *postheroische Gesellschaften*, in denen kriegerische Gewalt und die damit verbundenen Werte keine bedeutende Rolle spielen.[25] Sie sind auf Tausch und nicht auf Gewalt und Opfer ausgerichtet, und wenn letztere dennoch einmal unvermeidlich werden, dann nur unter Anrufung hoher und höchster moralischer Zwecke. »Wir kämpfen, um uns selbst zu verteidigen, aber wir glauben auch, dass unser Kampf der Verteidigung jener universalen Prinzipien der Menschenrechte und der Menschenwürde dient, die die größte Hoffnung der Menschheit darstellen«, heißt es im Kriegsmanifest der US-Intellektuellen.[26] Im Falle der deutschen Beteiligung an der Kosovo-Intervention der Nato hatten Bundesminister von der Verhinderung eines Völkermords gesprochen, und die alte Formel »Nie wieder Krieg!« wurde von der neuen Formel überlagert: »Nie wieder Auschwitz!«. Postheroische Gesellschaften brauchen, wenn sie sich auf das Mittel Krieg einlassen, einen hohen moralischen Mehrwert, und den vermögen sie nur aus der Verhinderung eines neuen Hitler und seiner Verbrechen,[27] aus dem beschleunigenden Vorgriff auf eine neue Weltfriedensordnung oder eben aus der Theorie des gerechten Krieges zu ziehen. Die Theorie des gerechten Krieges ist heutzutage, jedenfalls

24 »What we're fighting for«, S. 756.

25 Vgl. Howard, *Die Erfindung des Friedens*, S. 91 ff., und unten, S. 310 f.

26 »What we're fighting for«, S. 760.

27 Darin liegt auch der eigentliche Grund für die permanenten hypertrophen Vergleiche und Parallelisierungen von Diktatoren und Gewaltpolitikern mit Hitler: Nicht gesteigerte historische Aufmerksamkeit oder die Beobachtung tatsächlicher Parallelen liegt diesen Vergleichen zugrunde, sondern allein und ausschließlich die gewaltaverse Grunddisposition postheroischer Gesellschaften, die durch die Überzeichnung von Bedrohungen wie die Feilhaltung von Friedensvisionen zu militärischen Interventionen quasi moralisch genötigt werden.

wenn man sie wissenssoziologisch betrachtet, die Theorie postheroischer Kriegführung.

Die letzten großen Theoretiker des gerechten Krieges in Europa, die spanischen Neuscholastiker des 16. Jahrhunderts, die sich auf die Theorie des gerechten Krieges bei Thomas von Aquin beriefen,[28] befanden sich in einer gegenüber Augustinus veränderten Situation: Die Zivilisation und die wahre Religion für sich reklamierende spanische Macht befand sich nicht in der Defensive, und es ging auch nicht um die Verteidigung einer seit mehreren Jahrhunderten bestehenden Friedensordnung, sondern die imperiale Zivilisation war in die Offensive gegangen und rechtfertigte ihre nicht selten überaus brutale Gewaltpolitik auch damit, dass sie der Beendigung barbarischer Menschenopfer in der neuen Welt diene.[29] Die Völkerrechtsautoren hatten unter dem Stichwort des gerechten Krieges die Frage zu klären, ob und inwieweit Kriege gegen die Völker der neuentdeckten Welt legitim seien, zumal dann, wenn sie dazu dienten, diese Völker zu christianisieren. Nicht um die Verteidigung einer Zivilisation gegen ihre barbarische Bedrohung ging es hier, sondern vielmehr um deren Expansion mit der Perspektive einer endgültigen Niederringung der Barbarei. Dabei versuchten Vitorio, de Soto, Ayala, Suárez und andere der faktischen Gewaltpolitik der Conquistadoren durch die Unterscheidung zwischen gerechtfertigter und ungerechter Gewalt Zügel anzulegen. Die von ihnen entwickelten Theorien des gerechten Krieges dienten im wesentlichen dazu, eine Sache, die sie prinzipiell als gerecht ansahen, vor ihrer Befleckung durch ungerechte Methoden zu schützen. In diesem Sinne war die Vorstellung des gerechten Krieges für sie weniger eine Selbstermächtigung in Form moralischer Aufrüstung, wessen die Conquistadoren auch nicht bedurft hätten, sondern vielmehr eine Form der Selbstbegrenzung und der Beschränkung des Gewaltgebrauchs. Im Kriegsmanifest der amerikanischen Intellektuellen finden sich zahlreiche Passagen, die an diese Intentionen der spanischen Neuscholastiker gemahnen, etwa wenn es heißt: »Ein gerechter Krieg kann nur gegen Kombattanten geführt werden. [...] Es ist daher moralisch unzulässig, Zivilisten aus Rache oder auch nur zum Zwecke der Abschreckung mit ihnen sympathisierender Menschen zu töten.«[30] Faktisch ist dies damit gleichbedeutend, der amerikanischen Kriegführung bei einer Reihe von Operationen in den Arm zu fallen. Es ist bezeichnend, dass dies den deutschen Kritikern gänzlich entgangen ist, aber es ist auch nicht klar, ob sich die Verfasser

28 Zur Fortschreibung der Augustinschen Theorie des gerechten Krieges durch Thomas vgl. Grewe, *Epochen der Völkerrechtsgeschichte*, S. 133 ff.

29 Vgl. Fisch, *Die europäische Expansion und das Völkerrecht*, S. 221 ff.

30 »What we're fighting for«, S. 759.

des Kriegsmanifests darüber im klaren gewesen sind, was die Folgen einer solchen Positionierung sind. Konsequent befolgt, würde diese Direktive nämlich auf das Ende der militärischen Interventionsfähigkeit der westlichen Demokratien hinauslaufen: Da sich aus den oben genannten Gründen ihre militärische Aktionsfähigkeit im wesentlichen auf die Luftwaffe und seegestützte Marschflugkörper gründet, sich trotz aller Präzision dieser Waffensysteme eine annähernd zuverlässige Unterscheidung zwischen Kombattanten und Nonkombattanten gerade bei der Bekämpfung von Partisanen und Terroristen nicht herstellen lässt und die als unterstützende Bodentruppen angeworbenen paramilitärischen Verbände, von der UCK im Kosovo bis zu den Warlords der Nordallianz in Afghanistan, an dieser Unterscheidung notorisch desinteressiert sind, ist mindestens diese Vorgabe der Theorie des gerechten Krieges nicht zu befolgen. Wollte man dies tun, so müsste man einen Kampf Mann gegen Mann suchen, aber dies hieße, sich den strategischen Vorgaben des Gegners, in diesem Fall der al-Qaida-Organisation und ihrem religiös grundierten Heroismus, zu unterwerfen. Dass dies seinerseits in moralische Paradoxien führt, ist unschwer nachzuvollziehen. Um das von deutschen Kritikern des Kriegsmanifests gemachten Zugeständnis der amerikanischen Verdienste um die Befreiung Europas vom Joch des Nationalsozialismus aufzugreifen: Jedem durchhaltewilligen Wehrmachtssoldaten oder SS-Mann wäre es in den letzten Monaten des Zweiten Weltkrieges sicherlich lieber gewesen, den direkten Kampf gegen gleichbewaffnete amerikanische GIs zu suchen als durch Bombenteppiche zermürbt und schließlich zum Aufgeben gezwungen zu werden.[31] Demokratisch verfasste postheroische Gesellschaften sind zu einer symmetrisch-reziproken Kriegführung nicht in der Lage. Demgemäß können sie sich in der Konfrontation mit den Kämpfern heroischer Gesellschaften bestimmte Selbstbegrenzungen bzw. Selbstfesselungen nicht erlauben, wenn sie die Auseinandersetzung nicht verlieren wollen.

Die Theorie des gerechten Krieges ist ebenso wie das Antwortschreiben der deutschen Kritiker ein Versuch, den moralischen Paradoxien einer politischen Welt zu entkommen, in der Gewalt nach wie vor ein probates Mittel zur Durchsetzung eines (politischen) Willens ist. Aber dieses Entkommen ist unmöglich. Die amerikanischen Manifestschreiber hätten sich die Spuren ihrer Vorläufer unter den Theoretikern des gerechten Krieges besser ansehen sollen: Augustinus ist gescheitert, denn seine moraltheologische Aufrüstung der pazifistischen Christen hat Rom nicht zu retten vermocht. Als Augustinus starb, schickten sich die Vandalen zur Eroberung seiner Bischofsstadt Hippo in Nordafrika an. Aber auch die spanischen Neuscholastiker sind gescheitert, denn

31 Vgl. Overy, *Die Wurzeln des Sieges*, S. 218 ff.

ihre Argumente haben die Gewaltunternehmer in der neuen Welt nicht beeindrucken können; sie haben ihre Kriegszüge geführt, wie es ihnen passte und effektiv erschien. Ob Walzer, Huntington, Etzioni und andere zuletzt eher Augustinus oder den Spaniern ähneln werden, ist im Augenblick noch nicht abzusehen. Sicher scheint jedoch zu sein, daß eines der beiden Schicksale das ihre sein wird. Die Alternative dazu ist nämlich nicht auf den Wegen der Moralphilosophie, sondern denen der politischen Vernunft zu suchen, die dringend der Rehabilitation bedarf. Sie würde weder auf eine »Welt der Gerechtigkeit« warten noch mit Theorien der gerechten Kriege argumentieren, sondern mit einer illusionslosen Bestandsaufnahme der Gewaltkonstellationen im Weltmaßstab beginnen. In deren Zentrum stehen Gewaltasymmetrien: Asymmetrien der Stärke, Asymmetrien aus Schwäche, lasergesteuerte Bomben und Selbstmordattentäter – und beiden ist mit den Mitteln der Moralphilosophie nicht beizukommen.

KAPITEL 14

Sicherheitsdoktrinen und Selbstverteidigungsrecht

Das Völkerrecht und das Problem von Symmetrie/Asymmetrie

Um eine Sicherheitsdoktrin zu analysieren und ethisch wie völkerrechtlich zu bewerten, ist es unverzichtbar, die weltpolitischen Konstellationen ins Auge zu fassen, im Hinblick auf die sie entworfen wurde. Und darüber hinaus ist zu fragen, ob und inwieweit eine Sicherheitsdoktrin dem Selbstverständnis der Gesellschaft entspricht, für die sie formuliert worden ist, oder ob sie deren normative Standards unterschreitet und damit womöglich untergräbt. Wenn Jürgen Habermas – zwar nicht im Hinblick auf die Sicherheitsdoktrin, aber doch die Kriegführung der USA in Afghanistan und im Irak – erklärt, das Missverhältnis zwischen den eigenen Verlusten und denen des Gegners werfe »ein Schlaglicht auf die moralische Obszönität, die wir bei den noch so sorgfältig kontrollierten, wenn nicht gar manipulierten Fernsehbildern aus dem asymmetrischen Kriegsgeschehen empfinden«,[1] so hebt er dabei auf das normative Verständnis einer Gesellschaft ab, für die militärische Gewaltanwendung nicht nur sehr gut begründet sein muss, sondern auch an Regeln gebunden ist, die man verallgemeinernd als solche der Symmetrie beschreiben kann. Die innereuropäische Kriegsgeschichte ist über Jahrhunderte auf Symmetrie gepolt worden – vom Soldatenethos der Ritterlichkeit bis zu den rechtlichen Regelungen der Haager Landkriegsordnung und der Genfer Konventionen. Wenn man Soldaten, die ihre Gegner im Kampf töten, entgegen der berühmten Formulierung Kurt Tucholskys nicht als Mörder bezeichnen kann,[2] dann vor allem wegen der symmetrischen Konstellationen, unter denen sie kämpfen. Symmetrie ist in diesem Fall gleichbedeutend mit einer tendenziellen Gleichverteilung der Chancen zu töten und getötet zu werden. Die europäischen Staatenkriege von der Mitte des 17. bis Anfang des 20. Jahrhunderts waren von ihrem Wesen her solche Kriege.[3]

Während wir unserem Selbstverständnis entsprechend auf Symmetrie bestehen, wenn es um den kriegerischen Kampf als Form der *Entscheidungsfindung* geht – wobei offenbar die auf diese Weise gefundene

1 Habermas, »Wege aus der Weltunordnung. Ein Interview«, S. 37.
2 Dazu Fetscher, »Sind alle Soldaten Mörder?«, S. 107 ff.
3 Dazu oben, S. 60 ff.

Entscheidung durch die unterlegene Seite um so eher akzeptiert wird, je stärker die faktischen Kampfbedingungen dem Ideal der Symmetrie entsprechen –, akzeptieren wir dagegen asymmetrische Gewaltkonstellationen und erheben gegen sie keinen Einspruch im Namen der Fairness, wenn es um *Rechtsdurchsetzung* geht. Kaum jemand wird ernstlich einfordern, dass die Polizei bei der Verhinderung von Verbrechen oder der Verfolgung von Straftätern im Augenblick des Zugriffs symmetrische Konstellationen sicherstellen muss, weswegen Habermas auch zuzustimmen ist, wenn er fortfährt, die erwähnte »Asymmetrie der Kräfte würde eine andere Bedeutung annehmen, wenn sich darin nicht Übermacht und Ohnmacht von Kriegsgegnern spiegeln würde, sondern die Polizeigewalt einer Weltorganisation.«[4] Mit Blick auf das normative Selbstverständnis der westlichen Gesellschaften ist er offenbar der Auffassung, dass die gewaltige waffentechnische und militärorganisatorische Überlegenheit des Westens, namentlich der USA, nur zum Einsatz gebracht werden darf, wenn dies im Rahmen oder im Auftrag der Vereinten Nationen geschieht. Es ist die Asymmetrie der militärischen Fähigkeiten und der ihnen entsprechenden Kampfweisen, die in Habermas' Sicht die Verrechtlichung der internationalen Politik geradezu erzwingt. Ob eine Konstabularisierung des Militärs, wie Morris Janowitz dies vor mehr als vier Jahrzehnten genannt hat,[5] zwingend an die Vereinten Nationen gebunden ist, wie Habermas meint, oder ob darin nicht vielmehr ein gewandeltes Selbstverständnis imperialer Akteure zum Ausdruck kommt,[6] soll nachfolgend thematisiert werden.

Die Unterscheidung zwischen Symmetrie und Asymmetrie, die lange Zeit eher kleinteilig als Bezeichnung für unterschiedliche Formen der Kriegführung gebraucht wurde, soll dabei als Leitdifferenz auf die machtpolitischen Konstellationen der internationalen Politik angewandt werden.[7] Sie bildet die Grundtextur bewaffneter Konflikte und liefert die Vorgaben für Eskalationsdynamiken ebenso wie für die Möglichkeiten der Konflikthegung und Friedenssicherung. An dieser Grundtextur – und nicht so sehr an ethischen oder rechtlichen Überlegungen – entscheidet sich, ob eine Sicherheitsdoktrin angemessen ist oder nicht und wie extensiv oder restriktiv das Selbstverteidigungsrecht zu definieren ist. Erst wenn der Unterschied zwischen symmetrischen und asymmetrischen Machtkonstellationen sowie der ihnen entsprechenden Rechtsregeln begriffen und durchdacht ist, sind wir in der Lage, die tiefgreifenden

4 Habermas, »Wege aus der Weltunordnung. Ein Interview«, S. 37.
5 Janowitz, *The Professional Soldier*, S. 420 ff.
6 Münkler, *Imperien*, S. 128 ff.
7 Zu den wenigen Ausnahmen, bei denen Asymmetrie als Merkmal politischer Konstellationen und nicht nur militärischer Konfrontation entwickelt wird, vgl. Schröfl u. a (Hrsg.), *Aspekte der Asymmetrie*.

Veränderung der weltpolitischen Konstellationen im Verlauf der 1990er Jahre zu erfassen und aus ihnen die nötigen politischen Schlussfolgerungen zu ziehen.

Dazu drei Thesen:

1. Das klassische Völkerrecht ist das Völkerrecht eines im Kern symmetrischen Staatensystems, wie es sich in Europa nach den Friedensschlüssen von 1648 als sogenanntes Westfälisches System herausgebildet hat. Erst unter dieser machtpolitischen Voraussetzung wurde die Reziprozität zwischen den Staaten zur Leitvorstellung der politischen Ordnung: Die potenziellen Gegner wie Koalitionäre dieses Staatensystems anerkannten sich als prinzipiell Gleiche, und diese gegenseitige Anerkennung als Gleiche war der Garant dessen, dass das Staatensystem funktionierte. Das unter diesen Umständen entstandene Völkerrecht, das in seiner Geltungsreichweite zunächst auf Europa beschränkt war,[8] ist im Verlauf des 20. Jahrhunderts globalisiert worden – freilich ohne dass seine Voraussetzung, die tendenziell symmetrischen Konstellationen der europäischen Staatenwelt, gleichermaßen global ausgeweitet werden konnte. Die Entwicklung des Völkerrechts und die der Weltordnung wurden infolge dessen asynchron.
2. Daneben gibt es freilich auch Völkerrechtsordnungen, die aus asymmetrischen machtpolitischen Konstellationen erwachsen und in deren Kern entsprechend asymmetrische Rechtskonstellationen eingeschrieben sind. Es sind dies die völkerrechtlichen Vorstellungen imperialer Systeme, wie man sie vor allem bei römischen Autoren, aber auch bei den spanischen Neuscholastikern finden kann, jedenfalls dann, wenn sie im Hinblick auf die neue Welt argumentieren. Für imperiale Völkerrechtsordnungen ist der Verzicht auf Reziprozitätsvorstellungen bzw. deren Zurückweisung typisch, und das findet seinen Niederschlag in Vorstellungen wie der, dass die Seewege nicht frei und für jeden befahrbar seien, sondern der Kontrolle einer imperialen Macht unterlägen, die sie kontrolliere und gegebenenfalls sperren können (*mare clausum*),[9] oder in der Idee des gerechten Krieges (*bellum iustum*), die eine normative Spiegelung asymmetrischer Machtverhältnisse ist: Die duellähnliche Kampfsituation, die eingangs als Grundlage der Entscheidungsfindung im Kampf angenommen worden ist, ist hier abgelöst durch Konstellationen, in denen die eine Seite alles Recht auf ihrer Seite hat, während die andere Seite weitgehend im Unrecht ist. Reklamiert die asymmetrisch überlegene Seite die Führung eines gerechten Krieges für sich, so handelt es sich um einen *Pazifizierungskrieg*, in dem die imperiale Ordnung

8 Vgl. Schmitt, *Der Nomos der Erde*, S, 111-186.
9 Dazu Diner, *Weltordnungen*, S. 22 ff.

und als deren normativer Leitwert der Friede durchgesetzt werden soll. Es kommt nicht von ungefähr, dass dieser Frieden nach der Zentralmacht der imperialen Ordnung benannt wird: *pax romana, pax britannica, pax sovietica, pax americana*. Reklamiert hingegen die asymmetrisch unterlegene Seite für sich, einen gerechten Krieg zu führen, so handelt es sich um einen *Befreiungskrieg*, der wesentlich unter antiimperialen bzw. antiimperialistischen Parolen propagiert wird.[10] Der normative Leitwert, der in diesem Fall die moralische Asymmetrie der Kriegsparteien begründet, ist hier der der Befreiung, der den Angreifern des Status quo eine Legitimität verleiht, die dessen Verteidiger nicht besitzen. Reziprozität, wie sie die Völkerrechtsnormen des Staatensystems bestimmt, ist in beiden Fällen ausgeschlossen.

3. Die zur Zeit mehr oder weniger verbindliche völkerrechtliche Ordnung mit der in ihr zentralen Stellung der Vereinten Nationen ist eine Mischung aus beiden Ordnungsmodellen. Sie arbeitet einerseits mit der Annahme gleichberechtigter Staaten, wie sie sich in der Generalversammlung der UN manifestiert, trägt andererseits aber auch den faktischen Machtasymmetrien Rechnung, indem sie fünf Mächte – im übrigen allesamt Atommächte – als Ständige Mitglieder mit Vetorecht im Sicherheitsrat privilegiert. Aber die Privilegierung dieser fünf Mächte ist historischen Umständen geschuldet; dass Frankreich und England Ständige Sicherheitsratsmitglieder sind, ist mit Blick auf ihre weltpolitische Bedeutung inzwischen ebenso wenig nachzuvollziehen wie die Tatsache, dass es Indien nicht ist. Die bestehende Völkerrechtsordnung ist durch ein Ungleichgewicht zwischen machtpolitischer Privilegierung und tatsächlicher Machtstellung gekennzeichnet. Die Folge dieses Ungleichgewichts ist, dass sich »die einzig verbliebene Supermacht« USA partiell aus dieser Völkerrechtsordnung verabschiedet und Sicherheitsdoktrinen formuliert hat, die zu ihr teilweise in offenem Widerspruch stehen.

Eskalierende und moderierende Faktoren unter den Bedingungen von Symmetrie und Asymmetrie

Symmetrie bedeutet nicht zwingend Gleichheit, aber in jedem Fall Gleichartigkeit der Kräfte. Asymmetrie ist demnach wesentliche Ungleichartigkeit. Diese Ungleichartigkeit kann – *erstens* – aus der unterschiedlichen Rekrutierungsform der Streitkräfte erwachsen, etwa wenn professionelle Armeen auf wandernde Völkerschaften treffen, bei denen alle Teilnehmer des Zuges sich am Kampf beteiligen, ohne dafür

10 Dazu Steinweg (Red.), *Der gerechte Krieg*, S. 163 ff.

ausgebildet zu sein, oder – *zweitens* – aus einer verschiedenartigen Bewaffnung, die den Zugang zu neuen Sphären der Kriegführung eröffnet, etwa mit der Ausweitung des Kriegsgeschehens vom Land aufs Meer und später in den Luft- und schließlich in den Weltraum, oder – *drittens* – aus unterschiedlichen Formen der Schulung und Ausbildung von Soldaten, die dazu führen, dass die Chancen zu töten und getötet zu werden radikal ungleichmäßig verteilt sind.[11] Die Entstehung und Durchsetzung des institutionellen Flächenstaates im Europa der Frühen Neuzeit war ein Vorgang machtpolitischer wie rechtlicher Symmetrierung. In ihm wurden nicht nur die ungleichen Sieges- und Erfolgschancen der unterschiedlichen Kriegsteilnehmer, etwa beim Aufeinanderprall von Ritterheeren und Bauernaufgeboten oder Berufsarmeen und städtischen Milizen, einer tendenziell reziproken Konstellation unterworfen (wobei diese freilich selten für den Einzelnen galt, dafür aber für größere Kollektive als statistische Größen), sondern es wurde auch die asymmetrische Konstellation der mittelalterlichen Ordnung Europas mit Kaiser und Papst als oberster Spitze beendet, die zuletzt freilich eher formaler als faktischer Art gewesen war. Die neue Symmetrie fand ihren Ausdruck in der lange vor Jean Bodin verbreiteten Souveränitätsdefinition der Franzosen: *rex Franciae est imperator in suo regno* – der König von Frankreich hat in seinem eigenen Königreich eine kaisergleiche Position inne, was nichts anderes heißt, als dass er keinen Höherem über sich anerkannte. Die kaiserliche Oberhoheit über die europäische Christenheit war nicht territorial fixiert, sondern erstreckte sich soweit, wie europäische Christen siedelten. Indem die politische Ordnung territorialisiert wurde, wurde sie multipliziert und dadurch symmetriert. Europa hatte nun eine Fülle von Souveränen, das heißt Herrschern, deren Entscheidungen als inappellabel anerkannt wurden. Davon bleibt unbenommen, dass das sogenannte Westfälische System immer wieder Erschütterungen ausgesetzt war und reetabliert werden musste.[12]

Den Staat gibt es nur im Plural, also in einem Pluriversum von Staaten; das Imperium dagegen gibt es nur im Singular, und wenn es doch mehrere gleichzeitig gibt, so anerkennen sie sich nicht als Gleiche. Diese Verweigerung gegenseitiger Anerkennung der Gleichartigkeit und damit der Gleichberechtigung hat auch die militärisch durchaus symmetrischen Konstellationen des Ost-West-Gegensatzes gekennzeichnet. Man berechnete die Streitkräfte beider Seiten nach Modellen, die an Symmetrie orientiert waren und stellte auf diese Weise sicher, dass auf den verschiedenen Eskalationsstufen eines Konflikts stets das Gleichgewicht der militärischen Fähigkeiten gegeben war. Aber dieser

11 Dazu oben, S. 139 ff.

12 Eine skeptische Evaluation des Westfälischen Systems findet sich bei Teschke, *The Myth of 1648*.

in sicherheitspolitischer Hinsicht wahrscheinlich friedenserhaltenden Logik eines Gleichgewichts des Schreckens entsprach zu keiner Zeit die politische Anerkennung der Gleichheit. Zwar hat keine der beiden Seiten das Existenzrecht der anderen ernstlich in Frage gestellt, aber politisch-legitimatorisch haben beide Seiten einander ausschließende Geltungsansprüche erhoben. Diese Spaltung zwischen einer Nichtanerkennung der Gleichheit auf der politisch-legitimatorischen Ebene und der Anerkennung der Gleichheit auf der sicherheitspolitischen Ebene war alles andere als unproblematisch und wurde zumeist aus der besonderen Situation heraus erklärt, die aus der Verfügung beider Seiten über Nuklearwaffen erwachsen war.

Die mit symmetrischen Ordnungen verbundene wechselseitige Anerkennung als Gleiche, also die politische Grundtextur von Äquivalenz und Reziprozität, findet ihren praktischen Niederschlag in tendenziell identischen Rationalitätsstandards wie in symmetrischen Risikoperzeptionen und schließlich, wahrscheinlich am wichtigsten, in symmetrischen Lernprozessen. Territorialstaaten funktionieren nach tendenziell identischen Grammatiken.[13] Weil die jeweiligen Regierungen dies wissen, können sie Vertrauen ausbilden, ohne wirklich sicheres Wissen über sämtliche Absichten und alle Ziele der Gegenseite besitzen zu müssen. Symmetrie ermöglicht also Vertrauenskredit, bzw. sie garantiert die Kreditwürdigkeit der Gegenseite. Die Grundlage solcher Kredite ist die symmetrische Verletzlichkeit der Gegenseite. Diese Vertrauenskreditierung fehlt im Falle der Asymmetrie. Hier ist die Verfügung über Raum und Zeit radikal unterschiedlich. Was heißt das in sicherheitspolitischer Hinsicht? Aufgrund der Äquivalenz- und Reziprozitätsprinzipien kann Symmetrie zu einer Intensivierung des Krieges führen, aber ebenso auch zu Absprachen und Verträgen, die den Krieg begrenzen und womöglich ausschließen. Symmetrie ist demnach per se weder friedens- noch kriegsfördernd, sondern definiert eine bestimmte Form von Krieg und Frieden, die den Gesetzmäßigkeiten der Reziprozität bzw. Symmetrie unterliegt.

Die Prinzipien einer symmetrischen Rationalität im Kriege finden sich nirgendwo präziser dargestellt als in Clausewitz' Werk *Vom Kriege*, wo gleich zu Beginn die drei Prinzipien der Eskalation und die drei

13 Bei der Stabilisierung eines Gleichgewichts des Schreckens im Ost-West-Gegensatz hat neben dem Bedrohungspotential der Nuklearwaffen die Territorialität der konkurrierenden politischen Ordnungen eine entscheidende Rolle gespielt: Stellten die Nuklearwaffen die *Bedrohung* her, so stellte die Territorialität die *Bedrohbarkeit* sicher; an ihr hing die Logik der Abschreckung. Die Rationalität der politischen Führung auf beiden Seiten wurde gewährleistet durch die Verletzlichkeit der politischen Ordnungen, die sie vertraten.

Prinzipien der Mäßigung von Gewaltanwendung gegenübergestellt werden.[14] Mit den Prinzipien der Moderation hat Clausewitz zu erklären versucht, warum die aus den feindseligen Motiven und Absichten beider Seiten zu erwartende Tendenz der Gewaltsteigerung bis zum Äußersten nur in den seltensten Fällen oder eigentlich gar nie eintritt: *Erstens* kennen sich die Gegner und haben auf diese Weise eine Vorstellung von den gegnerischen Motiven und Absichten. Das trägt dazu bei, dass sie die Gewalt nicht sogleich bis zum Äußersten eskalieren. *Zweitens* sorgt der Faktor Zeit dafür, dass jede mögliche Handlung des Feindes, die *nicht* begangen wird, und jede Anstrengung, die *nicht* unternommen wird, die eigene Seite davon abhält, ihrerseits diese Anstrengungen zu unternehmen. Schließlich kommt – *drittens* – der Umstand zum Tragen, dass Kriegsentscheidungen nicht absolut sind, also als ein vorübergehendes Übel betrachtet werden können, für das zu einem späteren Zeitpunkt auch wieder Abhilfe geschaffen werden kann. Clausewitz hat, was oft missverstanden wird, die aus dem *Begriff* des Krieges erwachsenden Eskalationsfaktoren mit dem »absoluten Krieg« und die aus der *Wirklichkeit* der Kriegführung resultierenden mäßigenden Faktoren mit dem »wirklichen Krieg« verbunden und daraus geschlussfolgert, dass die *Realität* des Krieges notorisch etwas anderes sei als das, was der *Begriff* des Krieges nahelege. Sicherheitsdoktrinen stellen eine Verbindung zwischen beidem dar; sie haben das Mögliche, wenngleich Unwahrscheinliche in Betracht zu ziehen, aber vor allem haben sie sich auf das Wahrscheinliche zu konzentrieren. Im Lichte der hier angestellten Überlegungen heißt das: Symmetrie stärkt das Gewicht des Wahrscheinlichen; Asymmetrie hingegen lässt das bloß Denkbare wahrscheinlicher werden.

Es muss hier nicht weiter dargelegt werden, dass Clausewitz' Überlegungen auf symmetrische Konstellationen abgestellt sind und dass vor allem die drei mäßigenden Faktoren nur ins Spiel kommen, wenn jede der beiden Konfliktparteien davon ausgeht, dass die Handlungen des Gegners nach Risikoperzeptionen und Rationalitätsstandards erfolgen, die den eigenen spiegelbildlich sind. Ist das nicht der Fall, so kommen nur noch die eskalierenden Faktoren ins Spiel, die mäßigenden verlieren dagegen an Bedeutung und der Krieg steigert sich binnen kurzem zum Äußersten. Clausewitz selbst nennt als Voraussetzung für das Wirksamwerden der mäßigenden Faktoren vor allem die Zeit, aber mit der Zeit ist der Raum verbunden, den Clausewitz an den fraglichen Stellen freilich nicht explizit nennt. Für ihn, der in den von Scharnhorst eingerichteten Kursen an der Berliner Kriegsschule intensiv mit der Kantschen Philosophie bekannt gemacht wurde,[15] gehört beides aufs engste

14 Clausewitz, *Vom Kriege*, S. 192-199.

15 Dazu ausführlich Paret, *Clausewitz und der Staat*, S. 200 ff.

zusammen. Nur wenn beide Seiten in tendenziell gleicher Weise über Zeit und Raum verfügen, kommen die mäßigenden Faktoren in ihrem ganzen Gewicht zum Tragen. In gewisser Hinsicht drehte sich das nukleare Wettrüsten im Ost-West-Konflikt um nichts anderes als die permanente Resymmetrierung der Zeit. Nur wenn sie präzise gleich verteilt war, war die Wahrscheinlichkeit eines Atomkriegs gering – und Gleichverteilung hieß angesichts der Beschleunigung von Trägersystemen in diesem Fall Gleichverteilung von Zeit im Minuten-, wenn nicht Sekundenbereich.[16] Im Nuklearzeitalter war (und ist) im Unterschied zu den Epochen konventioneller Kriegführung die Zeit freilich keine abhängige Variable des Raumes mehr, was zu einem relativen Bedeutungsverlust der räumlichen Tiefe bei der Formulierung von Sicherheitsdoktrinen geführt hat – freilich nur zu einem *relativen* Bedeutungsverlust, insofern Territorialität, wie bereits ausgeführt, der Garant der Verletzlichkeit ist, der die gesamte symmetrische Ordnung, von den Zeitressourcen bis zu den Rationalitätsstandards, für beide Seiten verbindlich macht. Es war eigentlich schon immer klar, dass die Seite, der es gelang, sich in ihren Kernelementen zu entterritorialisieren, deutliche Vorteile bei der Führung eines Krieges erlangen würde. Freilich war dies mit Blick auf Territorialstaaten bzw. Territorialimperien lange nur eine Denkmöglichkeit, die eher in James-Bond- oder Science-Fiction-Filmen als in militärischen Szenarien durchgespielt wurde. Die Ebene der strategischen Planspiele oder gar der Formulierung von Sicherheitsdoktrinen hat die Vorstellung eines nicht territorialen Gegners erst nach dem 11. September 2001 erreicht.

Technologische Überlegenheit gegenüber gesteigertem Heroismus

Mit der Umstellung der Kriegs- und Bedrohungsszenarien von Symmetrie auf Asymmetrie haben sich stärkere Veränderungen vollzogen, als dies auf den ersten Blick erkennbar sein mag. Die Herstellung asymmetrischer Überlegenheit, wie sie von ökonomisch und technologisch fortgeschrittenen Gesellschaften betrieben werden *kann* und, sofern es sich bei ihnen um postheroische Gesellschaften handelt, die nur bei einer geringen Anzahl eigener Opfer kriegführungsfähig sind,[17] zur Herstellung von Kriegsführungsfähigkeit auch betrieben werden *muss*, beruht in der Regel auf einer erhöhten Beschleunigungsfähigkeit, der gegenüber die Gegenseite relativ langsamer wird. Die Asymmetrie der Kriegführung besteht in diesem Fall darin, dass eine Seite infolge ihrer erhöhten Beschleunigungspotentiale für den Gegner unangreifbar und damit unver-

16 Dazu auch oben, S. 178 ff.
17 Vgl. unten, S. 310 ff.

wundbar wird, während die andere immer verwundbarer wird, bis sie schließlich zum bloßen Opfer ohne effektive Widerstandsmöglichkeit geworden ist. An die Stelle der Schlacht tritt dann das Massaker. Die Folgen einer solchen Entwicklung lassen sich vor allem in jenen Kriegen des ausgehenden 20. Jahrhunderts studieren, an denen die USA maßgeblich beteiligt waren. Vor allem der Zweite Golfkrieg von 1991, als die Truppen Saddam Husseins aus Kuwait vertrieben wurden, ist ein Beispiel für asymmetrische Kriegführung aus einer Position der Stärke: Innerhalb eines Zeitraums von drei Tagen gelang es den Amerikanern, die irakische Armee, damals die weltweit fünfstärkste Streitmacht, die mit modernem Gerät ausgerüstet war, so schwer zu treffen, dass sie danach zu keinem ernstlichen Widerstand mehr in der Lage war.[18]

Der Zweite Golfkrieg von 1990/91 hatte eine mehr als regionale Bedeutung, insofern nach ihm klar war, dass die quantitative Überlegenheit der sowjetischen Streitkräfte bei Panzern und gepanzerten Fahrzeugen keine ausschlaggebende Rolle mehr spielte und die Abermilliarden Rubel, die die Sowjetunion in sie investiert und an denen sie sich wirtschaftlich ausgeblutet hatte, nicht mehr in politische Macht konvertiert werden konnten. Das irakische Desaster war das Menetekel der sowjetischen Fähigkeiten in Mitteleuropa. Sie waren in den Wüsten am Golf buchstäblich mitverbrannt. Wenige Monate später ist die Sowjetunion per Dekret aufgelöst worden, und die USA avancierten zur sogenannten »einzig verbliebenen Supermacht«. Das aber hieß nichts anderes, als dass sie – mit Ausnahme der nuklearen Bedrohung durch Russland als Erben der sowjetischen Atomstreitmacht – keinen symmetrischen Gegenspieler mehr hatten. Die Folge waren zwei Entwicklungen, die in ihrer Dramatik erst am Beginn des 21. Jahrhunderts erkennbar wurden: einerseits der Versuch vor allem mittlerer und kleinerer Staaten, sich in den Besitz von Nuklearwaffen (oder zumindest doch von biologischen und chemischen Massenvernichtungswaffen) zu bringen, um auf diese Weise eine *Residualsymmetrie* herzustellen, und andererseits die systematische *Asymmetrierung von Gewaltstrategien*, um auf diesem Wege die unerreichbare Überlegenheit der USA zu konterkarieren. Statt der partiellen Resymmetrierung, wie sie der erste Weg darstellt,[19] setzten

18 Dazu Münkler, *Der neue Golfkrieg*, S. 95 ff.

19 Freilich ist dieser Weg im Prinzip durch die Verträge zur Nichtverbreitung von Atomwaffen versperrt, und wer ihn heimlich beschreitet, muss damit rechnen, von den USA nicht nur als Schurkenstaat bezeichnet, sondern auch demgemäß behandelt zu werden. Da Staaten, wie oben dargelegt, infolge ihrer Territorialität eine hohe Verletzlichkeit besitzen, ist dies ein überaus riskanter Weg, den bislang nur wenige erfolgreich zurückgelegt haben. Da kaum wünschenswert ist, dass dies noch mehr tun, ist die politische Perspektive einer residualen Resymmetrierung militärischer Fähigkeiten wenig attraktiv.

die entschiedensten Gegner der USA auf die systematische Asymmetrierung, die nicht mehr die Überlegenheit des Gegners auszugleichen sucht, sondern nach dessen Schwächen Ausschau hält, um hier Angriffsmöglichkeiten zu entdecken.

Dabei stellte sich sehr bald heraus, dass der größte Schwachpunkt hochentwickelter Gesellschaften ihre verletzliche Infrastruktur ist und unter den Methoden, sie anzugreifen, der Terrorismus die erfolgversprechendste und effektivste.[20] Terrorismus ist eine Form der Gewaltanwendung, die die Konfrontation mit dem hoch entwickelten Sicherheitsapparat der angegriffenen Seite, sei es nun Polizei oder Militär, meidet und statt dessen zivile Ziele angreift. Ziel ist es, dem Gegner einen möglichst hohen Schaden zuzufügen, wobei es darum geht, durch unregelmäßig erfolgende Attacken diese Schädigung zu verstetigen, bis sie für die angegriffene Seite untragbar wird und sie in ihrem politischen Willen resigniert. Asymmetrisch ist der Terrorismus dabei in mehrfacher Hinsicht: Erstens durch die Auswahl der Ziele und die Art des Angriffs, die sich einer (symmetrischen) Konfrontation mit der Gegenseite entzieht. Asymmetrisch ist des weiteren die Organisationsstruktur der Angreifer, die sich in Gestalt von Netzwerken entterritorialisieren, um für eine militärische Reaktion nach klassischem Muster unverwundbar zu sein.[21] Was für die asymmetrisch überlegene Seite die technische Möglichkeit der militärischen Nutzung des Luft- und Weltraums ist, ist für die asymmetrisch unterlegene Seite die Klandestinität, also das Verschwinden in der Zivilbevölkerung entgrenzter Räume. Und schließlich geht es, drittens, um die Asymmetrierung der Zeit: Beruhte die Symmetrie des klassischen Staatenkrieges auf einer Gleichverteilung der beiden Seiten verfügbaren Zeit und setzt die Asymmetrie der (technologischen) Überlegenheit auf Formen der Beschleunigung, bei denen die Gegenseite nicht Schritt zu halten vermochte, so funktioniert die Asymmetrie der Unterlegenheit auf der Grundlage einer systematischen Verlangsamung bzw. Entschleunigung, um auf diese Weise die Beschleunigungsvorteile der Gegenseite zu entwerten bzw. ins Leere laufen zu lassen. Die jüngsten Formen des Terrorismus knüpfen darin an die klassischen Prinzipien des Partisanenkrieges an, in dem die auf der Konzentration der Kräfte in Raum und Zeit beruhende Überlegenheit des Gegners durch die Ausweitung des Krieges im Raum und seine Ausdehnung in die Zeit konterkariert wird. In einer viel zitierten Wendung hat Mao Tse-tung später den Partisanenkrieg als den »lange durchzuhaltenden Krieg« definiert. In ganz ähnlicher Weise sucht auch die Strategie des Terrorismus durch die zeitliche Ausdehnung des Krieges ihre eigenen Erfolgschancen zu erhöhen.

20 Dazu oben, S. 239 ff.
21 Vgl. Behr, *Entterritoriale Politik*, S. 119 ff.

Die strategische Entschleunigung des Krieges durch die Partisanen, wie sie in dieser Form erstmals von der antinapoleonischen Guerilla in Spanien praktiziert wurde, beruht freilich auf hochprekären Voraussetzungen, unter denen eine erhöhte Leidens- und Opferbereitschaft der (Zivil-)Bevölkerung hervorzuheben ist. Ausdehnung des Krieges in Raum und Zeit heißt nämlich, dass die Gewaltanwendung immer und überall erfolgen kann, dass somit jeder Landstrich und jedes Dorf zum Kriegsschauplatz werden kann. Die Folge dessen sind Repressionsmaßnahmen der die Partisanen bekämpfenden Streitkräfte, die sich, wenn sie der partisanischen Angreifer nicht habhaft werden, zunehmend gegen die Zivilbevölkerung als deren logistisches Rückgrat richten. Vergeltungsmaßnahmen unterschiedlichster Art sollen bewirken, dass die Bevölkerung die Unterstützung der Partisanen einstellt und deren Rückzugsbasen bzw. die den Partisanen zugehörenden Personen verrät. Solche Formen der Partisanenbekämpfung, von Geiselerschießung bis zur Folter, sollen die Zeitressourcen der partisanischen Akteure einschränken und aufbrauchen. Partisanenbekämpfung zielt auf die Zivilbevölkerung, um den Zeithorizont der Partisanen zu schließen. Erfolg oder Scheitern eines Partisanenkrieges sind somit in hohem Maße von der Leidens- und Opferbereitschaft der Zivilbevölkerung abhängig. Demgemäß sind Partisanenkriege nur defensiv und in nachhaltig heroischen Gesellschaften führbar.[22]

Dagegen ist der Terrorismus, jedenfalls in seinen jüngeren Formen, eine offensive Form der Kriegführung, die nicht auf die Gesamtunterstützung einer heroischen Gesellschaft, sondern nur auf die Rekrutierbarkeit heroischer Einzelner in diesen Gesellschaften angewiesen ist. Die Führung eines Partisanenkriegs ist von der Unterstützungsbereitschaft einer heroischen Gesellschaft abhängig; für die Eröffnung einer terroristischen Kampagne genügen kleine heroische Gemeinschaften. Die Eintrittsschwelle zur Eröffnung von Terrorkampagnen ist also sehr viel niedriger als die zur Führung eines Partisanenkrieges. Terrorismus trägt die Gewalt bis weit in das Zentrum der angegriffenen Macht hinein, und er tut dies, indem er sich der zivilen Infrastruktur des Feindes bedient und sie so umfunktioniert, dass sie Waffenqualität bekommt. Verkehrssysteme – wie Untergrundbahnen, Busse, Flugverbindungen etc. – stellen die Ziele wie Mittel des Angriffs dar, und häufig sind es mit Sprengstoff gefüllte Kraftfahrzeuge, die als Bomben gegen Gebäude wie Menschenansammlungen eingesetzt werden. Terrorismus ist eine überaus billige Form der Kriegführung, weil sie nur in begrenztem Maße eigene Ressourcen bereitstellen muss und in hohem Maße die Infrastruktur des angegriffenen Landes ausbeutet. Sie beruht im Prinzip darauf, die Überlegenheit des Angegriffenen in Schwäche zu verwandeln

22 Dazu Münkler, *Über den Krieg*, S. 173-198.

und ihn an dessen verletzlichsten Stellen anzugreifen. Die Möglichkeit hierzu verschafft ihr in den jüngsten Formen des Terrorismus die Gestalt des Selbstmordattentäters, dieser Inversion von Heroen- und Märtyrertum, die ihre Angriffsfähigkeit dadurch erhöht, dass sie keinerlei Energie und Aufmerksamkeit mehr für die Sicherung des Rückzugswegs aufwendet. Und zugleich setzt sie auf die *symbolische Wirkung* solcher Anschläge, die die Wehrlosigkeit postheroischer Gesellschaften gegen heroische Einzelne demonstrieren soll. Gesellschaften, die durch terroristische Strategien bedroht sind, müssen Sicherheitsdoktrinen entwickeln, die auf die asymmetrische Bedrohung ihrerseits mit asymmetrisch-proaktiven Verteidigungsformen reagieren, die an die Stelle des klassischen Konzepts der Abschreckung treten.[23] Diese verabschieden sich notgedrungenermaßen auch von den symmetrischen Normen der klassischen Sicherheitsdoktrinen. Der Versuch, angesichts dieser Bedrohung an Normsymmetrien festzuhalten, würde jede Sicherheitsdoktrin zum Scheitern bzw. zur Wirkungslosigkeit verurteilen. Postheroische Gesellschaften sind auf asymmetrische Überlegenheit angewiesen, um sich gegen heroische Akteure zu schützen, und diese Asymmetrien bringen zwangsläufig jene Formen »moralischer Obszönität« hervor, die Habermas so beredt beklagt hat.

Die Reaktion auf die asymmetrische Herausforderung in den Sicherheitsdoktrinen der USA und der EU

Als erstes hat die am 20. September 2002 veröffentlichte neue Nationale Sicherheitsstrategie (NSS) der Vereinigten Staaten auf die beschriebene Herausforderung reagiert. Dort heißt es in der Einleitung: »In der Vergangenheit benötigten Feinde große Armeen und umfangreiche industrielle Fähigkeiten, um eine Gefahr für die Vereinigten Staaten darzustellen. Heutzutage können schemenhafte Netzwerke von Einzelpersonen großes Chaos und Leid über unser Land bringen – und es kostet sie weniger als ein einziger Panzer. Terroristen durchdringen offene Gesellschaften und richten moderne Technologien gegen uns.« Und mit Blick auf die große Zeitressourcen einsetzende Strategie des Terrorismus heißt es weiter: »Der Krieg gegen den weltweit agierenden Terrorismus ist eine globale Unternehmung von ungewisser Dauer.«[24] Die entscheidende Konsequenz, die aus der Ablösung symmetrischer durch asymmetrische Bedrohungen gezogen wird, ist der Übergang von

23 Eine andere Akzentuierung dieses Problems findet sich bei Schwarz, *Die Zukunft der Abschreckung*, S. 13 ff.

24 »Neue Nationale Sicherheitsstrategie der Vereinigten Staaten (Einleitung)«, S. 1391.

einer reaktiven zu einer proaktiven Konzeption der Selbstverteidigung, die in der NSS auch als »antizipatorische Selbstverteidigung« bezeichnet wird.[25] Hat in den symmetrischen Bedrohungsszenarien seit jeher auch die *präventive* Selbstverteidigung eine Rolle gespielt, die einem unmittelbar bevorstehenden Angriff auf das eigene Territorium zuvorkommen sollte, so besagt der neu geprägte Begriff der *präemptiven* Selbstverteidigung, dass mit militärischen Interventionen der USA auch dann zu rechnen ist, wenn die Bedrohung nicht von allseits erkennbaren Truppenkonzentrationen oder der Errichtung von Abschussrampen ausgeht, sondern von klandestinen Strukturen terroristischer Organisationen, die mit geheimdienstlichen Mitteln aufgespürt und identifiziert worden sind.

Für solche Formen der Selbstverteidigung, die oftmals von unprovozierten Angriffen kaum zu unterscheiden sein dürften, verwendet die NSS den Begriff der »präemptiven Selbstverteidigung«.[26] Was das konkret bedeutet, beschreibt die NSS so: »Wir müssen darauf vorbereitet sein, Schurkenstaaten und ihre terroristische Klientel aufzuhalten, bevor sie in der Lage sind, die Vereinigten Staaten und ihre Bündnispartner und Freunde mit Massenvernichtungswaffen zu bedrohen oder sie gegen sie einzusetzen.«[27] Ein *präemptives* Selbstverteidigungsrecht ist also weitergehend als ein *präventives* Selbstverteidigungsrecht: Setzt für letzteres das Recht auf Selbstverteidigung im Falle einer erkennbaren Bedrohung ein, so reklamiert ersteres dieses Recht bereits vor Eintreten der akuten Bedrohung. Tatsächlich ist dies eine Konsequenz dessen, was mit asymmetrischen Bedrohungsszenarien gemeint ist, insofern in ihnen das Erkennbarwerden der Bedrohung in der Regel mit dem Beginn des Angriffs in eins fällt. Präventive Selbstverteidigung heißt, unter symmetrischen Konstellationen einem Angriff der Gegenseite durch den eigenen Gegenangriff zuvorzukommen; präemptive Selbstverteidigung dagegen ist unter asymmetrischen Konstellationen darauf bedacht, die Herstellung von Angriffsfähigkeit eines Gegners im Ansatz zu unterbinden. Das freilich hat zur Folge, dass präemptive Selbstverteidigung und die Führung eines Angriffskrieges kaum noch unterscheidbar sind, sondern ineinander verschwimmen. Das ist von den zahlreichen Kritikern der NSS zu Recht angemerkt worden. Das Problem ist nur, dass die Unterscheidbarkeit von Angriff und Verteidigung, auf der die Kritiker insistiert haben, begrifflich wie deskriptiv von symmetrischen Bedrohungskonstellationen abhängt. Deren vorläufiges Ende und die wachsende Bedeutung asymmetrischer Bedrohung sind zu einer Herausfor-

25 »Neue Nationale Sicherheitsstrategie der Vereinigten Staaten von Amerika (Auszüge)«, S. 1509.

26 Ebd., S. 1507.

27 Ebd., S. 1508.

derung für alle Sicherheitsdoktrinen geworden. So ist der von Javier Solana vorgelegte Entwurf einer Europäischen Sicherheitsstrategie zwar weniger martialisch im Ton als die NSS, aber von der Problemdiagnose ganz ähnlich angelegt. Wo die NSS von präemptiver Selbstverteidigung spricht, ist in Solanas Entwurf von einer »Ausdehnung des Sicherheitsgürtels um Europa« die Rede.[28] Ob das auf Dauer mehr sein wird als eine unterschiedliche Wortwahl, die letzten Endes aus unterschiedlichen militärischen Fähigkeiten resultiert, wird sich zeigen. Die dramatische Ausweitung des Selbstverteidigungsrechts, die in den Vorstellungen präemptiver Selbstverteidigung enthalten ist, wird in der NSS begleitet von einer entschiedenen Verabschiedung normativer Symmetrien, wenn mehrfach von »Schurkenstaaten« die Rede ist. Darin verbindet sich die Delegitimierung des Gegners mit den Vorstellungen von einer Konstabularisierung bzw. Verpolizeilichung des Gebrauchs militärischer Mittel. Erst wenn die normativen Annahmen zwischenstaatlicher Reziprozität aufgehoben sind, kann der asymmetrische Gebrauch militärischer Mittel als legitim dargestellt werden.

28 »Javier Solanas Entwurf für eine Europäische Sicherheitsstrategie«, S. 1010 f.

KAPITEL 15

Die ›neuen Kriege‹ und das gewandelte Aufgabenfeld der Sicherheitspolitik

Die neuen Kriege, wie sie im letzten Jahrzehnt des 20. Jahrhunderts immer deutlichere Konturen gewonnen haben, sind vor allem dadurch gekennzeichnet, dass in ihnen die scharfe Grenzziehung zwischen Erwerbsleben und militärischer Gewaltanwendung mehr und mehr untergraben und durchbrochen worden ist.[1] In diesen neuen Kriegen wird die Gewalt für diejenigen, die über Waffen verfügen und bereit sind, diese nach Belieben zu gebrauchen, zur probaten Erwerbsquelle: zum Mittel bloßer Subsistenzsicherung für die einen, zum Instrument der Bereicherung für die andern. In diesen neuen Kriegen gilt wieder die dem spanischen General Spinola, dem Söldnerführer Ernst zu Mansfeld, aber auch dem Schwedenkönig Gustav Adolf zugeschriebene Devise, wonach der Krieg den Krieg ernähren müsse. Diese Devise konkretisiert sich in Bürgerkriegsgenerälen, die durch die Vergabe von Bohr- und Schürfrechten in den von ihnen kontrollierten Gebieten in kürzester Zeit zu Dollarmillionären werden, in Warlords, die die Führung von kleinen Kriegen durch einen in großem Stil betriebenen Handel mit Rauschgift, Diamanten und Menschen finanzieren und dabei gigantische Vermögen anhäufen,[2] weiterhin in international operierenden Söldnerfirmen, wie *Executive Outcomes* oder *Gurkha Security Ltd.*, die die Produktionsexklaven großer Unternehmen in Bürgerkriegsgebieten sichern, aber auch sonst ihre Dienste jedem anbieten, der hinreichend zahlungskräftig ist,[3] schließlich in den mit arabischen Petrodollars finanzierten Netzwerken muslimischer Kämpfer, die in fast allen Bürgerkriegen, von Nordafrika bis Südostasien, von Algerien über Tschetschenien und Afghanistan bis zu den Philippinen, in Erscheinung treten und von denen al-Qaida nur das zur Zeit bekannteste ist,[4] nicht zuletzt aber auch in den nach UNO-Schätzungen etwa 300 000 Kindersoldaten, die vor allem in Schwarz-

1 Dazu ausführlich Ruf (Hrsg.), *Politische Ökonomie der Gewalt*, insbes. S. 9-47; Kurtenbach/Lock (Hrsg.), *Kriege als (Über-)Lebenswelten*, insbes. S. 20-37; Lock, »Ökonomie der neuen Kriege«, S. 53-72; sowie Jean/Rufin (Hrsg.), *Ökonomie der Bürgerkriege*, S. 15-44.

2 Dazu Nissen/Radtke, »Warlords als neue Akteure«, S. 144 ff.

3 Vgl. Singer, *Corporate Warriors*; Azzellini/Kanzleiter (Hrsg.), *Das Unternehmen Krieg;* sowie Uesseler, *Krieg als Dienstleistung*.

4 Einen Überblick hierzu bietet Napoleoni, *Die Ökonomie des Terrors*, S. 223 ff.

afrika und Südostasien anzutreffen sind und für die paradoxerweise der Krieg oftmals die einzige Möglichkeit des Überlebens darstellt.[5] Bevor man Überlegungen zu den Folgen dieser Entwicklung für eine deutsche und europäische Sicherheitspolitik anstellen kann, muss man sich zunächst versichern, was die zentralen Veränderungen des Krieges und insbesondere der Kriegsökonomie sind und was dies für die klassischen Instrumente der Sicherheitspolitik bedeutet. Vor allem ist dabei die Frage zu klären, unter welchen Voraussetzungen Interventionen in die neuen Kriege erfolgversprechend sind und auf welche Kosten sich die Gesellschaft, die eine solche Intervention trägt, einzustellen hat. Unter »Kosten« sind dabei nicht nur finanzielle Belastungen, sondern auch politische Risiken und vor allem die Toten und Verwundeten auf Seiten der Interventionskräfte zu verstehen.

Staatliche und substaatliche Organisation des Krieges

Seitdem die Staaten nicht mehr die Monopolisten des Krieges sind, wird die Regulierungsfunktion, die sie in Europa seit der Frühen Neuzeit übernommen haben, erst in ihrer ganzen Tragweite sichtbar: Es war die durch den Staat garantierte nachhaltige Separierung von Erwerbsleben und Gewaltanwendung, in deren Gefolge erst die Investition des erwirtschafteten Mehrprodukts in die Verbesserung der Produktionsausstattung attraktiv wurde, und das wiederum hat zu einer kontinuierlichen Anhebung des Lebensstandards der Bevölkerung geführt. Mit der Durchsetzung des staatlichen Gewaltmonopols war erstmals seit dem Untergang des Römischen Reiches wieder sichergestellt, dass das gesellschaftliche Mehrprodukt nicht immer wieder von lokalen Gewaltunternehmern und marodierender Soldateska angeeignet und abgeschöpft wurde, sondern bei den Produzenten verblieb oder von einem politischen Akteur abgeschöpft wurde, der zumindest einen Teil davon in die Infrastruktur des Landes investierte: Das ist eines der Kennzeichen staatlicher Ordnung. Warlords und ihre bewaffnete Entourage hingegen konsumieren das Mehrprodukt oder verbringen es – heutzutage – ins Ausland. Für die Zeit *vor* Durchsetzung des staatlichen Gewaltmonopols kann als Faustregel gelten: Je prosperierender ein Dorf, ein Landstrich oder eine Region war, desto attraktiver war sie für Gewaltunternehmer und bewaffnete Streifscharen, was umgekehrt freilich auch heißt, dass Armut und Kargheit einen immerhin relativen Schutz gegen die Raubzüge verfeindeter Feudalherrn, beschäftigungsloser Söldnergruppen oder paramilitärisch agierender Räuberbanden darstellten. Solche Konstellationen bilden keine starken Anreize für

5 Russmann, »Kindersoldaten«, S. 101-118.

Investitionen, die sich erst langfristig amortisieren, wie etwa in die Melioration der Böden oder die Produktionsausstattung der Gewerbe; sie führen im Gegenteil dazu, dass das Mehrprodukt umgehend konsumiert wird. Zeiten latenter Kriegsgefahr sind gekennzeichnet durch eine Verkürzung der Zeithorizonte, und das ist einer langfristig angelegten Wirtschaftsweise nicht zuträglich. Man darf das Gewaltniveau vorstaatlicher Gesellschaften sicherlich nicht überzeichnen, denn auch diese verfügten über Regulationsmechanismen der Gewalt. Aber diese Regulationsmechanismen besaßen nur eine begrenzte Zuverlässigkeit, so dass auf sie gegründete Zukunftserwartungen prekär waren. Es sind aber gerade längerfristig angelegte Planungen, durch die das Prosperitätsniveau einer Region oder eines Landes dauerhaft und deutlich gehoben wird. Investitionen gründen sich auf die Erwartung einer zuverlässigen Sicherung gegen Gewalt bzw. gegen gewaltsame Enteignung. Diese Erwartung wird durch eine staatliche Garantie zuverlässiger gestützt als durch gesellschaftliche Regulationssysteme ohne staatliche Zwangsgewalt. Der entscheidende Beitrag des frühneuzeitlichen Territorialstaates zur wirtschaftlichen Entwicklung der von ihm kontrollierten Gebiete bestand vor allem in der zeitlichen Tiefe, die er dem »Erwartungshorizont« (Koselleck) der Menschen verschaffte, also der Ausdehnung einer wirtschaftlich beplanbaren Zukunft. Gerade dies aber hing wesentlich an der Durchsetzung des Gewaltmonopols.[6] Demgegenüber war die in vorstaatlichen Gemeinschaften verbreitete Neigung, das vorhandene Mehrprodukt in im Jahreszyklus wiederkehrenden großen Festen zu konsumieren, durchaus rational: Was verzehrt worden war, konnte nicht mehr geraubt werden.

Vor Errichtung des staatlichen Gewaltmonopols war die durchschnittliche Sicherheitsdividende einer Region niedrig, da die Erwartbarkeit zukünftigen Friedens prekär war, was wiederum zur Folge hatte, dass die Anreize für die Bewohner dieses Gebietes, bei der Sicherung ihres Lebensunterhalts auf die Anwendung von Gewalt zu verzichten, ebenfalls relativ gering waren. So war Gewalt ein durchgängiger Bestandteil der Führung und Sicherung des Lebens.[7] Ausnahmen stellten nur die mit Mauern und Türmen gesicherten Städte dar, die so etwas wie Inseln gesteigerter Sicherheit in einem Meer permanenter physischer Bedrohtheit bildeten. Da die Sicherheitsdividende in den Städten deutlich höher war als auf dem flachen Lande, entwickelten sich diese immer mehr zu Zentren wirtschaftlicher Prosperität. Sicherheit schafft

6 Weiterführende Überlegungen zu diesem Komplex finden sich nach wie vor bei Hintze, »Staatsverfassung und Heeresverfassung«, S. 42 ff.

7 Vgl. Borst, *Lebensformen im Mittelalter*, S. 61 ff., 433 ff., 470 ff.; Braun/Herberichs (Hrsg.), *Gewalt im Mittelalter*, insbes. S. 7-64; Groebner, *Ungestalten*, S. 71 ff., S. 137 ff.

nicht per se Prosperität, aber sie ist deren Voraussetzung. Das betrifft nicht nur Investitionen, sondern auch den Handel: Kaufleute meiden Gebiete, in denen sie fürchten müssen, beraubt zu werden. Die höhere Sicherheitsdividende war freilich mit dem Erfordernis verbunden, dass ein nicht unerheblicher Teil der wirtschaftlichen Gewinne eingesetzt werden musste, um das höhere Niveau kollektiver Sicherheit in den Städten aufrechtzuerhalten: Die Stadtmauern mussten unterhalten, die städtischen Wachsoldaten wollten bezahlt werden, und schließlich war es von Fall zu Fall erforderlich, neue Waffen oder, wie mit der Einführung von Feuerwaffen, ganze Waffensysteme neu anzuschaffen und neue Befestigungen zu errichten. Das kostete Geld, und dieses Geld musste aus dem erwirtschafteten Mehrprodukt aufgebracht werden. Dennoch scheinen sich die Investitionen in die Sicherheit der Städte gelohnt zu haben: Der wirtschaftliche Aufschwung in Europa und die Renaissance der Städte im 11./12. Jahrhundert gingen miteinander Hand in Hand.[8]

Das alles ging freilich nur so lange gut, wie die prosperierende Wirtschaft und der Reichtum einer Stadt, die gegen kleinere Gewaltunternehmer und marodierende Banden durch Mauern, Tore und Türme geschützt waren, keinem großen Gewaltunternehmer ins Auge stachen. Wo doch, brachte dieser mauerbrechende Waffen in Stellung und verlangte Brandschatzung, also den Abkauf seiner Gewaltoption durch entsprechende Zahlungen der Stadt an ihn, andernfalls er die Stadt stürmen und plündern werde. Wie auch immer man sich hinter den Stadtmauern in dieser Situation entschied – in der Regel präferierte man die freiwillige Zahlung und ließ es nicht zum Äußersten kommen –, ein erheblicher Teil des angesammelten Mehrprodukts musste an den vor den Toren stehenden Kriegsunternehmer abgetreten werden, woraus dieser wiederum die Lehre zog, solches lasse sich wiederholen. Und war dies oft und in immer kürzeren Abständen der Fall, so kam es vor, dass der Rat der Stadt, gewissermaßen der regierende Ausschuss der Eigentümer, die Zahlung ablehnte und es auf einen Kampf ankommen ließ. Damit freilich riskierte er viel, denn in der Regel blieb es im Falle der Eroberung nicht bei der Plünderung der angehäuften Barschaften und Wertsachen, sondern die Erstürmung endete in einem Massaker, bei dem die Häuser angezündet, die Männer erschlagen und die Frauen vergewaltigt wurden. Manch blühende Handelsstadt ist so für immer ruiniert worden.

Bei diesen Angriffen von Gewaltunternehmern und Söldnergruppen auf Städte spielten freilich nicht selten Exilanten der Städte eine wichtige Rolle: Sie waren zuvor in innerstädtischen Machtkämpfen unterlegen, hatten ins Exil gehen müssen und betrieben nun ihre Rückkehr, indem

8 Vgl. Kulischer, *Allgemeine Wirtschaftsgeschichte*, Bd. 1, S. 78 ff. und 253 ff. sowie 278 ff.

sie einen Kriegsunternehmer zum Angriff anstachelten oder selbst beschäftigungslose Söldner anwarben, um die Rückkehr in ihre Heimatstadt zu erzwingen.[9] Nicht selten haben Konflikte der Bürgerschaft die städtischen Grenzen übersprungen und äußere Mächte in die Auseinandersetzungen hineingezogen. Es gab freilich noch eine weitere Alternative zu unregelmäßigem Gewaltabkauf oder Plünderungsmassakern, und das war die langfristige, wenn nicht dauerhafte Indienstnahme eines Warlords in städtische Dienste, der dadurch zum regelmäßig besoldeten Kriegsunternehmer eines Stadtstaates oder Städtebundes wurde. Für die Kaufleute, Händler und Handwerker der Städte hatte dies zwar erhebliche Aufwendungen zur Folge, aber die waren langfristig kalkulierbar und boten den Vorzug, dass die Städter dadurch vom zeitraubenden und gefährlichen Waffendienst freigestellt werden konnten. Außerdem ließ sich von dem Gewaltunternehmer nun verlangen, dass er einen Beitrag zur Sicherheit der Handelsstraßen leistete, die Umtriebe der Exilanten im Auge behielt und notfalls präventiv gegen sie vorging, und schließlich konnte man auch, falls dies opportun erschien, dessen Truppen offen oder verdeckt gegen unliebsame Konkurrenzstädte einsetzen. Die Verbindung von Gewaltanwendung und Erwerbsleben hat in den Condottieri des 14. bis 16. Jahrhunderts ihre höchstentwickelte Form gefunden, bis sie dann im 17. Jahrhundert definitiv durch die Errichtung des staatlichen Gewaltmonopols beendet wurde.[10]

Es hat den Anschein, dass es mit der Erosion der staatlichen Alleinverfügung über die militärische Gewalt, zumal dort, wo Staatszerfall zu konstatieren ist, zu einer Reprivatisierung und Rekommerzialisierung der Kriegführung gekommen ist, die in vieler Hinsicht den geschilderten Verhältnissen in Europa vor Durchsetzung des staatlichen Gewaltmonopols ähnelt. Kaum etwas ist ein so sicherer Indikator für bevorstehende Kriege des neuen Typs, wie die Entdeckung von Bodenschätzen, insbesondere Öl, Gold und Diamanten, also abschöpfbarem Reichtum, aus dem Renten zu beziehen sind, und die Entstehung einflussreicher Emigrantenkolonien, die als Unterstützer und Finanziers von Gewaltunternehmern auftreten.[11] Überall dort, wo sich Staatlichkeit nicht in jener robusten Form entwickelt und durchgesetzt hat, wie in West- und Mitteleuropa, droht der Rückfall in eine Form des Krieges, die im

9 Vor allem in Italien haben Exilanten als Organisatoren und Finanziers von Kriegen agiert, bei denen die Grenzen zwischen Bürger- und Staatenkrieg verschwammen.

10 Dazu Hale, *War and Society in Renaissance Europe*; Mallett, *Mercenaries and their Masters*, sowie Trease, *Die Condottieri*.

11 Zur Rolle von Exilanten und Emigranten bei der Finanzierung von Kriegen vgl. Angoustures/Pascal, »Diaspora und Konfliktfinanzierung«, S. 401 ff.

historischen Gedächtnis der Europäer mit dem Dreißigjährigen Krieg verbunden ist. Das aber heißt, dass die Staatenkriege, wie sie die europäische Kriegsgeschichte des 18., 19. und noch des frühen 20. Jahrhunderts geprägt haben und die nach wie vor dem Begriff des Krieges seine spezifische Anschaulichkeit verleihen, bei der Perspektivierung gegenwärtiger wie zukünftiger Herausforderungen von deutlich geringerer Relevanz sind als die zeitlich sehr viel weiter zurückliegenden Konstellationen des Dreißigjährigen Kriegs sowie die historisch noch weiter zurückliegende spätmittelalterliche Kriegführung, die sich überwiegend gegen die ökonomischen Ressourcen des Gegners und nur selten gegen dessen Kriegsmacht selbst gerichtet hat.[12] Es wäre freilich falsch, daraus den Schluss zu ziehen, es handele sich hier gar nicht um Krieg, sondern nur um eskalierende Formen kollektiver Gewaltanwendung.[13] Es ist nicht zwingend, dass Krieg eine gewaltsame Auseinandersetzung zwischen Staaten ist und die Form, in der Krieg ausgetragen wird, muss keineswegs die Schlacht sein. An die Stelle der Staaten können substaatliche Akteure treten, und das, was in den klassischen Kriegen die Schlacht ist, kann durch das Massaker abgelöst werden.

Mit dieser Veränderung des Kriegesgeschehens hat sich auch das Profil der Fähigkeiten verändert, das Streitkräfte besitzen müssen, die solche Kriege beenden sollen. Hinsichtlich der Anforderungen an die europäischen Streitkräfte heißt das, dass inzwischen der operativen Führung größerer Verbände erheblich geringere Bedeutung zukommt als der Beherrschung und Eingrenzung von Bürgerkriegsökonomien, der Bekämpfung von Marodeuren und Banden und vor allem der Fähigkeit, die Transformation einer Bürgerkriegs- in eine Friedensökonomie in Gang zu setzen und zu begleiten. Es ist also nicht die Erwartung spezifischer Fähigkeiten durch die Erwartung anderer ebenso spezifischer Fähigkeiten abgelöst worden, sondern an die Stelle hochgradig spezialisierter Kompetenzen ist ein Bündel allgemeiner Erwartungen getreten, das vom Kampfeinsatz bis zu Polizeiaufgaben, von humanitärer Hilfe bis zur Übernahme administrativer Aufgaben reicht. Man kann diese Entwicklung im Anschluss an Überlegungen, die Morris Janowitz bereits vor Jahrzehnten vorgetragen hat, als eine durchgängige Tendenz zur Konstabularisierung bzw. Verpolizeilichung der Streitkräfte bezeichnen.[14]

Diese im Ergebnis auf Entdifferenzierung hinauslaufende Entwicklung des Militärs wird in seiner Erfordernis nachvollziehbar durch einen analytischen Blick auf die Konstellationen des Dreißigjährigen Krieges:

12 Vgl. Contamine, *War in the Middle Ages*, S. 101 f.

13 Eine solche Argumentation findet sich etwa bei Eppler, *Vom Gewaltmonopol zum Gewaltmarkt?*, S. 12 ff.

14 Janowitz, *The Professional Soldier*, S. 419 ff.

Sie sind dadurch gekennzeichnet, dass sich die kriegerische Gewalt nur zum Teil gegen die bewaffnete Macht des Gegners, vor allem aber auch gegen die Zivilbevölkerung gerichtet hat. Zwar ist es verschiedentlich zu größeren Schlachten gekommen, aber zumeist haben kleinere Scharmützel und Streifzüge, Plünderungen und Überfälle, Massaker und Brandschatzungen das Kriegsgeschehen bestimmt, und dies um so mehr, je länger der Krieg andauerte. Die wichtigsten Akteure dieses Krieges waren Gewaltunternehmer, die in großem Stil auftraten, Generäle, die den Krieg auf eigene Rechnung führten, sowie Obristen, die Söldner aus aller Herren Länder rekrutierten, dazu Streifscharen, vagabundierende Soldateska und nicht zuletzt auswärtige Mächte, die je nach ihren Interessen und Möglichkeiten in den Krieg eingriffen – in der Regel durch die Bereitstellung von Legitimität, Geld und Waffen, gelegentlich aber auch mit eigenen regulären Streitkräften, die freilich, je länger sie auf den Kriegsschauplätzen Mitteleuopas eingesetzt waren, selbst Züge von Irregularität annahmen, wie sich am Beispiel der spanischen und schwedischen Truppen zeigt. So ist für den Dreißigjährigen Krieg eine Gemengelage aus privaten Bereicherungs- und persönlichen Machtbestrebungen (etwa bei Albrecht von Wallenstein, Ernst zu Mansfeld, Christian von Braunschweig), Staatsräsonerwägungen und Expansionsbestrebungen benachbarter Mächte (Kardinal Richelieu, Bethlen Gabor) sowie Unterstützungsinterventionen zur Rettung und Verteidigung bestimmter Werte (Gustav Adolf von Schweden) charakteristisch, außerdem ein inneres Ringen um Macht, Einfluss und Herrschaftspositionen (Friedrich von der Pfalz, Maximilian von Bayern), bei dem schließlich auch religiös-konfessionelle Bindungen, also weniger Interessen als Werte, eine Rolle spielten. Dass dieser Krieg drei Jahrzehnte dauerte, war im wesentlichen eine Folge dieser unentwirrbaren Gemengelage.[15]

Der Dreißigjährige Krieg wurde durch die Friedensverträge von Münster und Osnabrück beendet, aber im Prinzip waren es nicht Friedens*schlüsse*, die ihm ein Ende machten, sondern ein sich über Jahre hinziehender, immer wieder durch den Einbruch kriegerischer Gewalt unterbrochener Friedens*prozess*, der bis zum Schluss buchstäblich auf des Messers Schneide stand.[16] Die meisten Kriege unserer Tage, sieht man einmal von den wenigen nach klassischem Muster geführten Staatenkriegen ab, wie etwa dem zwischen China und Vietnam, dem zwischen Irak und Iran von 1980-1988 oder zuletzt dem zwischen Äthiopien und Eritrea, ähneln dieser Gemengelage aus Werten und Interessen, staatlichen, parastaatlichen und privaten Akteuren, und vor allem sind sie durch eine Fülle von kriegsverbundenen Interessen gekennzeichnet, die von einem dauerhaften Verzicht auf Gewalt, also dem Frieden, mehr

15 Dazu ausführlich oben, S. 45 ff.

16 Dazu Parker, *Der Dreißigjährige Krieg*, S. 266 ff.

Nach- als Voreile erwarten. Die Kriege der beiden letzten Jahrzehnte im subsaharischen Afrika, vom Sudan über das Gebiet der großen Seen und den Kongo bis nach Angola, die den politischen Zerfall Jugoslawiens begleitenden Kriege auf dem Balkan, die Kriege in der Kaukasusregion, unter ihnen vor allem der Tschetschenienkrieg, dazu die Afghanistankriege seit Anfang der 1980er Jahre – sie alle sind dem Modell des Dreißigjährigen Krieges sehr viel ähnlicher als den zwischenstaatlichen Kriegen des 18. bis 20. Jahrhunderts.

Charakteristika der neuen Kriege

Diese zunächst auf der Basis historischer Vergleiche gewonnenen Thesen lassen sich anhand einiger sozialwissenschaftlicher Daten bestätigen: Bei zwei Dritteln aller nach 1945 geführten Kriege handelt es sich nicht um zwischenstaatliche Kriege im klassischen Sinn. Wie sind diese Kriege begrifflich zu klassifizieren? Das Angebot reicht von *low intensity wars* über kleine Kriege bis zu wilden Kriegen, von Bürgerkriegen über neohobbessche Kriege bis zu transnationalen, aber auch substaatlichen Kriegen, wobei die Vielfalt und partielle Widersprüchlichkeit der Definitionen nicht für ein Defizit an wissenschaftlicher Präzision, sondern für die Unübersichtlichkeit der Konfliktgründe und Gewaltmotive steht, deren Komplexität begrifflich nicht prägnant erfassbar ist. Das ist der Grund dafür, warum der unscharfe, jedenfalls nicht sonderlich prägnante Begriff der »neuen Kriege«[17] allen spezifizierenden Denominationen vorzuziehen ist: In den scheinbar präziseren Bezeichnungen wird nämlich immer nur *ein* Aspekt aus der Vielfalt der Veränderungen, Umbrüche und Modifikationen herausgegriffen und zum entscheidenden Merkmal stilisiert. Was dabei je als entscheidendes Merkmal herausgegriffen wird, hat zumeist mehr mit dem speziellen Arbeitsgebiet oder auch den Vorlieben des Forschers zu tun als mit der dominierenden Wertigkeit oder gar dem erschöpfenden Charakter des Merkmals. So haben die Versuche, in einem Begriff zu bündeln, was an den neuen Kriegen neu ist, mehr Verwirrung gestiftet als Klarheit geschaffen. Nicht viel besser bestellt ist es um jene Kritiker des Begriffs der neuen Kriege, die anhand ausgewählter Merkmale aufzuzeigen versucht haben, dass vieles an diesen Kriegen gar nicht so neu sei, sondern in den alten Kriegen ebenfalls angetroffen werden könne.[18] Tatsächlich

17 So Kaldor, *Neue und alte Kriege*; Münkler, *Die neuen Kriege*; Frech/Trummer (Hrsg.), *Neue Kriege*.

18 Zu erwähnen sind hier insbesondere Gantzel, »Neue Kriege? Neue Kämpfer?«, sowie vor allem Kahl/Teusch, »Sind die ›neuen Kriege‹ wirklich neu?«, S. 382-401; vorsichtiger Chojnacki, »Wandel der Kriegsfor-

besagt die Bezeichnung von etwas als neu ja nicht, dass *alles* verändert sei, sondern manches ist sich gleich geblieben, anderes hat sich stärker modifiziert, einiges ist dazu gekommen, anderes weggefallen. Durch die Auszählung von Einzelmerkmalen ist über die Qualifizierung nicht immer Aufschluss zu gewinnen, da das eigentlich Neue an den neuen Kriegen die veränderte Kombinatorik von Elementen ist, die oftmals bereits früher beobachtet werden konnten, damals aber einen anderen Stellenwert hatten und andere Effekte zeitigten.

Die Parallelität der neuen Kriege mit dem Dreißigjährigen Krieg zeigt sich nicht zuletzt an der langen Dauer dieser Kriege. Zwischenstaatliche Kriege sind im statistischen Durchschnitt eher kurz, auch wenn wir, nach wie vor unter dem Eindruck des Ersten und Zweiten Weltkriegs stehend, intuitiv anderes vermuten, innerstaatliche bzw. transnationale Kriege dauern hingegen sehr viel länger. Etwa 25 Prozent aller neuen Kriege dauern länger als 120 Monate, und damit handelt es sich um die längsten Kriege seit dem Ende des Dreißigjährigen Krieges.[19] Das lässt sich durch die komplexe Gemengelage von Ursachen und Motiven, Interessen und Werten erklären, die in diesen Kriegen von den verschiedenen Parteien ins Spiel gebracht werden, aber auch aus dem Umstand, dass diese Kriege nicht nach dem Prinzip der Konzentration militärischer Kräfte in Raum und Zeit, also einer auf die Entscheidungsschlacht abzielenden Strategie, geführt werden, sondern die Gewalt in Raum und Zeit diffundiert, es keine klaren Fronten gibt und dementsprechend auch nur selten Gefechte und große Schlachten geführt werden, in denen die Entscheidung über den Ausgang des Krieges fallen würde. Die militärischen Kräfte reiben sich nicht aneinander auf und verbrauchen sich nicht in gegenseitiger Konfrontation, sondern haben statt dessen die Zivilbevölkerung zum Ziel der Gewaltanwendung gemacht.

Dementsprechend stellen sich die Verluste und Opferbilanzen der neuen Kriege dar: Handelte es sich in den Kriegen zu Beginn des 20. Jahrhunderts, den Ersten Weltkrieg inbegriffen, bei 90 Prozent der Verwundeten und Gefallenen um Kombattanten im völkerrechtlichen Sinne, also Soldaten, so hat sich diese Bilanz in den Kriegen des zu Ende gehenden 20. Jahrhunderts ins Gegenteil verkehrt: Trotz mehrfacher Ausweitungen des Kombattantenstatus' dürften mehr als 80 Prozent der in den neuen Kriegen Getöteten oder Verletzten Zivilisten sein.[20] Das hat sicherlich viele Gründe; vier davon verdienen besondere Erwähnung: zunächst die Umstellung der mit kriegerischer Gewalt verfolgten

men?«, S. 402-424, sowie den Begriff der neuen Kriege eher unterstützend Heupel/Zangl, »Von ›alten‹ und ›neuen‹ Kriegen«, S. 346-369.

19 Dazu Schreiber, »Die Kriege in der zweiten Hälfte des 20. Jahrhunderts und danach«, S. 16 f.

20 Vgl. Kaldor, *Neue und alte Kriege*, S. 160.

Ziele vom Brechen eines gegnerischen Willens auf das Gefügigmachen der Bevölkerung einer Region; sodann die Erosion der Unterscheidung zwischen Front und Heimat, die mit der seegestützten Fernblockade und dem strategischen Bombenkrieg ihren Anfang im Staatenkrieg nahm, durch die Strategien des Partisanenkrieges sowie des internationalen Terrorismus aber noch einmal ausgeweitet wurde; weiterhin Verbreitung und Einsatz von Waffen, deren Wirkungen sich nicht gezielt auf Kombattanten begrenzen lassen, von Napalm- und Streubomben bis zu Antipersonenminen, die gerade in innergesellschaftlichen Kriegen weiträumig und ohne System verlegt werden. Als vierte Ursache für den hohen Anteil von Zivilisten unter den Opfern der neuen Kriege ist schließlich die mit der Deregulierung des Krieges einhergehende Entdisziplinierung der Bewaffneten zu nennen, für die das Kriegsrecht oder ein wie auch immer geartetes Militärstrafgesetzbuch keine Rolle mehr spielt.[21] Statt dessen ist in den neuen Kriegen eine starke Resexualisierung des Gewaltgebrauchs zu beobachten, die von den fast alltäglich gewordenen Vergewaltigungsorgien bzw. -strategien bis zu den immer häufiger zu beobachtenden Verstümmelungen der Opfer oder der Trophäisierung menschlicher Körperteile reicht.[22] War die Entscheidungsschlacht der Kulminationspunkt des klassischen zwischenstaatlichen Krieges, so ist dies in den neuen Kriegen das Massaker.[23]

In Anbetracht der skizzierten Entwicklungen spricht vieles dafür, dass die neuen Kriege, so wie der Dreißigjährige Krieg, nicht mit militärischen Mitteln beendet werden, weil sie nicht auf eine militärische Entscheidung hin angelegt sind. Das ist bei allen Interventionen von außen, die durch den Einsatz von UN-Truppen oder Streitkräften regionaler Bündnissysteme solche Konflikte zu beenden versuchen, als erstes zu

21 Dazu Ignatieff, *Die Zivilisierung des Krieges*, S. 138 ff.

22 Gegen die These von der Resexualisierung kriegerischer Gewalt wird häufig eingewandt, dass auch in den klassischen Kriegen sexuelle Gewalt eine beachtliche Rolle gespielt habe und es auch hier immer wieder zu Vergewaltigungen gekommen sei. Weder das eine noch das andere wird bestritten. Entscheidend ist jedoch, dass sich die Disziplinarregime des regulären Militärs gegen die Verbindung von Sexualität und Gewalt richteten und dabei relativ erfolgreich waren. Um das Ausmaß sexuell grundierter Gewalt im Rahmen von Kriegshandlungen vor der Verstaatlichung des Kriegswesens ermessen zu können, lohnt sich ein Blick in die Schlachtbeschreibungen des 14. und 15. Jahrhunderts; vgl. Groebner, *Ungestalten*, S. 137 ff. Jüngere Unterschungen haben zudem gezeigt, dass etwa die deutsche Wehrmacht selbst dort, wo sie, wie im Osten, einen Vernichtungskrieg führte, in nicht unbeträchtlichem Maße gegen Sexualdelikte vorging, die von Militärangehörigen verübt wurden; vgl. Beck, *Wehrmacht und sexuelle Gewalt*.

23 Dazu Sofsky, *Zeiten des Schreckens*, S. 147 ff.

bedenken. Die klassischen Staatenkriege des 18. bis 20. Jahrhunderts zeichneten sich durch eine umfassende Komplexitätsreduktion aus, bei der am Schluss die beiderseits aufgebotenen Streitkräfte innerhalb eines begrenzten Raumes und während einer begrenzten Zeit den Konflikt austrugen und entschieden. In diesem Sinne hat der Kriegstheoretiker Clausewitz die Schlacht als ein Messen der moralischen und physischen Kräfte mit Hilfe der letzteren definiert und dementsprechend beschrieben.[24] Alle divergierenden Motive und Absichten, Interessen und Ressourcen kulminierten in der großen Komplexitätsreduktion der Entscheidungsschlacht, weswegen unter Zugrundelegung ihrer Ergebnisse anschließend Frieden geschlossen werden konnte. Das gilt für Marengo, Austerlitz, Waterloo, Sewastopol, mit gewissen Verzögerungen dann auch für Gettysburg, Königgrätz sowie Sedan, und es hätte 1914 gegolten, wenn das Umfassungsmanöver des rechten deutschen Flügels zu einer entscheidenden Niederlage der Franzosen geführt hätte oder den verbündeten französischen und russischen Armeen ein tiefer Einbruch nach Deutschland gelungen wäre, wie dies in ihren Kriegsplanungen vorgesehen war. Das sollte nicht als romantisierende Reminiszenz an die großen Schlachten der klassischen Kriege missverstanden werden: Diese Schlachten waren, wenn sie für den Verlauf des Krieges entscheidend waren, ungemein verlustreich, und sie wurden um so verlustreicher, je mehr die gegeneinander kämpfenden Staaten in der Lage waren, nicht nur immer neue Ressourcen aufzubieten, sondern sie auch zu einer bestimmten Zeit und in bestimmten Räumen zur Verfügung zu haben und einsetzen zu können. Diese Fähigkeit der Ressourcenmobilisierung führte schließlich dazu, dass sich die Schlacht im Raum wie in der Zeit immer weiter ausdehnte. Das war während des Ersten Weltkriegs der Fall, als die Front durch ganz Frankreich verlief, von der Schweizer Grenze bis zum Ärmelkanal. Aber selbst hier wurde bis zum Schluss immer wieder versucht, durch die Zusammenführung von Kräften zu großen Offensiven die Kriegsentscheidung auf dem Schlachtfeld zu fällen. Das gilt auch noch für den Zweiten Weltkrieg. So haben im klassischen Staatenkrieg bis zum Schluss Schlachten eine entscheidende Rolle gespielt.

Dementsprechend wurde das Militär von den Staaten aufgestellt, ausgerüstet und ausgebildet. Es musste ganz fraglos eine breite Palette von Fähigkeiten besitzen, aber alle diese Fähigkeiten waren Hilfsmittel der einen besonderen Fähigkeit, nämlich in der entscheidenden Schlacht siegreich zu sein. Wo letzteres nicht der Fall war, waren alle anderen Fähigkeiten, mochten sie noch so erfolgreich praktiziert worden sein, vergeblich entwickelt und eingesetzt worden. Alle Elemente und Bestandteile des komplexen Militärapparats dienten letztlich der Steigerung

24 Vgl. oben, S. 75 ff.

und Effektivierung von Kampfkraft. Das änderte sich vom Grundsatz her nicht, als der politische Zweck des Militärs nicht mehr das Führen der Schlacht, sondern das Abschrecken des Gegners zur Vermeidung eines Krieges war. Bis zum Ende der bipolaren Konstellationen des Ost-West-Gegensatzes waren die militärischen Fähigkeiten zur Führung wie zur Abschreckung eines Krieges identisch. Den Unterschied machte allein der politische Auftrag.

Von all dem kann in den neuen Kriegen nicht die Rede sein, da in ihnen nicht eine militärische Entscheidung, sondern die möglichst robuste Positionierung der jeweiligen Gruppierung das Ziel ist. Insofern kann in ihnen – auch das eine Parallele zum Dreißigjährigen Krieg – der Krieg über längere Zeit einschlafen und der Eindruck eines allmählichen Übergangs zu Friedensverhältnissen entstehen, bis die Gewalt dann plötzlich wieder auflodert und die Kampfhandlungen erneut an Intensität gewinnen. *Low intensity war* ist der dafür im Verlauf der 1980er Jahre aufgekommene Begriff.[25] Der besagt freilich nicht, dass die neuen Kriege geringere Opferzahlen zur Folge hätten als die alten. Allein aufgrund ihrer langen Dauer, aber auch wegen der immer wieder stattfindenden Massaker an der Zivilbevölkerung stehen sie den klassischen zwischenstaatlichen Kriegen im Hinblick auf die Opfer, aber auch die Zerstörung von wirtschaftlichen Potentialen und sozialen Strukturen in nichts nach. Im Gegenteil: sie übertreffen sie zumeist, wenn man den Ersten und Zweiten Weltkrieg einmal ausklammert. Auch der Dreißigjährige Krieg hat für die sozio-ökonomische Entwicklung Mitteleuropas langfristig viel tiefergehende Folgen gehabt als die meisten Kriege danach.[26] Daran lässt sich die These anschließen, dass der klassische zwischenstaatliche Krieg wesentlich auf tiefgreifende politische Effekte abzielte, während er gleichzeitig so angelegt war, dass die sozio-ökonomischen Folgen dieser Kriege nach Möglichkeit begrenzt blieben. Selbst die verheerenden Zerstörungen des Zweiten Weltkriegs haben nicht verhindern können, dass zehn Jahre nach seiner Beendigung Europa eine neue wirtschaftliche Blüte erlebte – und wenn dies in einigen Regionen stärker und in anderen weniger der Fall war, so hatte dies weniger mit dem Ausmaß der kriegsbedingten Zerstörungen als mit der Art der politischen Strukturen zu tun. Dagegen gehört es zu den Merkmalen der neuen Kriege, dass es nach ihrem Ende, das freilich selten scharf markiert ist, zu keinem wirtschaftlichen Aufschwung kommt, sondern die Verwüstungen fortbestehen, die Flüchtlingslager bleiben und die Strukturen der Kriegsökonomie sich in solche mafioser Art verwandeln. Die physischen Zerstörungen der neuen Kriege mögen

25 van Creveld, *Die Zukunft des Krieges*, S. 42 ff.

26 Zur Diskussion dieser Folgen vgl. Parker, *Der Dreißigjährige Krieg*, S. 300 ff.

geringer sein als die der klassischen Kriege; bei den sozialen und psychischen Folgen dürfte es eher umgekehrt sein.[27]

Schlussfolgerungen für die Sicherheitspolitik

Was heißt dies für eine deutsche bzw. europäische Sicherheitspolitik? Zunächst einmal haben Interventionen in diese neuen Kriege einen völlig anderen Charakter als das Eingreifen in zwischenstaatliche Kriege. 1917/18 und 1944/45 haben die USA zweimal in europäische Kriege militärisch interveniert und dadurch die Entscheidung zugunsten der Seite herbeigeführt, für die sie Partei ergriffen haben. Dass dies bei Interventionen in innergesellschaftliche bzw. transnationale Kriege nicht in vergleichbarer Weise der Fall ist, haben die USA erstmals Ende der 1960er Jahre in Vietnam erfahren müssen, als sie nicht in der Lage waren, einem militärisch weit unterlegenen Gegner ihren politischen Willen aufzuzwingen. So hat, pointiert formuliert, gerade die militärische Unebenbürtigkeit der Vietnamesen zur politischen und zuletzt auch militärischen Niederlage der USA geführt.[28] Die Missachtung dieses Unterschieds, also das Festhalten an der Vorstellung, militärische Siege ließen sich unmittelbar in die Durchsetzung eines politischen Willens transformieren, ist auch die wichtigste Erklärung für die Probleme, in die sich die USA im Irak hineinmanövriert haben. Sie haben diesen Krieg von der politischen Form her so geplant, als handele es sich um einen klassischen Staatenkrieg, bei dem in der unmittelbaren Konfrontation der militärischen Kräfte darüber entschieden wurde, welcher politische Wille in einem bestimmten Raum sich durchsetzen und welcher resignieren würde. Aber sie haben diese Planungen unter den Bedingungen einer drastischen militärischen Asymmetrie entwickelt, was dazu führte, dass die Gegenseite die Entscheidung in der Schlacht nicht gesucht und erhebliche Teile der Bevölkerung sie anschließend politisch nicht akzeptiert hat. Klassische Kriege enden mit den Unterschriften auf einer Kapitulationsurkunde, in der die unterlegene Seite sich dem Willen des Siegers – in der Regel zu bestimmten Bedingungen – unterwirft. Durch diese Unterschrift werden Streitkräfte wie Zivilpersonen der Unterlegenen gebunden, den Widerstand gegen den militärischen

27 Dazu Ferdowsi/Matthies (Hrsg.), *Den Frieden gewinnen*, sowie Debiel, *UN-Friedensoperationen in Afrika*. Eindrucksvoller als wissenschaftliche Analysen sind hinsichtlich der verheerenden Kriegsfolgen in der Regel gute Reportagen; für die Lage im subsaharischen Afrika sind hier zu nennen Kapuściński, *Afrikanisches Fieber*, sowie Grill, *Ach, Afrika*, insbes. S. 201 ff.

28 Dazu Daase, *Kleine Kriege – große Wirkung*, S. 107 ff.

Sieger einzustellen. All dies war im Irak nicht der Fall: Weder fand sich einer, der eine solche Urkunde unterschrieben hätte, noch wäre er in der Lage gewesen, die Gesamtheit der eigenen Bevölkerung durch diese Unterschrift zu binden.

Generell gilt, dass militärische Interventionen, was auch immer mit ihnen bezweckt werden mag, in der Regel nicht mehr auf die militärische Entscheidung zugunsten einer Partei ausgerichtet sein können, sondern in ein politisches und wirtschaftliches Maßnahmenset eingebettet sein müssen, das der militärisch irreduziblen Komplexität der neuen Kriege zumindest annähernd Rechnung trägt. Innerhalb eines solchen Maßnahmensets kommt dem militärischen Beitrag, der gegebenenfalls auch einen massiven Waffeneinsatz umfassen kann, eine nicht unerhebliche Bedeutung zu – sei es im Brechen eines gegnerischen Willens, der der Einhaltung menschenrechtlicher Mindeststandards entgegenläuft; sei es in der Unterdrückung der Gewaltoption von Bürgerkriegsparteien und Warlords, um die Spirale der Gewalteskalation anzuhalten und allmählich zurückzudrehen; sei es schließlich im Schutz internationaler Hilfslieferungen, damit diese nicht den Bürgerkriegsparteien in die Hände fallen, sondern sich tatsächlich als Steigerung der Sicherheitsdividende auswirken. Am ehesten haben solche humanitären militärischen Interventionen[29] freilich Erfolg, wenn die Interventionskräfte auf der Gegenseite (bzw. präziser: auf den Gegenseiten) Verhandlungspartner finden, die in der Lage sind, bei ihren Gefolgschaften bzw. innerhalb des von ihnen kontrollierten Raumes Loyalitäten herzustellen, die das Unterzeichnen von Verträgen ermöglicht, weil sie zusagen können, dass die Verträge auch eingehalten werden. Wo dies nicht der Fall ist, stecken die Interventionskräfte in einem Problem, das ihre Fähigkeiten sehr schnell überfordern kann: Sie haben es dann mit einer potentiell feindseligen Bevölkerung zu tun bzw. können in dieser Freund und Feind nicht mit Sicherheit unterscheiden. Die Folge dessen ist, dass ihr Erzwingungsinstrumentarium, der Einsatz von Waffengewalt, nicht mehr greift, sondern ins Leere läuft: Sobald nämlich militärische Gewalt undifferenziert und gleichsam »in die Menge hinein« angewandt wird, delegitimiert sie sich selbst bzw. dementiert die humanitären Ziele und Aufgaben der Intervention. Humanitäre militärische Interventionen sind also auf bestimmte politische Rahmenbedingungen angewiesen, die sie selbst nicht oder nur sehr beschränkt herstellen können. Entgegen einer überbordenden Interventionsrhetorik, wie sie sich seit Mitte der 1990er Jahre unter dem Eindruck von Berichten humanitärer Hilfsorganisationen und entsprechender Bilder aus den neuen Kriegen entwickelt hat,[30] sind

29 Zu Begriff und Konzept vgl. Gustenau (Hrsg.), *Humanitäre militärische Intervention.*

30 Dazu Münkler, *Über den Krieg*, S. 237 ff.

Militärinterventionen nur ein sehr begrenztes Mittel, um dem Elend und den Grausamkeiten der neuen Kriege entgegenzuwirken.

Aber selbst wenn die skizzierten politischen Rahmenbedingungen gegeben sind, kommen weitere Faktoren als Gelingensbedingungen hinzu, die keineswegs selbstverständlich sind. Das sind zum einen die Korruptionsresistenz der entsandten Truppen und ihrer Offiziere und zum anderen eine *politische* Urteilsfähigkeit bei den Kommandeuren, die sie auf der Grundlage ihrer professionellen Ausbildung nicht unbedingt erworben haben. Dabei hat sich ein ums andere Mal Vertrauen zwischen den Interventionskräften und den regionalen Kriegsakteuren als zentrale Ressource der Problemlösung erwiesen. Fehlgeschlagene Interventionen sind vor allem am fehlenden Vertrauen gescheitert. Das Beispiel Somalia ist dafür paradigmatisch. Vertrauensbildung aber hat zur Voraussetzung, dass die Kommandeure gerade nicht das zum Einsatz bringen, was doch der einzige Machtfaktor ist, den sie im Einsatzgebiet wirklich zur Verfügung haben: militärische Gewalt. Einige kritische Beobachter humanitärer militärischer Interventionen haben aus diesem Dilemma die Konsequenz gezogen, es sei von vornherein besser, nicht Militär, sondern zivile Hilfsorganisationen in diese Krisengebiete zu schicken – zum einen, weil ihr Einsatz sehr viel billiger sei als der des Militärs, und zum anderen, weil ihm die selbstdestruktive Fähigkeit militärischer Gewalt fehle. Diese Schlussfolgerung ist jedoch falsch. Sie nimmt den intervenierenden Akteuren nämlich eine entscheidende Ressource der Vertrauensbildung, die Fähigkeit, notfalls auch militärische Zwangsmittel einzusetzen. Auf der anderen Seite stehen nämlich Akteure, die über diese Fähigkeiten sehr wohl verfügen und, wie sich an der Vorgeschichte der Intervention ablesen lässt, davon auch entschlossen Gebrauch machen, wenn sie glauben, dass dies ihren Interessen entspricht. Der Versuch, allein mit humanitären Hilfsorganisationen die neuen Kriege zu befrieden, läuft darauf hinaus, die Spielregeln der örtlichen Warlords von vornherein zu akzeptieren, ja, mehr noch, stillschweigend zu akzeptieren, dass die eintreffenden Hilfslieferungen zu einem Mittel bei der internen Loyalitätssicherung dieser Warlords werden, wenn sie nicht gar deren militärische Durchhaltefähigkeit erhöhen.

Die größte sicherheitspolitische Herausforderung durch die neuen Kriege besteht also darin, dass sie weder allein mit militärischen noch ausschließlich mit zivilen Mitteln zu befrieden sind. Diese Feststellung steht nicht nur quer zu fest gefügten politischen Überzeugungen, sondern setzt auch bei den Regierungen, die sich zum Eingreifen in einem Gebiet entschließen, eine große Fähigkeit voraus, gegenüber der eigenen Bevölkerung ein Vorgehen zu kommunizieren, das diese beiden Komponenten ins Spiel bringt und sie immer wieder aufs neue austariert. Sie muss sich dabei mit dem Vorwurf der Unentschlossenheit und Schwäche, aber auch dem eines neokolonialen Ausgreifens auseinandersetzen, ohne selbst auf eine klare und scharf konturierte Linie verweisen zu können. Aber sie kann, die bei Interventionen auftretenden Probleme antizipierend, in die Korruptionsresistenz der von ihr eingesetzten Streitkräfte investieren und eine Ausbildung der Offiziere entwickeln, in der neben den genuin militärischen Kompetenzen auch und gerade politische Urteilskraft gefördert und bei der Besetzung von Positionen nachgefragt wird.

Von mindestens ebenso großer Bedeutung für den Erfolg von Interventionen wie die politische Urteilsfähigkeit der Kommandeure ist die Korruptionsresistenz der eingesetzten Truppen, die von der Spitze bis ins letzte Glied reichen muss. Korruptibilität schwächt nicht nur die politische und militärische Handlungsfähigkeit, sondern lässt die Streitkräfte innerhalb kurzer Zeit auch zum Bestandteil einer Kriegsökonomie werden, die auszutrocknen und schrittweise in eine Friedensökonomie zu verwandeln doch eine ihrer wichtigsten Aufgaben ist. Eine Reihe von Interventionen sind an der mangelnden Korruptionsresistenz der eingesetzten Streitkräfte gescheitert; am dramatischsten war dies beim Einsatz nigerianischen Militärs im Bürgerkrieg in Sierra Leone; nicht viel besser steht es um die russischen Truppen in Tschetschenien. Korruptionsresistenz beruht auf solider Ausbildung, langfristigen beruflichen Perspektiven und einer angemessenen Entlohnung. Nimmt man dies als Kriterium, so sind die Streitkräfte der wenigsten Länder, die in der UNO Sitz und Stimme haben, für solche Einsätze geeignet. Interventionsgeeignete Streitkräfte, wie etwa die westlicher Länder, sind jedoch teuer, und die mit der Intervention verbundenen politischen Risiken fallen hier viel stärker ins Gewicht. Das alles vermindert die Interventionsfähigkeit der Weltgemeinschaft wie regionaler Bündnissysteme.

Die eingeschränkte Problembewältigungskapazität militärischer Kräfte in den neuen Kriegen, also die Unmöglichkeit, politische Friedensschlüsse durch militärische Entscheidungen herbeizuführen, hat freilich die paradoxe Konsequenz, dass der Einsatz des Militärs, der in den klassischen Kriegen als das *letzte Mittel* der Politik gegolten hat, im Rahmen friedenserhaltender oder friedensschaffender Einsätze zu einem der *ersten Mittel* geworden ist und wohl auch werden muss, wenn der anschließend einzuleitende Friedensprozess in einem überschaubaren (d. h. finanzierbaren) Zeitraum Aussicht auf Erfolg haben soll. Hat sich ein innergesellschaftlicher Krieg nämlich erst einmal in einen transnationalen Krieg verwandelt, das heißt, hat er entlang wirtschaftlicher Verflechtungen und/oder ethnischer Loyalitäten die Staatsgrenzen überschritten und sind immer mehr äußere Akteure ins Spiel gekommen, schwindet die Möglichkeit, ihn mit einem zeitlich befristeten Einsatz begrenzter Kräfte unter Kontrolle zu bringen. Die Intervention in Mazedonien im Jahre 2001, wo sich eine eskalierende Auseinandersetzung zwischen Mazedoniern und Albanern abzeichnete, war nicht zuletzt darum erfolgreich, weil sie frühzeitig erfolgte und so verhindert werden konnte, dass sich die Gewalt tief in die inneren Strukturen der Gesellschaft hineinfressen konnte. Dies nämlich hätte zur Folge gehabt, dass eine lange dauernde Präsenz von Interventionskräften erforderlich gewesen wäre, um diese Entwicklung wieder rückgängig zu machen. Interventionen werden um so riskanter und teurer, je tiefer sich ein Krieg in die gesellschaftlichen Strukturen hineingefressen hat. Das aber heißt, dass die Entscheidung über die Entsendung von Interventionskräften, welche die Gewaltoptionen der Konfliktparteien blockieren sollen, sehr früh fallen muss und nicht erst, wenn der Konflikt durch eine entsprechende mediale Verstärkung allgemeine Aufmerksamkeit gefunden hat.

Eher stillschweigend und womöglich ohne das Bewusstsein für diese Pointe hat sich diese Veränderung in der deutschen und europäischen Sicherheitspolitik vollzogen, wie die Vielzahl von Auslandseinsätzen der Bundeswehr zeigt, von denen jeder einzelne vor einigen Jahren noch undenkbar gewesen wäre. Darin eine Militarisierung der Außenpolitik zu sehen, wie gelegentlich zu hören, ist infolge des hier beschriebenen Wandels der Kriege abwegig. Freilich besteht immer die Gefahr, dass der zeitweilig erfolgreiche Einsatz des Militärs zu dessen Überforderung durch die Politik führt, weil nun noch mehr und noch Schwierigeres von ihm erwartet wird. Das ist freilich ein in dieser Form altes Problem. Hier ist eine verantwortliche Politik gehalten, nicht allen Interventionsforderungen nachzugeben, wie sie von einzelnen Politikern unter dem Eindruck humanitärer Katastrophen in Folge der neuen Kriege und vor allem von Nichtregierungsorganisationen im Zusammenspiel mit den Medien erhoben werden.[31] Die humanitäre Rhetorik und das Geltendmachen moralischer Verpflichtungen ist im Falle solcher Interventionen oftmals ein schlechter Ratgeber, weil sie in der Regel erst dann ins Spiel kommen, wenn die besten Chancen für ein erfolgreiches Eingreifen schon vorbei sind. Vor allem bei der drohenden Entwicklung von Bürgerkriegen kommt es darauf an, den Prozess des gegenseitigen Aufschaukelns der Gewalt durch einen bewaffneten Dritten, also den Interventen, frühzeitig zu unterbinden, die Entstehung von Raubökonomien zu verhindern und vor allem dafür Sorge zu tragen, dass nicht eine ganze Generation von Kindern unter Bürgerkriegsbedingungen heranwächst und nichts anderes kennenlernt als die Regelung von Einkommenserwerb und Sozialbeziehungen mit Waffen und Gewalt. Wo dies erfolgreich stattfinden soll, gehört die Entsendung von Militär in die fraglichen Gebiete zu den ersten Mitteln der Politik. Eine vorausschauende Sicherheitspolitik hat dafür Sorge zu tragen, dass dafür geeignete Streitkräfte in hinreichendem Umfang zur Verfügung stehen.

31 Zur Rolle der Medien bei der Forderung nach humanitären militärischen Interventionen vgl. oben, S. 203 ff.

Damit wird zugleich deutlich, warum humanitäre militärische Interventionen zwar in einigen Bürgerkriegen zur erfolgreichen Gewaltbeendigung geführt haben, insgesamt aber weit davon entfernt sind, ein grundsätzlich brauchbares Mittel zur Beendigung der neuen Kriege zu sein. Über die Probleme bei der Bereitstellung eines geeigneten militärischen Instrumentariums hinaus ist hier ein politisches Dilemma zu beobachten, das nur in wenigen, besonderen Fällen auflösbar ist. Die Erfolgsaussichten solcher Interventionen sind um so größer, je früher sie erfolgen, und dabei handelt es sich in der Regel um einem Zeitpunkt, zu dem die Öffentlichkeit des für die Truppenentsendung in Frage kommenden Landes von dem sich entwickelnden Konflikt noch gar nichts erfahren hat. Dementsprechend dürftig wäre die politische Unterstützung für eine entsprechende Regierungsentscheidung. Dagegen ist, wenn eine breite Berichterstattung der Medien mit entsprechenden Fernsehbildern eingesetzt hat, das Zeitfenster für eine erfolgreiche Intervention in der Regel längst geschlossen, der Krieg hat sich bereits tief in die Strukturen der Gesellschaft hineingefressen und die Interventionsmacht muss sich auf eine lange Anwesenheit im Konfliktgebiet einstellen. Eine längere Anwesenheit von Interventionsstreitkräften aber ist damit gleichbedeutend, dass sich im Krisengebiet Strukturen entwickeln, die auf die Anwesenheit der Interventen und die damit verbundenen Beschäftigungseffekte angewiesen sind. So entstehen Abhängigkeiten, die eigentlich vermieden werden sollten, und der Abzug der Streitkräfte droht die Erfolge ihrer Anwesenheit wieder zunichte zu machen. Wie dieses im Prinzip unauflösbare Dilemma zu bewältigen ist, kann nur von Fall zu Fall beantwortet werden, und in vielen Fällen gibt es auch überhaupt keine Antwort. Die Politik bescheidet sich dann mit symbolischen Handlungen, die nur ihr Untätigbleiben überdecken sollen.

Erfolgt freilich eine Intervention, so ist nach der Entsendung des Militärs für deren nachhaltigen Erfolg entscheidend, dass es gelingt, eine Friedensökonomie in Gang zu bringen und den an der Sicherheitsdividende orientierten Gruppen und Schichten der Gesellschaft gegenüber den von Krieg und Gewalt profitierenden Warlordfigurationen politische Dominanz zu verschaffen, der Entwicklung oder Verfestigung der Kriegsökonomie in Gestalt mafioser Strukturen entgegenzuwirken, die Infrastruktur wiederherzustellen, so dass längerfristige Investitionsentscheidungen möglich und sinnvoll sind. Schließlich sind durch erzieherische Maßnahmen im weitesten Sinne jene mentalen Dispositionen abzubauen, die vordem zum Ausbruch der offenen Gewalt geführt haben. Nur wo dies der Fall ist, kann eine humanitäre militärische Intervention auch nachhaltig erfolgreich sein. Gerade in dieser Hinsicht hat jedoch bei den bisherigen Friedenseinsätzen von UNO wie NATO vieles im Argen gelegen: Man ist offenbar davon ausgegangen, dass mit der Stationierung von Militär, der Bereitstellung finanzieller Mittel und dem umfassenden Hilfsangebot von Nichtregierungsorganistionen die wesentlichen Voraussetzungen für das Gelingen des Friedensprozesses erfüllt seien.[32] Das ist zumindest dort nicht der Fall, wo sich die offene Raubökonomie des Bürgerkriegs in eine kriminelle Ökonomie transformiert hat, in der die alten Bürgerkriegsparteien neue Claims abgesteckt haben. Derlei findet regelmäßig dort statt, wo die Warlords den Krieg zum Aufbau von Netzwerken für den Handel mit illegalen Gütern, wie Rauschgift, Diamanten, Frauen etc., genutzt haben. Zur Rekonstruktion von Friedensökonomien gehört mittelfristig die Auflösung von Netzwerken, die die infrastrukturellen Voraussetzungen für den nächsten Krieg bereithalten. Kolumbien und Afghanistan sind die prominentesten Beispiele für Kriegsökonomien, an denen bislang alle Bemühungen zur Herstellung einer stabilen Friedensordnung ergebnislos abgeprallt sind.

32 Eine sorgfältig abwägende Evaluation einiger UN-Einsätze findet sich bei Debiel, *UN-Friedensoperationen in Afrika*, S. 207 ff.

KAPITEL 16

Die postheroische Gesellschaft und ihre jüngste Herausforderung

Was heißt postheroisch?

Der Begriff des Postheroischen hat seit geraumer Zeit Konjunktur. In einem allgemeinen Sinn bezeichnet er das Verschwinden bzw. die schwindende Bedeutung eines Kämpfertyps, der durch gesteigerte Opferbereitschaft ein erhöhtes Maß gesellschaftlicher Ehrerbietung zu erwerben trachtet. Der niederländische Historiker Johan Huizinga hat Heroismus definiert als »ein erhöhtes persönliches Bewußtsein, berufen zu sein, unter Einsatz aller Kräfte bis zur Selbstopferung mitzuwirken an der Verwirklichung einer allgemeinen Aufgabe«.[1] Postheroische Gesellschaften sind durch das Schwinden eines solchen Bewusstseins gekennzeichnet. Mit der Entmilitarisierung der europäischen Gesellschaften in der zweiten Hälfte des 20. Jahrhunderts verschwanden jene Formen der Ehrerbietung und gesellschaftlichen Auszeichnung für eine vorzugsweise kriegerische Opferbereitschaft, die in Preußen wohl ihre stärkste Ausprägung erlangt hatten. Aber auch durch die Aufrechterhaltung gesellschaftlicher Wertschätzung für das Militär und die Bewahrung militärischen Zeremoniells bei politischen Anlässen, wie dies in den USA zu beobachten ist, lässt sich die Erosion patriotischer Opfer- und Leidensbereitschaft in der Gesellschaft nicht aufhalten. So sieht der britische Militärhistoriker Michael Howard die Widersprüchlichkeit der amerikanischen Gesellschaft darin, dass einerseits zwar ein beachtlicher Kult um gefallene Soldaten als nationale Märtyrer getrieben werde, das Land andererseits aber vor Kriegen mit größeren Verlusten eigener Soldaten zurückschrecke bzw. sich aus solchen Kriegen zurückziehe und sie nicht bis zu Ende auskämpfe. Der Heroenkult der Populärkultur verdecke die auch in der amerikanischen Gesellschaft dominierenden und keineswegs nur in Europa anzutreffenden postheroischen Dispositionen.[2]

Die Beobachtung, dass sich in der amerikanischen Gesellschaft unterhalb des von Hollywood gesteuerten Popheroismus' eine postheroische Mentalität ausgebreitet habe, ist nicht auf Wissenschaftler beschränkt geblieben, sondern hat sich auch unter den Gegnern der USA verbreitet. 1999 strahlte der arabische Fernsehsender *Al Dschasira* ein Interview mit Osama bin Laden aus, in dem dieser mit Blick auf den Rückzug der

1 Huizinga, »Heroismus«, S. 103.
2 Howard, *Die Erfindung des Friedens*, S. 100 f.

amerikanischen Soldaten aus Somalia nach der gescheiterten Festnahme des Milizenführers Aidid erklärte: »Den Berichten, die wir von unseren Brüdern erhielten, die am *dschihad* in Somalia teilgenommen haben, konnten wir entnehmen, dass sie die Schwäche, Zerbrechlichkeit und Feigheit amerikanischer Soldaten gesehen haben. Es wurden nur achtzehn amerikanische Soldaten getötet. Dennoch flohen sie entmutigt ins Herz der Dunkelheit, nachdem sie großen Tumult um die neue Weltordnung gemacht hatten.«[3] Ein anderes Beispiel für die Wahrnehmung der USA als unheroische Gesellschaft ist die vielzitierte Äußerung eines Talibankämpfers wenige Tage nach Beginn des amerikanischen Angriffs auf Afghanistan im Oktober 2001: »Die Amerikaner lieben Coca-Cola, wir aber lieben den Tod.« Letzteres war mehr als eine bloße Beobachtung des postheroischen Charakters der US-amerikanischen Gesellschaft; hier ging es um die Akzentuierung der damit verbundenen politischen Schwäche, die von dem Augenblick an scharf zu Tage trat, da die USA mit Gegenakteuren konfrontiert wurden, die den Tod nicht fürchteten, weil das Selbstopfer in ihrer Ideologie den Höhepunkt menschlichen Daseins darstellt. Die Zuversicht dieser Akteure, die Auseinandersetzung mit den USA nicht nur aufnehmen, sondern auf lange Sicht auch gewinnen zu können, stützt sich im wesentlichen auf die Vorstellung einer konfrontativen Auseinandersetzung des Heroischen mit dem Postheroischen, bei der am Schluss die größere Opfer- und Leidensbereitschaft den Sieg davontragen werde.

Für Michael Howard ist die Entwicklung postheroischer Mentalitäten mit der Urbanisierung von Gesellschaften verbunden, was im Umkehrschluss heißt, dass heroische Gesellschaften im wesentlichen dort zu finden sind, wo die Lebenswelt noch stark agrarisch geprägt ist. Howards Überlegungen sind für die Frage nach den Merkmalen der postheroischen Gesellschaft aber nicht nur in inhaltlicher Hinsicht von Interesse, sondern auch darum, weil der Begriff des Postheroischen in Howards etwa dreieinhalb Jahrzehnte zuvor verfasster, von der Struktur her ähnlich angelegter Arbeit über die Geschichte des Krieges in Europa an keiner Stelle auftaucht. Statt dessen hat er sich in dieser älteren Darstellung der europäischen Kriegsgeschichte eingehend mit dem faschistischen Kriegsbild auseinandergesetzt, das er ausdrücklich als »heroisch« bezeichnet. »Das Bild des Krieges, wie ihn die Faschisten glorifizierten, zeigte nicht etwa die Massen unglücklicher Wehrfähiger, die von weit hinter der Front sitzenden Generälen in den Kampf geschickt wurden. Es zeigte kleine Gruppen junger heldenhafter Kämpfer, Piloten, Panzerbesatzungen, Sturmtruppen, ›Supermänner‹, die durch kühne und gewaltsame Aktionen jenen befrackten, um ihre grünen Tische versammelten Tattergreisen das Weltgeschick aus der Hand win-

3 Zit. nach Bergen, *Heiliger Krieg Inc.*, S. 107.

den und eine saubere, ruhmreichere Zukunft gestalten würden.«[4] Die Kämpfer riskieren Leben und körperliche Unversehrtheit nicht, weil sie durch die Mühlen der Institutionen dazu gebracht werden, sondern sie tun dies aus freiem Willen und »fanatischer Begeisterung« heraus. Man kann dieses von Howard als »faschistisch« klassifizierte Bild des Einzel- bzw. Kleingruppenkämpfers ohne jeden Abstrich auf den Pop-Heroismus einer Reihe von amerikanischen Kriegsfilmen übertragen, an erster Stelle sicherlich die Rambofilme, in denen ein heroischer Einzelkämpfer, nachdem er sich zu Hause gegen Bürokratie und Intriganz durchgesetzt hat, Vietcongs und Russen das Siegen sauer macht.[5]

Man könnte also die Heroenzeichnung in diesen Filmen als faschistisch bezeichnen, aber plausibel ist wohl die Annahme, dass die Imagination des Helden als Einzelkämpfer *auch* vom Faschismus gepflegt worden ist, dieser aber keinen Monopolanspruch darauf geltend machen kann. Vielmehr liegt die Vermutung nahe, dass es sich beim faschistischen Opferkult[6] gerade in seinen aufdringlichsten Präsentationen um eine Reaktion darauf handelte, dass die Gesellschaften, in denen Faschismus bzw. Nationalsozialismus an die Macht gelangt waren, keineswegs die Opferbereitschaft aufbrachten, wie sie durch den Nationalismus des 19. Jahrhunderts mobilisiert worden war.[7] Die Erfahrung des Ersten Weltkrieges bildet danach – jedenfalls in Europa – die Zäsur, mit der die Epoche der heroischen Gesellschaften zu Ende ging. Der Faschismus – oder genauer: der Totalitarismus – suchte dieser Entwicklung, die in den liberalen Demokratien voll zum Tragen kam, mit politischen und erzieherischen Mitteln entgegenzuwirken, und wo dies keine Wirkung zeigte, setzte er auch auf massiven Zwang. Dem gegenüber bedient ein bestimmter Typus von Kriegsfilmen in unterhaltender Form individuelle Phantasien, wobei er auch als Rekrutierungsinstrument für kleine heroische Gemeinschaften dienen kann. Es kommt nicht von ungefähr, dass zahlreiche amerikanische Kriegsfilme vom Pentagon gesponsert worden sind. An der grundsätzlichen Entwicklung der amerikanischen Gesellschaft in Richtung Postheroismus hat das freilich nichts geän-

4 Howard, *Der Krieg in der europäischen Geschichte*, S. 159 f. Unter dem unmittelbaren Eindruck des italienischen Faschismus notierte auch Huizinga: »Seit dem Aufkommen der verschiedenen Formen des populären Despotismus ist das Heroische Parole geworden.« Huizinga, »Heroismus«, S. 102.

5 Dazu Loibl, »Der Zelluloid-Partisan«, S. 383 ff.

6 Zum Zusammenhang von heroischem Lebensbild und Opferkult im Faschismus Nolte, *Der Faschismus in seiner Epoche*, S. 494 ff. und 512 ff., sowie Karow, *Deutsches Opfer*, passim.

7 Dazu Mosse, *Die Nationalisierung der Massen*; zu den Anfängen dieser Entwicklung, bei der die Studentenschaft eine zentrale Rolle spielte, vgl. auch Kuhn/Schweigard, *Freiheit oder Tod!*, insbes. S. 430 ff.

dert.[8] Howards allgemeine Diagnose, wonach auch die amerikanische Gesellschaft eine postheroische Gesellschaft sei, ist durch Verweis auf deren Selbstdarstellung im Film und eine gelegentlich bellizistische Rhetorik ihrer Politiker und Intellektuellen nicht zu widerlegen.

Eine engere, nicht auf die Gesellschaft, sondern die Art der militärischen Führung bezogene Definition des Postheroischen findet sich bei John Keegan: Für Keegan beginnt die Ära des Postheroischen mit dem nuklearen Zeitalter,[9] in dessen Folge die Möglichkeit des für die Gesellschaft rettenden oder stellvertretenden Opfers verschwunden ist. Dies ist ein zentrales, für die Phantasmagorien des Heroischen unverzichtbares Element: Die Vorstellung, durch das eigene Opfer andere zu retten, sie aus einer großen Gefahr zu befreien oder ihnen die Möglichkeit zu verschaffen, sich in Sicherheit zu bringen, ist für die Imagination des Heroischen unverzichtbar. All dies ist jedoch im Zeitalter von Atombombenabwürfen auf die Zivilbevölkerung unplausibel geworden, wobei die Atombombe nur steigert, was bereits der Idee des strategischen Luftkrieges zugrunde gelegen hat: eine Form der Kriegführung, die zwischen Kombattanten und Nonkombattanten nicht unterscheidet und dadurch keine rettenden Opfer mehr zulässt.[10] Die Idee der Stellvertretung ist zentral für die Idee des Opfers, gleichgültig, ob sie nun in religiösen oder politischen Zusammenhängen auftritt –, und darüber hat sich der Opfergedanke mit der Vorstellung des Heroischen verbunden. Ob dies von Anfang an so war oder sich aus der christlichen Überformung des antiken Heroentums entwickelt hat, wie sich mit Nietzsche vermuten ließe, kann hier dahingestellt bleiben. Im nuklearen Schlagabtausch jedenfalls gibt es zwischen Soldaten und Zivilisten, Kombattanten und Nonkombattanten keinen Unterschied, sondern der massenhafte Tod ereilt sie alle gleichermaßen. Eher hat das Militär im Atomkrieg höhere Überlebenschancen als die Zivilbevölkerung in den urbanen Ballungszentren, insofern den Soldaten Schutzausrüstungen zur Verfügung stehen, wie sie die Zivilisten nicht haben. Im Nuklearkrieg fehlt somit das

8 Das lässt sich auch an den Bildern aus dem jüngsten Golfkrieg zeigen: Sie waren einerseits so ausgelegt, dass sie die heroische Komponente der US-Streitkräfte zeigten, hatten andererseits den Zuschauern aber auch zu versichern, dass mit größeren Verlusten in diesem Krieg nicht zu rechnen war; dazu Paul, *Der Bilderkrieg*, S. 47 ff. Als seit dem Sommer 2003 diese Strategie nicht mehr aufging, erodierte in den USA auch die Unterstützung der kriegführenden Regierung.

9 Keegan, *Die Maske des Feldherrn*, S. 449 ff.

10 Die Idee der Stellvertretung ist mit dem Opfer schon früh verbunden worden – sei es, dass darin Einer für die Gemeinschaft als Ganzes einstand, sei es, dass das Opfer des Menschen durch das eines Tieres abgelöst wurde; dazu Girard, *Das Heilige und die Gewalt*, S. 18 ff.; zur gemeinschaftsstiftenden Funktion des Opfers vgl. auch Burkert, *Homo necans*, S. 45 ff.

zentrale Element des Heroischen: die Selbstaufopferung einer kleinen Gruppe mit dem Ziel, dadurch die größere Gruppe zu retten oder ihr eine Machtstellung zu verschaffen, die sie zuvor nicht gehabt hat. In Anerkennung und Würdigung dessen behält die Gemeinschaft die Gefallenen solcher Opfergänge in rühmender Erinnerung und sorgt für das materielle Auskommen der Hinterbliebenen sowie jener, die aus dem Krieg mit schweren Verwundungen oder dauerhaften Verstümmelungen heimgekehrt sind. Die Epochen, in denen von einer durchgreifenden Heroisierung der Gesellschaft gesprochen werden kann, sind zugleich die Zeiten, in denen sich ein die gesamte Gesellschaft durchdringender Totenkult entwickelt hat; in der Zentrierung öffentlicher Räume auf Kriegerdenkmäler hat er seinen deutlichsten Niederschlag gefunden.[11] Aber der gesellschaftliche Opferkult beschränkt sich keineswegs auf die Denkmäler, sondern erfasst auch die Literatur, insbesondere die Poesie, und die Malerei.[12] Der Opferkult wird zum verbindenden Ritual heroischer Gesellschaften.[13]

Man hat das Verhältnis zwischen den heroischen Opfern und den diese Opfer rühmend erinnernden Gesellschaften als Tauschbeziehung von Opfer und Ehre beschrieben. Aber die Dechiffrierung heroischer Gesellschaften als Tauschgesellschaften erfolgt aus der Perspektive postheroischer Gesellschaften, die sich in ihrer Gänze als Tauschgesellschaften begreifen und dementsprechend auch das Opfer des Lebens in der Begrifflichkeit des Tausches beschreiben. Dagegen haben heroische Gesellschaften sich im Hinblick auf Krieg und Opfer nie als tauschende Gesellschaften begriffen.[14] Werner Sombarts politische Kampfschrift

11 Vgl. hierzu Mosse, *Gefallen für das Vaterland*, insbes. S. 21-65; ders., »Soldatenfriedhöfe und nationale Wiedergeburt«; Koselleck/Jeismann (Hrsg.), *Der Politische Totenkult*; Behrenbeck, *Der Kult um die toten Helden*, sowie Levsen, »›Heilig wird uns Euer Vermächtnis sein!‹«, S. 145 ff.; zum Opferkult im Deutschland der Zwischenkriegszeit vgl. Brunotte, *Zwischen Eros und Krieg*, S. 119 ff.

12 Vgl. Eksteins, *Tanz über Gräben*, S. 292 ff.

13 Die innere Heroisierung der Gesellschaft betrifft natürlich in erster Linie deren männliche Angehörige, indem ein soldatisches Bild der Männlichkeit entworfen und durchgesetzt wird; vgl. Gay, *Kult der Gewalt*, S. 120 ff., Frevert, *Die kasernierte Nation*, S. 39 ff. und 228 ff. und dies., »Das Militär als ›Schule der Männlichkeit‹«. Zur heroischen Gesellschaft gehört freilich auch, dass die Orientierung an Opfer und Ehre die Frauen erfasst und sie gleichsam zum Verstärker des männlichen Heros werden; dazu Frevert, *Die kasernierte Nation*, S. 50 ff., sowie Hagemann, »Heldenmütter, Kriegerbräute und Amazonen«.

14 Der Aufstieg des Bürgertums und die Entstehung der bürgerlichen Gesellschaft fallen freilich mit der Nationalisierung der Massen und der Hochphase der heroischen Gesellschaft zusammen. Diese Gleichzeitigkeit hat

von 1915 unter dem Titel *Händler und Helden* bringt das zum Ausdruck: Händler sind diejenigen, die selbst das Opfer in die von ihnen gepflegten Tauschbeziehungen hereinpressen und demgemäß bestrebt sind, Menschen für Geld zum Opfergang zu bringen; Helden dagegen begreifen das Opfer als eine Tat um ihrer selbst willen, für die es, weil es um das eigene Leben geht, ohnehin kein angemessenes Äquivalent geben kann; für sie ist das Opfer eine Gabe um ihrer selbst willen. Die Händler sind bestrebt, andere an ihrer Stelle das Opfer erbringen zu lassen; dementsprechend bedienen sie sich fremder Truppen, die sie in Sold nehmen und für sich kämpfen lassen. Die Helden dagegen erbringen das Opfer selbst. Sombart schreibt: »Händler und Held: sie bilden die beiden großen Gegensätze, bilden gleichsam die beiden Pole aller menschlichen Orientierung auf Erden. Der Händler, sahen wir, tritt an das Leben heran mit der Frage, was kannst du Leben mir geben; er will nehmen, will für möglichst wenig Gegenleistung möglichst viel für sich eintauschen, will mit dem Leben ein gewinnbringendes Geschäft machen; das macht: er ist arm; der Held tritt ins Leben mit der Frage: was kann ich dir Leben geben?, er will schenken, will sich verschwenden, will sich opfern – ohne Gegengabe; das macht: er ist reich.«[15] Die von Sombart vorgenommene scharfe Kontrastierung von Händlern und Helden ist, zumal sie unter dem Eindruck des Kriegsbeginns von 1914 auf den englisch-deutschen Gegensatz bezogen wurde, sicherlich selbst Bestandteil des Selbstverständigungsdiskurses einer sich als heroisch verstehenden Gesellschaft,[16] aber darüber hinaus entwickelt sie soziologische und psychologische Aspekte des Unterschieds zwischen

zu erheblichen theoretischen wie prognostischen Konfusionen geführt: So haben Kant, Comte und Spencer zu einem Zeitpunkt das allmähliche Verschwinden des Krieges in Folge einer Verbürgerlichung der Gesellschaft vorausgesagt (vgl. oben, S. 128 ff.), als eine bis dahin ungekannte und unvorstellbare Intensivierung der Kriegführung mitsamt einer heroischen Mobilisierung der gesamten Gesellschaft ihren Anfang nahmen. Einige Folgen dieser Ungleichzeitigkeit sind beleuchtet bei Martinsen, *Der Wille zum Helden*, S. 13 ff.

15 Sombart, *Händler und Helden*, S. 64.

16 Zur Stellung der kleinen Kriegsschrift im Gesamtwerk Sombarts, vor allem mit Blick auf seine Kapitalismustheorie, vgl. Lenger, *Werner Sombart*, S. 219-252. Sombart stand mit dieser Sicht der Dinge im übrigen nicht allein, und die von ihm entwickelte Perspektive ist kein Indikator für die Positionierung auf der politischen Rechten. Auch Max Weber schrieb unter dem Eindruck des Kriegstodes seines Bruders im September 1915, an der Front zu stehen sei nun der einzig menschenwürdige Ort; vgl. Radkau, *Max Weber*, S. 702. Zum akademischen Diskurs der heroischen Gesellschaft vgl. vom Bruch, »Krieg und Frieden«, S. 74 ff.; eine kritische Bilanz zieht Joas, *Kriege und Werte*, S. 87-125.

heroischen und nichtheroischen Gesellschaften, die nach wie vor anschlussfähig sind.

Die sakrifizielle Dimension, die heroischen Gesellschaften eigen ist, mag in der Außenperspektive als Tauschbeziehung rekonstruierbar sein, aber in der Innensicht begründet sie sich auf religiöse Vorstellungen, wie ja überhaupt der Opferbegriff als soziale Kategorie nicht ohne Rückgriff auf religiöse Ideen entwickelt werden kann.[17] Es kommt also nicht von ungefähr, dass fast immer, wenn es um Heroismus und Heroentum geht, auch von Religion und Religiosität gehandelt wird – sei es mit Blick auf die religiösen Komponenten des Nationalismus in Europa; sei es in der Behandlung der verschiedenen totalitären Bewegungen als politische Religionen; sei es schließlich in der Betrachtung religiöser Fundamentalismen als Grundlage gewachsener Gewaltbereitschaft bei politischer Einflussnahme.[18] Auch der Typus des revolutionären Helden, der die politischen Vorstellungen der späten 1960er und 1970er Jahre affiziert hat, weist religiöse Komponenten auf.[19] In der Gestalt des Che Guevara ist dies am deutlichsten sichtbar geworden.[20] Für die hier interessierende Frage nach dem Übergang von heroischen zu postheroischen Gesellschaften würde dies bedeuten, dass das Schwinden der religiösen Potentiale zum Verlust der Ressourcen führt, die für die heroische Aufladung einer Gesellschaft unverzichtbar sind. Eine solche Erklärung würde die Beobachtung einschließen, dass die amerikanische Gesellschaft eine stärkere Bereitschaft zum heroischen Opfer aufweist, als dies bei den Europäern der Fall ist.

Der Vergleich der beiden Bücher Howards hinsichtlich der Beschreibungen des Heroischen bzw. Postheroischen zeigt aber auch, dass die Entwicklung zur postheroischen Gesellschaft, die, wenn Howards Übergangsmarkierung eines Dominantwerdens des Urbanen gegenüber

17 Dazu Münkler/Fischer, »›Nothing to kill or die for…‹«, S. 352 f., sowie Schlink, »Das Opfer des Lebens«, S. 1023 ff.; vgl. auch Bataille, *Theorie der Religion*, S. 39 ff. Zur Pflege des Heroischen mit den Mitteln der Religion in Deutschland vgl. Hammer, *Deutsche Kriegstheologie*.

18 Einen Überblick zu den nicht nur islamischen, sondern auch jüdischen und christlichen Fundamentalismen bieten Marty/Appleby, *Herausforderung Fundamentalismus*, insbes. S. 15-47, sowie Armstrong, *Im Kampf für Gott*, S. 197 ff., die deutlich macht, dass die Ursprünge des Fundamentalismus historisch weit zurückreichen.

19 Am Beispiel des antibritischen Widerstands der Iren hat Michael Naumann die These von einem Übergang des sakralen ins revolutionäre Heldentum entfaltet; Naumann, *Strukturwandel des Heroismus*, insbes. S. 52 ff. Im Lichte der hier angestellten Überlegungen sollte jedoch eher von einer Sakralisierung des Revolutionären gesprochen werden.

20 »Tod und Auferstehung« ist das letzte Kapitel der Guevara-Biograpie von Castañeda überschrieben (S. 486 ff.).

dem Agrarischen zutrifft, bereits früh im 20. Jahrhundert begonnen haben muss, den Beobachtern erst sehr spät bewusst geworden ist. Der Begriff taucht in der einschlägigen Literatur erst in den 1990er Jahren vereinzelt auf, wobei er sich in dem breiten Strom der Epochenbezeichnungen bewegt, die den Charakter der Gegenwart durch das Epitheton »post« bezeichnen: von der Posthistoire bis zur Postmoderne.[21] Der amerikanische Strategietheoretiker Edward Luttwak stellt im Vorwort zur Neuauflage seines Strategiebuches heraus, dass sich die Ausgabe von 2001 gegenüber der von 1987 durch die Neuentdeckung (Luttwak spricht von einem »historischen Novum«) des »postheroischen Krieges« unterscheide, und er definiert postheroische Kriegführung als den »Versuch, ohne eigene Verluste zu kämpfen«.[22] Für Luttwak heißt dies, dass die technologisch überlegene Seite den Krieg nicht mehr mit mannschaftsintensiven Kräften am Boden führt, sondern sich auf den Einsatz der Luftwaffe bzw. satellitengesteuerter Marschflugkörper verlegt. Die Nutzung der technologischen Überlegenheit ist dabei freilich nichts anderes als eine Prothese, die den Verlust der gesellschaftlichen Opferbereitschaft ausgleichen soll. Auch für Luttwak ist also die ero-

21 Ein wenig quer dazu steht der Begriffsgebrauch bei Keegan, wenn er die Ära postheroischer Kriegführung mit dem Nuklearzeitalter beginnen lässt – wobei freilich auch er den Begriff erst seit den 1990er Jahren verwendet. Unter den von ihm behandelten Feldherrn wird freilich nur dem Makedonenkönig Alexander »heroische Führerschaft« attestiert. Wellington gilt als »Antiheld«, Grant zeichnet sich durch »unheroische Führerschaft« aus, und das Feldherrntum Hitlers wird als »falsches Heldentum« charakterisiert. Keegan kennt aber auch eine »vorheroische Führerschaft«, die er in den Stammeskriegen früher Gesellschaften beobachten zu können glaubt: »Die primitive Kriegführung sollte nicht idealisiert werden. Manche Ethnologen haben sie als Ritual oder Spiel eingestuft, doch das ist sie, wie man heute erkannt hat, keineswegs. Die Primitiven verhalten sich in Stammeskämpfen fast ausnahmslos verräterisch, und wenn das Risiko, ihrerseits Verlust zu erleiden, gering ist, morden sie bei Überfällen aus dem Hinterhalt, ihrer bevorzugten Form der Kriegführung, im allgemeinen hemmungslos. Auch wenn sie offene Feldschlachten austragen, weist ihre Kriegführung überwiegend eine sehr geringe Zahl von Todesopfern auf.« (Keegan, *Die Maske des Feldherrn*, S. 17.) Keegan fasst hier Überlegungen zusammen, die er ausführlich in seinem Buch *Die Kultur des Krieges*, insbes. S. 149 ff., entwickelt hat.

22 Luttwak, *Strategie*, S. 8 f.; der Begriff »postheroische Kriegführung« findet sich bei Luttwak seit Mitte der 1990er Jahre; vgl. Luttwak, »Toward Post-Heroic Warfare«, S. 109 ff.; vgl. auch den von Martin Shaw zu Beginn der 1990er Jahre gebrauchten Begriff des Postmilitärischen: Shaw, *Post-Military Society*.

dierende Opferbereitschaft einer Gesellschaft der entscheidende Grund für das Aufkommen postheroischer Dispositionen.

Luttwak begreift die schwindende Opferbereitschaft freilich nicht als ein Spezifikum der Demokratie, denn auch die späte Sowjetunion habe während des Afghanistankrieges überwiegend postheroisch agiert: »Neutrale Beobachter waren damals ausgesprochen irritiert durch den Minimalismus der sowjetischen Strategie auf dem afghanischen Kriegsschauplatz. Nachdem der anfängliche Versuch, landesweit die territoriale Kontrolle zu erringen, gescheitert war, beschränkte sich die sowjetische Armee auf die Verteidigung der größten Städte und ihrer Verbindungsstraßen. Beinahe das gesamte restliche Land wurde den Guerillakämpfern überlassen. [...] Die gängigste Erklärung hat damals darin bestanden, dass sich die sowjetischen Kommandeure nicht auf ihre schlecht ausgebildeten Wehrpflichtigenverbände verlassen konnten. Tatsächlich standen sie unter ständigem und intensivem Druck aus Moskau, Opfer um jeden Preis zu vermeiden.«[23] Und bezogen auf den Golfkrieg von 1990/91 stellt Luttwak fest: »Was mit Präsident Bush geschehen wäre, wenn die Zahl der amerikanischen Opfer des gesamten Golfkriegs auch nur annähernd die Dimensionen von einem einzigen ernsthaften Gefechtstag in einem der beiden Weltkriege erreicht hätte, lässt sich unschwer erraten.«[24] Luttwak bezweifelt, dass die politische Verfassung der Staaten oder eine Kriegsberichterstattung, die Gesellschaften mit bewegten Bildern vom Kampfgeschehen in Echtzeit beliefert,[25] als Erklärung für diesen fundamentalen Wandel hinreichen; statt dessen schlägt er vor, die veränderte »demographische Grundlage moderner postindustrieller Gesellschaften« als ursächlich für die Entstehung postheroischer Mentalitäten ins Auge zu fassen: »In den Familien, aus denen sich die Bevölkerungen der alten Großmächte zusammensetzten, waren vier, fünf oder sechs Lebendgeburten die Regel, wobei sieben, acht oder neun häufiger waren als heute eine, zwei oder drei. Natürlich war auch die Kindersterblichkeit hoch. Als es völlig normal war, ein Kind oder mehrere durch Krankheit zu verlieren, hatte der Verlust von einem oder mehreren Söhnen im Krieg eine andere Bedeutung als für heutige amerikanische und europäische Familien, die im Durchschnitt höchstens zwei Kinder haben. Von jedem dieser Kinder erwartet man, dass es überlebt, und jedes dieser Kinder verkörpert einen sehr viel größeren Teil des emotionalen Kapitals einer Familie.«[26]

Diese demographische Entwicklung lässt sich mit dem Übergang von der agrarischen zur urbanen Gesellschaft verbinden, so dass die Erklä-

23 Ebd., S. 103.
24 Ebd., S. 107.
25 Vgl. oben, S. 196 ff.
26 Luttwak, *Strategie*, S. 104.

rungsvorschläge von Howard und Luttwak miteinander kompatibel sind; freilich treten bei Luttwak stärker als bei Howard Disparitäten der Entwicklung hervor: In einigen Gesellschaften haben sich bereits postheroische Dispositionen durchgesetzt, während andere noch dem Höhepunkt ihrer Heroisierbarkeit zustreben. Vor allem »heiße Gesellschaften«, das heißt Gesellschaften, in denen Kinder und Jugendliche unter achtzehn Jahren das Gros der Bevölkerung ausmachen, verfügen danach über ein großes Heroisierungspotential – und zwar unabhängig davon, ob es durch Nationalismen, wie in der europäischen Geschichte, oder eher durch religiöse Fundamentalismen abgerufen wird. Gesellschaften mit hohen demographischen Zuwachsraten stellen für demographisch stagnierende Gesellschaften oder gar solche mit sinkender Bevölkerung also nicht nur eine Herausforderung unter den Bedingungen friedlicher Konkurrenz dar, sondern können auch eine sehr viel größere Todes- und Opferbereitschaft mobilisieren, die ihnen im Falle eines kriegerischen Konflikts erhebliche Vorteile verschafft. Die so ins Hintertreffen geratenen Gesellschaften suchen diese Schwäche durch waffentechnische Überlegenheit auszugleichen: Weil sie größere Verluste nicht ertragen können, bewaffnen sie sich auf eine Art, die ihnen solche Verluste zu ersparen verspricht. Sie sind, folgt man den Überlegungen Luttwaks, also *gezwungen*, militärtechnologische Überlegenheiten zu entwickeln und aufrechtzuerhalten, um ihre Unterlegenheit an Opferbereitschaft auszugleichen. Der Ansporn zu immer neuen Rüstungsanstrengungen erwächst demnach nicht aus der kompetitiven Beobachtung eines Gegenübers, der ebensolche Kriegsanstrengungen unternimmt, sondern aus dem Erfordernis, die Defizite der eigenen Opferbereitschaft zu kompensieren. Das ist ein weiterer Aspekt des hier unter dem Oberbegriff Asymmetrie Behandelten.[27] Postheroische Gesellschaften müssen mit heroischen Potentialen jedem potentiellen Kontrahenten asymmetrisch überlegen sein, wenn sie kriegführungsfähig sein wollen. Eine begrenzte Alternative bzw. ein komplementäres Element zur Aufrechterhaltung dieser militärtechnologischen Überlegenheit ist die Anwerbung von Soldaten und Kämpfern aus Gesellschaften, die nach wie vor ausgeprägte heroische Dispositionen aufweisen, oder die Auftragsvergabe an private militärische Dienstleister, sogenannte *Private Military Companies*, wie dies in jüngster Zeit verstärkt zu beobachten ist.[28] Letzteres kann auch als die Freikaufmentalität postheroischer Gesellschaften beschrieben werden. Bei den USA lässt sich eine Kombination dieser Elemente beobachten.

In Luttwaks Sicht vermögen technologische Überlegenheit oder die

27 Vgl. oben, S. 65 ff., 139 ff., 168 ff.

28 Dazu Singer, *Corporate Warriors*; Azzellini/Kanzleiter (Hrsg.), *Das Unternehmen Krieg*; sowie Uesseler, *Krieg als Dienstleistung*.

Anwerbung von Söldnern[29] das Defizit an Opferbereitschaft jedoch nicht wirklich zu kompensieren, sondern können es allenfalls für einige Zeit verdecken. Zu einer Großmachtpolitik im klassischen Stil, bei der von militärischen Mitteln auch dann Gebrauch gemacht wird, wenn *keine* existenziellen Interessen bedroht sind, sind solche Gesellschaften nicht in der Lage. »Aus der neuen Familiendemographie folgt, dass keines der fortgeschrittenen Länder der Erde mit niedriger Geburtenrate weiter die Rolle einer klassischen Großmacht spielen kann – nicht die Vereinigten Staaten oder Russland, auch nicht Großbritannien oder Frankreich, erst recht nicht Deutschland oder Japan. Sie mögen zwar alle noch die militärische Stärke oder zumindest die ökonomische Basis besitzen, um eine bedeutende militärische Macht aufzubauen. Ihre Gesellschaften sind aber gegen Opfer so allergisch, dass sie faktisch oder nahezu ›debellisiert‹ sind.«[30]

Luttwak lässt offen, was aus diesen Überlegungen *politisch* folgt. Immerhin könnte eine Schlussfolgerung lauten, dass Gesellschaften, die von ihren ökonomischen Potentialen und technologischen Fähigkeiten her zwar kriegführungsfähig sind, durch ihre demographische Schwäche aber daran gehindert werden, in Kriege einzutreten, Gesellschaften gegenüberstehen, die durch ihre demographische Entwicklung zwar zu Kriegen befähigt, dazu jedoch aufgrund ihrer ökonomischen und technologischen Defizite nicht in der Lage sind. Das wäre dann vielleicht keine Weltfriedensformel, aber doch eine Erklärung dafür, warum nach dem Ende des Zweiten Weltkriegs nur noch wenige große Kriege des klassischen Typs stattgefunden haben.[31] Für das Verschwinden des Krieges ist dann ausschlaggebend, dass die beiden unterschiedlichen Voraussetzungen der Kriegführungsfähigkeit *dauerhaft* voneinander getrennt bleiben. Das aber ist das Problem, denn es ist zwar unwahrscheinlich, dass fortgeschrittene Gesellschaften wieder zu jenen demo-

29 In diesem Zusammenhang ist auf die zentrale Bedeutung von PMCs für die Logistik der US-amerikanischen Truppen im jüngsten Irakkrieg sowie den wachsenden Anteil sogenannter »Greencard-Soldaten« innerhalb der regulären Streitkräfte zu verweisen: Soldaten zumeist aus Lateinamerika, die sich für eine mehrjährige Dienstzeit in den US-Streitkräften verpflichtet haben, um auf diese Weise die amerikanische Staatsbürgerschaft zu erwerben.

30 Luttwak, *Strategie*, S. 107. Diese Überlegungen stellen im Übrigen eine alternative Erklärung zur Theorie des demokratischen Friedens dar, in der die demokratische Verfassung für die »Debellisierung« verantwortlich gemacht wird; vgl. Rauch, *Die Theorie des Demokratischen Friedens*, S. 19 ff.

31 Vgl. Schreiber, »Die Kriege in der zweiten Hälfte des 20. Jahrhunderts und danach«, S. 14-18, sowie Gantzel, »Über die Kriege nach dem Zweiten Weltkrieg«, S. 304 f.

graphischen Zuwachsraten zurückkehren, die sie vor mehr als einem Jahrhundert hatten – aber dass Gesellschaften mit hohen Geburtenraten sich in den Besitz fortgeschrittener Waffentechnologien bringen können, ist alles andere als ausgeschlossen. In der Regel führen wirtschaftliche Entwicklung und daraus erwachsener Reichtum zu sinkenden Geburtenraten und damit zu abnehmender Kriegführungsfähigkeit, aber diese Verknüpfung ist bei bloßem Technologietransfer nicht gegeben. Das ist einer der Gründe, warum die USA – und im Prinzip auch Europa und Japan – die Proliferation militärisch nutzbarer Spitzentechnologie an Länder mit einem abrufbaren Potential an Heroismus aufmerksam beobachten und im Falle der Proliferation militärisch nutzbarer Nukleartechnologie auch zu aktiver Gegenproliferation, also zu Militärschlägen gegen die entsprechenden Einrichtungen, bereit sind.[32] Solche Formen präventiven oder präemptiven Agierens sind politisch defensiv – wenn denn Luttwaks Überlegungen zum Zusammenhang von Demographie und Heroismus zutreffen. Fortgeschrittene Gesellschaften sind danach prinzipiell in der Defensive, und daran kann auch eine noch so große Überlegenheit ihrer waffentechnologischen Fähigkeiten nichts ändern. Definiert man mit Clausewitz die Defensive als die stärkere Form mit dem schwächeren Zweck,[33] so sind solche Gesellschaften zwar zu einer nachhaltigen Selbstverteidigung fähig, haben aber nur sehr begrenzte Fähigkeiten zur militärischen Umgestaltung der politischen Verhältnisse in anderen Ländern, also zu weltpolitischem Agieren mit militärischen Mitteln. Das gilt auch für humanitäre militärische Interventionen bzw. die Verpolizeilichung des Militärs im Rahmen einer sich allmählich herausbildenden »Weltinnenpolitik«.[34] Deren entscheidendes Manko dürfte auf längere Sicht weniger darin bestehen, dass die USA durch die Verfolgung eigener Interessen – wobei sie sich auch militärischer Mittel bedienen – die Herausbildung einer Weltgemeinschaft stören, die nur noch Innen-, aber keine Außenpolitik mehr kennt, sondern dass die erforderlichen Instrumente zur Ausgestaltung der »Weltinnenpolitik« nicht zur Verfügung stehen. Die ehemals westlichen Staaten, allesamt die politischen Akteure mehr oder weniger postheroischer Gesellschaften, stellen keine Truppen zur Verfügung, wenn nicht zumindest ansatzweise ihre eigenen Interessen betroffen sind, und die Staaten, die der UNO immer wieder Truppen anbieten, tun dies, weil sie aus fiskalischen Gründen einen Teil ihres Militärs kontinuierlich an die UNO vermieten müssen. Dabei handelt es sich um Staaten mit hohen Geburtenraten, die

32 Vgl. oben, S. 288 ff.

33 Clausewitz, *Vom Kriege*, S. 615.

34 Zur Konzeption einer »Konstabularisierung« der Weltpolitik vgl. Janowitz, *The Professional Soldier*, S. 419 ff.; zum Konzept der Weltinnenpolitik Bartosch, *Weltinnenpolitik*, S. 29 ff.

also größere Verluste verkraften können, ohne deswegen den Rückzug antreten zu müssen, die aber das Manko haben, dass die Fähigkeiten ihrer Truppen sehr begrenzt sind.

Diese Disparität zeigt sich auch bei Konstellationen, in denen Gesellschaften mit hohen Geburtenraten sich zwar nicht als ganze in heroische Gesellschaften verwandeln, aber in ihnen heroische Gemeinschaften entstehen, die durch erhöhte Opfer- und Todesbereitschaft in der Lage sind, am professionellen Erzwingungsapparat der fortgeschrittenen Gesellschaften vorbei die Bevölkerung von Ländern anzugreifen, in denen postheroische Dispositionen vorherrschen. Die defensiven Fähigkeiten postheroischer Gesellschaften geraten unter Druck, wenn es den Angreifern gelingt, die technologische Überlegenheit der attackierten Gesellschaft irrelevant zu machen, indem sie »weiche Ziele« angreifen: das ist in der Regel die Zivilbevölkerung. Unter Vermeidung einer direkten Konfrontation mit Militär und Polizei versuchen sie, durch die Erzeugung von Angst und Schrecken politischen Druck auf die Regierungen dieser Gesellschaften auszuüben. Das ist die Grundstruktur der jüngeren Strategie des Terrorismus:[35] Er vermeidet die Konfrontation mit dem Sicherheitsapparat, der von Bewaffnung und Ausbildung her auch einer Konfrontation mit heroisch entschlossenen Kämpfern gewachsen ist, sondern attackiert dort, wo er *unmittelbar* auf postheroische Dispositionen trifft. Terrorismus in seiner neueren Gestalt lässt sich somit als ein fortgesetzter Angriff auf die labile psychische Infrastruktur postheroischer Gesellschaften beschreiben, die hier ihre größte Verletzlichkeit aufweisen und auch von einem schwachen Gegner effektiv zu attackieren sind. Diese offenen Stellen lassen sich nur sehr schwer durch technologische Überlegenheit schließen.

Heroismus und Gesellschaftsgeschichte: präheroische, heroische und postheroische Gesellschaften

In systematischer Hinsicht ist *unheroisch* der Gegenbegriff zu heroisch. Demgemäß lassen sich unheroische und heroische Gesellschaften voneinander unterscheiden, aber aus dieser Unterscheidung sind weder gesellschafts- noch kriegsgeschichtlich nennenswerte Erkenntnisse zu gewinnen. Heroische Gesellschaften sind historisch nämlich eher Ausnahmefälle, während unheroische Gesellschaften die Regel darstellen. Legt man den Begriff der heroischen Gesellschaft im strikten Sinne aus, so sind neben den europäischen Nationalstaaten des 19. und frühen 20. Jahrhunderts nur noch einige antike Stadtrepubliken als solche zu bezeichnen: Sicherlich Sparta, aber auch Athen und wohl auch Rom

35 Vgl. oben, S. 221 ff. und 239 ff.

während der frührepublikanischen Zeit.[36] Daneben sind allenfalls noch einige spätmittelalterliche/frühneuzeitliche Stadtrepubliken dem Typus der heroischen Gesellschaft zuzurechnen. Entscheidend für die Bezeichnung einer Gesellschaft als heroisch ist, dass die politischen Partizipationsrechte der Bürger an die Bereitschaft und Fähigkeit zum Waffendienst und damit zur aktiven Verteidigung des Gemeinwesens gebunden sind.[37] Die Zumutung der Opferbereitschaft erfasst somit alle vollberechtigten Angehörigen des politischen Verbandes und ist nicht auf kleinere Gemeinschaften innerhalb der Gesellschaft beschränkt. Heroismus als eine Disposition von *Spezialisten* ist hingegen in vielen Gesellschaften anzutreffen.

Entgegen den Annahmen der Theorie des demokratischen Friedens, die davon ausgeht, dass eine erhöhte Partizipationsdichte der Gesellschaftsmitglieder mit deutlich größerer Friedensliebe einhergeht,[38] zeigt der Blick in die Tiefe der Geschichte, dass gerade Gesellschaften mit einer breiten Verteilung politischer Partizipationschancen – zumindest zeitweilig – eine erhöhte Belligerenz aufweisen. Die Verbindung des Bürgerstatus' mit der Zumutung gesteigerter Opferbereitschaft führt keineswegs zwingend dazu, dass die Bürger ihren politischen Einfluss nutzen, um diese Opfer nach Möglichkeit zu vermeiden. Im Prinzip hat Kant in seiner Schrift *Zum ewigen Frieden*, auf die sich die Theorie des demokratischen Friedens durchgängig beruft, die Stiftung des republikanischen Friedens von der Ausbreitung einer Verfassung erwartet, in der diejenigen, die die Last eines Krieges zu tragen haben, auch selbst darüber entscheiden, ob ein solcher Krieg begonnen werde oder nicht: »Wenn (wie es in dieser Verfassung nicht anders sein kann) die Beistimmung der Staatsbürger dazu erfordert wird, um zu beschließen, ›ob Krieg sein solle, oder nicht‹, so ist nichts natürlicher, als daß, da sie alle Drangsale des Krieges über sich selbst beschließen müßten (als da sind: selbst zu fechten; die Kosten des Krieges aus ihrer eigenen Habe herzugeben; die Verwüstung, die er hinter sich läßt, kümmerlich zu

36 In diesem Zusammenhang verdient eine Differenz zwischen Athen und Rom Erwähnung: Im Unterschied zu Athen behandelte Rom auch in republikanischer Zeit seine Kriegstoten eher achtlos. Jedenfalls gab es weder besondere Gedenkfeiern noch Staatsbegräbnisse; vgl. Kath, *Nulla mentio pacis*.

37 In diesem Sinn kann der Bedeutungsverlust, den die allgemeine Wehrpflicht in jüngster Zeit erfahren hat, als Indikator einer postheroischen Gesellschaft gelesen werden; vgl. Kantner/Sandawi, »Der Nationalstaat und das Militär«, S. 42 f., sowie Heins/Warburg, *Kampf der Zivilisten*, S. 121 ff.; vgl. auch oben, S. 260 ff.

38 Ob diese Beobachtung nur für das Verhältnis der Demokratien untereinander zutrifft oder generelle Gültigkeit beansprucht, ist umstritten; vgl. Rauch, *Die Theorie des Demokratischen Friedens*, S. 22 ff.

verbessern; zum Übermaße des Übels endlich noch eine, den Frieden selbst verbitternde, nie (wegen naher immer neuer Kriege) zu tilgende Schuldenlast selbst zu übernehmen), sie sich sehr bedenken werden, ein so schlimmes Spiel anzufangen: Da hingegen in einer Verfassung, wo der Untertan nicht Staatsbürger, die also nicht republikanisch ist, es die unbedenklichste Sache von der Welt ist, weil das Oberhaupt nicht Staatsgenosse, sondern Staatseigentümer ist, an seinen Tafeln, Jagden, Lustschlössern, Hoffesten u. d. gl. durch den Krieg nicht das mindeste einbüßt, diesen also wie eine Art von Lustpartie aus unbedeutenden Ursachen beschließen, und der Anständigkeit wegen dem dazu allezeit fertigen diplomatischen Korps die Rechtfertigung desselben gleichgültig überlassen kann.«[39]

Kant geht von einem bestimmten Typus des Bürgers aus, der eher durch den Geist der Rechenhaftigkeit als den eines Strebens nach Ehre und Anerkennung gekennzeichnet ist. Diese Annahme hat sich für das 19. Jahrhundert in Europa als überwiegend unzutreffend erwiesen, als die nationale Ehre für die Bürger einen so hohen Stellenwert besaß, dass sie bereit waren, dafür mit ihrem eigenen Leben einzustehen. Dies gilt im übrigen auch für den amerikanischen Sezessionskrieg, bei dem sowohl die Anhänger der Föderation (der Norden) als auch die der Konföderation (der Süden) freiwillig zu den Waffen gingen bzw. sich den Einberufungen nicht in großer Anzahl entzogen.[40] Was Kant in seine Erwägungen nicht einbezogen hat, war die freiwillige Bereitschaft der Bürger, für den Staat, der nunmehr der eigene geworden war bzw. als solcher angesehen werden konnte, auch mit Leib und Leben einzustehen. Als er 1795 die erste Ausgabe seiner Friedensschrift veröffentlichte, war diese Entwicklung vielleicht nur schwer antizipierbar, zumal Kant in Königsberg von den Brennpunkten der Revolution in Frankreich und ihres auf Deutschland übergreifenden Enthusiasmus weit entfernt war. Er begriff die Revolution als Durchbruch zur Verrechtlichung des politischen Lebens und damit zu einer Rationalität der individuellen Lebensführung, die für den Krieg keinen Platz hatte.[41]

39 Kant, »Zum ewigen Frieden«; S. 205 f. Ganz fraglos hat Kant das Risiko, das ein Souverän bei der Führung eines Kabinettskrieges einging, aus rhetorisch-argumentativen Gründen viel zu niedrig veranschlagt. Auch der Souverän konnte in diesen Kriegen viel verlieren, wie das Beispiel Karls XII. von Schweden zeigt. Auch Friedrich II. von Preußen stand während der von ihm geführten Kabinettskriege mehrfach am Rande des Abgrunds; dazu Kunisch, *Friedrich der Große*, S. 400 ff.

40 Dazu McPherson, *Für die Freiheit sterben*, S. 422 ff.; zur Behandlung des amerikanischen Bürgerkriegs in der Theorie des demokratischen Friedens vgl. Rauch, *Der Demokratische Frieden*, S. 63 ff.

41 Diese Sicht findet sich auch bei Schumpeter, der den Bourgeois als »ratio-

Als der an Kants Denken geschulte Carl von Clausewitz[42] etwa drei Jahrzehnte nach Veröffentlichung der Friedensschrift auf die Revolution und ihre Folgen für die Kriegführung zurückblickte, stellten sich für ihn deren Folgen völlig anders dar: Nicht als Durchbruch zur Rationalität, sondern als Freisetzung von Leidenschaften sah er die revolutionäre Epoche, und sie hatte nicht die Abschaffung des Krieges, sondern dessen Enthegung bewirkt: Alle Grenzen, vor denen der Krieg im Zeitalter der Kabinette noch hatte Halt machen müssen, waren durch die Revolution niedergerissen worden. Nunmehr trat »statt eines Kabinetts und eines Heeres das ganze Volk mit seinem natürlichen Gewicht in die Waagschale«, und insofern hatten »die Mittel, welche angewandt, die Anstrengungen welche aufgeboten werden konnten, keine bestimmte Grenze mehr«.[43] Die Republikanisierung der politischen Ordnung Europas hatte in Clausewitz' Sicht dazu geführt, dass Kriege nicht nur durch die Kreativität der Feldherrn und die Rationalität der Regierungen geprägt wurden, sondern auch die Leidenschaften der Volksmassen ins Spiel kamen, die er als »einen blinden Naturtrieb« begreift und im wesentlichen als Hass und Feindschaft identifiziert.[44] Auf die Epoche der napoleonischen Kriege rückblickend, will Clausewitz eine Antwort auf die Frage geben, ob die hier beobachtete Entfesselung des Krieges nun einen irreversiblen Schritt der Gesellschaftsentwicklung darstelle oder ob es eine Rückkehr zu der gemäßigten vorrevolutionären Kriegführung geben werde. Im Rahmen der hier verhandelten Frage heißt das: Können Gesellschaften, die in eine heroische Etappe eingetreten sind, auch wieder in den präheroischen Zustand zurückkehren bzw. welche Wege führen zu den postheroischen Ausgängen, und wann sind diese Wege begehbar? »Ob es immer so bleiben wird, ob alle künftigen Kriege in Europa immer mit dem ganzen Gewicht der Staaten und folglich nur um große, den Völkern naheliegende Interessen geführt sein werden, oder ob nach und nach wieder eine Absonderung der Regierung von dem Volk eintreten wird, dürfte schwer zu entscheiden sein, und am wenigsten wollen wir uns eine solche Entscheidung anmaßen.

nalistisch und unheroisch« begreift. Schumpeter, *Kapitalismus, Sozialismus und Demokratie*, S. 223.

42 Dazu ausführlich Paret, *Clausewitz und der Staat*, insbes. S. 200 ff., ebenso Aron, *Clausewitz*, 321 ff.

43 Clausewitz, *Vom Kriege*, S. 971; dazu Münkler, *Über den Krieg*, S. 116 ff.

44 Clausewitz, *Vom Kriege*, S. 213; zur trinitarischen Definition des Krieges bei Clausewitz, in der die Leidenschaften ein zentrales Element darstellen, ausführlich Herberg-Rothe, *Das Rätsel Clausewitz*, S. 98 ff.; zur Neubestimmung des Verhältnisses zwischen Bürger und Krieg durch die Französische Revolution vgl. Kruse, *Die Erfindung des modernen Militarismus*, insbes. S. 299 ff.

Aber man wird uns recht geben, wenn wir sagen, daß die Schranken, die gewissermaßen nur in der Bewußtlosigkeit dessen, was möglich sei, lagen, wenn sie einmal eingerissen sind, sich nicht leicht wieder aufbauen lassen, und daß, wenigstens jedes Mal, sooft ein großes Interesse zur Sprache kommt, die gegenseitige Feindschaft sich auf die Art erledigen wird, wie es in unseren Tagen geschehen ist.«[45]

Die im Gefolge der Französischen Revolution in Europa freigesetzte Opferbereitschaft für das Gemeinwesen versiegte jedoch nach dem Ersten Weltkrieg, als den daran beteiligten Mächten klar wurde, dass ein abermaliges Zusammentreffen von Massenheroismus und fortgeschrittener Kriegstechnologie dem politischen Selbstmord des Kontinents gleichkäme und sie selbst einen Krieg dieser Art nicht noch einmal durchstehen würden. Aus dieser Einsicht erwuchs unter anderem die Appeasement-Politik der westlichen Demokratien gegenüber Hitler und zuvor bereits gegenüber Mussolini.[46] Um nachvollziehen zu können, welche Opfer der Massenheroismus den am Ersten Weltkrieg beteiligten Völkern abverlangt hat, muss man sich einige Zahlen vor Augen führen: »Den größten Blutzoll entrichtete Deutschland mit zirka 1,8 Millionen Gefallenen und 4,2 Millionen Verwundeten. Frankreich folgte zwar, an der Truppenstärke gemessen, knapp dahinter, verlor aber im Verhältnis zur Einwohnerzahl (die je nach Berechnungsgrundlage um 17 bis 25 Millionen unter der Deutschlands lag) mehr Männer als jede andere Nation, vielleicht mit Ausnahme Ungarns. Es mobilisierte 168 von je tausend Bürgern und verlor 34, Deutschland im Vergleich dazu 154 respektive 30, Großbritannien 125 respektive 16. Gesondert auf Männer im Alter zwischen 20 und 45 Jahre bezogen, verloren Frankreich 182, Deutschland 155, Großbritannien 88 und die Vereinigten Staaten 3 pro Tausend. Nach diesem Kriterium führte Ungarn mit 187, während Österreich vor Deutschland lag. Was den Anteil der Gefallenen an der mobilisierten sowie der Toten/Vermissten an der berufstätigen Bevölkerung angeht, führte wiederum Frankreich vor Deutschland, Großbritannien und Russland.«[47] Diese furchtbaren Verluste, die alles übertrafen, was es bis dahin im Rahmen zwischenstaatlicher Kriegfüh-

45 Clausewitz, *Vom Kriege*, S. 972 f. Man kann aus Clausewitz' Formulierungen eine ironische Anspielung auf jene Passage Kants herauslesen, in der dieser die Französische Revolution und die enthusiastische Teilnahme vieler Beobachter an ihr als ein Geschichtszeichen für den Fortschritt der Menschheit zum Besseren bezeichnet hat: »Denn ein solches Phänomen in der Menschengeschichte *vergißt sich nicht mehr*, weil es eine Anlage und ein Vermögen der menschlichen Natur zum Besseren aufgedeckt hat.« (Kant, »Der Streit der Fakultäten«, S. 361).

46 Mattioli, *Experimentierfeld der Gewalt*, S. 125 ff.

47 Kolko, *Das Jahrhundert der Kriege*, S. 107.

rung gegeben hatte, haben sich tief ins Bewusstsein der europäischen Völker eingegraben.[48]

Der Zweite Weltkrieg hat einen gänzlich anderen Verlauf genommen als der Krieg von 1914 bis 1918: Es waren die totalitären Regime, das kaiserliche Japan, das faschistische Italien (in Grenzen), das nationalsozialistische Deutsche Reich sowie vor allem die bolschewistische Sowjetunion, die noch einmal Heroismus zu mobilisieren vermochten, während die demokratischen Länder Europas entweder gänzlich auf Widerstand verzichteten oder militärisch glanzlos scheiterten. Die Ausnahme während der ersten Kriegsjahre war Großbritannien, das freilich den Vorteil seiner geographischen Lage hatte und es sich deswegen leisten konnte, in der Luftschlacht um England auf die Opferbereitschaft einer kleinen Gruppe zu vertrauen: der Piloten der Royal Air Force. »Nie hatten in einem menschlichen Konflikt so viele so wenigen so viel zu verdanken«, lautete Churchills prägnante Formulierung dafür.[49] Typisch für den Bruch, der mit dem Ende des Ersten Weltkriegs eingetreten war, war die schnelle Kapitulation der französischen Streitkräfte, die ein Vierteljahrhundert zuvor erbitterten Widerstand gegen die vordringenden deutschen Truppen geleistet hatten.[50] Kleinere Länder hatten 1939/40 von vornherein auf Widerstand verzichtet und sich in die deutsche Besatzung gefügt. Der Nationalismus hatte seine Kraft als Mobilisator von Opferbereitschaft verbraucht, und an seine Stelle traten nunmehr faschistische oder kommunistische Ideologien, während die liberalen Demokratien des Westens auf keine vergleichbaren Ressourcen zur Mobilisierung von Opferbereitschaft zurückgreifen konnten. Auch der Widerstand, der in der zweiten Kriegshälfte dort gegen die deutsche Besatzungsherrschaft geleistet wurde, stützte sich im wesentlichen auf Kommunisten oder kleine Gruppen von Nationa-

48 Die tiefgreifenden gesellschaftlichen Veränderungen haben auch in der Abfolge der Beziehungen zwischen den Generationen ihren Niederschlag gefunden. Sie wurden in Deutschland lange über ihren Einsatz während eines der Kriege der deutschen Geschichte als Vorkriegs-, Kriegs- und Nachkriegsgeneration definiert. Inzwischen wird in der einschlägigen Literatur aber auch von heroischen und postheroischen Generationen gesprochen; vgl. Jureit/Wildt (Hrsg.), *Generationen*, S. 159 ff.; dass postheroische Generationen bzw. die Angehörigen postheroischer Gesellschaften mit dem »Erbe« heroischer Generationen nur wenig anfangen können, so dass es zu regelrechten Erbverweigerungen kommt, hat Jürgen Busche in seinem Buch *Heldenprüfung* (insbes. S. 23 ff.) detailliert vorgeführt.

49 Zit. nach Cannadine, *Winston Churchill*, S. 138.

50 Eine intensive Suche nach den Gründen für den schnellen Zerfall der französischen Armee findet sich bei Bloch, *Die seltsame Niederlage*, insbes. S. 180 ff.

listen; dass er eine Massenbasis in der Bevölkerung gehabt habe, gehört zu den politischen Mythen der Nachkriegszeit. Über mehrere Jahre hat die Sowjetunion die Last des Krieges gegen das nationalsozialistische Deutschland nahezu allein getragen.[51] Als die westlichen Demokratien Großbritannien und USA den Kampf um Europa wieder aufnahmen, zunächst in Sizilien und Süditalien, schließlich auch in Nordfrankreich, taten sie dies auf der Grundlage einer gewaltigen Luftüberlegenheit, die sicherstellte, dass sich ihre Verluste auf dem Schlachtfeld in Grenzen hielten.[52]

Die westlichen Demokratien wären freilich nicht interventionsfähig gewesen, wenn sie nicht auf heroische Gemeinschaften in ihrer Mitte hätten zurückgreifen können, die mit großer Opferbereitschaft die Lasten des Krieges getragen haben: Schiffsbesatzungen der Handelsmarine, an denen die Versorgung Großbritanniens während des U-Boot-Krieges hing, Piloten der Luftwaffe, die über Jahre hinweg die Hauptlast des Krieges gegen Deutschland trugen, und schließlich die Kampftruppen, die von Nordafrika über Italien bis Frankreich gegen die Wehrmacht antraten. Die westlichen Demokratien haben diesen Soldaten Ehre und Anerkennung erwiesen, aber sie haben dies in einer Weise getan, durch die ihnen *nicht* der zentrale Platz im Zentrum der Gesellschaft zugewiesen wurde. Eine innere Militarisierung der Gesellschaft, wie sie im 19. Jahrhundert in Frankreich wie Deutschland eingetreten war,[53] blieb hier aus. An die Stelle der heroischen *Gesellschaft* war eine Gesellschaft getreten, die um die Bedeutung der aus ihrer Mitte rekrutierten heroischen *Gemeinschaften* wusste, sich in ihrem politischen Selbstverständnis aber klar von diesen Gemeinschaften unterschied und nicht das Ziel einer imitativen Annäherung oder Verschmelzung verfolgte.

Der kurze Exkurs in die Geschichte des 19. und 20. Jahrhunderts hat gezeigt, dass die Kontrastierung von heroischen und unheroischen Gesellschaften analytisch wenig ergiebig ist, während sich die Unterscheidung zwischen Gesellschaft und Gemeinschaft im Anschluss an Ferdinand Tönnies[54] im Hinblick auf die unterschiedlichen Heroisierungspotentiale beider als produktiv erweisen kann – und zwar sowohl dahingehend, dass sich die Gesellschaft in ihrer Gesamtheit als heroische Gemeinschaft entwirft, was auf die totalitären Regime des 20. Jahrhunderts mitsamt ihrem extensiven Opferkult und den an jeden gerichteten Opferzumutungen zutrifft, aber auch derart, dass die Gesellschaft in sich heroische Gemeinschaften entwickelt und pflegt, dabei jedoch Wert darauf legt, dass die Grenzen zwischen heroischer Gemeinschaft und

51 Dazu Overy, *Russlands Krieg*, insbes. S. 487 ff.
52 Vgl. Overy, *Die Wurzeln des Sieges*, S. 136 ff.
53 Dazu Frevert, *Die kasernierte Nation*, S. 193 ff.
54 Tönnies, *Gemeinschaft und Gesellschaft*, insbes. S. 7-76.

ziviler Gesellschaft gewahrt bleiben.[55] Das ist das Modell, das in den demokratischen Gesellschaften des Westens zwischen dem Ende des Ersten Weltkriegs und dem Ende des Ost-West-Gegensatzes in unterschiedlichen Ausprägungen vorherrschend war.[56] Von der mit totalitären Mitteln in eine große heroische Gemeinschaft umgeformten Gesellschaft und der unheroischen Gesellschaft mit kleinen heroischen Gemeinschaften in ihrer Mitte[57] ist als dritter Typus die heroische Gesellschaft zu unterscheiden, wie sie dem europäischen Nationalstaat des 19. und frühen 20. Jahrhunderts zugrunde lag: Der Gestus des Heroischen und die Erwartung der Opferbereitschaft hatten hier die gesamte Gesellschaft durchdrungen und blieben nicht auf Inseln des Militärischen in einem Meer der Zivilität beschränkt, wie dies für demokratische Zivilgesellschaften typisch ist; aber sie gingen nicht so weit, die Gesellschaft im Zeichen des Heroischen in eine Gemeinschaft verwandeln zu wollen, wie dies von den totalitären Regimen praktiziert wurde. »Das Prinzip des Faschismus ist der Heroismus, dasjenige des Bürgertums der Egoismus«, war auf einem italienischen Plakat im Frühjahr 1934 zu lesen.[58] Das ist die totalitäre Sicht, derzufolge die Gesellschaft in eine Gemeinschaft

55 Zur Helden- und Opferinszenierung im nationalsozialistischen Deutschland vgl. Behrenbeck, *Der Kult um die toten Helden*, S. 195 ff., wo die Symbole und Riten beschrieben werden, mit denen eine ganze Gesellschaft in eine heroische Gemeinschaft verwandelt werden sollte bzw. worden ist. Behrenbeck zeigt aber auch die inneren Abstufungen und die herausgehobene Rolle einzelner Organisationen innerhalb der als Volksgemeinschaft entworfenen Gesellschaft, insbes. die Sonderstellung der SS (S. 502 ff.); vgl. weiterhin Karow, *Deutsches Opfer*, die das Ritual der Nürnberger Parteitage als große Opferinszenierung interpretiert. Im Gegensatz dazu bleibt das offizielle Zeremoniell einer postheroischen Gesellschaft beim Tod von Soldaten während eines Einsatzes auf die Suborganisation Militär beschränkt; vgl. Kümmel/Leonhard, »Tod, Militär und Gesellschaft«, S. 139 ff.

56 Hier ist anzumerken, dass die heroische Gemeinschaft nicht eo ipso mit der Organisation des Militärs als gesellschaftlichem Subsystem identisch ist, dessen Personalrekrutierung durch Rollenspezifizierung erfolgt. Vielmehr sind mit heroischer Gemeinschaft spezielle Einheiten oder Gruppen innerhalb der Gesamtorganisation des Militärs gemeint, die sich durch eine besondere Einsatz- und Kampfbereitschaft aus der Gesamtorganisation herausheben. Als Beispiel dafür könnte das *US Marine Corps* dienen.

57 Dass solche auf gemeinsamem Opferkult beruhenden Gemeinschaften männerbündische Züge haben, ist vor allem am deutschen Beispiel immer wieder beobachtet worden; vgl. Brunotte, *Zwischen Eros und Krieg*, S. 37 ff., 118 ff., sowie von See, »Politische Männerbund-Ideologie«, S. 93 ff.

58 Zit. nach Huizinga, »Heroismus«, S. 98.

verwandelt werden muss, damit für Distanz gegenüber dem Heroischen kein Raum mehr bleibt.

Die konzeptionelle Trias von heroischer Gesellschaft, unheroischer Gesellschaft mit inkorporierten heroischen Gemeinschaften und der in eine heroische Gemeinschaft umgeformten Gesellschaft lässt sich auch auf die antiken und spätmittelalterlichen Stadtrepubliken anwenden: War das Heroische als Verhaltensmodell und Ehrprätention zunächst ein Exklusionsmerkmal kleiner Gemeinschaften, bei denen es sich um Adelssippen und dann um Söldnerverbände handelte, so wird die Idee des Opfers für den Gesamtverband allmählich in die Stadt inkorporiert und aus der Ansammlung von Untertanen einer Adelssippe wird der Verband der Bürger, der sich selbst zu regieren beansprucht.[59] Dabei gründet sich der Selbstregierungsanspruch auf die Bereitschaft, dafür notfalls auch mit dem Leben einzustehen. Diese Bereitschaft ist die Voraussetzung für die Selbständigkeit der Polis und die Aufrechterhaltung ihrer Verfassung in einer Umgebung, die als permanente Bedrohung begriffen wird. In der großen Rede, die der athenische Politiker Perikles – dem Bericht des Thukydides zufolge – auf die Gefallenen des ersten Kriegsjahrs gegen Sparta und seine Verbündeten gehalten hat, kommt diese Selbstperspektivierung sehr deutlich zum Ausdruck: »Wir unterscheiden uns auch in der Sorge um das Kriegswesen von unseren Feinden. Wir gewähren jedem Zutritt zu unserer Stadt, und niemals verwehren wir durch Fremdenaustreibungen jemandem etwas Wissens- und Sehenswertes, dessen unverhüllte Schau etwa dem Feinde nützen könnte; denn wir bauen weniger auf Rüstung und Überraschung als auf unseren eigenen zur Tat entschlossenen Mut.«[60] Nachdem er lange und ausführlich die politische Ordnung Athens dargestellt hat, kommt Perikles schließlich auf jene Männer zu sprechen, die in den zurückliegenden Monaten für die Stadt gefallen sind: »Was ich an der Stadt pries, damit haben diese und solche Helden sie durch ihre hervorragenden Taten geschmückt, und nicht bei vielen Hellenen wird man so wie bei ihnen Wort und Tat in Einklang finden. Ich glaube, den Wert eines Mannes offenbart als erster Hinweis oder letzte Bestätigung ein Ende wie ihres. Denn auch bei denen, die sonst weniger tüchtig waren, muss gerechterweise ihr im Krieg dem Vaterland erwiesener Heldenmut

59 Die Exklusivität kriegerischer Adelsgemeinschaften im frühen Griechenland kommt vor allem in der ihr zugehörigen Lyrik zum Ausdruck; vgl. Fränkel, *Dichtung und Philosophie des frühen Griechentums*, S. 170 ff., sowie Bowra, *Heldendichtung*, S. 98 ff.; zur Ablösung des Adelsverbands durch die Bürgerschaft und die Rolle des Krieges dabei vgl. Finley, *Das politische Leben in der antiken Welt*, S. 82 ff., sowie Welwei, *Das klassische Athen*, S. 38 f.

60 Thukydides, *Geschichte des Peloponnesischen Krieges,* II, 39 1; S. 139.

höher gewertet werden; durch Gutes tilgen sie Böses und nutzen so dem Gemeinwesen mehr, als sie im Privatleben geschadet haben.«[61]

Der Tod für die Vaterstadt, so Perikles' Pointe, gleicht aus, was einer sich zuvor an patriotischen Verfehlungen geleistet hat. Das hat die Qualität eines innerweltlichen Erlösungsversprechens. Dennoch handelt es sich bei Athen nicht um eine heroische Gemeinschaft, sondern eine heroische Gesellschaft, denn die bewaffnete Verteidigung der Stadt wie ihre bündnispolitische Expansion ist nicht das Hauptziel oder gar der Zweck des politischen Lebens. Dem bürgerlichen Heroentum wird nicht alles andere untergeordnet, wie dies bei Athens Widerpart Sparta der Fall ist, sondern Perikles vertraut darauf, dass die Opferbereitschaft der Bürger aus der Wertschätzung des freien Lebens in der Vaterstadt gleichsam von selbst erwächst. Seine Gefallenenrede ist jedenfalls eine Erinnerung daran, dass die politische Ordnung Athens auf dieser Annahme beruht. Sollte sie falsch sein, so wäre die Demokratie zum Untergang verurteilt.

Die politische Ordnung Athens ist nicht an der fehlenden Opferbereitschaft der Bürger, sondern an einer Reihe von militärischen Niederlagen zerbrochen – zunächst im Krieg gegen Sparta und seine Verbündeten, denen man sich nach mehreren militärischen Fehlschlägen schließlich geschlagen geben musste. Aber Athen hat sich von dieser schweren Niederlage mit ihren bitteren Folgen wieder erholt und im 4. Jahrhundert v. Chr. erneut eine Demokratie mit expansiven Tendenzen errichtet, die schließlich von der neuen Großmacht aus dem Norden, den Makedonen, in der Schlacht von Chaironeia militärisch bezwungen wurde.[62] Die Macht der Makedonen wiederum beruhte – im Unterschied zu der Athens – auf einer heroischen Gemeinschaft, nämlich dem Heeresverband und innerhalb dessen vor allem der Schar der ›Königsfreunde‹. Der Siegeszug Alexanders durch Kleinasien und Mesopotamien bis zum Indus gründete sich auf die Schlagkraft dieser heroischen Gemeinschaft, und die wiederum wurde durch das Charisma ihres Anführers zusammengehalten, das sich aus einem gegenüber dem Rest des Heeres gesteigerten Heroentum speiste.[63] Es kommt also nicht von ungefähr, wenn John Keegan die militärische Führung Alexanders als »heroisch« bezeichnet hat:[64] Alexander musste an der Spitze seines Heeres kämpfen und sich dabei immer wieder in äußerste Lebensgefahr begeben, weil er der Erste einer heroischen Gemeinschaft war, deren Rangfolge wesentlich durch persönliches Heldentum festgelegt wurde.

61 Ebd. II, 42 2-3; S. 142.

62 Vgl. Welwei, *Das klassische Athen*, S. 240 ff. und 299 ff.

63 Zum makedonischen Heeresverband Fox, *Alexander*, S. 78-93; zum Charisma Alexanders und dessen Bedeutung für sein Verhältnis zu den Soldaten Schuller, »Alexander der Große«, S. 45 ff.

64 Keegan, *Die Maske des Feldherrn*, S. 25-136, insbes. 54 ff.

Mit dem Triumph der Makedonen in Griechenland ging nicht nur die Geschichte der Stadtrepubliken als selbständiger politischer Akteure zu Ende, sondern auch ihre Zeit als heroische Gesellschaften: Die Bürger der unter makedonischer Oberhoheit stehenden Städte wurden von den bisherigen politischen Opferzumutungen freigestellt und konnten sich ganz auf ihre persönlichen Belange konzentrieren. Das blieb auch so, als nach dem Niedergang des Antigonidenreichs die Römer die Oberherrschaft in Griechenland übernahmen. Athen und die anderen Städte Griechenlands, deren Bürger sich im 5. und 4. vorchristlichen Jahrhundert so erbitterte Kriege geliefert hatten, verwandelten sich in postheroische Gesellschaften: Sie überließen das Kriegführen ausgebildeten Spezialisten und trugen dazu nur insofern bei, als sie Steuern entrichteten, aus denen diese Berufssoldaten bezahlt wurden. Die Ablösung der kleinräumigen Welt der griechischen Poleis durch die imperialen Ordnungen zunächst der Makedonen und schließlich der Römer war gleichbedeutend mit einer Entheroisierung des stadtstaatlichen Politikverbandes: Die imperiale Ordnung beließ ihm die Regelung seiner inneren Angelegenheiten, unterband aber jede Form selbständiger Außenpolitik. Damit erübrigte es sich für die Stadt, von ihren Bürgern notfalls das Opfer des Lebens einzufordern, und diejenigen, die als Soldaten des imperialen Militärs an den Grenzen des Reichs dienten, taten dies nicht als Stadtbürger, sondern auf der Basis privater Kontrakte.

Die am Beispiel Athens skizzierte Entwicklung lässt sich mit gewissen Modifikationen auf die römische Republik übertragen, wobei hier nicht Niederlagen das Ende der heroischen Gesellschaft einleiteten, sondern die erfolgreiche Expansion nach außen und das Erfordernis, die Truppen über lange Zeit in fernen Gebieten operieren zu lassen. Daraus erwuchs ein Zwang zur Professionalisierung der Truppen. Die Bürgersoldaten wurden durch Berufssoldaten ersetzt, und das hatte nach einiger Zeit zur Folge, dass sich Rom aus einer heroischen in eine postheroische Gesellschaft verwandelte, die heroische Gemeinschaften unterhielt, um weiter zu expandieren bzw. das kollektive Gut Sicherheit und Frieden konsumieren zu können.[65] Mit den Reformen des Marius wurde Rom zu einer Gesellschaft, in der militärische Leistungen und entsprechende Ehrerweise zwar nach wie vor für politische Karrieren eine wichtige Rolle spielten, der Militärdienst im gesellschaftlichen Leben aber nicht mehr die herausgehobene Bedeutung besaß wie in der Frühzeit der Republik.

Im neuzeitlichen Europa lassen sich ähnliche Entwicklungszyklen beobachten: Die Gesellschaften vor der Französischen Revolution lassen sich als präheroisch bezeichnen, insofern in ihnen der Militärdienst weitgehend eine Aufgabe von Spezialisten war, die dafür eigens aus-

65 Dazu Goldsworthy, *Die Legionen Roms*, S. 20 ff.; 46 ff.

gewählt wurden. Diese Spezialisten der Kriegführung wurden auf der Grundlage von Soldzahlungen rekrutiert, und wer diesen Sold empfing, hatte dem Landesherrn nach dessen Gutdünken zu dienen: Ob es in die Schlacht ging oder über Jahre, wenn nicht Jahrzehnte der Dienst in der Garnison stattfand, war allein dessen Entscheidung, und auf die hatten die Soldaten außer in Form von Meuterei keinen Einfluss. Es fällt darum schwer, die Heere des frühneuzeitlichen Fürstenstaates als heroische Gemeinschaften zu begreifen, auch wenn in der Schlacht von den Soldaten eine erhebliche Opferbereitschaft abverlangt wurde. Aber die erbrachten sie in der Regel nicht aus freien Stücken und eigenem Antrieb, sondern als mechanisch disziplinierte Maschine, die im Gleichschritt gegen die Positionen des Feindes vorrückte oder dessen Angriff standhielt. Die Funktionstüchtigkeit des Heeres hing an seiner Disziplin und weniger an einem heldenhaften Geist, der es beseelte. Innerhalb des Heeres freilich konnten sich durchaus heroische Gemeinschaften herausbilden, und zwar aus dem Kreise derer, die aus eigenem Entschluss und Antrieb agierten, also aus den Reihen der Offiziere. In ihrem Verhalten war nicht Fremd-, sondern Selbstdisziplin entscheidend, und insofern war der Begriff des Heldenhaften auf sie anwendbar. Demgemäß spielten hier auch Fragen der Ehre eine wichtige Rolle.[66]

Max Weber hat die heroische Gemeinschaft als ein Entwicklungsstadium politischer Vergesellschaftung in Abgrenzung gegen den Sippenverband beschrieben. Dabei ist er von einer »Auslese der Waffenlustigen« ausgegangen, die »sich auf eigene Faust zu einem Beutezug durch persönliche Verbrüderung vergesellschaften«. Dies sei »als normale Form des Angriffskriegs aus der Mitte seßhafter Völker auf allen Stadien der ökonomischen Entwicklung bis zur Durchführung des rationalen Staates typisch« gewesen.[67] Handelte es sich dabei um eine »Gelegenheitsvergesellschaftung«, so blieb sie für die politische Ordnung folgenlos; sobald daraus aber ein »Dauergebilde wird, welches die Waffentüchtigkeit und den Krieg als Beruf pflegt«, kann es einen Zwangsapparat entwickeln, der Gehorsamsansprüche geltend macht, also politischen Charakter annimmt. »Als politischen Volksgenossen erkennt der Waffentragende nur den Waffentüchtigen an. Alle anderen, Nichtwaffengeübte und Nichtwaffentüchtige, gelten als Weiber und werden in der Sprache primitiver Völker auch meist ausdrücklich als solche bezeichnet. Freiheit ist innerhalb dieser Waffenvergemeinschaftungen identisch mit Waffenberech-

66 Zu Organisation und Selbstverständnis der stehenden Heere des Fürstenstaates vgl. Luh, *Kriegskunst in Europa*, S. 177 ff.; zur Disziplin vgl. Oestreich, *Geist und Gestalt des frühmodernen Staates*, S. 11 ff., 290 ff.; zum Ehrgedanken innerhalb des Offizierkorps Demeter, *Das deutsche Offizierskorps*, S. 108 ff.; sowie Vogt, *Logik der Ehre*, S. 65 ff.

67 Weber, *Wirtschaft und Gesellschaft*, S. 517.

tigung.«[68] Der Zugang zu dieser heroischen Gemeinschaft ist zumeist durch ein strenges Noviziat geregelt, das als Schleuse der Exklusivität dient. Aber diese Exklusivität der heroischen Gemeinschaft hat ihren Preis, und der besteht in der wirtschaftlichen Abhängigkeit von der sozialen Umwelt. Sie wird in der Regel gemindert durch die Art, in der sie prozediert wird: als »chronische Plünderung der Außenstehenden«.[69] Weber weist aber auch darauf hin, dass diese Plünderungen schwerlich in einen politischen Dauerzustand zu überführen sind. Die so gearteten heroischen Gemeinschaften müssen entweder selbst ihre Umwelt politisch ordnen und das heißt organisatorisch-administrative Aufgaben übernehmen, innerhalb deren dem Heroischen keine ordnungskonstitutive Rolle zukommt, oder sie werden durch den »geordneten Dauerverband einer Gebietsgemeinschaft sozusagen wieder eingemeindet«.[70] In der Regel war letzteres der Fall, und die Art, wie der in Europa entstehende Territorialstaat die Ritterschaft unter seine Kontrolle brachte und ihren Ehrenkodex für seine Zwecke instrumentalisierte, kann als Beispiel dafür betrachtet werden. Aus dem Ritter wurde im Gefolge dieser Entwicklung der Offizier.

Der frühneuzeitliche Staat hat in Europa durch die schrittweise Verstaatlichung der politischen Betriebsmittel die exklusiven Gemeinschaften der Ritterschaft unter seine Kontrolle gebracht und in seine Dienste gestellt.[71] Dies wurde ihm dadurch erleichtert, dass er den heroischen Gemeinschaften den Fortbestand der Exklusivität zusichern konnte. Aber im Hintergrund war bereits die Erwartung des Souveräns erkennbar, dass tendenziell alle Männer eines bestimmten Alters für die Verteidigung des Gemeinwesens bereitzustehen hatten. Letzteres macht den Unterschied zwischen unheroischen und präheroischen Gesellschaften aus: Erstere sind Gesellschaften, für die Opferbereitschaft und Heldentum als Leitideen prinzipiell keine Rolle spielen, während letztere dadurch gekennzeichnet sind, dass die Ideale des Soldatenstandes allmählich in die Gesellschaft einwandern und deren Werte beeinflussen, dass also aus einer Professionsethik eine allgemeine gesellschaftliche Erwartung wird. Das war in Europa während des späten 18. Jahrhunderts der Fall. Sie konkurrierten darin mit dem Vordringen liberaler Leitideen, die den Bürger von starken Verpflichtungen gegenüber dem politischen Verband freistellten und die Aufgaben, die in einer republikanischen Ordnung von der Gemeinschaft der Bürger wahrgenommen wurden, der professionell-arbeitsteiligen Erledigung durch den Staat übertrugen. Diese Janusgesichtigkeit des Liberalismus ist in der politischen Ideengeschichte weitgehend unerkannt geblieben.

68 Ebd.

69 Ebd., S. 518.

70 Ebd.

71 Vgl. oben, S. 38 ff.

Zum politischen Durchbruch gelangte dies freilich erst mit der Französischen Revolution, über die Clausewitz schrieb, in ihrem Gefolge sei »der Krieg [...] urplötzlich wieder eine Sache des Volkes geworden«.[72] An die Stelle der heroischen Gemeinschaft trat damit – zumindest der Idee nach – die heroische Gesellschaft. Dass es Tendenzen in diese Richtung bereits zuvor gegeben hatte,[73] war eine Folge der Konkurrenz in der politischen Ordnung Europas: In ihr erlangte das Übergewicht, wer als erster neue Ressourcen mobilisierte oder Innovationen einführte. Aber die Zeitspanne, innerhalb deren man daraus Vorteile bezog, war kurz, denn sobald die anderen bemerkt hatten, welche Folgen die Innovationen hatten, zogen sie ihrerseits nach. Die dramatischen Folgen der Revolution für das Kriegswesen blieben bei deren Beginn und auch während der ersten Jahre noch im Dunkeln, weil die Veränderungen noch nicht griffen, die Generäle noch nicht wussten, wie sie die neuen Truppenmassen effektiv gebrauchen konnten, und es noch keine Vorstellung davon gab, auf welche Weise der patriotische Überschwang den Mangel an taktischer Disziplin ersetzen könne. Auch die Beobachter waren sich anfänglich nicht darüber im klaren, ob die revolutionären Veränderungen auf eine Schwächung oder eine Stärkung der französischen Fähigkeiten zur Kriegführung hinauslaufen würden. Aber unter Napoleon wurden die von der Revolution eröffneten Möglichkeiten genutzt, und, so Clausewitz, »diese auf die ganze Volksmacht gestützte Kriegsmacht [schritt] zertrümmernd durch Europa mit einer solchen Sicherheit und Zuverlässigkeit, daß, wo ihr nur die alte Heeresmacht entgegengestellt wurde, auch nicht einmal ein zweifelhafter Augenblick entstand.«[74]

Die Reaktion konnte nur darin bestehen, dass man den Krieg ebenfalls zu einer Volkssache machte, seine Führung nicht mehr auf ein Heer von Berufssoldaten begrenzte, sondern »statt eines Kabinetts und eines Heeres das ganze Volk mit seinem natürlichen Gewichte in die Waagschale« des Krieges geworfen wurde.[75] Gegen die Dynamik der Französischen Revolution und der von ihr aufgestellten Heere konnten sich schließlich nur diejenigen Mächte behaupten, die zumindest bei Teilen ihrer Bevölkerung heroische Opferbereitschaft wecken konnten. Dass die Mächte, die das nicht vermocht hatten, nicht von der politischen Landkarte verschwanden, verdankten sie allein der Verhandlungsführung Metternichs auf dem Wiener Kongress, die das Ziel

72 Clausewitz, *Vom Kriege*, S. 970.

73 Dazu die Beiträge von Wilhelm Janssen und Johannes Kunisch in: Kunisch/Münkler (Hrsg.), *Die Wiedergeburt des Krieges*, S. 43 ff. und 57 ff.

74 Clausewitz, *Vom Kriege*, S. 971.

75 Ebd.

verfolgte, möglichst viele Gegengewichte zur revolutionären Dynamik und der durch sie erzwungenen Heroisierung der Gesellschaft im Spiel zu halten. Das änderte jedoch nichts daran: Wer in Europa Großmachtpolitik betreiben wollte, musste in der Lage sein, Opferbereitschaft und Heldenmut der breiten Massen zu wecken, gleichgültig, welcher Mittel er sich dabei bediente. Europa wurde zu einer Aggregation heroischer Gesellschaften, in denen der militärische Geist nicht länger auf die Garnisonen und Exerzierplätze begrenzt blieb, sondern die Gesellschaften durchdrang und ihre Wertvorstellungen prägte.[76] Dass dies in Deutschland und Frankreich stärker der Fall war als in Großbritannien, hatte eher mit der geopolitischen Lage als mit Sonderwegen zu tun.

Eine friedliche Koexistenz dieser dynamisch heroischen Gesellschaften war auf Dauer unmöglich. Der Kriegsausbruch von 1914 war, so gesehen, nicht nur eine Folge des politischen Versagens vieler Regierungen, auch nicht bloß das Ergebnis bestimmter Planungen der Generalstäbe, sondern vor allem eine Entladung des emotionalen Drucks, den die heroischen Gesellschaften unter dem Eindruck der von den Regierungen über lange Zeit betriebenen Politik des Drohens und gleichzeitigen Zauderns in ihrem Innern aufgebaut hatten.[77] Die überschwängliche Begeisterung in den europäischen Hauptstädten, die den Kriegsausbruch begleitete, war eine Selbstexpression der heroischen Gesellschaften, die während der langen Friedenszeit zu Untätigkeit verurteilt gewesen waren. Es überrascht darum nicht, wenn in einigen Studien eine erhöhte Nervosität als Kennzeichen dieser Epoche ausgemacht worden ist.[78] Heroismus und Nervosität gehen miteinander Hand in Hand, und darauf lässt sich keine stabile, dauerhaften Frieden sichernde Staatenordnung begründen. Die Nachbarschaft heroischer Gesellschaften ist zwangsläufig selbstdestruktiv.[79] Das zeigt nicht nur die Geschichte der europäischen

76 Dazu Kehr, »Zur Genesis des Königlich Preußischen Reserveoffiziers«, S. 53 ff.

77 Dazu Eksteins, *Tanz über Gräben*, S. 26ff und 93 ff. sowie, allein auf Deutschland bezogen, Verhey, *Der ›Geist von 1914‹*, und Flasch, *Die geistige Mobilmachung*.

78 In den meisten Untersuchungen wird Nervosität als ein besonderes Merkmal der deutschen Politik beschrieben; vgl. Radkau, *Das Zeitalter der Nervosität*, sowie Ullrich, *Die nervöse Großmacht*. Diese Nervosität zeigt sich freilich auch in der Politik der anderen Großmächte, etwa wenn sie bei ihrer imperialen Expansion außerhalb Europas in Gefahr standen, gegenüber den innereuropäischen Konkurrenten ins Hintertreffen zu geraten.

79 Einige um das Kulturwissenschaftliche Institut in Essen gruppierte Autoren sind vor geraumer Zeit der Frage nachgegangen, inwieweit der Begriff der Feindschaft gegenüber den institutionellen Ordnungen von Krieg und Frieden vorgängig, weil grundlegend sei. Dabei hätte es nahegelegen, den

National-, sondern auch die der griechischen Stadtstaaten. Die im Innern virulente Dynamik konnte nicht dauerhaft stillgestellt werden; sie brach sich nach außen Bahn und richtete dabei die politische Ordnung eines Großraums zugrunde. Die Anarchie der Staatenwelt, von der in den Theorien der internationalen Politik, insbesondere bei den sogenannten Realisten und Neorealisten, immer wieder die Rede ist,[80] mag von sich aus schon für hinreichende Instabilität und Unruhe sorgen, aber wenn sie obendrein mit einem Heroismus zusammentrifft, der die gesamte Gesellschaft erfasst hat bzw. die Grundierung der gesellschaftlichen Selbstwahrnehmung darstellt, dann werden die Kriege zwischen den politischen Akteuren bis zur Selbstzerstörung ausgetragen.[81] Angesichts der Diagnose einer erhöhten Angreifbarkeit und Verletzlichkeit postheroischer Gesellschaften durch terroristische Akteure ist an den Preis für die Pluralität heroischer Gesellschaften zu erinnern: an ihre unter ungeheuren Verlusten erfolgte Selbstzerstörung. Diese Beobachtung kann und soll die Akteure dieses Selbstzerstörungsprozesses, der schließlich im Ersten Weltkrieg gipfelte, weder politisch noch moralisch entschuldigen. Aber ohne die heroische Folgebereitschaft der Massen wären ihre Fehlbeurteilungen und Fehlentscheidungen nie so folgenreich geworden, wie dies tatsächlich der Fall war. Man kann also, Ersten und Zweiten Weltkrieg zu einem »Dreißigjährigen Krieg« in Europa zusammenfassend, von einer selbstzerstörerischen Entheroisierung der europäischen Gesellschaften in der ersten Hälfte des 20. Jahrhunderts sprechen.

Feindschaftsbegriff mit Beobachtungen zu den heroischen Potentialen der Gesellschaften engzuführen, weil auf diese Weise das politische Gewicht von Feindvorstellungen evaluiert werden kann. Wo keine hinreichend starken Dispositionen zu Opferbereitschaft in Verbindung mit ausgeprägten Ehrvorstellungen vorhanden sind, spielen Verfeindungen und Feindbilder – jedenfalls unter symmetrischen Bedingungen – eine politisch nachgeordnete Rolle. Vgl. dazu Liebsch, »Feindschaft als Verfeindung«, S. 225 ff., sowie Taureck, »Gewalt im Modus der Feindschaft«, S. 287 ff.; außerdem Liebsch, »Aus Feindschaft geboren?«, S. 17 ff., und Balke, »Die Signatur des Feindes«, S. 133 ff. Neben der Korrelierung mit den heroischen Potentialen einer Gesellschaft ist der Feindbegriff aber auch mit der Frage zu konfrontieren, ob Feindschaft unter symmetrischen oder asymmetrischen Bedingungen ausgetragen werden soll. Was Feindschaft politisch bedeutet, hängt entscheidend davon ab, ob die Feindschaft reziprok oder nichtreziprok ist. Insofern ist – zumindest analytisch – die institutionelle Ordnung von Krieg und Frieden den Strukturen von Feindschaft vorgängig.

80 Etwa Gilpin, *War and Change in World Politics*, S. 50-105; Mearsheimer, *The Tragedy of Great Power Politics*, S. 29-54.

81 Vgl. oben, S. 103 ff.

Friedensliebe und Angreifbarkeit: postheroische Gesellschaften in einer nicht pazifizierten Welt

Die postheroischen Gesellschaften Europas sind – von einigen Ausnahmen an ihren Rändern abgesehen – in einen Zustand des Friedens eingetreten, der durch das allmähliche Verschwinden reziproker Kriegführungsfähigkeit gekennzeichnet ist. Aber dieser europäische Frieden, von Robert Cooper als der politische Aggregatzustand der postmodernen Welt bezeichnet,[82] hat sich nicht globalisieren lassen. Cooper begreift die weltpolitischen Konstellationen infolgedessen als dreigeteilt: Neben den postmodernen Konstellationen der Europäischen Union steht die Welt der Moderne, in der die internationale Politik nach wie vor den klassischen Konkurrenz- und Konfliktszenarien der internationalen Politik folgt, wie sie vor allem von den Realisten beschrieben worden sind, und an den Rändern beider politischer Welten wiederum befindet sich eine vormoderne politische Welt, in der es entweder zu keiner erfolgreichen Staatenbildung gekommen ist oder die ansatzweise ausgebildeten Staaten schon bald wieder zwischen Tribalität und Globalisierung zerrieben wurden.[83] Während die USA in der modernen Welt dafür sorgen, dass es nicht zum Ausbruch großer Kriege kommt, indem sie risikobehaftete Ungleichgewichte mit ihrer überlegenen Macht austarieren, hat sich in der prämodernen Welt ein latenter Kriegszustand entwickelt, der gelegentlich durch kleinere Interventionen aus der modernen bzw. postmodernen Welt unterbrochen, aber nicht dauerhaft beendet wird.[84] Was Cooper damit beschreibt, sind die Folgen einer ungleichzeitigen Entwicklung, wie sie hier im Anschluss an die verschiedenen Hypothesen zur Durchsetzung postheroischer Dispositionen beschrieben wurden. Das Problem dabei ist freilich, dass die Entwicklungsetappen von Modernität und Heroizität nicht kongruent sind: Die prämoderne Welt ist nicht unbedingt präheroisch, und einige Akteure der modernen Welt befinden sich bereits im Stadium des Postheroischen, das heißt, sie sind zur Sicherung ihrer Selbstbehauptungsfähigkeit darauf angewiesen, waffentechnologische Überlegenheit zu entwickeln und aufrechtzuerhalten. Das ist ein weiterer Grund dafür, warum mit einer Rückkehr zu symmetrischen Konstellationen zwischen den Akteuren nicht zu rechnen ist, sondern weiterhin Asymmetrie die Konfrontationen kennzeichnen wird. Der amerikanische Publizist Robert Kagan hat diese komplizierten und vor allem für die USA hochriskanten Konstellationen auf eine

82 Cooper, *The Breaking of Nations*, S. 26 ff.
83 Ebd., S. 16 ff.
84 Zu einer ähnlichen Diagnose vgl. oben, S. 142 ff.

einfache Formel bringen wollen, als er schrieb, die Europäer seien von der Venus, die Amerikaner dagegen kämen vom Mars, womit er sagen wollte, dass die Europäer sich aufführten, als würden sie sich in einer Welt der Liebe bewegen, während die US-Amerikaner wüssten, dass es sich bei ihrer Umwelt um eine gefährliche und überwiegend feindliche Gegend handele. Kagan verband dies mit der Behauptung, die Europäer könnten sich eine politische Existenz in den Gefilden der Venus nur erlauben, weil die Amerikaner in der Welt des Mars verblieben seien.[85] Postheroische Gesellschaften sind danach nur überlebensfähig, wenn sie durch heroische Gesellschaften geschützt werden.

Nun ist zwar richtig, dass die USA erheblich mehr Geld für Rüstung ausgeben als die Europäer, aber dass die US-amerikanische Gesellschaft eine substantiell größere Opferbereitschaft hätte als die europäischen Gesellschaften, ist eher eine amerikanische Selbstsuggestion, als dass sie durch nachvollziehbare Fakten bestätigt würde.[86] Die Abschaffung der Wehrpflicht zu Beginn der 1970er Jahre in Reaktion auf den Vietnamkrieg, nachdem sich die weiße Mittelschicht geweigert hatte, weiterhin für die militärische Präsenz der USA in Ostasien Opfer zu bringen, ist ein erster Indikator dafür, dass es sich bei den USA schwerlich um eine heroische Gesellschaft handeln kann. Seit Abschaffung der Wehrpflicht wird das Gros der amerikanischen Bodentruppen aus jenen sozialen Schichten rekrutiert, für die das Militär die einzige Möglichkeit sozialen Aufstiegs bzw. eines leidlichen Auskommens darstellt.[87] Aber das ist nicht ausreichend, um Kriege wie den im Irak führen zu können. Neben der Herstellung einer auf High-tech-Waffen beruhenden asymmetrischen Überlegenheit lassen sich zwei weitere Methoden ausmachen, um die Verluste unter den Angehörigen des eigenen Elektorats – der Bevölkerung, die qua politischer Partizipation tatsächlichen Einfluss auf politische Entscheidungen nimmt – so gering wie möglich zu halten: die Übertragung eines Großteils der logistischen Aufgaben des Militärs an private Unternehmen, die für riskante Überlandfahrten im besetzten Gebiet Arbeitskräfte aus der Region beschäftigten, sowie die verstärkte Anwerbung sogenannter Greencard-Soldaten, also von Ausländern, die in den US-Streitkräften Dienst tun, um nach einer gewissen Zeitspanne amerikanische Staatsbürger zu werden. Der Anteil dieser Militärangehörigen soll im Irak zeitweilig bis zu einem Fünftel der eingesetzten

85 Kagan, *Macht und Ohnmacht*, S. 64 ff.

86 So auch Sofsky, *Das Prinzip Sicherheit*, S. 36 ff. und 136 ff.

87 Dass aus der Entkoppelung des Militärs von der Zivilgesellschaft, die in Reaktion auf die Verbreitung postheroischer Mentalitäten erfolgt, auch eine zunehmende Neigung der Politik zur Nutzung militärischer Instrumente resultieren kann, hat William Pfaff, »Die Verselbständigung des Militärischen«, S. 184 f., gezeigt.

Soldaten betragen haben.[88] Für die Durchführung bestimmter Kampfaufträge, bei der die asymmetrische Überlegenheit der Luftwaffe oder Marine nicht zum Tragen kommt, ist das US-Militär in beträchtlichem Maße auf Söldner im weitesten Sinne angewiesen. Es spricht vieles dafür, dass sich diese Entwicklung in den nächsten Jahren noch ausweiten wird. Sie sichert, zusammen mit der kontinuierlichen Sorge um eine entsprechende waffentechnologische Überlegenheit, die Kriegführungsfähigkeit der USA, aber sie macht aus ihr keine heroische Gesellschaft. Im Prinzip handelt es sich bei den USA um eine postheroische Gesellschaft, wie sie auch in Europa anzutreffen ist, nur dass die USA sehr viel mehr Ressourcen auf Pflege und Unterhaltung heroischer Gemeinschaften verwenden, die ihre militärische Interventionsfähigkeit auch dann sicherstellen, wenn die Aufgaben nicht aus sicherem Abstand, etwa durch den Einsatz von Cruise missiles oder Kampfdrohnen, durchgeführt werden können. Die Zurichtung von Menschen aus den Randbereichen und dem Untergrund der Gesellschaft zu »brauchbaren« Angehörigen einer heroischen Gemeinschaft ist das Thema vieler Militärfilme, durch die der Eindruck entsteht, die amerikanische Gesellschaft sei in ihrer Breite eine heroische Gesellschaft.

Diese Aufgaben erwachsen nicht zuletzt daraus, dass Akteure, die ihren politischen Willen mit Gewalt gegen die USA durchsetzen wollen, sich angesichts deren asymmetrischer Überlegenheit zunehmend unerkennbar gemacht haben, um eine direkte militärische Konfrontation zu vermeiden bzw. sich dem System der Abschreckung zu entziehen. Das begann damit, dass einige der später als »Schurkenstaaten« (*rogue states*) bezeichnete Regime durch von ihren Geheimdiensten gesteuerte Terroristengruppen Aktionen durchführen ließen, mit denen sie Druck auf die USA auszuüben versuchten.[89] Von Anfang an waren dabei Flugzeuge ein bevorzugtes Angriffsziel, sei es der von libyschen Geheimagenten durchgeführte Bombenanschlag auf ein amerikanisches Verkehrsflugzeug über der schottischen Ortschaft Lockerbie oder die Entführung der TWA-Maschine 847 und die anschließend mehrwöchige Geiselnahme der Flugpassagiere in Beirut.[90] Einen Höhepunkt dieser Art verdeckter Kriegführung stellten die Bombenanschläge auf amerikanische (und französische) Soldaten in Beirut dar, die dann tatsächlich zum Abzug der amerikanischen Truppen aus dem Libanon führten.[91] All dies sind Beispiele dafür, wie sich mit relativ geringem Aufwand und ohne das Erfordernis einer waffentechnischen Äquivalenz einem

88 Dazu Azzelini, »Der Krieg im Irak und die Armee der Privaten«, S. 334 ff.

89 Dazu Schröm, *Im Schatten des Schakals*, S. 169 ff.; Hoffman, *Terrorismus*, S. 256 ff.; Laqueur, *Die globale Bedrohung*, S. 204-208.

90 Hoffman, *Terrorismus*, S. 173 ff.

91 Croitoru, *Der Märtyrer als Waffe*, S. 133 ff.

weit überlegenen Gegner nachhaltiger Schaden zufügen lässt, um dessen politischen Willen zu ermatten und schließlich zur Resignation zu bringen. Erfolgsvoraussetzung dessen ist freilich, dass sich kein territorialer Akteur als politisch Verantwortlicher identifizieren lässt, gegen den der überlegene Militärapparat der USA oder anderer Mächte zum Einsatz gebracht werden könnte.[92] Beim Lockerbie-Anschlag war relativ bald klar, dass der libysche Geheimdienst hinter dem Anschlag von Lockerbie steckte, und die schweren amerikanischen Luftangriffe auf libysche Einrichtungen hatten in Verbindung mit den UN-Sanktionen zur Folge, dass Libyen schließlich von dieser Politik Abstand nahm.

Unter diesen Umständen war es nur eine Frage der Zeit, wann die am Band staatlicher Geheimdienste geführten Terrorgruppen durch Netzwerke eines transnationalen Terrorismus abgelöst werden würden, bei denen es keine eindeutig identifizierbare Verbindung zu einem Staat und dessen Territorium mehr gab. Auf diese Weise konnten terroristische Gruppen aus dem System der Abschreckung aussteigen, auf dessen Wirkung gerade postheroische Gesellschaften in hohem Maße angewiesen sind. Bei dieser Entterritorialisierung gab vermutlich die Erfahrung den letzten Anstoß, die Osama bin Laden während seines Aufenthalts im Sudan gemacht hatte. Der internationale Druck auf die Regierung in Khartum war zuletzt nämlich so groß geworden, dass sie die Anwesenheit der für Anschläge in aller Welt verantwortlichen Gruppe nicht länger decken konnte und sie zur Ausreise nötigte.[93] Afghanistan wiederum war für die al-Qaida-Führung als neuer Aufenthaltsort nicht nur darum attraktiv, weil viele von ihnen sich am Kampf gegen die sowjetischen Streitkräfte beteiligt hatten, sondern hier auch die Zuständigkeiten und Verantwortlichkeiten unklar waren. Der nach den Anschlägen vom 11. September eröffnete US-amerikanische Krieg gegen das Talibanregime beruhte auf einer eher konstruierten als zwingenden Verbindung zwischen der Talibanherrschaft über große Teile Afghanistans, den Ausbildungslagern der al-Qaida in dem offiziell von den Taliban kontrollierten Gebiet und der These, dass die Anschläge in diesen Lagern geplant worden seien. Tatsächlich ist nicht auszuschließen, dass die entscheidenden Planungen von der Hamburger al-Qaida-Zelle, also in Deutschland, durchgeführt wurden. Darauf wäre keine Reaktion

92 Freilich führt das auch zu dem Problem, dass mit dem durch Terroristen zugefügten Schaden nicht so leicht politische Forderung verbunden werden können, bei deren Erfüllung es keine weiteren Anschläge gäbe. Der Austausch auf Gewalt beruhender politischer Willensbekundungen bekommt auf diese Weise eine Ausrichtung ins Ungefähre, was das Risiko von Missverständnissen und Fehlperzeptionen deutlich erhöht. Die Videobotschaften Osama bin Ladens zu den Anschlägen werden oft erst Monate später abgegeben.

93 Vgl. Steinberg, *Der nahe und der ferne Feind*, S. 54 f.

in Form militärischer Repressalien möglich gewesen. Die Entstehung nichtterritorialer Politikakteure, die sich politischem Druck oder gar militärischen Gegenschlägen entziehen, hat sich also in drei Schritten vollzogen: dem Zusammenspiel der Geheimdienste einiger Staaten mit international agierenden Terrorgruppen, die für die Zahlung von Geld zur Durchführung von Anschlägen bereit waren, sodann die stillschweigende Unterbringung bereits weitgehend selbständig agierender Terrorgruppen durch ideologisch befreundete Regime, schließlich deren Verschwinden in Gebieten, in denen sich die staatliche Ordnung aufgelöst hat, so dass von dieser kein Verfolgungsdruck aufgebaut werden kann, es aber auch niemanden gibt, gegen den deswegen Pressionen und Repressalien ausgeübt werden können.

Die Entwicklung nach dem 11. September und insbesondere die Anschläge von Madrid und London zeigen, dass die Netzwerke des Terrors auch nach ihrer militärisch erzwungenen Entterritorialisierung weiterhin aktionsfähig blieben, vorerst aber nicht mehr zu Angriffen von den Dimensionen des 11. September in der Lage waren. An dieser Entwicklung akzentuieren die einen die fortbestehende Aktionsfähigkeit des Terrornetzes, die erfolgreiche Umstellung von zentralen Kommandostrukturen auf selbständig agierende Zellen und leiten daraus ab, dass auch in Zukunft immer wieder mit großen Anschlägen zu rechnen ist, die von Zellen ausgeführt werden, für die kein Staat verantwortlich gemacht und mit militärischen Repressalien bedroht werden kann. Die anderen dagegen stellen heraus, dass al-Qaida nach Zerschlagung der afghanischen Strukturen und einem global erzeugten Verfolgungsdruck kein Anschlag mehr gelungen ist, der denen von New York und Washington vergleichbar gewesen wäre. Während erstere von einem Lernprozess ausgehen, an dessen Ende eine Form des Terrorismus stehen könnte, die gefährlicher und weniger identifizierbar ist als die von al-Qaida vor dem Angriff auf Afghanistan, sehen letztere in der Terrorismusbekämpfung nach dem 11. September eher eine Erfolgsgeschichte, bei der es gelungen ist, die Terrorgruppen so unter Stress zu setzen, dass sie mehr mit ihrer Selbsterhaltung beschäftigt als zu offensiven Aktionen fähig sind. Dadurch ließ sich zwar nicht verhindern, dass es immer wieder zu kleineren Anschlägen kam, aber keiner dieser Anschläge war mit denen des 11. September vergleichbar, und dementsprechend erhielt auch keiner von ihnen die mediale Aufmerksamkeit wie der Angriff auf die Twin Towers.

Was aber hat dies mit den mentalen Dispositionen postheroischer Gesellschaften zu tun? Viel, geht es dabei doch um die Frage, ob diese sich durch die Herausbildung spezieller Organisationen zuverlässig schützen können oder nicht. Ist dies der Fall, so greifen die Instrumente der Selbstsicherung postheroischer Gesellschaften auch bei der Herausforderung durch den Terrorismus; die postheroischen Gesellschaften können in der Weise fortbestehen, wie sie sich in den letzten Jahrzehnten entwickelt haben.[94] Ist dies dagegen nicht der Fall, so ist der Terrorismus eine Herausforderung dieses Gesellschaftstyps, die ihn zu einer mehr oder weniger starken Veränderung zwingt. An deren Ende steht entweder ein omnipräsenter Sicherheitsstaat, dem schrittweise die demokratischen Partizipations- und vor allem die bürgerlichen Freiheitsrechte zum Opfer fallen, oder es entwickelt sich in der Bevölkerung eine heroische Gelassenheit, die auch durch längere Anschlagserien nicht zu erschüttern ist und an der die terroristischen Anschläge schließlich abprallen. Heroische Gelassenheit der Bevölkerung panzert nämlich das eigentliche Angriffsziel des transnationalen Terrorismus: die labile psychische Infrastruktur postheroischer Gesellschaften. Von der Beantwortung dieser Frage, die weniger ein theoretisches als ein politisch-praktisches Problem ist, wird abhängen, was der 11. September 2001 für den weiteren Verlauf des 21. Jahrhunderts gewesen sein wird: ein Geschichtszeichen, mit dem eine tiefgreifende Wende der politisch-gesellschaftlichen Ordnung ihren Anfang genommen hat, oder aber bloß der besonders eindrucksvoll geführte Nachweis, dass auch die USA angreifbar und verletzlich sind?

Wenn nach dem 11. September verschiedentlich erklärt wurde, die Angriffe auf das World Trade Center in New York hätten auf den innersten Kern der westlichen Gesellschaften gezielt, so ist das zumeist dahingehend verstanden worden, dass es den Planern der Anschläge darum gegangen sei, die politische Ordnung der USA zu zerstören oder den globalen Einfluss ihrer Zivilisation und Lebensweise zu brechen. Dem ist entgegengehalten worden, dass die identifizierbaren Ziele von al-Qaida eher im Sturz der saudischen Königsfamilie, der Vertreibung der USA und ihrer Verbündeten aus dem Nahen und Mittleren Osten, der Vernichtung des Staates Israel und perspektivisch in der Errichtung eines geschlossenen politisch-kulturellen Raums von Marokko bis Indonesien bestünden.[95] Danach wären die USA gar nicht das Hauptangriffsziel dieses Terrorismus, sondern kämen nur als Verbündete und Rückhalt der prowestlichen Regime in der arabischen Welt in dessen Visier. Durch den Rückzug aus der Region würden sie diese Zielposition auch wieder verlieren. So interessant und wichtig diese Debatte über die politischen Ziele des islamischen Fundamentalismus sein mag – sie kann doch die Frage nicht beantworten, in welchem Ausmaß die westlichen Gesellschaften durch den transnationalen Terrorismus bedroht sind. Dafür sind nämlich nicht die *Ziele und Zwecke des Angreifers*

94 Eine Darstellung des ausufernden Sicherheitsbedürfnisses, das sich gegen Gefahren absichern und gegen Risiken versichern will, findet sich bei Sofsky, *Das Prinzip Sicherheit*, S. 41 ff. und 82 ff.

95 Zu dieser Debatte Steinberg, *Der nahe und der ferne Feind*, S. 31 ff.

ausschlaggebend, sondern die *Art seines Angriffs*. Nur in einer symmetrischen Konfrontation gleichartiger Akteure ist das Ausmaß der Bedrohung und das Erfordernis von Gegenmaßnahmen durch die Analyse der gegnerischen Ziele bestimmbar: Je größer der mit Gewalt verfolgte politische Zweck, desto größer die Bedrohung für diejenigen, die dessen Erreichung im Wege stehen. Das gilt dann freilich auch umgekehrt: Je geringfügiger der Zweck, desto kleiner die Bedrohung. Hier kommt also alles darauf an, die mit der Gewaltanwendung verfolgten Zwecke zu kennen.[96] Im Falle einer asymmetrischen Konfrontation dagegen spielen die Zwecke eine eher untergeordnete Rolle, und entscheidend wird *die Art* des Kampfes.[97]

Art und Ausmaß der Herausforderung, die der Terrorismus für die westlichen Gesellschaften darstellt, hängen also nicht so sehr an der Beantwortung der Frage, ob der politische Zweck terroristischer Gewalt die Zerstörung dieser Gesellschaften und die Beendigung ihrer Lebensweise ist oder bloß der Sturz der saudischen Herrscherfamilie, sondern sie bemessen sich nach der Art des Angriffs sowie den dadurch bei Dritten ausgelösten Lerneffekten. Sollte sich dabei herausstellen, dass der politische Wille der westlichen Gesellschaften durch asymmetrische Gewaltanwendung zu beeinflussen, wenn nicht gar zu brechen ist, wird dies binnen kürzester Zeit weitere Akteure auf den Plan rufen, die in ähnlicher Weise ihre Ziele und Zwecke geltend machen wollen. Da diese Auseinandersetzung prinzipiell asymmetrisch ist, also der gesteigerte Heroismus von Todesvirtuosen gegen die technologische Überlegenheit postheroischer Gesellschaften steht, ist die Art der Gewaltanwendung von größerer Relevanz als die damit verfolgten politischen Ziele. Für die Reaktion der westlichen postheroischen Gesellschaften hat dabei die Beobachtung möglicher Lerneffekte bei Dritten ein mindestens ebenso großes Gewicht wie die Festlegung der direkten politischen Ziele des Gegenhandelns. Das macht die Imperative, denen eine erfolgreiche Terrorismusbekämpfung zu genügen hat, so komplex.

Aufgrund ihrer deutlichen Unterlegenheit an Ressourcen, militärischer Ausrüstung und entsprechender Organisation sind die Herausforderer der westlichen Gesellschaften, vor allem der USA, an keinem Ort und zu keiner Zeit in der Lage, eine symmetrische Konfrontation anzunehmen; vielmehr müssen sie dieser prinzipiell ausweichen. Statt dessen suchen

96 In diesem Sinne hat Clausewitz der dreifachen Eskalation die dreifache Moderation gegenübergestellt. Das Ausmaß der Anstrengungen wird durch den von der Gegenseite verfolgten politischen Zweck vorgegeben; Clausewitz, *Vom Kriege*, S. 200 f.

97 Darin liegt die Pointe der Untersuchung von Christopher Daase, *Kleine Kriege – Große Wirkung*, S. 236 ff., nur dass Daase die Effekte der Asymmetrie am Partisanenkrieg und nicht am transnationalen Terrorismus beobachtet hat.

sie die Schwächen eines Gegners herauszufinden, der ihnen auf der Ebene des professionellen Gewaltgebrauchs unendlich überlegen ist. Diese gesuchte Schwachstelle hat sich freilich sehr bald in der postheroischen Mentalität der westlichen Gesellschaften gezeigt, und als strategische Schwachstelle hat sie sich dabei vor allem deswegen erwiesen, weil ihr eine gesteigerte Opferbereitschaft in den Gruppen des transnationalen Terrorismus gegenübersteht, deren Symbol die Figur des Selbstmordattentäters ist. Die erregten Debatten, die nach dem 11. September in den USA und Europa über die Selbstmordattentäter geführt worden sind, zeigen, dass es sich hier nicht zuletzt um eine symbolische Herausforderung handelt, die vor allem postheroischen Gesellschaften zu schaffen macht: Es geht nicht nur um die Konfrontation von Instrumenten, mit denen beide Seiten ihren politischen Willen zur Geltung bringen wollen, sondern auch um die Demonstration spezifischer Überlegenheiten: Cruise missile und Kampfdrohnen sind nicht nur Instrumente, einen tief im Landesinnern verschanzten oder durch unzugängliches Gelände gedeckten Gegner ohne eigene Verluste anzugreifen, sondern zugleich Symbole einer Überlegenheit, die auf Beherrschung ohne Angreifbarkeit hinausläuft. Solche Waffensysteme sind ein Versprechen auf die Überlebensfähigkeit postheroischer Gesellschaften in einer weiterhin mit heroischen Akteuren gespickten Umwelt, und sie zeugen von der Durchsetzungskraft und Beherrschungsfähigkeit postheroischer Gesellschaften gegenüber heroischen Akteuren. Mögen diese noch so mutig und opferbereit sein – sie sind chancenlos gegen eine Waffentechnologie, die sie zu puren Objekten des Geschehens macht. Das mentale Sicherheitsempfinden postheroischer Gesellschaften zehrt vom Vertrauen in solche Waffensysteme. Der Selbstmordattentäter dagegen greift nicht nur bestimmte Einrichtungen, sondern zugleich das Sicherheitsempfinden postheroischer Gesellschaften an, und seine Durchschlagskraft ist um so größer, je stärker sich diese Gesellschaften auf ihre Unverletzlichkeit im Schutze einer überlegenen Waffentechnologie verlassen. Der Selbstmordattentäter ist also nicht nur ein Instrument, mit dem infolge des Verzichts auf Rückzugssicherung Ziele angreifbar werden, die sonst unerreichbar wären, sondern er ist zugleich ein Symbol für die Erschütterbarkeit postheroischer Gesellschaften. Er ist eine Vergewisserung dessen, dass ein zum Äußersten entschlossener Heroismus deren Sicherungsmaßnahmen nachhaltig zu durchdringen vermag. Der Selbstmordattentäter symbolisiert die Behauptungsfähigkeit des Heroischen gegenüber der Technologie, und insofern ist er der eigentliche Angriff auf das Selbstbewusstsein postheroischer Gesellschaften.

Doch zurück von der symbolischen zur instrumentellen Konfrontation: Die Aufgabe des von den postheroischen Gesellschaften ausgebildeten Sicherheitsapparats besteht vor allem darin, das Gefälle zwischen heroischen und postheroischen Akteursdispositionen politisch nicht zum Tragen kommen zu lassen und zu verhindern, dass die heroischen Gemeinschaften den postheroischen Gesellschaften ihren Willen aufzwingen. Damit dies möglich ist, müssen sich im Sicherheitsapparat Professionalität, technologische und organisatorische Überlegenheit sowie eine erhöhte Risikobereitschaft des Personals auf effiziente Weise miteinander verbinden. Der Sicherheitsapparat ist also auch bei gesteigertem Heroismus nur schwer anzugreifen und bei weitem nicht so leicht zu erschüttern, wie die postheroischen Gesellschaften selbst. Er ist auf Gefährdungsrisiken eingestellt und trägt dem durch Ausbildung und Ausrüstung seines Personals Rechnung. Heroische Gemeinschaften, die eine Konfrontation mit diesem Sicherheitsapparat suchen, erzielen dementsprechend geringe Effekte. Unter diesen Umständen kommt es für die Gegner des Westens darauf an, eine unmittelbare Konfrontation zwischen heroischen Gemeinschaften und postheroischen Gesellschaften herbeizuführen – und die Methode dazu ist der Terrorismus.[98]

Entgegen der landläufigen Redeweise, derzufolge es sich bei terroristischen Anschlägen auf Verkehrssysteme und touristische Einrichtungen, also Ziele mit möglichst vielen zivilen Toten und Verletzten, um »Wahnsinn« oder »irrationale Akte« handele, liegt diesen Angriffen tatsächlich ein sehr präzises Kalkül zugrunde. Es ist dies die Kriegführung von Akteuren, die im klassischen Ordnungsentwurf der Politik – jedenfalls was den Krieg auf internationaler Bühne anbetrifft – überhaupt nicht als kriegführungsfähig angesehen wurden bzw. denen man allenfalls die Fähigkeit zu innerer Unruhestiftung beigemessen hat. Doch die hochgradige Störanfälligkeit der modernen Welt hat in Verbindung mit dem gestiegenen Sicherheitsbedürfnis der in ihr lebenden Menschen Ziele hervorgebracht, die mit nachhaltigem Effekt anzugreifen sind – von den Verkehrssystemen über die Wasser- und Energieversorgung bis zu einer auf Gewaltverzicht ausgerichteten mentalen Disposition. Dadurch hat sie Gruppen zu Akteuren der internationalen Politik werden lassen, die zuvor vernachlässigbar waren. Gegen agrarische oder frühindustrielle Gesellschaften hätte diese Strategie des Terrorismus nicht gegriffen;

98 Zwar ist es ein allgemeines Definitionskriterium des Terrorismus, dass er mehr auf die psychischen als auf die physischen Folgen der Gewaltanwendung setzt, aber gegen wen und mit welcher Zielsetzung der von der Gewalt ausgehende Schrecken zur Wirkung gebracht wird, unterscheidet den klassischen Terrorismus von den jüngeren Formen des transnationalen Terrorismus: Anschlagsziel des klassischen Terrorismus waren die Spitzen von Staat und Gesellschaft sowie die Angehörigen des Staatsapparats; dagegen kann in einem Terrorismus, der auf die pure Erzeugung von Angst in einer postheroischen Gesellschaft abzielt, jeder zum Ziel werden. Entscheidend ist weniger, wer angegriffen und getötet wird, sondern dass in den Medien möglichst lange und ausführlich berichtet wird; vgl. oben S. 240 f.

erst die Entstehung urbaner Ballungszentren und die Entwicklung intra- wie interurbaner Verkehrssysteme haben in Verbindung mit der entsprechenden sozialpsychologischen Entwicklung jene Verletzlichkeit hervorgebracht, die terroristische Gruppen zu politisch ernst zu nehmenden Akteuren mit Handlungsfähigkeit auf der internationalen Bühne gemacht hat.

Die Herausbildung dieser hochgradig verletzlichen Infrastruktur ist zuvor freilich dafür verantwortlich gewesen, dass der Krieg zwischen Staaten mit hochentwickelter Wirtschaft und verletzlicher Infrastruktur zu teuer geworden ist, um weiterhin politische Attraktivität zu besitzen – auch nicht für die Seite, die in dieser Auseinandersetzung den Sieg davonträgt. Das war die Lehre des Zweiten Weltkrieges, zumindest in Europa und Ostasien. Der von Robert Cooper beschriebene Eintritt in die postmoderne Welt, in der zwischenstaatliche Kriege kein Mittel der Politik mehr sind,[99] hat mit dieser Entwicklung mindestens ebenso viel zu tun wie die Ausweitung der politischen Partizipation im Innern der Staaten, die von der Theorie des demokratischen Friedens als dafür verantwortlich herausgestellt wird. Dass dies in Europa einen nachhaltigeren Niederschlag gefunden hat als in den USA, hängt an der polyzentrisch-pluriversen Verfasstheit und der geopolitischen Lage des europäischen Kontinents, durch die er sich von Nordamerika unterscheidet. Die Europäer sind durch ihre Geschichte in der ersten Hälfte des 20. Jahrhunderts in sehr viel höherem Maße zur Einsicht in den selbstzerstörerischen Charakter heroischer Gesellschaften und die Ineffizienz heroischer Dispositionen genötigt worden als die USA. Das macht die unverkennbaren Unterschiede in der Selbstwahrnehmung als postheroische Gesellschaften aus. Weil die USA während des Ersten und Zweiten Weltkriegs keine den europäischen Gesellschaften vergleichbaren Kriegsverluste erlitten haben, können sie den in Hollywoodfilmen verbreiteten Popheroismus weiterhin goutieren, und die nicht selten aufdringliche Selbstbeschreibung der USA als heroische Gesellschaft wird nicht zum Skandal, wie dies in den westeuropäischen Gesellschaften der Fall wäre.

Die Diagnose von der Entwicklung postheroischer Mentalitäten in hochentwickelten Gesellschaften bestätigt die zuerst von Auguste Comte und Herbert Spencer gemachten und dann von Joseph Schumpeter wiederholten Prognosen, wonach mit der Durchsetzung der industriellen Gesellschaft der Heroismus zu einem Atavismus geworden sei und mit der Zeit verschwinden werde.[100] Dabei haben sie nicht ausgeschlossen, dass es immer wieder zu Widerstand gegen diese Entwicklung kommen könne, vorzugsweise von Seiten derer, die sich als die Verlierer dieser

99 Cooper, *Breaking Nations*, S. 26 ff.
100 Dazu ausführlich oben, S. 128 ff.

Entwicklung begriffen. Alles in allem aber waren sie von der Zwangsläufigkeit dieses Prozesses einer Ablösung heroischer durch postheroische Dispositionen infolge der gesellschaftlichen Entwicklung so sehr überzeugt, dass sie dem »heroischen Widerstand« dagegen keine reale Erfolgschance einräumten. Im Prinzip sind auch Marx und die an ihn anschließenden Theoretiker dieser Einschätzung gefolgt, wenngleich sie diesen Prozess weniger als selbstläufige Entwicklung denn vielmehr als einen immer wieder in Klassenkämpfen zu erringenden Fortschritt konzipiert haben. In der Periode dieser Klassenkämpfe freilich haben sie dem heldenhaften Kampf der fortschrittlichen Klassen eine erhebliche Bedeutung zugemessen, dies jedoch auf die Phase der Durchsetzung der neuen Gesellschaftsordnung beschränkt und versichert, dass das Heroentum des Proletariats mit der Etablierung der neuen Gesellschaft an Bedeutung verlieren werde.[101] Die exzessive Feier des Heroischen, wie sie sich etwa bei Georges Sorel findet,[102] war in der Regel ein zuverlässiger Indikator dafür, dass sich hier ein Theoriekonzept auf dem Weg zur politischen Rechten befand, mochte es sich zunächst auch noch als links gerieren. Im Prinzip begriff der Marxismus wie die Linke generell die gesellschaftliche Entwicklung als eine, in deren weiterem Verlauf die Gewalt immer mehr an Geschichtsmächtigkeit einbüßen und der Heroismus parallel dazu verschwinden werde.

Vertraut man auf die Richtigkeit dieser Prognosen und Diagnosen, so würde es sich beim Terrorismus als ein spätes, aber mit Sicherheit vergebliches Aufbegehren gegen die hegemonialen Entwicklungstrends der modernen Welt handeln. Die postheroischen Gesellschaften könnten sich darauf verlassen, dass es sich hierbei um eine Bedrohung handelt, die in dem Maße verschwinden wird, wie die besagten Entwicklungen auch die sozial und ökonomisch rückständigen Regionen erfassen werden: Die heroischen Gemeinschaften der Terrornetzwerke trocknen dann aus. Die letzten Endes entscheidende Form der Auseinandersetzung mit der Herausforderung durch heroische Gemeinschaften wäre danach nicht so sehr ihre erfolgreiche Bekämpfung als vielmehr die soziale, ökonomische, politische und kulturelle Modernisierung ihrer Herkunftsgebiete, in deren Gefolge die heroischen Dispositionen der Akteure aufgesogen würden und verschwänden. Tatsächlich wird der in intellektuellen Kreisen gepflegte Terrorismusdiskurs über weite Stre-

101 Die demonstrativen Bekundungen von Heroismus und Opferbereitschaft, die bei den Paraden und »Kampfdemonstrationen« in der Sowjetunion und ihrer ost- und mitteleuropäischen Verbündeten an der Tagesordnung waren, passen in dieses Bild, insofern man sich in Folge der Ost-West-Konfrontation nach wie vor in der Durchsetzungsphase der neuen Gesellschaft begriff, die durch die international organisierten Kräfte der Reaktion bedroht war.

102 Sorel, *Über die Gewalt*, S. 90 ff. und 296 ff.

cken so geführt, wobei in unterschiedlicher Form kulturelle Aufklärung, wirtschaftliche Entwicklung und eine stärkere politische Partizipation auf der Agenda stehen. Man ist jedenfalls fest davon überzeugt, dass die aktuelle Konfrontation durch eine Beschleunigung des globalen Entwicklungsprozesses entschärft und schließlich beseitigt werden kann.[103] Letzten Endes ist in dieser Perspektive die terroristische Gewalt Ausdruck einer defizitären Rationalität, und bei den heroischen Dispositionen der Akteure handelt es sich um Pathologien, in denen gesellschaftliche Modernisierungsrückstände zum Ausdruck kommen.

Diese Deutung des Terrorismus erwächst aus der hegemonialen Perspektive postheroischer Gesellschaften, die sich selbst als Ziel und Endpunkt der Geschichte begreifen. Die zu Beginn der 1990er Jahre von Francis Fukuyama vorgetragene These vom Ende der Geschichte[104] ist der konsequente Ausdruck für die Selbstperspektivierung postheroischer Gesellschaften. Posthistoire und postheroische Mentalität tendieren danach zur Kongruenz. In einer Gesellschaft, in der politische Gewalt kein geschichtsdynamisches Prinzip mehr darstellt und die Praxis des Opferns von Menschen für gemeinschaftliche Zwecke in realer wie metaphorischer Gestalt definitiv beendet wurde, wäre danach auch die Geschichte als ein Ringen gegensätzlicher Auffassungen und eine sich daraus entwickelnde Abfolge von Gesellschaftsformationen an ihr Ende gekommen. Nun hat sich das Ende der Geschichte mit dem Ende des Ost-West-Konflikts jedoch nicht eingestellt, weswegen Samuel Huntington bald darauf seine These vom Kampf der Kulturen gegen die vom Ende der Geschichte stellen konnte.[105] Die freilich lässt sich gegen Huntingtons Einwand aufrechterhalten, wenn es sich bei den konkurrierenden Kulturen nur um zurückgebliebene Entwicklungsetappen eines im Prinzip einsinnigen gesellschaftlichen Entwicklungsprozesses handelt. Genau darauf hebt eine Position ab, die den Fortbestand heroischer Gemeinschaften mitsamt ihrer gesellschaftlichen Unterfütterung auf Modernisierungsdefizite der arabisch-islamischen Welt zurückführt, diese aber als prinzipiell behebbar ansieht.[106]

103 Karsten Fischer hat dies pointiert als »Dekadenzexport« bezeichnet; Fischer, »Das Hydra-Projekt«, S. 177.

104 Fukuyama, »The End of History?«, S. 3-18; ders., *Das Ende der Geschichte*; zu einer ähnlichen Diagnose wie Fukuyama ist unabhängig von diesem in Deutschland Lutz Niethammer gekommen; Niethammer, *Posthistoire*; zur Diskussion dieser Thesen vgl. Anderson, *Zum Ende der Geschichte*, insbes. S. 96 ff., Meyer, *Ende der Geschichte?*, S. 37 ff., Rotermundt, *Jedes Ende ist ein Anfang*, S. 130 ff.

105 Huntington, »The clash of civilizations?«, S. 22 ff., sowie ders., *Kampf der Kulturen.*

106 In dieser Behebbarkeitsannahme liegt das eigentliche Problem: Handelt es sich dabei um extern verursachte Rückständigkeiten, die das Ergebnis

Das also ist das Problem, mit dem sich postheroische Gesellschaften konfrontiert sehen: Ist die Herausforderung durch heroische Gemeinschaften ein zeitlich befristetes Phänomen, das nach einiger Zeit auch wieder verschwinden wird, weil dann auch deren Herkunftsgesellschaften ein Entwicklungsniveau erreicht haben werden, auf dem Heroismus zu den überwundenen Atavismen gehört, derer man sich in Literatur und Film nicht ohne Schaudern erinnert, oder aber wird dieser Heroismus durch Entwicklungsblockaden oder Entwicklungsverweigerung konserviert[107] und zu einer dauerhaften Bedrohung postheroischer Gesellschaften, der sie schließlich in Folge ihrer Schwäche an Opfer- und Kampfbereitschaft erliegen? Letzteres ließe sich in Analogie zur Spätantike imaginieren, als die zivilisatorische (und damit im weitesten Sinn auch technologische) Überlegenheit des Römischen Reichs nicht mehr hinreichte, um dem beständigen Druck der aus Nordosten gegen die Reichsgrenzen andrängenden Völker standzuhalten: Nach einem mehr als ein Jahrhundert währenden Abwehrkampf brach das Römische Reich im Westen zusammen, und die von ihm gesicherte Zivilisation ging unter. Der Untergang Roms[108] hat seitdem immer wieder die politische Phantasie und die historische Analogiebildung beflügelt. Gegen die periodisch auftretende Sorge, das Schicksal des Weströmischen Reichs werde sich in anderen Zivilisationen wiederholen, entwickelte sich seit der industriellen Revolution die Vorstellung, nunmehr hätten die fortgeschrittenen Zivilisationen einen Grad an Überlegenheit erreicht, demzufolge sie durch zurückgebliebene Völker, also »Barbaren«, nicht mehr

von Kolonialismus oder Imperialismus sind, so sind sie bei einer entsprechenden Veränderung der Rahmenbedingungen zu überwinden. Handelt es sich dagegen um den Ausdruck religiöser Identitäten, so wird das Bemühen um Überwindung der Rückständigkeit zu einem Kampf gegen die (religiöse) Identität, die den Terrorismus erst recht und in erhöhtem Maße hervorbringt. Dass der transnationale Terrorismus in hohem Maße religiös geprägt ist, ist im Kontext dieser Überlegungen ein Anlass zu Besorgnis; vgl. auch Fischer, »Das Projekt des Fundamentalismus«, S. 358 ff.

107 So die Analyse der arabisch-islamischen Welt, die Dan Diner in seinem Buch *Die versiegelte Zeit* gibt.

108 Zu dieser Debatte, bei der in der jüngeren Forschung die These des Nieder- oder Untergangs in Frage gestellt und durch die Vorstellung des Übergangs ersetzt worden ist, vgl. Christ (Hrsg.), *Der Untergang des Römischen Reiches*, sowie Demandt, *Der Fall Roms*. Aus sozialwissenschaftlicher Perspektive sind freilich auch die jüngsten Urteile der Historiker unter dem Aspekt einer Selbstperspektivierung der eigenen Zeit zu evaluieren. Die wissenssoziologische Überprüfung ist auf alle Konzepte anzuwenden und darf nicht auf einige, die politisch suspekt sind, beschränkt werden.

ernstlich bedroht, geschweige denn überrannt und bezwungen werden könnten. Der globale Siegeszug nicht nur der westlichen Industrie und Technologie, sondern schließlich auch der damit verbundenen Lebensweise und der zugehörigen politischen Ideen, wie er das 20. Jahrhundert prägte, wurde als Bestätigung dieser Vorstellung angesehen.

Im Prinzip geht es dabei vor allem um die Frage, ob eine an zyklischen Mustern orientierte Geschichtsbetrachtung weiterhin Gültigkeit hat oder durch einen alles beherrschenden Fortschritt abgelöst worden ist, der die Vorstellung von einem Aufstieg und Niedergang der Zivilisationen durch das Ordnungsraster von ›fortgeschritten‹ und ›rückständig‹ ersetzt hat. So hat sich nach dem Ende des Zweiten Weltkriegs die modernisierungstheoretisch grundierte Vorstellung eines globalen Fortschritts durchgesetzt, bei dem die Staaten entsprechend ihrer wirtschaftlichen Produktivität, des Pro-Kopf-Einkommens der Bevölkerung, der Lebenserwartung, des Bildungsniveaus und des Grades an politischer Partizipation auf einer Skala als fortgeschritten oder rückständig positioniert wurden. In dieser Hinsicht bestand selbst in der Zeit des Ost-West-Gegensatzes zwischen kommunistischen und kapitalistischen Entwicklungsmodellen kein Gegensatz; worin beide Seiten dissentierten, war bloß die Frage, auf welchem Weg die schnellsten und nachhaltigsten Beschleunigungseffekte erzielt werden konnten. Die in zyklischen Geschichtsmodellen zentrale Vorstellung, dass das Maß an Fortgeschrittenheit ein Indikator für die Nähe des Abgrunds und den bevorstehenden Absturz sei, verschwand damit zunehmend aus dem »Erwartungshorizont« (Koselleck) der Menschen. Nur im Bereich der weltpolitischen Ordnungsvorstellungen, und zwar dort, wo es um Großreiche, Hegemonien und das Problem der »imperialen Überdehnung« ging, hielten sich zyklische Geschichtsvorstellungen, um in jüngster Zeit dann eine Renaissance zu feiern.[109] Wie auch immer – die Theorie eines unaufhaltsamen säkularen Fortschritts und die des zyklischen Auf und Ab der Mächte und Zivilisationen bieten nicht nur einen unterschiedlichen Blick auf die Vergangenheit, sondern eröffnen auch voneinander

109 Zu nennen ist hier vor allem Paul Kennedys Buch über *Aufstieg und Fall der großen Mächte*, aber im Prinzip beruhen fast alle Analysen imperialer Ordnungen auf zyklischen Geschichtstheorien, von der Antike bis heute. Von dieser Zyklizität geht eine starke appellative Wirkung aus, insofern die Betrachtung vergangener Zyklen dazu zwingt, den Standort der Gegenwart innerhalb einer weiteren Zyklenbewegung festzulegen. Auch Edward Gibbons großes Werk *Verfall und Untergang des römischen Imperiums* wurde mit Blick auf das britische Empire verfasst. Umgekehrt suchen die jüngsten Prognosen über die Zukunft des US-Imperiums theoretische Rückendeckung bei den zyklischen Verlaufsbeschreibungen früherer Großreichsbildungen; vgl. Münkler, *Imperien*, S. 105 ff.

stark abweichende Zukunftsperspektiven. Das betrifft in besonderer Weise die Selbstperspektivierung der postheroischen Gesellschaft.

In Deutschland ist es vor allem der Journalist Peter Scholl-Latour, der mit sarkastischem Unterton die Auffassung vertritt, die säkularisierten postheroischen Gesellschaften des Westens könnten auf Dauer die Konfrontation mit den religiös aufgeladenen und darüber jederzeit heroisierbaren Gesellschaften der islamischen Welt nicht bestehen.[110] In dieser Prognose spielt die materielle Kultur des Westens und seine gerade für die islamische Welt unerreichbare technologische Überlegenheit keine entscheidende Rolle, sondern zentral ist die Opfer- und Leidensbereitschaft der Menschen, und hinsichtlich derer sind hochreligiöse Gesellschaften ihrem säkularisierten Gegenüber deutlich überlegen. – Aber sind die westlichen Gesellschaften tatsächlich säkularisierte Gesellschaften, bzw. sind sie dies in gleichem Maße? Hier jedenfalls klafft eine gewaltige Lücke zwischen Europa und den USA, und für nicht wenige Beobachter erklärt sich nicht nur die unterschiedliche Art der Terroristenbekämpfung, wie sie von den USA und den europäischen Staaten betrieben wird, sondern auch der generell unterschiedliche Politikansatz auf beiden Seiten des Atlantik aus dessen religiöser Aufladung im einen Fall und deren Fehlen im anderen. In den Augen einiger Beobachter hat sich in der Konfrontation zwischen den USA und ihren islamischen Kontrahenten eine regelrechte Symmetrie entwickelt, in der sich beide an religiösem Eifer in der Begründung ihrer Ziele und Absichten und der Anfeuerung ihrer Opferbereitschaft in nichts nachstehen.[111] Was daraus abzuleiten ist, hängt vom politischen Standpunkt des Betrachters ab: Während einige diese religiösen Aufladungen der Politik für den unfriedlichen Charakter der Welt verantwortlich machen und dabei gerade den USA eine notorisch ungute Rolle attestieren, sehen andere in der religiösen Aufladung der amerikanischen Gesellschaft die Voraussetzung dafür, dass sie den Herausforderungen des islamistischen Terrorismus standzuhalten in der Lage ist. Ersteres ist eine Sichtweise aus der Mitte der postheroischen Gesellschaft, letzteres focussiert das Problem von deren Rand her und hat eine starke Neigung, die postheroische wieder in eine heroische Gesellschaft zu transformieren. – Aber welche der beiden Sichtweisen hat im Lichte der hier angestellten Überlegungen die besseren Gründe für sich?

Ohne Zweifel ist der waffentechnische Abstand zwischen den fortgeschrittenen Staaten und ihren prinzipiellen Gegnern[112] so groß wie noch

110 Scholl-Latour, *Kampf dem Terror – Kampf dem Islam?*, S. 34 ff.

111 So entsprechen sich die apokalyptischen Sichtweisen der christlichen Rechten in den USA und der islamischen Weltrevolutionäre in der Darstellung der Trimondis (*Krieg der Religionen*, S. 27 ff., 302ff) unmittelbar. Sie bilden danach eine legitimationspolitische Symmetrie.

112 Prinzipielle Gegner sind solche, die nicht dorthin wollen, wo sich die

nie in der Geschichte, so dass an eine Wiederholung der Spätantike nicht zu denken ist, als die »barbarischen« Völkerschaften die römische Zivilisation teils überrannt, teils übernommen und ihr auf diese Weise ein Ende bereitet haben. Einer Wiederholung der militärischen Ergebnisse der Völkerwanderung steht heute der asymmetrisch überlegene Militärapparat der hochentwickelten Länder entgegen. – Aber haben vielleicht gar nicht die »Barbaren« außerhalb des Reichs, sondern die in dessen Innern den Niedergang bewirkt? Hat nicht die schrittweise Barbarisierung der römischen Armee lange vor dem Einbruch der wandernden Völker die militärischen Fähigkeiten Roms so nachhaltig untergraben, dass es schließlich nicht mehr die Schlagkraft besaß, über die es vordem verfügt hatte? Die Barbarisierung der Armee aber war eine Folge dessen, dass sich immer weniger Reichsbewohner bereit fanden, über viele Jahre an den Grenzen des Reiches Militärdienst zu leisten. Im Sinne der hier zugrunde gelegten Begrifflichkeit hatte sich im Zentrum des Römischen Reiches eine postheroische Gesellschaft herausgebildet, die eine starke Neigung zu Gewaltabkauf besaß, also bereit war, dafür zu zahlen, dass die eingedrungenen Völkerschaften im Grenzgebiet Ruhe hielten, sesshaft wurden und die Reichsgrenzen gegen nachdrängende Wandervölker schützten. Die Anwerbung von Söldnern für riskante militärische Aufgaben in Verbindung mit der gesellschaftlichen Neigung zu Gewaltabkauf, ein Charakteristikum sämtlicher postheroischer Gesellschaften, lässt sich inzwischen auch in den Gesellschaften des Westens ausmachen. Aber das ändert prinzipiell nichts an der fortbestehenden Asymmetrie der militärischen Fähigkeiten. Mögen die sozialpsychologischen Konstellationen der westlichen Demokratien einige Ähnlichkeiten mit den spätantiken Konstellationen des Römischen Reichs aufweisen, so bleiben doch die fundamentalen Unterschiede im Bereich der militärischen Ausrüstung bestehen.

Aber welche Rolle spielt diese Ausrüstung und die mit ihrer Hilfe hergestellte Überlegenheit, wenn der Angriff der Gegenseite, wie beim Terrorismus, gar nicht auf den Militärapparat, sondern auf die Zivilbevölkerung zielt, der Angriff also, um mit Clausewitz zu sprechen, nicht gegen die physischen, sondern die moralischen Kräfte, nicht gegen die Ausrüstung, sondern gegen den Willen, einen Willen zu haben, geführt wird? Dann kommen die postheroischen Grunddispositionen unserer Gesellschaften unmittelbar zum Tragen. Der Sicherheitsapparat, vom Militär über die Geheimdienste bis zur Polizei, kann in vielen Fällen verhindern, dass es zu solchen terroristischen Angriffen kommt, aber sobald es dazu gekommen ist, spielen seine überlegene Ausrüstung und die überragenden Fähigkeiten seines Personals keine Rolle mehr. Jetzt

attackierte Gegenseite gerade befindet, sondern deren Entwicklungsweg vom Grundsatz her ablehnen.

steht unmittelbar Entschlossenheit gegen Entschlossenheit, und dabei dürften sich die postheroischen Dispositionen der fortgeschrittenen Gesellschaften als ein Manko bei der politischen Selbstbehauptungsfähigkeit erweisen. Aber dieses Manko kommt zunächst nicht den terroristischen Angreifern zugute, sondern zeigt sich als die Forderung, Bürger- und Menschenrechte zugunsten einer Verstärkung des Sicherheitsstaates abzubauen. Der unmittelbare Profit, den Terroristen aus ihrem Angriff auf postheroische Gesellschaften schlagen können, ist minimal im Vergleich zu dem Schaden, den diese sich langfristig durch die Verstärkung ihrer Präventionsmaßnahmen gegen solche Angriffe selber zufügen: von der Aufhebung der Habeas Corpus-Akte durch die Einrichtung von Geheimgefängnissen[113] bis zur Entwicklung einer derart dichten Informationsbeschaffung der Sicherheitsdienste, dass die Privatsphäre der Bürger zu einem leeren Begriff wird. Letzten Endes wird sich eine solche Entwicklung unter dem Eindruck schwerer, seriell organisierter Terrorangriffe nur vermeiden lassen, wenn es zur Herausbildung von etwas kommt, was in der postheroischen Gesellschaft eigentlich nicht anzutreffen ist: einer heroischen Gelassenheit der Bevölkerung. Der Terrorismus hat die postheroischen Gesellschaften mit der Herausforderung konfrontiert, dieses Paradoxon aufzulösen.

113 Dazu Agamben, *Homo sacer*, S. 131 ff.

Literatur

Agamben, Giorgio: *Homo sacer. Die souveräne Macht und das nackte Leben*, Frankfurt am Main: Suhrkamp 2002.

Alt, Franz: *Frieden ist möglich. Die Politik der Bergpredigt*, München: Piper [11]1993.

Anders, Günther: *Die Antiquiertheit des Menschen*, 2 Bde., München: C. H. Beck 1956 und 1980.

– *Die atomare Drohung. Radikale Überlegungen zum atomaren Zeitalter*, München: C. H. Beck 1983.

– *Endzeit und Zeitenende. Gedanken über die atomare Situation*, München: C. H. Beck 1972.

Anderson, Benedict: *Die Erfindung der Nation. Zur Karriere eines folgenreichen Konzepts*, Frankfurt/New York: Campus Verlag 1988.

Anderson, Perry: *Zum Ende der Geschichte*, Berlin: Rotbuch Verlag 1993.

Angoustures, Aline/Pascal, Valérie: »Diaspora und Konfliktfinanzierung«; in: Jean/Rufin (Hg.), *Ökonomie der Bürgerkriege*, Hamburg: Hamburger Edition 1999, S. 401-439.

Aristoteles: *Politik. Schriften zur Staatstheorie*, übersetzt und herausgegeben von Franz F. Schwarz, Stuttgart: Philipp Reclam 1989.

Armstrong, Karen: *Im Kampf für Gott. Fundamentalismus in Christentum, Judentum und Islam*, München: Siedler Verlag 2004.

Aron, Raymond: *Clausewitz. Den Krieg denken*, Frankfurt am Main u. a.: Propyläen 1980.

– *Der permanente Krieg*, Frankfurt am Main: S. Fischer 1953.

– *Frieden und Krieg. Eine Theorie der Staatenwelt*, Frankfurt am Main: S. Fischer 1963.

Arrequín-Toft, Ivan: »How the Weak Win Wars. A Theory of Asymmetric Warfare«, in: *International Security*, Bd. 26, 2001, Nr. 1, S. 93-128.

Aubry, Octave: *Die Französische Revolution*, 2 Bde., Erlenbach/Zürich: Eugen Rentsch 1948.

Auerbach, Erich: *Mimesis. Dargestellte Wirklichkeit in der abendländischen Literatur*, Bern/München: Francke Verlag 1977.

Azzellini, Dario: »Der Krieg im Irak und die Armee der Privaten«; in: *Blätter für deutsche und internationale Politik*, 2005, Heft 5, S. 334-339.

Azzellini, Dario/Kanzleiter, Boris (Hg.): *Das Unternehmen Krieg. Paramilitärs, Warlords und Privatarmeen als Akteure der neuen Kriegsordnung*, Berlin: Assoziation A 2003.

Balke, Friedrich: »Die Signatur des Feindes: Carl Schmitt und die Moderne«; in: *Vom Sinn der Feindschaft*, hg. von Christian Geulen u. a., Berlin: Akademie Verlag 2002, S. 133-152.

Barber, Richard/Barker, Juliet: *Die Geschichte des Turniers*, Düsseldorf und Zürich: Artemis und Winkler Verlag 2001.

Bartosch, Ulrich: *Weltinnenpolitik. Zur Theorie des Friedens von Carl Friedrich von Weizsäcker*, Berlin: Duncker & Humblot 1995.

Barudio, Günter: *Der Teutsche Krieg 1618-1648*, Frankfurt am Main: S. Fischer 1985.
– *Gustav Adolf – der Große. Eine politische Biographie*, Frankfurt am Main: S. Fischer 1982.
Bataille, Georges: *Theorie der Religion*, hg. und mit einem Nachwort versehen von Gerd Bergfleth, München: Matthes und Seitz Verlag 1997.
Baudrillard, Jean: *Der Geist des Terrorismus*, Wien: Passagen-Verlag 2002.
Baumann, Reinhard: *Landsknechte. Ihre Geschichte und Kultur vom späten Mittelalter bis zum Dreißigjährigen Krieg*, München: C.H. Beck 1994.
Beck, Birgit: *Wehrmacht und sexuelle Gewalt. Sexualverbrechen vor deutschen Gerichten 1939-1945*, Paderborn: Ferd. Schöningh 2004.
Becker, Frank: »›Getrennt marschieren, vereint schlagen.‹ Königgrätz, 3. Juli 1866«, in: *Schlachten der Weltgeschichte: von Salamis bis Sinai*, hg. von Stig Förster u. a., München: C. H. Beck 2001, S. 216-229.
Beham, Mira: *Kriegstrommeln. Medien, Krieg und Politik*, München: dtv 1996.
Behr, Hartmut: *Entterritoriale Politik. Von den Internationalen Beziehungen zur Netzwerkanalyse. Mit einer Fallstudie zum globalen Terrorismus*, Wiesbaden: Verlag für Sozialwissenschaften 2004.
Behrenbeck, Sabine: *Der Kult um die toten Helden. Nationalsozialistische Mythen, Riten und Symbole 1923 bis 1945*, Köln: SH Verlag 1996.
Bellen, Heinz: *Grundzüge der Römischen Geschichte*, 3 Bde., Darmstadt: Wissenschaftliche Buchgesellschaft 1994-2003.
Ben-Sasson, Haim Hillel (Hg.): *Geschichte eines jüdischen Volkes. Von den Anfängen bis zur Gegenwart*, München: C. H.Beck 1992.
Bergen, Peter: *Heiliger Krieg Inc. Osama bin Ladens Terrornetz*, Berlin: Siedler Verlag 2001.
Berman, Paul: *Terror und Liberalismus*, Hamburg: Europäische Verlagsgesellschaft 2004.
Bertkau, Friedrich: *Das amtliche Zeitungswesen im Verwaltungsgebiet Ober-Ost*, Leipzig: Reinicke 1928.
Best, Geoffrey: *War and Society in Revolutionary Europe, 1770-1870*, Bungay/Suffolk: Fontana 1982.
Bloch, Marc: *Die seltsame Niederlage: Frankreich 1940. Der Historiker als Zeuge*, Frankfurt am Main: S. Fischer 1992.
Bohlender, Matthias: »Die Poetik der Schlacht und die Prosa des Krieges. Nationalverteidigung und Bürgermilitz im moralphilosophischen Diskurs der schottischen Aufklärung«, in: *Die Wiedergeburt des Krieges: Studien zum bellizistischen Diskurs des ausgehenden 18. und beginnenden 19. Jahrhunderts*, hg. von Johannes Kunisch und Herfried Münkler, Berlin: Duncker & Humblot 1999, S. 17-41.
Boot, Max: *The Savage Wars of Peace. Small Wars and the Rise of American Power*, New York: Basic Books 2003.
Borst, Arno: *Lebensformen im Mittelalter*, Frankfurt am Main u. a.: Ullstein Verlag 1973.

Borst, Arno (Hg.): *Das Rittertum im Mittelalter*, Darmstadt: Wissenschaftliche Buchgesellschaft 1976.

Bowra, C. M.: *Heldendichtung. Eine vergleichende Phänomenologie der heroischen Poesie aller Völker und Zeiten*, Stuttgart: Metzlersche Verlagsbuchhandlung 1964.

Boyen, Hermann von: *Erinnerungen 1771-1813*, Berlin: Rütten und Loening 1953.

Braun, Manuel/Herberichs, Cornelia (Hg.): *Gewalt im Mittelalter. Realitäten – Imaginationen*, München: Wilhelm Fink Verlag 2005.

Brommer, Frank: *Herakles, Bd. 2. Die unkanonischen Taten des Helden*, Darmstadt: Wissenschaftliche Buchgesellschaft 1984.

Brown, Michael E./Sean M. Lynn-Jones/Steven E. Miller (Hg.): *Debating the Democratic Peace*, Cambridge/Mass./London: MIT Press 1996.

Bruch, Rüdiger vom: »Krieg und Frieden. Zur Frage der Militarisierung deutscher Hochschullehrer und Universitäten im späten Kaiserreich«, in: Jost Düllfer/Karl Holl (Hg.), *Bereit zum Krieg. Kriegsmentalität im wilhelminischen Deutschland 1890-1914*, Göttingen: Vandenhoeck & Ruprecht 1986, S. 74-98.

Bruce, James: »Arab Veterans of the Afghan War«, in: *Jane's Intelligence Review*, Bd. 7, 1995, Heft 4, S. 175-179.

Brunotte, Ulrike: *Zwischen Eros und Krieg. Männerbund und Ritual in der Moderne*, Berlin: Verlag Klaus Wagenbach 2004.

Buch, Hans Christoph: *Blut im Schuh. Schlächter und Voyeure an den Fronten des Weltbürgerkrieges*, Frankfurt am Main: Eichborn 2001.

– *Standort Bananenrepublik. Streifzüge durch die postkoloniale Welt*, Springe: zu Klampen Verlag 2004.

Burkert, Walter: *Homo Necans. Interpretationen altgriechischer Opferriten und Mythen*, Berlin und New York: Walter de Gruyter 1972.

Burschel, Peter: »Zur Sozialgeschichte innermilitärischer Disziplinierung im 16. und 17. Jahrhundert«, in: *Zeitschrift für Geschichtswissenschaft*, 42. Jg., 1994, Heft 11, S. 965-981.

Buruma, Ian/Margalit, Avishai: *Okzidentalismus. Der Westen in den Augen seiner Feinde*, München und Wien: Carl Hanser Verlag 2004.

Busche, Jürgen: *Heldenprüfung. Das verweigerte Erbe des Ersten Weltkriegs*, München: Deutsche Verlags-Anstalt 2004.

Büttner, Christian u. a. (Hg.): *Der Krieg in den Medien*, Frankfurt/New York: Campus Verlag 2004.

Cannadine, David: *Winston Churchill. Abenteurer, Monarchist, Staatsmann*, Berlin: Berenberg Verlag 2005.

Carr, Caleb: *Terrorismus – die sinnlose Gewalt. Historische Wurzeln und die Möglichkeiten der Bekämpfung*, München: Wilhelm Heyne 2002.

Castañeda, Jorge G.: *Che Guevara. Biographie*, Frankfurt am Main und Leipzig: Insel Verlag 1997.

Chandler, David G.: *The Campaigns of Napoleon*, London: Weidenfeld and Nicolson 1967.

Chickering, Roger: *Das Deutsche Reich und der Erste Weltkrieg*, München: C.H. Beck 2002.

Chojnacki, Sven: »Wandel der Kriegsformen? – Ein kritischer Literaturbericht«, in: *Leviathan*, 32. Jg., 2004, Heft 3, S. 402-424.

Christ, Karl: *Der Untergang des Römischen Reiches*, Darmstadt: Wissenschaftliche Buchgesellschaft 1970.

– *Krise und Untergang der römischen Republik*, Darmstadt: Wissenschaftliche Buchgesellschaft 1984.

Cipolla, Carlo: *Segel und Kanonen. Die europäische Expansion zur See*, Berlin: Wagenbach 1999.

Clausewitz, Carl von: »Der Feldzug von 1812 in Rußland«, in: ders., *Schriften, Aufsätze, Studien, Briefe*, 2. Teilbd., S. 717-935.

– *Schriften, Aufsätze, Studien, Briefe*, hg. von Werner Hahlweg, 2 Bde., Göttingen: Vandenhoeck & Ruprecht 1966 u. 1991.

– *Strategie aus dem Jahre 1804. Mit Zusätzen von 1808 und 1809*, hg. von Eberhard Kessel, Hamburg: Hanseatische Verlagsanstalt 1937.

– *Vom Kriege*, 19. Aufl. hg. von Werner Hahlweg, Bonn: Ferd. Dümmler 1980.

Clausewitz, Carl und Marie von: *Ein Lebensbild in Briefen und Tagebuchblättern*, hg. und eingeleitet von Karl Linnebach, Berlin: Verlag von Martin Warneck 1916.

Clausewitz, Carl von/Helmuth von Moltke: *Kriegstheorie und Kriegsgeschichte*, hg. von Reinhard Stumpf (= Bibl. der Geschichte und Politik, hg. von Reinhart Koselleck, Bd. 23), Frankfurt am Main: Deutscher Klassiker Verlag 1993.

Comte, Auguste: »Die Soziologie«, in: Günther Wachtler (Hg.), *Militär, Krieg, Gesellschaft. Texte zur Militärsoziologie*, Frankfurt am Main/New York: Campus 1983, S. 28-37.

Contamine, Philippe: *War in the Middle Ages*, Oxford: Basil Blackwell 1984.

Cooper, Robert, *The Breaking of Nations. Order and Chaos in the Twenty-First Century*, London: Atlantic Books 2003.

Craig, Gordon A: »Der Militärhistoriker Hans Delbrück«, in: ders., *Krieg, Politik und Diplomatie*, aus dem Engl. von Gerhard Beckmann u. a., Wien: Paul Zsolnay Verlag 2001, S. 77-111.

Crelinstein, Ronald C.:»Television and Terrorism: Implications for Crisis Management and Policy-Making«; in: *Terrorism and Political Violence*, Bd. 9/4, 1997, S. 8-31.

Creveld, Martin van: *Fighting Power. German and U. S. Army Performance, 1939-1945*, Westport/Con.: Greenwood Press 1982.

– *Die Zukunft des Krieges*, München: Gerling Akademie Verlag 1998.

Croitoru, Joseph: *Der Märtyrer als Waffe. Die historischen Wurzeln des Selbstmordattentats*, München und Wien: Carl Hanser Verlag 2003.

Daase, Christopher: *Kleine Kriege – Große Wirkung. Wie unkonventionelle Kriegführung die internationale Politik verändert*, Baden-Baden: Nomos Verlag 1999.

Dahrendorf, Ralf: *Gesellschaft und Demokratie in Deutschland*, München: R. Piper & Co. Verlag 1965.

Daschitschew, Wjatscheslav: *Moskaus Griff nach der Weltmacht. Die bitteren Früchte hegemonialer Politik*, Hamburg: Mittler & Sohn 2002.

Debiel, Tobias: *UN-Friedensoperationen in Afrika. Weltinnenpolitik und die Realität von Bürgerkriegen*, Bonn: J. H. W. Dietz Nachf. 2003.

Dehio, Ludwig: *Gleichgewicht oder Hegemonie. Betrachtungen über ein Grundproblem der neueren Staatengeschichte*, Krefeld: Scherpe 1958.

Deist, Wilhelm: »Die Kriegführung der Mittelmächte«, in: *Enzyklopädie Erster Weltkrieg*, hg. von Gerhard Hirschfeld/Gerd Krumeich/Irina Renz, Paderborn u. a.: Ferd. Schöningh 2003, S. 249-271.

Delbrück, Hans: *Die Strategie des Perikles erläutert durch die Strategie Friedrichs des Großen*, Berlin: Georg Reimer, 1890.

– *Geschichte der Kriegskunst im Rahmen der politischen Geschichte*, 4 Bde. [1898-1920], Berlin und New York: Verlag de Gruyter 2000.

Demandt, Alexander: *Der Fall Roms. Die Auflösung des Römischen Reiches im Urteil der Nachwelt*, München: C. H. Beck 1984.

Demeter, Karl: *Das deutsche Offizierskorps in Gesellschaft und Staat. 1650-1945*, Frankfurt am Main: Bernard und Graefe 1962.

Diesner, Hans-Joachim: *Stimmen zu Krieg und Frieden im Renaissance-Humanismus*, (= Abh. der Akademie der Wissenschaften in Göttingen, Phil.-hist. Klasse, 3. Folge, Nr. 188) Göttingen: Vandenhoeck & Ruprecht 1990.

Dietze, Anita und Walter (Hg.): *Ewiger Friede? Dokumente einer deutschen Diskussion um 1800*, München: C. H. Beck 1989.

Dießenbacher, Hartmut: *Kriege der Zukunft. Die Bevölkerungsexplosion gefährdet den Frieden*, München und Wien: Carl Hanser Verlag 1998.

Diner, Dan: *Das Jahrhundert verstehen. Eine universalhistorische Deutung*, München: Luchterhand 1999.

– *Der Krieg der Erinnerungen und die Ordnung der Welt*, Berlin: Rotbuch Verlag 1991.

– *Die versiegelte Zeit. Über den Stillstand in der islamischen Welt*, Berlin: Propyläen 2005.

– *Weltordnungen. Über Geschichte und Wirkung von Recht und Macht*, Frankfurt am Main: Fischer Taschenbuch Verlag 1993.

Dominikowski, Thomas: »›Massen‹medien und ›Massen‹krieg. Historische Annäherungen an eine unfriedliche Symbiose«; in: Martin Löffelholz (Hg.), *Krieg als Medienereignis. Grundlagen und Perspektiven der Krisenkommunikation*, Opladen: Westdeutscher Verlag 1993, S. 33-48.

Dufraisse, Roger: *Napoleon. Revolutionär und Monarch. Eine Biographie*, München: C. H. Beck 1994.

Dülffer, Jost: *Regeln gegen den Krieg? Die Haager Friedenskonferenzen von 1899 und 1907 in der internationalen Politik*, Berlin: Ullstein 1981.

Ebach, Jürgen: *Kassandra und Jona. Gegen die Macht des Schicksals*, Frankfurt am Main: Athenäum Verlag 1987.

Eder, Klaus: *Geschichte als Lernprozess? Zur Pathogenese politischer Modernität in Deutschland*, Frankfurt am Main: Suhrkamp 1985.

Eifler, Günter (Hg.): *Ritterliches Tugendsystem*, Darmstadt: Wissenschaftliche Buchgesellschaft 1970.

Eksteins, Modris: *Tanz über Gräben. Die Geburt der Moderne und der Erste Weltkrieg*, aus dem Engl. von Bernhard Schmid, Reinbek bei Hamburg: Rowohlt 1990.

Ellis, John: *The Social History of the Machine Gun*, Baltimore: Johns Hopkins University Press 1986.

Elter, Andreas: *Die Kriegsverkäufer. Geschichte der US-Propaganda 1917-2005*, Frankfurt am Main: edition suhrkamp 2005.

Emcke, Carolin: *Von den Kriegen. Briefe an Freunde*, Frankfurt am Main: S. Fischer 2004.

Englund, Peter: *Menschheit am Nullpunkt. Aus dem Abgrund des 20. Jahrhunderts*, Stuttgart: Klett-Cotta Verlag 2001.

Enzensberger, Hans Magnus: *Aussichten auf den Bürgerkrieg*, Frankfurt am Main: Suhrkamp 1993.

Eppler, Erhard: *Vom Gewaltmonopol zum Gewaltmarkt? Die Privatisierung und Kommerzialisierung der Gewalt*, Frankfurt am Main: Suhrkamp 2002.

Fabian, R./Adam, H. C.: *Bilder vom Krieg: 130 Jahre Kriegsfotografie – eine Anklage*, Hamburg: Gruner + Jahr 1983.

Fehrenbach, Elisabeth: »Die Ideologisierung des Krieges und die Radikalisierung der Französischen Revolution«, in: Dieter Langewiesche (Hg.), *Revolution und Krieg. Zur Dynamik historischen Wandels seit dem 18. Jahrhundert*, Paderborn: Ferd. Schöningh 1989, S. 57-66.

Feldman, Gerald: »Die Mobilisierung der Volkswirtschaften für den Krieg«; in: Jay Winter u. a. (Hg.), *Der Erste Weltkrieg und das 20. Jahrhundert*, Hamburg: Hamburger Edition 2002, S. 167-186.

Ferdowsi, Mir A./Volker Matthies (Hg.): *Den Frieden gewinnen. Zur Konsolidierung von Friedensprozessen in Nachkriegsgesellschaften*, Bonn: J.H.W. Dietz Nachf. 2003.

Ferro, Marc: *Der große Krieg 1914-1918*, Frankfurt am Main: Suhrkamp 1988.

Fetscher, Iring: *Joseph Goebbels im Berliner Sportpalast 1943. »Wollt ihr den totalen Krieg?«*, Hamburg: Europäische Verlagsanstalt 1998.

– »Sind alle Soldaten Mörder?, in: Haland-Wirth, Trin u. a. (Hg.), *Unbequem und engagiert. Horst-Eberhard Richter zum 75. Geburtstag*, Gießen: Psychosozial-Verlag 1998, S. 107-114.

Fetscher, Iring/Herfried Münkler/Hannelore Ludwig: »Ideologien der Terroristen in der Bundesrepublik Deutschland«, in: Iring Fetscher/Günter Rohrmoser (Hg.), *Ideologien und Strategien. Analysen zum Terrorismus*, Bd.1, Opladen: Westdeutscher Verlag 1981, S. 16-271.

Fichte, Johann Gottlieb: *Volk und Staat, Eine Auswahl aus seinen Schriften*, hg. von Otto Braun, München: Drei Masken Verlag 1921.

Fiedler, Siegfried: *Grundriß der Militär- und Kriegsgeschichte*, 3 Bde., München: Schild Verlag 1976.

– *Kriegswesen und Kriegführung im Zeitalter der Revolutionskriege*, (= Heerwesen der Neuzeit, hg. von Gg. Ortenburg, Abt. III, Bd. 2) Koblenz: Bernard u. Graefe 1982.

Fielding, Nick/Yosri Fouda: *Masterminds of Terror. Die Drahtzieher des 11. September berichten*, Hamburg/Wien: Europa Verlag 2003.

Finley, Moses I.: *Das politische Leben in der antiken Welt*, München: C. H. Beck 1986.

Fisch, Jörg: *Die europäische Expansion und das Völkerrecht. Die Auseinandersetzungen um den Status der überseeischen Gebiete vom 15. Jahrhundert bis zur Gegenwart*, Wiesbaden: Steiner, 1984.

Fischbach, Claudius R.: *Krieg und Frieden in der französischen Aufklärung*, Münster/New York: Waxmann 1990.

Fischer, Ernst Peter: *Werner Heisenberg. Das selbstvergessene Genie*, München/Zürich: Piper 2001.

Fischer, Karsten: »Das Projekt des Fundamentalismus. Über Kulturkritik und Identitätspolitik«, in: *Merkur*, 58. Jg., 2004, Heft 4, S. 358-364.

Fischer, Karsten: »Das Hydra-Projekt. Fundamentalismus und Terrorismus als Herausforderungen der demokratischen Wohlstandsgesellschaft; in: Undine Ruge/Daniel Morat (Hg.), *Deutschland denken. Beiträge für die reflektierte Republik*, Wiesbaden: Verlag für Sozialwissenschaften 2005, S. 169-179.

Fischerkeller, Michael P.: »David versus Goliath. Cultural Judgements in Asymmetric Wars«, in: *Security Studies*, Bd. 7, 1998, Nr. 4, S. 1-43.

Flasch, Kurt: *Die geistige Mobilmachung. Die deutschen Intellektuellen und der Erste Weltkrieg*, Berlin: Alexander Fest Verlag 2000.

Fleckenstein, Josef: *Rittertum und ritterliche Welt*, unter Mitwirkung von Thomas Zotz, Berlin: Siedler 2002.

– *Vom Rittertum im Mittelalter. Perspektiven und Probleme*, Goldbach: Keip 1997.

Fontane, Theodor: *Vor dem Sturm. Roman aus dem Winter 1812 und 1813*, München: dtv 1969.

Förster, Stig u. a. (Hg.): *Schlachten der Weltgeschichte. Von Salamis bis Sinai*, München: C. H. Beck 2001.

Fox, Robin Lane: *Alexander der Große. Eroberer der Welt*, Stuttgart: Klett-Cotta 2004.

Fränkel, Hermann: *Dichtung und Philosophie des frühen Griechentums. Eine Geschichte der griechischen Epik, Lyrik und Prosa bis zur Mitte des fünften Jahrhunderts*, München: C. H. Beck 1976.

Frech, Siegfried und Peter I. Trummer (Hg.): *Neue Kriege? Akteure, Gewaltmärkte, Ökonomie*, Schwalbach/Ts.: Wochenschau Verlag 2005.

Freyermuth, Gundolf S.: »Krieg Version 3.0«; in: *Neue Züricher Zeitung Folio*, Januar 2005.

Frevert, Ute: *Ehrenmänner. Das Duell in der bürgerlichen Gesellschaft*, München: C. H. Beck 1991.

Frevert, Ute: »Das Militär als ›Schule der Männlichkeit‹. Erwartungen, Angebote, Erfahrungen im 19. Jahrhundert«, in: dies. (Hg.): *Militär und Gesellschaft im 19. und 20. Jahrhundert*, Stuttgart: Klett-Cotta 1997, S. 145-173.

– *Die kasernierte Nation. Militärdienst und Zivilgesellschaft in Deutschland*, München: Beck 2001

Friedrich, Jörg: *Der Brand. Deutschland im Bombenkrieg 1940-1945*, München: Propyläen 2002.

Frieser, Karl-Heinz: *Blitzkrieg-Legende. Der Westfeldzug 1940*, München: R. Oldenbourg Verlag 1995.

Frohloff, Astrid: »Kriegsnachrichten«, in: Christian Büttner u. a. (Hg.): *Der Krieg in den Nachrichten*, Frankfurt/New York: Campus Verlag 2004, S. 39-50.

Fromkin, David: »Die Strategie des Terrorismus«, in: Manfred Funke (Hg.), *Terrorismus. Untersuchungen zur Strategie und Struktur revolutionärer Gewaltpolitik*. (Schriftenreihe der Bundeszentrale für politische Bildung, Bd. 123), Bonn 1977, S. 83-99.

Fukuyama, Francis: *Das Ende der Geschichte*, München: Kindler 1992.

– *Staaten bauen. Die neue Herausforderung der internationalen Politik*, Berlin: Propyläen Verlag 2004.

– »The End of History?«, in: *The National Interest*, Sommer 1989, S. 3-18.

Fuller, William C., Jr.: »Die Ostfront«, in: Jay Winter u. a. (Hg.), *Der Erste Weltkrieg und das 20. Jahrhundert*, Hamburg: Hamburger Edition 2002, S. 34-70.

Gambill, Gary C./Bassam Endravos: »Bin Laden's Network in Lebanon«, in: *Middle East Intelligence Bulletin*, Bd. 3, 2001, Heft 9.

Gantzel, Klaus Jürgen: »Kriegsursachen – Tendenzen und Perspektiven«, in: *Ethik und Sozialwissenschaften. Streitforum für Erwägungskultur*, Bd. 8, 1997, Heft 3, S. 257-266.

– »Neue Kriege? Neue Kämpfer?« Arbeitspapier Nr. 2/2002 der Forschungsstelle Kriege, Rüstung und Entwicklung an der Universität Hamburg, 17 Seiten.

– »Über die Kriege nach dem Zweiten Weltkrieg. Tendenzen, ursächliche Hintergründe, Perspektiven«, in: Bernd Wegner (Hg.), *Wie Kriege entstehen. Zum historischen Hintergrund von Staatenkonflikten*, (= Krieg in der Geschichte, Bd. 4) Paderborn u. a.: Ferdinand Schöningh Verlag 2000, S. 299-318.

Gaus, Bettina: *Frontberichte. Die Macht der Medien in Zeiten des Krieges*, Frankfurt/New York: Campus 2004.

Gay, Peter: *Kult der Gewalt. Aggression im bürgerlichen Zeitalter*, München: C. H. Beck 1996.

Geiss, Imanuel: *Das Deutsche Reich und der Erste Weltkrieg*, München: Piper 1985.

Genschel, Philipp/Schlichte, Klaus: »Wenn Kriege chronisch werden: der Bürgerkrieg«, in: *Leviathan* 25. Jg., 1997, Heft 4, S. 501-517.

Gerhardt, Volker: *Immanuel Kants Entwurf ›Zum Ewigen Frieden‹. Eine Theorie der Politik*, Darmstadt: Wissenschaftliche Buchgesellschaft 1995.

Gibbon, Edward: *Verfall und Untergang des Römischen Imperiums bis zum Ende des Reiches im Westen*, 6 Bde., München: Deutscher Taschenbuch Verlag 2003.

Gilliver, Kate: *Auf dem Weg zum Imperium. Eine Geschichte der römischen Armee*, Stuttgart: Theiss 2003.

Gilpin, Robert: *War and Change in World Politics*, Cambridge: Cambridge University Press 1981.

Girard, René: *Das Heilige und die Gewalt*, Frankfurt am Main: Fischer Taschenbuch Verlag 1992.

Goethe, Johann Wolfgang von: *Aus meinem Leben. Dichtung und Wahrheit*, hg. von Walter Schafarschik, Stuttgart: Reclam 1993.

Goldsworthy, Adrian: *Die Legionen Roms. Das große Handbuch zum Machtinstrument eines tausendjährigen Weltreichs*, Frankfurt am Main: Zweitausendeins 2004.

Gray, John: *Die Geburt al-Qaidas aus dem Geist der Moderne*, München: Kunstmann 2004.

Grewe, Wilhelm: *Epochen der Völkerrechtsgeschichte*, Baden-Baden: Nomos Verlag 1988.

Grill, Bartholomäus: *Ach, Afrika. Berichte aus dem Innern eines Kontinents*, Berlin: Siedler Verlag 2003.

Groebner, Valentin: *Ungestalten. Die visuelle Kultur der Gewalt im Mittelalter*, München/Wien: Carl Hanser Verlag 2003.

Guevara, Ernesto Che: *Der Partisanenkrieg*, Berlin-Ost: Militärverlag der DDR 1962.

Gurr, Nadine/Benjamin Cole: *The New Face of Terrorism. Threats from Weapons of Mass Destruction*, London/New York: Tauris 2000.

Gustenau, Gustav (Hg.): *Humanitäre militärische Intervention zwischen Legalität und Legitimität*, Baden-Baden: Nomos Verlag 2000.

Habermas, Jürgen, »Bestialität und Humanität. Ein Krieg an der Grenze zwischen Recht und Moral«, in: *DIE ZEIT*, 29. April 1999, S. 7.

– »Kants Idee des Ewigen Friedens – aus dem historischen Abstand von 200 Jahren«, in: *Kritische Justiz*, 28. Jg., 1995, Heft 3, S. 293-319.

– »Wege aus der Weltunordnung. Ein Interview«, in: *Blätter für deutsche und internationale Politik* 1/2004, S. 27-45.

Hagemann, Karen: »Heldenmütter, Kriegerbräute und Amazonen. Entwürfe ›patriotischer Weiblichkeit‹ zur Zeit der Befreiungskriege«, in: Ute Frevert (Hg.): *Militär und Gesellschaft im 19. und 20. Jahrhundert*, Stuttgart: Klett-Cotta 1997, S. 174-200.

Hahlweg, Werner: *Guerilla. Krieg ohne Fronten*, Stuttgart u. a.: Kohlhammer 1968.

Hale, John R.: *War and Society in Renaissance Europe (1450-1620)*, Leicester: Leicester University Press 1985.

Hammer, Karl: *Deutsche Kriegstheologie. 1870-1918*, München: Deutscher Taschenbuch-Verlag 1974.

Hasan, Badrul: *Syed Qutb Shaheed*, Karachi: Islamic Books Publishers 1980.

Hegel, Georg Wilhelm Friedrich: *Werke*, hg. von Eva Moldenhauer und Karl Markus Michel, 20 Bde., Frankfurt am Main: Suhrkamp 1970ff.

Heilbrunn, Otto: *Die Partisanen in der modernen Kriegführung*, Frankfurt am Main: Bernard und Graefe 1963.

Heins, Volker/Warburg, Jens: *Kampf der Zivilisten. Militär und Gesellschaft im Wandel*, Bielefeld: transcript verlag 2004.

Herberg-Rothe, Andreas: *Das Rätsel Clausewitz*, München: Fink 2001.

Heupel, Monika/Bernhard Zangl: »Von ›alten‹ und ›neuen‹ Kriegen – Zum Gestaltwandel kriegerischer Gewalt«, in: *Politische Vierteljahresschrift*, 45. Jg., 2004, Heft 3, S. 346-369.

Heydte, Friedrich August Frhr. von der: *Der moderne Kleinkrieg als wehrpolitisches und militärisches Phänomen*, Würzburg: Holzner Verlag 1972.

Hille, Charlotte (Hg.): *State Building. Challenges between Theoretical Necessity and Political Reality*, Den Haag 2004.

Hillgruber, Andreas: *Hitlers Strategie. Politik und Kriegführung 1940-1941*, München: Bernard & Graefe 1982 .

Hintze, Otto: »Staatsverfassung und Heeresverfassung«, in: ders., *Gesammelte Abhandlungen zur allgemeinen Verfassungsgeschichte. Bd. 1: Staat und Verfassung*, hg. von Fritz Hartung, Leipzig: Koehler und Amelang 1941, S. 42-73.

Hippler, Jochen (Hg.): *Nation-Building. Ein Schlüsselkonzept für friedliche Konfliktbearbeitung?*, Bonn: Verlag J. H. W. Dietz 2004.

Hitzler, Ronald (Hg.): *Irritierte Ordnung. Die gesellschaftliche Verarbeitung von Terror*, Konstanz: UVK Verlags-Gesellschaft 2003.

Hoffman, Bruce: *Terrorismus – Der unerklärte Krieg. Neue Gefahren politischer Gewalt*, Frankfurt am Main: S. Fischer 1999.

Hölscher, Lucian: *Weltgericht oder Revolution. Protestantische und sozialistische Zukunftsvorstellungen im deutschen Kaiserreich*, (= Industrielle Welt, hg. von R. Koselleck und M. R. Lepsius, Bd. 46), Stuttgart: Klett-Cotta 1989.

Hondrich, Karl Otto: *Lehrmeister Krieg*, Reinbek bei Hamburg: Rowohlt 1992.

Horne, John/Kramer, Alan: *Deutsche Kriegsgreuel 1914. Die umstrittene Wahrheit*, Hamburg: Hamburger Edition 2004

Howard, Michael: *Der Krieg in der europäischen Geschichte. Vom Ritterheer zur Atomstreitmacht*, dt. von Karl Heinz Siber, München: C. H. Beck 1981.

– *Die Erfindung des Friedens. Über den Krieg und die Ordnung der Welt*, dt. von Michael Haupt, Lüneburg: zu Klampen 2001.

– *Kurze Geschichte des Ersten Weltkriegs*, dt. von Helmut Reuter, München und Zürich: Piper 2002.

Huizinga, Johan, »Heroismus«, in: ders.: *Schriften zur Zeitkritik*, Zürich-Brüssel: Occident Verlag/Pantheon Verlag 1948, S. 98-105.

Huntington, Samuel P.: *Kampf der Kulturen. Die Neugestaltung der Weltpolitik im 21. Jahrhundert*, Wien: Europa-Verlag 1996.

– »The clash of civilizations?«, in: *Foreign Affairs* Bd. 72, 1993, Nr. 3, S. 22-49.

Ignatieff, Michael: *Die Zivilisierung des Krieges. Ethnische Konflikte, Menschenrechte, Medien*, Hamburg: Europäische Verlagsanstalt/Rotbuch 2000.

– *Virtueller Krieg. Kosovo und die Folgen*, dt. von Angelika Hildebrandt, Hamburg: Europäische Verlagsanstalt/Rotbuch Verlag 2001.

Jacquard, Roland: *Au nom d'Oussama bin Laden. Dossier secret sur le terroriste le plus recherché du monde*, Paris: Jean Picollec 2001.

Janowitz, Morris: *The Professional Soldier. A Social and Political Portrait* [1960], New York: The Free Press 1966.

Jean, François: »Humanitäre Hilfe und Kriegsökonomie«, in: ders./Jean-Christophe Rufin (Hg.), *Ökonomie der Bürgerkriege*, Hamburg: Hamburger Edition 1999, S. 440-476.

Jean, François/Jean-Christophe Rufin (Hg.): *Ökonomie der Bürgerkriege*, Hamburg: Hamburger Edition 1999.

Joas, Hans: *Kriege und Werte. Studien zur Gewaltgeschichte des 20. Jahrhunderts*, Weilerswist: Velbrück Wissenschaft 2000.

Johnson, Chalmers: *Ein Imperium verfällt. Ist die Weltmacht USA am Ende?*, München: Blessing Verlag 2000

Jones, Eric Liones: *Das Wunder Europa. Umwelt, Wirtschaft und Geopolitik in der Geschichte Europas und Asiens*, Tübingen: J. C. B. Mohr 1991.

Jung, Dietrich/Klaus Schlichte/Jens Siegelberg: *Kriege in der Weltgesellschaft. Strukturgeschichtliche Erklärung kriegerischer Gewalt (1945-2002)*. Wiesbaden: Westdeutscher Verlag 2003.

Jünger, Ernst: *Der Arbeiter. Herrschaft und Gestalt (1932)*, Stuttgart: Klett-Cotta 1982.

Junker, Detlef: *Power and Mission. Was Amerika antreibt*, Freiburg/Br.: Herder 2003.

Jureit, Ulrike/Wildt, Andreas (Hg.): *Generationen. Zur Relevanz eines wissenschaftlichen Grundbegriffs*, Hamburg: Hamburger Edition 2005.

Kagan, Donald: *Perikles. Die Geburt der Demokratie*, Stuttgart: Klett-Cotta 1991.

Kagan, Frederick W.: »Krieg und Nachkrieg«, in: *Blätter für deutsche und internationale Politik* 11/2003, S. 1321-1332.

Kagan, Robert: *Macht und Ohnmacht. Amerika und Europa in der neuen Weltordnung*, Berlin: Siedler Verlag 2003.

Kahl, Martin/Ulrich Teusch: »Sind die ›neuen Kriege‹ wirklich neu?«, in: *Leviathan*, 32. Jg., 2004, Heft 3, S. 382-401.

Kaldor, Mary: *Neue und alte Kriege. Organisierte Gewalt im Zeitalter der*

Globalisierung, dt. von Michael Adrian, Frankfurt am Main: Suhrkamp 2000.

Kant, Immanuel: *Kritik der reinen Vernunft*, in: ders., *Werke in zwölf Bänden*, Bd. III/IV, hg. von Wilhelm Weischedel, Darmstadt: Wissenschaftl. Buchgesellschaft 1968.

– »Der Streit der Fakultäten«; in: *Werke*, Bd. XI, S. 261-393.

– »Zum Ewigen Frieden. Ein philosophischer Entwurf«, in: *Werke*, Bd. XI, S. 191-251.

Kantner, Cathleen/Sandawi, Sammi: »Der Nationalstaat und das Militär«, in: Nina Leonhard/Ines-Jacqueline Werkner (Hg.), *Militärsoziologie – Eine Einführung*, Wiesbaden: Verlag für Sozialwissenschaften 2005, S. 24-49.

Kapuściński, Ryszard: *Afrikanisches Fieber*, Frankfurt am Main: Eichborn 1999.

Karow, Yvonne: *Deutsches Opfer. Kultische Selbstauslöschung auf den Reichsparteitagen der NSDAP*, Berlin: Akademie Verlag 1997.

Kath, R.: *Nulla mentio pacis. Untersuchungen zu Formen der Verarbeitung und Memorierung militärischer Rückschläge und Niederlagen in der römischen Republik*, Diss. Dresden 2004.

Keegan, John: *Der Erste Weltkrieg. Eine europäische Tragödie*, aus dem Engl. von Karl und Heidi Nicolai, Reinbek b. Hamburg: Kindler 2000.

– *Der Zweite Weltkrieg*, aus dem Engl. von Hainer Kober, Berlin: Rowohlt Berlin 2004.

– *Die Kultur des Krieges*, Berlin: Rowohlt Berlin1995.

– *Die Maske des Feldherrn. Alexander der Große, Wellington, Grant, Hitler*, aus dem Engl. von Bernd Rullkötter, Weinheim u. Berlin: Beltz Quadriga 1997.

– *Die Schlacht. Azincourt 1415 – Waterloo 1815 – Somme 1916*, München: dtv 1981.

Keen, Maurice: *Das Rittertum*, München/Zürich: Artemis 1987.

Kehr, Eckart: »Klassenkämpfe und Rüstungspolitik im kaiserlichen Deutschland«, in: ders., *Der Primat der Innenpolitik. Gesammelte Aufsätze zur preußisch-deutschen Sozialgeschichte des 19. und 20. Jahrhunderts*, hg. von Hans-Ulrich Wehler, Frankfurt am Main u. a.: Ullstein Verlag 1976, S. 87-110.

– »Zur Genesis des Königlich Preußischen Reserveoffiziers«; in: ders., *Der Primat der Innenpolitik. Gesammelte Aufsätze zur preußisch-deutschen Sozialgeschichte des 19. und 20. Jahrhunderts*, hg. und eingeleitet von Hans-Ulrich Wehler, Frankfurt am Main u. a.: Ullstein Verlag 1976, S. 53-63.

Kempf, Wilhelm: »Konfliktprävention und Medien. Plädoyer für einen Friedensjournalismus«, in: *Entwicklungspolitik* 6/1999, S. 17-23.

Kennedy, Paul: *Aufstieg und Fall der großen Mächte. Ökonomischer Wandel und militärischer Konflikt von 1500 bis 2000*, Frankfurt am Main: S. Fischer 1989; amerikanisches Original: The Rise and Fall of the Great

Powers. Economic Change and Military Conflict From 1500 to 2000, London u. a. 1988.

Kilian, Rudolf: *Jesaja 1-39*, Darmstadt: Wissenschaftl. Buchgesellschaft 1983.

Kippenberger, Hans/M.N. Tuchatschewski/Ho Chi Minh: *Der bewaffnete Aufstand. Versuch einer theoretischen Darstellung*, eingeleitet von Hans Wollenberg, Frankfurt am Main: Europäische Verlagsgesellschaft 1971.

Kissinger, Henry: »The Vietnam Negotiations«, in: *Foreign Affairs*, Bd. 47, 1969, Nr. 2, S. 211-234.

Kleßmann, Eckart/Karl-Heinz Jürgens: *Napoleon. Lebensbilder*, Bergisch-Gladbach 1988.

Knightly, Peter: *The First Casuality. From the Crimean War to Vietnam: The War Correspondent as Hero, Propagandist and Myth Maker*, New York/London: Andre Deutsch 1975.

Knöbl, Wolfgang: »Krieg, ›Neue Kriege‹ und Terror: Sozialwissenschaftliche Analysen und ›Deutungen‹ der aktuellen weltpolitischen Lage«, in: *Soziologische Revue*, 27. Jg., 2004, S. 186-200.

Kolko, Gabriel: *Das Jahrhundert der Kriege*, Frankfurt am Main: S. Fischer 1999.

Koselleck, Reinhart/Jeismann, Michael (Hg.): *Der politische Totenkult. Kriegerdenkmäler in der Moderne*, München: Wilhelm Fink Verlag 1994.

Koszyk, K.: »Amtliche Irreführung«, in: *Journalist*, Bd. 41, 1991, Nr. 3, S. 26.

Kroener, Bernd R.: »Vom ›extraordinari Kriegsvolck‹ zum ›miles perpetuus‹. Zur Rolle der bewaffneten Macht in der europäischen Gesellschaft der Frühen Neuzeit«, in: *Militärgeschichtliche Mitteilungen*, Bd. 43, 1988, Heft 1, S. 141-187.

Kromayer, Johannes/Veith, Georg: *Heerwesen und Kriegführung der Griechen und Römer*, München: C. H. Becksche Verlagsbuchhandlung 1928.

Kruse, Wolfgang: *Die Erfindung des modernen Militarismus. Krieg, Militär und bürgerliche Gesellschaft im politischen Diskurs der Französischen Revolution 1789-1799*, München: R. Oldenbourg Verlag 2003.

Krüger, Peter: »Der Erste Weltkrieg als Epochenschwelle«, in: Hans Maier (Hg.), *Wege in die Gewalt. Die modernen politischen Religionen*, Frankfurt am Main: Fischer Taschenbuch Verlag 2000, S. 70-91.

Kuhn, Axel/Schweigard, Jörg: *Freiheit oder Tod! Die deutsche Studentenbewegung zur Zeit der Französischen Revolution*, Köln u. a.: Böhlau Verlag 2005.

Kulischer, Josef: *Allgemeine Wirtschaftsgeschichte des Mittelalters und der Neuzeit* [1928], 2 Bde., Berlin: Rütten und Loening 1954.

Kümmel, Gerhard/Leonhard, Nina: »Tod, Militär und Gesellschaft. Ein Beitrag zur Soziologie des Todes«, in: *Berliner Debatte Initial*, 15. Jg., 2004, Heft 5/6, S. 132-144.

Kunyczik, Michael: »Kriegsberichterstattung und Öffentlichkeitsarbeit in Kriegszeiten«, in: Kurt Imhof/Peter Schulz (Hg.), *Medien und Krieg – Krieg der Medien*, Zürich: Seismo 1985, S. 87-104.

Kunisch, Johannes: *Der Kleine Krieg. Studien zum Heerwesen des Absolutismus*, Wiesbaden: Steiner Verlag 1973.

– »Feldmarschall Loudon und der kleine Krieg«, in: Manfried Rauchensteiner/Erwin A. Schmidt (Hg.), *Formen des Krieges. Vom Mittelalter zum »Low-Intensity-Conflict«*, Graz u. a. 1991, S. 45-70.

– *Friedrich der Große. Der König und seine Zeit*, München: C. H. Beck 2004.

– »La guerre – c'est moi! Zum Problem der Staatenkonflikte im Zeitalter des Absolutismus«, in: ders., *Fürst – Gesellschaft – Krieg. Studien zur bellizistischen Disposition des absoluten Fürstenstaates*, Köln u. a.: Böhlau Verlag 1992, S. 1-41.

– »Von der gezähmten zur entfesselten Bellona. Die Umwertung des Krieges im Zeitalter der Revolutions- und Freiheitskriege«, in: ders., *Fürst – Gesellschaft – Krieg. Studien zur bellizistischen Disposition des absoluten Fürstenstaates*, Köln u. a.: Böhlau 1992, S. 203-226.

Kunisch, Johannes/Herfried Münkler (Hg.): *Die Wiedergeburt des Krieges aus dem Geist der Revolution. Studien zum bellizistischen Diskurs des ausgehenden 18. und beginnenden 19. Jahrhunderts*, Berlin: Duncker & Humblot 1999.

Kurtenbach, Sabine/Lock, Peter (Hg.): *Kriege als (Über)Lebenswelten. Schattenglobalisierung, Kriegsökonomien und Inseln der Zivilität*, Bonn: J. H. W. Dietz Nachf. 2004.

Landes, David: *Wohlstand und Armut der Nationen. Warum die einen reich und die anderen arm sind*, Berlin: Siedler 1999.

Langer, Herbert: *Der Dreißigjährige Krieg. Eine Kulturgeschichte*, 3., überarb. Aufl., Gütersloh: Prisma Verlag 1982.

Laqueur, Walter: *Die globale Bedrohung. Neue Gefahren des Terrorismus*, Berlin: Propyläen 1998.

– *Krieg dem Westen. Terrorismus im 21. Jahrhundert*, München: Propyläen 2003.

Laqueur, Walter (Hg.): *Zeugnisse politischer Gewalt. Dokumente zur Geschichte des Terrorismus*, Kronberg/Ts.: Athenaum Verlag 1978.

Lefebvre, Georges: *Napoleon* (Biographien zur Französischen Revolution, hg. von Peter Schöttler), Stuttgart: Klett-Kotta 1989 (zuerst 1936).

Lehmann, Gustav Adolf: »Das Ende der römischen Herrschaft über das »westelbische« Germanien. Von der Varus-Katastrophe zur Abberufung des Germanicus Caesar 16./17. Jh. n. Chr.«, in: Rainer Wiegels/Winfried Woesler (Hg.), *Arminius und die Varusschlacht*, Paderborn u. a.: Schöningh 1995, S. 123-141.

Lenger, Friedrich: *Werner Sombart. 1863-1941. Eine Biographie*, München: C. H. Beck 1994.

Levitt, Matthew A.: *Charitable and Humanitarian Organizations in the Network of International Terrorist Financing*, Bericht des Washington Institute for Near East Policy, Washington: 2002.

Levsen, Sonja: »›Heilig wird uns Euer Vermächtnis sein!‹ – Tübinger und Cambridger Studenten gedenken ihrer Toten des Ersten Weltkrieges«, in: Carl, Horst u. a. (Hg.), *Kriegsniederlagen. Erfahrungen und Erinnerungen*, Berlin: Akademie Verlag 2004, S. 145-161.

Liddell Hart, Basil H., *Die Strategie einer Diktatur. Aufstieg und Fall der deutschen Generale*, deutsch von Generalleutnant a. D. Kurt Dittmar, Zürich: Verlag Amstutz, Herdeg u. Co. 1949.

Liebsch, Burkhard: »Aus Feindschaft geboren? Carl Schmitt, Edgar Morin, Jan Patočka und die europäische Gegenwart. Mit einem Nachtrag zum Geschichtszeichen des 11. September«, in: *Vom Sinn der Feindschaft*, hg. von Christian Geulen u. a., Berlin: Akademie Verlag 2002, S. 17-52.

– »Feindschaft aus Verfeindung. Politische Koexistenz zwischen Gastlichkeit und Vernichtung«, in: *Gewalt verstehen*, hg. von Burkhard Liebsch und Dagmar Mensink, Berlin: Akademie Verlag 2003, S. 225-264.

Liulevicius, Vejas Gabriel: *Kriegsland im Osten. Eroberung, Kolonisierung und Militärherrschaft im Ersten Weltkrieg*, Hamburg: Hamburger Edition 2002.

Lock, Peter: »Ökonomie der neuen Kriege«, in: Siegfried Frech/Peter I. Trummer (Hg.), *Neue Kriege. Akteure, Gewaltmärkte, Ökonomie*, Schwalbach/Ts.: Wochenschau Verlag 2005, S. 53-72.

– »Ökonomien des Krieges. Ein lange vernachlässigtes Forschungsfeld von großer Bedeutung für die militärische Praxis«, in: Astrid Sahm/Manfred Sapper/Volker Weichsel (Hg.): *Die Zukunft des Friedens*, Wiesbaden: Westdeutscher Verlag 2002, S. 269-286.

Loibl, Alto: »Der Zelluloid-Partisan. Rambo als politischer Mythos«, in: Herfried Münkler (Hg.), *Der Partisan. Theorie, Strategie, Gestalt*, Opladen: Westdeutscher Verlag 1990, S. 381-391.

Ludendorff, Erich: *Der totale Krieg*, München: Ludendorff Verlag 1935.

Luh, Jürgen: *Kriegskunst in Europa 1650-1800*, Köln u. a.: Böhlau Verlag 2004.

Lütkehaus, Ludger: *Philosophieren nach Hiroshima. Über Günther Anders*, Frankfurt am Main: Fischer Taschenbuch Verlag 1992.

Luttwak, Edward: *Strategie. Die Logik von Krieg und Frieden*, Lüneburg: zu Klampen 2003.

– »Toward Post-Heroic Warfare«, in: *Foreign Affairs*, 74. Jg., 1995, Mai/Juni, S. 109-122.

MacArthur, John R.: *Die Schlacht der Lügen. Wie die USA den Golfkrieg verkauften*, München: dtv 1996.

Machiavelli, Niccolò: *Der Fürst. Il Principe*, übersetzt und hg. von Rudolf Zorn, Stuttgart: Alfred Kröner 1972.

Mack, Andrew: »Why Big Nations Lose Small Wars: The Politics of Asymmetric Conflict«, in: *World Politics*, Bd. XXVII, 1975, Nr. 2, S. 175-200.

Mallett, M. E.: *Mercenaries and their Masters: Warfare in Renaissance Italy*, London u. a.: Bodley Head 1974.

Malzahn, Claus Christian: *Die Signatur des Krieges. Berichte aus einer verunsicherten Welt*, Berlin: Matthes u. Seitz 2005.

Mann, Michael: *Geschichte der Macht*, 3 Bde., Frankfurt am Main/New York: Campus 1990-2001.
Mao Tse-tung: *Vom Kriege. Die kriegswissenschaftlichen Schriften*, mit einem Geleitwort vom Brigadegeneral Heinz Karst, Gütersloh: Bertelsmann Sachbuchverlag 1969.
– »Über den langdauernden Krieg«, in: ders.: *Vom Kriege. Die kriegswissenschaftlichen Schriften*, Gütersloh: 1969, S. 179-278.
Mappes-Niedeck, Norbert: »Schwache Staaten und ökonomische Entwicklung. Organisierte Kriminalität und Korruption auf dem Balkan«; in: Becker, Joachim u. a. (Hg.), *Krieg an den Rändern. Von Sarajewo bis Kuito*, Wien: Promedia Verlag und Südwind 2005, S. 208-223.
Martinsen, Renate: *Der Wille zum Helden. Formen des Heroismus in Texten des 20. Jahrhunderts*, Wiesbaden: Dt. Universitätsverlag 1990.
Marty, Martin E./Appleby, R. Scott: *Herausforderung Fundamentalismus. Radikale Christen, Moslems und Juden im Kampf gegen die Moderne*, Frankfurt/New York: Campus 1996.
Maschke, Günter: *Kritik des Guerillero. Zur Theorie des Volkskriegs*, Frankfurt am Main: S. Fischer 1973.
Massie, Robert K.: *Die Schalen des Zorns. Großbritannien, Deutschland und das Heraufziehen des Ersten Weltkriegs*, Frankfurt am Main: S. Fischer 1993.
Matz, Wolfgang: »Politik der Apokalypse«, in: *Text und Kritik*, Heft 115, München 1992, S. 49-57.
Mattioli, Aram: *Experimentierfeld der Gewalt. Der Abessinienkrieg und seine internationale Bedeutung 1935-1941*, Zürich: Orell Füssli Verlag 2005.
McCullin, Don: *A Life in Photographs*, Granta Winter 1995.
McNeill, William: *Krieg und Macht. Militär, Wirtschaft und Gesellschaft vom Altertum bis heute*, München: C.H. Beck 1984.
McPherson, James M.: *Für die Freiheit sterben. Die Geschichte des Amerikanischen Bürgerkrieges*, München/Leipzig: List o. J. [1993].
Mearsheimer, John: *The Tragedy of Great Power Politics*, New York/London: W.W. Norton and Company 2001.
Medico International (Hg.), *Ungeheuer ist nur das Normale. Zur Ökonomie der »neuen« Kriege*, Red. von Anne Jung, Frankfurt am Main: Mabuse Verlag 2002.
Mey, Holger H.: »Moderne Kriegführung. Lehren aus dem Irak-Krieg«, in: Erich Reiter (Hg.), *Jahrbuch für internationale Sicherheitspolitik 2003*, Hamburg: Mittler und Sohn 2003, S. 71-81.
Meyer, Martin: *Ende der Geschichte?*, München und Wien: Carl Hanser Verlag 1993.
– *Krieg der Werte. Wie wir leben, um zu überleben*, München/Wien: Nagel und Kimche 2003.
Moltke, Helmuth Graf von: »Rede im Reichstag am 14. Mai 1890«, in: Carl von Clausewitz/Helmut von Moltke, *Kriegstheorie und Kriegsgeschichte*,

hg. von Reinhard Stumpf, Frankfurt am Main: Deutscher Klassiker Verlag 1993, S. 504-507.

Mommsen, Wolfgang J.: »Die Kontinuität des Irrtums. Das Deutsche Reich an der Schwelle zum totalen Krieg«, in: ders., *Der Erste Weltkrieg. Anfang vom Ende des bürgerlichen Zeitalters*, Frankfurt am Main: Fischer Taschenbuch Verlag 2004, S. 79-93.

Mori, Massimo: »Krieg und Frieden in der klassischen deutschen Philosophie«, in: *Machtpolitischer Realismus und pazifistische Utopie*, hg. von Hans Joas und Helmut Steiner, Frankfurt am Main: Suhrkamp 1989, S. 49-91.

Morelli, Anne: *Die Prinzipien der Kriegspropaganda*, Springe: zu Klampen Verlag 2005.

Mosse, George L.: *Die Nationalisierung der Massen. Politische Symbolik und Massenbewegungen. Von den Befreiungskriegen bis zum Dritten Reich*, Frankfurt/New York: Campus 1993.

– *Gefallen für das Vaterland. Nationales Heldentum und namenloses Sterben*, Stuttgart: Klett-Cotta 1993.

– »Soldatenfriedhöfe und nationale Wiedergeburt. Der Gefallenenkult in Deutschland«, in: Klaus Vondung (Hg.): *Kriegserlebnis. Der Erste Weltkrieg in der literarischen Gestaltung und symbolischen Deutung der Nationen*, Göttingen: Vandenhoeck & Ruprecht 1980, S. 241- 261.

Müller, Harald: *Amerika schlägt zurück. Die Weltordnung nach dem 11. September*, Frankfurt am Main: Fischer Taschenbuch Verlag 2003.

– »Demokratie, die Medien und der Irakkrieg«, in: Christian Büttner u. a. (Hg.): *Der Krieg in den Medien*, Frankfurt/New York: Campus 2004, S. 13-24.

Müller, Rolf-Dieter: *Der Bombenkrieg 1939-1945*, unter Mitarbeit von Florian Huber und Johannes Eglai, Berlin: Chr. Links Verlag 2004.

– *Der letzte deutsche Krieg 1939-1945*, Stuttgart: Klett-Cotta 2005.

Müller, Rolf-Dieter/ Gerd R. Ueberschär: *Hitlers Krieg im Osten 1941-1945. Ein Forschungsbericht*, Darmstadt: Wissenschaftliche Buchgesellschaft 2000.

Münkler, Herfried: »Asymmetrische Gewalt. Terrorismus als politisch-militärische Strategie«, in: ders.: *Über den Krieg*, S. 252-264.

– »Bilder als Waffen. Die Rolle der Medien in den neuen Kriegen«, in: *epd Entwicklungspolitik*, Heft 8/9, Mai 2003, S. 27-29.

– »Carl von Clausewitz«, in: Iring Fetscher/Herfried Münkler, *Pipers Handbuch der politischen Ideen*, Bd. 4, München 1986, S. 92-103.

– *Das Blickfeld des Helden. Zur Darstellung des Römischen Reiches in der germanisch-deutschen Heldendichtung*, Göppingen: Kümmerle 1983.

– »Das Prinzip Empire«, in: Ulrich Speck/Natan Sznaider (Hg.), *Empire Amerika. Perspektiven einer neuen Weltordnung*, München: Deutsche Verlags-Anstalt 2003, S. 104-125.

– »Der bedingungslose Wille zum Widerstand«, in: Winston S. Churchill, *Blut, Schweiß und Tränen. Antrittsrede im Unterhaus am 13. Mai 1940*, Hamburg: Europäische Verlagsanstalt 1995, S. 15-57.

– »Der Dreißigjährige Krieg, die neuen Kriege und Brechts ›Mutter Courage‹«, in: *Brecht und der Krieg. Widersprüche damals, Einsprüche heute*, hg. von Sabine Kebir und Therese Hörnigk, Berlin: Theater der Zeit 2005, S. 16-33.
– *Der neue Golfkrieg*, Reinbek bei Hamburg: Rowohlt 2003.
– »Dialektik des Militarismus oder Hegung des Krieges. Krieg und Frieden bei Clausewitz, Engels und Carl Schmitt; in: ders., *Über den Krieg. Stationen der Kriegsgeschichte im Spiegel ihrer theoretischen Reflexion*, Weilerswist: Velbrück Wissenschaft 2002, S. 116-148.
– »Die Kriege des 21. Jahrhunderts«, in: *Gewerkschaftliche Monatshefte* 4/2003, S. 193-204.
– *Die neuen Kriege*, Reinbek bei Hamburg: Rowohlt 2002.
– »Die Privatisierung des Krieges. Warlords, Terrornetzwerke und die Reaktion des Westens«, in: *Zeitschrift für Politikwissenschaft,* 13 Jg., 2003, Heft 1, S. 7-22.
– »Goliath und David«, in: ders., *Odysseus und Kassandra. Politik im Mythos*, Frankfurt am Main: Fischer Taschenbuch Verlag 1990, S. 25-38.
– »Grammatik der Gewalt. Der jüngste Strategiewandel des Terrorismus und dessen Folgen für die Organisationsstruktur terroristischer Gruppen«, in: Ronald Hitzler/Jo Reichertz (Hg.), *Irritierte Ordnung. Die gesellschaftliche Verarbeitung von Terror*, Konstanz: UVK Verlagsgesellschaft 2003, S. 13-29.
– »Guerillakrieg und Terrorismus«, in: ders., *Gewalt und Ordnung. Das Bild des Krieges im politischen Denken*, Frankfurt am Main: Fischer Taschenbuch Verlag 1992, S. 142-175.
– *Im Namen des Staates. Die Begründung der Staatsraison in der Frühen Neuzeit*, Frankfurt am Main: S. Fischer 1987.
– *Imperien. Die Logik der Weltherrschaft – vom Alten Rom bis zu den Vereinigten Staaten*, Reinbek bei Hamburg: Rowohlt 2005.
– »Instrumentelle und existentielle Auffassung des Krieges bei Carl von Clausewitz« in: ders., *Gewalt und Ordnung. Das Bild des Krieges im politischen Denken*, Frankfurt am Main: Fischer Taschenbuch Verlag 1992, S. 92-110.
– »Krieg im 21. Jahrhundert«, in: *Polis*, Heft 1/2003, S. 7-10.
– »Kriege im 21. Jahrhundert«, in: Erich Reiter (Hg.), *Jahrbuch für internationale Sicherheitspolitik 2003*, Hamburg u. a.: Mittler und Sohn 2003, S. 83-97.
– »Partisanen der Tradition«, in: Herfried Münkler, *Gewalt und Ordnung. Das Bild des Krieges im politischen Denken*, Frankfurt am Main: Fischer Taschenbuch Verlag 1992, S. 127-141.
– »Politik und Krieg. Die neuen Herausforderungen durch Staatszerfall, Terror und Bürgerkriegsökonomien«, in: Armin Nassehi/Markus Schroer (Hg.), *Der Begriff des Politischen*, Baden-Baden: Nomos Verlag 2003, S. 471-490.
– *Politische Bilder, Politik der Metaphern*, Frankfurt am Main: Fischer Taschenbuch Verlag 1994.

– »Schlachtbeschreibung: Der Zweite Weltkrieg in der Wahrnehmung und Erinnerung der Deutschen«, in: *Leviathan,* 13. Jg., 1985, Heft 1, S. 129-146.
– »Sind wir im Krieg? Über Terrorismus, Partisanen und die neuen Formen des Krieges«, in: *Politische Vierteljahresschrift,* 42. Jg., 2001, Heft 4, S. 581-589.
– »Symmetrische und asymmetrische Kriege«, in: *Merkur,* 58. Jg., 2004, Heft 8, S. 649-659.
– »Terrorismus als Kommunikationsstrategie. Die Botschaft des 11. September«, in: *Internationale Politik,* 56. Jg., 2001, Heft 12, S. 11-18.
– *Über den Krieg. Stationen der Kriegsgeschichte im Spiegel ihrer theoretischen Reflexion,* Weilerswist: Velbrück 2002.
Münkler, Herfried/Karsten Fischer: »Nothing to kill or die for ...« – Überlegungen zu einer politischen Theorie des Opfers«, in: *Leviathan,* 28. Jg., 2000, Heft 3, S. 343-362.
Münkler, Herfried (Hg.): *Der Partisan. Theorie, Strategie, Gestalt,* Opladen: Westdeutscher Verlag 1990.
Nacos, Brigitte L.: *Terrorism and the media. From the Iran hostage crisis to the World Trade Center bombing,* New York u. a: Columbia Univ. Press 1994.
Napoleoni, Loretta: *Die Ökonomie des Terrors. Auf den Spuren des Dollars hinter dem Terrorismus,* München: Kunstmann 2004.
Naumann, Klaus:, *Der Krieg als Text. Das Jahr 1945 im kulturellen Gedächtnis der Presse,* Hamburg: Hamburger Edition 1998.
Naumann, Michael: *Strukturwandel des Heroismus. Vom sakralen zum revolutionären Heldentum,* Königstein/Ts.: Athenäum 1984.
Nef, John U.: *Western Civilization since the Renaissance. Peace, War, Industry and the Arts,* New York: Torchbook edition 1963.
»Neue Nationale Sicherheitsstrategie der Vereinigten Staaten«, in: *Blätter für deutsche und internationale Politik,* Heft 11/2002, S. 1091-1993, sowie Heft 12/2002, S. 1505-1511.
Nicolson, Nigel: *Napoleon in Rußland,* Zürich/Köln: Benziger 1987.
Niedhart, Gottfried: »Der Erste Weltkrieg. Von der Gewalt im Krieg zu den Konflikten im Frieden«, in: Bernd Wegner (Hg.), *Wie Kriege enden. Wege zum Frieden von der Antike bis zur Gegenwart,* Paderborn u. a.: Ferd. Schöningh 2002, S. 187-211.
Nielebock, Thomas: »Der Friede zwischen den Demokratien: Friede den Palästen, Krieg den Hütten? Die Bedeutung des Faktors ›Demokratie‹ in der internationalen Politik«, in: Volker Rittberger (Hg.), *Weltpolitik heute. Grundlagen und Perspektiven,* Baden-Baden: Nomos 2004, S. 165-191.
Niethammer, Lutz (unter Mitarbeit von Dirk van Laak): *Posthistoire. Ist die Geschichte zu Ende?,* Reinbek bei Hamburg: Rowohlt 1989.
Nipperdey, Thomas: *Deutsche Geschichte 1800-1860. Bürgerwelt und starker Staat,* München: C. H. Beck 1983.
Nissen, Astrid/Radtke, Katrin: »Warlords als neue Akteure der internationalen Beziehungen«, in: Ulrich Albrecht u. a. (Hg.), *Das Kosovo-*

Dilemma. Schwache Staaten und Neue Kriege als Herausforderung des 21. Jahrhunderts, Münster: Westfälisches Dampfboot 2002, S. 141-155.

Nolte, Ernst, *Der Faschismus in seiner Epoche. Die Action française. Der italienische Faschismus. Der Nationalsozialismus (1963)*, München: Piper Verlag [5]1979.

Norden, Eduard: *Die Geburt des Kindes. Geschichte einer religiösen Idee*, Darmstadt: Wissenschaftliche Buchgesellschaft 1958.

Noth, Martin: *Geschichte Israels*, Göttingen: Vandenhoeck & Ruprecht [10]1986.

Nowosadtko, Jutta: *Krieg, Gewalt und Ordnung. Einführung in die Militärgeschichte*, Tübingen: edition diskord 2002.

Oestreich, Gerhard: *Geist und Gestalt des frühmodernen Staates*, Berlin: Duncker & Humblot 1969, S. 11-34.

Ohler, Norbert: *Krieg und Frieden im Mittelalter*, München: C. H. Beck 1997.

Orbach, Benjamin: »Usama bin Laden and al-Qa'ida: Origins and Doctrines«, in: *MERIA - Middle East Review of International Affairs*, Bd. 5, 2001, Heft 4, S. 54-68.

Overy, Richard: *Russlands Krieg. 1941-1945*, Reinbek bei Hamburg: Rowohlt 2003.

– *Die Wurzeln des Sieges. Warum die Alliierten den Zweiten Weltkrieg gewannen*, Stuttgart u. München: Deutsche Verlags-Anstalt 2000.

Palm, Goedart, »Eine technologische Vorschau auf zukünftige Kriege«, in: Goedart Palm/Florian Rötzer (Hg.), *Medien – Terror – Krieg. Zum neuen Kriegsparadigma des 21. Jahrhunderts*, Hannover: Heise 2002, S. 279-291.

Palm, Goedart/Florian Rötzer (Hg.), *Medien – Terror – Krieg. Zum neuen Kriegsparadigma des 21. Jahrhunderts*, Hannover: Heise 2002.

Paret, Peter: *Clausewitz und der Staat. Der Mensch, seine Theorien und seine Zeit*, Bonn: Dümmler 1993.

– *Internal War and Pacification. The Vendée. 1789-1796*, Princeton, N.J., Center of International Studies: Princeton University Press 1961, Research Monograph 12.

– »Napoleon as Enemy«, in: ders., *Understanding War. Essays on Clausewitz and the History of Military Power*, Princeton/N.J.: Princeton University Press 1992, S. 75-84.

– *Understanding War. Essays on Clausewitz and the History of Military Power*, Princeton N.: Princeton University Press 1992.

Parker, Geoffrey: *Der Dreißigjährige Krieg*, Frankfurt am Main: Campus 1987.

– *Die militärische Revolution. Die Kriegskunst und der Aufstieg des Westens 1500-1800*, Frankfurt am Main: Campus 1990.

– *The Military Revolution Debate. Readings on the Military Transformation of Early Modern Europe*, hg. von Clifford J. Rogers, Boulder u. a.: Westview Press 1995.

Paul, Gerhard: *Bilder des Krieges, Krieg der Bilder. Die Visualisierung des modernen Krieges*, Paderborn, München u. a.: Ferdinand Schöningh/ Wilhelm Fink 2004.

– *Der Bilderkrieg. Inszenierung, Bilder und Perspektiven der ›Operation Irakische Freiheit‹*, Göttingen: Wallstein 2005.

Paul, Thazka Varkey: *Asymmetric Conflicts. War Initiation by Weaker Powers*, Cambridge: Cambridge University Press 1994.

Pepper, Simon/Nicholas Adams: *Firearms and Fortifications. Military Architecture and Siege Warfare in Sixteenth-Century Siena*, Chicago und London: University of Chicago Press 1986.

Pfaff, William: »Die Verselbständigung des Militärischen in der amerikanischen Politik«, in: *Blätter für deutsche und internationale Politik*, 2001, Heft 2, S. 176-187.

Ponsonby, Arthur: *Lügen in Kriegszeiten*, Berlin: Stilke 1930.

Popkin, Jeremy D.: *Revolutionary news. The press in France 1789 – 1799*, Durham u. a.: Duke Univ. Press, 1999.

Preuß, Ulrich K.: Krieg, *Verbrechen, Blasphemie. Zum Wandel bewaffneter Gewalt*, Berlin: Verlag Klaus Wagenbach 2002.

Priest, Dana: *The Mission. Waging War and Keeping Peace with America's Military*. New York/London: W. W. Norton 2003.

Radkau, Joachim: *Das Zeitalter der Nervosität. Deutschland zwischen Bismarck und Hitler*, München und Wien: Carl Hanser Verlag 1998.

– *Max Weber. Die Leidenschaft des Denkens*, München und Wien: Carl Hanser Verlag 2005.

Ramonet, Ignacio: *Kriege des 21. Jahrhunderts. Die Welt vor neuen Bedrohungen*, Zürich: Rotpunktverlag 2002.

Rapoport, Anatol: »Tolstoi und Clausewitz. Zwei Konfliktmodelle und ihre Abwandlungen«, in: Günter Dill (Hg.), *Clausewitz in Perspektive. Materialien zu Carl von Clausewitz´ »Vom Kriege«*, Frankfurt am Main u. a.: Ullstein 1980, S. 697-718.

Rashid, Ahmed: *Heiliger Krieg am Hindukusch. Der Kampf um Macht und Glauben in Zentralasien*, München: Droemer 2002.

– *Taliban. Afghanistans Gotteskrieger und der Dschihad*, München: Droemer 2001.

Rauch, Carsten: *Die Theorie des Demokratischen Friedens. Grenzen und Perspektiven*, Frankfurt/New York: Campus Verlag 2005.

Razac, Olivier: *Politische Geschichte des Stacheldrahts. Prärie, Schützengraben, Lager*, Zürich-Berlin: diaphanes 2003.

Reeve, Simon: *The New Jackals: Ramzi Yousef, Osama bin Laden and the future of terrorism*, London: André Deutsch Ltd. 1999.

Regan, Geoffrey: *Narren, Nulpen, Niedermacher. Militärische Blindgänger und ihre größten Schlachten*, Lüneburg: zu Klampen 1998.

Reichsarchiv (Hg.): *Der Weltkrieg 1914 bis 1918*, 14 Bde., Berlin 1925-1944.

Reinhard, Wolfgang: *Geschichte der europäischen Expansion*, 4 Bde., Stuttgart u. a.: Verlag Kohlhammer 1983-1990.

Rémond, René: *Frankreich im 20. Jahrhundert*, 2 Bde., (= Geschichte

Frankreichs, hg. von Jean Favier; Bd. 6), Stuttgart: Deutsche Verlagsanstalt 1994.

Reuter, Christoph: *Mein Leben ist eine Waffe. Selbstmordattentäter – Psychogramm eines Phänomens*, München: Bertelsmann 2002.

Risse-Kappen, Thomas: »Wie weiter mit dem »demokratischen Frieden«, in: *Zeitschrift für Internationale Beziehungen*, Bd. 1, 1994, S. 367-379.

Rosa, Hartmut: *Beschleunigung. Die Veränderung der Zeitstruktur in der Moderne*, Frankfurt am Main: Suhrkamp 2005.

Rotermundt, Rainer: *Jedes Ende ist ein Anfang. Auffassungen vom Ende der Geschichte*, Darmstadt: Wissenschaftliche Buchgesellschaft 1994.

Ruf, Werner (Hg.): *Politische Ökonomie der Gewalt. Staatszerfall und die Privatisierung von Gewalt und Krieg*, Opladen: Leske u. Budrich 2003.

Rühl, Lothar: *Das Reich des Guten. Machtpolitik und globale Strategie Amerikas*, Stuttgart: Klett-Cotta 2005.

Rühle von Lilienstern, Johann Jakob Otto August: *Apologie des Krieges*, hg. und mit einem Nachwort von Jean-Jacques Langendorf, Wien: Karolinger 1984.

Russell, William H.: *Meine sieben Kriege*, Frankfurt am Main: Eichborn 2000.

Russmann, Paul: »Kindersoldaten«, in: *Neue Kriege. Akteure, Gewaltmärkte, Ökonomie*, hg. von S. Frech und P. I. Trummer, Schwalbach/Ts.: Wochenschau Verlag 2005, S. 101-118.

Salewski, Michael: *Deutschland und der Zweite Weltkrieg*, Paderborn u. a.: Ferd. Schöningh 2005.

Schilling, Heinz: *Aufbruch und Krise. Deutschland 1517-1648*, (= Siedler Deutsche Geschichte), Berlin: Siedler Verlag 1988.

Schivelbusch, Wolfgang: *Die Kultur der Niederlage. Der amerikanische Süden 1865, Frankreich 1871, Deutschland 1918*, Berlin: Alexander Fest Verlag 2001.

Schley, Nicole/Sabine Busse: *Die Kriege der USA. Chronik einer aggressiven Nation*, Kreuzlingen und München: Diederichs 2003.

Schlichte, Klaus: »Profiteure und Verlierer von Bürgerkriegen: die soziale Ökonomie der Gewalt«, in: Werner Ruf (Hg.), *Politische Ökonomie der Gewalt. Staatszerfall und die Privatisierung von Gewalt und Krieg*, Opladen: Leske u. Budrich 2003 S. 124-143.

– *Vergesellschaftung und Krieg in Afrika. Ein Beitrag zur Theorie des Krieges*, Münster/Hamburg: LIT Verlag 1996.

Schlink, Bernhard: »Das Opfer des Lebens«, in: *Merkur*, 59. Jg., 2005, Heft 11, S. 1021-1031.

Schmidtchen, Volker: *Kriegswesen im späten Mittelalter. Technik, Taktik, Theorie*, Weinheim: VCH, Acta humaniora 1990.

Schmitt, Carl: *Der Begriff des Politischen*, Text von 1932 mit einem Vorwort und drei Corollarien, Berlin: Duncker & Humblot 1963.

– *Der Nomos der Erde im Ius Publicum Europaeum*, Köln: Greven Verlag 1950.

– *Theorie des Partisanen. Zwischenbemerkung zum Begriff des Politischen*, Berlin: Duncker & Humblot 1963.

Schneckener, Ulrich: »Warum manche den Frieden nicht wollen. Eine Soziologie der ›Störenfriede‹«; in: Jörg Calließ (Hg.), *Zivile Konfliktbearbeitung im Schatten des Terrors*, Loccum 2003, S. 61-80.

Scholl-Latour, Peter: *Kampf dem Terror – Kampf dem Islam? Chronik eines unbegrenzten Krieges*, München: Propyläen 2003 (2. Aufl.).

Schramm, Wilhelm Ritter von: *Clausewitz. Leben und Werk*, Esslingen/Neckar: Bechtle Verlag 1976.

Schreiber, Wolfgang: »Die Kriege in der zweiten Hälfte des 20. Jahrhunderts und danach«, in: Thomas Rabehl/Wolfgang Schreiber (Hg.), *Das Kriegsgeschehen 2000. Daten und Tendenzen der Kriege und bewaffneten Konflikte*, Opladen: Leske u. Budrich 2001, S. 11-46.

Schröder, Hans-Jürgen: »Demokratie und Hegemonie. Woodrow Wilsons Konzept einer Neuen Weltordnung«, in: Wolfgang Michalka (Hg.), *Der Erste Weltkrieg. Wirkung, Wahrnehmung, Analyse*, München: Piper 1994, S. 159-177.

Schröder, Klaus Albrecht/Marie Luise Sternath (Hg.): *Albrecht Dürer*, Ostfildern-Ruit: Hatje Cantz Verlag 2003.

Schroers, Rolf: *Der Partisan. Ein Beitrag zur politischen Anthropologie*, Köln u. Berlin: Kiepenheuer u. Witsch 1961.

Schröfl, Josef/Thomas Pankratz (Hg.): *Asymmetrische Kriegführung – ein neues Phänomen der Internationalen Politik?*, Baden-Baden: Nomos Verlag 2004.

Schröfl, Josef u. a. (Hg.): *Aspekte der Asymmetrie. Reflexionen über ein gesellschafts- und sicherheitspolitisches Phänomen*, Baden-Baden: Nomos Verlag 2006.

Schröm, Oliver: *Al Qaida. Akteure, Strukturen, Attentate*, Berlin: Aufbau Verlag 2003.

– *Im Schatten des Schakals. Carlos und die Wegbereiter des internationalen Terrorismus*, Berlin: Chr. Links Verlag 2002.

Schuller, Wolfgang: »Alexander der Große – die Inszenierung eines Welteroberers«, in: Wilfried Nippel (Hg.), *Virtuosen der Macht. Herrschaft und Charisma von Perikles bis Mao*, München: C. H. Beck 2000, S. 39-54.

Schulz, Gerhard: *Geschichte im Zeitalter der Globalisierung*, Berlin: de Gruyter 2004.

Schulz, Gerhard (Hg.): *Partisanen und Volkskrieg. Zur Revolutionierung des Krieges im 20. Jahrhundert*, Göttingen: Vandenhoeck & Ruprecht 1985.

Schulze, Friedrich (Hg.): *1813-1815. Die deutschen Befreiungskriege in zeitgenössischer Schilderung*, Leipzig: R. Voigtländers Verlag 1912.

Schumpeter, Joseph A.: *Kapitalismus, Sozialismus und Demokratie*, Tübingen: A . Francke Verlag 1950.

Sebald, Winfried G.: *Luftkrieg und Literatur*, München: Carl Hanser Verlag 1999.

See, Klaus von: »Politische Männerbund-Ideologie von der wilhelminischen

Zeit bis zum Nationalsozialismus«; in: *Männerbande, Männerbünde. Zur Rolle des Mannes im Kulturvergleich*, Köln: Rautenstrauch-Joest-Museum 1990, S. 93-112.
Seeßlen, Georg/Metz, Markus: *Krieg der Bilder, Bilder des Krieges. Abhandlungen über die Katastrophe und die mediale Wirklichkeit*, Berlin: Edition Tiamat 2002.
Ségur, Philippe Paul Graf von: *Napoleon und die Große Armee in Rußland*, hg. und eingel. von Peter Berglar, Birsfelden-Basel: Verlag Schibli-Doppler o. J.
Senghaas, Dieter (Hg.): *Den Frieden denken. Si vis pacem, para pacem*, Frankfurt am Main: Suhrkamp 1995.
Shahar, Yael: »Tracing bin Laden's Money: Easier said than done«, Internet-Artikel des International Policy Institute for Counterterrorism, Juni 2002 (http://www.iet.org/il/; Zugriff 8. 6. 2002).
Shaw, Martin: *Post-Military Society*, Cambridge: Polity Press 1991.
Shay, Shaul/Yoram Schweitzer: »The ›Afghan Alumni‹ Terrorism«, Internet-Artikel des International Policy Institute for Counterterrorism, August 2000 (http://www.iet.org.il/articles, Zugriff 20. 8. 2002.
Shpiro, Shlomo: »Medien und Terrorismus. Eine klare Strategie wird benötigt«, in: *Internationale Politik*, 56. Jg., 2001, Nr. 12, S. 19-24.
Simon, Steven/Daniel Benjamin: »The Terror«, in: *Survival. The IISS Quarterly*, Bd. 43, 2001, Heft 4, S. 5-18.
Singer, Peter W.: *Corporate Warriors: the rise of the privatized military industry*, Ithaca: Cornell University Press 2004.
Sofsky, Wolfgang: *Das Prinzip Sicherheit*, Frankfurt am Main: S. Fischer Verlag 2005.
– *Traktat über die Gewalt*, Frankfurt am Main: S. Fischer 1996.
– *Zeiten des Schreckens. Amok, Terror, Krieg*, Frankfurt am Main: S. Fischer 2002.
Sombart, Werner: *Der moderne Kapitalismus. Historisch-systematische Darstellung des gesamteuropäischen Wirtschaftslebens von seinen Anfängen bis zur Gegenwart*, Berlin: Duncker & Humblot (1902) 1969.
– *Händler und Helden. Patriotische Besinnungen*, München und Leipzig: Duncker & Humblot 1915.
Sontag, Susan: »Regarding the Torture of Others«, in: *NYT*, May 23, 2004.
Sorel, Georges: *Über die Gewalt*, Frankfurt am Main: Suhrkamp 1981.
Spencer, Herbert: »Die Prinzipien der Soziologie«, auszugsweise in: Günther Wachtler (Hg.), *Militär, Krieg, Gesellschaft. Texte zur Militärsoziologie*, Frankfurt am Main u. a.: Campus 1983, S. 38-51.
Stage, Jan: *Niemandsländer. Reportagen aus vier Erdteilen*, Frankfurt am Main: Eichborn 2002.
Steinberg, Guido: *Der nahe und der ferne Feind. Die Netzwerke des islamistischen Terrorismus*, München: C. H. Beck 2005.
Steiner, Zara: »Krieg, Frieden und das internationale Staatensystem«, in:

Jay Winter u. a. (Hg.), *Der Erste Weltkrieg und das 20. Jahrhundert*, Hamburg: Hamburger Edition 2002, S. 263-297.

Steinweg, Reiner (Red.): *Der gerechte Krieg. Christentum, Islam, Marxismus*, Frankfurt am Main: Suhrkamp 1980.

Sternberger, Dolf: *Über die verschiedenen Begriffe des Friedens*, (= Sitzungsber. der Wiss. Gesellschaft der Goethe-Universität Frankfurt, Bd. XXI, Nr. 1), Wiesbaden/Stuttgart: Franz Steiner Verlag 1984.

Stökl, Günther: *Russische Geschichte. Von den Anfängen bis zur Gegenwart*, 6. Aufl., Stuttgart: Alfred Kröner 1997.

Stolleis, Michael: *Pecunia nervus rerum. Zur Staatsfinanzierung der frühen Neuzeit*, Frankfurt am Main: Vittorio Klostermann 1983.

Storz, Dieter: *Kriegsbild und Rüstung vor 1914. Europäische Landstreitkräfte vor dem Ersten Weltkrieg*, Herford u. a.: E. S. Mittler u. Sohn 1992.

Strachan, Hew: *Der Erste Weltkrieg. Eine neue illustrierte Geschichte*, München: C. Bertelsmann 2004.

Strübel, Michael (Hg.): *Film und Krieg. Die Inszenierung von Politik zwischen Apologetik und Apokalypse*, Opladen: Leske u. Budrich 2002.

Sun Tsu (Sunzi): *Wahrhaft siegt, wer nicht kämpft. Die Kunst des Krieges*, München: Piper Verlag 2001.

Taureck, Bernhard H.F.: »Gewalt im Modus der Feindschaft. Eine Überlegung zu einer kritisch-genealogischen Geschichte der Feindschaft im antiken und nachantiken Europa«; in: *Gewalt verstehen*, hg. von Burkhard Liebsch und Dagmar Mensink, Berlin: Akademie Verlag 2003, S. 287-313.

Teschke, Benno: *The Myth of 1648. Class, Geopolitics and the Making of Modern International Relations*, London u. New York: Verso 2003.

Theveßen, Elmar: *Schläfer mitten unter uns. Das Netzwerk des Terrors und der hilflose Aktionismus des Westens,* München: Droemer Verlag 2002.

Thomas, Hugh: *Die Eroberung Mexikos. Cortés und Montezuma*, Frankfurt am Main: S. Fischer 1998.

Thukydides: *Der Peloponnesische Krieg*, übersetzt und hg. von Helmut Vretska und Werner Rinner, Stuttgart: Reclam 2000.

Timpe, Dieter, *Arminius-Studien*, Heidelberg: Winter 1970

Todd, Paul/Bloch, Jonathan: *Globale Spionage. Geheimdienste und ihre Rolle im 21. Jahrhundert*, Berlin: Matthes und Seitz 2005.

Tönnies, Ferdinand: *Gemeinschaft und Gesellschaft. Grundbegriffe der reinen Soziologie*, Darmstadt: Wissenschaftliche Buchgesellschaft ^{3}1991.

Trease, Geoffrey: *Die Condottieri. Söldnerführer, Glücksritter und Fürsten der Renaissance*, München: Callwey Verlag 1974.

Treskow, Isabella von u. a. (Hg.): *Bürgerkrieg. Erfahrung und Repräsentation*, Berlin: trafo Verlag 2005.

Trimondi, Victor und Victoria: *Krieg der Religionen. Politik, Glaube und Terror im Zeichen der Apokalypse*, München: Wilhelm Fink Verlag 2006.

Ullrich, Volker: *Die nervöse Großmacht. Aufstieg und Untergang des deutschen Kaiserreichs 1871-1918*, Frankfurt am Main: S. Fischer 1997.

Uesseler, Rolf: *Krieg als Dienstleistung. Private Militärfirmen zerstören die Demokratie*, Berlin: Ch. Links Verlag 2006.

Urlanis, Boris Cezarevic: *Bilanz der Kriege. Die Menschenverluste Europas vom 17. Jahrhundert bis zur Gegenwart*, Berlin-Ost: Deutscher Verlag der Wissenschaft 1965.

Vagts, Alfred: »Die Chimäre des europäischen Gleichgewichts«, in: ders., *Bilanzen und Balancen*, hg. von Hans-Ulrich Wehler, Frankfurt am Main: Syndikat 1979, S. 131-160.

Verhey, Jeffrey, *Der ›Geist von 1914‹ und die Erfindung der Volksgemeinschaft*, Hamburg: Hamburger Edition 2000.

Virilio, Paul: *Bunker-Archäologie*, München: Carl Hanser Verlag 1992.

– *Ereignislandschaft*, München: Carl Hanser Verlag 1998.

– *Fluchtgeschwindigkeit*, München: Carl Hanser Verlag 1996.

– *Information und Apokalypse/Die Strategie der Täuschung*, München und Wien: Carl Hanser Verlag 2000.

Vogt, Ludgera: *Zur Logik der Ehre in der Gegenwartsgesellschaft. Differenzierung, Macht, Integration*, Frankfurt am Main: Suhrkamp 1997.

Vondung, Klaus: *Die Apokalypse in Deutschland*, München: dtv 1988.

Vondung, Klaus (Hg.): *Kriegserlebnis. Der Erste Weltkrieg in der literarischen Gestaltung und symbolischen Darstellung der Nationen*, Göttingen: Vandenhoeck & Ruprecht 1980.

Waldmann, Peter: »Bürgerkrieg – Annäherung an einen schwer faßbaren Begriff«, in: Heinrich-W. Krumwiede/Peter Waldmann (Hg.), *Bürgerkriege: Folgen und Regulierungsmöglichkeiten*, Baden-Baden: Nomos 1998, S. 15-36.

– *Terrorismus und Bürgerkrieg. Der Staat in Bedrängnis*. München: Gerling Akademie Verlag 2003.

– *Terrorismus. Provokation der Macht*, München: Gerling Akademie Verlag 1998.

Wallach, Jehuda L.: *Das Dogma der Vernichtungsschlacht. Die Lehren von Clausewitz und Schlieffen und ihre Wirkung in zwei Weltkriegen*, München: dtv 1970.

Walzer, Michael: *Gibt es den gerechten Krieg?*, Stuttgart: Klett-Cotta, 1982.

Weber, Max: *Der Sozialismus*, hg. und mit einer Einleitung versehen von Herfried Münkler, Weinheim: Beltz Athenäum 1995.

– *Wirtschaft und Gesellschaft*, 5., rev. Aufl., besorgt von Joh. Winckelmann, Tübingen: Mohr-Siebeck 1972.

Wells, Colin: *Das Römische Reich*, München: dtv 1994.

Wells, Peter S.: *Die Schlacht im Teutoburger Wald*, Düsseldorf/Zürich: Artemis und Winkler 2005.

Welwei, Karl-Wilhelm: *Das klassische Athen. Demokratie und Machtpolitik im 5. und 4. Jahrhundert*, Darmstadt: Primus Verlag 1999.

Wenskus, Reinhard: *Stammesbildung und Verfassung. Das Werden der frühmittelalterlichen gentes*, Köln/Graz: Böhlau 1961.

Wilkinson, Paul:»The Media and Terrorism. A Reassessment«, in: *Terrorism and Violence*, Bd. 9/2, 1997, S. 51-64.

Wilke, Jürgen: »Krieg als Medienereignis – Konstanten und Wandel eines endlosen Themas«, in: Kurt Imhof/Peter Schulz (Hg.): *Medien und Krieg – Krieg der Medien*, Zürich: Seismo 1995.

– »Spion des Publikums, Sittenrichter und Advokat der Menschheit. Wilhelm Ludwig Wekhrlin (1739-1792) und die Entwicklung des Journalismus in Deutschland«, in: *Publizistik* 38 (1993), S. 322-334.

Willmott, Hedley P.: *Der Erste Weltkrieg*, Hildesheim: Gerstenberg Verlag 2004.

Willms, Johannes: *Napoleon. Eine Biographie*, München: C. H. Beck 2005.

Wollenberg, Jörg: *Richelieu. Staatsraison und Kircheninteresse. Zur Legitimation der Politik des Kardinalpremier*, Bielefeld: Pfeffer 1977.

Zangl, Bernhard/Michael Zürn: *Frieden und Krieg. Sicherheit in der nationalen und postnationalen Konstellation*, Frankfurt am Main: Suhrkamp 2003.

Zeeden, Ernst W.: *Hegemonialkriege und Glaubenskämpfe. 1556-1648* (= Propyläen Geschichte Europas, Bd. 2), Frankfurt am Main u. a.: Ullstein 1975.

Zinn, Karl Georg: *Kanonen und Pest. Über die Ursprünge der Neuzeit im 14. und 15. Jahrhundert*, Opladen: Westdeutscher Verlag 1989.

Zumach, Andreas: *Die kommenden Kriege. Ressourcen, Menschenrechte, Machtgewinn – Präventivkrieg als Dauerzustand*, Köln: Verlag Kiepenheuer und Witsch 2005.

Namenregister

Sachregister